»Nach dem Strukturbruch«?

Archiv der sozialen Demokratie der Friedrich-Ebert-Stiftung
Reihe: Politik- und Gesellschaftsgeschichte, Band 89

Herausgegeben von Dieter Dowe, Anja Kruke und Michael Schneider

Knud Andresen · Ursula Bitzegeio
Jürgen Mittag (Hg.)

»Nach dem Strukturbruch«?

Kontinuität und Wandel von Arbeitsbeziehungen und Arbeitswelt(en) seit den 1970er-Jahren

Bibliografische Information der Deutschen Nationalbibliothek

Die Deutsche Nationalbibliothek verzeichnet
diese Publikation in der Deutschen Nationalbibliografie;
detaillierte bibliografische Daten sind im Internet
über *http://dnb.d-nb.de* abrufbar.

ISBN 978-3-8012-4202-2
ISSN 0941-7621

© 2011 by
Verlag J. H. W. Dietz Nachf. GmbH
Dreizehnmorgenweg 24, 53175 Bonn
Reihengestaltung: Just in Print, Bonn · Kempken DTP-Service, Marburg
Umschlagfoto: DGB-Archiv im AdsD
Satz: Kempken DTP-Service | Satztechnik · Druckvorstufe · Layout, Marburg
Druck und Verarbeitung:
fgb – freiburger graphische betriebe GmbH & Co. KG, Freiburg i. Br.
Alle Rechte vorbehalten
Printed in Germany 2011

Besuchen Sie uns im Internet: *www.dietz-verlag.de*

Inhaltsverzeichnis

Einleitung: Nach dem Boom –
ein »sozialer Wandel von revolutionärer Qualität«?

Knud Andresen/Ursula Bitzegeio/Jürgen Mittag
Arbeitsbeziehungen und Arbeitswelt(en) im Wandel: Problemfelder
und Fragestellungen 7

Anselm Doering-Manteuffel/Lutz Raphael
Der Epochenbruch in den 1970er-Jahren: Thesen zur Phänomenologie
und den Wirkungen des Strukturwandels »nach dem Boom« 25

Teil 1
Rahmenbedingungen im Wandel:
Ökonomische, politische und soziale Veränderungen

David Furch
Strukturbruch im deutschen Corporate Governance-System?
Ursprung, Wandel und Bedeutung der Deutschland AG
für die soziale Marktwirtschaft 43

Andrea Rehling
Die konzertierte Aktion im Spannungsfeld der 1970er-Jahre:
Geburtsstunde des Modells Deutschland und Ende
des modernen Korporatismus 65

Jan-Otmar Hesse
Die »Krise der Selbständigkeit«: Westdeutschland in den 1970er-Jahren 87

Anne Seibring
Die Humanisierung des Arbeitslebens in den 1970er-Jahren:
Forschungsstand und Forschungsperspektiven 107

Monika Mattes
Krisenverliererinnen? Frauen, Arbeit und das Ende des Booms 127

Teil 2
Arbeitswelten und -beziehungen im Wandel: Beispiele und Fallstudien

Nina Weimann-Sandig
»Individual Bargaining« – eine neue Kultur der Arbeitsbeziehungen?
Zur Entwicklung der Arbeitnehmervertretung bei
kommunalen Energieversorgern 143

Knud Andresen
Strukturbruch in der Berufsausbildung?
Wandlungen des Berufseinstiegs von Jugendlichen zwischen den 1960er-
und den 1980er-Jahren 159

Rüdiger Hachtmann
Gewerkschaften und Rationalisierung: Die 1970er-Jahre – ein Wendepunkt? ... 181

Teil 3
Interessenrepräsentation im Wandel: Brüche und Kontinuitäten

Ingrid Artus
Mitbestimmung versus Rapport de force: Geschichte und Gegenwart
betrieblicher Interessenvertretung im deutsch-französischen Vergleich 213

Stephan Meise
Regionale Welten der gewerkschaftlichen Interessenrepräsentation:
Spezifische neue Herausforderungen im Strukturwandel 245

Thilo Fehmel
Institutioneller Wandel durch semantische Kontinuität:
Die bruchlose Transformation der Tarifautonomie 267

Christian Testorf
Welcher Bruch? Lohnpolitik zwischen den Krisen:
Gewerkschaftliche Tarifpolitik von 1966 bis 1974 293

Viktoria Kalass
Verbandskonkurrenz und Tarifpluralität: Neue Kräfteverhältnisse
in den Arbeitsbeziehungen des Bahnwesens? 317

Teil 4
Fazit: Die 1970er-Jahre als Epochenwende?

Winfried Süß/Dietmar Süß
Zeitgeschichte der Arbeit: Beobachtungen und Perspektiven 345

Anhang

Abkürzungen 369

Ausgewählte Literatur 371

Autorinnen und Autoren 397

Knud Andresen/Ursula Bitzegeio/Jürgen Mittag

Arbeitsbeziehungen und Arbeitswelt(en) im Wandel: Problemfelder und Fragestellungen

Zu Beginn der 1950er-Jahre, in einer Zeit, in der die Differenzierung moderner Volkswirtschaften in drei Sektoren nur von einem engen Kreis von Fachleuten erörtert wurde, stellte der französische Sozialwissenschaftler und Ökonom Jean Fourastié Beobachtungen über die Entwicklung der westeuropäischen Staaten an, die auch jenseits des akademischen Publikums erhebliche Resonanz fanden. Im Rahmen der Drei-Sektoren-Hypothese ging er davon aus, dass sich der Schwerpunkt der wirtschaftlichen Tätigkeit zunächst vom primären Wirtschaftssektor (Rohstoffgewinnung) auf den sekundären (Rohstoffverarbeitung) und anschließend auf den tertiären Sektor (Dienstleistungen) verlagern werde.

Fourastié bewertete die mit dieser Entwicklung einhergehenden Perspektiven überaus positiv und sprach optimistisch von der »große[n] Hoffnung des 20. Jahrhunderts«, die sich in steigendem Wohlstand, zunehmender sozialer Sicherheit, einem Aufblühen von Bildung und Kultur, einem höheren Qualifikationsniveau, einer Humanisierung des Arbeitslebens und einer Reduzierung der Arbeitslosigkeit niederschlagen werde.[1] Die fortschreitende Beseitigung *knechtischer* Arbeit, die Verlängerung der Schulbildung, die Verkürzung der Arbeitszeit und die Steigerung der durchschnittlichen Lebensdauer veranlassten Fourastié, eine Entwicklung zu prognostizieren, die sich im Endeffekt »äußerst positiv« auf die Menschheit auswirken werde. Den technischen Innovationen maß er dabei erhebliche Bedeutung bei. Technischer Fortschritt schaffe Unabhängigkeit, Freiheit und Individualität; zugleich nehme Fourastié zufolge die Nachfrage nach tertiären Arbeitsformen und Produkten wie Dienstleistungen, Informationen und Wissenstransfer zu.

Das Zusammenspiel von technischen und wissenschaftlichen Möglichkeiten mit wirtschaftlichen, politischen und gesellschaftlichen Entscheidungen werde den Menschen, so Fourastié, in einer Zeitphase nach der forcierten Industrialisierung neue Möglichkeiten eröffnen. Als Indikatoren dieser Entwicklung machte er die Wiederentdeckung der menschlichen Faktoren, die zunehmende Beanspruchung geistiger Fähigkeiten in der beruflichen Arbeit, die wachsende Bedeutung der Qualifikation und die Hebung des Lebensstandards aus.[2]

---

1   Jean Fourastié, Die Große Hoffnung des 20. Jahrhunderts, Köln 1954. Vgl. zur Rezeption der Überlegungen Fourastiés auch Rolf Breitenstein, Die große Hoffnung. Lebensqualität und Erfolgschancen in der nachindustriellen Gesellschaft, Düsseldorf/Wien 1980 sowie Martin Baethge/Ingrid Wilkens, Die große Hoffnung für das 21. Jahrhundert, Opladen 2001.
2   Jean Fourastié, Die Große Hoffnung, S. 23 ff. u. Rolf Breitenstein, Die große Hoffnung, S. 9-25.

Fourastiés Prognosen bezogen sich auf einen Beobachtungszeitraum, der vor allem die wirtschaftlichen Entwicklungen und Arbeitswelten seit der Wende zum 20. Jahrhundert in den Blick nahm. Die jüngere historische und sozialwissenschaftliche Forschung scheint Jean Fourastié auf den ersten Blick beizupflichten. Ungeachtet aller Kriege und Krisen im *Zeitalter der Extreme* hat die stetige Verschiebung der Wirtschaftssektoren zugunsten des dritten Sektors die Arbeitswelten im 20. Jahrhundert fundamental verändert. Auf den zweiten Blick wird jedoch schnell deutlich, dass die wirtschaftlichen Entwicklungen und Zäsuren ebenso wie die politischen und kulturellen Abläufe nicht nur im Sinne eines linearen Fortschritts zu deuten sind, sondern die Ergebnisse weit weniger eindeutig und positiv ausfallen, als sie von Fourastié beschrieben werden. Statt Hoffnungen dominieren mittlerweile sogar Bedenken und Sorgen. Mit Blick auf Rationalisierungsprozesse, eine Ausweitung prekärer Beschäftigungsverhältnisse sowie neu zusammengesetzte, aber auch weiter bestehende soziale Ungleichheiten im nationalen und vor allem im internationalen Raum zeichnen sich Problemfelder ab, deren Lösung noch in weiter Ferne steht.[3]

Aus historischer Sicht hat der Wandel der Arbeitswelten in den post- oder nachindustriellen Gesellschaften Europas weitreichende Konsequenzen für die Verfasstheit[4], das Verständnis und die Einschätzung von Arbeit, Arbeitsbeziehungen und auch von Arbeiterbewegungen. Die Neuvermessung dieser Kategorien von Arbeit setzte bereits in den 1980er-Jahren ein – und gewann zu Beginn des 21. Jahrhunderts zunehmend an Dynamik. Unter veränderten wissenschaftlichen Vorzeichen werden gegenwärtig die »scheinbare Eindeutigkeit« und die Tragfähigkeit der noch aus der europäischen Hochindustrialisierung stammenden Begriffe und Konzepte infrage gestellt, die sich angesichts der »postmodernen Unübersichtlichkeit« von Arbeitsverhältnissen zunehmend als Fesseln erweisen.[5] Auch die Historiografie hat diese Sichtweise aufgegriffen. Sie zielt nun weit weniger auf eine Arbeitergeschichte im Sinne einer Organisationsgeschichte insbesondere von Parteien und Gewerkschaften, sondern strebt vielmehr einen umfassenderen Zugriff an, der stärker als zuvor die Interaktion zwi-

---

3   Zur Kritik an Fourastiés These v. a. Bernhard Schäfers, Sozialstruktur und sozialer Wandel in Deutschland, Stuttgart 2002; Hans Joachim Pohl, Die Kritik der Drei-Sektoren Theorie, in: Mitteilungen aus der Arbeitsmarkt- und Berufsforschung 3 (1970) 4, S. 313-325 u. Uwe Staroske, Die Drei-Sektoren-Hypothese: Darstellung und kritische Würdigung aus heutiger Sicht, Regensburg 1995.
4   Siehe grundlegend Daniel Bell, Die nachindustrielle Gesellschaft, Frankfurt a. M./New York 1975.
5   Vgl. Josef Ehmer/Helga Grebing/Peter Gutschner, Einige Überlegungen zu Aspekten einer globalen Geschichte der Arbeit, in: dies. (Hg.), »Arbeit«: Geschichte – Gegenwart – Zukunft, Leipzig 2002, S. 9-18, hier: 13 ff. Vgl. auch Marcel van der Linden, Workers of the World. Essays toward a Global Labor History, Leiden 2008.

schen Arbeitnehmern und Arbeitgebern betont und zugleich Arbeitsbeziehungen als ein komplexes Beziehungsgeflecht versteht.[6]

Vor dem Hintergrund eines erweiterten Arbeitsbegriffs, der seit den 1980er-Jahren auf breitere Resonanz gestoßen ist, werden in neueren Untersuchungen vor allem Indikatoren wie Leistung, Qualifizierung, Vermarktlichung, Entgrenzung und die Öffnung hierarchisch strukturierter Arbeitsorganisation als neue Untersuchungs- und Problemfelder ausgemacht.[7] In entsprechenden Studien wird dabei eine fortschreitende soziale Polarisierung innerhalb der postindustriellen Gesellschaften und eine Ausdifferenzierung der Formen abhängiger Arbeit ausgemacht, ein soziales Dilemma attestiert oder sogar der Untergang der Arbeitsgesellschaften prognostiziert.[8]

In der jüngeren zeitgeschichtlichen Forschung, die mit dem Themenspektrum Arbeit befasst ist, spiegelt sich der Einfluss von Gegenwartsdiagnosen auf die Erfassung historischer Prozesse ebenfalls in Ansätzen wider[9]: Bezogen auf die Industrieländer wird der Bogen von der »Einkommensrevolution der fordistischen-keynesianistischen Ära« bis zu deren Zerstörung im gegenwärtigen neuen globalen Zyklus gespannt.[10] Konstatiert wird, dass die Ressourcenverteilung auch weiterhin über die unterschiedlichen Zugänge zum Arbeitsmarkt erfolgt.[11] Deutlich wird bei einem Blick auf aktuelle Forschungsarbeiten aber auch, dass bei vielen der gegenwartsbezogenen Diagnosen zwar begrifflich das aktuelle Verständnis und die Einschätzung von Arbeit, Arbeitsgesellschaften und Arbeitsbeziehungen im Vordergrund stehen – jedoch weniger ihre historische Praxis. Dabei existieren durchaus geeignete theoretische Vorüberlegungen und wissenschaftliche Anknüpfungspunkte. So legten die Historiker

---

6   Thomas Welskopp, Der Betrieb als soziales Handlungsfeld. Neue Forschungsansätze in der Industrie- und Arbeitergeschichte, in: Geschichte und Gesellschaft 22 (1996) 1, S. 118-142.
7   Marcel van der Linden/Christoph Lieber (Hg.), Kontroversen über den Zustand der Welt. Weltmarkt – Arbeitsformen – Hegemoniezyklen, Hamburg 2007.
8   Vgl. exemplarisch Christoph Lieber, Die »Ware Arbeitskraft« als soziales Entwicklungsverhältnis. Krisen und Perspektiven der Lohnarbeit, in: Marcel van der Linden/Christoph Lieber (Hg.), Kontroversen, S. 152-172, hier: 152 f.; Gero Jenner, Die arbeitslose Gesellschaft. Gefährdet Globalisierung den Wohlstand?, Frankfurt a. M. 1999, S. 10 ff.; Karl-Heinz Roth, Der Zustand der Welt. Gegen-Perspektiven, Hamburg 2005, S. 58; Pierre Defraigne, Globalisation, The European Social Model and International Regulation, in: Jürgen Hoffmann (Hg.), The Solidarity Dilemma. Globalisation, Europeanisation and the Trade Unions, Brüssel 2002, S. 7-27.
9   Kritische Blicke auf die zeitgeschichtliche Forschung wagen in diesem Zusammenhang Jürgen Osterhammel/Niels P. Petersson, Geschichte der Globalisierung. Dimensionen, Prozesse, Epochen, München 2003, S. 7-15 u. Martin H. Geyer, Die Gegenwart der Vergangenheit. Die Sozialstaatsdebatten der 1970er Jahre und die umstrittenen Entwürfe der Moderne, in: Anja Kruke/Friedhelm Boll (Hg.), Der Sozialstaat in der Krise. Deutschland im internationalen Vergleich, Bonn 2008, S. 47-94, hier: 47 ff. Während Osterhammel und Petersson dabei die Kontroversen um den Globalisierungsbegriff beispielhaft in ihre Überlegungen miteinbeziehen, problematisiert Geyer gegenwartsdiagnostische Zugriffe im Zusammenhang mit der historischen Verortung des Sozialstaats als Entwurf der Moderne.
10 So z. B. Karl-Heinz Roth, Der Zustand der Welt, S. 58.
11 Vgl. Gero Jenner, Die arbeitslose Gesellschaft, S. 13 ff.

Einleitung: Nach dem Boom – ein »sozialer Wandel von revolutionärer Qualität«?

Jürgen Kocka und Claus Offe Ende der 1990er-Jahre einen grundlegenden Sammelband über die Geschichte und Zukunft der Arbeit vor, dessen Autoren im interkulturellen Vergleich und unter Anwendung eines erweiterten Arbeitsbegriffs eine historische und sozialwissenschaftliche Neubestimmung von Arbeit von der Antike bis zur Gegenwart vornehmen.[12] Auch wenn hier im Rückblick auf die 1970er- und 1980er-Jahre das Thema Arbeit in der »Neuartigkeit der Gegenwart« und im Spannungsverhältnis von Individualität und Gesellschaft bereits als lohnenswerter Forschungskontext identifiziert wurde, fehlen nach wie vor anschlussfähige empirische Untersuchungen zu den Veränderungen der Arbeitswelten im zeitgeschichtlichen Kontext der letzten vier Dekaden.[13]

Vor diesem Hintergrund soll mit den Beiträgen des vorliegenden Bandes der Blick auf den Wandel der Arbeitswelten, namentlich in der Bundesrepublik Deutschland, seit den 1970er-Jahren gelenkt werden. Verfolgt wird damit das Ziel, entlang ausgewählter Problemfelder vor allem die veränderten Arbeitswirklichkeiten dieser Zeitphase zu erfassen, vorzustellen und einzuordnen. Beabsichtigt sind in diesem Zusammenhang keine abgeschlossenen historischen Detailstudien, sondern vielmehr erste Annäherungen und Interpretationsofferten sowie ein interdisziplinärer Ansatz, der aktuelle sozialwissenschaftliche Arbeiten mit historischen Quellenbezügen produktiv verknüpft.

Den gemeinsamen analytischen Bezugsrahmen des Bandes bilden die zeitgeschichtlichen Debatten über die Zäsuren des 20. Jahrhunderts, Überlegungen zur Einordnung der letzten vier Jahrzehnte und Fragen nach den Triebkräften und Impulsen für Wandel und Kontinuität. Besondere Beachtung wird im Folgenden dabei den 1970er-Jahren beigemessen. Ältere Ansätze, in denen die 1970er-Jahre als »sozialdemokratisches Jahrzehnt«[14] oder gar als »rotes Jahrzehnt«[15] klassifiziert wurden, haben sich zwar für spezifische Fragestellungen der bundesrepublikanischen Geschichte als heuristisch spannend erwiesen, scheinen aber nur begrenzt als Gesamtdeutung für den Wandel von gesamtgesellschaftlichen Strukturen und den Einfluss von Ideen und Ordnungssystemen auf gesellschaftliche Wandlungsprozesse tragfähig. Eine weitaus

---

12 Vgl. die Beiträge in Jürgen Kocka/Claus Offe (Hg.), Geschichte und Zukunft der Arbeit, Frankfurt a. M./New York 2000.
13 Vgl. Jürgen Kocka, Arbeit früher, heute, morgen: Zur Neuartigkeit der Gegenwart, in: ders./Claus Offe (Hg.), Geschichte und Zukunft, S. 476-492.
14 Bernd Faulenbach, Die Siebzigerjahre – ein sozialdemokratisches Jahrzehnt?, in: Archiv für Sozialgeschichte 44 (2004), S. 1-37. Vgl. hierzu auch Ralf Dahrendorfs viel zitiertes Diktum vom »sozialdemokratischen Zeitalter«, in: Die Chancen der Krise. Über die Zukunft des Liberalismus, Stuttgart 1983, S. 17.
15 Gerd Koenen, Das rote Jahrzehnt. Unsere kleine deutsche Kulturrevolution 1967–1977, Köln 2001. Vgl. indes als Kontrapunkt Massimiliano Livi/Daniel Schmidt/Michael Sturm (Hg.), Die 1970er Jahre als schwarzes Jahrzehnt. Politisierung und Mobilisierung zwischen christlicher Demokratie und extremer Rechte, Frankfurt a. M./NewYork 2010.

höhere Relevanz wird gegenwärtig hingegen einer Etikettierung der 1970er-Jahre als Umbruchjahrzehnt[16] und historische Wegmarke zugeschrieben.[17]

Arbeitswelten nach dem Boom: Ein »sozialer Wandel von revolutionärer Qualität«?

Die Frage nach den Zäsuren der Nachkriegszeit ist schon früh aufgeworfen worden. Dabei kristallisierten sich schon früh die Anfänge der 1970er-Jahre als maßgebliche Wegmarke heraus. So etwa bei Tony Judt oder bei Eric Hobsbawm, der das »goldene Zeitalter« von 1945 bis 1973/74 datiert.[18] Der bereits zitierte Jean Fourastié machte in seinem Bestseller »Les Trente Glorieuses« aus dem Jahr 1979 ebenso wie eine Dekade später der Sammelband von Stephen Marglin und Juliet Schor das Jahr 1973 als die zentrale Weg- und Wendemarke zur Strukturierung aus.[19] In Anlehnung an ältere wirtschaftsgeschichtliche und soziologische Studien schlagen der Tübinger Zeithistoriker Anselm Doering-Manteuffel und der in Trier lehrende Sozialhistoriker Lutz Raphael vor[20], diese Zäsur als einen Strukturbruch in den frühen 1970er-Jahren zu verste-

---

16 Vgl. grundlegend die Bände: Die Siebziger Jahre. Gesellschaftliche Entwicklungen in Deutschland, Archiv für Sozialgeschichte 44 (2004) und Die 1970er Jahre – Inventur einer Umbruchzeit, Zeithistorische Forschungen/Studies in Contemporary History 3 (2006), hier insbes. die Einleitung von Konrad Jarausch, S. 334-341 sowie ders. (Hg.), Das Ende der Zuversicht. Die siebziger Jahre als Geschichte, Göttingen 2008; Jeremy Black, Europe since the Seventies, London 2009; Thomas Raithel/Andreas Rödder/Andreas Wirsching (Hg.), Auf dem Weg in eine neue Moderne? Die Bundesrepublik Deutschland in den siebziger und achtziger Jahren, München 2009 und zuletzt Hartmut Kaelble, The 1970s in Europe: A Period of Disillusionment or Promise? The 2009 Annual Lecture of the German Historical Institute in London, London 2010.
17 Siehe aus primär wirtschaftsgeschichtlicher Perspektive: Morten Reitmayer/Ruth Rosenberger (Hg.), Unternehmen am Ende des »goldenen Zeitalters«. Die 1970er Jahre in unternehmens- und wirtschaftshistorischer Perspektive, Essen 2008 und Niall Ferguson/Charles S. Maier/Erez Manela/Daniel J. Sargent (Hg.), The Shock of the Global. The 1970s in Perspective, Cambridge 2010.
18 Hobsbawm zufolge markiert das Jahr 1973 das Ende einer Nachkriegsgeneration und ihrer Erfolge beim Aufbau von Marktwirtschaft und sozialen Sicherungssystemen. In Tony Judts Darstellung zum Nachkriegseuropa beziehen sich zwei Hauptteile auf die Zeit von 1945 bis 1971, die beiden weiteren auf die nachfolgenden Zeitphasen. Vgl. Eric Hobsbawm, Age of Extremes. The Short Twentieth Century, London 1994 und Tony Judt, Postwar. A History of Europe since 1945, London 2005.
19 Vgl. Jean Fourastié, Les Trente Glorieuses (ou la révolution invisible de 1946 à 1975), Paris 1979 (²2003) und Stephen Marglin/Juliet Schor (Hg.), The Golden Age of Capitalism. Reinterpreting the Postwar Experience, Oxford 1990.
20 Vgl. etwa Knut Borchardt, Zäsuren in der wirtschaftlichen Entwicklung. Zwei, drei oder vier Perioden?, in: Martin Broszat (Hg.), Zäsuren nach 1945: Essays zur Periodisierung der deutschen Nachkriegsgeschichte, München 1990, S. 27 ff. oder Peter Wagner, Soziologie der Moderne, Frankfurt a. M. u. a. 1995, S. 140 ff.; Adelheid von Saldern, Raumbezüge, in: Anselm Doering-Manteuffel, Strukturmerkmale der deutschen Geschichte des 20. Jahrhunderts, München 2006, S. 205-206.

hen.[21] Diese vielfach aufgegriffene – und bisweilen kontrovers diskutierte – These rekurriert vor allem auf die Veränderungsprozesse nach einer industriell geprägten Boomphase der 1950er- und 1960er-Jahre mit einem relativ stabilen gesellschaftlichen Konsens, festeren kulturellen Orientierungsmustern und einer politischen Hinwendung nach Westen.[22] Mit dem »Strukturbruch« der frühen 1970er-Jahre, so Doering-Manteuffel und Raphael, nahmen grundlegende Veränderungen ihren Ausgang, die beträchtliche Wirkung auf die politischen und gesellschaftlichen Leitvorstellungen hatten. Doering-Manteuffel und Raphael setzen sich in ihrem pointierten Essay zunächst mit den unterschiedlichsten Elementen des wirtschaftlichen und gesellschaftlichen Wandels im letzten Drittel des 20. Jahrhunderts auseinander: Hierzu zählen u. a. sowohl der Niedergang der Traditionsindustrien als auch eine wachsende Marktorientierung, eine zunehmende Individualisierung und der Durchbruch der Mikroelektronik. Den empirischen Beobachtungen werden dann die sozialwissenschaftlichen Diagnosen des Wandels gegenübergestellt, die sowohl Einfluss auf die prägenden Begrifflichkeiten in Staat und Gesellschaft als auch auf die wissenschaftliche Analyse des Wandels ausgeübt haben. Verdeutlicht wird in diesem Zusammenhang, dass zu Beginn der 1970er-Jahre nicht nur reale Strukturbrüche, sondern auch diskursive Transformationsprozesse auszumachen sind. Beschlossen wird der Essayband mit der Entwicklung eines zeitgeschichtlichen Forschungspanoramas, das sowohl neue Impulse für etablierte Forschungsfelder liefert als auch gänzlich neue Themen einer zukünftigen zeitgeschichtlichen Forschung aufzeigt.

Die Kategorie Arbeit im engeren Sinne stellt für Doering-Manteuffel und Raphael kein eigenes Themenfeld dar, sondern wird als Querschnittkategorie stets mitgedacht und einbezogen. So rekurrieren die Autoren wiederholt auf die Einflussfaktoren, die Auswirkungen auf das Verständnis von Arbeit in den westeuropäischen Ländern hatten – etwa mit Blick auf einen langfristigen Rückzug des Staates aus den Arbeitsbeziehungen und einen stärkeren Marktliberalismus, mit dem man vermeintlich oder real *überregulierten* Wohlfahrtsstaaten begegnete. Diese Veränderungen charakterisieren sie in zweierlei Hinsicht sowohl als »Strukturbruch« wie auch als »soziale[n] Wandel von revolutionärer Qualität«.[23] Unter Strukturbruch wird dabei keine zeitlich eng fixierte Implementierung neuer institutioneller Arrangements und auch kein plötzlicher Paradigmenwechsel im Sinne von Thomas S. Kuhn verstanden[24], sondern vielmehr ein Wandel, der sich für die beteiligten Zeitgenossen eher inkrementell darstellte, während die langfristigen Auswirkungen von Veränderungen zunächst kaum erkennbar waren. Die Bedeutung dieses Wandels liegt darin, dass mit ihm Entwicklungsprozesse einge-

---

21 Anselm Doering-Manteuffel/Lutz Raphael, Nach dem Boom. Perspektiven auf die Zeitgeschichte seit 1970, Göttingen 2008.
22 Ebd., S. 11.
23 Anselm Doering-Manteuffel/Lutz Raphael, Nach dem Boom, ebd., S. 10.
24 Thomas S. Kuhn, Die Entstehung des Neuen. Studien zur Struktur der Wissenschaftsgeschichte, Frankfurt a. M. 1978.

leitet wurden, die – ausgehend von den 1970er-Jahren – die nachfolgenden Jahrzehnte bis heute nachhaltig prägen.[25] Nicht zuletzt das Arbeiterleben, wie es seit Beginn des 20. Jahrhunderts mit den verschiedenen Formen der Lohnarbeiterexistenz bekannt war[26], aber auch die Arbeiterkultur der Bundsrepublik stand damit vor einem Einschnitt.[27]

Obgleich der Strukturbruch sich zeitlich nicht an einer eindeutigen Zäsur festmachen lässt, fallen markante Wegmarken sicherlich in die Jahre 1972 bis 1974. Dazu gehören unter ökonomisch-sozialen Gesichtspunkten die exogenen Schocks der ersten Ölpreiskrise und die Auseinandersetzungen um die künftige Energie- und Umweltpolitik Westeuropas, aber auch die Freigabe der Wechselkurse nach dem Zusammenbruch des Systems von Bretton Woods sowie eine verstärkte Kapitalmarktmobilität – und damit die Perspektiven eines nicht mehr unverminderten wirtschaftlichen Wachstums. Als besonders markant wird in diesem Zusammenhang der deutliche Anstieg der Arbeitslosigkeit und der Anwerbestopp von Arbeitsmigranten herausgestellt.[28] Diese Entwicklungen haben maßgeblich dazu beigetragen, dass die »Welt der Arbeit« vor allem seit den 1970er-Jahren einem äußerst tief greifenden Strukturwandel ausgesetzt war, der sich bis heute fortsetzt und dessen künftige Markierungen noch keineswegs erkennbar sind.

Es ist indes kaum zu bezweifeln, dass die beschleunigte Öffnung der Weltmärkte im letzten Drittel des 20. Jahrhunderts Verlagerungen der produktiven Industriearbeit in ressourcen- und wachstumsstarke Märkte außerhalb der *klassischen* Industriestaaten ausgelöst hat. Damit sind große Anteile der überkommenen Industriearbeit gleichsam exportiert worden. Das hatte für Deutschland nicht zuletzt eine bedeutende Rejustierung der regionalen Wachstumsgewichte zur Folge. Vergleicht man jedoch die Veränderungen der Arbeitswelten in Deutschland in den 1970er-Jahren diachron mit der Situation im vereinigten Deutschland nach 1989, so scheint hier der »Wandel von revolutionärer Qualität« eine andere zeitliche Rahmung zu erfordern.

Anfang der 1970er-Jahre waren in der Bundesrepublik *lediglich* einige Hunderttausend Menschen arbeitslos, zwei Dekaden später waren es hingegen fast vier Millionen. Gerade die Entwicklung der Arbeitslosenzahlen löste in den vergangenen Jahren geradezu einen Boom an wissenschaftlichen und essayistischen Arbeiten aus, in denen über das Ende der Arbeitsgesellschaft räsoniert und die Erwerbsarbeit nicht länger als

---

25 Vgl. mit Blick auf die Wirtschaftsberichterstattung von Zeitungen und Magazinen aus liberaler Perspektive auch Gérard Bökenkamp, Das Ende des Wirtschaftswunders. Geschichte der Sozial-, Wirtschafts- und Finanzpolitik in der Bundesrepublik 1969–1998, Stuttgart 2010.
26 Vgl. hierzu auch Josef Mooser, Arbeiterleben in Deutschland 1900–1970, Frankfurt a. M. 1984.
27 Siehe zur Debatte Wolfgang Kaschuba/Gottfried Korff/Bernd Jürgen Warneken (Hg.), Arbeiterkultur seit 1945: Ende oder Veränderung, Tübingen 1991.
28 Vgl. Jens Hohensee, Der erste Ölpreisschock 1973/74. Die politischen und gesellschaftlichen Auswirkungen der arabischen Erdölpolitik auf die Bundesrepublik Deutschland und Westeuropa, Stuttgart 1996.

sinnstiftendes Element verstanden wurde.[29] Zugleich zeigte sich aber auch, dass ein Großteil der Bevölkerung Arbeit weiterhin – beziehungsweise mehr denn je – als Quelle von Zufriedenheit und Wohlbefinden betrachtet. Die Arbeitswelt hat sich seit den 1970er-Jahren insgesamt eher radikalisiert, sie hat von allem Besitz ergriffen und ist bisweilen stärker als Elternschaft, Partnerschaft oder Freundschaft zum sinnstiftenden Element der Gegenwart geworden. Die Erwerbszentrierung nahm damit nicht ab, sondern gewann vielmehr noch an Bedeutung.

Verstärkt wurde diese Tendenz durch den Rückgang der Normalarbeitsverhältnisse seit den 1970er-Jahren. Zeitarbeitsverträge und steigende Teilzeit- und Selbstständigenquoten dokumentieren, dass die Unsicherheit über das Beschäftigungsverhältnis gewachsen ist und eine zunehmende Anzahl von Menschen seit den 1970er-Jahren zwischen unbefristeter Vollzeitbeschäftigung und anderen Beschäftigungsformen beziehungsweise zwischen Beschäftigung, Nichtbeschäftigung und Wiederbeschäftigung pendelt. Diese Entwicklung brach sich nicht eruptiv, sondern eher inkrementell ihren Weg. Noch bis in die 1980er-Jahre galten Massenwohlstand und hohe Wachstumsraten – trotz eines unübersehbaren strukturellen Sockels an Arbeitslosigkeit – als Insignien des westdeutschen Erfolgsmodells und als prägende Gegenwartserfahrungen der Zeitgenossen. Zunehmend deutlicher zeichnete sich aber ab, dass die gesamtökonomische Entwicklung, die Strukturprobleme des Sozialstaats, die demografische Entwicklung und eben auch der Wandel der Arbeitswelt die Fundamente des langen Booms der Nachkriegszeit unterspülen sollten. Inwieweit die damit verbundenen Schwierigkeiten und Brüche, aber auch die Erwartungen und Hoffnungen nicht nur das Arbeitsleben, sondern das ganze menschliche Dasein bestimmen, rückt erst allmählich in das Blickfeld der Forschung.[30]

Die skizzierten Entwicklungen lassen sich nicht nur auf die Arbeiter, sondern auch auf die Angestellten beziehen. Nach 1945 schien die These Helmut Schelskys von der »nivellierten Mittelstandsgesellschaft« für die Bundesrepublik eine Art »sozialen Gründungsmythos« zu verkörpern[31], obwohl die Veränderungen in der Sozialstruktur im Detail weitaus komplizierter und vielschichtiger waren als es der griffige Slogan verdeutlicht. Es entstand in der zweiten Hälfte des 20. Jahrhunderts in Westdeutschland

---

29 Joachim Matthes (Hg.), Krise der Arbeitsgesellschaft? Verhandlungen des 21. Soziologentages in Bamberg 1982, Frankfurt a. M./New York 1983; André Gorz, Kritik der ökonomischen Vernunft. Sinnfragen am Ende der Arbeitsgesellschaft, Berlin 1989; Ulrich Beck, Die Seele der Demokratie. Wie wir Bürgerarbeit statt Arbeitslosigkeit finanzieren können, in: Gewerkschaftliche Monatshefte 6/7 (1998), S. 330-335. Auch die Diskussion um Arbeit jenseits der Festanstellung gehört zu Problemkomplex. Vgl. Holm Friebe und Sascha Lobo, »Wir nennen es Arbeit«. Die digitale Bohème oder Intelligentes Leben jenseits der Festanstellung, München 2006.

30 Vgl. etwa die Sozialreportagen bei Franz Schultheis et al. (Hg.), Ein halbes Leben. Biografische Zeugnisse aus einer Arbeitswelt im Umbruch, Konstanz 2010 und Klaus Dörre/Uwe Schneidewind/Michael Sommer: Die Zukunft war vorgestern. Der Wandel der Arbeitsverhältnisse: Unsicherheit statt Normalarbeitsverhältnis?, Oldenburg 2005.

31 Paul Nolte, Eine kurze Geschichte der Mitte, in: Berliner Republik 3 (2002), S. 14-22, hier: 17.

eine *Arbeitnehmergesellschaft*, die sich durch eine erweiterte Teilhabe der Arbeitnehmerinnen und Arbeitnehmer an gesamtgesellschaftlichen Entwicklungen auszeichnete. Der Mittelstand selbst gewann neue Konturen: Während die *alten* Mittelschichten der kleinen Landwirte, Handwerker und Kaufleute quantitativ zurückgingen (zwischen 1950 und 1990 von 25 Prozent auf weniger als 5 Prozent der Bevölkerung), gewann der *neue* Mittelstand der Angestellten (und Beamten) zunehmend an Bedeutung (mit einem Anteil von bis zu 60 Prozent der Bevölkerung). Zugleich verbesserten sich der Lebensstandard und die soziale Sicherheit der Arbeiterinnen und Arbeiter, die sich damit denen der »Mitte« anglichen.[32]

Seit den 1970er-Jahren unterliegt aber auch das Dasein der Angestellten einem grundlegenden Wandel. Dazu haben u. a. Automatisierung und Rationalisierung, der Einzug von Computern in die Planung sowie eine veränderte Bürowelt beigetragen. Büroarbeit ist abhängige Beschäftigung in administrativen Zuordnungen und Hierarchien. Als zeitlich gemessene Arbeit mit geringer physischer, aber oft erheblicher psychischer Belastung hat sie zu völlig neuen Arbeitsformen geführt – ob öffentlichen oder privaten Charakters.

Der Transformationsprozess der Arbeitswelten hat zu Beginn der 1970er-Jahre einen erheblichen Schub erfahren. Nachwirkungen gesellschaftlicher Großereignisse wie die der Studentenunruhen und Jugendrevolten um 1968 mit Einflüssen auch auf die autoritären Strukturen in den Betrieben oder technische Wegmarken wie die Mondlandung 1969 kündigten bereits grundlegende Wandlungsprozesse an. Insbesondere aber die technischen Innovationen in der industriellen Produktion und bei den Dienstleistungen bewirkten einen Wandel, der sich schon Ende der 1960er-Jahre abzeichnete. Das Jahrbuch für die Gewerkschaften »Werden« stand 1969 ganz im Zeichen einer technischen Modernisierung. Das Vorsatzblatt enthielt die programmatische Feststellung: »Du kannst deine Stelle von morgen nicht mit deinen Fähigkeiten von heute erhalten. Bereite dich schon heute auf deine Beschäftigung von morgen vor.« Am Rande wurde bemerkt, dass die Seite mit der »Normschrift OCR A« gestaltet wurde: »Sie ermöglicht die maschinelle optische Zeichenerkennung durch Belegleser bei EDV-Anlagen. Um die besondere Strichführung dieser Schrift besser erkennbar zu machen, wurde sie um ein Drittel vergrößert.«[33] Aber die mit der technischen Modernisierung verbundene Fortschrittseuphorie und die wissenschaftlich induzierte Gestaltbarkeit von Politik gerieten bald an Grenzen.

Diese hier grob skizzierten Überlegungen zeigen, dass sich – wenn der »Strukturbruch« in Anlehnung an Doering-Manteuffel und Raphael als ein »sozialer Wandel

---

32 Vgl. ausführlich Rainer Geißler, Die Sozialstruktur Deutschlands. Zur gesellschaftlichen Entwicklung mit einer Bilanz zur Vereinigung, Wiesbaden ⁵2008; Stefan Hradil, Soziale Ungleichheit in Deutschland, Opladen 1999.
33 Werden. Jahrbuch für die Gewerkschaften, Köln 1969, hg. v. Hans Dohrenbusch/Eduard Wald, S. 3.

Einleitung: Nach dem Boom – ein »sozialer Wandel von revolutionärer Qualität«?

von revolutionärer Qualität« verstanden werden soll – die Aufgabe einer näheren Erkundung seiner Ausprägungen und spezifischen Elemente stellt. Hierzu zählen nicht zuletzt auch die Arbeitswelten.[34] Gerade in den angesprochenen Bereichen, die grob in industrielle Produktion, öffentliche Verwaltung und Dienstleistungen sowie private Dienstleistungsbereiche unterteilt werden können, sind seit dieser Zeit vielfältige Veränderungen erfolgt. Dazu gehören etwa der »Abschied vom Malocher«[35], also der Wandel von schwerer körperlicher Arbeit hin zu höheren Qualifikationsanforderungen in planender, kontrollierender und steuernder Hinsicht. Dazu gehört auch die Entstehung neuer Dienstleistungsbereiche und der Ausbau der Angestelltentätigkeiten.

Geradezu zu einem Schlagwort ist die Entstehung der Dienstleistungsgesellschaft geworden. Präziser kann aber von einer Tertiarisierung gesprochen werden.[36] Mit diesem Begriff wird nicht allein der Anstieg von Dienstleistungstätigkeiten umrissen, sondern zugleich auch die Ausweitung von Beschäftigungsverhältnissen in einer globalisierten Welt, die sich aufgrund technischer Innovationen zunehmend von ausschließlich industriellen Produktionstätigkeiten lösten. Es gilt zu berücksichtigen, dass die jahrzehntelange auch soziokulturell prägende Unterscheidung zwischen Angestellten als Gehalts- und Arbeitern als Lohnempfängern inzwischen in den meisten Tarifverträgen zugunsten von allgemeinen Entgelttarifverträgen aufgehoben ist. Zahlreiche, eben auch handwerkliche Berufe sowie Tätigkeiten der medizinischen Pflege und soziale Dienste aus dem karitativen Bereich werden heute ebenfalls unter den Begriff der Dienstleistungen subsumiert. Dieser Prozess umfasst aber auch den Wegfall alter und die Erntstehung gänzlich neuer Berufsbilder; er steht damit auch historisch in enger Beziehung zu einem Formenwandel der Arbeitsverhältnisse.[37]

Die Tertiarisierung beinhaltet des Weiteren eine Ausweitung von prekären und gering entlohnten Beschäftigungsverhältnissen seit den frühen 1990er-Jahren. Die Modifikationen des industriellen Ordnungsmodells und der Arbeit wirkten sich damit in zunehmendem Maße auf die Lebenswirklichkeit der Menschen aus. Ebenso ist die Erfahrung einer hohen Sockelarbeitslosigkeit zu einem wichtigen Rahmenfaktor der Ar-

---

34 Vgl. in diesem Sinne Werner Conze/M. Rainer Lepsius (Hg.), Sozialgeschichte der Bundesrepublik Deutschland. Beiträge zum Kontinuitätsproblem, Stuttgart 1983, S. 143-186.
35 Wolfgang Hindrichs et al., Der lange Abschied vom Malocher. Sozialer Umbruch in der Stahlindustrie und die Rolle der Betriebsräte von 1960 bis in die neunziger Jahre, Essen 2000.
36 Vgl. Walter Müller, Wege und Grenzen der Tertiarisierung. Wandel der Berufsstruktur in der Bundesrepublik Deutschland 1950–1980, Mannheim 1982; Axel Born, Beschäftigung und Tertiarisierung, in: Hans-Jörg Bullinger (Hg.), Dienstleistungen – Innovation für Wachstum und Beschäftigung, Wiesbaden 1999; Nora Lauterbach, Tertiarisierung und Informatisierung in Europa: Eine empirische Analyse des Strukturwandels in Deutschland, Frankreich, Italien und Grossbritannien, Frankfurt a. M. 2004.
37 Vgl. Peter Berker/Tilman Allert, Professionen im Wandel der Arbeitswelt, Münster (Westf.) 1998 und Rudi Palla, Das Lexikon der untergegangenen Berufe, Frankfurt a. M. 1998.

beitsbeziehungen geworden.[38] Es erscheint lohnend, die Wandlungen der Arbeitswelten in ein auch kritisch zu hinterfragendes Verhältnis zu einem unterstellten Strukturbruch und damit dem möglichen Beginn einer neuen historischen Epoche zu setzen.

Zu dieser Entwicklung gehören aber auch die Pluralisierung der Lebensstile, eine kulturelle Liberalisierung der Gesellschaften und ein erheblicher Individualisierungsschub.[39] Der mit diesen Prozessen verbundene Wertewandel zu stärker postmaterialistischen Einstellungen hat auch im individuellen Verhältnis zur Arbeit seinen Niederschlag gefunden.[40] Dabei waren Wandlungen in den Arbeitswelten wichtige Indikatoren. Gerade auch gewerkschaftliche Initiativen wie Arbeitszeitverkürzungen, Bildungsurlaube oder soziale Aktivitäten in den Betrieben haben dazu beigetragen, den Wertewandel auch materiell zu ermöglichen.[41] Zugleich haben sich mit den Individualisierungstendenzen aber auch die gesellschaftlichen Gegensätze verstärkt, eine Tendenz, die nicht zuletzt in der Konkurrenz um Lebensentwürfe und -chancen sowie in sozialen Spannungen und Spaltungen zum Ausdruck kommt.[42]

Der hier vorliegende Band wird von Anselm Doering-Manteuffel und Lutz Raphael mit einer Präzisierung und Zuspitzung ihrer These vom »Epochenbruch in den 1970er Jahren« eröffnet, die ihre Kernaussagen in einer Darstellung der »Phänomenologie« und der »Wirkungen des Strukturwandels ›nach dem Boom‹« zusammenfasst. Für die Autoren erweist sich der Strukturbruch dabei als eine »Multiplizität von Abbrüchen und Umbrüchen«, die insbesondere im Zerfall der Traditionsindustrien wie der Bergbau-, Stahl- oder Textilbranche, in der Flexibilisierung und Internationalisierung der Wirtschaft sowie in der Transformation der Lebenswelten der Menschen an den alten Industriestandorten deutlich werden.

Die Beiträge der weiteren Sektionen des Bandes bilden einerseits durch den Rückgriff auf Beispiele aus den Arbeitswelten diese Vielschichtigkeit ab, sodass sie neue Untersuchungsfelder erschließen, die sich aus der Strukturbruchthese ergeben. Andererseits wagen sie aber auch vielfach eigene Periodisierungen und Interpretationen. In

---

38 Thomas Raithel/Thomas Schlemmer (Hg.), Die Rückkehr der Arbeitslosigkeit. Die Bundesrepublik Deutschland im europäischen Kontext 1973 bis 1989, München 2009.

39 Vgl. zu letzterem v. a. Ulrich Beck, Risikogesellschaft. Auf dem Weg in eine andere Moderne, Frankfurt a. M. 1986 sowie ders., Schöne neue Arbeitswelt. Vision Weltbürgergesellschaft, Frankfurt a. M. 2007.

40 Vgl. Jörg Neuheiser/Andreas Rödder, Eine Geschichte vom Werteverfall? Die Deutschen und ihre Einstellungen zur Arbeit, in: Stiftung Haus der Geschichte der BRD (Hg.), Hauptsache Arbeit. Wandel der Arbeitswelt nach 1945. Begleitbuch zur Ausstellung, Bonn 2009, S. 30-38; Andreas Rödder/Wolfgang Elz (Hg.), Alte Werte – Neue Werte. Schlaglichter des Wertewandels, Göttingen 2008.

41 Für diese Felder sind bisher v. a. die Arbeitszeitverkürzung und ihre gesellschaftlichen Auswirkungen bearbeitet. Vgl. Michael Schneider, Streit um Arbeitszeit. Geschichte des Kampfes um Arbeitszeitverkürzung, Köln 1984; Oskar Negt, Lebendige Zeit, enteignete Zeit. Politische und kulturelle Dimensionen des Kampfes um die Arbeitszeit, Frankfurt a. M./New York 1984.

42 Vgl. zur Debatte v. a. Stephan Lessenich/Frank Nullmeier (Hg.), Deutschland – eine gespaltene Gesellschaft. Frankfurt a. M./New York 2006.

diesem Sinne diskutieren beziehungsweise überprüfen die beteiligten Autorinnen und Autoren schließlich die epochale beziehungsweise revolutionäre Qualität der hier argumentierten Zäsur für die 1970er-Jahre und hinterfragen die Tragfähigkeit des *Großnarrativs* der Strukturbruchthese.

Da Brüche und Wendungen von Wirtschafts- und Sozialpolitik und vor allem Transformationsprozesse in Arbeitsbeziehungen besonders deutlich strukturelle Veränderungen der Arbeitswelt(en) im öffentlichen und institutionellen Raum zu Tage fördern – und hier auch eine erste historische Ausmessung aufgrund quellengestützter Vorarbeiten möglich ist – nimmt der Band insgesamt vor allem gewerkschaftliche und arbeitspolitische Interessensrepräsentationen in den Blick.

Rahmenbedingungen im Wandel: Ökonomische und soziale Veränderungen

In einem ersten Teil wenden sich die Darstellungen ökonomischen und sozialen Veränderungen zu, die seit den 1970er-Jahren neue soziale, wirtschaftliche und politische Einrahmungen der Arbeitsgesellschaft bis heute nach sich ziehen: Neben dem Rückgang und der Transformation industrieller Arbeitsplätze sowie der Tertiarisierung der Arbeit als wichtigen Parametern für den Wandel sind seit den 1970er-Jahren beispielsweise die beschleunigte Verdichtung transnationaler Kapital- und Wirtschaftszusammenhänge, die Veränderung der rechtlichen Rahmenbedingungen im Bereich der Arbeitsbeziehungen und die Diversifizierung der Unternehmenslandschaft zu nennen.

David Furch fragt in seinem Beitrag nach der »Bedeutung der Deutschland AG« und überprüft die Strukturbruchthese von Doering-Manteuffel und Raphael entlang der Veränderungen im Corporate Governance-System sowie mit Blick auf die Rolle globaler Finanzmärkte. Er kommt zum Schluss, dass mit einer globalen Orientierung auf kurzfristige Renditeerwartungen das deutsche Bankensystem einem Veränderungsdruck unterworfen war, der sich langfristig auf zunehmend mehr Bereiche der Marktwirtschaft auswirkte beziehungsweise weiter auswirken wird.

Die starke Verrechtlichung der bundesdeutschen Arbeitsbeziehungen und ihre Auswirkungen auf den Strukturwandel der Arbeitswelt ist Thema der Darstellung von *Andrea Rehling*, die sich mit der konzertierten Aktion im Spannungsfeld der 1970er-Jahre befasst. Dabei geht sie der Frage nach, ob in dieser Zeit das Ende des »Jahrhunderts des Korporatismus« eingeläutet wurde, da die bis dahin vorherrschenden Erwartungen der Akteure, gesamtgesellschaftlich und rational dauerhaft konsensfähig zu sein, von den Korporatismuspartnern selbst aufgegeben wurden.

Jan-Otmar Hesse identifiziert einen Rückgang wirtschaftlicher Unternehmungen seit den 1960er-Jahren und behandelt die in den 1970er-Jahren ausgerufene »Krise der Selbständigkeit«. Die fallende Selbstständigenquote wird von ihm als allgemeines industriegesellschaftliches Phänomen im Kontext des sektoralen Wandels beleuchtet und als zyklenhafter Prozess beschrieben, der bereits in den 1980er-Jahren einen neuen Höhepunkt erreicht. In diesem Zusammenhang werden Stellenwert und gesellschaftliche Attraktivität von Selbstständigkeit in den Arbeitswelten eingehender erörtert.

Sozialstrukturen und betriebliche Organisationsstrukturen sind weitere wichtige Untersuchungsfelder, um die veränderten Rahmenbedingungen zeitgeschichtlich abzustecken. So ist vor allem die Frage nach der Organisation der Arbeit in den 1970er-Jahren konfliktträchtig verhandelt worden. Im Zentrum von *Anne Seibrings* Beitrag steht vor diesem Hintergrund das staatliche Aktionsprogramm »Forschung zur Humanisierung des Arbeitslebens« (HdA). Der Beitrag zeigt, dass mit der einsetzenden Rationalisierung und Automatisierung Humanisierungsfragen zu einem entscheidenden Gradmesser erfolgreicher Arbeitsbeziehungen geworden sind; zugleich wird aber auch deutlich, dass eine nachhaltige Implementierung der dabei gewonnenen Erkenntnisse bis heute noch aussteht.

Ein in diesem Zusammenhang kaum zu unterschätzender Faktor sind die sowohl quantitativ als auch qualitativ veränderten Formen der Frauenerwerbstätigkeit in den 1970er-Jahren. Im Zusammenhang mit der Strukturbruchthese tritt *Monika Mattes* für einen geschlechtssensiblen Blickwinkel ein, um den Wandel der Arbeitswelt seit den 1970er-Jahren zu erfassen. Sie überprüft ihre Annahme, dass Frauen die »Krisenverliererinnen nach dem Boom« sind, an einem deutsch-deutschen Vergleich. Dabei kommt sie zum Schluss, dass die Sicht auf den Strukturbruch als Verlustgeschichte vor allem aus männlicher Perspektive interpretiert wird.

Arbeitswelten und -beziehungen im Wandel: Beispiele und Fallstudien

Die Beiträge dieser Sektion skizzieren einzelne Bereiche und spezifische Veränderungen der Arbeitswelten. *Nina Weimann-Sandig* geht davon aus, dass der Strukturbruch zwar in allen Industrienationen stattfand, jedoch nationale Ausprägungen markante qualitative Unterschiede hervorgebracht hätten. Mithilfe einer Fallstudie aus den Jahren 2004 bis 2008 zu kommunalen Energieversorgungsunternehmen in Deutschland stellt sie die fundamentalen Wandlungen in dieser Branche im Privatisierungsprozess dar. Der diachrone Vergleich mit den 1970er-Jahren dokumentiert den Wandel des Selbstverständnisses der Arbeitnehmerinnen und Arbeitnehmer, die Veränderungen in den Arbeitsbeziehungen und den neuen Zuschnitt kollektiver Interessenvertretungen.

Knud Andresen geht der Frage nach, inwiefern sich in der Berufsausbildung von einem Strukturbruch sprechen lässt. Ausgehend von der Bildungsdiskussion seit den 1960er-Jahren rückten auch in der Berufsausbildung Fragen nach sozialer Mobilität und Chancengleichheit in den Vordergrund. Andresen zeigt, dass sich – ungeachtet der unveränderten Form der dualen Berufsausbildung – die inhaltliche Ausrichtung und die soziale Zusammensetzung der Auszubildenden erheblich wandelten. In diesem Zusammenhang kommt der modifizierten Ausrichtung der Berufsausbildung und den neuen Chancen zur Weiterqualifikation zentrale Bedeutung zu.

Rüdiger Hachtmann widmet sich in seiner Darstellung dem Rationalisierungsdiskurs, der innerhalb der Gewerkschaften geführt wurde. Er verfolgt die Debatten bis in die Weimarer Republik zurück und macht innerhalb der Gewerkschaften in den 1970er-Jahren einen auffallenden argumentativen Richtungswechsel im gewerkschaftlichen Meinungsspektrum aus. Aufbauend auf entsprechenden Quellenstudien erörtert Hachtmann die Frage, inwieweit von einem »Abschied vom fordistischen Fabriksystem« oder vom »Postfordismus« gesprochen werden kann.

Interessenrepräsentation im Wandel: Brüche und Kontinuitäten

Der erweiterte Arbeitsbegriff, der Formwandel der Arbeit und die Herausforderungen einer veränderten Arbeitsumwelt griffen zum Teil erheblich in die sozialen Strukturen und gesellschaftlichen Einrahmungen der Arbeitswelten ein. In der Bundesrepublik Deutschland forderten sie vor allem seit den 1970er-Jahren die korporativen Systeme, die traditionellen betrieblichen, gewerkschaftlichen sowie die verbandliche Vertretung von Arbeitnehmern und als bewährt geltende Arbeitsbeziehungen, wie zum Beispiel die Montanmitbestimmung, besonders heraus. Um das Ausmaß und die Reichweite der Veränderung zu untersuchen, unternimmt *Ingrid Artus* einen vergleichenden Überblick zur Geschichte der betrieblichen Interessenvertretungen in Deutschland und Frankreich. Basierend auf einer Darstellung der langen Entwicklungslinien kann sie zeigen, dass die 1970er-Jahre weniger als Strukturbruch denn als »Scharnierjahrzehnt« verstanden werden sollten, in dem alte Prozesse aufgenommen und in neue Richtungen gelenkt wurden. Der Beitrag setzt sich dabei exemplarisch mit der Frage auseinander, inwieweit die 1970er-Jahre eher von der Boomphase geprägt wurden, und wann es zu grundlegenden Einbrüchen in die betrieblichen Interessenvertretungen kam.

Stephan Meise äußert in seinem Beitrag Zweifel, ob der Strukturbruch als klare Zäsur von epochalem Rang anzusehen ist. Vielmehr macht er einen beschleunigten sozialen Wandel seit den 1970er-Jahren aus, der durch die wechselseitigen Abhängigkeiten der gesellschaftlichen Funktionsbereiche charakterisiert ist. Seine These untersucht Meise am Beispiel der gewerkschaftlichen Interessenrepräsentation auf regionaler Ebene. Ausgehend von der Metapher der »drei Welten der Gewerkschaften« kommt er zum Ergebnis, dass für die beispielhaft ausgewählten Fallbeispiele der Metall- und Elektrobranche regional erhebliche differenzierte Wandlungsprozesse auszumachen sind.

Thilo Fehmel spitzt die Strukturbruchthese auf drei Verlustbehauptungen zu: die Funktionslosigkeit des Staates, die Begriffslosigkeit des Wandels und schließlich die Geschichtslosigkeit der Gegenwart. Er untersucht den Begriff und die Wirksamkeit der Tarifautonomie mithilfe des historischen Institutionalismus und konstatiert eine schleichende Wandlung. Während der Begriff der Tarifautonomie zu einem Grundbegriff der bundesdeutschen Arbeitsbeziehungen wurde, veränderte sich die inhaltliche Bestimmung jedoch im Rahmen des Strukturbruchs. Vor diesem Hintergrund arbeitet Fehmel heraus, dass diese inkrementellen Veränderungen erheblich dazu beigetragen haben, dass die Betroffenen selbst den Wandel kaum als solchen erlebten.

Christian Testorf lenkt den Blick auf die gewerkschaftliche Tarifpolitik zwischen 1966 und 1974. Standen zuerst die in der konzertierten Aktion diskutierten Lohnrahmenrichtlinien bei moderaten Tarifabschlüssen im Vordergrund, erfolgte nach den wilden Streiks vom September 1969 eine Phase von Hochlohnabschlüssen, die weniger von der Gewerkschaftsführung, als von der Mitgliederbasis erzwungen wurde. Für Testorf ist jedoch die keynesianische Wirtschaftspolitik eher eine Ausnahme als die Regel in der bundesrepublikanischen Wirtschaftsgeschichte, da die Gewerkschaften nach 1969 nicht bereit waren, ihre Lohnpolitik an der konzertierten Aktion auszurichten.

Viktoria Kalass öffnet den Blick auf die gegenwärtigen Effekte starker Wandlungsprozesse in den Arbeitswelten. Sie behandelt den Lokführerstreik der Gewerkschaft Deutscher Lokomotivführer (GDL) vom Sommer 2007, der in einen autarken Tarifabschluss mündete. Im Kern zeigt Kalass, dass der derzeitige Erfolg der Splittergewerkschaft GDL in vielerlei Hinsicht begünstigt wurde und nicht nur Folge eines Epochenbruchs im öffentlichen Sektor war: Er sei sicherlich einerseits eine Folge des Strukturwandels im öffentlichen Sektor seit den späten 1970er-Jahren sowie des politischen Umbruchs nach 1989, andererseits aber auch – und in nicht zu unterschätzendem Maße – Frucht günstiger politischer Gelegenheitsstrukturen.

In einer gleichermaßen zusammenfassenden wie perspektivischen Betrachtung erörtern abschließend *Winfried Süß* und *Dietmar Süß*, die im Rahmen des Zentrums für Zeithistorische Forschungen in Potsdam im Sommer 2009 eine thematisch ähnlich orientierte Tagung ausgerichtet haben[43], ihre Forschungsergebnisse zu den Arbeitswelten der 1970er-Jahre. In ihren Ausführungen wird – jenseits aller gesellschaftlichen Individualisierungs- und Pluralisierungstendenzen – die Bedeutung von Arbeit als strukturierenden Faktor sozialer Beziehungen hervorgehoben und die Wechselwirkung zwischen ökonomischen und sozialen Einflussfaktoren veranschaulicht. Auf die Agenda einer künftigen Sozialgeschichte der Arbeit »nach dem Boom« wird von ihnen vor allem ein stärker komparatistischer Zugang gesetzt, der auch Vergleichsstudien mit anderen Staaten, vor allem mit den Ländern West- und Osteuropas, einbe-

---

43 Vgl. hierzu den Konferenzbericht von Nicole Kramer [hsozkult.geschichte.hu-berlin.de/tagungsberichte/id=2780]. Siehe des Weiteren auch die vom Deutschen Historischen Institut in London im November 2009 ausgerichtete Tagung »European Societies of Work in Transformation: Comparative and Transnational Perspectives on Great Britain, Sweden and West Germany During the Seventies«.

Einleitung: Nach dem Boom – ein »sozialer Wandel von revolutionärer Qualität«?

zieht beziehungsweise den internationalen Bezugsrahmen konturiert.[44] Zu den Problemfeldern einer künftigen »Zeitgeschichte der Arbeit« zählen Dietmar Süß und Winfried Süß die Beschäftigung mit den semantischen Verschiebungen um den Arbeitsbegriff, Analysen zu konkreten Arbeitsbedingungen der Arbeiter und weitergehende Untersuchungen zur Entwicklung des Wohlfahrtsstaates.

Die hier aufgezeigten weitergehenden Forschungsziele dokumentieren auf der einen Seite die Grenzen, aber auch die Perspektiven des vorliegenden Bandes. Noch steckt die zeithistorische Forschung zu Arbeitsbeziehungen und Arbeitswelten weitgehend in ihren Kinderschuhen, noch dominieren zeitgenössische soziologische Studien das Themenfeld. Obwohl die Zeitgeschichte in den letzten Jahren begonnen hat, einen stärkeren Austausch mit den Sozialwissenschaften zu suchen, blieb die Annäherung im Bereich der Entwicklung der Arbeitsbeziehungen von diesem Austausch weitgehend unberührt. Dies mag darauf zurückzuführen sein, dass die Geschichtswissenschaft im Gegensatz zu den stark theorieorientierten Sozialwissenschaften traditionell eher als theoriefern gilt. Dass sich Historiker – namentlich im deutschen Sprachraum – nur begrenzt an Theorien abgearbeitet haben, wird vor allem darauf zurückgeführt, dass das vorwiegende Erkenntnisinteresse der Geschichtswissenschaft darin besteht, historische Prozesse und Strukturen in ihrer ganzen Komplexität möglichst umfassend und schlüssig zu erklären. Historische Komplexität lässt sich aber nur begrenzt auf eine kleinere Anzahl von Variablen reduzieren und in jenes Korsett schnüren, das für die in den Sozialwissenschaften dominierenden Theorien mittlerer Reichweite die Grundlage bildet. Vor diesem Hintergrund wird seitens der Geschichtswissenschaft auf theoriegeleitete Fragestellungen oftmals verzichtet, hegt man doch Bedenken gegenüber einem zu starren und dogmatischen Charakter von Theorien.

Der vorliegende Band versucht die Verbindungslinien zwischen sozialwissenschaftlichen Theorien und dem Feld der Geschichte neu zu beleben, in dem sowohl historisch arbeitende Soziologen als auch theorieorientierte Historiker zu Worte kommen. Die systematischen Beiträge der Sozialwissenschaften, die bereits vor Jahrzehnten in ihren Studien eine beträchtliche Detailtiefe und mannigfaltige Forschungsergebnisse erarbeitet hat, mögen methodisch differieren und im Einzelfall überholt oder widerlegt sein. Aber sie können den Historiker in die Lage versetzen, Detailaspekte der Arbeits- und Arbeitergeschichte – in einer produktiven Verknüpfung mit der noch zu leistenden historischen Quellenarbeit – zu durchleuchten. Erste Anregungen in diesem Sinne will der vorliegende Band vermitteln.

---

44 Siehe in diesem Kontext auch das am Institut für Zeitgeschichte bearbeitete Projekt »Die Krise der Arbeitsgesellschaft 1973–1989. Quantitative Entwicklung, politische Initiativen, Perzeption und Erfahrungsgeschichte im europäischen Vergleich«.

Zu diesem Band

In den vergangenen Jahren haben die Friedrich-Ebert-Stiftung und die Hans-Böckler-Stiftung begonnen, das Blickfeld der Forschung verstärkt auf die Entwicklung der Arbeitsbeziehungen in Europa seit den 1970er-Jahren zu lenken. Zu diesem Zweck ist im Rahmen eines Gemeinschaftsprojektes beider Einrichtungen die Etablierung eines lockeren Netzwerks von Forschern in die Wege geleitet worden, die in diesem Themenfeld forschen, oder deren Forschungen für entsprechende Fragestellungen »anschlussfähig« sind. Die hier vorgelegten Beiträge sind vielfach Werkstattberichte der Forscher dieses Netzwerks.

Die dieser Publikation zugrunde liegende Tagung in Bonn im November 2009 wäre ebenso wie das Buch selbst nicht ohne vielfältige Hilfestellung und Unterstützung zustande gekommen. Unser Dank richtet sich insbesondere an die Autoren, die nicht nur für die Tagung anregende Vorträge ausgearbeitet, sondern diese für die Publikation zum Teil noch erheblich überarbeitet und ergänzt haben.

Unserer besonderer Dank gebührt Michaela Kuhnhenne (HBS) und Ralf Richter (HBS) sowie Karl Lauschke (Universität Dortmund), die gemeinsam wichtige Impulse für die Tagung und das Konzept dieses Bandes gegeben haben. Der Dank richtet sich schließlich auch an die Herausgeber der Reihe »Politik und Gesellschaftsgeschichte« sowie den Dietz-Verlag für die jederzeit hilfreiche inhaltliche und organisatorische Unterstützung bei der Drucklegung dieser Publikation.

Anselm Doering-Manteuffel/Lutz Raphael

Der Epochenbruch in den 1970er-Jahren: Thesen zur Phänomenologie und den Wirkungen des Strukturwandels »nach dem Boom«

Bilanz eines Jahrzehnts

In der zeithistorischen Wissenschaft wird schon seit geraumer Zeit darüber diskutiert, welche Bedeutung und Eigenart den 1970er-Jahren im Verlauf der zweiten Hälfte des 20. Jahrhunderts zuzuschreiben seien.[1] Frühe Überlegungen über den Charakter der Zeit als »rotes Jahrzehnt«[2], als »sozialdemokratisches Jahrzehnt« oder vielleicht doch schon als Inkubationsphase des erneuerten konservativen Trends nach 1980 bewegten sich auf dem vertrauten Pfad der Zeitgeschichte seit 1945[3], die Jahrzehnt um Jahrzehnt seit den 1950er-Jahren durchmusterte und darauf konzentriert war, die Entwicklung der Nachkriegszeit als Fortschritts- und Wohlstandsgeschichte mitzuvollziehen. Man war gewohnt, dass es aufwärts ging und wollte die Dinge auch dann nicht gern aus einem anderen Blickwinkel sehen, als die Fortschrittslinie hinsichtlich Wohlstand, sozialer Sicherheit und Sozialstaatlichkeit nicht mehr eindeutig anzusteigen schien. Das aber war seit dem Spätherbst 1973 der Fall. Zum zweiten Mal in der Geschichte der Bundesrepublik, nach 1966/67, kam es zu einer Rezession. Die Arbeitslosenzahlen nahmen wieder zu, diesmal jedoch erzielten die rasch aufgelegten wirtschaftspolitischen Konjunkturmaßnahmen bestenfalls halbe Erfolge. In wichtigen, beschäftigungsintensiven Branchen wie der Textil-, Bekleidungs- oder Werftindustrie traten alle Anzeichen einer Strukturkrise auf und führten zu Unternehmenspleiten, Werkschließungen und Massenentlassungen. Der spektakulärste Fall war die Krise der westeuropäischen Stahlindustrie, deren Firmen sich nach dem Ende des Booms zum Abbau gigantischer, zumeist mithilfe staatlicher Subventionen finanzierter Überkapazitäten genötigt sahen. Gleichzeitig durchlebten industrielle Großunter-

---

1 Konrad Jarausch (Hg.), Das Ende der Zuversicht? Die siebziger Jahre als Geschichte, Göttingen 2008; Thomas Raithel et al. (Hg.), Auf dem Weg in eine neue Moderne? Die Bundesrepublik in den siebziger und achtziger Jahren, München 2009; Andreas Rödder, Die Bundesrepublik Deutschland 1969–1990, München 2004.
2 Gerd Koenen, Das rote Jahrzehnt. Unsere kleine deutsche Kulturrevolution 1967–1977, Köln 2001.
3 Bernd Faulenbach, Die Siebzigerjahre – ein sozialdemokratisches Jahrzehnt?, in: Archiv für Sozialgeschichte 44 (2004), S. 1-37; Axel Schildt, »Die Kräfte der Gegenreform sind auf breiter Front angetreten«. Zur konservativen Tendenzwende in den Siebzigerjahren, in: ebd., S. 449-478.

nehmen wie VW eine Anpassungskrise, die sie ebenfalls zu drastischen beschäftigungspolitischen Maßnahmen und strategischen Neuorientierungen zwang.

Für das Verständnis der bundesrepublikanischen Entwicklung ist es von größter Bedeutung, sich vor Augen zu führen, dass bis zur zweiten Ölpreiskrise, die nach 1979 einsetzte, bei der Mehrzahl der wirtschaftspolitischen Berater und Entscheider der Eindruck vorherrschte, eine Rückkehr zum Wachstumspfad der 1960er- und 1970er-Jahre sei grundsätzlich möglich. Eine pragmatische Währungs- und Konjunkturpolitik in Verbindung mit einer ambitionierteren Technologie- und Infrastrukturpolitik würde völlig ausreichen. Damit galt sozialliberale Reformpolitik – jetzt als relativ erfolgreiches Krisenmanagement – auch im westeuropäischen und internationalen Vergleich nach wie vor als zukunftsfähig. Vor allem wurde das System sozialstaatlicher Sicherungen systematisch genutzt, um die kurzfristigen Folgen der industriellen Beschäftigungskrise aufzufangen. Insbesondere das Instrument der Frühverrentung diente solchen Zwecken, um auf Kosten der Sozialversicherungssysteme Anpassungsprobleme von Branchen und Betrieben im Einvernehmen von Arbeitnehmer- und Arbeitgeberseite »sozialverträglich« zu bewältigen. Erst in den 1980er-Jahren zeigte sich der Strukturbruch im Industriesektor in seiner ganzen Schärfe, als die Arbeitslosenzahl auf 2,3 Millionen stieg und nun auch in der Bundesrepublik – nach Großbritannien, Frankreich und Italien – immer mehr Fabriken geschlossen und die betroffenen Industriestandorte ihrer bisherigen Existenzgrundlage beraubt wurden.

In den alten Industriezentren Ruhrgebiet, Nordostfrankreich mit Belgien und Luxemburg, in Mittelengland und Schottland sind seitdem die Arbeitslosenzahlen hoch geblieben. Diese Tatsache allein verweist auf die dauerhaften Effekte des Strukturbruchs. Die alte Arbeiterkultur des montanindustriellen Zeitalters, die an die maschinell-manuelle Industrieproduktion und die räumliche Nähe von Fabrik und Zuhause gebunden war, begann abzusterben. Um 1980 war das manifest. 1984/85 kam es in England fast zum Bürgerkrieg, als die Bergarbeiter in den Streik traten.[4] 1987/88 legte der Streik im Rheinhausener Krupp-Stahlwerk, das seit dem Anfang des 20. Jahrhunderts die Stadt, die Menschen und die Lebensformen geprägt hatte, fast die ganze Region lahm, weil sich die Bevölkerung des Ruhrgebiets mit den Krupp-Arbeitern solidarisierte.[5] In den Jahren 1984 und 1985 hatten den 2,3 Millionen Arbeitslosen aus den alten Industrien gerade mal 159.000 neue Stellen gegenübergestanden.[6] Zwischen 1975 und 1995 ist die Welt der Malocher, die von der Arbeit vieler Menschen an den riesen-

---

4   Siehe Francis Beckett/David Hencke, Marching to the Fault Line. The Miners' Strike and the Battle for Industrial Britain, London 2009.
5   Eine zeithistorische Analyse des Ruhrkampfs um das Krupp-Stahlwerk Rheinhausen ist noch nicht geschrieben worden. Vgl. aber Waltraud Bierwirth/Manfred Vollmer, AufRuhr. Rheinhausen 1987–1997, Essen 2000. Zur Entwicklung in Frankreich mit Blick auf die Autoindustrie, vgl. Stéphane Beaud/Michel Pialoux, Die verlorene Zukunft der Arbeiter. Die Peugeot-Werke von Sochaux-Montbéliard (1989), Konstanz 2004.
6   Vgl. Andreas Wirsching, Abschied vom Provisorium 1982–1990, München 2006, S. 237.

haften Maschinen der Hüttenwerke und Zechen bestimmt gewesen war, untergegangen.[7]

Dennoch: Große Teile der Gesellschaft der Bundesrepublik wie auch der westlichen Nachbarländer und Großbritanniens fühlten sich von dem Geschehen nur bedingt betroffen. Die Orientierung am steigenden Wohlstand und gesicherter Sozialstaatlichkeit blieb unverändert, Konsum und Tourismus florierten in den 1970er-, 1980er- und 1990er-Jahren intensiver denn je.[8] Für die Lebensläufe männlicher deutscher Beschäftigter der alten Industrien war es von großer Bedeutung, dass sie in den Genuss der gerade erst expandierenden Leistungen sozialstaatlicher Sicherungen kamen, als die Strukturkrise ihre alte Arbeitswelt hinwegfegte. Gleichzeitig schienen der Ausbau und die Öffnung des Bildungssystems einer jüngeren Generation von Arbeiter- und Angestelltenkindern eine bessere Zukunft jenseits der alten, schweren Industriearbeit zu eröffnen. Die kollektiven Aufstiegserwartungen wurden gerade in der Bundesrepublik bis weit in die 1980er-Jahre weitergetragen und durch die branchenspezifischen, regionalen Krisenphänomene wenig beeinträchtigt. Dazu trug nicht zuletzt der Ausbau des öffentlichen Dienstes bei, der in dieser Phase die stärksten Beschäftigungszuwächse verzeichnete. Anders als die meisten westeuropäischen Staaten erlebte die Bundesrepublik in den 1970er- und 1980er-Jahren nicht das soziale Drama enorm hochschnellender Jugendarbeitslosigkeit, die in einigen Ländern wie Frankreich oder Italien eine der wichtigsten Folgen dieses Strukturbruchs ausmacht. Aber die Zunahme von subventionierten Zeitarbeitsplätzen (ABM-Maßnahmen) und die Entstehung eines wirtschaftlich vielfach prekären Alternativsektors – zwei Sektoren der Arbeitswelt, die vor allem jüngere Menschen mit ganz unterschiedlichen Qualifikationen betrafen – verweisen auf erste Risse in dem bis dahin so robusten Beschäftigungssystem der Bundesrepublik Deutschland.

Gerade wenn man die westdeutschen Entwicklungen im internationalen Kontext, vor allem jedoch im Vergleich mit den Trends in den mit der Bundesrepublik ökonomisch eng verflochtenen westeuropäischen Ländern betrachtet, fällt auf, dass Strukturbrüche und der revolutionäre Charakter des sozialen Wandels hierzulande weniger scharf oder deutlich später auftraten. Die dominante Stellung vieler Zweige und Unternehmen der westdeutschen Wirtschaft sowie die Widerstandskraft der korporativen Arrangements des 1976 zum Wahlkampfschlager erhobenen »Modells Deutschland« sind hier als wichtige Faktoren der Verzögerung und der Abfederung zu nennen. Ein kurzer Blick nach Großbritannien oder Italien genügt, um das Ausmaß zu ermessen, welches die Anhäufung struktureller Probleme und konjunktureller Schwierigkeiten

---

7   Wolfgang Hindrichs et al., Der lange Abschied vom Malocher. Sozialer Umbruch in der Stahlindustrie und die Rolle der Betriebsräte von 1960 bis in die neunziger Jahre, Essen 2000.
8   Wolfgang König, Geschichte der Konsumgesellschaft, Stuttgart 2000; vgl. Andreas Wirsching, Konsum statt Arbeit? Zum Wandel von Individualität in der modernen Massengesellschaft, in: Vierteljahrshefte für Zeitgeschichte 57 (2009), S. 171-199; Rüdiger Hachtmann, Tourismusgeschichte, Göttingen 2007, S. 170-183.

für Wirtschaft, Gesellschaft und Politik in den 1970er-Jahren in zahlreichen westeuropäischen Ländern mit sich brachte. Dort führte die Kombination von Rezession, Inflation, Reformstau und Strukturkrise der industriellen Großunternehmen zum Einsturz des sozialökonomischen Konsenses der Boomphase. Sie schuf politische und gesellschaftliche Konfliktlagen, welche in der zeitgenössischen Wahrnehmung als eine allgemeine »Krise« von Gesellschaft und Politik erschienen. Davon waren Länder wie die Bundesrepublik, die Schweiz oder Schweden weit entfernt. Dennoch sind strukturelle Gemeinsamkeiten aus heutiger Sicht nicht mehr von der Hand zu weisen: Alle westeuropäischen Länder mussten auf je spezifische Art den Übergang zu neuartiger Ökonomie, Gesellschaft und Politik bewältigen.

Schließlich gelten die 1970er-Jahre übereinstimmend als Krisenjahrzehnt des Keynesianismus. Mit diesem schillernden Begriff ist hier nicht nur das Ensemble nachfrageorientierter makroökonomischer Steuerungsmaßnahmen gemeint, sondern mit ihm bezeichnen wir auch – im Anschluss wiederum an eine breite politikwissenschaftliche und zeitgeschichtliche Deutungsrichtung – das übergreifende politökonomische Ordnungsmodell, das sich seit den 1960er-Jahren mit der Stabilisierung des Booms in den westeuropäischen Staaten weitgehend als Orientierungsrahmen durchgesetzt hatte. Seine wichtigsten Elemente waren die Versuche gesamtgesellschaftlicher Planung beziehungsweise indirekter Steuerung, die Einbeziehung der großen kollektiven Akteure (von den Unternehmerverbänden über die Gewerkschaften bis hin zu Sozialverbänden und Berufsgruppen) in die Wirtschafts- und Sozialpolitik mit dem Ziel, Konflikte einzuhegen und einen breiten gesellschaftspolitischen Konsens jenseits der parteipolitischen Konflikte herzustellen.[9] Bekanntlich näherte sich die Bundesrepublik in den späten 1960er- und frühen 1970er-Jahren diesem Ideal weitgehend an, aber sie stand damit in Europa nicht allein, wie ein Blick in die Schweiz, Österreich, die Beneluxstaaten oder Skandinavien zeigen kann.

Die Krise des Keynesianismus setzte zwischen 1971 und 1973 ein, als die westlichen Industrieländer die Steuerungskompetenz im Wirtschaftsgeschehen einbüßten. Um 1980 erfolgte dann der Durchbruch des Neoliberalismus, dessen makroökonomische Theorie des Monetarismus schon seit Längerem viele Fürsprecher gefunden hatte. Wichtiger als die damals zweifellos sinnvolle Neuausrichtung der volkswirtschaftlichen Leitprinzipien war jedoch die ideologische Begründung aus der Denkschule Friedrich von Hayeks. Dieser sogenannte *Neoliberalismus* denunzierte den *Konsens* und die gesamtwirtschaftliche *Planung* im Sinne keynesianischer Globalsteuerung als Sozialismus, und das bedeutete schlicht: unfrei. Die Erfahrung der Konfrontation von Faschismus/Nationalsozialismus und Bolschewismus ließ ihn zum fanatischen Gegner jeglicher Form von Regelung, Planung und staatlicher Steuerungskompetenz werden. In der *Mont Pèlerin Society*, einer 1947 gegründeten wirtschaftsliberalen Vereini-

---

9 Zur Problematik des Konsensliberalismus siehe Julia Angster, Konsenskapitalismus und Sozialdemokratie. Die Westernisierung von SPD und DGB, München 2003.

gung, wurden diese Auffassungen mit den Theorien der Chicagoer Schule der Volkswirtschaft verkoppelt.[10] Die »Chicago Boys« um Milton Friedman unterstützten 1973 die amerikanische Politik beim erfolgreichen Putsch gegen Chiles sozialistischen Präsidenten Salvador Allende. 1974 und 1976 wurden Friedrich von Hayek und Milton Friedman mit dem Nobelpreis für Wirtschaftswissenschaften ausgezeichnet. Der Durchbruch ihrer Ideen in der staatlichen ökonomischen Praxis war mit dem Regierungsantritt von Margaret Thatcher und Ronald Reagan 1979/80 manifest. Jetzt wurde die *Freiheit* gegen den *Konsens* in Stellung gebracht und das vom Keynesianismus beeinflusste politökonomische Denken in offener Feldschlacht bekämpft. Die Politik des Konsenses, hieß es jetzt, mache die Menschen initiativlos, träge und bequem. Dagegen wurde die Parole gestellt, dass sich Leistung »wieder lohnen« müsse.[11] Leistung könne nur der Einzelne erbringen, wenn er die Freiheit habe, sich nach seinen Kräften zu entfalten. Dazu gehörte dann die Feststellung von Frau Thatcher, dass es so etwas wie Gesellschaft gar nicht gebe, sondern nur einzelne Menschen, die Familien und dann, natürlich, die Nation.[12]

In seiner programmatischen Rigorosität stieß der Thatcherismus im übrigen Westeuropa weitgehend auf Ablehnung oder sorgte doch zumindest für Irritationen, die es den Anhängern und Bewunderern der »eisernen Lady« nahelegten, behutsamer vorzugehen und ideologisch kompromissbereit zu sein. Dennoch ist bereits in den 1980er-Jahren unübersehbar, dass in westeuropäischen Ländern, deren währungs- und finanzpolitische Spielräume in dramatischer Weise enger geworden waren, in Italien und Frankreich etwa, gerade auch maßgebliche Kräfte der politischen Linken eine wirtschaftspolitische Kehrtwende vollzogen und die schrittweise Abkehr vom Keynesianismus einleiteten. Jenseits der parteipolitischen Konstellationen, langfristiger Pfadabhängigkeiten nationaler Wohlfahrtsregime oder soziokultureller Besonderheiten wurde ganz Westeuropa von den grundlegenden Trends erfasst, die wir hier diskutieren. Das ist der widersprüchliche Gesamteindruck, den wir in der Epoche nach dem Boom gewinnen und den es gesellschaftspolitisch, politökonomisch und ideologiekritisch zu analysieren gilt.

---

10 Bernhard Walpen, Die offenen Feinde und ihre Gesellschaft. Eine hegemonietheoretische Studie zur Mont Pèlerin Society, Hamburg 2004.
11 Vgl. Andreas Wirsching, Abschied, S. 11–106, der die Wahlkampfstrategie der CDU/CSU unter Helmut Kohl gegen die SPD unter Helmut Schmidt beschreibt (S. 40–46).
12 Vgl. Bernard Wasserstein, Barbarism and Civilisation. A History of Europe in Our Time, Oxford 2007, S. 636 f., mit dem Verweis auf Thatchers Interview für die Zeitschrift »Women's Own« v. 23.9.1987, in der sie die Frage stellte »Who is society?« und die Antwort gab: »There is no such thing! There are individual men and women and there are families«.

Strukturbruch und sozialer Wandel revolutionärer Qualität – ein Deutungsansatz

Wir formulieren die These, dass die Entwicklung seit den 1970er-Jahren einen *Strukturbruch* der Industriemoderne sichtbar werden ließ. Deshalb betrachten wir die Zeit seit etwa 1975 als eine Epoche eigenen historischen Rechts, die zur Gegenwart hin noch nicht abgeschlossen zu sein scheint. Daraus erklärt sich die nur zur Vergangenheit hin eindeutige Bezeichnung »nach dem Boom«.[13] Angesichts der bis heute spürbaren, scheinbar widersprüchlichen Verkopplung von Kontinuitäten und Wandlungsprozessen sprechen wir gleichwohl umfassend von *sozialem Wandel von revolutionärer Qualität*, weil die Veränderungen in allen Bereichen der Gesellschaft so dynamisch vonstattengehen, dass auch innerhalb von Kontinuitätsstrukturen der Wandel des Gewohnten ins Auge sticht. Als Beispiel aus dem Bereich der Sozialstaatlichkeit soll die Sicherung der Rentner genannt werden, die seit der Einführung der »dynamischen Rente« 1957 vom steigenden Lohnniveau und dem allgemeinen Wohlstand profitieren konnten. Seit dem Übergang von den 1980er- zu den 1990er-Jahren hat sich zwar an der materiellen Sicherheit der Rentner nichts Gravierendes verändert, aber die Gewissheit, dass die Renten sicher seien, gibt es nicht mehr. Für junge Arbeitnehmer in der Gegenwart – Arbeiter wie Angestellte – scheint es unbestreitbar so zu sein, dass deren materielle Lage im Alter keineswegs »sicher« ist, wenn sie sich nicht schon heute um zusätzliche private Vorsorge kümmern. Anders gesagt: Ein *rocher de bronze* des Wohlfahrtsstaats steht auch in der Epoche nach dem Boom vor aller Augen, aber seine Festigkeit und Verlässlichkeit ist fragwürdig geworden. Kontinuität und Wandel interagieren hier, und der Grund dafür besteht keineswegs nur in der demografischen Entwicklung. Hier ist vielmehr die Wirkung eines makroökonomischen Prinzips – man könnte auch sagen: einer Wirtschaftsideologie – zu spüren, die es nicht zulassen will, dass einzelnen Menschen oder bestimmten Personengruppen im Sozialstaat durch politische Maßnahmen im Sinne eines gesamtgesellschaftlichen Konsenses das Gefühl der Zukunftssicherheit als Lohn für lebenslange Arbeit gegeben wird. Materielle und ideelle Faktoren wirken zusammen.[14]

Zwei weitere große »Basisprozesse« sozialen Wandels in dieser Epoche seien hier noch einmal in Erinnerung gerufen. Zum einen nahm die Erwerbstätigkeit von Frauen kontinuierlich zu: In 20 Jahren, zwischen 1973 und 1993, stieg die Erwerbsquote von Frauen in den westeuropäischen Ländern kontinuierlich an (von 44,7 auf 60,6 Prozent). Die revolutionäre Qualität dieses Prozesses wird besser sichtbar, wenn man sich

---

13 Vgl. unsere ausführlichere Argumentation: Anselm Doering-Manteuffel/Lutz Raphael, Nach dem Boom. Perspektiven auf die Zeitgeschichte seit 1970, Göttingen ²2010.
14 Vgl. Diana Wehlaub, Lobbyismus und Rentenreform. Der Einfluss der Finanzdienstleistungsbranche auf die Teil-Privatisierung der Alterssicherung, Wiesbaden 2009.

vor Augen führt, dass sich im selben Zeitraum die Differenz zwischen den Erwerbsquoten von Männern und Frauen mehr als halbierte (von 44 auf 19,5 Prozent). Diese Beteiligung der Frauen am Erwerbsleben ist zum Normalfall geworden, hat die Zukunftserwartungen und Strategien der unterschiedlichsten Akteure, von Unternehmern, Politikern über Paare und Familien bis hin zu heranwachsenden Mädchen beziehungsweise jungen Frauen bestimmt. Dieses Bündel von kleinen Veränderungen ergibt zusammen ein Gesamtbild, das 1995 oder 2010 völlig anders ist, als es 1973 war.

Die Expansion des Bildungswesens liefert das zweite Beispiel für einen solchen Wandel von revolutionärer Qualität, der sich Jahr für Jahr mit der Einschreibung von mehr Studierenden, mit dem Erwerb von mehr Hochschuldiplomen nach den großen Reformdebatten der 1960er und frühen 1970er-Jahre geradezu unauffällig, fast wie ein Naturprozess vollzog und an dessen Ende eine tief greifende Krise der Bildungsinstitutionen, ihrer Leistungsfähigkeit und ihrer Zielsetzungen stand und steht. Für die Bundesrepublik Deutschland etwa markiert der sogenannte Öffnungsbeschluss des Jahres 1977, der den Universitäten die Aufnahme einer stetig wachsenden Zahl von Studierenden ohne weiteren adäquaten Ausbau von Infrastruktur und Personal aufbürdete und zunächst nur als Provisorium angesichts finanzieller Engpässe gedacht war, eine Zäsur, deren langfristige Folgen erst in den Debatten um den sogenannten »Bologna-Prozess« wieder ins allgemeine Bewusstsein gerückt sind.

Wir versuchen das Geschehen in der Epoche nach dem Boom – Strukturbruch und revolutionären Wandel – so zu erklären, dass wir das unvermutete Zusammentreffen dreier im Ursprung völlig unabhängiger Komponenten betonen, um dessen Wirkungen zu untersuchen. Die erste Komponente besteht in der *Digitalisierung*, die zweite wird durch die Wirtschaftstheorie des Monetarismus in Verbindung mit der marktradikalen Ideologie von »Freiheit« gebildet, die auf die Ökonomen Milton Friedman und Friedrich August von Hayek zurückgeht und umgangssprachlich als *Neoliberalismus* bezeichnet wird. Die dritte Komponente besteht in einem Gesellschaftsmodell und Menschenbild, das auf die Entfaltung des Individuums setzt, auf die schöpferische Kraft seiner Kreativität und in paradoxer Weise Authentizität und Flexibilität aufs Engste miteinander verbindet. Im Leitbild des »unternehmerischen Selbst« hat dieses Ordnungsmuster wirkungsmächtige Motivationskraft zunächst für kleine Minderheiten, dann aber für eine immer größere Zahl von Menschen entfaltet. Gleichzeitig diente es auch als plausibles Legitimationsargument bei der Umgestaltung von Großorganisationen, bei der Neujustierung der Beziehungen zwischen Politik und Ökonomie, zwischen Individuum und Gesellschaft.

Das spätere Resultat der Komponentenfusion ist der sich in den 1990er-Jahren entfaltende *digitale Finanzmarktkapitalismus*, dessen Eigenart darin besteht, industrielle und industriegesellschaftliche Substanz durch Privatisierung und Kapitalisierung zu vermarkten, den Mehrwert aus dem Vermarktungsprozess abzuschöpfen und die daraus entstehenden gigantischen Kapitalbeträge *online* um den Globus kreisen zu lassen, immer auf der Suche nach der nächstgeeigneten Anlage, um wieder Mehrwert zu erzielen.¹⁵ Die weltweite Finanzmarktkrise 2008/2009 hat nach dem Crash des spekulativen Booms der *New Economy* im Jahr 2000/01 in bislang ungeahnter Deutlichkeit gezeigt, welche Risiken diesem Spiel innewohnen. Sie hat vor allem gezeigt, welches Maß an Verantwortungsmangel und Rücksichtslosigkeit vorherrscht, seit *Freiheit* zum primären Orientierungswert im weltweit deregulierten ökonomischen Handeln geworden ist. Blickt man zurück in die 1960er- und 1970er-Jahre, dann springt ins Auge, in welch hohem Maß nationalstaatliche oder regionale standortbezogene Verortungen als Orientierungspunkt für die Akteure der internationalen Finanzmärkte an Bedeutung verloren haben. In allen westeuropäischen Ländern ist deshalb der Rückzug des Staates aus früheren wirtschaftlichen Unternehmungen – also die Geschichte der Privatisierung von Betrieben in öffentlichem Besitz und der Deregulierung bisher dem Markt entzogener Bereiche öffentlicher Dienstleistungen – ein besonders wichtiges Thema. Es erlaubt es, die Ausgestaltung der neuen Beziehungen zwischen Privatwirtschaft und Staat, zwischen politischen und wirtschaftlichen Eliten seit den 1970er-Jahren zu untersuchen. Erst auf der Grundlage von digitaler Technik und Kommunikation in Echtzeit hat jedoch die Finanzmarktkrise des Jahres 2008/09 ihre Eigenart gewonnen, die sie vom Zusammenbruch der New Yorker Börse 1929 und der Weltwirtschaftskrise 1930 bis 1933 unterscheidet.

Alle drei Komponenten brauchten gut drei Jahrzehnte, um sich zu entwickeln, in Gesellschaft, Wirtschaft, Politik und Kultur Fuß zu fassen und schließlich die Lebenswelten weiter Bevölkerungsmehrheiten zu bestimmen. Die Wege zur Durchsetzung verliefen ganz unterschiedlich. Gerade die Kreuzungspunkte verdienen die besondere Aufmerksamkeit der Historiker und sind noch längst nicht alle aufgespürt. Für die Untersuchung gerade der Arbeitswelten der 1970er- und 1980er-Jahre ist es von Bedeutung, dabei den Ort der Unternehmen genauer in den Blick zu nehmen. Der Weg von der gewerkschaftlichen Mitbestimmung oder betrieblichen Personalvertretung als dem Königsweg zur Demokratisierung der Wirtschaft und zur stärkeren Partizipation der Beschäftigten im Betrieb hin zur Durchsetzung von Qualitätszirkeln, individualisierter Personalführung und »flachen« Hierarchien ist ein solcher Pfad.

Gerade in der Bundesrepublik öffnete sich frühzeitig die Kluft zwischen der gewerkschaftlich artikulierten Kritik, dass sich die Beschäftigten nur mangelhaft an der Gestaltung und Weiterentwicklung der Arbeitsprozesse und -bedingungen beteiligten, einerseits, und, andererseits, der oft viel radikaleren Kritik an den Hierarchien und bürokratischen Strukturen großer Unternehmen sowie ihren technologischen, vor allem energiepolitischen Orientierungen. Beide Stränge fanden sich zusammen in einer umso

---

15 Vgl. Mathias Albert et al., Die Neue Weltwirtschaft. Entstofflichung und Entgrenzung der Ökonomie, Frankfurt a. M. 1999; Paul Windolf, Was ist Finanzmarkt-Kapitalismus?, in: ders. (Hg.), Finanzmarkt-Kapitalismus. Analysen zum Wandel von Produktionsregimen, Wiesbaden 2005, S. 20-57; Christoph Deutschmann, Finanzmarkt-Kapitalismus und Wachstumskrise, in: ebd., S. 58-84.

deutlicheren Kritik am traditionellen Selbstverständnis und Führungsstil westdeutscher Großunternehmen. Dem konnten sich in Zeiten beschleunigten Strukturwandels in allen wichtigen Branchen und im Zeichen kriseninduzierter Anpassungszwänge an internationale Marktentwicklungen auf Dauer auch die fest etablierten Strukturen – verkörpert in der älteren Generation deutscher Manager – nicht entziehen. Die Neuorientierung von Management und Personalführungen in den Großunternehmen gehört zu den bislang erst in Ansätzen erforschten Themen in der Epoche nach dem Boom.[16] Deshalb ist es noch viel zu früh für generalisierende Aussagen über die konkrete Ausgestaltung betrieblicher Realitäten entlang jener Leitbilder und Rezepturen neuer Unternehmensgestaltung, die in der ambitioniertesten Ratgeberliteratur der 1970er-Jahre bereits formuliert und von neuen Zeitschriften wie *Capital* auch publizistisch unterstützt worden sind. In jedem Fall boten Fusionen und Neugründungen von Unternehmen seit den 1980er-Jahren immer mehr Anlässe für einschneidende Reformen und Umorganisationen, die auch die westdeutschen Arbeitswelten und vor allem deren mittlere und obere Etagen immer stärker mit dem neuen Geist des Kapitalismus imprägnierten, dessen diskursive Grundelemente für Frankreich vorbildlich in der Studie von Boltanski und Chiapello herausgearbeitet worden sind.[17]

Die Krise der Gewerkschaften im Betrieb war nicht nur eine klassische Schwächeperiode, angesichts geschwächter Verhandlungsmacht in Zeiten von Massenarbeitslosigkeit und der Zunahme unternehmerischen Druckes, sondern sie war seit den 1980er-Jahren in immer stärkerem Maß auch geprägt von der Delegitimierung der Gewerkschaften durch unternehmerfreundliche beziehungsweise -neutrale Diskurse individueller Selbstentfaltung und Kreativität, die sich pauschal gegen Bürokratien jeglicher Art und staatliche »Gängelung« sowie gegen »kollektivistische« gewerkschaftliche Gegenmacht richteten. Der Markt und die Freiheit beziehungsweise Kreativität unternehmerischen Handelns wurden dagegen vor allem als Chance für die Realisierung von Zukunftsvisionen ausgegeben. Die Fusion einer ursprünglich unternehmerfeindlichen, wenn auch nicht marktfeindlichen Strömung innerhalb der Kapitalismuskritik der Achtundsechziger mit neuen Managementkonzepten, die auf den Bruch mit der Tradition hierarchischer und autoritärer Unternehmensführung setzten, ist deshalb hier von besonderem Interesse. Gerade die strukturellen Zwänge zur Internationalisierung – erkennbar etwa in der zeitgenössischen Dynamik gerade auch europäischer multinationaler Unternehmensgründungen – wirkten als ein weiterer Pfad, auf dem neue Ideen in Unternehmen Einzug hielten und dort zu Argumentationshilfen neuer Generationen von Managern, aber auch von Mitarbeitern auf den unterschiedlichsten Stufen und Zweigen der Organisation und Produktion im Kampf um betriebliche Machtpositionen wurden. Die Abkehr von etablierten Arbeitsteilungen und der Machtverteilung in der fordistischen Produktion und den hie-

---

16 Ruth Rosenberger, Experten für Humankapital, München 2008.
17 Luc Boltanski/Ève Chiapello, Der neue Geist des Kapitalismus, Konstanz 1999.

rarchisch-bürokratisierten Großunternehmen ist ein Thema, das seit den 1970er-Jahren in unterschiedlichen Schüben die Einführung neuer digitalisierter Fertigungsprozesse beziehungsweise Arbeitsabläufe begleitet hat. Die wachsende Bedeutung der Aktienmärkte und der dort agierenden Akteure des Finanzkapitals für die Unternehmen ist ein weiteres Arbeitsfeld, das in den Blick genommen werden muss. Vieles spricht dafür, dass dies das vielleicht letzte Kapitel in der Durchsetzung des digitalen Finanzmarktkapitalismus in der Bundesrepublik darstellen wird. Zumindest deuten erste Untersuchungen darauf hin, dass die »Deutschland-AG«, das eng verflochtene Netzwerk zwischen industriellen Großunternehmen, Großbanken und Versicherungen, die Krisen der 1970er- und 1980er-Jahre noch ohne tiefe Einschnitte überlebt hat, nach 1995 dann aber sehr schnell von der Bildfläche verschwand.[18]

Damit ist in groben Zügen ein weites Terrain künftiger Forschung abgesteckt. Im Folgenden möchten wir, anknüpfend an unseren 2008 publizierten Essay, einige zentrale ideen- und politikgeschichtliche Zusammenhänge erörtern, die mit einem solchen, letztlich politökonomischen Konzept des Strukturbruchs verbunden sind.

Die ideen- und politikgeschichtlichen Zusammenhänge des Strukturbruchs

Der Begriff – oder besser gesagt: das Problem *Freiheit* – bildet die Klammer zwischen drei Komponenten. Denn erstens geht die Entstehung der »Cyberculture« in der Geschichte der Digitalisierung auf die jugendliche Gegenkultur zurück, die im Übergang von den 1950er- zu den 1960er-Jahren gegen die mentale Enge, die rassische und schichtenspezifische Intoleranz und die politisch-ideologische Verkrustung der weißen Mittelschichten an der amerikanischen Westküste entstand.[19] Die Kommunikation von Studierenden im »Whole Earth Network« nutzte die aus dem militärischen Sicherheitskonzept der USA nach dem Sputnikschock (1957) resultierende Technik des ARPA-Net, um Kommunikation aller Beteiligten zu jeder Zeit an jedem Ort zu ermöglichen. Das waren die Anfänge der virtuellen Vernetzung. Das Ziel war »Freiheit« von den Beengungen der realen Welt, wie sie um 1965 war. Die enorme Bedeutung des Zusammenspiels von Realität und Virtualität im Alltagsleben späterer Jahre wird bereits fassbar.[20] Verflüssigung des Realen und die Beschleunigung von Kommunikation wurde in den 1980er-Jahren allmählich auch in der Industrieproduktion und den

---

18 Jürgen Beyer, Globalisierung und Verflechtung – die Auflösung der »Deutschland AG«, in: Rudolf Stichweh/Paul Windolf (Hg.), Inklusion und Exklusion. Analysen zur Sozialstruktur und sozialen Ungleichheit, Wiesbaden 2009, S. 303-321.
19 Fred Turner, From Counterculture to Cyberculture. Stewart Brand, The Whole Earth Network, and the Rise of Digital Utopianism, Chicago/London 2006.
20 Vgl. Manuel Castells, Die Internet-Galaxie. Internet, Wirtschaft und Gesellschaft, Wiesbaden 2005.

Dienstleistungen spürbar. So bewirkte der Mikrochip als neuer Grundstoff der industriellen Welt die Herausbildung neuer technologischer Standards. Lagerhaltung, Lieferung und Fertigung wurden in Schüben seit den 1970er-Jahren »revolutioniert«, im Ergebnis konnten sich Unternehmen jetzt überall dort niederlassen, wo es für sie finanziell und logistisch vorteilhaft war. Gleichzeitig setzte sich das Leitbild des vernetzten Unternehmens durch, das faktisch mit der Auslagerung und Neuverteilung von Arbeits- und Fertigungsprozessen verbunden war. »Standortkonkurrenz« stieg zu einem immer wirksameren wirtschaftspolitischen Argument und unternehmerischen Druckmittel auf. Die *freie* Wahl des Produktionsstandorts verdichtete sich vor allem nach dem Zusammenbruch der sozialistischen Wirtschaftssysteme Osteuropas, der Sowjetunion und der Öffnung Chinas zur Realität von Produktionsverlagerungen. Dazu bedurfte es jedoch immer noch des elaborierten branchenspezifischen und EDV-technischen Wissens der Mitarbeiter. Gleichzeitig wurde die an ältere Fertigungsverfahren gebundene Kompetenz von Arbeitern in der Produktion entwertet und nach der Einführung neuer Produktionsverfahren auch gar nicht länger benötigt. Der rasant wachsenden Mobilität des Kapitals entsprach so aufseiten des Faktors Arbeit ein wachsender Zwang zur Mobilität. Zahlreiche statistische Indikatoren belegen diesen sozialen Wandel: Die Distanz zwischen Wohnung und Arbeitsplatz wurde größer, Auslandsentsendung beziehungsweise längere Aufenthalte an entfernteren Arbeitsplätzen für Mitarbeiter wurden häufiger. Der tägliche oder wöchentliche Berufspendler über größere Distanzen entwickelte sich – verstärkt noch durch die Zunahme von Wohneigentum und durch steigende Miet- und Grundstückspreise in den Ballungsgebieten – zu einer typischen Sozialfigur der westeuropäischen Gesellschaften. Mobilität bedeutete also die alltagskulturelle Grundierung von *Freiheit*. Die sozialkulturellen Begleiterscheinungen beziehungsweise Folgen dieses Trends beschäftigten nicht nur die ökologischen Kritiker dieses Lebensstils, welche die vielfältigen Belastungen für die Umwelt, aber auch für die Menschen bilanzierten, sondern inspirierten auch die soziologische Zeitdiagnostik. Sie extrapolierte diesen Trend zur These, die Standortgebundenheit von Arbeitsplatz und Wohnung nach dem Modell der »schweren Moderne« sei überflüssig geworden. Die Menschen hatten sich *frei* zu fühlen – frei von Verpflichtungen, frei von Bindungen.[21]

Die *Freiheit* im digitalen Finanzmarktkapitalismus war, zweitens, auch Entankerung.[22] Das ergab sich aus den praktischen Wirkungen, die die Wirtschaftsideologie der »Evangelisten des Marktes« erzeugte.[23] Die monetaristische Theorie Milton Friedmans und Hayeks Theorie von Freiheit, die mit guten Gründen als »eiserner Käfig« bezeich-

---

21 Zygmunt Bauman, Flüchtige Moderne, Frankfurt a. M. 2003, S. 136-141 et passim.
22 Zu den anthropologischen Verwerfungen infolge von *Freiheit* vgl. Richard Sennett, Der flexible Mensch. Die Kultur des neuen Kapitalismus, Berlin 2006.
23 Vgl. Keith Dixon, Die Evangelisten des Marktes. Die britischen Intellektuellen und der Thatcherismus, Konstanz 2000.

net worden ist, kannten nur einen Gegner, und das war die Wirtschafts- und Gesellschaftstheorie ihres Vorläufers John Maynard Keynes.[24] Keynes hatte seine Vorstellungen von einer fiskalpolitischen Globalsteuerung der Wirtschaft und der Gesellschaft vor dem Hintergrund seiner eigenen Lebenserfahrung seit dem Ersten Weltkrieg und angesichts der Weltwirtschaftskrise nach 1930 entwickelt. Er erkannte, dass weder das einzelne Unternehmen noch ein einzelner Arbeitnehmer angesichts der Komplexität moderner Industriesysteme in der Lage sein konnte, die ökonomische Sicherheit für sich zu gewährleisten. *Sicherheit* war eine der zentralen Kategorien im makroökonomischen Denken von Keynes.[25] Er suchte nach Möglichkeiten zur Sicherstellung gesamtwirtschaftlichen Gleichgewichts und bot Lösungen an, die im amerikanischen *New Deal*, im westeuropäischen Wiederaufbau mit dem politökonomischen Steuerungsinstrument des Marshall-Plans und in der Zeit des Nachkriegsbooms bestimmend werden sollten.[26] Die fiskalpolitische Globalsteuerung zielte auf Gleichgewicht und setzte die Planbarkeit der makroökonomischen Rahmenbedingungen voraus. Das erforderte *Konsens* in der Gesellschaft hinsichtlich der politisch-staatlichen Ordnung, denn der Staat hatte die Steuerungskompetenz. Das liberale Ordnungsmodell der parlamentarischen Demokratie und die gegenseitige Loyalitätsbindung zwischen Bürger und Staat, die sich nicht zuletzt in der Wahlbeteiligung regelmäßig niederschlägt, gehörten dazu. Und ebenso gehörten Konsenswillen und Konsensfähigkeit der Tarifparteien und der Regierung dazu.[27] Das waren der *liberale* und der *kapitalistische Konsens*, mit dem der Keynesianismus in der Bundesrepublik seit den 1960er-Jahren, nach einer Inkubationszeit von etwa einem Jahrzehnt, zum dominierenden politökonomischen Handlungsmuster wurde.[28] Ideologie und Praxis waren an ein nahezu axiomatisches

---

24 Ingo Pies/Martin Leschke (Hg.), Milton Friedmans ökonomischer Liberalismus, Tübingen 2004; Hauke Janssen, Milton Friedman und die »monetaristische Revolution« in Deutschland, Marburg 2006; Bruce Caldwell, Hayek's Challenge. An Intellectual Biography of F. A. Hayek, Chicago/London 2004; Andrew Gamble, Hayek. The iron cage of liberty, Cambridge 1996.

25 Vgl. dazu Tony Judt, What Is Living and What Is Dead in Social Democray, in: The New York Review of Books, 17.12.2009, S. 86-96. Es ist gewiss kein Zufall, dass die neueste Gesamtdarstellung westdeutscher Nachkriegsgeschichte die Kategorie *Sicherheit* zum roten Faden nimmt: Eckart Conze, Die Suche nach Sicherheit. Eine Geschichte der Bundesrepublik Deutschland von 1949 bis in die Gegenwart, München 2009.

26 Vgl. die kurze Übersicht von Gerhard Willke, John Maynard Keynes, Frankfurt a. M./New York 2002.

27 Zum »Rheinischen Kapitalismus« als der bundesdeutschen Kombination aus Ordoliberalismus und Keynesianismus siehe Michel Albert, Kapitalismus contra Kapitalismus, Frankfurt a. M./New York 1992; Werner Abelshauser, Kulturkampf. Der deutsche Weg in die Neue Wirtschaft und die amerikanische Herausforderung, Berlin 2003.

28 Vgl. Julia Angster, Konsenskapitalismus und Sozialdemokratie. Vgl. auch die differenzierte Analyse des liberalen Konsenses bei Michael Hochgeschwender, Freiheit in der Offensive? Der Kongress für kulturelle Freiheit und die Deutschen, München 1998. Zum weiteren Kontext siehe Anselm Doering-Manteuffel, Wie westlich sind die Deutschen? Amerikanisierung und Westernisierung im 20. Jahrhundert, Göttingen 1999.

Verständnis von *Fortschritt* und *Modernisierung* gebunden und beeinflussten dadurch in der Zeit von etwa 1960/65 bis 1975/80 die Sozialkultur in allen westeuropäischen Ländern. Keynesianismus und Sozialdemokratie gingen in dieser Zeit eine symbiotische Verbindung ein, deren größte Erfolge in die Jahre von 1966 bis 1971/72 fielen.[29] Sozialdemokratische Nachwuchskräfte, die in dieser Zeit des Modernisierungs- und Fortschrittsdenkens sozialisiert wurden, hielten an diesen tief internalisierten Impulsen noch nach Jahrzehnten fest, als sie selbst an die Macht gekommen waren, auch wenn sich die Handlungsmuster der politischen Ökonomie und der Gesellschaftspolitik fast in ihr Gegenteil verkehrt hatten. Diese Politiker, in Deutschland die »Enkel« Willy Brandts, in Großbritannien die »Söhne« Margaret Thatchers, trugen dazu bei, dass nach 1995/99 sozialdemokratische Politik mit den Prinzipien des digitalen Finanzmarktkapitalismus verkoppelt wurde, denn jetzt galt dieses Wirtschaftsprinzip als Gewährleistung von *Fortschritt*.[30]

Die dritte Komponente von *Freiheit* lässt sich in Anknüpfung an die Studie von Luc Boltanski und Ève Chiapello als »neuer Geist des Kapitalismus« fassen. Die Herkunft dieser auf das Individuum beziehungsweise Unternehmen und seine Netzwerke zentrierten Sicht der sozialen Welt aus der Kapitalismus- und Gesellschaftskritik der Studenten- und kulturellen Protestbewegung der Achtundsechziger verweist bereits darauf, dass die 1970er-Jahre ein wichtiges Jahrzehnt der Transformationen und Neujustierungen darstellten. In diesen Jahren wurden zentrale Elemente einer libertären, künstlerischen Kapitalismuskritik der 1960er-Jahre zu Bestandteilen von Managementkonzeptionen der 1990er-Jahre umgearbeitet. Der Weg dorthin ist alles andere als klar und geradlinig und für die Bundesrepublik anders als etwa für Frankreich auch noch längst nicht untersucht. Hier wird auch die enge Verbindung von ideen-, sozial- und wirtschaftsgeschichtlichen Fragestellungen und Perspektiven deutlich. Die »Gurus« neuer Unternehmenskonzepte bedienten sich der vielfältigen Anregungen, welche die Gegen- und Alternativkulturen in ihren Nischen weit entfernt von den kulturellen Gewissheiten des sogenannten »Establishments« hervorgebracht hatten.

---

29 Vgl. Stephen Padgett/William E. Paterson, A History of Social Democracy in Postwar Europe, London/New York 1991; zur Entwicklung nach 1975 vgl. Fritz W. Scharpf, Sozialdemokratische Krisenpolitik in Europa, Frankfurt a. M./New York 1987.
30 Matthias Micus, Die »Enkel« Willy Brandts. Aufstieg und Politikstil einer SPD-Generation, Frankfurt a. M./New York 2005; Simon Jenkins, Thatcher and Sons. A Revolution in Three Acts, London 2007.

Fazit: Die Epoche nach dem Boom und die Fragen der Gegenwart

Wir wollen versuchen, die bis hierhin angedeuteten Entwicklungsstränge zusammenzuführen. Der *Strukturbruch* in der Epoche nach dem Boom erweist sich als eine Multiplizität von Abbrüchen und Umbrüchen, die oftmals von Kontinuitäten in bestimmten Strukturen, zum Beispiel denen des Sozialstaats, oder von Kontinuitäten in gesellschaftlichen Verhaltensweisen überdeckt wurden. Es gab keinen glatten Bruch, keinen Abriss, keinen Neuanfang, sondern Brüche und Verwerfungen, Niedergang hier und dort und demgegenüber hoffnungsvolle, nicht selten mitreißende Neuanfänge und hoch gespannte Zukunftserwartungen. Dennoch erkennen wir im Zerfall der Traditionsindustrien, in der abnehmenden Bedeutung von Standortgebundenheit und der Transformation der Lebenswelten der Menschen an den alten Industriestandorten Phänomene, die zusammengenommen einen Bruch zwischen der Industriekultur seit den Anfängen der Hochindustrialisierung um 1890 und der neuen Arbeitnehmerkultur in der digitalisierten Industrieproduktion der Gegenwart seit 1980/90 ausmachen. Wir erkennen das Ende eines international gültigen makroökonomischen Gesamtzusammenhangs, der seit den späten 1950er-, frühen 1960er-Jahren keynesianisch grundiert war und auf der Voraussetzung fußte, dass der Staat sowohl berechtigt als auch verpflichtet sei, durch Globalsteuerung den kapitalistischen Konsens herzustellen, der eine linksliberale und sozialdemokratische Färbung aufwies. Wir erkennen zudem die Auflösung scheinbar fester Strukturmuster, die in den Bereichen von Kommunikation, Information, Verkehr und Mobilität dadurch ermöglicht wurde, dass mittels Digitalisierung Strukturen sich gewissermaßen verflüssigten und infolge einer größeren Mobilität sich auch die Lebens- und Arbeitsbedingungen stark beschleunigten.

Dennoch: Aus den zeitlich weit streuenden, jeweils ganz unterschiedliche Ausschnitte der historischen Wirklichkeit betreffenden Phänomenen allein lässt sich – das ist uns bewusst – die hier vorgetragene Deutung nicht einfach »ableiten«. Sie beruht allerdings auch auf der kritisch reflektierten Wahrnehmung gegenwärtiger Trends. Wer von einem Strukturbruch und von sozialem Wandel revolutionärer Gestalt spricht, tut dies vor dem Hintergrund gegenwärtiger Problemwahrnehmungen. Diese Perspektivität wird besonders deutlich bei der von uns bewusst paradox formulierten Kategorie *sozialer Wandel von revolutionärer Qualität*, die wir in der zeithistorischen Analyse mit der Kategorie des *Strukturbruchs* verkoppelt haben. Die Veränderung der Arbeitswelt im traditionellen Industriesystem und die Entstehung eines neuen Berufsprofils für Arbeiter und Angestellte in den Industrie- und Dienstleistungsfirmen des digitalen Kapitalismus können aus heutiger Perspektive als revolutionärer Wandel beschrieben werden. Die aus der Digitalisierung von Kommunikation und Information zunächst nur in kleinen Gruppen und allmählich hervorgewachsene *Cyber*kultur hat Wahrnehmung und Verhalten der Jugendkohorten seit den 1990er-Jahren stark beeinflusst und ist mit dem Beginn des neuen Jahrhunderts rasch in die Gesellschaft hineingewachsen.

Ein weiteres Beispiel liefert die Politik der Privatisierung öffentlichen Eigentums – Post, Telefon, ÖPNV, Bahn, kommunale Betriebe. Sie hat im Ergebnis dazu geführt, dass die Loyalitätsbindung zwischen Bürger und Staat deutlich zurückgegangen ist. Wenn die Auffassung gilt, dass jedes Unternehmen mit öffentlichen Aufgaben primär den eigenen Nutzen beziehungsweise den seines *Shareholder-Value* im Auge hat und der Staat dieses Modell konsequent fördert, dann wandelt sich der Loyalitätsbezug von Bürger und Staat in eine bloße Kosten-Nutzen-Kalkulation im eigenen Interesse.[31] Das verstärkt die Neigung jüngerer, aber nicht allein der jugendlichen Altersgruppen, sich aus der unbehausten Welt des Alltags *wegzuspacen*, sich in eine virtuelle Welt hineinzubewegen, die zu einer eigenen Realität werden kann. Die Wechselwirkungen zwischen diesen beiden sozialkulturellen Trends werden durch nachlassende Bindungen an Verein, Jugendorganisationen und politische Parteien dokumentiert, aber auch durch die rückläufige Wahlbeteiligung in allen europäischen Ländern. Die Bedeutung der zurückgehenden Loyalitätsbindung kann man als ein Phänomen auffassen, das es in Zeiten politischer Veränderungen, wirtschaftlicher Krisen und unsicherer Zukunftsperspektiven immer wieder gegeben hat. In Verbindung mit dem Rückzug in die *virtuelle Realität* und in der Möglichkeit des Lebens in virtuellen Räumen erkennen wir einen revolutionären Wandel. Er wurde durch technische Neuerung ermöglicht, öffnet faszinierende Perspektiven, die es nie zuvor gegeben hat, und wirkt sich zugleich in gravierendem Ausmaß auf die soziale Wirklichkeit aus.

Im Zusammenspiel mit den kulturellen Auswirkungen öffentlicher *Freiheits*praxis haben sich somit in der Gegenwart Verhaltensmuster ausgebildet, die nicht nur neu und anders sind, sondern die Kraft zu radikaler gesellschaftlicher Transformation aufweisen. Angesichts der Weltwirtschaftskrise 2008/2009 und ihrer anhaltenden Folgen sind die dramatischen sozialen und politischen Konsequenzen des Finanzmarktkapitalismus inzwischen auch für Skeptiker dramatisierender Gegenwartsdiagnostik erkennbar geworden. Unter dem Signum der *Freiheit* sind seit 1980 die meisten *Sicherungssplinte* aus dem internationalen Finanzsystem entfernt worden. In der Welt des Kapitals sind Spielräume entstanden, die sich der Vorstellung des Arbeitnehmers – sei es in der Fabrik, sei es als regierende Persönlichkeit in irgendeinem Kabinett – völlig entziehen.[32] Durch Privatisierung und Digitalisierung hat sich die Finanzwelt aus dem konsensualen Rahmen von Industrieproduktion, Arbeitsgesellschaft und Staat entfernt. Sie führt eine eigene Existenz in virtueller Realität. Die Effekte neoliberaler makroökonomischer Praxis haben dazu geführt, dass eine gewaltige Umverteilung des Volkseinkommens von unten nach oben eingeleitet wurde und dadurch auf diesem Weg der *Konsens* widerrufen worden ist.

---

31 Vgl. Massimo Florio, The Great Divestiture. Evaluating the Welfare Impact of the British Privatizations 1979–1997, Cambridge (MA) 2004.
32 Vgl. Paul Windolf (Hg.), Finanzmarkt-Kapitalismus, gesamt.

Jedes der hier exemplarisch beschriebenen Phänomene braucht man – für sich genommen – nicht als revolutionäre Veränderung betrachten. Ihre Koppelungsschleifen und ihre seit den 1990er-Jahren immer deutlicher hervortretende wechselseitige Verstärkung jedoch sind es, die von der zeithistorischen Forschung ernst genommen und untersucht werden müssen. Ihnen sollte die besondere Aufmerksamkeit künftiger Forschung gelten, damit die Beschäftigung mit den Jahrzehnten *nach dem Boom* nicht die Verbindung zu den Problemen unserer Gegenwart verliert.

Teil 1

Rahmenbedingungen im Wandel: Ökonomische, politische und soziale Veränderungen

David Furch

Strukturbruch im deutschen Corporate Governance-System? Ursprung, Wandel und Bedeutung der Deutschland AG für die soziale Marktwirtschaft

Finanzsysteme und Corporate Governance-Strukturen bestimmen die Rahmenbedingungen wirtschaftlicher Systeme. So werden enge Beziehungen zwischen Banken, Versicherungen und Industrieunternehmen als Grundbedingung der deutschen Marktwirtschaft der 1970er-Jahre angesehen. Bereits in der Industrialisierungsphase vor dem Ersten Weltkrieg entstanden, blieben diese Strukturen im Wesentlichen auch über zwei Weltkriege hinweg stabil. Aufgrund der Betonung langfristiger Finanzierungshorizonte hatten sie den Nebeneffekt, dass sich auch andere wirtschaftliche Teilbereiche entlang dieser Zeitachse entwickeln konnten. Als charakteristisch für die deutsche Marktwirtschaft der Nachkriegszeit können hoch qualitative Produktionsstrategien angesehen werden, die durch eine enge und langfristige Bindung qualifizierter Arbeitnehmer an ihre Betriebe gekennzeichnet waren. Durch die kooperative Einbindung der Belegschaft in die Produktionsprozesse, institutionalisiert durch die betriebliche Mitbestimmung, wurde der gegenseitige Austausch von Informationen gefördert. Er war nötig, um Produkte stetig weiterzuentwickeln und auf hohem Qualitätsstandard zu halten.

Spätestens seit den 1990er-Jahren hat die zunehmende Finanzmarktorientierung – ausgehend von einigen großen DAX-Unternehmen und forciert durch den Gesetzgeber – Strategien befördert, die die Erzielung kurzfristiger Renditen in den Vordergrund stellen. Bedingt durch die Internationalisierung der Finanzmärkte sind Anlagemöglichkeiten von Banken erweitert worden, sodass sie ihr Kapital nicht mehr vornehmlich deutschen Unternehmen zur Verfügung stellen müssen, sondern global agieren können. Gleichzeitig ist die Bedeutung und der Einfluss institutioneller Investoren wie Pensions-, Hedge- und Investitionsfonds, die bislang nur eine untergeordnete Rolle in Deutschland spielten, gestiegen. Begriffen sich Banken und Versicherungen traditionell als strategisch handelnde Anteilseigner deutscher Unternehmen, scheint sich diese Rolle aufzulösen. Gleichzeitig haben viele große DAX-Unternehmen ihre Strategien auf eine stärkere Finanzmarktorientierung ausgerichtet.

Dieser Prozess setzt das auf Langfristigkeit basierende deutsche Modell unter Anpassungsdruck. Anzunehmen ist dabei, dass sich historisch gewachsene Strukturen der Koordination auflösen und liberaleren Arrangements weichen. Dabei unterliegen Wirtschaftssysteme – genau wie andere gesellschaftliche Institutionen auch – einem stetigen Wandel. Daher wäre eine graduelle Anpassung an veränderte Rahmenbedingungen keinesfalls als überraschend einzustufen. Die auf die Internationalisierung der Finanzmärkte zurückgehenden Veränderungen jedoch scheinen das Potenzial zu besitzen, einen grundlegenden Strukturbruch im Sinne von Anselm Doering-Manteuffel und Lutz Raphael herbeizuführen.[1] Diese Frage soll am Beispiel der Corporate Governance-Strukturen beantwortet werden. Angenommen wird dabei, dass sich grundlegende Veränderungen in einem Kernbereich der Marktwirtschaft auch auf andere Teilbereiche auswirken und somit zu einem grundlegenden Wandel des deutschen Wirtschaftssystems führen könnten.

Der Beitrag ist wie folgt aufgebaut: Zunächst wird ein theoretisches Konzept zur Analyse und Unterscheidung von Wirtschaftssystemen vorgestellt. Dann wird die Bedeutung von Corporate Governance-Systemen herausgearbeitet und im Kontext des deutschen Modells verortet. Darauf folgt eine Darstellung der Entwicklungsfaktoren des deutschen Universalbankensystems. Im Anschluss werden die Internationalisierung der Finanzmärkte und deren Funktionslogik beschrieben, der dadurch entstandene Wandel in Deutschland wird dann diskutiert. Unterschieden wird dabei zwischen Umstellungen der politischen Rahmenbedingungen einerseits und Veränderungen der Strategien von Banken und Unternehmen andererseits. Der Beitrag schließt mit einem Fazit und Ausblick ab.

Varieties of Capitalism und deutsches Modell

In der sozialwissenschaftlichen Literatur besteht Einigkeit darüber, dass sich in den verschiedenen westlichen Staaten unterschiedliche Wirtschaftsordnungen herausgebildet haben. Sie unterscheiden sich in ihren institutionellen Ausprägungen sowie der ihnen immanenten Systemlogik wirtschaftlichen Handelns grundlegend voneinander.[2] Als wohl einflussreichster Beitrag der letzten Jahre ist »Varieties of Capitalism. The Institutional Foundations of Comparative Advantage« von Peter A. Hall und David Soskice anzusehen, mit dem ein umfassendes Konzept zur Analyse marktwirtschaftlicher Systeme vorlegt wurde.[3] Hall und Soskice differenzieren zwischen zwei Typen von Wirtschaftsordnungen, den Liberal Market Economies (LMEs) und den

---

1   Vgl. Anselm Doering-Manteuffel/Lutz Raphael, Nach dem Boom. Perspektiven auf die Zeitgeschichte seit 1970, Göttingen 2008, S. 45 ff.
2   Vgl. Michael E. Porter, The Competitive Advantage of Nations, New York 1990; Colin Crouch/Wolfgang Streeck (Hg.), Political Economy of Modern Capitalism. Mapping Convergence and Diversity, London 1997; Richard Whitley, Divergent Capitalisms. The Social Structuring and Change of Business Systems, Oxford 1999; David Coates, Models of Capitalism. Growth and Stagnation in the Modern Era, Cambridge 2000; Bruno Amable, The Diversity of Modern Capitalism, Oxford 2000.
3   Peter A. Hall/David Soskice, An Introduction to Varieties of Capitalism, in: Peter A. Hall/David Soskice (Hg.), Varieties of Capitalism. The Institutional Foundations of Comparative Advantage, Oxford 2001, S. 1-68.

Coordinated Market Economies (CMEs). Ihr Ausgangspunkt bildet dabei die Beobachtung, dass Unternehmen im wirtschaftlichen Prozess zahlreichen Koordinationsproblemen gegenüberstehen, die sie lösen müssen, um erfolgreich zu sein. Im Laufe der Zeit haben sich in den unterschiedlichen Ländern jeweils spezifische Strukturen und Institutionen zur Bewältigung dieser Unsicherheiten herausgebildet, auf die Unternehmen zurückgreifen können.[4]

Während in LMEs (zum Beispiel USA und Großbritannien) der Markt als Hauptgarant wirtschaftlicher Steuerung gesehen wird, bestehen in CMEs (zum Beispiel Deutschland und Schweden) korporative Strukturen, die für einen Interessenausgleich zwischen den beteiligten Akteuren sorgen und durch koordiniertes Handeln wirtschaftliche Koordinationsprobleme lösen. Charakteristisch für LMEs sind beispielsweise hochmobile Arbeitsmärkte, eine uneingeschränkte Kontrolle des Managements, eine *Hire-and-Fire-Mentalität*, rigorose Antikartellgesetze und ein großer Risikokapitalmarkt. Kennzeichnend für CMEs sind hingegen netzwerkartige Strukturen, die für einen regen Informationsaustausch zwischen Banken und Unternehmen sorgen. Aber auch für die Verbreitung neuer Technologien innerhalb einer Branche sind diese Beziehungsformen unabdingbar. Hoch qualifizierte Arbeitskräfte und industrieweite Ausbildungssysteme, die Einbindung der Belegschaft in generell konsensorientierte Entscheidungen und ein langfristiger Zeithorizont in Produktionsprozessen und Unternehmensstrategien komplettieren die Haupteigenschaften von CMEs. Das wirtschaftliche System in CMEs ist somit in ein dichtes Geflecht von Institutionen und Strukturen eingebettet, die – so die Annahme – durch ihr komplementäres Zusammenspiel komparative Kostenvorteile entstehen lassen.[5] Dementsprechend besitzen CMEs wie die Bundesrepublik Deutschland Vorteile in der Produktion hoch qualitativer Güter, denen langfristige Entwicklungsprozesse vorangehen (zum Beispiel diversifizierte Qualitätsproduktion), während sich LMEs insbesondere für »bahnbrechende« Innovationen und eine standardisierte Massenproduktion eignen.[6]

Eine besondere Beachtung kommt dem deutschen Wirtschaftsmodell in der sozialwissenschaftlichen Forschung zu. Dabei sollte allerdings beachtet werden, dass das viel beschworene »Modell Deutschland« eine Momentaufnahme – oftmals der 1970er-Jahre – ist, die namentlich durch den Wahlkampf Helmut Schmidts zur Bundestagswahl 1976 populär wurde.[7] Je nach Lesart wird es als »rheinischer«, »korpora-

---

[4] Siehe auch Douglass C. North, Institutions, Institutional Change and Economic Performance, Cambridge 1990.
[5] Mark S. Granovetter, Economic Action and Social Structure. The Problem of Embeddedness, in: American Journal of Sociology 3 (1985), S. 481-510.
[6] Peter A. Hall/David Soskice, Varieties of Capitalism, S. 8 ff.
[7] Vgl. Volker R. Berghahn/Sigurt Vitols (Hg.), Gibt es einen deutschen Kapitalismus? Tradition und globale Perspektiven der sozialen Marktwirtschaft, Frankfurt a. M./New York 2006. Die Autor/-innen zeigen anhand einer historischen Perspektive, dass die als idealtypisch für das deutsche

tiver« oder »koordinierter Kapitalismus« bezeichnet.⁸ Gemeinsam ist diesen Annahmen, dass sie der deutschen Marktwirtschaft besondere Institutionen und eine eigene Systemlogik zusprechen, die sie grundlegend vom liberalen Wirtschaftssystem der USA unterscheiden. Aufstieg und Erfolg des deutschen Modells hängen eng mit der Kooperationsfähigkeit einflussreicher Verbände und strategisch handelnder Großbanken zusammen. Diese beförderten durch die Bildung von netzwerkartigen Strukturen institutionelle Rahmenbedingungen, die der deutschen Wirtschaft besondere Möglichkeiten in der Produktion und somit Vorteile auf dem Weltmarkt verschafften. Einerseits war bis in die 1990er-Jahre durch die sozial kontrollierten Arbeitsmärkte Niedrigpreisproduktion unerschwinglich teuer, andererseits eröffnete dies Chancen für eine Strategie stetiger Qualitätsverbesserung.⁹

Idealtypisch für deutsche Unternehmen können Produktstrategien angesehen werden, die auf hoch qualifizierten Belegschaften, auf einem kontinuierlichen Austausch von Informationen und einer stetigen Weiterentwicklung der Produkte beruhen. Diese Strategien bergen allerdings zwei Risiken: Einerseits geraten Unternehmen im Produktionsprozess in eine starke Abhängigkeit von ihren Mitarbeitern, andererseits werden sie von dem Risiko der Abwerbung der Belegschaft durch andere Unternehmen bedroht. Dies ist unter anderem ein Grund, warum im deutschen System der industriellen Beziehungen Löhne durch branchenweite Verhandlungen (Tarifverhandlungen) zwischen Gewerkschaften und Arbeitgeberverbänden ausgehandelt werden.¹⁰

Da Arbeitsverträge langfristig angelegt sind und Abwerbung von Personal erschwert wird, können technologische Neuerungen kaum durch *wanderndes Personal* wie zum Beispiel in den USA verbreitet werden. In Deutschland übt daher das auf Kooperation und Informationsaustausch beruhende System der industriellen Beziehungen großen Einfluss auf den technologischen Wandel aus.¹¹ Außerdem werden neue

---

Wirtschaftssystem bezeichneten Institutionen vielmals weniger typisch deutsch sind als angenommen, da sie aus früheren Vermischungsprozessen zwischen institutionellen Eigenheiten der deutschen Marktwirtschaft und ausländischen Einflüssen entstanden sind.

8 Vgl. Michel Albert, Kapitalismus contra Kapitalismus, Frankfurt a. M./New York 1992; Wolfgang Streeck, Deutscher Kapitalismus. Gibt es ihn? Kann er überleben?, in: ders. (Hg.), Korporatismus in Deutschland. Zwischen Nationalstaat und Europäischer Union, Frankfurt a. M./New York 1999, S. 13-40; Peter A. Hall/David Soskice, Varieties of Capitalism, S. 8 ff.

9 Vgl. Werner Abelshauser, Die Wirtschaft des deutschen Kaiserreichs. Ein Treibhaus nachindustrieller Institutionen, in: Paul Windolf (Hg.), Finanzmarkt-Kapitalismus. Analysen zum Wandel von Produktionsregimen, Kölner Zeitschrift für Soziologie und Sozialpsychologie, Sonderheft 45 (2005). Wiesbaden, S. 172-194.

10 Vgl. David Soskice, Globalisierung und institutionelle Divergenz. Die USA und Deutschland im Vergleich, in: Geschichte und Gesellschaft 2 (1999), S. 201-225, hier: 206.

11 Vgl. Arndt Sorge/Wolfgang Streeck, Industrial Relations and Technical Change. The Case for an Extended Perspective, in: Richard Hyman/Wolfgang Streeck (Hg.), New Technology and Industrial Relations, Oxford 1988, S. 19-47; Arndt Sorge, Mitbestimmung, Arbeitsorganisation und Technikanwendung, in: Wolfgang Streeck/Norbert Kluge (Hg.), Mitbestimmung in Deutschland. Tradition und Effizienz, Frankfurt a. M./New York 1999, S. 17-134, hier: 54 ff.

technologische Standards oft durch Forschungseinrichtungen entwickelt, die öffentlich geförderte Projekte auflegen und gleichzeitig auf unternehmensinternes Wissen der Verbände zurückgreifen können. Durch diese Vermischung von Forschung und Wirtschaft entsteht ein gemeinsames Branchenwissen, von dem alle teilnehmenden Akteure profitieren.[12]

Komplementär dazu sind die internen Firmenstrukturen organisiert: So verfügen Manager nur über eingeschränkte Macht bei der Ausübung ihrer Tätigkeit und sind dabei an vielfältige Bedingungen gebunden. Neben dem Betriebsrat spielt der Aufsichtsrat, der unter anderem Vertreter der Belegschaft und einflussreicher Anteilseigner in sich vereint, eine zentrale Rolle, da er bei strategischen Richtungsentscheidungen seine Zustimmung geben muss. Diese strukturelle Beschaffenheit fördert eine Kultur der konsensorientierten Entscheidungsfindung, die den Austausch von Informationen stärkt. Langfristige Arbeitsverhältnisse sowie die Einbindung der Arbeitnehmer durch die betriebliche Mitbestimmung sichern die Motivation der Belegschaft im täglichen Arbeitsprozess und deren Bereitschaft zur Kooperation beim Informationsaustausch. Da Manager ebenfalls durch langfristige Arbeitsverträge an ihr Unternehmen gebunden sind, verfolgen sie als vorrangiges Ziel das dauerhafte Überleben ihres Unternehmens. Typischerweise zeichnet sich das deutsche Management durch ein hohes technisches Fachwissen aus, was durch einen hohen Anteil an Ingenieuren in der Führungsriege zum Ausdruck kommt. Die Betriebszugehörigkeit ist im internationalen Vergleich hoch, und Karrierewege verlaufen oft innerhalb des Unternehmens, sodass der Arbeitsmarkt für Manager relativ begrenzt ist.[13]

Gemein haben die unterschiedlichen institutionellen Eckpfeiler der deutschen Marktwirtschaft, dass sie den kooperativen Austausch von Informationen stärken und dadurch die Verfolgung einer generell langfristigen Perspektive ermöglichen. Grundbedingung für diese Art der Strategien ist die Versorgung von Unternehmen durch geduldiges Kapital. Anders nämlich als zum Beispiel in den USA spielen liquide Aktienmärkte in Deutschland nur eine untergeordnete Rolle. Wichtiger Garant für die Bereitstellung geduldigen Kapitals war die besondere Ausgestaltung der Corporate Governance-Strukturen, ohne die sich die anderen wirtschaftlichen Institutionen nicht so entwickeln hätten können.

---

12 Vgl. David Soskice, Globalisierung und institutionelle Divergenz, S. 207.
13 Vgl. Hans-Joachim Gergs/Rudi Schmidt, Generationswechsel im Management ost- und westdeutscher Unternehmen. Kommt es zu einer Amerikanisierung des deutschen Managements?, in: Kölner Zeitschrift für Soziologie und Sozialpsychologie 3 (2002), S. 553-578; Michael Hartmann/Johannes Kopp, Elitenselektion durch Bildung oder durch Herkunft? Promotion, soziale Herkunft und der Zugang zu Führungspositionen in der deutschen Wirtschaft, in: Kölner Zeitschrift für Soziologie und Sozialpsychologie 3 (2001), S. 436-466; Malcolm Warner/Adrian Campbell, German Management, in: David J. Hickson (Hg.), Management in Western Europe. Society, Culture and Organization in Twelve Nations, Berlin/New York 1993, S. 89-108.

Teil 1: Rahmenbedingungen im Wandel: Ökonomische, politische, soziale Veränderungen

Corporate Governance-Systeme und Deutschland AG

Als Voraussetzung für die Entwicklung der koordinierten deutschen Marktwirtschaft wird die besondere Ausprägung der Corporate Governance-Strukturen angesehen. Strukturen und Mechanismen der Corporate Governance beziehen sich auf das sogenannte *Agency-Problem*, das sich aus der Trennung von Eigentum und Kontrolle einer Aktiengesellschaft ergibt.[14] Während im *Familienkapitalismus* des 19. Jahrhunderts Führung und Besitz eines Unternehmens noch in einer Hand lagen, wurde diese Personalunion von Eigentum und Management durch die voranschreitende Industrialisierung und die Einführung von Aktiengesellschaften aufgelöst. Das enorme Wachstum von Märkten und Unternehmen ließ deren Kapitalbedarf ein Niveau erreichen, welches die finanziellen Ressourcen der Gründerfamilien überstieg und somit externe Anteilseigner notwendig machte. Zudem führte die wachsende ökonomische Komplexität zu neuen Anforderungen an die unternehmerische Leitung, die die Fähigkeiten und Kenntnisse der Familieneigentümer in zahlreichen Fällen ebenfalls überstieg. Daher erzeugte sie die Notwendigkeit eines professionellen Managements, das sich durch fachliche Qualifikation und Expertenwissen auszeichnet.

Aufgrund der Trennung von Eigentum und Kontrolle einer Aktiengesellschaft tritt allerdings das Prinzipal-Agenten-Problem auf: Sie beruht auf der Annahme, dass bei einer großen Anzahl von Eigentümern eine wirkungsvolle Kontrolle des Managements nicht möglich sei, was dazu führt, dass dieses ihre eigenen Interessen und nicht die der Eigentümer verfolgt. Demnach sind die Besitzer eines Unternehmens (Principals) für die Wertsteigerung ihres Unternehmens auf die fachliche Expertise des Managements (Agents) angewiesen und vertrauen diesem die Verfügungsrechte über ihr Eigentum an. Unter der Annahme rational handelnder Akteure stellt die Wertsteigerung des Unternehmens allerdings nur eines der Ziele des Managements dar. Anstatt Dividenden an die Aktionäre auszuschütten, ist das Management eher an der Steigerung des eigenen Einkommens und an einem Zuwachs an Einfluss und Reputation interessiert. Diese können durch Unternehmenswachstum und Diversifizierung erreicht werden; risikoadverse Investitionen minimieren das Risiko eines schnellen Unternehmensbankrotts und sichern damit den eigenen Arbeitsplatz.[15] All dies führe – so die Annahme der Agency-Theorie – zu einem geringeren Unternehmenswert als bei einer »guten Unternehmensführung« möglich gewesen wäre. Der Informationsvorsprung des Managements gegenüber den Eigentümern, die zeit- und arbeitsintensive Beschaffung dieser Informationen durch Letztere, die bei weit gestreuter Eigentümerstruktur aufkommenden Probleme der Koordinierung der gemeinsamen Inter-

---

14 Vgl. grundlegend Adolf A. Berle/Gardiner C. Means, The Modern Corporation and Private Property, New York 1968 [1932].
15 Vgl. zum Hintergrund Oliver E. Williamson, The Economics of Discretionary Behavior. Managerial Objectives in a Theory of the Firm, Englewood Cliffs/New York 1964.

essen und Handlungen sowie das damit verbundene »Free Rider-Problem« definieren die Kosten der Principals für die Sicherung ihrer Interessen (Agency-Kosten). Daher sollten die Eigentümer ihr Unternehmen so gestalten, dass durch verschiedene Mechanismen und Anreize dieses Problem vermieden beziehungsweise minimiert wird.

Nun ist zu beobachten, dass verschiedene Länder unterschiedliche Mechanismen zur Kontrolle und Leitung von Aktiengesellschaften entwickelt haben. Grundsätzlich kann dabei zwischen internen und externen Mechanismen der Corporate Governance unterschieden werden. Daher spricht man auch von Insider- und Outsidersystemen.[16]

Outsidersysteme können durch einen hohen Anteil an Streubesitz und einer hohen Umlaufgeschwindigkeit von Aktien charakterisiert werden. In Outsidersystemen werden Informationen über Unternehmen relativ offen verbreitet und auf den rechtlichen Schutz von Minderheitsaktionären stärker Wert gelegt. Dies wirkt sich positiv auf die Aktivität an den Aktienmärkten aus und steht somit konzentriertem Besitz entgegen. Enge Beziehungen zwischen Anteilseignern und Management bestehen nicht, da Investitionen eher kurzfristig angesehen und weniger strategische Ziele verfolgt werden. Aufgrund der hohen Umlaufgeschwindigkeit der Aktien existiert ein aktiver Markt für Unternehmenskontrolle, der disziplinierend auf das Management wirkt. Feindliche Übernahmen stellen eine permanente Bedrohung dar und stärken so die Position der Aktionäre gegenüber anderen Stakeholdern. Ein Großteil der Managervergütung besteht aus Aktienoptionen, sodass es in deren Interesse liegt, als primäres Unternehmensziel die Steigerung des Börsenwertes zu verfolgen. Dies wiederum stellt die Anteilseigner zufrieden.

Insidersysteme hingegen zeichnen sich durch Unternehmenseigentümer aus, die eher strategische Ziele verfolgen und diese durch interne Kanäle durchsetzen können. Konzentrierte Eigentumsstrukturen werden in Insidersystemen durch enge Netzwerke zwischen Industrieunternehmen, Banken und staatlichen Unternehmen verstärkt und es existiert aufgrund rechtlicher und institutioneller Barrieren gegen Unternehmensübernahmen kaum ein Markt für Unternehmenskontrolle. Institutionelle Investoren wie Renten- oder Investitionsfonds und Versicherungsgesellschaften spielen nur eine untergeordnete Rolle und Aktienmärkte verfügen grundsätzlich nur über eine relativ geringe Liquidität. Während in Frankreich oder Italien starke Unternehmensnetzwerke in Form von pyramidenförmigen Holdings (kontrolliert durch den Staat oder einflussreiche Familien) längerfristige Bindungen eingehen, spielen in Deutschland Universalbanken eine wichtige Rolle, da sie durch die Wahrnehmung von Aufsichtsratmandaten sowie Depotstimmrechten Industrieunternehmen durch

---

16 Vgl. Julian Franks/Colin Mayer, Ownership and Control, in: Heinz Siebert (Hg.), Trends in Business Organization. Do Participation and Cooperation Increase Competitiveness? Tübingen 1995, S. 171-195; Pieter W. Moerland, Alternative Disciplinary Mechanisms in Different Corporate Systems, in: Journal of Economic Behavior and Organization 1 (1995), S. 17-34; Maria Maher/Thomas Andersson, Corporate Governance. Effects on Firm Performance and Economic Growth, Paris 1999.

interne Kanäle überwachen können. Außerdem werden die Arbeitnehmerseite und auch die Vertretung der öffentlichen Hand an wichtigen Unternehmensentscheidungen durch die Einbindung in den mitbestimmten Aufsichtsrat aktiv beteiligt.

Die deutsche Marktwirtschaft gilt in der Literatur als Prototyp eines Insidersystems. Strategische Interaktion, die sich in der Betonung langfristiger Zeithorizonte und konsensorientierter Entscheidungen äußert, ist für deutsche Unternehmen als maßgeblich anzusehen. Das bankbasierte deutsche Finanzsystem wird auch *Deutschland AG* genannt. Diese zeichnet sich durch eine enge Verflechtung von Banken, Versicherungen und Industrieunternehmen aus, in deren Mittelpunkt sich die Deutsche Bank und die Allianz Versicherung befanden. Da sich Investoren als strategische Partner verstanden und Beteiligungen langfristig gehalten wurden, konnten deutsche Unternehmen lange Zeit auf geduldiges Kapital zurückgreifen.[17] Möglich war dies auch, weil dem Kapitalmarkt in Deutschland traditionell nur eine untergeordnete Rolle zukam und sich die deutschen Banken daher – anders als zum Beispiel in den USA oder Großbritannien – zu Universalbanken entwickelten.

Das bedeutet, dass sie einerseits Kreditgeschäfte unternehmen, andererseits aber auch das Investmentbanking betreiben. Als Kreditgeber waren sie langfristig an ihre Unternehmen gebunden und hatten kaum die Möglichkeit, Beteiligungen kurzfristig abzustoßen. Deshalb war ihnen daran gelegen, dass möglichst wenige Unternehmen in finanzielle Schwierigkeiten gerieten, um ihre eigenen Einsätze nicht zu riskieren. Zur Einschätzung des Investitionsrisikos erhielten Vertreter der Banken Posten in den Aufsichtsräten der Unternehmen. Auf diese Weise konnten sie auf Insiderinformationen zurückgreifen und Einfluss auf Unternehmensstrategien ausüben.[18] Aufgrund der Kreditversorgung mit geduldigem Kapital waren die Unternehmen vergleichsweise geringem Druck in ihrer Gewinnerzielung ausgesetzt und hatten die Möglichkeit, qualifiziertes Personal auch in wirtschaftlichen Schwächeperioden zu halten. Außerdem bot diese Form der Kapitalausstattung die Gelegenheit, in Projekte zu investieren, die erst auf lange Frist profitabel sind. Feindliche Übernahmen waren im deutschen System weitgehend unbekannt, da zum einen viele Unternehmen durch gegenseitige Beteiligungen verbunden waren und zum anderen kaum direkter Preiswettbewerb stattfand, weil sich viele Unternehmen auf exportorientierte Nischenmärkte spezialisierten. Aufgrund der unterentwickelten Kapitalmärkte konzentrierten sich die Banken bis in die 1990er-Jahre vorrangig auf das Kreditgeschäft und waren demzufolge an einer Beschränkung des Wettbewerbs interessiert, da sie auf diese Weise

---

17 Vgl. Sigurt Vitols, Varieties of Corporate Governance. Comparing Germany and the UK, in: Peter A. Hall/David Soskice (Hg.), Varieties of Capitalism. The Institutional Foundations of Comparative Advantage, Oxford 2001, S. 337-360, hier: 340 ff.
18 Vgl. Paul Windolf/Jürgen Beyer, Kooperativer Kapitalismus. Unternehmensverflechtungen im internationalen Vergleich, in: Kölner Zeitschrift für Soziologie und Sozialpsychologie 1 (1995), S. 1-36, hier: 16 ff.

planbare Rückzahlungen der Kredite sicherstellen und das Risiko eines Kapitalausfalls minimieren konnten.[19]

Entstehungsfaktoren des Universalbankensystems

Unbestritten ist, dass sich die für Deutschland typische Verflechtung zwischen Banken und Industrieunternehmen, gepaart mit schwach entwickelten Kapital- und Geldmärkten, in der Phase zwischen dem Beginn der Industrialisierung und dem Ersten Weltkrieg herausgebildet hat.[20] Anders als in England, dem Mutterland der Industrialisierung, standen in Deutschland nicht ausreichend private Kapitalbesitzer zur Verfügung, die die gewaltige Investitionsnachfrage aufgrund des Baus von Eisenbahnnetzen hätten decken können. Dort waren die Kapitalgeber zwar oft auch nicht direkt am Bau von Kanälen und Eisenbahnlinien interessiert, sie wurden allerdings vielfach durch die hohen Renditeerwartungen angelockt. Ganz anders die Situation in Deutschland und anderen kontinentaleuropäischen Ländern: Hier gab es weder genug Kapital noch war die nötige Risikobereitschaft für Investitionen in den Eisenbahnbau vorhanden. Jedoch musste auch Deutschland seine Infrastruktur ausbauen, um den wirtschaftlichen Anschluss an England nicht noch weiter zu verlieren. Treibende Kraft beim Bau von Kanälen und Straßen war jedoch bis dahin nicht der Privatsektor mit Aktiengesellschaften, sondern der Staat gewesen.[21]

Da die traditionellen Bankhäuser der etablierten Finanzplätze – Hamburg, Basel und Amsterdam für die Außenhandelsfinanzierung, Frankfurt am Main für Staatsfinanzierung – die risikoreiche Eisenbahnfinanzierung scheuten, begannen Außenseiter an weniger wichtigen Finanzplätzen die beginnende Industrialisierung zu finanzieren. Oft war die langfristige Industriefinanzierung allerdings nicht Strategie, sondern aus der Not geboren: Gerieten Kreditnehmer an den Rand der Zahlungsunfähigkeit, wurden deren Kredite in Aktienkapital umgewandelt, um einen Zusammenbruch zu vermeiden. Diese Aktien waren dann mittelfristig nicht verkäuflich und lagen in den Depots der Banken, die auf dieser Weise zu langfristigen Anteilseignern wurden. Besonders die Kölner Bankhäuser Sal. Oppenheim jr. & Cie, Abraham Schaaffhausen und I. H. Stein taten sich bei der Industriefinanzierung hervor, die ihrerseits auf die Beispiele der belgischen Société Générale und des französischen Crédit

---

19 Vgl. Susanne Lütz, Von der Infrastruktur zum Markt? Der deutsche Finanzsektor zwischen Deregulierung und Reregulierung, in: Paul Windolf (Hg.), Finanzmarkt-Kapitalismus, S. 294-315, hier: 295 ff.
20 Vgl. Dieter Ziegler, Das deutsche Modell bankorientierter Finanzsysteme (1848–1957), in: Paul Windolf (Hg.), Finanzmarkt-Kapitalismus, S. 276-293; Werner Abelshauser, Die Wirtschaft des deutschen Kaiserreichs, S. 187 ff.
21 Vgl. Alexander Gerschenkron, Economic Backwardness in Historical Perspective, Cambridge/MA 1962.

Mobilier zurückgreifen konnten. Diese Banken hatten versucht, mit vergleichsweise kurzfristigen Passiva mittel- und langfristige Aktiva abzudecken. Dieser Boom galt zwar in den meisten europäischen Ländern als gescheitert, schien sich allerdings in der preußischen Rheinprovinz und in Berlin zu bewähren. Hier wurde er als Chance provinzieller Bankhäuser betrachtet, durch die Eisenbahnfinanzierung Marktanteile zu erlangen. Dabei mischten sie große und riskante Transaktionen, Zahlungsverkehr und kurzfristige Kredite mit dem Kontokorrentgeschäft und streuten so ihre Geschäftsstrukturen.[22]

Als Reaktion auf die schwere Finanzkrise 1847/48 wandelte die preußische Regierung ihre Königliche Giro- und Lehn-Bank in eine staatlich dominierte Notenbank, die Preußische Bank, um. Schon in den folgenden Krisen 1857 und 1866 fungierte sie als Lender of Last Resort (letzte Refinanzierungsinstanz) und wurde zu einem soliden Rückgrat des Bankwesens. Im Gegensatz zu ihrem großen Vorbild, der privatwirtschaftlich verfassten Bank of England, war die Preußische Bank bereit, Verluste in Kauf zu nehmen, um ihre volkswirtschaftliche Funktion ausfüllen zu können.[23]

Infolgedessen überlebten die solide geführten Universalbanken die folgenden Krisen bis zur Gründerkrise 1873. In dieser Zeit hatten die Privatbankiers die bewährten Methoden der Eisenbahnfinanzierung auf die Industrie übertragen. Allerdings reichten die finanziellen Ressourcen – gerade der Kölner Banken – nicht aus, um die gesamte Kreditnachfrage des sich industrialisierenden Ruhrgebiets zu befriedigen. Daher entstanden an verschiedenen Finanzplätzen des Zollvereins Aktienkreditbanken. Anfangs versuchte der Staat diese Entwicklung einzuschränken, in den 1870er-Jahren jedoch wurde deren Gründung durch die Liberalisierung des Aktienrechts begünstigt. Von den Gründern wurden Bankmanager eingesetzt, von denen sie keine Konkurrenz zu ihren Bankgeschäften erwarteten. Zur Überwachung und Kontrolle der Bankmanager sicherten sich die Gründer Sitze in den Aufsichtsräten der neu gegründeten Banken. Bis 2010 spielten noch drei in den 1870er-Jahren gegründete Aktienbanken eine entscheidende Rolle in der deutschen Bankenlandschaft: die Deutsche Bank (damals Berlin), die Dresdner Bank und die Commerzbank (damals Hamburg).[24]

In den folgenden Jahren begannen die Manager der Bankhäuser, sich in Konkurrenz zu den Aufsichtsräten beziehungsweise etablierten Bankhäusern zu positionieren und verdrängten innerhalb von zwei Jahrzehnten die Privatbankhäuser aus der Finanzierung der Großindustrie. Gleichzeitig verlagerte sich der Mittelpunkt der deutschen Finanzmärkte von Frankfurt am Main nach Berlin. Zuerst verzichteten die Berliner Großbanken auf den Aufbau eines Filialnetzes, da Großkunden typischerweise

---

22 Vgl. Dieter Ziegler, Das deutsche Modell bankorientierter Finanzsysteme (1848–1957), S. 278-282.
23 Vgl. ders., Zentralbankpolitische »Steinzeit«? Preußische Bank und Bank of England im Vergleich, in: Geschichte und Gesellschaft 4 (1993), S. 475-505.
24 Vgl. Dieter Ziegler, Das deutsche Modell bankorientierter Finanzsysteme (1848–1957), S. 283.

durch Vorstandsmitglieder betreut wurden. In der Regel nahmen diese Aufsichtsratsmandate in den zu betreuenden Unternehmen wahr. Schon zu diesem Zeitpunkt bildete sich die für Deutschland typische Verflechtung zwischen Banken und Großindustrie heraus, die 100 Jahre später als *Deutschland AG* bezeichnet werden sollte. Ziegler resümiert:

»Am Vorabend des Ersten Weltkrieges war das bankorientierte Finanzsystem in Deutschland fest etabliert und sollte sich während der kommenden wirtschaftlich und politisch sehr turbulenten Jahrzehnte im Grundsatz nicht mehr verändern.«[25]

Im Gegensatz zu angelsächsischen Geschäftsbanken boten die deutschen Universalbanken alle Arten von Finanzdienstleistungen an, die ihre Kunden nachfragten. Aufgrund dieser Verflechtung zwischen Banken und Industrie waren die deutschen Universalbanken auch viel direkter an das Schicksal ihrer Kunden gebunden und konnten auf diese Weise zu den Informationen kommen, die sie für ihre Überwachungstätigkeit brauchten. Da die Universalbanken die Stimmrechte für die Aktienpakete ihrer Kunden übernehmen konnten, stieg ihr Einfluss um ein Vielfaches an und ermöglichte ihnen, einen strategischen Einfluss auf zahlreiche Industrieunternehmen auszuüben.

Die in Deutschland existierenden Börsen unterschieden sich in ihrer Funktionsweise grundlegend von den führenden Börsen in London und New York. In Frankfurt am Main und Berlin wurde die Emission von Wertpapieren nicht alleine durch den Markt bestimmt, sondern durch die betreuende Universalbank gesteuert. Sie entschied, ob Unternehmensanteile an der Börse an investitionsbereite Anleger ausgegeben wurden, agierte auch als Aktienhändler und brachte einen Großteil der Aktien und Obligationen bei ihrer privaten Kundschaft unter. Oft wurden Geschäfte wie der Kauf und Verkauf von Wertpapieren innerhalb des Hauses koordiniert, ohne die zuständige Börse einzuschalten. Diese Praxis wurde dann durch die steuerliche Begünstigung im Rahmen der Novellierung des Börsengesetzes in den 1890er-Jahren immer verbreiteter.[26]

Schon vor dem Ersten Weltkrieg bestand in Deutschland ein dichtes Netzwerk zwischen Bankierselite und Industrie.[27] Dabei bestand die Aufgabe der Aufsichtsräte in der Beschaffung und dem Austausch von Informationen. Diejenigen, die in den Aufsichtsräten verschiedener Unternehmen saßen, galten als die *Big Linker*, da sie nicht nur Informationen nachfragten, sondern auch mitbrachten. Diese wichtige stra-

---

25 Ebd., S. 284.
26 Vgl. Christoph Wetzel, Die Auswirkungen des Reichsbankengesetzes von 1896 auf die Effektenbörsen im Deutschen Reich, Münster (Westf.) 1996.
27 Vgl. Caroline Fohlin, The Rise of Interlocking Directorates in Imperial Germany, in: Economic History Review 2 (1999), S. 307-333.

tegische Funktion kam oftmals den Vertretern der Großbanken zu. So kamen allein die Berliner Banken vor dem Ersten Weltkrieg auf mehr als eintausend Mandate. Nach der Bankenkrise 1931 beschränkte zwar die »Lex Goldschmidt« die Zahl der Mandate pro Person, worauf die Banken mit einer Streuung der Aufsichtsmandate auf mehrere Repräsentanten reagierten.[28]

Auch in den folgenden Jahrzehnten blieben – trotz NS-Regime und Weltkrieg – die für das deutsche Bankensystem typischen Verflechtungsstrukturen stabil. Zwar verfolgten die Nationalsozialisten anfangs eine Strategie der Zerschlagung der Großbanken, mussten aber recht schnell anerkennen, dass sie aufgrund der Kriegsvorbereitung nicht auf ein stabiles Kreditwesen verzichten konnten. Nach dem Zweiten Weltkrieg wiesen die Alliierten den Großbanken eine Mitschuld am Aufstieg der Nationalsozialisten und der Verwüstung Europas zu. Sie lösten die größten Institute in 30 regionale Universalbanken auf. Jedoch hatten die Besatzungsmächte die Beharrungskräfte des deutschen Bankensystems unterschätzt. Durch die alliierte Bankenpolitik wurden zwar 1947/48 die Großbanken zunächst zerschlagen, das Universalbankprinzip an sich allerdings nicht. Schon im Jahre 1953 durften Institute mit gemeinsamen Traditionen wieder zusammenarbeiten. In diesem Zusammenhang begannen die großen Bankhäuser Deutsche Bank, Commerzbank und Dresdner Bank ihre ehemalige Struktur wieder aufzubauen, bis sie 1956 durch ein Bundesgesetz auch offiziell wieder zusammengeführt wurden.[29]

Logik der Finanzmärkte

Durch die zunehmende Internationalisierung der Finanzmärkte und der damit einhergehenden stärkeren Betonung des Shareholder-Value seit spätestens den 1990er-Jahren ist die deutsche Wirtschaftsordnung unter Anpassungsdruck geraten. Neben der (vorrangigen) Finanzierungsform der Unternehmen haben sich auch deren Strategie und Handlungslogik fundamental verändert.[30]

---

28 Das »Lex Goldschmidt« geht zurück auf den Geschäftsinhaber der Danat-Bank, Jakob Goldschmidt, der mehr als 100 Aufsichtsratsmandate bekleidete und den Bilanzfälschungsskandal eines Unternehmens, für dessen Überwachung er zuständig war, nicht aufdecken konnte. Die Danat-Bank brach daraufhin aufgrund ihrer engen Verstrickungen zu dem hoch verschuldeten Unternehmen zusammen. Vgl. hierzu Dieter Ziegler, Die Aufsichtsräte der deutschen Aktiengesellschaften in den zwanziger Jahren. Eine empirische Untersuchung zum Problem der »Bankenmacht«, in: Zeitschrift für Unternehmensgeschichte 2 (1998), S. 194-215.
29 Vgl. Theo Horstmann, Die Alliierten und die deutschen Großbanken. Bankenpolitik nach dem Zweiten Weltkrieg in Westdeutschland, Bonn 1991.
30 Vgl. Alfred Rappaport, Creating Shareholder Value. The New Standard for Business Performance, New York 1986.

Nach Paul Windolf lässt sich die Logik der Finanzmärkte grundsätzlich von der der Realökonomie unterscheiden[31]: In der Realökonomie werden mit langfristigem Zeithorizont Waren und Dienstleistungen produziert, welche die dauerhafte Überlebensfähigkeit des Unternehmens sicherstellen sollen. Das wirtschaftliche Risiko wird durch Produktdiversifizierung gering gehalten. Durch die Einbeziehung der Belegschaft in wichtige Entscheidungen wird diese an ihr Unternehmen gebunden und zu kooperativem Handeln bewogen. Die Kredit gebende Bank ist aufgrund der fehlenden *Exit*-Möglichkeit langfristig an das Unternehmen gebunden und wird sich daher diesem gegenüber nicht opportunistisch verhalten.

Auf den Finanzmärkten verläuft die Wertschöpfung entlang eines kurzfristigen Zeithorizonts aufgrund von Arbitrage und Spekulation. Ziel ist die Maximierung der Rendite und nicht zwangsläufig die dauerhafte Überlebensfähigkeit des Unternehmens. Das wirtschaftliche Risiko wird nicht durch eine interne Produktdiversifizierung verringert, sondern durch externe Portfoliobildung (das heißt Streuung der Kapitalbeteiligungen). Eine langfristige Bindung zwischen Investor und Unternehmen besteht nicht, da sich dieser im Fall zu geringer Rendite auch kurzfristig aus dem Unternehmen zurückziehen kann.

Das Aufeinandertreffen dieser unterschiedlichen operativen Logiken illustriert Windolf am Beispiel einer Bank: Eine Bank ist ein Unternehmen, das seine dauerhafte Überlebensfähigkeit am Markt sicherstellen will. Da es auf die Motivation und das Vertrauen seiner Beschäftigten angewiesen ist, wird es versuchen, opportunistisches Verhalten gegenüber der Belegschaft zu vermeiden. Investitionen in das Bankgeschäft binden das Management und die Belegschaft langfristig, sodass keine *Exit*-Option besteht. Gleichzeitig ist die Bank aber auch ein Akteur auf den Finanzmärkten, der versucht, durch kurzfristige Spekulation Gewinne zu maximieren. Sie beteiligt sich als Investmentbank an feindlichen Unternehmensübernahmen und bedroht somit die Überlebensfähigkeit anderer Unternehmen. Als Investmentbank ist sie Eigentümer vieler Unternehmen und wird versuchen, durch opportunistisches Verhalten den Shareholder-Value zu maximieren.

Nachdem das System der festen Wechselkurse von Bretton Woods, das die Nachkriegszeit maßgeblich geprägt hatte, zu Anfang der 1970er-Jahre zusammengebrochen war, wurden in der Folgezeit Kapitalverkehrskontrollen abgebaut, und dadurch die Grundlagen für global zirkulierende Investitionen geschaffen.[32] So nahm zwischen 1980 und 2005 der weltweite Aktienbestand um das 15fache von 2,9 auf 44,5 Billionen US-Dollar zu. Neben dem Anwachsen des Aktienbestandes änderten sich allerdings auch die Anlagestrategien zentraler Investoren: Wurden Aktien im Jahre 1980 durchschnittlich noch 9,7 Jahre gehalten, fiel dieser Wert auf nur 0,9 Jahre in

---

31   Paul Windolf, Was ist Finanzmarkt-Kapitalismus?, in: ders. (Hg.), Finanzmarkt-Kapitalismus, S. 20-57, hier: 52 ff.
32   Vgl. z. B. Anselm Doering-Manteuffel/Lutz Raphael, Nach dem Boom, S. 30 ff.

2005. Diese Strategieänderung wurde erst möglich durch einen Professionalisierungsprozess der entsprechenden Branche und den damit einhergehenden Aufstieg institutioneller Investoren. Verwalteten diese im Jahre 1980 noch 2,9 Billionen US-Dollar, waren es im Jahre 2001 schon 35 Billionen US-Dollar.[33]

Zwar besitzt kaum ein einzelner Fonds mehr als 5 bis 10 Prozent an einem Unternehmen, in ihrer Gesamtheit gelingt es ihnen jedoch oft, auf Hauptversammlungen einen maßgeblichen Einfluss auf das Management und unternehmerische Entscheidungen auszuüben. Zugleich konkurrieren die Investmentfonds untereinander um immer höhere Rendite. Diese Konkurrenzsituation reichen die Fondsmanager an die Unternehmen in Form von steigenden Renditeforderungen oder möglichst großen Dividendenausschüttungen weiter. Die Problematik lässt sich an einem Beispiel veranschaulichen: Als Eigentümer des DWS-Fonds ist die Deutsche Bank ein treibender Akteur im Konkurrenzkampf. Da sie sich aber als Aktiengesellschaft selbst zu 69 Prozent in Fondsbesitz befindet, wird sie selbst von dieser Konkurrenz getrieben. So hat sich die Deutsche Bank zum Ziel gesetzt, den internationalen Maßstab einer Eigenkapitalrendite von 25 Prozent zu erreichen, um ihre Attraktivität am Aktienmarkt nicht einzubüßen und weiterhin für Anleger interessant zu bleiben. Zwar erreichte sie 2004 eine Eigenkapitalrendite von 16 Prozent, um diese jedoch auch künftig zu gewährleisten oder sogar noch zu steigern, werden im Rahmen eines Kostensenkungsprogramms 6.000 Mitarbeiter entlassen.[34] Dass dies kein Einzelfall ist, zeigt das Beispiel Nokia: Ende 2007 kündigte das Unternehmen an, 3.500 Arbeitsplätze in Deutschland abzubauen und gleichzeitig ein neues Werk in Rumänien zu eröffnen. Zwar erwirtschaftete Nokia im Jahr 2007 einen Rekordgewinn, zu dem auch das profitable Werk in Bochum beitrug, jedoch winkt durch die Produktionsverlagerung eine noch höhere Eigenkapitalrendite.

Bei der Übertragung der operativen Logik der Finanzmärkte auf die Unternehmen nimmt der Mechanismus der feindlichen Übernahme eine Schlüsselrolle ein. Fällt der Aktienkurs eines Unternehmens, gerät es in Gefahr, durch Investitionsfonds übernommen zu werden. Die potenziellen Investoren offerieren den Eigentümern ein Angebot, das weit über dem Marktwert liegt, und spekulieren darauf, kurzfristige Gewinne zu erwirtschaften. Dies geschieht typischerweise durch den Austausch des Managements und der Hebung stiller Reserven wie der Ausschüttung von Eigenkapital an die Aktionäre, Einsparung teurer Zukunftsinvestitionen und dem Abbau der Belegschaft. Um einer solchen Übernahme zu entgehen, müssen die Manager zwangsläufig den Aktienkurs hochhalten und damit der operativen Logik der Finanzmärkte folgen.[35] Neben der feindlichen Übernahme stellen Aktienoptionen einen weiteren

---

33 Vgl. World Federation of Exchanges (WFE), in: Annual Reports, [www.bpb.de/wissen/5IAXN 9,0,0,Aktienbestand_und_Aktienhandel.html (4.1.2010)].
34 Vgl. Paul Windolf, Was ist Finanzmarkt-Kapitalismus?, S. 24.
35 Vgl. ebd., S. 46 ff.

Mechanismus dar, der die operative Logik der Aktienmärkte auf die Unternehmen überträgt. Wenn Manager durch die Steigerung des Aktienkurses ihres Unternehmens exorbitante Gehaltsteigerungen erwarten können, werden sie weniger das dauerhafte Überleben des Unternehmens als vielmehr die kurzfristige Steigerung der Rendite im Auge haben.[36]

Die Übertragung der Logik der Finanzmärkte auf die Realökonomie kehrt einen wichtigen Bestandteil des deutschen Modells um: Während vormals Banken in Konkurrenz zueinander standen und dafür sorgten, dass Zinsen für Unternehmenskredite tendenziell sanken, bewirkt der auf die Unternehmen weitergegebene Renditedruck eine tendenzielle Erhöhung der Kapitalkosten. Neben einer Zunahme des Konkurrenzdrucks (global und branchenunabhängig) werden langfristige Investitionen, Prozesse und Strategien durch die Zunahme der Kapitalmobilität erschwert.[37]

Strukturbruch im deutschen System der Corporate Governance?

Wirtschaftliche Systeme befinden sich – genau wie andere gesellschaftliche Teilbereiche auch – in einem stetigen Wandlungsprozess. Vielmals handelt es sich dabei um inkrementelle Anpassungen an sich verändernde Rahmenbedingungen, die jedoch innerhalb der vorherrschenden Systemlogik vorgenommen werden und somit die grundlegende Struktur des Wirtschaftssystems nahezu unberührt lassen. Die von der Internationalisierung der Finanzmärkte ausgehenden Veränderungen hingegen scheinen von solch einer Veränderungskraft zu sein, dass sie einen grundlegenden Wandel der Corporate Governance-Strukturen eingeleitet haben könnten, der sich mittelbar auch auf andere Teilbereiche der deutschen Wirtschaft auswirken wird. Wie oben gezeigt werden konnte, zeichnete sich das deutsche Wirtschaftsmodell der 1970er-Jahre durch enge personelle Netzwerke sowie Kapitalbeteiligungen zwischen Banken, Versicherungen und Industrieunternehmen aus. Feindliche Übernahmen existierten kaum, ein funktionierender Markt für Unternehmenskontrolle war nicht vorhanden. Das deutsche Management verfügte über hohes technisches Fachwissen, was auch in einem hohen Anteil an Ingenieuren in der Führungsriege zum Ausdruck kommt. Die Betriebszugehörigkeit war im internationalen Vergleich hoch und Karrierewege verliefen oft innerhalb des Unternehmens, sodass ein umfangreicher Arbeitsmarkt für Manager kaum existierte. Gemeinsam ist diesen Eigenschaften, dass sie eine eher langfristige Perspektive betonen. Die oftmals damit einhergehenden hoch qualitativen Produktionsstrategien hatten dabei den Effekt, dass Arbeitnehmer langfristig an ihr Unternehmen gebunden waren, und der relativ geringe Wettbewerbsdruck ermöglichte es den

---

36 Vgl. ebd., S. 50 ff.
37 Vgl. ebd., S. 24 f.

Unternehmen, ihre Kernbelegschaft auch in wirtschaftlichen Schwächephasen zu halten.

Seit Anfang der 1990er-Jahre hat allerdings ein Veränderungsprozess eingesetzt, der das deutsche System der Corporate Governance verändert hat. Dabei sind externe Mechanismen gestärkt worden, während interne Mechanismen an Bedeutung eingebüßt haben. So haben führende deutsche Großbanken aufgrund neuer Investitionsmöglichkeiten ihre Strategien geändert und sich verstärkt auf das Investmentbanking konzentriert. Flankiert wurde dieser Strategiewechsel durch Veränderungen der politischen Rahmenbedingungen, die als Modernisierung des Finanzplatzes Deutschland bezeichnet wurden. Gleichzeitig haben zahlreiche große DAX-Industrieunternehmen finanzmarktkompatible Strategien eingeführt. So wurden transparentere Strukturen geschaffen, um externe Investoren am Kapitalmarkt zu gewinnen, klare Renditeziele in den Geschäftsberichten festgeschrieben und die Managervergütung an den Aktienkurs gekoppelt.

Die deutschen Großbanken, die bisher im Zentrum der Deutschland AG standen und somit die zentralen Akteure im konservativen deutschen Finanzsystem waren, begannen Anfang der 1990er-Jahre ihre Strategien zu überdenken und sich an veränderte Rahmenbedingungen anzupassen. Durch den Aufstieg des Investmentbankings eröffneten sich neue Gewinnmöglichkeiten, die bisherige Gewinnmargen in den Schatten stellten. Um in diesem Geschäftsfeld Fuß zu fassen, kaufte die Deutsche Bank die in London angesiedelte Morgan Grenfell (1989) und den US-amerikanischen Bankers Trust (1998). Die Dresdner Bank erwarb die in London beheimatete Kleinwort Benson (1995) und die US-amerikanische Wasserstein Perella (2001). Die Commerzbank verzichtete auf die Übernahme ausländischer Investmentbanken, gründete aber Filialen in den Finanzzentren der Welt, um dort aktiv vertreten zu sein und das Investmentgeschäft auszubauen.[38]

Gleichzeitig wurden mit der Umorientierung auf das Investmentbanking koordinierte Verflechtungen mit anderen Unternehmen nicht nur unwichtig, sondern sie erwiesen sich sogar als kontraproduktiv. Anders als im Kreditgeschäft, wo Banken das Geld der Sparer verwenden, um Beteiligungen im eigenen Namen zu erwerben, sehen sich Investitionsbanken als Vermittler von Aktienpaketen, deren Risiko vom privaten Anleger getragen wird. Daher haben Investmentbanken kein strategisches Interesse an einer Integration in ein Unternehmensnetzwerk. Im Gegenteil: Bei Unternehmensübernahmen führt eine zu große Nähe zum angeschlagenen Unternehmen zu einem Interessenkonflikt, der die Glaubwürdigkeit der Bank beeinträchtigt. Folgerichtig kündigte die Deutsche Bank an, ihre Vertreter aus den Aufsichtsräten abzuziehen und sich ganz auf das Investmentgeschäft zu konzentrieren. Während sie 1980 ihre

---

38 Vgl. Sigurt Vitols, Die Großbanken und die Internationalisierung des deutschen Finanzsystems, in: Arndt Sorge (Hg.), Internationalisierung: Gestaltungschancen statt Globalisierungsschicksal, Berlin 2009, S. 135-153, hier: 142.

Vorstände noch in 40 der 100 größten deutschen Unternehmen entsandt hat, waren es 2002 nur noch fünf. Überdies kündigte die Deutsche Bank an, in Zukunft gar keine Aufsichtsratmandate mehr übernehmen zu wollen.[39]

Neben den Großbanken zog sich auch die Allianz Versicherung aus den Aufsichtsräten deutscher Industrieunternehmen zurück.[40] Durch den Rückzug zentraler Akteure aus dem Netzwerk ist es zu einem Entflechtungsprozess der Deutschland AG gekommen. So wurden neben den Personalverflechtungen auch die Kapitalverflechtungen deutscher Unternehmen abgebaut. Da in der Finanzbranche eine Beteiligung von mehr als 25 Prozent als Kontrollabsicht interpretiert wird, trennte sich zum Beispiel die Deutsche Bank von vielen Industriebeteiligungen. So verkaufte sie im Jahre 2002 zum Beispiel 4,3 Prozent an der Münchener Rück, einen Anteil von 9,1 Prozent an MG-Technologies, 34 Prozent an Gerling und die gesamte Beteiligung an Continental. Aufgrund der Tatsache, dass die Veräußerungen zu Zeiten einer Börsenschwäche stattfanden und somit einen vergleichsmäßig geringen Verkaufswert einbrachten, kann dies – so Jürgen Beyer – als deutliches Signal für eine strategische Neuausrichtung gewertet werden.[41]

Neben dieser beispielhaften Darstellung des Rückzugs der Deutschen Bank aus dem Zentrum der Deutschland AG lassen sich ähnliche Veränderungen auch für das gesamte Netzwerk zeigen. Philipp Klages weist nach, dass sich die Anzahl der bestehenden Kapitalverflechtungen, gemessen an den Verbindungen der größten deutschen Unternehmen, vom Jahre 1996 bis zum Jahre 2002 von 51 auf 39 Prozent drastisch verringert hat. Demnach befanden sich 1996 noch 16,8 Prozent der 100 größten Unternehmen im Besitz anderer Großunternehmen, während es 2002 nur noch 9,9 Prozent waren. Noch deutlicher wird dies bei den Personalverflechtungen: Die auf Daten der Monopolkommission beruhende Verflechtungsdichte (Anteil bestehender Kontakte gemessen an höchstmöglicher Verflechtungsanzahl) nahm im Zeitraum von 1980 bis 2000 von 12,4 auf 5,4 Prozent ab.[42] Auch Jürgen Beyer zeigt, dass die Kapitalanteile der 100 größten Unternehmen untereinander von 15,9 Prozent im Jahre 1996 auf 9,3 Prozent im Jahre 2002 zurückgegangen sind. Der Anteil der Banken ist dabei von 5,8 Prozent auf 1,5 Prozent gesunken, derjenige der Versicherungen von 4,7 Pro-

---

39 Vgl. Jürgen Beyer, Unkoordinierte Modellpflege am koordinierten deutschen Modell, in: Jürgen Beyer (Hg.), Vom Zukunfts- zum Auslaufmodell? Die Deutsche Wirtschaftsordnung im Wandel, Wiesbaden 2003, S. 7-35, hier: 13 f.
40 Vgl. Jürgen Beyer, Deutschland AG a. D.: Deutsche Bank, Allianz und das Verflechtungszentrum des deutschen Kapitalismus, in: Wolfgang Streeck/Martin Höpner (Hg.), Alle Macht dem Markt? Fallstudien zur Abwicklung der Deutschland AG, Frankfurt a. M./New York 2003, S. 118-146, hier: 132-137.
41 Vgl. Jürgen Beyer, Unkoordinierte Modellpflege am koordinierten deutschen Modell, S. 14.
42 Vgl. Philipp Klages, Zwischen institutioneller Innovation und Reproduktion. Zum Wandel des deutschen Corporate Governance-Systems in den 1990ern, in: Berliner Journal für Soziologie 1 (2006), S. 37-54, hier: 47 ff.

zent auf 3,3 Prozent und der Anteil der übrigen Unternehmen von 5,4 Prozent auf 4,5 Prozent.[43]

Allerdings wurde der Entflechtungsprozess der Deutschland AG nicht nur durch einen Strategiewechsel der Großbanken und Versicherungen ausgelöst, sondern gleichzeitig durch politische Maßnahmen flankiert. Unter dem Stichwort »Erneuerung des Finanzplatzes Deutschland« traten während der 1990er-Jahre bis zum Anfang dieses Jahrtausends verschiedene Reformen in Kraft, die das deutsche Finanzsystem umformten. So wurde durch das erste und zweite Finanzmarktförderungsgesetz eine Regulierungsbehörde nach US-amerikanischen Vorbild geschaffen und die Möglichkeiten von Fonds (wie zum Beispiel Pensionsfonds) als Anlageinstrumente ausgebaut. Im dritten Finanzmarktförderungsgesetz von 1998 (KonTraG-Gesetz) beschloss die Schröder-Regierung die steuerfreie Veräußerung von Kapitalbeteiligungen bereits nach einem Jahr – anstatt wie bisher nach sechs Jahren. Diese Maßnahme bot deutschen Großunternehmen einen attraktiven Anreiz, Kapitalbeteiligungen abzubauen, und verstärkte den stattfindenden Umbau des deutschen Finanzsektors ungemein. Außerdem wurden durch das vierte Finanzmarktförderungsgesetz Hedgefonds, die bisher in Deutschland verboten waren, zugelassen. Des Weiteren wirkte die Einführung der privaten Zusatzrente (Riester-Rente) belebend für die Liquidität des Finanzmarktes und wurde durch staatliche Zuschüsse maßgeblich gefördert.[44]

Zugleich richteten viele große DAX-Unternehmen ihre Strategien stärker nach finanzmarktpolitischen Zielen aus.[45] So wurden feste Renditeziele vorgegeben und die Bedeutung von aktiven Investor-Relations betont. Die Informationsqualität der Geschäftsberichte wurde erhöht und transparentere Firmenstrukturen eingeführt, um externe Investoren am Kapitalmarkt zu gewinnen. Diese Entwicklung ist als deutliche Abkehr von bisherigen Verhaltensmustern anzusehen, da vormals Aktienmärkte und öffentliche Unternehmensdarstellung nur eine untergeordnete Rolle spielten.[46] Durch

---

43 Vgl. Jürgen Beyer, Pfadabhängigkeit. Über institutionelle Kontinuität, anfällige Stabilität und fundamentalen Wandel, Frankfurt a. M. 2006, S. 127.
44 Vgl. Stefan Beck/Christoph Scherrer, Explaining the Dynamics of Red-Green Economic Reforms, in: Stefan Beck/Frank Klobes/Christoph Scherrer (Hg.), Surviving Globalization? Perspectives for the German Economic Model, Dordrecht 2005, S. 201-223; Philipp Klages, Zwischen institutioneller Innovation und Reproduktion, S. 48-49; Sigurt Vitols, Die Großbanken und die Internationalisierung des deutschen Finanzsystems, S. 142-143; Susanne Lütz, Vom koordinierten zum marktorientierten Kapitalismus? Der deutsche Finanzsektor im Umbruch, in: Roland Czada/Hellmut Wollmann (Hg.), Von der Bonner zur Berliner Republik. 10 Jahre Deutsche Einheit, Leviathan Sonderheft 19 (1999), Wiesbaden 1999, S. 651-670, hier: 665-667; Alexander Börsch, Global Pressure, National System. How German Corporate Governance is Changing, Ithaca/London 2007, S. 53-57.
45 Vgl. Wolfgang Streeck/Martin Höpner (Hg.), Alle Macht dem Markt?, gesamt.
46 Vgl. Martin Höpner, Wer beherrscht das Unternehmen? Shareholder Value, Managerherrschaft und Mitbestimmung in Deutschland, Frankfurt a. M./New York 2003, S. 37-54.

den Gesetzgeber wurden finanzmarktorientierte Bilanzierungsregeln verbindlich zum 1. Januar 2005 eingeführt. Die alten Standards im Rahmen des Handelsgesetzbuches (HGB) galten vielen DAX-Unternehmen aufgrund ihres Grundsatzes vorsichtiger Erfolgsmittlung als Wachstumsbremse.[47] Botzem, Quack und Konrad zeigen anhand einer Untersuchung der Bilanzierungsstrategien der DAX-30 Unternehmen, dass fast alle Unternehmen die finanzmarktorientierten Bilanzierungsregeln US-GAAP beziehungsweise IFRS weit vor dem verbindlichen Termin eingeführt haben. Dies kann als eindeutiger Schwenk in Richtung einer stärkeren Betonung von Shareholder-Value gedeutet werden.[48]

Außerdem wurde die Vergütung des Managements nach US-amerikanischem Vorbild strukturiert und es wurden verstärkt Aktienoptionen eingesetzt, um finanzmarktorientiertes Verhalten zu fördern.[49] Ebenfalls scheint sich ein aktiver Arbeitsmarkt für Spitzenmanager zu entwickeln. War es bisher üblich, dass Karrieren grundsätzlich *innerhalb* eines Unternehmens verfolgt wurden, hat die Mobilität der Führungskräfte nun zugenommen. So ist die durchschnittliche Unternehmenszugehörigkeit der Vorstandsvorsitzenden der 50 größten Unternehmen von durchschnittlich 12,3 Jahren (1980) auf 8,4 Jahre (2005) gesunken.[50] Außerdem wurden im Zeitraum von 2000 bis 2004 die Verträge von 35 Vorstandsvorsitzenden beendet (davon neun im Konflikt), während dies im Zeitraum von 1960 bis 1964 nur zwölf waren (davon lediglich zwei im Konflikt).[51] Gleichzeitig hat der Anteil der Vorstandvorsitzenden, die Erfahrung im öffentlichen Sektor sammeln konnten, kontinuierlich abgenommen. Waren es im Jahre 1960 noch 35,7 Prozent, so sackte der Wert auf 9,3 Prozent im Jahre 2005 ab. Die zeitgleich damit einhergehende Internationalisierung der Karrierewege von Spitzenmanagern kann damit als Anzeichen interpretiert werden, dass nationale Befindlichkeiten zunehmend unwichtiger werden für deutsches Führungspersonal.[52]

Feindliche Übernahmen, ein Instrument des US-amerikanischen Corporate Governance-Systems, waren lange Zeit in Deutschland praktisch unbekannt. Als zum

---

47 Vgl. Martin Glaum, Bridging the GAAP. The Changing Attitude of German Managers towards Anglo-American Accounting and Accounting Harmonization, in: Journal of International Financial Management and Accounting 1 (2000), S. 23-47, hier: 34.
48 Vgl. Sebastian Botzem/Sigrid Quack/Maria Konrad, Unternehmensbilanzierung und Corporate Governance – Die Bedeutung internationaler Rechnungslegungsstandards für die Unternehmenssteuerung in Deutschland, in: Manfred Weiß/Dieter Sadowski/Ulrich Jürgens/Gunnar Folke Schuppert (Hg.), Perspektiven der Corporate Governance. Bestimmungsfaktoren unternehmerischer Entscheidungsprozesse und Mitwirkung der Arbeitnehmer, Baden-Baden 2008, S. 358-384, hier: 371.
49 Vgl. Martin Höpner, Wer beherrscht das Unternehmen, S. 55-59.
50 Vgl. Wolfgang Streeck, Re-Forming Capitalism. Institutional Change in the German Political Economy, Oxford 2009, S. 82. Die Berechnungen von Streeck beruhen auf Daten von Saskia Freye, Führungswechsel in der Deutschland AG: Die Wirtschaftselite im Wandel, 1960–2005, Frankfurt a. M. 2009.
51 Vgl. Wolfgang Streeck, Re-Forming Capitalism, S. 82.
52 Vgl. ebd., S. 81.

Beispiel von 1990 bis 1993 der italienische Reifenkonzern Pirelli versuchte, Continental zu übernehmen, schien die erste feindliche Übernahme eines deutschen Unternehmens durch einen ausländischen Mitbewerber bevorzustehen. In dieser Notsituation sprang ein Konsortium unter Federführung der Deutschen Bank Continental zur Seite und erwarb eine Sperrminorität, sodass Pirelli nach langem Kampf die Liquidität ausging und aufgeben musste.

Als Wendepunkte hingegen kann der Fall Mannesmann/Vodafone angesehen werden, der den Mechanismus der feindlichen Übernahme ins öffentliche Bewusstsein rückte. Eigentlich galt Mannesmann als mit Vodafone verbündetes Unternehmen, wobei sich Vodafone auf den Mobilfunk konzentrierte und über keine Aktivitäten im Festnetz verfügte. Als Mannesmann Ende Oktober 1999 ein Gebot für das britische Telekommunikationsunternehmen Orange abgeben wollte, wurde diese Maßnahme durch Vodafone als Angriff auf ihren heimischen Markt bewertet. Vodafone reagierte Mitte November zunächst mit einem freundlichen Übernahmeangebot Mannesmanns, dann im Dezember mit einer direkt an die Aktionäre gerichteten feindlichen Übernahme. Interessant ist, dass erstmals in der deutschen Wirtschaftsgeschichte das feindliche Übernahmeangebot auch durch das Management Mannesmanns nicht als illegitimes Mittel bezeichnet wurde. Die Deutsche Bank als Hausbank von Mannesmann hielt sich in der Übernahmeschlacht auffällig zurück und vermied es, Mannesmann zu schützen. Aufgrund ihrer Hinwendung zum Investmentbanking wäre es für die Deutsche Bank hinderlich gewesen, als Beschützer deutscher Industrieunternehmen zu erscheinen. Zu diesem Zeitpunkt hatte die Deutsche Bank mit der Deutschland AG gebrochen und setzte verstärkt auf das Investmentbanking. Mannesmann suchte daher einen anderen Verbündeten, der das Unternehmen vor der drohenden Übernahme hätte schützen können. Der französische Mischkonzern Vivendi zeigte Interesse an einer Fusion, wurde allerdings durch das Angebot Vodafones, Orange übernehmen zu können und ein gemeinsames Internetportal zu betreiben, umgestimmt. Danach resignierte die Führung Mannesmanns und deren Aktionäre verkauften ihre Anteile an Vodafone.[53] Der Fall Mannesmann kann als erste erfolgreiche feindliche Übernahme in Deutschland angesehen werden und änderte die öffentliche Wahrnehmung. 2001 folgte die Übernahme der FAG Kugelfischer durch die INA Schaeffler, 2006/07 wurde Techem durch Macquarie übernommen und 2008 Continental durch die Schaeffler KG. Heute gehört die feindliche Übernahme zur deutschen Wirtschaftskultur und diszipliniert das Management, eine finanzmarktorientierte Unternehmenspolitik zu verfolgen.

---

53 Vgl. Thomas Heinze, Transformation des deutschen Unternehmenskontroll-Systems? Eine empirische Analyse zum Stellenwert der feindlichen Übernahme der Mannesmann-AG für die Unternehmenskontroll-Debatte, in: Kölner Zeitschrift für Soziologie und Sozialpsychologie 4 (2001), S. 641-674; Martin Höpner/Gregory Jackson, Entsteht ein Markt für Unternehmenskontrolle? Der Fall Mannesmann, in: Wolfgang Streeck/Martin Höpner (Hg.), Alle Macht dem Markt?, S. 147-168.

Natürlich hat es auch einige Gegenbewegungen gegeben, ausgelöst durch das Platzen der Börsenblase im März 2000. So versuchte die Deutsche Bank, unter anderem durch den Zukauf der *norisbank* im Jahre 2006, das vernachlässigte Privatkundengeschäft wieder zu stärken. Die durch die Allianz aufgekaufte Dresdner Bank wurde umstrukturiert und ihr Filialgeschäft stärker auf den Verkauf von Versicherungspolicen ausgerichtet; die Commerzbank stärkte die Mittelstandförderung.[54] Ebenfalls ist die Verflechtung deutscher Industrieunternehmen weiterhin signifikant hoch. Feindliche Übernahmen sind immer noch selten, die variable Managervergütung fällt geringer aus als in den USA; zudem verfolgen Führungskräfte weiterhin ihre Karriere oft innerhalb eines Unternehmens. Daher kann das deutsche System der Corporate Governance auch heute noch von einer angloamerikanischen Spielart abgegrenzt werden. Und doch hat der Veränderungsprozess dazu geführt, dass klare Unterscheidungsmerkmale nach und nach verschwimmen und sich das deutsche System der Corporate Governance dem liberalen Modell annähert. Der institutionelle Wandel kann mit Sicherheit als beginnender Strukturbruch bezeichnet werden, da er für Deutschland charakteristische Institutionen unveränderlich mit neuen Einflüssen vermischt und grundlegend umgestaltet hat.

Fazit

Das deutsche Wirtschaftsmodell, dessen historisch gewachsene Institutionen und Strukturen sich grundlegend von einer liberalen Kapitalismusvariante abgrenzen lassen, befindet sich in einer Umbruchphase. Durch die Internationalisierung der Finanzmärkte haben externe Mechanismen der Corporate Governance an Bedeutung gewonnen und sich finanzmarktorientierte Strategien verstärkt durchsetzen können. Kapital- und Personalverflechtungen wurden abgebaut, feindliche Übernahmen gesellschaftlich legitimiert und Unternehmensstrategien auf kurzfristige Renditeziele umgestellt.

Die Stärke des deutschen Modells, das komplementäre Zusammenspiel der unterschiedlichen wirtschaftlichen Institutionen und Akteure, ist durch diesen Prozess unter Anpassungsdruck geraten. Aufgrund der Annahme von Komplementarität ist zu erwarten, dass sich der vom Finanzsektor ausgehende Wandel auch auf andere Teilbereiche auswirken wird. Die stärkere Bedeutung kurzfristiger Strategien zwingt Unternehmen dazu, dem laufenden Aktienkurs eine höhere Bedeutung beizumessen. Die Fokussierung auf die Anteilseigner als einflussreichste Interessengruppe und die damit verbundene maximale Steigerung der Eigenkapitalrendite geht (zumindest teilweise) zulasten der übrigen Stakeholder. Kostensenkungsmaßnahmen, Standortverla-

---

54 Vgl. Sigurt Vitols, Die Großbanken und die Internationalisierung des deutschen Finanzsystems, S. 148.

gerungen, Umstrukturierungsprogramme oder Arbeitsplatzabbau sind die Folgen. Waren vormals Schritte dieser Art nur bei Unternehmen zu beobachten, die in eine wirtschaftliche Schieflage geraten waren, zeigen aktuelle Beispiele (Nokia, Henkel, Deutsche Bank, Continental), dass selbst hoch profitable Unternehmen diesen Weg gehen, um die Rendite noch weiter zu maximieren.

Dieser Wandel hat einen direkten Einfluss auf die Konsensfähigkeit der Akteure der deutschen Marktwirtschaft. Orientieren sich Unternehmen verstärkt an kurzfristiger Rendite, bleibt weniger Raum für kooperative Formen der Koordination, da diese sich grundsätzlich erst auf lange Frist auszahlen. Das branchenweite Aushandeln von Löhnen über Tarifverträge stellt für schnelles Wachstum ein Hindernis dar, weil es das Abwerben hoch qualifizierter Arbeitskräfte erschwert. Deshalb ist anzunehmen, dass koordinierte Lohnverhandlungen weiter abnehmen und die Unternehmensbindung nachlassen werden. Dies wird sicherlich Aus- und Rückwirkungen auf die Strategien einzelner Unternehmen haben.

Marktwirtschaften unterliegen einem stetigen Wandel. Daher wäre eine graduelle Anpassung an neue Rahmenbedingungen keinesfalls als überraschend einzustufen. Analysiert man die durch die Internationalisierung der Finanzmärkte hervorgerufenen Veränderungen der Corporate Governance, ist dieser Prozess eindeutig als Strukturbruch im Sinne von Doering-Manteuffel/Raphael zu bezeichnen. Allerdings scheinen die Liberalisierungsschritte, obwohl sie schon in den 1970er-Jahren begonnen haben, erst seit den 1990er-Jahren ihre volle Kraft zu entfalten. Andere Teilbereiche der deutschen Marktwirtschaft werden darauf reagieren und sich ebenso an veränderte Rahmenbedingungen anpassen. Ob deren Wandel dann auch als Strukturbruch zu bezeichnen sein wird, werden zukünftige Forschungsarbeiten zeigen.

Andrea Rehling

Die konzertierte Aktion im Spannungsfeld der 1970er-Jahre: Geburtsstunde des Modells Deutschland und Ende des modernen Korporatismus

Die aktuelle Finanzkrise hat den Korporatismus wieder in die Diskussion gebracht. Das deutsche Modell, dessen Ende bereits eingeläutet und dessen Erfolge als Illusionen hinterfragt wurden, gilt wieder als erhaltenswert und vorbildlich. War es gerade noch als Problem und Strukturdefizit klassifiziert worden, erlebt es jetzt als Problemlöser eine Renaissance.[1] Durch solche Überlegungen wird eine Debatte um Nutzen und Schaden des Korporatismus wiederbelebt, die sich durch das Ende des *Bündnisses für Arbeit 2003* etwas abgekühlt und bei manchen sogar zu der Diagnose geführt hatte, der Korporatismus sei nun endgültig am Ende.[2] Insgesamt ist die Verknüpfung zwischen der Diagnose, vor einer Krise zu stehen, und der Frage nach der Etablierung eines korporativen Gremiums als Problemlöser keineswegs neu, sondern hat eine Traditionslinie, die vor das Jahr 1880 zurückreicht.[3] Zwischen 1966 und 1977 wurde diese Tradition durch die »*Konzertierte Aktion*« verkörpert, die in der einschlägigen zeithistorischen Literatur in der Regel den 1960er-Jahren zugeschlagen wird.[4] Eine historische Zuordnung, die sicherlich richtig ist, wenn man davon ausgeht,

---

1 Vgl. Herbert Giersch/Karl-Heinz Paqué/Holger Schmieding, The Fading Miracle. Four Decades of Market Economy in Germany, Cambridge 1994; Norbert Berthold/Rainer Hank, Bündnis für Arbeit. Korporatismus statt Wettbewerb, Tübingen 1999; Kommission trifft Arbeitgebervertreter und Gewerkschaften zur Bewältigung der Wirtschaftskrise und zur Arbeitsplatzsicherung, in: EUROPA Press Releases, (25.2.2009), [http://europa.eu/rapid/pressReleasesAction.do?reference=IP/09/317&format=HTML&aged=0&language=DE&guiLanguage=en] (11.1.2010); Sozialpartnerschaften helfen in der Krise, in: EU-Aktuell, 3.2.2009, [http://ec.europa.eu/deutschland/press/pr_releases/8274_de.htm] (11.1.2010).
2 Vgl. Wolfgang Streeck/Martin Höpner (Hg.), Alle Macht dem Markt? Fallstudien zur Abwicklung der Deutschland AG, Frankfurt a. M. 2003; Wolfgang Streeck, Nach dem Korporatismus: Neue Eliten, neue Konflikte, in: Herfried Münkler/Grit Straßenberger/Matthias Bohlender (Hg.), Deutschlands Eliten im Wandel, Frankfurt a. M./New York 2006, S. 149-175.
3 Vgl. Andrea Rehling, Konfliktstrategie und Konsenssuche in der Krise. Von der Zentralarbeitsgemeinschaft zur Konzertierten Aktion, Baden-Baden 2011, S. 7 ff.
4 Vgl. Gabriele Metzler, Konzeptionen politischen Handelns von Adenauer bis Brandt. Politische Planung in der pluralistischen Gesellschaft, Paderborn 2005, S. 49-62; Michael Ruck, Ein kurzer Sommer der konkreten Utopie. Zur westdeutschen Planungsgeschichte der langen 60er Jahre, in: Axel Schildt/Detlef Siegfried/Karl Christian Lammers (Hg.), Dynamische Zeiten. Die 60er Jahre in den beiden deutschen Gesellschaften, Hamburg 2000, S. 362-401; Andreas Rödder, Die Bundesrepublik Deutschland 1969–1990, München 2004, S. 15-16.

dass durch sie der Keynesianismus in Form von Karl Schillers Globalsteuerung Einzug in die bundesdeutsche Politik gehalten hat. Insofern ist die konzertierte Aktion ein typisches Exponat der 1960er-Jahre. Sie aber darauf zu beschränken, und nicht zu berücksichtigen, dass sie noch bis 1977 andauerte, und damit sieben Jahre ihres elfjährigen Bestehens unter dem Eindruck der Entwicklungen der 1970er-Jahre standen, würde bedeuten, wertvolle Erkenntnisgewinne, die der Politikmodus Makrokorporatismus gerade auch unter dem Eindruck der gravierenden, epistemischen Veränderungen der 1970er-Jahre liefern kann, zu verschenken. Dadurch, dass an modernen korporativen Gremien neben den staatlichen Akteuren mit den Gewerkschaften und den Arbeitgeberverbänden die großen zivilgesellschaftlichen Akteure der Industriegesellschaft beteiligt waren, bündeln sich in der konzertierten Aktion die strukturellen und ideellen Veränderungen nach dem Boom wie unter einem Brennglas.[5]

Im Rahmen dieses Beitrages soll deshalb herausgearbeitet werden, wie sich die ideellen Parameter der konzertierten Aktion und das Gremium selbst, herausgefordert durch die strukturellen Veränderungen, aber auch die neuen Wirklichkeitsinterpretationen, verändert haben. Inwiefern fanden die Systemtheorie, postmaterialistische und postmoderne Theorien oder der Monetarismus sowie die Debatte um die Unregierbarkeit Niederschlag. Es soll nachgezeichnet werden, in welchen Kontexten die jeweiligen neuen Wissensbestände beziehungsweise Situationsanalysen Eingang in die konzertierte Aktion fanden, wie sie von den beteiligten Akteuren rezipiert und in die eigenen Weltdeutungen integriert wurden. Dadurch kann die Frage, ob im Strukturbruch der 1970er-Jahre das Ende des »Jahrhunderts des Korporatismus« eingeläutet wurde.[6] Ebenso beantwortet werden kann, warum die Politikwissenschaft den Korporatismus als Politikmodus zu dieser Zeit erst entdeckte und ihn zum Erfolgsgeheimnis des »Modell Deutschland« erklärte. Im Folgenden werde ich dabei die These vom Strukturbruch in den 1970er-Jahren, wie sie von Anselm Doering-Manteuffel und Lutz Raphael in »Nach dem Boom: Perspektiven der Zeitgeschichte nach 1970« entworfen wurde[7], aufgreifen und am Beispiel der konzertierten Aktion diskutieren. Ausgehend von ihrem ideellen Gründungskonsens wird der Einfluss der Studentenbewegung beziehungsweise der neuen sozialen Bewegungen, die Wirkungsmacht sozial- und wirtschaftswissenschaftlicher Gegenwartsdiagnose sowie die Rolle, die der Strukturwandel spielte, genauer in den Blick genommen.

---

5   Moderne wird im Folgenden als ambivalente historische Epoche gedeutet. Vgl. u. a. Zygmunt Bauman, Moderne und Ambivalenz. Das Ende der Eindeutigkeit, Frankfurt a. M. 1995 und Anselm Doering-Manteuffel/Lutz Raphael, Nach dem Boom. Perspektiven auf die Zeitgeschichte seit 1970, Göttingen 2008.
6   Vgl. Philippe C. Schmitter, Still the Century of Corporatism?, in: Philippe C. Schmitter/Gerhard Lehmbruch (Hg.), Trends Toward Corporatist Intermediation, Beverly Hills/London 1979, S. 7-49, hier: 7 ff.
7   Anselm Doering-Manteuffel/Lutz Raphael, Nach dem Boom, gesamt.

Die ideellen Parameter der konzertierten Aktion

Die Entstehung der konzertierten Aktion ist neben der Planungseuphorie der 1960er-Jahre eng verknüpft mit einer ersten Phase der Diskussion über materielle und postmaterielle Orientierungen, die meines Erachtens als Vorläufer der Debatten der 1970er-Jahre zu betrachten ist.[8] Bereits zwischen 1957 und 1960 wurde in der Bundesrepublik Deutschland über die Frage, welche Wertorientierungen nach den materiellen des Wiederaufbaus kommen sollten, heftig debattiert. Zu diesem Zeitpunkt wurden potenzielle postmaterielle Orientierungen vor allem als Problem und Gefahr für die gesellschaftliche Integration erlebt. Es hatte zunehmend das Gefühl an Boden gewonnen, dass der Wiederaufbau abgeschlossen sei. Die Zeitgenossen hatten den Eindruck, ein Wirtschaftswunder erlebt zu haben, dessen Errungenschaften es zu konsolidieren gelte.[9] Dabei waren sie durch die 1958 von dem US-amerikanischen Psychologen Abraham Maslow entwickelte Bedürfnispyramide beeinflusst, die sich Ende der 1950er-Jahre großer Popularität erfreute.[10] Dieses Konzept der humanistischen Psychologie wurde auf die Gesamtgesellschaft übertragen, sodass aus der bisherigen gesellschaftlichen Entwicklung der Schluss gezogen wurde, dass nach der Befriedigung der Defizitbedürfnisse, die durch den Friedensschluss und das Wirtschaftswunder abgedeckt worden seien, nunmehr Selbstverwirklichung sowie postmaterielle Ziele und Werte auf der Tagesordnung stünden. Diesen gelte es durch ein gesellschaftspolitisches Programm Richtung zu geben, um eine Gefährdung der Integration abzuwenden.

Die Bundesregierung unter Ludwig Erhard stellte unter diesen Vorzeichen die »Formierte Gesellschaft« zur Diskussion, der Karl Schiller für die Sozialdemokraten das Konzept einer »Mündigen Gesellschaft« entgegenstellte.[11] Der bundesrepublikanische Diskurs gliederte sich damit in einen transnationalen um das Ende der Nachkriegszeit, die *Affluent Society* und gesellschaftspolitische Orientierungsprogramme wie *New Frontier* und *Great Society* ein.[12] Bei allen Unterschieden hatten die entwickelten Programme die Idee einer wissenschaftsbasierten Steuerung der Gesellschaft hin zu mehr Lebensqualität auf der Basis eines Wertekonsenses gemein.[13] Um das jeweils anvisierte Wertesystem zu vermitteln und die gesellschaftspolitischen Entschei-

---

8   Vgl. ebd., S. 21-27; Michael Ruck, Ein kurzer Sommer, S. 362-401; Anselm Doering-Manteuffel/ Lutz Raphael, Nach dem Boom, S. 61-66.
9   Vgl. Oliver Hüffner, Die Struktur politischer Mythen. Wiedervereinigung und Wirtschaftswunder in den Reden bundesdeutscher Politiker 1949–1969, Opladen 2001.
10 Vgl. Abraham H. Maslow, Motivation und Persönlichkeit, Freiburg i. Br. 1977.
11 Vgl. Gabriele Metzler, Konzeptionen, S. 48-49, 201, 312-313; Alexander Nützenadel, Die Stunde der Ökonomen. Wissenschaft, Politik und Expertenkultur in der Bundesrepublik 1949–1974, Göttingen 2005, S. 282-283; Heinzgerd Schott, Die Formierte Gesellschaft und das deutsche Gemeinschaftswerk. Zwei gesellschaftspolitische Konzepte Ludwig Erhards, Bonn 1982, S. 93-100.
12 John Kenneth Galbraith, The Affluent Society, London 1958.
13 Vgl. John A. Andrew III, Lyndon Johnson and the Great Society, Chicago 1998; James T. Patterson, Grand Expectations. The United States, 1945–1974, Oxford 1996, S. 442-592.

dungen zu implementieren, wurde in Deutschland vorgeschlagen, ein korporatives Gremium zu schaffen, um so die Verbände zur Erhöhung der Integration zu nutzen. Bei Ludwig Erhard sollte diese Funktion der *soziale Dialog* übernehmen, während Karl Schiller den Vorschlag des Sachverständigenrates zur Begutachtung der gesamtwirtschaftlichen Entwicklung aufgriff und in sein Konzept der Globalsteuerung einer konzertierten Aktion eingliederte. Trotz dieser funktionalen Parallelen unterschieden sich beide Konzepte in einigen wesentlichen Punkten, die letztlich über ihren politischen Erfolg und Misserfolg entschieden.

Die Regierung Erhard fürchtete, dass die Bevölkerung in der rasanten gesellschaftlichen Entwicklung des wirtschaftlichen, technischen und politischen Wandels im Wiederaufbau abgehängt werden könnte, sollte versäumt werden, den Menschen Orientierung zu geben. Individualisierung wurde als Atomisierung des Individuums gefürchtet: Technischer und industriegesellschaftlicher Fortschritt hätten sich beschleunigt, sodass das Individuum dem Wandel nicht mehr folgen könne und sinnentleert zurückbleibe. Es erleide einen Entfremdungsprozess, durch den die Integration der Gesellschaft gefährdet werde, was wiederum zu einer Gefahr für die Demokratie werden könne. Die moderne Industriegesellschaft galt mit ihren Modernisierungsprozessen also als ein potenzieller Quell sozialer Desintegration. Aus der Debatte um die Vermassung, die bereits in der Weimarer Republik geführt worden war, erwuchs in den späten 1950er-Jahren das »Integrationsproblem moderner Gesellschaften«, das den Begriff der Vermassung fast vollständig ablöste.[14] Die Parameter dieses Problems blieben in ihrer Definition erstaunlich stabil und wirkten auch in den Debatten der 1970er-Jahre nach: Die Ordnung der Gesellschaft ergäbe sich – anders als in traditionalen Gemeinschaften – nicht mehr durch die religiöse Bindung, sondern gleichsam von allein. Integration müsse jetzt politisch bewerkstelligt werden. Orientierung für das Individuum zu schaffen wurde damit als Aufgabe von Politik definiert. Ihr sollte es obliegen, der Desintegration durch ein gesellschaftspolitisches Programm entgegen zu treten. Arnold Gehlen und Helmut Schelsky blieben mit ihrer Technik- und Technokratenkritik sowie mit der Diagnose, der Mensch sei ein *Mängelwesen*, das durch Institutionen Orientierung brauche, aktuell.[15]

Bereits als Bundeswirtschaftsminister hatte Ludwig Erhard zusammen mit seinen Mitarbeitern Alfred Müller-Armack und Rüdiger Altmann aus diesen Theorien die Notwendigkeit abgeleitet, die zweite Phase des Konzepts der Sozialen Marktwirtschaft, das zunehmend als »deutsches [Erfolgs-, A. R.] Modell« gesehen wurde, auf

---

14 Vgl. u. a. Paul Nolte, Die Ordnung der deutschen Gesellschaft. Selbstentwurf im 20. Jahrhundert, München 2000, S. 107-127.
15 Vgl. Arnold Gehlen, Urmensch und Spätkultur. Philosophische Ergebnisse und Aussagen, Bonn 1956; ders., Die Seele im technischen Zeitalter und andere sozialpsychologische, soziologische und kulturanalytische Schriften, Frankfurt a. M. 2004; Helmut Schelsky, Wandlungen der deutschen Familie in der Gegenwart. Darstellung und Deutung einer empirisch-soziologischen Tatbestandsaufnahme, Stuttgart ²1954.

den Weg zu bringen und sich jetzt dem gesellschaftspolitischen Teil zuzuwenden.[16] Ludwig Erhard übernahm die Überlegungen Alfred Müller-Armacks zur Zündung einer zweiten Phase der Sozialen Marktwirtschaft. In seiner Regierungserklärung vom 18. Oktober 1963 sah er das Ende der Nachkriegszeit heraufziehen und forderte ein gesellschaftliches Leitbild im Sinne Müller-Armacks ein.[17] Dieses Leitbild versuchte Ludwig Erhard dann im Konzept der *formierten Gesellschaft* zu konkretisieren.[18] Er scheiterte damit in der politischen Landschaft der 1960er-Jahre, weil das Konzept nicht mehr den Standards entsprach, die mit moderner, rationaler Wirtschafts- und Gesellschaftspolitik in Verbindung gebracht wurden. Die »Neuvermessung des politischen Raumes« in der Folge von Prozessen, die als Modernisierung, Westernisierung oder Liberalisierung bezeichnet worden sind, ließ Erhards Konzept und Vorstöße seines Wirtschaftsministers Kurt Schmücker zur Etablierung eines sozialen Dialogs veraltet erscheinen.[19]

In der Person Karl Schillers, dem nachgesagt wurde, als Professor für Wirtschaftswissenschaft und SPD-Politiker die Rationalität der Forschung mit politischem Charisma zu vereinen, schien alle Forderungen nach einer modernen Wirtschaftspolitik und einem modernen Politiker zu erfüllen.[20] Diese zeitgenössische Wahrnehmung schlug sich auch in der Medienberichterstattung nieder. So wurde Kurt Schmücker als Erhards Ziehsohn zwar rezipiert, der Schwierigkeiten habe, in den Schuhen des Vorgängers zu gehen.[21] Gleichzeitig wurde er aber gemeinsam mit Erhard in die Verantwortung für das Ende des Wirtschaftswunders genommen, während es über Karl Schiller hieß, er etabliere eine Verwaltung, die jüngst durch die »Kennedy-Administration als chic [schick]« gelte.[22] Deren Kennzeichen lägen darin, dass sie auf einen

---

16 Ludwig Erhard, Regierungserklärung vor dem Deutschen Bundestag am 10.11.1965, Bonn 1965, S. 115-141. Vgl. Alfred C. Mierzejewski, Ludwig Erhard. Der Wegbereiter der Sozialen Marktwirtschaft, München 2005, S. 243-303; Alexander Nützenadel, Stunde, S. 279-280.
17 Alfred Müller-Armack, Studien zur Sozialen Marktwirtschaft, Köln 1960. Vgl. Ludwig Erhard, Regierungserklärung 18.10.1963, in: Regierungserklärungen 1949–1973, zusammengestellt von Peter Pulte, Berlin 1973, S. 118, 141; vgl. auch Gabriele Metzler, Konzeptionen, S. 132-135.
18 Christoph Heusgen, Ludwig Erhards Lehre von der Sozialen Marktwirtschaft. Ursprünge, Kerngehalt, Wandlungen, Bern 1981, S. 225-233; Schott, Formierte Gesellschaft, S. 26-29.
19 Gabriele Metzler, Konzeptionen, S. 31; Axel Schildt/Arnold Sywottek (Hg.), Modernisierung im Wiederaufbau. Die westdeutsche Gesellschaft der 50er Jahre, Bonn 1998; Anselm Doering-Manteuffel, Wie westlich sind die Deutschen? Amerikanisierung und Westernisierung im 20. Jahrhundert, Göttingen 1999; Ulrich Herbert (Hg.), Wandlungsprozesse in Westdeutschland. Belastung, Integration, Liberalisierung 1945–1980, Göttingen 2002. Vgl. Gabriele Metzler, Konzeptionen, S. 137-138.
20 Vgl. ebd., S. 31.
21 [Kurt Schmücker], Parole Wohlstand, in: Der Spiegel 45 (1963), S. 32-42.
22 Ist das Wirtschaftswunder zu Ende? Wohlstand. Über alles in der Welt, in: Der Spiegel 20 (1966), Nr. 1/2, S. 13-26; [Karl] Schiller. Der Regenmacher, in: Der Spiegel 3 (1967), S. 22-28.

»Brain Trust für Wirtschaftspolitik« zurückgegriffen habe.[23] Damit setzte sich Schiller 1966, sogar in Kreisen der CDU, als der »modernere Politiker« gegen Erhard durch.[24]

Schiller war maßgeblich an den Formulierungen der wirtschaftspolitischen Ziele des Godesberger Programms der SPD beteiligt.[25] Schon seit 1952 trat er für seine Variante eines »freiheitlichen Sozialismus« ein.[26] Auch er sah sein Konzept als »Wirtschaftsordnung des ›dritten Weges‹« und damit als Synthese zwischen Liberalismus und Sozialismus, Marktwirtschaft und Zentralverwaltungswirtschaft.[27] Er griff damit den bereits zu Beginn des 20. Jahrhunderts gebräuchlichen Topos vom *dritten Weg* auf, der als dialektische Synthese die Debatten um die Wirtschaftsordnung seitdem in unterschiedlichen Kontexten begleitete.[28] Explizit stellte er sich in die Tradition der Sozialdemokratie der Weimarer Republik, des Keynesianismus und des Labour-Sozialismus. Implizit integrierte er jedoch auch gewisse elementare neoliberale Ansätze, von denen er für seinen pragmatischen Policymix jeweils spezifische Elemente übernahm, um sich gleichzeitig von anderen abzugrenzen.[29] Er stellte Erhards »Formierter Gesellschaft« sein Konzept einer »Mündigen Gesellschaft« entgegen, zu deren integralem Element er die Globalsteuerung der Wirtschaft und eine (zu dem Zeitpunkt noch klein geschriebene) konzertierte Aktion erklärte. Damit übernahm er Vorschläge des Sachverständigenrates zur Begutachtung der gesamtwirtschaftlichen Entwicklung, deren Expertise für politische Entscheidungen er ausdrücklich als essenziell anerkannte. Er reihte sich in den transnational geführten Diskurs um das »Ende der Ideologien« ein und favorisierte hier eine Strategie der rationalen Planung von Wirtschafts- und Gesellschaftspolitik.[30] Er leitete so eine Hinwendung zu Pragmatismus

---

23 Ebd. Vgl. auch Matthias Hochstätter, Karl Schiller – eine wirtschaftspolitische Biografie, Hannover 2006, S. 7.

24 Zum »Kanzlersturz« und Erhards Schwierigkeiten innerhalb der CDU vgl. Dieter Ernst, Der innerparteiliche Kanzlersturz, München 1996; Gabriele Metzler, Konzeptionen, S. 289-297, 356-357; Beatrix W. Bouvier, Zwischen Godesberg und Großer Koalition. Der Weg der SPD in die Regierungsverantwortung. Außen-, sicherheits- und deutschlandpolitische Umorientierung und gesellschaftliche Öffnung der SPD 1960–1966, Bonn 1990, S. 245-255; Matthias Hochstätter, Karl Schiller, S. 7; Gabriele Metzler, Konzeptionen, S. 49-62; Klaus Schönhoven, Wendejahre. Die Sozialdemokratie in der Zeit der Großen Koalition, Bonn 2004, S. 35-88.

25 Julia Angster, Konsenskapitalismus und Sozialdemokratie. Die Westernisierung von SPD und DGB, München 2003, S. 353-430; Beatrix W. Bouvier, Godesberg, S. 30-45.

26 Karl Schiller, Der Ökonom und die Gesellschaft, Stuttgart 1964, S. 17.

27 Ebd.

28 Es wäre zu klären, inwiefern es sich bei Anthony Giddens um einen späten Ausläufer dieser Tradition handelt. Vgl. hierzu Anselm Doering-Manteuffel/Lutz Raphael, Boom, S. 76-79.

29 Karl Schiller, Ökonom, S. 17-18.

30 Vgl. Sachverständigenrat zur Begutachtung der gesamtwirtschaftlichen Entwicklung, Jahresgutachten 1965/66, Stabilisierung ohne Stagnation, Stuttgart/Mainz 1965, S. 113; Gabriele Metzler, Konzeptionen, S. 315-327; Nützenadel, Stunde, S. 164-174; Tim Schanetzky, Sachverständiger Rat und Konzertierte Aktion: Staat, Gesellschaft und wissenschaftliche Expertise in der bundesrepublikanischen Wirtschaftspolitik, in: Vierteljahrschrift für Sozial- und Wirtschaftsgeschichte 3 (2004), S. 310-331; Daniel Bell, The End of Ideology, New York 1965; Gabriele Metzler, Am Ende

und Rationalismus ein.³¹ Neben der kybernetischen Systemtheorie fanden auch die Entscheidungstheorie und Überlegungen aus der neuen politischen Ökonomie Eingang in das zeitgenössische Denken über Politik und Gesellschaft.³² Schlüsselkategorie dieses Denkens war die Information, die durch den technischen Fortschritt in immer größerer Zahl verfügbar war und die Grundlage rationalen Verhaltens zu sein schien.³³ Rationalität und Wissenschaftlichkeit beschwor Karl Schiller immer wieder. Auch in seinem Umgang mit den Verbänden spielten diese beiden Kategorien eine große Rolle. Der Unterschied zu älteren Konzepten lag dabei vor allem darin, dass sich die Auffassung, wie das Gemeinwohl legitim zu ermitteln sei, änderte.

In älteren Konzeptionen, wie in denen von Ludwig Erhard, wurde davon ausgegangen, dass sich das Gemeinwohl dem »gesunden Menschenverstand« zwangsläufig, gleichsam natürlich erschließen müsse. Dagegen verbreitete sich zunehmend die Gewissheit, dass das Gemeinwohl einerseits im pluralistischen Prozess erzeugt werde, und andererseits wissenschaftlich durch Modellrechnungen und Spieltheorien näherungsweise und für alle rational nachvollziehbar zu ermitteln sein müsse. Mehr Partizipation der zivilgesellschaftlichen Akteure war in diesem Kontext nicht mehr eine Gefahr für den Staat und das Gemeinwohl, sondern eine Möglichkeit, mehr Informationen zu akkumulieren sowie mehr Zustimmung für politische Entscheidungen zu gewinnen. Sie wurde als Vorteil gewertet. Außerdem wurden Aspekte des Gemeinwohls zunehmend in verschiedene Systemrationalitäten aufgegliedert, sodass nur noch selten auf ein homogen gedachtes Gemeinwohl rekurriert wurde. Das Wirtschaftssystem wurde als untergeordnete Koordinate des Regierungssystems begriffen und deshalb traten vor allem die *gesamtwirtschaftliche Orientierung* und das *gesamtwirtschaftliche Gleichgewicht* in den Vordergrund.³⁴ Im Sinne einer Präventionsmaßnahme sollte den Teilnehmern an der konzertierten Aktion im Vorfeld aufgezeigt werden, welche Konsequenzen mögliche Konflikte haben können. Von dem gegenseiti-

---

aller Krisen? Politisches Denken und Handeln in der Bundesrepublik der sechziger Jahre, in: Historische Zeitschrift 275 (2002), S. 57-103; dies., »Geborgenheit im gesicherten Fortschritt«. Das Jahrzehnt von Planbarkeit und Machbarkeit, in: Mathias Frese/Julia Paulus/Karl Teppe (Hg.), Demokratisierung und gesellschaftlicher Aufbruch. Die sechziger Jahre als Wendezeit der Bundesrepublik, Paderborn 2003, S. 777-797; Michael Ruck, Ein kurzer Sommer, S. 362-401.

31 Jürgen Habermas, Theorie und Praxis. Sozialphilosophische Studien, Neuwied a. Rhein/Berlin 1963, S. 231-257; Karl R. Popper, Die offene Gesellschaft und ihre Feinde, Bd. II, Tübingen 2003, S. 262-302.
32 Vgl. Hans Albert, Marktsoziologie und Entscheidungslogik. Ökonomische Probleme in soziologischer Perspektive, Berlin 1967; Gérard Gäfgen, Theorie der wirtschaftlichen Entscheidung. Untersuchung zur Logik und ökonomischen Bedeutung des rationalen Handelns, Tübingen 1963; Habermas, Theorie und Praxis, S. 231-257; Hermann Ribhegge, Rationale Einkommenspolitik aus der Sicht der Neuen Politischen Ökonomie. Ein Beitrag zur Kooperation in der Wirtschaftspolitik, Tübingen 1978.
33 Vgl. u.a Karl Steinbuch, Die informierte Gesellschaft. Geschichte und Zukunft der Nachrichtentechnik, Stuttgart 1966.
34 Vgl. Gabriele Metzler, Konzeptionen, S. 306-314.

gen Informationsaustausch versprach sich Schiller ein anderes, rationaleres Verhalten. Ziel war so, durch die konzertierte Aktion einen Integrationsprozess einzuleiten, denn, so war Karl Schiller überzeugt: »Rationale Kommunikation und Information integrieren notwendigerweise.«[35] Wenn zwischen den Verantwortlichen für den Wirtschaftsprozess ein ständiger und regelmäßiger kommunikativer Austausch stattfinden würde, hoffte Schiller, Verhaltensweisen vermeiden zu können, die das gesamtwirtschaftliche Gleichgewicht stören könnten.[36]

Die Schiller'schen Grundannahmen, die auch von Sachverständigenrat (SVR), DGB und den Arbeitgeberverbänden geteilt wurden, rückten den Staat (im Dialog mit der konzertierten Aktion) in die Rolle des Primus inter Pares, der mit den Interessengruppen verhandelte und Aufgaben an sie delegierte, aber auch Ratschläge von ihnen annahm. Seine Instrumente waren nicht mehr in erster Linie die Verordnung oder die Anordnung, sondern das bessere Argument, Überzeugungsarbeit und damit eben die sogenannte *Moral Suasion*. Die staatliche Autorität wurde hier als funktionale Autorität gegenüber dem älteren hegelianischen Staatsbegriff neu definiert. Damit hatten sich die Teilnehmer an der konzertierten Aktion aber keineswegs vom essenziellen Gemeinwohl verabschiedet. Denn trotz der Gegensätze zwischen den gesellschaftlichen Gruppen waren sie überzeugt, dass es auf der Grundlage der kollektiven Vernunft möglich sei, zu einem Konsens in den Verhandlungen zu kommen. Sie griffen ein durch Fraenkels Pluralismustheorie geprägtes Politikverständnis auf, das die Gesellschaft durch einen Nukleus nichtkontroverser Maßstäbe zusammengehalten sah und eine alle Gruppen umfassende Wertegemeinschaft für gegeben hielt, eben den Konsens des Gemeinwohls.[37] Vor diesem Hintergrund nahm die konzertierte Aktion am 14. Februar 1967 ihre Arbeit auf. Die Sitzungen liefen in der Regel nach einem gleichbleibenden Muster ab: Zunächst umriss der Wirtschaftsminister seine Lagebeurteilung. Dann referierte ein Vertreter des Ministeriums, meist einer der Staatssekretäre, die Details. Danach wurde der Vorsitzende des SVR gehört, um dann in die Diskussion mit den Verbänden einzusteigen.[38] Damit wurde die wissenschaftlich reflektierte, keynesianische Wirtschaftssteuerung in der Bundesrepublik etabliert und am 8. Juni 1967 im Stabilitätsgesetz kodifiziert, dessen Modi gesellschaftspolitischer Orientierung Pluralismus und Partizipation waren.[39]

---

35 Ebd.
36 Vgl. Hermann Adam, Die Konzertierte Aktion in der Bundesrepublik, Köln 1972, S. 18-21.
37 Vgl. Ernst Fraenkel, Deutschland und die westlichen Demokratien, Stuttgart 1964, S. 152-154; vgl. auch Metzler, Konzeptionen, S. 297-306.
38 Regelmäßig: DGB, Deutsche Angestellten-Gewerkschaft (DAG), BDA, BDI, Deutscher Industrie- und Handelskammertag (DIHT).
39 Vgl. Alexander Nützenadel, Stunde, S. 283-295; Tim Schanetzky, Ernüchterung, S. 81-91.

Die konzertierte Aktion unter dem Eindruck der Studentenbewegung und der neuen sozialen Bewegungen

Ihre erste fundamentale Infragestellung erfuhren die der konzertierten Aktion zugrunde liegenden Annahmen durch die Studentenbewegung. Von den politischen Eliten schon seit 1960 zu Partizipation und Austausch über die künftige, gesellschaftspolitische Orientierung der Nachkriegsgesellschaft aufgefordert, folgten die neue Linke und Studenten der Einladung zur Auseinandersetzung.[40] Dabei zeigten sie mit dem zielsicheren Spürsinn der Jugendbewegung Widersprüche und Inkonsistenzen in der demokratischen Selbstdarstellung ihrer jeweiligen Gesellschaften auf.[41] In teilweise überspitzter Form konfrontierten sie das »Establishment« mit seinen tatsächlichen und vermeintlichen Demokratiedefiziten.[42]

Im Kontext der konzertierten Aktion wurden bei aller Unterschiedlichkeit im Detail zwei Elemente relevant, welche die Protestbewegungen zwar nicht einten, ihnen aber doch gemein waren, und durch die sie zur Herausforderung für das korporative Gremium wurden. Zu nennen wäre zunächst die Kritik am Antikommunismus, für dessen Legitimierung in der bundesrepublikanischen Gesellschaft die Totalitarismustheorie instrumentalisiert worden sei. Sozialismus würde offentsichtlich mit dem Stalinismus und dem sowjetischen Modell gleichgesetzt, andere Modelle, wie sie von der Rätebewegung in der Weimarer Republik oder vom kommunistischen Widerstand erdacht wurden, seien ausgeblendet worden. Diesen Traditionen müsse Gerechtigkeit widerfahren, und sie müssten als Beiträge eines besseren, antifaschistischen Deutschlands wiederbelebt und aufgegriffen werden. Damit eng verknüpft war die Kritik an den Strukturen der bundesrepublikanischen Gesellschaft, die zu einem nicht unerheblichen Teil nach 1945 nur *restauriert* worden seien. Deshalb wären in sie ebenso wie in die Lebensstile und Charaktere autoritäre und faschistische Elemente eingelagert, die es zu überwinden gelte. Insbesondere die Institutionen wurden als Macht ausübende, von kapitalistisch-faschistischen Interessen beherrschte Strukturen begriffen, die es zu revolutionieren gelte.[43] Die Protagonisten der »Achtundsechziger«

---

40 Vgl. Habbo Knoch, »Mündige Bürger« oder: Der kurze Frühling einer partizipatorischen Vision. Einleitung, in: ders. (Hg.), Bürgersinn mit Weltgefühl. Politische Moral und solidarischer Protest in den sechziger und siebziger Jahren, Göttingen 2007, S. 9-53; Metzler, Konzeptionen, S. 264-288.
41 Vgl. Detlef Siegfried, Understanding 1968: Youth Rebellion, Generational Change and Postindustrial Society, in: Axel Schildt/Detlef Siegfried (Hg.), Between Marx and Coca-Cola. Youth Cultures in Changing European Societies, 1960–1980, New York/Oxford 2006, S. 59-81.
42 Die Heterogenität von Studentenbewegung, »Achtundsechzigern« bzw. neuer Linke ist in ihren jeweiligen Ausprägungen und Entwicklungen ausführlich dargestellt worden. Vgl. z. B. Thomas Etzemüller, 1968 – Ein Riss in der Geschichte? Gesellschaftlicher Umbruch und 68er-Bewegung in Westdeutschland und Schweden, Konstanz 2005; Ingrid Gilcher-Holtey (Hg.), 1968. Vom Ereignis zum Mythos, Frankfurt a. M. 2008.
43 Exemplarisch für den Hintergrund dieser Kritik: Urs Jaeggi, Macht und Herrschaft in der Bundesrepublik, Frankfurt a. M. 1969; Herbert Marcuse, Der eindimensionale Mensch. Studien zur

selbst wollten eine *bessere* Ordnung aufbauen, die anfangs in dialektischer Tradition eines *dritten Weges des Sozialismus* stand und die Etablierung einer Neuen Linken vorsah. Dabei gliederten sie sich zunächst in den allgemeinen Diskurs über Reformbedarf in der Demokratie, bei den Wertorientierungen und über einen anzuvisierenden Wertewandel ein. Bei den sich selbst als rational, modern und unideologisch begreifenden Reformern in der konzertierten Aktion machte sich Angst breit, die Jugend »re-ideologisiere« sich und gefährde damit die freiheitlich-demokratische Grundordnung. Die andere Seite hingegen sah sich einem »faschistoiden System« gegenüber, das zunehmend sein wahres Gesicht enthülle und bekämpft werden müsse.[44]

Mit dem Auslaufen der eigentlichen »Achtundsechziger«-Bewegung gewannen die Reformbewegungen an Gewicht. Der Blick richtete sich vermehrt auf den individuellen Lebensstil, woran auch die neuen sozialen Bewegungen anschlossen.[45] Ergebnis der Entwicklungen war ein gesteigertes Bewusstsein für Machtverhältnisse in den gesellschaftlichen Strukturen und ihre disziplinierende Wirkung auf das Individuum. Sie wurden hinterfragt, was durch den in Deutschland zunehmend rezipierten (Post-)Strukturalismus noch forciert wurde. Dieser betonte den Machtcharakter von Ordnungen insgesamt, relativierte die Möglichkeiten, eine vernünftige Ordnung zu schaffen, und stellte den Fortschrittscharakter »moderner Entwicklung« infrage.[46] Außerdem schlichen sich über die Frage nach Lebensqualität die Kosten des Fortschritts in die Diskussion ein. Neben Überlegungen, wie die Jugend wieder in die bundesrepublikanische Gesellschaft zu integrieren sei, fand vor allem die Diskussion über die Qualität des Lebens Eingang in die Verhandlungen der konzertierten Aktion. In der konzertierten Aktion fanden sich diese Entwicklungen spätestens seit Ende 1967 zunächst in Form eines allgemeinen, von der Studentenbewegung ausgelösten Unruhediskurses

---

Ideologie der fortgeschrittenen Industriegesellschaft. Berlin 1967; Theodor W. Adorno/Max Horkheimer, The Authoritarian Personality, New York 1950.

44 Vgl. Thomas Etzemüller, 1968, gesamt; Ingrid Gilcher-Holtey, 1968 in Deutschland und Frankreich: ein Vergleich, in: Etienne François et al. (Hg.), 1968 – ein europäisches Jahr? Leipzig 1997, S. 67-77; Christina von Hodenberg/Detlef Siegfried, Reform und Revolte. 1968 und die langen sechziger Jahre in der Geschichte der Bundesrepublik, in: dies. (Hg.), Wo »1968« liegt. Reform und Revolte in der Geschichte der Bundesrepublik, Göttingen 2006, S. 7-14; Christiane Kohser-Spohn, Mouvement étudiant et critique du fascisme en Allemagne dans les années soixante, Paris 1999; Bernd A. Rusinek, Von der Entdeckung der NS-Vergangenheit zum generellen Faschismusverdacht – akademische Diskurse in der Bundesrepublik der 60er Jahre, in: Axel Schildt/Detlef Siegfried/Karl Christian Lammers (Hg.), Dynamische Zeiten, S. 114-147.

45 Vgl. Roland Roth/Dieter Rucht (Hg.), Die sozialen Bewegungen in Deutschland seit 1945. Ein Handbuch, Frankfurt a. M./New York 2008.

46 Vgl. Urs Jaeggi, Ordnung und Chaos. Der Strukturalismus als Methode und Mode, Frankfurt a. M. 1968; Günther Schiwy, Der französische Strukturalismus. Mode, Methode, Ideologie, Reinbek 1969; zur Problematik der Poststrukturalismusrezeption in Deutschland vgl. auch Klaus Lichtblau, Die poststrukturalistische Herausforderung, in: Richard Faber/Erhard Stölting (Hg.), Die Phantasie an die Macht? 1968 – Versuch einer Bilanz, Hamburg 2008, S. 256-269.

wieder.⁴⁷ Die an der konzertierten Aktion Beteiligten waren davon überzeugt, dass sie sich mit ihrer Kooperation endlich von jeder Ideologie verabschiedet hätten und sich nur noch von Rationalität und Vernunft leiten ließen. Vor diesem Hintergrund erschien ihnen die Studentenbewegung wie der Rückfall einer materiell verwöhnten Jugend in ein ideologisches Zeitalter. Dies wurde deshalb stark problematisiert, weil die Protagonisten der konzertierten Aktion der Jugend – insbesondere der studentischen Jugend – eine besondere zukünftige Rolle in der bundesrepublikanischen Gesellschaft zuwiesen. Die nachrückende Generation sollte keinesfalls an die Ideologien verloren werden. Sie zeigten zunächst ostentativ Verständnis und sich selbst gesprächsbereit.⁴⁸ Innerhalb der konzertierten Aktion betonte Karl Schiller in Abgrenzung zu den revolutionären Bestrebungen der Student/-innen und der sich radikalisierenden Außerparlamentarischen Opposition (APO), dass gerade die Zusammenarbeit in der konzertierten Aktion deutlich mache, dass das wirtschaftliche Geschehen nicht, wie von der sozialistischen und marxistischen Theorie unterstellt, von anonymen Herrschaftsgruppen gesteuert werde. Es komme darauf an, die konzertierte Aktion als eine Form der gegenseitigen Konsultation auszubauen, die Kritik der Jugend konstruktiv aufzugreifen, Erstarrungen abzuwenden und die bestehende Ordnung evolutionär weiterzuentwickeln.⁴⁹ Hier hoffte Schiller einerseits auf den stabilisierenden, andererseits aber auch reformerischen Anspruch der konzertierten Aktion. Er trat aber auch Kritik von links, welche die konzertierte Aktion als Machtkartell begriff, entgegen. In seinen Stellungnahmen wird deutlich, dass von den Beteiligten der konzertierten Aktion durchaus Reformbedarf in der Bundesrepublik identifiziert und Defizite in der aktuellen Gesellschaft gesehen wurden. Schließlich hatte die Sozialdemokratie, nicht zuletzt durch Schillers wirtschaftspolitische Konzepte, das Feld der Zukunft semantisch besetzt. Die Defizite sollten frei von Ideologien mithilfe systematischer Planung behoben werden, um aus der Bundesrepublik einen modernen und zukunftsfähigen Staat zu machen.⁵⁰ So machte das DGB-Vorstandsmitglied Georg Neemann in seiner Ansprache zum 1. Mai deutlich, dass die Demokratie von der Bewegung lebe: »Demokratie ist

---

47 Vgl. Franz-Werner Kersting, »Unruhediskurs«. Zeitgenössische Deutungen der 68er-Bewegung, in: Mathias Frese/Julia Paulus/Karl Teppe (Hg.), Demokratisierung, S. 715-740.
48 Vgl. Kurt Georg Kiesinger, Aufgaben der Politik im modernen Verhältnis von Staat und Wirtschaft, in: Spannungsfeld Staat und Wirtschaft. Wirtschaftliche Verantwortung und politische Planung, hg. v. Deutschen Industrie- und Handelstag. Bonn 1968, S. 20-21; Ansprache des DGB-Vorstandsmitgliedes Georg Neemann am 1.5.1968 in Köln, Koblenz, BArch, B 102/93252.
49 Vgl. Bericht über das Gespräch im Rahmen der Konzertierten Aktion am 23.4.1968 im Bundeswirtschaftsministerium in Bonn, Bonn, DGB-Archiv im AdsD, 5/DGAI001167; vgl. auch Karl Schiller, Zukunftsorientierte deutsche Wirtschaftspolitik. Angemessenes Wirtschaftswachstum und soziale Sicherheit durch stetige Evolution. Aufgeklärte Gesellschaft und aufgeklärte Marktwirtschaft mit Mut zu gesellschaftlichen Reformen, in: Bulletin des Presse- und Informationsamtes der Bundesregierung 80 (1968), S. 701-704.
50 Christina von Hodenberg/Detlef Siegfried, Reform, S. 7-14; Gabriele Metzler, Konzeptionen, S. 141-149; Michael Ruck, Ein kurzer Sommer, S. 363-401.

keine Schlafdroge – Demokratie ist eine dauernde Herausforderung.«[51] Er distanzierte sich dabei aber ausdrücklich von jeder Form von Gewalt. Sie erzeuge einen Teufelskreis, der die »noch junge und keineswegs festgefügte Demokratie in seinen zerstörerischen Sog« ziehen könne. Die Studenten hätten berechtigte Anliegen. Die Sorge um die Verschleppung der Hochschulreform, ihr Entsetzen über den Vietnamkrieg, ihre Furcht vor einer Notstandsverfassung und ihre Warnung vor zu weitgehender Pressekonzentration seien Anliegen, die gehört und diskutiert werden müssten. Aber dafür dürfe nur das in der Verfassung verankerte Grundrecht zu demonstrieren genutzt werden. Gewalt sei absolut inakzeptabel.[52] Sie verstoße gegen die Spielregeln des Grundgesetzes.

Die Teilnehmer der konzertierten Aktion fürchteten die Revolutionsrhetorik der APO sowie ihre Gewaltbereitschaft und warfen ihr Irrationalität vor.[53] Was aber nicht bedeutete, dass die Kritikpunkte der Studierenden keinen Widerhall fanden. Insbesondere der DGB griff sie auf, wodurch sie Eingang in den Verhandlungen der konzertierten Aktion fanden. Prominentestes Beispiel war der Wunsch nach mehr Lebensqualität, der noch expliziter von den neuen sozialen Bewegungen formuliert wurde. In SPD und Gewerkschaften wurde rege über Lebensqualität in Abgrenzung zu Lebensstandard, der als rein materiell wahrgenommen wurde, und die Möglichkeiten eines qualitativen Wachstums diskutiert, was durch den Bericht des Club of Rome über die »Grenzen des Wachstums« zusätzlich belebt wurde.[54] Durch die Ölkrise, welche die Diagnosen des Berichts geradezu idealtypisch zu bestätigen schien, fanden Überlegungen Eingang in die politische Diskussion, welche die Zukunftsfähigkeit des gesamten Planeten, der Welt, für den Fall infrage stellten, dass man keine Wachstumsbeschränkung auferlegen würde.[55] Die Qualität des Lebens und des Wachstums erlangte da-

---

51 Ansprache des DGB-Vorstandsmitgliedes Georg Neemann am 1.5.1968 in Köln, Koblenz, BArch, B 102/93252.
52 Ebd.
53 Vgl. Gabriele Metzler, Konzeptionen, S. 151-153; in Bezug auf die Chronologie der Ereignisse 1968: Wolfgang Kraushaar, 1968. Das Jahr, das alles verändert hat, München 1998.
54 Hier nur exemplarisch für eine Flut von Publikationen: Erhard Eppler, Maßstäbe für eine humane Gesellschaft: Lebensstandard oder Lebensqualität?, Stuttgart 1974; Aufgabe Zukunft: Qualität des Lebens. Beiträge zur vierten internationalen Arbeitstagung der Industriegewerkschaft Metall für die Bundesrepublik Deutschland 11. bis 14.4.1972 in Oberhausen. Bd. 1: Qualität des Lebens, Frankfurt a. M. 1972; vgl. auch Konrad H. Jarausch, Krise oder Aufbruch? Historische Annäherungen an die 1970er Jahre, in: Zeithistorische Forschungen/Studies in Contemporary History, Onlineausgabe 3 (2006) [http://www.zeithistorische-forschungen.de/16126041-Jarausch-3-2006] (11.1.2010), S. 4-5; Wolfgang Schroeder, Gewerkschaften als soziale Bewegung – soziale Bewegung in den Gewerkschaften, in: Archiv für Sozialgeschichte 44 (2004), S. 243-265. Vgl. Dennis Meadows et al., Die Grenzen des Wachstums. Bericht des Club of Rome zur Lage der Menschheit, Stuttgart 1972.
55 Vgl. Jens Hohensee, Der erste Ölpreisschock 1973/74. Die politischen und gesellschaftlichen Auswirkungen der arabischen Erdölpolitik auf die Bundesrepublik Deutschland und Westeuropa, Stuttgart 1996.

durch noch einmal eine verstärkte Dringlichkeit.⁵⁶ Eine postindustrielle und postmaterialistische Gesellschaft schien aufzuziehen, deren Entstehen aber nicht mehr nur als Problem, sondern auch als Chance für die Zukunft begriffen wurde.⁵⁷ Zunehmend wurde eingefordert, die Frage der Nachhaltigkeit von politischen Maßnahmen in die Überlegungen mit einzubeziehen.⁵⁸ In den »Gewerkschaftlichen Monatsheften« machte Gerhard Leminsky den grundsätzlichen Zusammenhang zwischen Gewerkschaftspolitik und Lebensqualität deutlich und legitimierte ihn historisch: In seinen Augen sei es grundsätzlich und traditionell das Anliegen der Gewerkschaften, »die ›Lebensqualität‹ der abhängig Beschäftigten konkret« zu verbessern.⁵⁹

Aber nicht nur beim DGB wurde die Frage der Lebensqualität und eines qualitativen Wachstums aufgegriffen. Auch die Arbeitgeberverbände setzten sich damit auseinander. So veröffentlichte Arbeitgeberpräsident Hanns Martin Schleyer 1973 seine Überlegungen zu einem »sozialen Modell«, in dem er sich an prominenter Stelle mit der Lebensqualität als einem immateriellen Bedürfnis auseinandersetzte.⁶⁰ Er machte deutlich, dass Lebensqualität und Lebensstandard keineswegs gleichzusetzen seien, begriff Erstere aber eher als zu weitreichendes, utopisch-ideologisches Programm.⁶¹ Für Schleyer war die Diskussion über die Lebensqualität vor allem ein Versuch, die soziale Marktwirtschaft infrage zu stellen. Durch Investitionslenkung und Investitionskontrolle solle so die Freiheit, die er neben der Brüderlichkeit und Subsidiarität zum höchsten Wert der christlich-abendländischen Denktradition erhob, eingeschränkt werden. Unter dem Label von Gleichheit und Gerechtigkeit würde versucht, eine ungerechte Wirtschaftsordnung zu schaffen, die dann auch die Demokratie infrage stellt. Lebensglück war für Schleyer etwas Individuelles, die aktuelle Kategorie Lebensqualität hielt er für kollektivistisch.⁶²

Im Verlauf der Auseinandersetzung mit den Positionen der Studenten und der neuen sozialen Bewegungen sowie den durch die Krise des Währungssystems von Bretton Woods offensichtlich gewordenen Grenzen wissenschaftlicher Prognostik, auf die im Folgenden noch einzugehen sein wird, setzte sich seit etwa 1975 die Überzeugung durch, dass es ein essenzielles Gemeinwohl nicht gebe. Stattdessen fanden nun Überlegungen Eingang, die besagten, das Gemeinwohl sei Ergebnis eines delibe-

---

56 Vgl. 18. Januar 1973: Bundeskanzler Willy Brandt, in: Klaus von Beyme (Hg.), Die großen Regierungserklärungen der deutschen Bundeskanzler von Adenauer bis Schmidt, München 1979, S. 296-304.
57 Ronald Inglehart, The Silent Revolution. Changing Values and Political Styles among Western Publics, Princeton 1977; vgl. auch Anselm Doering-Manteuffel/Lutz Raphael, Boom, S. 61-66.
58 Vgl. Armin Grunwald/Jürgen Kopfmüller, Nachhaltigkeit, Frankfurt a. M. 2006.
59 Gerhard Leminsky, Gewerkschaften und Planung, in: Gewerkschaftliche Monatshefte 24 (1973), S. 758-766.
60 Hanns-Martin Schleyer, Das soziale Modell, Stuttgart 1973.
61 Vgl. ebd., S. 37-38.
62 Vgl. ebd., S. 42.

rativen Prozesses.⁶³ Jeder Konsens sei nur temporär sowie partiell und könne damit im Grunde nur ein Kompromiss sein. Durch diese Erkenntnis veränderte sich der Charakter der konzertierten Aktion und korporativer Gremien fundamental.

Die konzertierte Aktion und die Grenzen wissenschaftlicher Expertise

Seit Ende 1967 wurden Bundesrepublik und konzertierte Aktion von den Ausläufern der Krise des Währungssystems von Bretton Woods erreicht.⁶⁴ Ihre Auswirkungen fielen ganz anders aus als vom Sachverständigenrat erwartet. Große Mengen spekulativen Auslandskapitals flossen nach Deutschland, sodass das Wirtschaftswachstum alle Erwartungen übertraf. Da sich die Tarifparteien an niedrigen Projektionen des Sachverständigenrates orientiert hatten, baute sich in der Lohnpolitik jedoch ein Problem auf.⁶⁵ Die Tarifabschlüsse blieben hinter der tatsächlichen Wirtschaftsentwicklung zurück, sodass sich spätestens ab März 1968 ein Lohn-lag abzuzeichnen begann.⁶⁶ In den Augen der Zeitgenossen öffnete sich eine außenwirtschaftliche Flanke der Globalsteuerung, mit der niemand gerechnet hatte. Diese galt es aber unbedingt zu schließen, weil von ihr Inflation drohte, die als negative Erfahrung noch im kollektiven Gedächtnis verankert und deshalb gefürchtet war. Den Beteiligten der konzertierten Aktion war bewusst, dass die Turbulenzen in der nationalen Wirtschaftsentwicklung durch die »Weltwährungskrise« von Bretton Woods verursacht wurden. Darüber, wie ihnen beizukommen sei, herrschte aber Unsicherheit.⁶⁷ Die Folgen der Fehlprognosen waren zunächst das Lohn-lag, dann im September 1969 wilde Streiks, durch die das Vertrauen in die mit dem Versprechen der Rationalität und Planungssicherheit angetretenen Zielprojektionen des Sachverständigenrates erschüttert wurde. Es wurde offensichtlich, dass die Prognosefähigkeit des Sachverständigenrates bei allem wissenschaftlichen Fortschritt doch begrenzt war. Langsam traten die auch wissenschaftlichen Erkenntnissen innewohnenden Mehrdeutigkeiten, Interpretationsspielräume und Parteilichkeiten deutlicher zu Tage. Der »Autoritätsverfall der Orien-

---

63 Vgl. Jürgen Habermas, Drei normative Modelle der Demokratie: Zum Begriff deliberativer Demokratie, in: Herfried Münkler (Hg.), Die Chancen der Freiheit. Grundprobleme der Demokratie, München/Zürich 1992. S. 11-24.
64 Vgl. Christoph Buchheim, Von altem Geld zu neuem Geld. Währungsreformen im 20. Jahrhundert, in: Reinhard Spree (Hg.), Geschichte der deutschen Wirtschaft im 20. Jahrhundert, München 2001, S. 141-156.
65 Bericht über das Gespräch im Rahmen der Konzertierten Aktion am 16.12.1968, Bonn, DGB-Archiv im AdsD, 5/DGAI001168.
66 Vgl. Bericht über das Gespräch im Rahmen der Konzertierten Aktion am 7.3.1968 im Bundeswirtschaftsministerium, Bonn, DGB-Archiv im AdsD, 5/DGAI001167.
67 Elmar Altvater, Die Weltwährungskrise, Frankfurt a. M. 1969.

tierungsdaten« setzte ein.⁶⁸ Zunächst hofften die Beteiligten noch, durch mehr Informationen mehr Wissen zu erlangen.⁶⁹ Die Erhöhung des Informationsniveaus brachte aber nicht das von den Beteiligten erhoffte Ergebnis. Stattdessen wurde der Dissens über das anzustrebende Lohn- und Preisniveau permanent.⁷⁰ Der Sachverständigenrat erlitt einen Reputationsverlust. Seine Fähigkeit, Richtlinien für sachlich richtige, rationale Entscheidungen vorzugeben, wurde bezweifelt, seine Ergebnisse einer zunehmenden Kontrolle durch die verbandseigenen Think-Tanks unterzogen. Gegengutachten und der wissenschaftlich geführte Kampf um Deutungshoheit fanden so Eingang in die Verhandlungen der konzertierten Aktion.⁷¹ Informationen und Wissensbeziehungsweise Rationalitätsgewinn schienen einer Problematisierung zu bedürfen. So griff Anfang der 1970er-Jahre die Erkenntnis Raum, dass viele Informationen nicht zwangsläufig mehr Wissen erzeugen mussten, sondern dass den Kapazitäten, Informationen zu verarbeiten, Grenzen gesetzt waren. Zunehmend stellte sich die Frage, wie eine sinnvolle Informationsauswahl zur »Komplexitätsreduktion« zu treffen sei. Die Zeitgenossen fühlten sich »[m]aßlos informiert«.⁷² So erklärte Helmut Schlesinger Ende 1970, die Öffentlichkeit sei mit Prognosen geradezu überschüttet worden, ohne dass dadurch mehr Wissen erlangt worden sei.⁷³ In weniger als zwei Jahren hatten die wissenschaftlichen Projektionen viel von ihrem Zauber eingebüßt. Statt wissenschaftlicher Eindeutigkeit und Rationalität, die sie einmal zu versprechen schienen, waren sie in die Niederungen des gesellschaftlichen und politischen Interessenkampfes abgesunken. Sie galten zunehmend als subjektiv, interessengeleitet, interpretier- und verhandelbar.

---

68 Helmut Siekmann, Institutionalisierte Einkommenspolitik in der Bundesrepublik Deutschland. Gesetzliche Regelung und bisherige Praxis, München 1985, S. 59.
69 Vgl. Bericht zur Konzertierten Aktion am 20.6.1969, Bonn, DGB-Archiv im AdsD, 5/DGA I001168; Sprechzettel Konzertierte Aktion am 20.6.1969, Koblenz, BArch, B 102/93244; Material zur Konzertierten Aktion von der Abteilung Wirtschaftspolitik beim Bundesvorstand des DGB v. 30.5.1969, Bonn, DGB-Archiv im AdsD, 5/DGAI001168; Gegenüberstellung von Vorausschätzungen für 1969, Bonn, DGB-Archiv im AdsD, DGAI001168; Wagner an die Mitglieder des Präsidiums und des Vorstandes des BDI am 26.6.1969 betr. Ergebnis des Gesprächs im Rahmen der Konzertierten Aktion am 20.6.1969, Berlin, BDI-Archiv, KKW 36, Karton 702; vgl. auch Siekmann, Einkommenspolitik, S. 59-64; Rolf Seitenzahl, Einkommenspolitik durch konzertierte Aktion und Orientierungsdaten, Düsseldorf 1973, S. 119-143; ders., Gewerkschaften zwischen Kooperation und Konflikt. Von einer quantitativen Tariflohnpolitik zur umfassenden Verteilungspolitik, Frankfurt a. M. 1976, S. 28-35.
70 Vgl. Werner Schmidt, Der Wandel der Unternehmerfunktionen in der Bundesrepublik Deutschland unter dem Einfluß der Konzertierten Aktion, Berlin 1974, S. 121.
71 Vgl. Sprechzettel Konzertierte Aktion 12.1.1970, Koblenz, BArch, B 102/93245; Kommuniqué zum Gespräch im Rahmen der Konzertierten Aktion v. 12.1.1970, Bonn, DGB-Archiv im AdsD, 5/DGAI001979.
72 Karl Steinbuch, Maßlos informiert. Die Enteignung unseres Denkens, Berlin 1978.
73 Vgl. Schlesinger [o. Vn.], Probleme der Wirtschaftsentwicklung im Jahre 1971, 30.12.1970, Bonn, DGB-Archiv im AdsD, 5/DGCU000051.

Gleichzeitig war ein Ergebnis dieser Entwicklung ein gesteigertes Bewusstsein für die Vernetzung der Welt. Die Kategorie Welt gewann an Gewicht. In die Verhandlungen wurden zunehmend die Weltwirtschaft, die Weltkonjunktur und der Welthandel als zu berücksichtigende Größen einbezogen. Die Krise des Systems von Bretton Woods vermittelte den Akteuren den Eindruck, Teil einer Weltwirtschaft zu sein. Plötzlich taten sich für die Akteure in ihren Situationsanalysen überall Interdependenzen auf.[74] Die Erwartungen an die konzertierte Aktion veränderten sich und der internationale Vergleich gewann implizit und explizit an Bedeutung, was vor allem beim Problem des Strukturwandels, vor das sich die Teilnehmer der konzertierten Aktion zunehmend gestellt sahen, ins Gewicht fiel.

Die konzertierte Aktion und der Strukturwandel

Der wirtschaftliche Strukturwandel gewann in der konzertierten Aktion zunächst vor allem im Arbeitskreis Automation an Bedeutung. Er war eingerichtet worden, um die Bearbeitung der technischen Entwicklungen sowie ihrer sozialen Folgen zu verbessern, indem er die bisherigen Bemühungen des Bundeswirtschaftsministeriums in Sachen Automation ergänzen und bündeln sollte.[75] Er knüpfte an eine schon länger laufende Debatte an. Die Teilnehmer an der konzertierten Aktion waren zu diesem Zeitpunkt davon überzeugt, dass die Automation – die als Begleiterscheinung des Strukturwandels gesehen wurde – diejenigen Arbeitsplätze, die sie vernichtete, an anderer Stelle wieder neu schaffen werde. Es sollte deshalb vornehmlich darum gehen, die Arbeitskräfte in die neu entstehenden Stellen zu lenken und so den Automatisierungsprozess *human* zu gestalten. Um die Härten und Einseitigkeiten der ersten Rationalisierungswelle der 1920er-Jahre zu vermeiden, sollten die Menschen künftig gezielt auf die neuen Aufgaben vorbereitet werden. So sollte dem wirtschaftlichen Strukturwandel und der hier inhärenten Vorstellung der Drei-Sektoren-Hypothese, die von einem evolutionären, sektoralen Wandel von der Agrar- über die Industrie- zur Dienstleistungsgesellschaft ausging, Rechnung getragen werden.[76] Die evolutionär gedachte Erwartung einer fortschrittlichen Entwicklung zu einer modernen Gesellschaft, wie sie die Modernisierungstheorien grundsätzlich prägt, schlug sich hier ebenso nieder wie

---

74 Vgl. Robert O. Keohane/Joseph S. Nye (Hg.), Transnational Relations and World Politics, Cambridge (MA) 1972; Richard Rosecrance/Arthur Stein, Interdependence: Myth and Reality, in: World Politics 26 (1973/74), S. 1-27.
75 Sitzung der Konzertierten Aktion am 9.11.1967, Bonn, DGB-Archiv im AdsD, 5/DGAY Altsignatur 24/6294.
76 Vgl. Jean Fourastié, Die große Hoffnung des zwanzigsten Jahrhunderts, Köln 1954; Otto Brenner, Für eine bessere Welt. Aufsätze zur Gewerkschaftspolitik, Frankfurt a. M. 1970, S. 22-34; Walter Buckingham, Automation und Gesellschaft. Frankfurt a. M. 1961; Karl Trabalski, Automation – neue Aufgaben für Betriebsräte und Gewerkschaften, Köln 1967.

die Vorstellung, die Entwicklung möglichst friktionsfrei steuern zu können und zu müssen.[77] Um die notwendige wissenschaftliche Erkenntnis und ausreichend Informationen über die künftige Entwicklung zu gewinnen, stieß der Arbeitskreis Automation 35 Forschungsprojekte an. 1971 wurde er unter dem Namen Kommission für wirtschaftlichen und sozialen Wandel ausgeweitet. Er sollte so von der Bundesregierung unabhängiger werden und externe Beraterfunktionen übernehmen.[78]

Denn zu Beginn der 1970er-Jahre gewann die Frage nach dem Strukturwandel und den Strukturen der deutschen Wirtschaft im internationalen Vergleich noch weiter an Bedeutung. Grund dafür waren nicht zuletzt die steigenden Arbeitslosenzahlen, bei denen schon früh gefragt wurde, ob es sich um eine »strukturelle Arbeitslosigkeit« handle und wie ihr beizukommen sei.[79] Die Diskussion um die sogenannte Phillips-Kurve, aus deren Interpretation die zu treffenden Maßnahmen zur Behebung der Arbeitslosigkeit abgeleitet werden sollten, wurde zu einem Kristallisationspunkt der Auseinandersetzungen zwischen Vertretern von Angebots- und Nachfrageökonomie, zwischen monetaristischen und keynesianischen Erklärungsmodellen. Seit Januar 1974 wurde die Phillips-Kurve in der konzertierten Aktion heftig diskutiert. Während der DGB in Anlehnung an die modifizierte Phillips-Kurve nach Keynes forderte, ein gewisses Maß an Inflation zu akzeptieren und die Arbeitslosigkeit durch öffentliche Aufträge zu bekämpfen, bestritten Sachverständigenrat, Arbeitgeberverbände und Bundesbank im Anschluss an Milton Friedman, dass Geldpolitik überhaupt Einfluss auf den Beschäftigungsgrad nehmen könne.[80] Bundeswirtschaftsminister Friderichs trat seit 1974 für »Mut zum Markt« ein, propagierte eine »Globalsteuerung – ohne Wunderglauben«, lehnte eine direkte Mengensteuerung aber ab.[81] An diese Debatte schloss die Frage an, ob der Arbeitslosigkeit mit einer Strukturpolitik beizukommen sei, und auch hier schieden sich die Geister: Bundesregierung, Arbeitgeberverbände und Sachverständigenrat wollten mehr Investitionsanreize schaffen, um so durch eine verbesserte Gewinnerwartung bei den Unternehmern deren Investitionstätigkeit zu verbes-

---

77 Vgl. Alexander Gerschenkron, Wirtschaftliche Rückständigkeit in Historischer Perspektive, in: Hans-Ulrich Wehler (Hg.), Geschichte und Ökonomie, Köln 1973, S. 121-139; Walt W. Rostow, Stadien wirtschaftlichen Wachstums. Eine Alternative zur marxistischen Entwicklungstheorie, Göttingen 1960; vgl. auch Hans van der Loo/Willem van Reijen, Modernisierung. Projekt und Paradox, München 1992.
78 Vgl. Axel Dorscht, Concerted Action. Labour's Corporatist Strategy in the Federal Republic of Germany, 1967–1977, Ottawa 1988, S. 145-146; Tim Schanetzky, Ernüchterung, S. 171-177.
79 Vgl. Claus Offe (Hg.), Opfer des Arbeitsmarktes. Zur Theorie der strukturierten Arbeitslosigkeit, Neuwied 1977; Werner Sengenberger, Die gegenwärtige Arbeitslosigkeit – ein Strukturproblem des Arbeitsmarkts, Frankfurt a. M. 1978; Strukturelle Arbeitslosigkeit durch technologischen Wandel? Referate, gehalten auf der Technologie-Tagung der IG Metall, 24./25.5.1977 in Frankfurt am Main, Frankfurt a. M. 1977.
80 Staatssekretär Schlecht an Minister, 8.1.1974, Koblenz, BArch, B 102/136757; DGB-Presseerklärung v. 10.1.1974, Bonn, DGB-Archiv im AdsD, 5/DGCS000088.
81 Hans Friderichs, Mut zum Markt. Wirtschaftspolitik ohne Illusionen, Stuttgart 1975, S. 11-20.

sern, die Wirtschaft anzukurbeln und über die Wiederbelebung des Wirtschaftswachstums auch die Arbeitslosigkeit zu bekämpfen.[82]

Der DGB stand solchen Vorhaben ablehnend gegenüber. Er fürchtete, dass die Unternehmer nur Rationalisierungsinvestitionen tätigen und keine Arbeitsplätze schaffen würden. Außerdem würden so unwirtschaftliche Unternehmen künstlich am Leben gehalten, was notwendige Prozesse des »Strukturwandels« blockiere.[83] Die Gewerkschaften forderten deshalb eine planende Struktur-, Arbeitsmarkt- und Kreditpolitik.[84] Es bedürfe innerer Reformen im Rahmen eines Langzeitprogramms, ähnlich dem Orientierungsrahmen '85 der SPD.[85] In der 25. Sitzung stimmten die Vertreter des Wirtschaftsministeriums und der Unternehmer grundsätzlich zu, ein Langzeitprogramm zu entwickeln, das aber nicht zustande kam.[86] Auf gewerkschaftlicher Seite waren diese Überlegungen eng verknüpft mit dem Versuch, Einfluss auf die Verteilung von Subventionen und die Lenkung von Investitionen zu erlangen. Der Strukturplan sollte dazu beitragen, den Strukturwandel sozial verträglich zu steuern, Investitionen in Zukunftsindustrien zu leiten und die Wettbewerbspolitik zu ihrer Steuerung zu nutzen, denn: »Strukturelle Störungen können auch nicht oder sollten auch nicht durch Konservierung kranker Unternehmen geheilt werden«.[87] Die Gewerkschaften wiesen dem Staat eine steuernde Rolle bei der Strukturpolitik zu. Ihm sollte es obliegen, mithilfe wissenschaftlicher Studien zu entscheiden, welche Wirtschaftsbereiche, Industrien und Branchen zukunftsfähig und deshalb durch Investitionen sowie Subventionen zu fördern sein sollten. Wirtschaftsminister Friderichs vertrat demgegenüber die Auffassung, dass in der Marktwirtschaft die Steuerung der sektoralen Strukturen im Hinblick auf Effizienz und die Erhaltung der autonomen Entscheidungsfähigkeit der Marktakteure nur durch den Markt erfolgen dürfe. Er betonte, dass der Staat diese Steuerung nicht übernehmen dürfe, sondern sich darauf beschrän-

---

82 Vgl. Erklärung des Bundesministers für Wirtschaft Dr. Hans Friderichs im 37. Gespräch der Konzertierten Aktion am 24.2.1976, Bonn, DGB-Archiv im AdsD, 5/DGCS000087; vgl. auch Bundesvereinigung der Deutschen Arbeitgeberverbände (Hg.), Mit Wachstum gegen Arbeitslosigkeit. Strategie zur Rückgewinnung eines hohen Beschäftigungsstandes, Köln 1977.
83 Zur Ambivalenz des Strukturwandels vgl. Karl Lauschke, Von der Krisenbewältigung zur Planungseuphorie. Regionale Strukturpolitik und Landesplanung in Nordrhein-Westfalen, in: Matthias Frese/Julia Paulus/Karl Teppe (Hg.), Demokratisierung, S. 451-471.
84 Vgl. Gewerkschaftliche Entschließung zur Berücksichtigung im Kommuniqué, 17.9.1971, Bonn, AdsD, DGB-Archiv, 5/DGAI001979; Protokoll der Konzertierten Aktion am 10.3.1972, Bonn, AdsD, DGB-Archiv, 5/DGCU000051; Wagner an Präsidium und Vorstand des BDI betr. die Konzertierte Aktion am 10.3.1972, Berlin, BDI-Archiv, KKW 36, Karton 702.
85 Vgl. Peter von Oertzen/Horst Ehmke/Herbert Ehrenberg (Hg.), Orientierungsrahmen '85. Text und Diskussion, Bonn 1976.
86 Vgl. Vetter an Schiller, 13.6.1972, Bonn, DGB-Archiv im AdsD, 5/DGCU000051; Wolf-Dietrich Lutz, Die Konzertierte Aktion als Beispiel für den Konflikt zwischen marktwirtschaftlicher Ordnung und staatlicher Planung, Tübingen 1973, S. 124-127.
87 Vgl. Vorbesprechung zur KA am 17.9.1971 Abt. Wirtschaftspolitik, Bonn, DGB-Archiv im AdsD, 5/DGAI001979.

ken solle, Rahmenbedingungen und Voraussetzungen für die Strukturentwicklung und den Strukturwandel zu schaffen. Ein Strukturentwicklungsplan, wie er vom DGB gefordert werde, könne dem »generellen Informationsengpaß« nicht abhelfen.[88] Prognosen über künftige Branchenentwicklungen seien vom Staat nicht leistbar.[89] Insgesamt behielt die Regierung aber einen mittleren Kurs zwischen keynesianischen Maßnahmen, Strukturpolitik und Unterstützung der Bundesbank bei ihrer Politik der Verstetigung der Geldmengenexpansion bei, für den sie vom Internationalen Währungsfonds (IWF) wegen ihrer Erfolge gelobt wurde.[90] So hielten sich Keynesianismus und Monetarismus beide in der Diskussion, und die getroffenen Maßnahmen wurden aus der Perspektive beider Konzepte diskutiert und kritisiert.[91] Trotz der ursprünglich so engen Verknüpfung der konzertierten Aktion mit dem Keynesianismus führten deren Schwierigkeiten nicht dazu, das korporative Gremium infrage zu stellen. Im Gegenteil: Erst für die in ihrer Ausrichtung und Reichweite veränderte konzertierte Aktion und die mit ihr verknüpfte Wirtschaftsordnung wurde der Topos vom Modell Deutschland geprägt.

Der Aufstieg des Modells Deutschland

Gerade die erweiterte, internationale Perspektive führte dazu, die eigene ökonomische Situation in die weltwirtschaftliche Gesamtschau einzuordnen und sich zunehmend international zu vergleichen. Dadurch kamen die wirtschaftspolitischen Akteure in der Bundesrepublik zu dem Ergebnis, dass die Bundesrepublik in der Wirtschaftskrise im internationalen Vergleich gut dastehe, wofür unter anderem die Kooperationsbereitschaft der Sozialpartner verantwortlich sei.[92] Die Sozialpartnerschaft und die Kooperation in der konzertierten Aktion wurden zu Grundpfeilern des Erfolgsmodells Deutschland erklärt, dem trotz der weltweiten Wirtschaftskrise und der um sich greifenden Stagflation eine relativ gute wirtschaftliche Performanz gelungen

---

88 Erklärung des Bundesministers für Wirtschaft Dr. Hans Friderichs im 37. Gespräch der Konzertierten Aktion am 24.2.1976, Bonn, DGB-Archiv im AdsD, 5/DGCS000087; DGB-Presseerklärung zur Konzertierten Aktion v. 24.2.1976, Bonn, DGB-Archiv im AdsD, 5/DGCS000087 [Herv. i. Orig., A. R.].
89 Vgl. ebd.
90 Leitfaden für die Gesprächsführung beim 32. Gespräch im Rahmen der Konzertierten Aktion am 24.9.1974, Koblenz, BArch, B 102/136758.
91 Vgl. Konzepte zur Stabilisierungspolitik, Koblenz, BArch, B 102/136758; Niederschrift über die 36. Sitzung im Rahmen der Konzertierten Aktion am 25.11.1975, Berlin, BDI-Archiv, KKW 37, Karton 701; Sitzung der Konzertierten Aktion am 25.11.1975, Bonn, DGB-Archiv im AdsD, 5/DGCS000089; Niederschrift über das 37. Gespräch im Rahmen der Konzertierten Aktion am 24.2.1976, Berlin, BDI-Archiv, KKW 37, Karton 701.
92 Vgl. ebd.; vgl. auch Bericht über die 31. Sitzung der Konzertierten Aktion am 27.6.1974, Bonn, DGB-Archiv im AdsD, 5/DGCS000088.

sei. So betonte Hans Friderichs, dass die deutschen Gewerkschaften mit ihrem Verhalten trotz der schwierigen wirtschaftlichen Situation ein soziales Klima mitgetragen hätten, das international bewundert werde und bisher ohne Scharfmacherei ausgekommen sei.[93] Seit 1975 wurden das Modell Deutschland und die positiven Effekte der Sozialpartnerschaft so massiv beschworen, weil gefürchtet wurde, von der sogenannten »Englischen Krankheit« befallen zu werden.[94] Gemeint war die Situation Großbritanniens, das bei niedrigem Wachstum von massiven Arbeitskämpfen erschüttert wurde, die in Kombination mit dem *Closed Shop*, der explizit als Strukturdefizit erlebt wurde, als extreme Belastung für die englische Wirtschaft galten.[95] Otto Schlecht hielt 1975 fest, dass »einige englische Bazillen den deutschen Wirtschaftskörper befallen« hätten, »der aber robust genug sei, sie abzuwehren«.[96] Im Vergleich zu England schien das Modell Deutschland stabiler und krisenresistenter zu sein. Insbesondere die geringere Konfliktquote in den sozialen Beziehungen wurde als Pluspunkt des deutschen Wirtschaftssystems begriffen. Der Neokorporatismus schien die Institution zu sein, die mit den Krisen der 1970er-Jahre am erfolgreichsten umzugehen wusste.[97] Damit schien er sich als Lösung für das Problem der Unregierbarkeit zu beweisen.[98] Scheinbar verlief die Implementation von Politiken in korporativ organisierten Staaten erfolgreicher.[99] Mit dieser Sichtweise trat die integrierende und stabilisierende Wirkung des Korporatismus wieder stärker in den Vordergrund. Der soziale Konsens in der konzertierten Aktion galt als international beispielhaft.[100] Welchen positiven Stellenwert der Neokorporatismus und das mit ihm eng verknüpfte Modell Deutschland 1976 noch hatte, zeigte auch die Wahlkampfkampagne der SPD, die mit dem Modell Deutschland und der Tatsache, dass die Bundesrepublik Deutschland von

---

93 Sitzung der Konzertierten Aktion am 6.6.1975, Bonn, DGB-Archiv im AdsD, 5/DGCS000088.
94 Dominik Geppert, Thatchers konservative Revolution. Der Richtungswandel der britischen Tories 1975–1979, Berlin 2000, S. 197-218.
95 Für die Details vgl. ebd., S. 145-226.
96 Sitzung der Konzertierten Aktion am 6.6.1975, Bonn, DGB-Archiv im AdsD, 5/DGCS000088.
97 Vgl. u. a. Ralf Dahrendorf (Hg.), Trendwende. Europas Wirtschaft in der Krise, München 1981; Fritz W. Scharpf, Sozialdemokratische Krisenpolitik in Europa, Frankfurt a. M. 1987, S. 19-23.
98 Jens Hacke, Der Staat in Gefahr. Die Bundesrepublik der 1970er Jahre zwischen Legitimationskrise und Unregierbarkeit, in: Dominik Geppert/Jens Hacke (Hg.), Streit um den Staat. Intellektuelle Debatten in der Bundesrepublik 1960–1980, Göttingen 2008, S. 188-206.
99 Die Literatur zum Neokorporatismus vermehrt sich seit den 1970er-Jahren exponenziell. Exemplarisch: Klaus von Beyme, Der Neo-Korporatismus und die Politik des begrenzten Pluralismus in der Bundesrepublik, in: Jürgen Habermas (Hg.), Stichworte zur »Geistigen Situation der Zeit«. Bd. 1: Nation und Republik, Frankfurt a. M. 1979, S. 229-262; Philippe C. Schmitter/Gerhard Lehmbruch (Hg.), Trends Toward Corporatist Intermediation. Beverly Hills/London 1979; Ray E. Pahl/Jack T. Winkler, The Coming Corporatism, in: New Society, 10.10.1974, S. 72-76.
100 Vgl. Niederschrift über die 39. Sitzung im Rahmen der Konzertierten Aktion am 11.1.1977, Berlin, BDI-Archiv, KKW 37, Karton 701; Hans Friderichs, Rede anlässlich der Eröffnung der Deutschen Industrieausstellung Berlin am 18.9.1976 in Berlin, in: Reden zur Wirtschaftspolitik. Bd. 6, hg. v. Bundesministerium für Wirtschaft, Bonn 1977, S. 67-75; vgl. auch Axel Dorscht, Concerted Action, a. a. O.

den internationalen Krisen viel weniger erfasst worden sei als andere Staaten, warb und damit die Wahl gewann.[101] Daran änderte auch das abrupte Ende der konzertierten Aktion am 5. Juli 1977 wegen der Mitbestimmungsklage der BDA beim Bundesverfassungsgericht zunächst nichts.[102] Ein korporatives Gremium wurde im Grundsatz von den Beteiligten immer noch für durchaus sinnvoll gehalten. So erklärte Hans-Günther Sohl rückblickend, dass er bei allen Schwächen die konzertierte Aktion für eine nützliche und erhaltenswerte Einrichtung halte.[103] Außerdem gab es verschiedene Vorstöße, die Verhandlungen wieder aufzunehmen.[104]

Fazit

Als sich herausstellte, dass die durch wissenschaftliche Modellrechnungen gewonnenen Erkenntnisse über zukünftige Entwicklungen die erhoffte Eindeutigkeit vermissen ließen, wurde der Fortschrittsoptimismus – die dieser Sichtweise zugrunde liegenden Modernisierungstheorie – in seinen Grundfesten erschüttert. Rationalität, Ideologiefreiheit, Modernisierung und Fortschritt, die als unzweifelhafte Werte gegolten hatten, wurden mit ihrem implizit ideologischen Charakter konfrontiert, und die Grenzen menschlicher Erkenntnis- und Handlungsfähigkeit rückten ins Bewusstsein. Informationen und der Wissens- beziehungsweise Rationalitätsgewinn schienen einer grundlegenden Problematisierung zu bedürfen. So griff seit Mitte der 1970er-Jahre die Erkenntnis Raum, dass den Kapazitäten, Informationen zu verarbeiten, Grenzen gesetzt waren. Vernunftkritik war weit verbreitet. Die Erkenntnis, dass das Gemeinwohl deliberativ sei, brach sich Bahn und ermöglichte dadurch ein bisher ungekanntes Ausmaß an Heterogenität und Pluralität in der Gesellschaft. Die Akteure waren nicht länger der Meinung, dass jeder Konflikt beigelegt oder verregelt werden müsse, son-

---

101 Vgl. 16. Dezember 1976: Bundeskanzler Helmut Schmidt, in: Klaus von Beyme (Hg.), Regierungserklärungen, S. 341-392; Thomas Hertfelder, »Modell Deutschland« – Erfolgsgeschichte oder Illusion?, in: Thomas Hertfelder/Andreas Rödder (Hg.), Modell Deutschland. Erfolgsgeschichte oder Illusion, Göttingen 2007, S. 9-10.
102 Vgl. DGB-Pressemitteilung v. 1.7.1977 »DGB nimmt an Konzertierter Aktion nicht teil«, Bonn, DGB-Archiv im AdsD, 5/DGCS000087.
103 Vgl. Hans-Günther Sohl, Notizen, Düsseldorf 1983, S. 279.
104 Vgl. Notizen zu einem Interview im deutschen Fernsehen über die Konzertierte Aktion im Januar 1978, Berlin, BDI-Archiv, KKW 35, Karton 702; Bericht aus Bonn: »Angeschlagen«. Was sie war, was sie ist: die Konzertierte Aktion, Bonn, DGB-Archiv im AdsD, 5/DGCS000087; Auszug aus dem Protokoll der 77. GBV-Sitzung am 21.7.1977, Bonn, DGB-Archiv im AdsD, 5/DGCS000087; Vermerk für Herrn Petersen für Seminar in Interlaken: »Das Verhältnis der Spitzenverbände zu ihren Regierungen und zu den Sozialpartnern« am 5.4.1978, Berlin, BDI-Archiv, KKW 35, Karton 702; Rede des Bundesministers für Wirtschaft Dr. Otto Graf Lambsdorff anlässlich der Landesvereinigung der industriellen Arbeitgeberverbände NRW e. V. am 29.5.1978, Bonn, DGB-Archiv im AdsD, 5/DGCS000087; 4.5.1979 Bericht über Besprechung im Bundeswirtschaftsministerium über Belebung der Konzertierten Aktion, Berlin, BDI-Archiv, KKW 35, Karton 702.

dern akzeptierten ihn zunehmend als konstitutiven Teil gesellschaftlicher Prozesse. Zwar waren auch im Konzept der Globalsteuerung Konflikte grundsätzlich vorgesehen gewesen. Während aber früher noch davon ausgegangen worden war, dass am Ende der Verhandlungen ein von kollektiver Vernunft und rationaler Erkenntnis getragener Konsens stehen würde, wurde spätestens seit 1975 zunehmend deutlich, aber auch akzeptiert, dass als Ziel von konstruktiven Verhandlungen immer nur ein zeitlich und inhaltlich begrenzter Kompromiss angestrebt werden konnte. Die Zahl der Deutungsangebote, Welt erklärender Modelle und Konzepte, die mehr oder weniger gleichberechtigt nebeneinanderstanden, wuchs, sodass von der Durchsetzung eines bestimmten Paradigmas, auf dass sich die Positionen in der Gegenwartsdiagnose wieder vereinigen ließen, im Grunde nicht mehr gesprochen werden kann. Das Vertrauen in die Kompetenz des Staates, Probleme zu lösen beziehungsweise seine künftige Rollenzuschreibung fiel dabei unterschiedlicher aus als in den Jahren zuvor. Mit dem Fortschritt wurde auch die Idee, der dialektische Prozess münde in eine fortschrittliche Entwicklung, infrage gestellt. Das Individuum gewann gegenüber dem Kollektiv zunehmend an Bedeutung. Das Gewicht im politischen Prozess verlagerte sich vom Utopie geleiteten, planenden Agieren hin zur möglichst systematischen, wissenschaftlich fundierten und differenzierten Gegenwartsdiagnose, auf die so sinnvoll wie möglich reagiert werden sollte. Dabei blieb das Wissen um die eigenen Erkenntnisgrenzen und eingeschränkten Handlungsmöglichkeiten präsent. Das hatte auch Rückwirkungen auf den Korporatismus und läutete meines Erachtens das Ende des modernen Makrokorporatismus ein. Denn obwohl mit dem Ende der konzertierten Aktion die Ära des Neokorporatismus noch keineswegs zu Ende ging, hat sich der Charakter der korporativen Gremien fundamental verändert. Während alle korporativen Gremien, die zwischen 1880 und 1975 installiert wurden, dazu dienen sollten, Konflikte zu reduzieren, Gesellschaft und Wirtschaft besser zu kontrollieren, mehr Partizipation und soziale Sicherheit in Aussicht zu stellen, um so die Integration der Gesamtgesellschaft zu verbessern, sind die Ziele aller folgenden Korporatismen niedriger gesteckt. Alle folgenden Neokorporatismen waren entweder auf der Meso- oder Mikroebene angesiedelt beziehungsweise haben sich auf ausgewählte Politikfelder wie die Gesundheits- oder Arbeitsmarktpolitik beschränkt. So wurde der Tatsache Rechnung getragen, dass der Traum vom gesamtgesellschaftlichen, rationalen Konsens, dessen Integration durch ein makrokorporatives, nationalökonomisch-orientiertes Gremium sichergestellt werden sollte, ausgeträumt war.

Das Staats- und Gesellschaftsverständnis hatte sich so gravierend verändert, dass ein so weit reichender und umfassender Anspruch nicht mehr haltbar war. Mir erscheint dieser Einschnitt so gravierend, dass ich es für legitim halte, davon zu sprechen, dass in den 1970er-Jahren ein Strukturbruch entstand, den ich aber stärker auf der Ebene der Gesellschaftsdiagnose und Wirklichkeitsinterpretation verorten würde, die meines Erachtens – und für die konzertierte Aktion ließ sich das auch belegen – den wirtschaftlichen Strukturbruch und gesellschaftlichen Wandel erst nach sich zogen.

Jan-Otmar Hesse

Die »Krise der Selbständigkeit«: Westdeutschland in den 1970er-Jahren

Gerhard Kubetschek hatte in den 1930er-Jahren als Automatenaufsteller gearbeitet. Nach Krieg und Kriegsgefangenschaft meldete er im niedersächsischen Wolfenbüttel ein Gewerbe an. Auf dem Gelände einer ehemaligen Kaserne wollte er Radiobausätze von etablierten Firmen wie Nordmende kaufen und diese in Möbelstücke einbauen, welche er von Möbeltischlern aus der Region nach eigenen Konstruktionen anfertigen ließ. Es entstand so das Unternehmen Kuba Tonmöbel GmbH, eines der erfolgreichsten Unternehmen des bundesdeutschen Wirtschaftswunders, das seine Musiktruhen und seine Fernsehschränke bald in jeden Haushalt verkaufte. Seit 1962 waren die Elektrogeräte unter der Marke Kuba-Imperial an drei Standorten im südlichen Niedersachsen selbst produziert worden.[1] Die westdeutsche Gesellschaft muss es wie ein Paukenschlag getroffen haben, als 1966 bekannt wurde, dass die Personifikation des Wirtschaftswunders sein Unternehmen an den amerikanischen Elektroriesen General Electric verkaufte. Noch brisanter wurde das Thema aber dadurch, dass Kubetschek anlässlich eines Interviews mit dem *Spiegel* zu Protokoll gab, nicht etwa ökonomische Schwierigkeiten, Investitionsbedarf oder bürokratische Hindernisse hätten ihm zum Verkauf bewogen, sondern schlicht die Überlegung, dass der damals 55-jährige noch etwas von seinem Leben hätte haben wollen. Er trat fortan vor allem als Sportflieger und Besitzer einer Yacht im Mittelmeer öffentlich in Erscheinung.[2]

»Deutschlands Unternehmer sind müde!« titelte der *Spiegel* 1966 und flankierte das Interview mit einem langen Artikel (»Freiheit gegen Freizeit«), in dem zahlreiche ähnlich gelagerte Fälle dargestellt wurden: der Verkauf der Waschmittelmarke »Rei« an Procter&Gamble, der Konrad Zuse KG an BBC, des Elektrokonzerns Graetz an Standard Electric. Als Ursache für diese Entwicklung wurde – neben den gesamtwirtschaftlichen und internationalen Konzentrationsbewegungen, die eine »Jagd auf selbständige Unternehmer mit ansehnlichen Marktanteilen und eingespielten Verkaufsorganisationen« ausgelöst hätten – vor allem der Mentalitätswandel der »ergrauten Kinder des Wirtschaftswunders« ausgemacht. Immer weniger Deutsche seien bereit, das Risiko und die besondere Verantwortung der Unternehmertätigkeit auf sich zu nehmen. Stattdessen arbeiteten sie lieber in gesicherten Angestelltentätigkeiten.[3] Als Beleg für die Zulässigkeit solcher Verallgemeinerungen wurde im Spiegelartikel (wie auch

---
1 Jörg Brockmann/Gerhard Kubetschek. Unternehmer aus Leidenschaft, Braunschweig 2005.
2 Ebd. und Der Spiegel 23 (1966).
3 Ebd.

andernorts) der rückläufige Anteil der Selbstständigen an allen Beschäftigten herangezogen, die Selbstständigenquote. Die Verwendung dieses wichtigen beschäftigungspolitischen Indikators stand aber im Kontext einer an Schärfe und Tragweite in den 1970er-Jahren erheblich zunehmenden gesellschaftlichen Debatte über den vermeintlichen Niedergang des Unternehmertums in der Bundesrepublik, über eine generelle »Krise der Selbstständigkeit«, während noch zehn Jahre zuvor die großen Unternehmerpersönlichkeiten der Nachkriegszeit als Garanten des westdeutschen »Wirtschaftswunders« angesehen wurden.[4] Ob man diese Debatte über die »Krise der Selbstständigkeit« allerdings auch als ein Indikator für einen grundsätzlichen Strukturwandel der westdeutschen Wirtschaft und Gesellschaft »nach dem Boom« lesen kann, soll im Folgenden diskutiert werden. In vielerlei Hinsicht – so wird zu zeigen sein – eignet sich die Thematik indes eher dazu, derartige Vermutungen zurückzuweisen und anderen Strukturierungs- und Periodisierungsvorschlägen den Vorzug zu geben.[5]

Im Folgenden wird die Diskussion über die »Krise der Selbstständigkeit« auf zwei Ebenen untersucht: Der erste Abschnitt dokumentiert und problematisiert die Entwicklung des wichtigsten beschäftigungspolitischen Indikators der Debatte: Die Veränderung der Selbstständigenquote in der Bundesrepublik wird dabei mit der Entwicklung in anderen Ländern verglichen. Weder ist die rückläufige Selbstständigkeit seit den 1960er-Jahren eine ausschließlich die Bundesrepublik betreffende Entwicklung gewesen, noch lässt sich ohne Weiteres ersehen, zu welchem Grad sie auf die nachlassende Bereitschaft, als Unternehmer tätig zu sein, zurückzuführen ist und zu welchem Grad sie schlicht den allgemeinen Strukturwandel, insbesondere den Niedergang der Landwirtschaft, spiegelt.

Im Zentrum des zweiten Abschnitts steht dagegen die Diskussion um die Krise der Selbstständigkeit und den Niedergang des Unternehmertums in der Bundesrepublik der 1970er-Jahre. Die Gegenüberstellung mit der quantitativen Entwicklung im In- und Ausland verweist darauf, dass die Debatte auffällig dramatisierte und zuspitzte. Danach wird auf einige inhaltliche Veränderungen in der Diskussion hingewiesen, die letztlich dazu führten, dass die Wirtschaftspolitik in der zweiten Hälfte der 1970er-Jahre die Anstrengungen einer gezielten Förderung von Existenzgründung und Unternehmertum erheblich verstärkte.

---

4   Beispielsweise in der Darstellung in der Romanliteratur, so Hans Jaeger, Unternehmer, in: Otto Brunner/Koselleck, Reinhart/Conze, Werner (Hg.), Geschichtliche Grundbegriffe. Historisches Lexikon zur politisch-sozialen Sprache in Deutschland, Bd. 6, Stuttgart 1990, S. 707-732.
5   Bei der Entwicklung der Selbstständigkeit handelt es sich um einen, die von Anselm Doering-Manteuffel/Lutz Raphael (Nach dem Boom. Perspektiven auf die Zeitgeschichte seit 1970, Göttingen 2008) angesprochene Zäsur überspannenden Prozess, der in den 1950er-Jahren beginnt und bis in die 1990er-Jahre ausgreift, wobei der Rückgang der Selbstständigkeit anfangs ganz andere Gründe hatte (Landwirtschaft/Einzelhandel) als in den 1970er-Jahren (ausländische Konkurrenz, hohe Löhne im öffentlichen Sektor). Die rein quantitative Entwicklung der Selbstständigenquote würde dagegen die 1970er-Jahre als eine wirtschaftliche Ausnahmesituation erscheinen lassen und damit eher den von Doering-Manteuffel/Raphael kritisierten zeithistorischen Ansätzen entsprechen.

Entwicklung der Selbstständigkeit in der Bundesrepublik Deutschland und vergleichbaren Industrieländern

Zwei Jahre vor Kubetscheks Unternehmensverkauf gab es in Deutschland insgesamt noch 3,1 Millionen Selbstständige. Das entsprach damals etwas mehr als 11 Prozent der Beschäftigten[6], ein Wert, den die Bundesrepublik heute (2008) fast wieder erreicht.[7] Dazwischen war der Wert aber deutlich gesunken und im Tiefpunkt dieser Entwicklung waren 1983 gerade noch 8,6 Prozent der Erwerbstätigen Selbstständige.[8] Nun scheint auf den ersten Blick eine solch geringfügige Änderung der Selbstständigenquote im Vergleich zu anderen beschäftigungspolitischen Makrodaten (insbesondere der gleichzeitig massiv steigenden Arbeitslosenquote) kaum der Rede wert zu sein. In einer Gesellschaft, die sich sehr stark über die Existenz eines dynamischen, innovativen Unternehmertums definiert, musste diese Entwicklung indes alarmieren. Dieses gesellschaftliche Dispositiv scheint sich aber überhaupt erst im Verlauf der 1970er-Jahre in der Bundesrepublik herausgebildet zu haben, so der Befund insbesondere der an Michel Foucault anschließenden »Gouvernementalitäts«-Forschung.[9] Die Debatte über die »Krise der Selbstständigkeit«, die sich erst einstellte, als ein signifikanter Teil der Selbstständigen ihre Geschäfte bereits aufgegeben hatte, bietet für diese Behauptung nun bessere Evidenz.

Bei einem Großteil der Selbstständigen des Jahres 1964 handelte es sich zwar überwiegend nicht um »Unternehmer« im modernen Sinn, das heißt um die »innovativen Unternehmer« Joseph Schumpeters, die neue Kombinationen von Produktionsfaktoren finden und damit Wirtschaftswachstum generieren.[10] Es handelte sich vielmehr zum Großteil um selbstständige Landwirte, die angesichts guter alternativer Beschäftigungsmöglichkeiten in der Industrie die Landwirtschaft aufgaben oder zu »Nebenerwerbslandwirten« wurden.[11] Etwa ein Drittel der Selbstständigen des Jahres 1964 gehörte in diese Berufsgruppe. Zu dieser Million selbstständiger Landwirte kamen noch einmal etwa 2,3 Millionen als »mithelfende Familienangehörige« eingestufte

---

6 Statistisches Bundesamt (Hg.), Bevölkerung und Wirtschaft, Wiesbaden 1972, S. 147.
7 10,2 % inklusive »mithelfender Familienangehöriger«, die heute aber nur noch einen kleinen Anteil stellen. Sachverständigenrat zur Begutachtung der gesamtwirtschaftlichen Entwicklung, Die Zukunft nicht aufs Spiel setzen, Jahresgutachten 2009/10, Wiesbaden 2009, S. 359.
8 OECD, Labour-Force Statistics, div. Jg. und vgl. Tab. 1.
9 Ulrich Bröckling, Das unternehmerische Selbst. Soziologie einer Subjektivierungsform. Frankfurt a. M. 2007.
10 Joseph A. Schumpeter, Theorie der wirtschaftlichen Entwicklung. Eine Untersuchung über Unternehmergewinn, Kapital, Kredit, Zins und den Konjunkturzyklus, Berlin ²1926, insbes. S. 103. Dieser Begriff ist nicht unumstritten, weil er das Unternehmertum metaphysisch begründet. Zum Unternehmerbegriff in der ökonomischen Theorie allgemein siehe Marc Blaug, Entrepreneurship in the History of Economic Thought, in: Peter J. Boettke/Ikeda Sanford (Hg.), Advances in Austrian Economics, Bd. 5., London 1998, S. 217-239.
11 Natürlich können auch Landwirte »innovative Unternehmer« im Sinne Schumpeters sein!

Personen hinzu, welche in älteren Statistiken (und in einigen Statistiken vergleichbarer Länder auch darüber hinaus) häufig zu den Selbstständigen gezählt wurden. Weil sie offensichtlich keine »Unternehmer« darstellten, wurden sie in der Debatte über die »Krise der Selbständigkeit« zumeist nicht berücksichtig und sind auch im Folgenden in den Berechnungen nicht mit erfasst. Mithelfende Familienangehörige waren sowohl in der Landwirtschaft als auch im Einzelhandel tätig und stellten eine noch wesentlich rascher schrumpfende Gruppe unter den Beschäftigten dar als die Selbstständigen.[12]

Die für die moderne Wirtschaft wichtigen Sektoren des produzierenden Gewerbes, des Handels und der Dienstleistungen zählten damit im Jahr 1964 immerhin gut 2 Millionen Selbstständige. Auch bei diesen Personen handelte es sich keineswegs generell um »innovative Unternehmer« im Sinne Schumpeters oder um solche, die mit besonderer »Findigkeit« (alertness) ausgestattet waren – was Israel Kirzner Mitte der 1970er-Jahre als das wesentliche Kennzeichen des Unternehmertums ansah.[13] Viele der Selbstständigen der 1960er-Jahre befanden sich in einer »prekären Selbständigkeit«, um einen Begriff zu verwenden, den Ulrich Wengenroth für Teile der Handwerkerschaft im Übergang Deutschlands zur Hochindustrialisierung benutzt hatte.[14] Weil viele Selbständige in der Bundesrepublik letztlich die Folgekosten des Strukturwandels der Produktion zu übernehmen hatten, scheint diese begriffliche Parallele auch inhaltlich durchaus gerechtfertigt. »Prekäre Selbständigkeit« findet sich in der frühen Bundesrepublik – außer in landwirtschaftlichen Grenzbetrieben – vor allem im Einzelhandel und in kleinen Verarbeitungsbetrieben.[15] Vernachlässigen wir aber zunächst die Frage, was die statistische Zählung von *Selbstständigen* und die Berechnung einer *Selbstständigenquote* eigentlich misst und nehmen sie (wie das die zeitgenössische Debatte tat) als Indikator für den Rückgang des Unternehmertums in der Bundesrepublik, so ist der Befund eindeutig: Bis zur ersten Ölpreiskrise im Jahr 1973 war die Zahl der Selbstständigen in Deutschland deutlich um 0,6 Millionen, das heißt um etwas mehr als 20 Prozent, zurückgegangen, wobei etwas mehr als ein Drittel des Rückganges auf die Landwirtschaft zurückzuführen war.[16] Zwischen 1973 und 1983 sank die Zahl der Selbstständigen dann wesentlich langsamer. Bis 1981 war der Wert

---

12 Statistisches Bundesamt, Bevölkerung und Wirtschaft.
13 Israel Kirzner, Wettbewerb und Unternehmertum, Tübingen 1978, S. 58.
14 Ulrich Wengenroth, Prekäre Selbständigkeit. Zur Standortbestimmung von Handwerk, Hausindustrie und Kleingewerbe im Industrialisierungsprozess, Stuttgart 1989.
15 Karl Ditt, Rationalisierung im Einzelhandel. Die Einführung und Entwicklung der Selbstbedienung in der Bundesrepublik Deutschland, in: Michael Prinz (Hg.), Der lange Weg in den Überfluss. Anfänge und Entwicklung der Konsumgesellschaft seit der Vormoderne, Paderborn/München 2003, S. 315-356.
16 1950 arbeiteten noch ca. 20 % der Beschäftigten der Bundesrepublik in der Landwirtschaft (was freilich noch als eine Kriegsfolge zu begreifen ist) – 1970 waren es nur noch 8,4 % (= 2,4 Mio.) – 1990 nur noch 3,5 % mit sinkender Tendenz (heute 2,1 %). Statistisches Bundesamt (Hg.), Bevölkerung und Wirtschaft, S. 146.

auf 2,3 Millionen, also um nur 200.000 gesunken und stieg seitdem wieder, sodass 1983 bereits wieder 2,4 Millionen Deutsche einer selbstständigen Tätigkeit nachgingen. Weil die Zahl der Erwerbstätigen in Westdeutschland sich gegenläufig entwickelte (zunächst sank sie bis zur Mitte der 1970er-Jahre, um danach wieder deutlich anzusteigen)[17], zeigte die Selbstständigenquote einen leicht modifizierten Verlauf: Sie sank anfänglich schwächer, als es das starke Sinken der Zahl der Selbstständigen hätte erwarten lassen, und sank wegen der steigenden Erwerbstätigkeit noch in den 1970er-Jahren weiter, obwohl die Zahl der Selbstständigen sich absolut sogar leicht erhöhte.

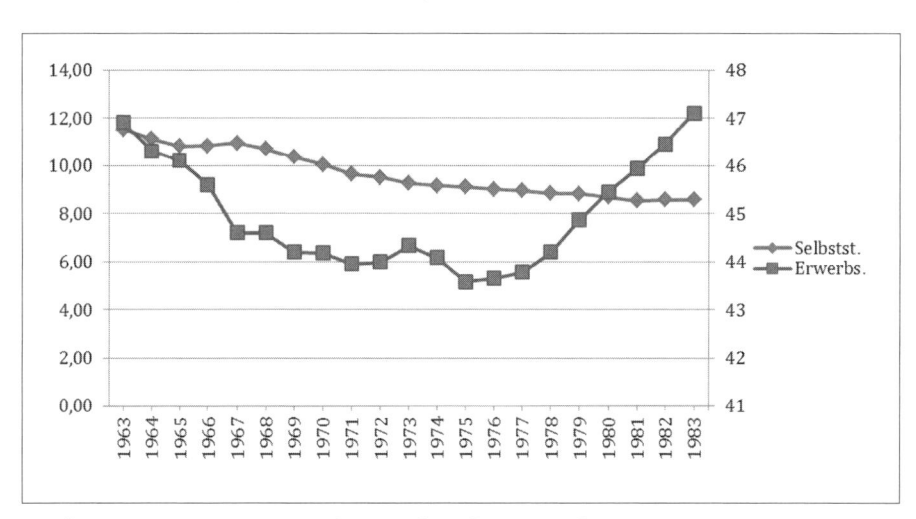

Abb. 1: Selbstständigkeit und Erwerbsquote in der Bundesrepublik Deutschland[18]

Quelle: OECD, Labour Force Statistics, 1963–1983, Paris 1985, S. 23.

Hierbei handelte es sich aber nicht um eine besondere Entwicklung in der Bundesrepublik. In den meisten westlichen Industrieländern lässt sich eine vergleichbare Entwicklung ausmachen. Allerdings erschwert die Statistik einen präzisen Vergleich, weil Selbstständigkeit in den Ländern jeweils unterschiedlich definiert wird. In einigen Ländern wurden beispielsweise auch Mitarbeiter von Genossenschaften als Selbstständige gezählt, sofern sie Geschäftsanteile an dem Unternehmen besitzen, in dem sie

---

17 Die Zahl der Erwerbspersonen sank von knapp über auf knapp unter 27 Mio., was bei wachsender Bevölkerungszahl eine leicht von 44,2 % (1970) auf 43,6 % (1975) abnehmende Erwerbsquote erzeugte. Danach stieg die Zahl der Erwerbspersonen deutlich auf fast 32 Mio. im Jahr 1990, was einer Erwerbsquote von 50,3 % entsprach, hierzu: Sachverständigenrat, Jahresgutachten 2009/10, S. 359.
18 Selbstständigenquote (linke Skala) und Erwerbsquote in der Bundesrepublik Deutschland (in % der Erwerbstätigen bzw. in % der Gesmtbevölkerung). Vgl. auch David G. Blanchflower, Self-employment in OECD-countries, in: Labour Economics 7 (2000), S. 471-505.

arbeiten. Andere Länder erhoben die Statistik auf der Grundlage von Selbstauskünften der Beschäftigten. In wieder anderen werden die mithelfenden Familienangehörigen als selbstständig Beschäftigte aufgefasst. Hierdurch haben insbesondere die Aussagen über Selbstständigenquoten im internationalen Vergleich eine begrenzte Reichweite: Eine Selbstständigenquote von 26 Prozent in Italien 1960 ist mit dem Wert in der Bundesrepublik nicht vergleichbar.[19] Anhand der internationalen Selbstständigenquoten lässt sich allerdings durchaus zeigen, dass in den meisten Ländern der Anteil der selbstständig Beschäftigten an allen Arbeitskräften kontinuierlich sank. Allein in England und Australien zeigt sich eine eindeutige Zunahme der Selbstständigkeit seit den 1960er-Jahren (☞ Tab. 1, S. 93).

Wegen der Probleme der national unterschiedlichen Erhebung der Selbstständigkeit kann die absolute Zahl der Quote nicht zwischen den Ländern verglichen werden. Behelfsweise lässt sich aber über die jährlichen Wachstums- beziehungsweise Schrumpfungsraten der Zahl der Selbstständigen ein Vergleich herstellen: In den meisten Ländern sank die Zahl der in der Vorstellung der jeweiligen Länder jeweils als Selbstständige begriffenen Erwerbspersonen bis in die 1960er-Jahre. Nur wenige Länder wiesen vor der ersten Ölpreiskrise 1973 eine Zunahme der Zahl der Selbstständigen auf, darunter England als einziges Land, das eine kontinuierliche wachsende Zahl vorweisen kann. Während der Krisenjahre 1973–1975 kam es aber auch hier zu einem Rückgang der Selbstständigkeit, und erst nach 1975 stieg die Zahl der Selbstständigen wieder, beginnend in den USA, Schweden und Japan. 1979 konnte auch die Bundesrepublik erstmals seit den 1960er-Jahren wieder eine (wenn auch äußerst schwache) Zunahme der Zahl der Selbstständigen verzeichnen, welche andauerte, sodass heute wieder die Relation der 1950er-Jahre erreicht wird, ein gravierender Widerspruch zur These von einem fundamentalen Strukturbruch, wie sie Lutz Raphael und Anselm Doering-Manteufel oder auch ältere Strukturbruchtheoretiker vertreten.[20] Freilich soll die Selbstständigenquote hier nicht zu einem generellen Indikator für die gesamte Struktur der Wirtschaft hochstilisiert werden (☞ Abb. 2, S. 94).

Die zahlreichen Spekulationen also, dass die Deutschen in den 1970er-Jahren weniger *unternehmerisch* oder weniger *risikofreudig* gewesen seien als beispielsweise die Menschen in den USA, lässt sich auf der Grundlage dieser Daten getrost zerstreuen, jedenfalls, wenn man anerkennt, dass die Daten über die Selbstständigkeit eine Aussage über die Bereitschaft zum Unternehmertum zulassen. Deutlich zeigt sich dagegen, dass die Selbstständigkeit durch konjunkturelle Entwicklungen stark beeinflusst worden zu sein scheint. In einem unmittelbaren Bezug stand der Rückgang der Selbststän-

---

19 Simon C. Parker, The Economics of Self-Employment and Entrepreneurship, New York 2004, S. 5-8.
20 Anselm Doering-Manteuffel/Lutz Raphael, Nach dem Boom. Zu den älteren Arbeiten vgl. Werner Abelshauser/Dietmar Petzina, Krise und Rekonstruktion. Zur Interpretation der gesamtwirtschaftlichen Entwicklung im 20. Jahrhundert, in: dies. (Hg.), Deutsche Wirtschaftsgeschichte im Industriezeitalter: Konjunktur, Krise, Wachstum. Düsseldorf 1981, S. 47-93.

Tab. 1: Aggregate self-employment rates in some selected OECD countries, 1960–2000 [a] (per cent)

	1960	1970	1980	1990	2000
A All workers					
USA	13.83	8.94	8.70	8.50	7.33
Canada [b]	18.81	13.20	9.74	9.52	10.66
Japan	22.68	19.18	17.18	14.05	11.34
Mexico	34.25	31.29	21.67	25.64	28.53
Australia	15.86 [c]	14.09	16.16	15.05	13.49
France [b]	30.51	22.17	16.79	13.26	10.56
Italy	25.93	23.59	23.26	24.53	24.48
Netherlands [b]	21.87	16.65	12.23	9.64	10.46 [d]
Norway	21.79	17.90	10.03	9.24	7.03
Spain [b]	38.97	35.59	30.47	26.27	20.49
UK	7.28	7.36	8.05	13.32	11.34
B Non-agricultural workers					
USA	10.45	6.94	7.26	7.51	6.55
Canada [b]	10.17	8.33	7.05	7.40	9.46
Japan	17.38	14.44	13.75	11.50	9.35
Mexico	23.01	25.20	14.33	19.89	25.48
Australia	11.01 [c]	10.00	12.73	12.34	11.72
France [b]	16.90	12.71	10.71	9.32	8.06
Italy	20.60	18.97	19.20	22.24	23.21
Netherlands [b]	15.08	12.02	9.06	7.84	9.25 [d]
Norway	10.14	8.61	6.53	6.12	4.83
Spain [b]	23.60	21.55	20.63	20.69	17.69
UK	5.89	6.27	7.11	12.41	10.83

Notes: [a] Self-employment rates defined as employers plus persons working on their own account, as a proportion of the total workface. [b] Includes unpaid family workers. [c] 1964 not 1960. [d] 1999 not 2000.
Quelle: Simon C. Parker, The Economics of Self-Deployment and Entrepreneurship, New York 2004, S. 4, hierin: OECD, Labour Force Statistics, issues 1980–2000, 1970–81 and 1960–71.

digkeit mit der Zunahme der Unternehmensinsolvenzen, welche im Verlauf der 1970er-Jahre beispielsweise in der Bundesrepublik rapide angestiegen waren: Die Zahl der jährlichen Unternehmensinsolvenzen stieg von rund 2.200 1966 innerhalb weniger Jahre auf 6.900 1975 an. Zwar sank die Zahl nach dem krisenbedingten Höhepunkt schnell wieder, stieg dann aber rasch auf fast 12.000 Unternehmensinsolvenzen im Jahr 1983.[21] Allerdings gab es schon seit den 1960er-Jahren eine größere Zahl an Un-

---

21 Winfried Horstmann, Globalsteuerung und Mittelstand, Baden-Baden 1991, S. 221.

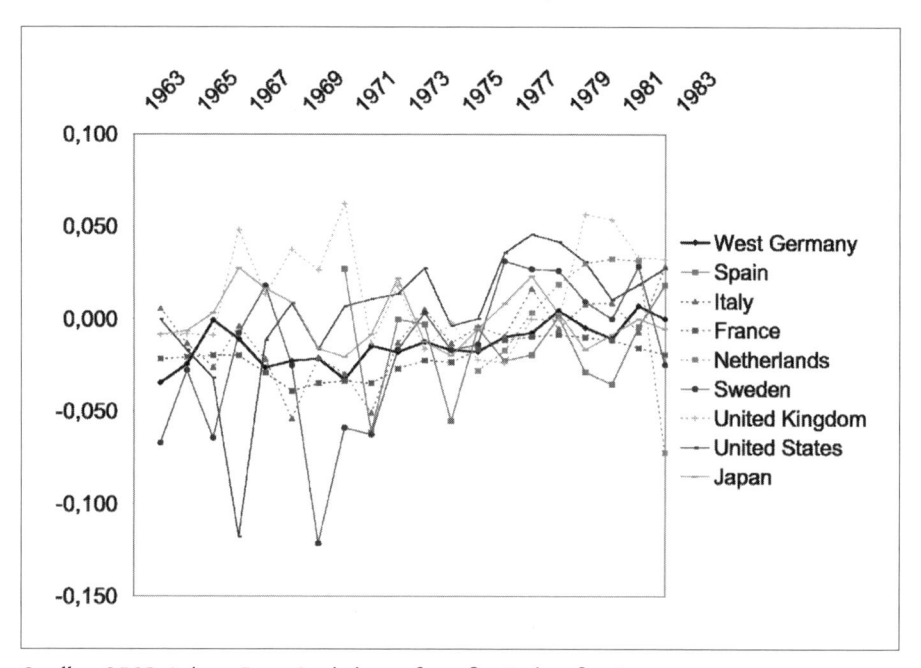

Teil 1: Rahmenbedingungen im Wandel: Ökonomische, politische, soziale Veränderungen

Abb. 2: *Wachstumsraten der Zahl der Selbstständigen*

Quelle: OECD, Labour Force Statistics, 1963–1983, Paris 1985, S. 23.

ternehmensgründungen und somit eine größere Zahl von Unternehmen insgesamt, wodurch die einzelne Insolvenz im Jahr 1983 volkswirtschaftlich weniger bedeutsam war als 1966. Gleichzeitig kann die Zahl der Unternehmensgründungen nicht schlicht als statistisches Spiegelbild der Selbstständigkeit in der Bundesrepublik angesehen werden, weil es sich bei den Unternehmensgründungen zum Teil um Reorganisationsprozesse innerhalb von Großunternehmen handelte, welche die im Verlauf der 1960er-Jahre aufkommende Mode der Diversifikation zum Teil mit Ausgründungen von Unternehmensteilen umsetzten.[22]

Auch der Zusammenhang von Arbeitslosenquote und Selbstständigenquote erweist sich bei näherer Betrachtung als weniger eindeutig, als in der älteren Literatur angenommen. Es kann nämlich (auch für die Bundesrepublik der 1970er-Jahre) nicht eindeutig gezeigt werden, dass der Anstieg der Arbeitslosigkeit zwangsläufig zu einer höheren Selbstständigenquote führt, weil die Arbeitslosen in die Selbstständigkeit *getrieben* werden, als eine der wenigen Möglichkeiten, eine Beschäftigung aufzuneh-

---

22 Vgl. hierzu die Ausführungen von Christopher McKennas, The World's Newest Profession. Management Consulting in the Twentieth Century, New York 2006, S. 175-180, über die Tätigkeit der amerikanischen Unternehmensberatung McKinsey bei der Diversifizierung europäischer und deutscher Großunternehmen in den 1960er-Jahren.

men. In der Wirtschaftskrise 1974 war in der Bundesrepublik die Arbeitslosenquote gerade deutlich gestiegen[23], was in der Öffentlichkeit durchaus mit Entsetzen wahrgenommen wurde, während sich die Zahl der Selbstständigen weiter verringerte. Erst für die jüngere Vergangenheit liegen belastbare Daten darüber vor, zu welchem Grad Existenzgründungen durch die Arbeitslosigkeit der Gründer *getrieben* sind. Auch diese lassen aber keinen eindeutigen Zusammenhang erkennen, dass die steigende Arbeitslosigkeit in einer Wirtschaftskrise zwangsläufig zu verstärkter Gründungsaktivität führt.[24]

Die Abhängigkeit der Selbstständigkeit von den ökonomischen Rahmenbedingungen scheint viel grundsätzlicher zu sein: Nicht nur die Einlassungen des *Spiegels* zum Thema, sondern auch die makroökonomischen Daten weisen darauf hin, dass sich die Rahmenbedingungen für Unternehmertätigkeit seit den späten 1960er-Jahren verschlechtert hatten und dass hierin ein Grund für die im *Spiegel* erwähnten Geschäftsaufgaben genauso zu suchen sei wie für den Rückgang der Selbstständigkeit. Die rapide Anhebung der Leitzinsen durch die Bundesbank im Jahr 1965 führte zu einer massiven Verteuerung von Krediten und Investitionen.[25] Dieser geldpolitische Versuch, die überhitzte Konjunktur abzufangen und gleichzeitig die Dollarzuflüsse zu unterbinden, wurde zwar in der Krise 1967 durch die staatlichen Konjunkturprogramme aufgehoben. Aber schon in den folgenden Jahren wandte Karl Schiller erneut die Mittel des »Stabilitäts- und Wachstumsgesetzes« an, das eben nicht nur eine expansive Staatsausgabenpolitik vorsah, sondern auch eine Kontraktion – beispielsweise über die zeitlich befristete Aussetzung von Abschreibungsmöglichkeiten und durch befristete Steueraufschläge, welche in Form einer Konjunkturausgleichsrücklage bei der Bundesbank stillgelegt werden konnten. Diese Instrumente wurden 1970 angewendet und 10 Millionen Steuerpflichtige mit einer zusätzlichen 10prozentigen Körperschafts- und Einkommenssteuer belastet, welche im März 1973 zurückgezahlt werden sollte. Zusammen mit den ausgesetzten Abschreibungsmöglichkeiten belastete der Staat damit Unternehmen und besser verdienende Haushalte zusätzlich mit

---

23 Von 1,2 % (1974) auf 4,7 % (1975) bzw. von 274.000 auf 1,07 Mio., Statistische Jahrbücher der Bundesrepublik Deutschland, div. Jg.
24 Bei einem Anteil von 5,4 % der Bevölkerung, die in Deutschland 2008 insgesamt eine Unternehmensgründung planten, gaben ein Drittel der werdenden Gründer an, dass sie die Gründung mangels alternativer Erwerbsmöglichkeiten anstrebten. In der Krise war aber gerade der Anteil der »klassischen«, d. h. nicht durch Arbeitslosigkeit *getriebenen* Gründer zurückgegangen. Udo Brixy et al., Global Entrepreneurship Monitor. Unternehmensgründungen im weltweiten Vergleich. Länderbericht Deutschland 2008, Hannover/Nürnberg 2009, S. 13. Die im Auftrag des Instituts für Arbeitsmarkt und Berufsforschung erstellte Studie erhebt die »Total Early-Stage Entrepreneurship Activity« (TEA) per Telefonumfrage. Darunter werden Unternehmensgründungen verstanden, die in den drei Jahren vor der Umfrage stattgefunden haben oder für die Zeit unmittelbar nach der Umfrage geplant sind.
25 Fritz W. Scharpf, Sozialdemokratische Krisenpolitik in Europa. Das »Modell Deutschland« im Vergleich, Frankfurt a. M. 1987, S. 152 f.

6 Milliarden Deutsche Mark – wenn auch nur temporär: Schon im Sommer 1972, kurz vor der Bundestagswahl, wurde die Konjunkturausgleichsrücklage an die belasteten Beschäftigten und Unternehmen zurückgezahlt. Im Frühjahr 1973 wurde dasselbe Instrument indes ein zweites Mal angewandt.[26] Diese Konjunkturbremsung führte zu einem schlagartigen Absinken der Nettoinvestitionsquote von (allerdings auch rekordverdächtigen) 26 Prozent 1969 auf nur noch 20 Prozent seit 1975, während die Sparquote in die Höhe schoss. Gleichzeitig führten die hohen tariflichen Lohnabschlüsse der Gewerkschaften seit 1969 zu einer deutlichen Steigerung der Lohnkosten und die Kapitalrentabilität sank rapide, was aus neoklassischer Perspektive als eigentlicher Grund für die Verschlechterung der Bedingungen für Unternehmen in der Bundesrepublik angesehen wird[27], obwohl die Effekte erst nach dem massiven Staatseingriff in die gesamtwirtschaftliche Investitionstätigkeit wirksam wurden.

Auch die gewerkschaftlich durchgesetzten Lohnabschlüsse dürften aber den Rückgang der Selbstständigkeit in der Bundesrepublik begünstigt haben: Weil die abhängige Beschäftigung gegenüber den Einkommen aus Unternehmertätigkeit durchschnittlich ertragreicher geworden war, stieg die Schwelle, unter der sich die Selbstständigkeit als lohnenswert erwiesen hätte. Einen Hinweis auf die relative Verbesserung der Einkommenssituation abhängig Beschäftigter gegenüber Selbstständigen bietet die gegenüber dem sektoralen Strukturwandel »bereinigte Lohnquote«, die allein zwischen 1972 und 1974 von 63,6 Prozent auf 66 Prozent stieg.[28] 1960 hatte sie noch bei 60,4 Prozent gelegen.[29] Im Zusammenspiel mit den gewerkschaftlichen Lohnabschlüssen brachte die sozial-liberale Wirtschaftspolitik also eine Umverteilung der Einkommensanteile aus Unternehmertätigkeit zu den Lohneinkommen, welche den Rückgang der selbstständigen Tätigkeit ausgelöst oder zumindest begünstigt haben dürfte. Auch hier geht die neuere Forschung über die Selbstständigkeit indes keineswegs mehr von einem Automatismus aus: Auch wenn Angaben über Einkommen aus selbstständiger Tätigkeit kaum exakt zu erheben sind, so kann Simon Parker für die USA der 1980er-Jahre zeigen, dass dort offensichtlich die selbstständige Tätigkeit attraktiver gewesen ist als eine abhängige Beschäftigung, obwohl die durchschnittlichen Einkommen, die als Selbstständiger zu erzielen waren, deutlich unter denen abhängiger Beschäftigter lagen. Größere Unabhängigkeit und Freiheit, die hinlänglich in einer selbstständigen Tätigkeit entdeckt werden, wurden offenbar höher bewertet als die Einkommensdifferenz zwi-

---

26 Herbert Giersch/Karl-Heinz Paqué/Holger Schmieding, The Fading Miracle. Four Decades of Market economy in Germany, (Cambridge surveys in economic policies and institutions), Cambridge 1993, S. 152 f.; Fritz W. Scharpf, Sozialdemokratische Krisenpolitik in Europa, S. 154-158; Winfried Horstmann, Globalsteuerung und Mittelstand, Baden-Baden 1991, S. 132 ff.
27 Herbert Giersch/Karl-Heinz Paqué/Holger Schmieding, The fading miracle, S. 202.
28 Fritz W. Scharpf, Sozialdemokratische Krisenpolitik in Europa, S. 174.
29 Jutta Muscheid, Die Steuerpolitik der Bundesrepublik Deutschland 1949–1982, Berlin 1986, S. 56. Diese Entwicklung ging im Übrigen mit einer substanziellen Reduktion der Einkommensungleichheit einher.

schen beiden Beschäftigungsarten.[30] Andere Autoren sehen freilich in einer generellen kulturellen Prädisposition »der Amerikaner« die Ursache für die Neigung zum Unternehmertum[31], eine Argumentation, der hier ausdrücklich nicht gefolgt werden soll. Ganz im Gegenteil: Hier wird die These vertreten, dass die durch volkswirtschaftliche Rahmenbedingungen und auch einige wirtschaftspolitische (Fehl-)Entscheidungen ausgelöste »Krise der Selbständigkeit« in der Bundesrepublik der 1970er-Jahre eine auf die Forcierung von Unternehmensgründungen ausgerichtete Wirtschaftspolitik erst hervorgebracht hat. Jedenfalls steht die seit den 1970er-Jahren andauernd befeuerte Debatte über die »Müdigkeit der Unternehmer« in keinem Verhältnis zur ökonomischen Bedeutung einer vergleichsweise geringfügigen Änderung der gesamtgesellschaftlichen Beschäftigtenstruktur. Ob durch den moderaten relativen Rückgang der Selbstständigkeit Innovationsimpulse kreativer Unternehmensgründer unterblieben und der wirtschaftliche Wohlstand daher weniger stark gestiegen ist, als dies möglich gewesen wäre, wäre erst noch genauer zu untersuchen.

»Hässliche« und »müde Unternehmer« – die Debatte über das Unternehmertum in den 1970er-Jahren

Durch die politische und gesellschaftliche Revolution im Kontext der Studentenbewegung erhielt die öffentliche Debatte über die »Müdigkeit« der »ergrauten Kinder des Wirtschaftswunders«, die noch Gerhard Kubetscheks Geschäftsaufgabe 1966 begleitet hatte, eine neue Qualität. Diskutiert wurde nun nicht mehr über die kollektivpsychologische Motivationsstruktur der vorhandenen deutschen Unternehmer und ihren Willen zum Durchsetzen im internationalen Wettbewerb, sondern über ihre öffentliche Reputation. Eine Umfrage des Wuppertaler Instituts für Kommunikationsforschung hatte 1973 ergeben, dass nur noch 3 Prozent der befragten Bundesbürger Unternehmer für »vorbildlich«, 4 Prozent für »bescheiden« und 18 Prozent für »sozial« hielten. Nur vier Jahre zuvor waren mehr als die Hälfte der Befragten der Meinung, dass diese Adjektive die bundesdeutschen Unternehmer adäquat beschreiben. Hielten 1968 61 Prozent der Befragten Unternehmer für »demokratisch«, waren es

---

30   Ein 48 % höheres Durchschnittseinkommen der Selbstständigen in den USA zwischen 1951–54 sei zwischen 1975–1979 auf einen Einkommensvorteil von 23 % gesunken. Zwischen 1980–1984 habe das Durchschnittseinkommen 10 % und 1985–1989 sogar 20 % unter dem der abhängig Beschäftigten gelegen. Hierzu: Simon C. Parker, The Economics of Self-Employment and Entrepreneurship, S. 17.
31   Rolf Sternberg, Merkmale des Gründungsgeschehens in Deutschland. Ein internationaler Vergleich auf Basis des Global Entrepreneurship Monitor (GEM), in: Venture Capital Magazin, Sonderausgabe »Start-up« (2008), S. 22-24. Zwar werden mit der Methode des GEM allgemein die politischen und gesellschaftlichen »Rahmenbedingungen« für Gründungsaktivität abgefragt, aber die Kategorie »Werte und Normen« wird dabei am höchsten von 16 Faktoren bewertet und gerade hier liegt die USA auf Platz 1 und Deutschland auf Platz 34 von 37 untersuchten Ländern.

1972 nur noch 13 Prozent.[32] Schon ein Jahr zuvor hatte der Kölner Finanzwissenschaftler Günther Schmölders Befragungen veröffentlicht, die darauf hinwiesen, dass sich in der Bundesrepublik eine falsche Vorstellung vom Beruf des Unternehmers herausgebildet hätte: Waren 1950 nur 23 Prozent der von ihm Befragten der Meinung, dass angestellte Manager auch zu den Unternehmern zu zählen seien, lag dieser Wert 1970 bereits bei 43 Prozent. Während nur 4 Prozent der von ihm Befragten Unternehmer grundsätzlich deutlich ablehnten, fehle es vor allem an der Bereitschaft der unselbstständig Beschäftigten, Unternehmer werden zu wollen. Nur 30 Prozent der Befragten würden gerne Unternehmer sein, für die anderen bringe dieser Beruf zu viel Verantwortung, sei zu abstrakt und zu voraussetzungsreich.[33] Schmölders war 1971 noch der Meinung, dass das sinkende unternehmerische Engagement der Deutschen zum Teil auf die falsche Darstellung des Unternehmertums in der Öffentlichkeit zurückzuführen sei, die – das setzte er in einer Publikation zwei Jahre später hinzu – vor allem von den Multiplikatoren in »Hörfunk und Fernsehen« verbreitet würde:

> »Die Autoren von Unterhaltungssendungen [...] gehören meist jener Gruppe von Intellektuellen an, deren Weltbild gespalten ist; sie sind im Grunde ja eigentlich selbst Unternehmer, die darauf angewiesen sind, ihre ›Produktionen‹ an den Mann zu bringen. [...] Sie verwenden und vergrößern das vorgefundene Unternehmerklischee nicht nur aus Neid, Ressentiment und Gehässigkeit, sondern vor allem aus Unkenntnis der volkswirtschaftlichen Zusammenhänge.«[34]

Eine Umfrage des Allensbach-Instituts für Demoskopie lieferte allerdings 1976 den vermeintlichen Beweis, dass es sich doch um einen grundsätzlichen Einstellungswandel der deutschen Bevölkerung gehandelt habe: Auf die Frage »Wären Sie grundsätzlich bereit, sich beruflich selbständig zu machen?« hatten im August 1962 noch 17 Prozent der befragten Arbeitnehmer mit »Ja, unbedingt« geantwortet. Im Dezember 1976 waren dies nur noch 7 Prozent.[35] In der zweiten Hälfte der 1970er-Jahre herrschte mithin die »öffentliche Meinung«, dass es in der Bundesrepublik eine geringe und nachlassende Neigung gegeben hätte, sich unternehmerisch zu betätigen. Die Allensbach-Zahlen tauchten in diversen Zusammenhängen und Diskussionen nun immer wieder auf.[36]

---

32 Junge Wirtschaft 3 (1973), S. 32.
33 Günter Schmölders, Das Bild des Unternehmers in der Bundesrepublik Deutschland, in: ders. (Hg.), Der Unternehmer im Ansehen der Welt, Bergisch Gladbach 1971, S. 12-22.
34 Ders., Die Unternehmer in Wirtschaft und Gesellschaft. Wandlungen der gesellschaftspolitischen »Hackordnung« in der Bundesrepublik Deutschland, Essen 1973, S. 115.
35 Elisabeth Noelle-Neumann (Hg.), Allensbacher Jahrbuch der Demoskopie 1976–1977, Bd. VII, Wien/München 1977, S. 200.
36 Siehe hierzu z. B. den Titel des *Spiegels* »Sind Deutschlands Unternehmer müde?«, in: Der Spiegel 48 (1975); »Kurt Biedenkopf über Selbständigkeit«, in: Junge Wirtschaft 1 (1978), S. 27 und »Gründerzeit. Hilfe für Selbständige«, in: Junge Wirtschaft 2 (1978), S. 6.

Mit den als alarmierend eingestuften Veränderungen des öffentlichen Ansehens der Unternehmer entstand zu Beginn der 1970er-Jahre eine erstaunliche Konjunktur der Erklärungsversuche für dieses Phänomen, die (neben wenigen aus der Wissenschaft selbst gespeisten Studien wie die Günter Schmölders) vor allem auf die Auseinandersetzung zwischen großen und kleinen Unternehmen verwiesen. Hierbei war zu Beginn der 1970er-Jahre die Meinung sehr einflussreich, dass das Verhalten der Unternehmer selbst dazu beigetragen habe, ihr öffentliches Ansehen zu beschädigen. Im Kern wurde den Unternehmern unterstellt, ihre soziale und gesellschaftliche Verantwortung nicht mehr in der Weise wahrzunehmen, wie es aufgrund ihrer privilegierten Situation jedoch ihre Pflicht wäre. Aus falsch verstandenem Konservatismus würden sie an einer autoritären Betriebsorganisation festhalten wollen und die Mitbestimmung ostentativ bekämpfen. Sie hätten auf diese Weise den Respekt ihrer Mitmenschen verloren und mittelbar dafür gesorgt, die Attraktivität des Unternehmerberufs deutlich zu schmälern. Dies war die öffentlichkeitswirksam vorgetragene Meinung des ehemaligen Vorstandsvorsitzenden der »Arbeitsgemeinschaft Selbständiger Unternehmer« (ASU), Dieter Fertsch-Röver, die er zusammen mit dem Journalisten Heribert Juchem 1972 unter dem Buchtitel »Der hässliche Unternehmer« vortrug.[37] Dabei enthielt die ausgerechnet von Unternehmern vorgetragene Unternehmerschelte eine Spitze gegen die Großunternehmen, die in den Konzentrationsprozessen der 1960er- und 1970er-Jahre stark an Bedeutung gewonnen hatten. Die Vertreter von solchen Großunternehmen seien es in erster Linie, so Fertsch-Röver und Juchem, die das Ansehen des ganzen Berufsstandes in Mitleidenschaft gezogen und auf diese Weise das Wohlergehen des Landes gefährdet hätten. Auch Schmölders hatte 1973 das Verhalten der Unternehmer als Quelle für ihren Ansehensverlust ausgemacht. Er wies darauf hin, dass die Unternehmer in den USA beispielsweise durch das größere Engagement in Umweltfragen und karitative Aktivitäten in den vergangenen Jahren in der amerikanischen Öffentlichkeit als Träger gesellschaftlicher Verantwortung verstanden werden – und nicht als nüchterne Exekutoren des Wettbewerbs.[38] In der *Jungen Wirtschaft*, dem Verbandsorgan des zur ASU gehörenden »Bundesverbands Junger Unternehmer«, der die Existenzgründer innerhalb der Gruppe der kleinen und mittleren Unternehmen organisierte, finden sich Anfang der 1970er-Jahre zahlreiche Hinweise auf eine solche Position: Der Flick-Geschäftsführer Eberhard von Brauchitsch wurde heftig dafür kritisiert, dass er in einem *Spiegel*-Artikel offen den Spaß des luxuriösen und machtschwangeren Lebens eines Unternehmers ausschmückte und damit die har-

---

37 Dieter Fertsch-Röver/Heribert Juchem, Der hässliche Unternehmer. Eine kritische und selbstkritische Betrachtung, Köln 1972, insbes. S. 112. Das Buch war vor dem Hintergrund der öffentlichen Diskussion über die Novelle des Betriebsverfassungsgesetzes und die Stärkung der Mitbestimmungsrechte der Arbeitnehmer verfasst.
38 Günter Schmölders, Das Bild des Unternehmers in der Bundesrepublik Deutschland, S. 113, 124-129.

te Arbeit und gesellschaftliche Verantwortung des Berufsstandes diskreditiert habe.[39] Ein anderes Argument, das in der Tradition der Kartelldebatte zwischen ordoliberaler Wirtschaftstheorie und im BDI organisierter Großindustrie stand, kritisierte die Lobbyarbeit und Marktabsprachen der Unternehmer. Sie seien »Wettbewerbsmuffel« und würden versuchen, den Wettbewerb auszuschalten. Dieser Ansatz blieb jedoch Anfang der 1970er-Jahre eher im engeren Kreis der wissenschaftlichen Diskussion.[40]

Bei dieser durchaus selbstkritischen Betrachtung der Unternehmer, die nicht zuletzt durch die Interessenkollision von exportorientierter Großindustrie und protektionistischem Mittelstand forciert worden war, scheint es sich freilich um eine nur kurze Phase in der Analyse der »Krise der Selbständigkeit« gehandelt zu haben. Mitte der 1970er-Jahre setzte sich überwiegend (und auch in der Presse der mittelständischen Wirtschaft) wieder die Meinung durch, dass nicht etwa mangelndes gesellschaftliches Verantwortungsbewusstsein und öffentlich vorgetragene Arroganz einen Ansehensverlust herbeigeführt hätten. Jetzt wurden vielmehr die staatliche Bürokratie und die überzogenen gewerkschaftlichen Lohnforderungen als die wichtigsten Ursachen der sinkenden Gründungsneigung der Deutschen ausgemacht. Der Titel des Sammelbandes, mit dem 1976 die Vorträge der Bad Kreuznacher Unternehmergespräche veröffentlicht wurden, forderte mit diesem Tenor »Mehr Selbständigkeit – eine Tendenzwende in der Wirtschaftspolitik.«[41] Die Novelle des Mitbestimmungsgesetzes 1976 löste eine regelrechte publizistische Gegenreaktion der *Jungen Wirtschaft* aus, welche die öffentlichen Diskussionen mit zahlreichen Artikeln über die »Gängelwirtschaft« bereicherte.[42] Gerhard Zeitel, Bundesvorsitzender der Mittelstandsvereinigung der CDU/CSU, wähnte beispielsweise die »Selbständigkeit in Gefahr« und sah dramatische Folgen für die deutsche Wirtschaft voraus.[43]

In der gegen Ende der 1970er-Jahre erheblich politisierten Debatte war bald von den ökonomischen Funktionen des Unternehmertums für wirtschaftliches Wachstum und Innovation kaum mehr die Rede. Im Bundestagswahlkampf 1980 wurde die Selbständigkeit schließlich zu einer Überlebensfrage der Demokratie aufgebauscht: »Nach meiner Überzeugung gehören eine freie Gesellschaft und eine freie Wirtschaft

---

39 »Zu wenig Marktwirtschaft! Zu wenig Unternehmer! Eine Bestandsaufnahme.«, in: Junge Wirtschaft 1 (1976), S. 10.
40 Zit. n. Günter Schmölders, Das Bild des Unternehmers in der Bundesrepublik Deutschland, S. 59; Dieter Fersch-Röver/Heribert Juchem, Der hässliche Unternehmer, S. 31 f.
41 Elmar Pieroth (Hg.), Mehr Selbständigkeit – Tendenzwende in der Wirtschaftspolitik. Vorträge und Diskussionen auf den Bad Kreuznacher Gesprächen 1976, Bonn 1976.
42 Die »Junge Wirtschaft« hatte Anfang 1978 einen Artikel des DAG-Vorsitzenden Rolf Spaethen mit dem Titel »Generalstreik der Unternehmer? Eine Provokation mit Anmerkungen« abgedruckt. In Heft 3 wurden dann zahlreiche Antworten aus dem Unternehmerlager, die den von Spaethen diagnostizierten »Investitionsstreik« aus politischen Gründen heftig kritisierten und stattdessen v. a. Löhne und Bürokratie für die Stagnation verantwortlich machten, präsentiert.
43 Gerhard Zeitel, »Selbständigkeit in Gefahr. Als Packesel zum Hürdenlauf«, in: Junge Wirtschaft 8 (1979).

zusammen. Die Entwicklung der freiheitlichen Demokratie geht untrennbar einher mit der Entwicklung von wirtschaftlicher Selbständigkeit«, sagte Bundespräsident Karl Carstens auf der »Kundgebung« der ASU im April 1980 in Bonn, wobei er einleitend die bekannte Umfrage des Allensbach-Instituts zitiert hatte.[44] Der Europaparlamentarier und Münsteraner CDU-Politiker Paul Schnitker ließ sich im selben Jahr sogar zu der Aussage hinreißen: »Selbständigkeit ist ein Wert an sich. [...] Wer unser marktwirtschaftliches System beseitigen will, braucht eigentlich nur unablässig den Willen, die Lust zur Selbständigkeit auszuhöhlen.«[45]

Die aufgeführten Zitate scheinen mithin auf eine umfassende Akzentverschiebung des öffentlichen Unternehmerdiskurses in der Bundesrepublik seit der Mitte der 1970er-Jahre hinzudeuten. Im Rahmen dieses Artikels konnte diese allerdings nur punktuell und selektiv über die Auswertung des spezifischen Verbandsorgans »Junge Wirtschaft« erschlossen werden und wäre durch eine Ausweitung der Quellenkorpora erst noch zu bestätigen. Auch die seit dem Ende der 1970er-Jahre begonnenen politischen Initiativen zur Förderung von Existenzgründungen verweisen dabei auf dieselbe Entwicklung: Am Beginn dieser Entwicklung standen zunächst die Beratungsangebote der Industrie- und Handelskammern (IHK): Die IHK Koblenz verbreitete seit 1976 einen Ratgeber »Ich mache mich selbständig. Test und Tip[p]s für alle[,] die Mut haben, sich auf eigene Füße zu stellen«.[46]

Auch die sozialliberale Koalition reagierte auf die »Krise der Selbständigkeit« mit der Ausweitung der Förderung von Existenzgründungen. Sie verabschiedete 1979 ein Gesetz über die Förderung der Eigenkapitalbildung, das es gestattete, zinsgünstige Kredite des Bundes zu erhalten, die gesellschaftsrechtlich als Eigenkapital in Unternehmen eingebracht werden konnten. Mit dem Regierungswechsel wurde die Förderung der Existenzgründung massiv ausgebaut: Als eine der ersten Maßnahmen der Kohl-Regierung wurde noch 1982 die Eigenkapitalhilfe für Unternehmen von 130.000 Deutsche Mark Maximalförderung auf 300.000 Deutsche Mark angehoben. Bei einer Gesamtzahl von 30.000 Unternehmensgründungen pro Jahr erhielten bis 1986 36.600 Existenzgründer

Abb. 3 »Ich mache mich selbständig« (IHK Koblenz 1976)

---

44 Karl Carstens, Plädoyer für die Selbständigkeit, in: Junge Wirtschaft 6 (1980), S. 7.
45 Paul Schnitker, Die Selbständigenlücke muss geschlossen werden, in: Junge Wirtschaft 8 (1980), S. 6.
46 Junge Wirtschaft 2 (1978).

Teil 1: Rahmenbedingungen im Wandel: Ökonomische, politische, soziale Veränderungen

über dieses Programm insgesamt 1,6 Milliarden Deutsche Mark. Das Existenzgründerprogramm, das seit 1960 aus den Gegenwertmitteln des European Recovery Program (ERP)-Fonds gespeist wurde, war bereits 1981 verstärkt worden, sodass allein zwischen 1981 und 1985 70.000 Existenzgründer mit insgesamt 3,7 Milliarden Deutsche Mark gefördert werden konnten, im wesentlich in Form von zinsgünstigen Krediten. 1983 verabschiedete das Bundesforschungsministerium zudem ein spezielles Förderprogramm für technologieorientierte Unternehmen, welches Kredite für solche Unternehmensgründungen bereitstellte, die im Bereich der Informationstechnologien oder der Wissenschaft angesiedelt waren und daher keine der üblichen Sicherheiten vorweisen konnten. 1985 kam schließlich noch das sogenannte »Anspargesetz« hinzu, das gründungswilligen Beschäftigten Prämien bis zu 20.000 Deutsche Mark verschaffte, mittels derer sie bis zu drei Jahren Eigenkapital für die Existenzgründung ansparen konnten. Seit 1986 zahlte der Bund schließlich Arbeitslosen, die eine selbstständige Tätigkeit aufnahmen, ein Überbrückungsgeld, das aber nicht für die Gründungsfinanzierung gedacht war, sondern als Lebensunterhalt in der Planungsphase der Unternehmensgründung.[47]

Die wirtschaftspolitische Offensive in Sachen Existenzgründung zeigte schnell Wirkung. Insgesamt sind zwischen 1980 und 1985 mit diesen Instrumentarien circa 88.000 Unternehmensgründungen gefördert worden. Das wichtigste Kriterium für die Inanspruchnahme der Programme war dabei die Tatsache, dass die Unternehmensgründer vorher in abhängigen Beschäftigungsverhältnissen tätig gewesen waren. Die tatsächlichen ökonomischen Effekte der Programme waren damals – und sind es noch – allerdings äußerst umstritten: Es würden mit den Programmen prekäre und nicht marktwirtschaftlich überlebensfähige Unternehmen gefördert, so der Haupteinwand. Außerdem bestehe die Gefahr, dass die staatlich geförderten Unternehmen etablierte Unternehmen verdrängten, und der Nettoeffekt der Förderung von Existenzförderungen auf die Gesamtzahl der Unternehmen daher begrenzt bleibe. Mittelfristig, so die These, hätte sich paradoxerweise durch die »Mittelstandsförderung« vor allem die Zahl der Konkurse erhöht. Tatsächlich stieg die Zahl der Gewerbeanmeldungen in der Bundesrepublik in den Jahren 1980–1984 deutlich um fast 50 Prozent. Die Zahl der Gewerbeabmeldungen nahm im selben Zeitraum aber in gleichem Maße zu, sodass bei einer deutlichen und nicht nur konjunkturell bedingt steigenden Insolvenzziffer sich nur der Nettoeffekt für die Zahl der Unternehmen, die in der Bundesrepublik insgesamt tätig waren, etwas vergrößerte.[48]

---

47 Rüdiger Schiller, Existenzgründungen. Fördermaßnahmen und Ergebnisse, Beiträge zur Wirtschafts- und Sozialpolitik, Bd. 140, Institut der Deutschen Wirtschaft Köln, Köln 1986, S. 10 u. 20-30.
48 Die Daten zu Gewerbeanmeldungen sind auf der Grundlage von regionalen Stichproben der Handelskammern geschätzt worden. Reinhard Clemens/Christina Freide, Existenzgründungen in der Bundesrepublik. Grundlagen einer Existenzgründungsstatistik. Stuttgart 1986, S. 63. Die Anzahl aller Unternehmen in der Bundesrepublik, die in den 1970er-Jahren mit etwa 2 Mio. ver-

Eine Studie des Münchener Ifo-Instituts stellte 1985 fest, dass 60 Prozent der Existenzgründer des Jahres 1983 Einmannbetriebe mit Eigenkapital von unter 10.000 Deutsche Mark waren und zum Zeitpunkt der Erhebung dies auch bleiben wollten.[49] Durchschnittlich hatten die rund 9.500 Neugründungen mit Mitteln des Eigenkapitalhilfeprogramms 2,1 neue Arbeitsplätze geschaffen, wobei diese vor allem im produzierenden Gewerbe entstanden waren. Und obwohl die Gründer zinsgünstige Kredite mit 20-jähriger Laufzeit erhielten, waren bereits in den ersten fünf Jahren von den Unternehmen des Eigenkapitalförderungsprogramms 2 Prozent wieder Konkurs gegangen. Technologieorientierte Unternehmen entstanden aus den Programmen nur selten. Bei der Mehrzahl der Gründungen handelte es sich um Ladengeschäfte. In zunehmendem Maße wurden die Programme von Frauen in Anspruch genommen, deren Anteil zwischen 1981 und 1985 von 20 Prozent auf 25 Prozent stieg.[50]

Fazit: Auf dem Weg in die »entrepreneurial society«

Als Gerhard Kubetschek dem *Spiegel* anlässlich des Verkaufs seines Unternehmens 1966 Rede und Antwort stand, hatte er sich gegen den Verdacht zu wehren, dass er fortan nicht mehr unternehmerisch tätig sein wolle: »Ich habe nicht deshalb verkauft, weil ich müde bin und das Risiko scheue. Ich bin viel zu dynamisch, ich brauche Trubel und Tempo um mich«.[51] Er betrachtete den Verkauf seines Unternehmens als eine unternehmerische Entscheidung, und die Geschichte gab ihm Recht. Denn während Kuba-Imperial im Eigentum von General Electric in eine Krise geriet, an AEG weiterverkauft wurde, die das Unternehmen schließlich 1972 auflöste, konnte Kubetschek sein Vermögen durch geschickte Geldanlage und Aktienspekulation bis zu seinem Tod 1976 offenbar verdoppeln.[52] Obwohl er seine Selbstständigkeit im Sinne persönlicher Freiheit erheblich steigern konnte, galt seine Geschichte für die Öffentlichkeit der Bundesrepublik als »Krise der Selbständigkeit«.

In diesem Artikel wurde zunächst insbesondere durch den Vergleich der Selbstständigenquote der Bundesrepublik mit der vergleichbarer Länder gezeigt, dass die seit den 1970er-Jahren nur noch geringfügig abnehmende Zahl der Selbstständigen deutlich als ein Effekt des ökonomischen Strukturwandels in den meisten westlichen

---

gleichsweise konstant geblieben war, stieg zu Beginn der 1980er-Jahre von 2,02 Mio. (1980) auf 2,37 Mio. (1985), wobei auch hier der größere Teil (ca. 1,37 Mio. 1985) auf nicht in das Handelsregister eingetragene Unternehmen zurückging, deren Zahl von den Handelskammern geschätzt wurde (ebd., S. 20).

49 Günter Weitzel, Beschäftigungswirkungen von Existenzgründungen. Gutachten im Auftrag des Bundesministers für Wirtschaft. Ifo-Institut für Wirtschaftsforschung, München 1986, S. 65.
50 Rüdiger Schiller, Existenzgründungen, S. 54-60.
51 Gerhard Kubetschek, Ich will von meinem Leben noch etwas haben, in: Der Spiegel 52 (1966).
52 Jörg Brockmann/Gerhard Kubetschek. Unternehmer aus Leidenschaft, Braunschweig 2005.

Industrieländern zu beobachten ist. Für die Bundesrepublik konnten zahlreiche makroökonomische und wirtschaftspolitische Rahmenbedingungen identifiziert werden, die zu diesem Strukturwandel beigetragen haben. In der öffentlichen Diskussion wurde aber seit dem Ende der 1960er-Jahre dieselbe Entwicklung zu einem generellen gesellschaftlichen Problem hochstilisiert, das am Ende der 1970er-Jahre schließlich als bedrohlich für die gesamte Wirtschafts- und Sozialordnung angesehen wurde. Enthielt die öffentliche Diskussion über die »Krise der Selbständigkeit« anfänglich noch einen Appell an die westdeutschen Unternehmer, ihre gesellschaftliche Verantwortung ernster zu nehmen, so schwenkte sie in der zweiten Hälfte der 1970er-Jahre auf die Kritik an den politischen Rahmenbedingungen ein, welche die Gründungsneigung der Deutschen im Keim ersticke. Im Verlauf dieser Diskussion setzte sich die allgemeine Perspektive durch, dass wirtschaftliche Selbstständigkeit und Existenzgründung an sich wünschenswert seien, während die individuellen und sozialen Folgen der prekären Selbstständigkeit nicht thematisiert wurden. Viele der für die Überlebensfähigkeit der Demokratie zu Heroen aufgebauten Existenzgründer der frühen 1980er-Jahre bezahlten diese Politik mit der persönlichen Insolvenz oder einer unzureichenden Alterssicherung. Weder die Folgen des »Gründungsbooms« der frühen 1980er-Jahre für wirtschaftliches Wachstum und Innovation noch für die sozialen Sicherungssysteme sind bislang Thema einer empirisch gesättigten wirtschaftshistorischen Studie geworden. In diesem Artikel konnte es daher nicht um den »Erfolg« der Gründungspolitik seit den späten 1970er-Jahren gehen.

Der mit der zum Teil bewusst eskalierenden Debatte über die »Krise der Selbständigkeit« in den 1970er-Jahren einhergehende Einstellungswandel in der politischen Kultur der Bundesrepublik ist dagegen kaum zu bestreiten: Nach einer Befragung aus dem Jahr 2000 konnten sich damals 47 Prozent der abhängig Beschäftigten eine selbstständige Tätigkeit vorstellen.[53] Heute wird nicht mehr allein auf die Zahl der Selbstständigen (und damit der Unternehmen) in einer Gesellschaft geschaut, sondern der jährlich erstellte »Global Entrepreneurship Monitor« beobachtet die Gründung von neuen Unternehmen, die für wirtschaftliches Wachstum gemeinhin als viel wichtiger gelten, als die bereits etablierten Großunternehmen. Nur noch 3,8 Prozent der Deutschen zwischen 18 und 64 Jahren planten 2008 eine Gründung oder hatten kürzlich ein Unternehmen gegründet – in den USA oder auch in Griechenland lag der Wert mit über 10 Prozent deutlich höher.[54] Während die politischen Rahmenbedingungen – so die Autoren der Studie – in Deutschland für Existenzgründungen vergleichsweise gut seien, so zeige sich gerade in der Krise, dass die deutschen Existenzgründer risiko-

---

53 David G. Blanchflower, Self-employment in OECD-countries, in: Labour Economics 7 (2000), S. 471-505, 474 (USA = 59 %, UK = 43 %, NL = 33 %, N = 22 %).
54 Udo Brixy et al., Global Entrepreneurship Monitor. Unternehmensgründungen im weltweiten Vergleich. Länderbericht Deutschland 2008, Hannover/Nürnberg 2009, S. 12. Die Studie entstand im Institut für Arbeitsmarkt und Berufsforschung in Hannover.

scheu und zu vorsichtig seien. Es sei ein wichtiges Ziel für die Wirtschaftspolitik, auch in der Krise die Gründungsförderung fortzusetzen. Das Ziel müsse eine grundlegende Verankerung unternehmerischen Verhaltens in der Gesellschaft sein, eine »entrepreneurial society«.[55] Polemisch könnte man diese geforderte Wirtschaftspolitik auch als eine Politik zur Unterstützung der permanenten Existenzgründung bezeichnen. Vor diesem Hintergrund lassen sich die Diskussionen, die seit den späten 1960er-Jahren um die »Krise der Selbständigkeit« kreisen, durchaus als eine diskursive Wasserscheide der wirtschaftlich-politischen Kultur der Bundesrepublik begreifen. Michel Foucault hat in seinen Vorlesungen zur »Gouvernementalität der Gegenwart« die Veränderungen des ökonomischen Liberalismus in den 1970er-Jahren in ähnlicher Weise interpretiert und begründet.[56] Man tut diesem Vorschlag sicher Unrecht, wenn man ihn wie eine historisch gesicherte Analyse des Strukturwandels verwendet und aus ihm schließt, dass seit den 1970er-Jahren alle Menschen tatsächlich Unternehmer geworden seien.[57] Eine tief greifende Veränderung in der Zielrichtung der Wirtschaftspolitik und auch in den öffentlichen Diskussionen über das Unternehmertum hat es aber in der Bundesrepublik sicher gegeben, sodass auf dieser Ebene die 1970er-Jahre als Zäsur sehr deutlich hervorstechen: Zum einen verbindet sich – angesichts der massiven weltwirtschaftlichen Krise des Systems von Bretton Woods – eine Krise der Wirtschaftstheorie mit der wirtschaftspolitischen Praxis; die Unternehmertheorie scheint ein wichtiges Verbindungsglied hierbei gewesen zu sein. Zum anderen entsteht langfristig eine Wirtschaftspolitik, die im Ergebnis den Zustand der Selbstständigkeit wieder herstellt, wie er bis in die 1960er-Jahre bestanden hat. Bei der »Krise der Selbständigkeit« scheint es sich mithin um ein Feld der wirtschaftlichen und politischen Auseinandersetzung zu handeln, auf dem die von Anselm Doering-Manteuffel und Lutz Raphael behauptete neue Gesellschaft nach dem Boom nicht so eindeutig entsteht, wie dies auf anderen Feldern der Fall gewesen sein mag.

---

55 Ebd., S. 33 f., 38.
56 Michel Foucault, Geschichte der Gouvernementalität II. Die Geburt der Biopolitik. Vorlesungen am Collège de France 1978–1979, Frankfurt a. M. 2004, insbes. S. 208 f., 310 f.
57 Das versucht v. a. Ulrich Bröckling, Das unternehmerische Selbst. Soziologie einer Subjektivierungsform, Frankfurt a. M. 2007; vgl. meine Kritik dazu: Der Konsument als Unternehmer. Fünf Einwände und ein Interpretationsvorschlag, in: Morten Reitmeyer/Ruth Rosenberger (Hg.), Unternehmen am Ende des »goldenen Zeitalters«. Die 1970er Jahre in unternehmens- und wirtschaftshistorischer Perspektive, Essen 2008, S. 319-335.

Anne Seibring

Die Humanisierung des Arbeitslebens in den 1970er-Jahren: Forschungsstand und Forschungsperspektiven

Die wissenschaftliche Diskussion um Zäsuren und Periodisierung der Geschichte nach 1945 hat mit dem Beitrag von Anselm Doering-Manteuffel und Lutz Raphael »Nach dem Boom. Perspektiven auf die Zeitgeschichte seit 1970« neuen Schwung erhalten.[1] Der Vorschlag, die drei Jahrzehnte nach 1970 als einen »zusammengehörigen Zeitraum nach dem Boom« der Nachkriegszeit zu betrachten, geht über Zuschreibungen der 1970er-Jahre als eine weitgehend abzugrenzende Periode, wie es mit Vorschlägen wie sozialdemokratisches Jahrzehnt, rotes Jahrzehnt oder auch linksliberales Jahrzehnt versucht wurde, hinaus.[2] Um die von Doering-Manteuffel und Raphael diagnostizierten Strukturbrüche in Wirtschaft, Politik und Gesellschaft zu verifizieren, bedarf es noch eingehender wissenschaftlicher Analysen. Als ein Forschungsthema, das Umbrüche (nicht nur) in den Arbeitswelten der 1970er- und 1980er-Jahre nachzeichnen könnte, bietet sich das Thema Humanisierung des Arbeitslebens an. Unter diesem Stichwort (auch Humanisierung der Arbeit oder der Arbeitswelt) wurde seit Ende der 1960er-Jahre eine Diskussion geführt, die 1974 unter anderem in das staatliche Aktionsprogramm »Forschung zur Humanisierung des Arbeitslebens« (HdA) mündete. Dieses förderte Projekte, die eine menschengerechtere Gestaltung der Arbeitsumgebung und -abläufe zum Ziel hatte. In diesem Beitrag soll ein Einblick in das Thema gewährt werden sowie Forschungsstand und Forschungsperspektiven, insbesondere in Hinblick auf die Strukturbruchthese, skizziert werden.

Humanisierung des Arbeitslebens – mehr als nur Arbeitsschutzgesetzgebung

In Willy Brandts Regierungserklärung von 1969 fiel – neben einigen anderen die Epoche prägenden Sätzen – auch dieser: »Zur Humanisierung des Arbeitslebens haben

---

1 Anselm Doering-Manteuffel/Lutz Raphael, Nach dem Boom. Perspektiven auf die Zeitgeschichte seit 1970, Göttingen 2008.
2 Ebd., S. 8; Bernd Faulenbach, Die Siebzigerjahre – ein sozialdemokratisches Jahrzehnt?, in: Archiv für Sozialgeschichte 44 (2004), S. 1-37; Gerd Koenen, Das rote Jahrzehnt. Unsere kleine deutsche Kulturrevolution 1967–1977, Köln 2001; vgl. Sonja Profittlich, Mehr Mündigkeit wagen. Gerhard Jahn (1927–1998) – Justizreformer der sozial-liberalen Koalition, Bonn 2010, S. 330.

Gesetzgeber und Tarifparteien den Schutz der Arbeitnehmer am Arbeitsplatz zu garantieren. Die Arbeitssicherheit und die gesundheitliche Betreuung am Arbeitsplatz werden ausgebaut.«[3] Das Schlagwort von der »Humanisierung des Arbeitslebens« verbreitete sich im Laufe der 1970er-Jahre über alle Partei- und Weltanschauungsgrenzen hinweg und verbreiterte sich laufend in seiner inhaltlichen Bedeutung.[4] Zuerst noch primär unter dem Gesichtspunkt des Arbeits- und Unfallschutzes betrachtet, rückten schon bald weiter gehende Fragen nach menschengerechterer Gestaltung von Arbeitsorganisation und Technik sowie nach entsprechender Beteiligung von Betriebsräten und Arbeitnehmern/-innen an der Gestaltung von Arbeitsabläufen in den Mittelpunkt.[5]

Institutioneller Ankerpunkt des »sozialen Prozeß[es] der siebziger Jahre« bildete das staatliche Aktionsprogramm »Forschung zur Humanisierung des Arbeitslebens« (HdA/1974–1989). Hier versuchten Staat, Unternehmer- und Arbeitnehmerverbände und Wissenschaftler zeitweilig gemeinsam, neue Lösungen der menschengerechten Arbeitsgestaltung zu entwickeln und in die betriebliche Praxis umzusetzen.[6] Das »Einfallstor« für dieses Programm bildete dabei die Novelle des Betriebsverfassungsgesetzes 1972: § 90 verpflichtete Arbeitgeber und Betriebsräte bei der Gestaltung von Arbeitsplatz, Arbeitsablauf und Arbeitsumgebung, die »gesicherten arbeitswissenschaftlichen Erkenntnisse über die menschengerechte Gestaltung der Arbeit« zu berücksichtigen.[7] Um Lücken in diesem Bereich zu schließen, wurde das HdA-Programm – zunächst federführend von Walter Arendt, Bundesminister für Arbeit und Sozialordnung, und seinem Staatssekretär Helmut Rohde unter Beteiligung des Bundesforschungsministers Horst Ehmke – entwickelt; mit der Amtsübernahme durch Hans Matthöfer 1974 verlagerte sich der Schwerpunkt des Programms auf das Bundesforschungsministerium.

Das Programm bildete in den 1970er-Jahren eine markante Wegmarke des deutschen Korporatismus. Als erstes staatliches Arbeitsforschungsprogramm der Bundesrepublik schuf es Beteiligungsstrukturen in einem staatlichen Forschungsprogramm, die Unternehmen, Betriebsräte und Gewerkschaften mit einschlossen. Der korporati-

---

3   Willy Brandt, Erklärung der Bundesregierung v. 28.10.1969, [www.bwbs.de/UserFiles/File/PDF/Regierungserklaerung691028.pdf] (12.4.10).
4   Siehe dazu z. B. die Dokumentation von Günter Keil und August Oster zur Humanisierung des Arbeitslebens, Bad Honnef 1976, in der Stellungnahmen, Reden und Beschlüsse von SPD, FDP und CDU, Gewerkschaften und Arbeitgeberverbände, katholischer und evangelischer Kirche gesammelt sind.
5   In diesen Bereich einzuordnen sind etwa: das Maschinenschutzgesetz, die Arbeitsstättenverordnung oder das Arbeitssicherheitsgesetz, auch die Gründung der Bundesanstalt für Arbeitsschutz und Unfallforschung, etc.
6   Gerd Peter, Chancenlos im politischen Kräftefeld? Humanisierungsforschung und Humanisierungspolitik (1984), in: ders., Wissenspolitik und Wissensarbeit als Gesellschaftsform. Ausgewählte Beiträge zur Arbeitsforschung 1972–2002, Münster (Westf.) 2003, S. 145-154, hier: 145.
7   Betriebsverfassungsgesetz v. 15.1.1972 (BGBl I 13).

ve Interessenausgleich zwischen Gewerkschaften und Unternehmern und Staat, von Klaus Schönhoven als ein »Leitmotiv der sozialliberalen Ära« beschrieben[8], fand nicht nur im Rahmen der konzertierten Aktion statt, sondern beispielsweise auch in den *sozialpolitischen Gesprächsrunden* (1970–1973) und eben auch im Rahmen des staatlichen Aktions- und Forschungsprogramms zur Humanisierung des Arbeitslebens. Zudem habe es in der Bundesrepublik, so Hans Matthöfer, »bis dahin keine vergleichbare Öffnung des politischen Systems gegenüber der beratenden Wissenschaft gegeben«.[9] Ohne ihn, den »Humanisierungsminister«, wären die Popularität und die Anziehungskraft dieses Programmes kaum denkbar gewesen.[10] Matthöfer maß dem Programm hohe politische Priorität zu, vergrößerte laufend das Budget und richtete 1975 einen autonomen Projektträger bei der Deutschen Forschungs- und Versuchsanstalt für Luft- und Raumfahrt (DFVLR) ein – wohl auch, um der etwas trägen und in ihrer Arbeitsweise eingefahrenen Ministerialbürokratie ein Stück weit zu entkommen. Über die bis dahin gängige Praxis der Technologieförderung und deren enge Strukturen hinaus sollte das Humanisierungsprogramm zudem »in Richtung eines anwendungsorientierten, beteiligungsorientierten politischen Forschungs- und Entwicklungsprogramms« ausgebaut werden.[11]

Leiter des Projektträgers wurde 1975 der gewerkschaftsnahe Industriesoziologe Willi Pöhler; er blieb es bis 1980, als das Programm, seine Wirkung und die Art und Weise der Durchführung beim Projektträger in zunehmende Kritik – vor allem seitens der parlamentarischen Opposition, von Teilen der Unternehmerverbände und aus der Wissenschaft, aber auch aus Teilen der Gewerkschaften – geriet.[12] Hinzu kam, dass Matthöfer 1978 das Ressort wechselte und das mit seinem Namen verbundene Programm schon allein dadurch an Strahlkraft verloren hatte. Das Programm lief unter dem Namen HdA noch bis 1989, wurde aber nach und nach seiner demokratisierenden und partizipativen Elemente entkleidet und endgültig von der neuen Bundesregierung 1983 mit neuen Programmschwerpunkten ausgestattet.[13] Statt des Schwer-

---

8   Klaus Schönhoven, Gewerkschaften und Soziale Demokratie im 20. Jahrhundert. Vortrag vor dem Gesprächskreis Geschichte der Friedrich-Ebert-Stiftung in Bonn am 11.12.1995, (= Friedrich-Ebert-Stiftung: Gesprächskreis Geschichte, 12), Bonn 1995, S. 27.
9   Hans Matthöfer/Hans-Henning Herzog: Das HdA-Programm – Ausbruch aus der traditionellen Technologiepolitik, in: Zeitschrift für Arbeitswissenschaften 53, H. 2 (2009), S. 108-111, hier: 108.
10 Werner Abelshauser, Nach dem Wirtschaftswunder. Der Gewerkschafter, Politiker und Unternehmer Hans Matthöfer, Bonn 2009, S. 288.
11 Vgl. Willi Pöhler, Staatliche Förderung für die Verbesserung der Arbeits- und Lebensqualität. Das Aktionsprogramm »Forschung zur Humanisierung des Arbeitslebens« (HdA), in: Gewerkschaftliche Monatshefte 4 (1980), S. 230-242, hier: 235.
12 Vgl. ebd., S. 231.
13 Vgl. Werner Fricke, Drei Jahrzehnte Forschung und Praxis zur Humanisierung der Arbeit in Deutschland – Eine Bilanz, in: Wolfgang G. Weber/Pier-Paolo Pasqualoni/Christian Burtscher (Hg.), Wirtschaft, Demokratie und soziale Verantwortung. Kontinuitäten und Brüche, Göttingen 2004, S. 148-149.

punktes Arbeitsstrukturierung ging es nun verstärkt um die Felder Produktion und Büro, insbesondere um die Auswirkungen der Computerisierung in diesen Bereichen.[14]

Die zahlreichen Projekte zu menschengerechter Arbeit und Technik, die in der ersten Phase bis 1980 durchgeführt wurden, können grob in vier Bereiche eingeteilt werden.

Erstens der Arbeits- und Unfallschutz im engeren Sinne, zum Beispiel Abbau von Lärmbelästigung, Schutz vor Gift- und Schadstoffen, ergonomische Maßnahmen wie Abbau von Überkopfarbeit, stundenlanges Stehen et cetera.[15]

Zweitens Projekte, die auf Arbeitsorganisationsmethoden fokussiert waren und eine Erweiterung und Bereicherung der Arbeit vorsahen wie unter anderem job enlargement, job enrichment, job rotation und teilautonome Gruppenarbeit.[16]

Drittens Modelle zur Weiterqualifizierung und -bildung der Arbeitnehmer und Arbeitnehmerinnen wie handlungsorientierte Bildungsarbeit und Qualifizierung von Industriearbeitern zur Anwendung arbeitswissenschaftlicher Erkenntnisse.[17]

Viertens und kennzeichnend für die erste Phase, Modelle zur Demokratisierung der Arbeitsstrukturen, wie zum Beispiel »Demokratie am Arbeitsplatz« bei Opel Hoppmann.[18]

Der überwiegende Teil der Projekte wurde in großindustriellen Betrieben durchgeführt, vor allem in der Metall- und Elektroindustrie, in kleinerem Umfang auch in mittleren und kleineren Industriebetrieben, im Handwerk, in der Verwaltung und schließlich auch im expandierenden Dienstleistungsbereich. Es umfasste circa 1.500 Vorhaben mit einem Fördervolumen von circa 550 Millionen Euro.[19]

Verschiedene Problemlagen und Wandlungen sind verantwortlich für die hohe Aktivität, die im Arbeits- und Unfallschutz und der Humanisierung des Arbeitslebens im weiteren Sinne in den 1970er-Jahren entfaltet wurde. Zu nennen ist dabei zunächst die im europäischen Vergleich sehr hohe Arbeitsunfallrate und damit zusam-

---

14   Ebd.
15   Siehe z. B. Wolf Dieter Bolvary-Zahn/Hans G. Lehner, Schadstoffe am Arbeitsplatz. Schutzrechte zur Schadstoffbeseitigung (= Schriftenreihe »Humanisierung des Arbeitslebens«, Bd. 18), Düsseldorf 1981.
16   Vgl. z. B. Michael Granel (Hg.), Gruppenarbeit in der Motorenmontage. Ein Vergleich von Arbeitsstrukturen (= Schriftenreihe »Humanisierung des Arbeitslebens«, Bd. 3), Frankfurt a. M. 1980.
17   Klaus Dera (Hg.), Handlungsorientierte Bildungsarbeit. Qualifizierung von Industriearbeitern zur Anwendung arbeitswissenschaftlicher Erkenntnisse (= Schriftenreihe »Humanisierung des Arbeitslebens«, Bd. 44), Frankfurt a. M. 1983.
18   Klaus Hoppmann/Berthold Stötzel, Demokratie am Arbeitsplatz. Ein Modellversuch zur Mitwirkung von Arbeitnehmern an betrieblichen Entscheidungsprozessen (Opel Hoppmann, Siegen) (= Schriftenreihe »Humanisierung des Arbeitslebens« Bd. 20), Frankfurt a. M. 1981.
19   Vgl. Gerhard Ernst, Von der Humanisierung zu Arbeitsgestaltung und Dienstleistungen – 40 Jahre Arbeitsforschung – Materialsammlung für einen Vortrag, Januar 2009, [www.isf-muenchen.de/pdf/ernst_2009_40_jahre_arbeitsforschung.pdf] (13.5.2010), S. 9.

menhängend die veraltete Arbeits- und Unfallschutzgesetzgebung der Bundesrepublik. Hinzu trat die wachsende Kritik an tayloristischen Produktionsbedingungen und das gestiegene Bewusstsein für Chancen wie Risiken fortschreitender Automation und Rationalisierung. Internationale Beispielaktivitäten zu einer menschengerechteren Gestaltung des Produktionsprozesses, vor allem in Skandinavien, gaben weitere Anstöße.[20] Dann waren es die Arbeitnehmerinnen und Arbeitnehmer selbst, die zunehmend nicht mehr nur materiell für mühevolle Arbeit entschädigt werden, sondern abwechslungsreiche, verantwortungsvolle und qualifizierende Tätigkeiten ausüben wollten. Die wachsende Unzufriedenheit drückte sich dabei unter anderem in hohen Fluktuationszahlen in Zeiten der Vollbeschäftigung beziehungsweise des Arbeitskräftemangels aus. Diese machten den Unternehmen, aber durchaus auch den Gewerkschaften in Hinblick auf die Organisierbarkeit der Arbeitnehmerinnen und Arbeitnehmer zu schaffen.[21] »Lebensqualität« und »Menschenwürde im Betrieb« wurden zu Themen, die in der öffentlichen, besonders aber in der gewerkschaftlichen und sozialdemokratischen Diskussion aufgegriffen wurden.[22]

Der Kooperationswille und der Elan, das Programm in konstruktiver korporatistischer Zusammenarbeit zu realisieren, speiste sich auch auf Akteursebene aus einer Vielzahl von Motivationen: etwa durch die beginnende *Krise des Fordismus*, die einigen Unternehmern bewusst werden ließ, dass die stark arbeitsteiligen Strukturen des mit dem Fordismus verbundenen Taylorismus in Richtung einer flexibleren, markt- und kundenorientierteren, diversifizierten Qualitätsproduktion verändert werden müssten. Dabei ist allerdings zu beachten, dass sich die Auswüchse der fordistisch-tayloristischen Produktion in der Bundesrepublik noch in Grenzen hielten. Hier herrschten vielmehr mehrere, unterschiedliche Produktionsweisen vor, von der diversifizierten Qualitätsproduktion über die standardisierte Qualitätsproduktion bis eben hin zur standardisierten Massenproduktion.[23] Bei der Erprobung neuer Produktionskonzepte übernahm insbesondere das Management der Automobilindustrie eine Vorreiterrolle.[24] Hinzu kamen Prozesse des Wissenstransfers im Bereich der Betriebsführung und Personalpolitik, vor allem aus dem amerikanischen Raum. Schon die »Human-Relations-Bewegung« strahlte nach Deutschland aus, aber erst im Laufe der

---

20 Vgl. etwa Christian Berggren, Von Ford zu Volvo. Automobilherstellung in Schweden, Berlin 1991.
21 Stefan Remeke, Gewerkschaften und Sozialgesetzgebung. DGB und Arbeitnehmerschutz in der Reformphase der sozialliberalen Koalition, Essen 2005, S. 72, 75.
22 Vgl. dazu Günter Friedrichs (Redaktion), Aufgabe Zukunft: Qualität des Lebens. Vierte Internationale Arbeitstagung der Industriegewerkschaft Metall für die Bundesrepublik Deutschland. 11. bis 14.4.1972 in Oberhausen, 10 Bde., Frankfurt a. M. 1973; Siehe auch Fritz Vilmar (Hg.), Menschenwürde im Betrieb, Hamburg 1973; ders. (Hg.), Industrielle Demokratie in Westeuropa, Hamburg 1975.
23 Werner Abelshauser, Nach dem Wirtschaftswunder, S. 291.
24 Vgl. Wolfgang Schroeder, Work in Transition – flexible Arbeit und flexibler Kapitalismus, in: SOWI 4 (2001), S. 5-11, hier: 6.

1960er- und dann vor allem in den 1970er-Jahren setzten sich Humanexperten auch in deutschen Betrieben sichtbar durch und trugen zu einem Leitbild in der Betriebsführung bei, das auf den Faktor Mensch baute und diesen stärker berücksichtigte.[25]

Auf Gewerkschaftsseite war es eine gewandelte Programmatik, die der vornehmlich quantitativ-materiellen Dimension der 1950er- und 1960er-Jahre eine qualitativ-gesellschaftspolitische Ausweitung hinzufügte. Der qualitative, auf menschengerechte Gestaltung der Arbeitsbedingungen ausgerichtete Aspekt floss in die Mitbestimmungskonzeption, vor allem aber auch in die Tarifpolitik ein.[26] Die ersten Rationalisierungsabkommen wurden bereits in den 1960er-Jahren geschlossen. Als Beispiel für die Umsetzung qualitativer Verbesserungen und als die entscheidende Wende in der Tarifpolitik wird aber vor allem der Lohnrahmentarifvertrag II der Metallindustrie Nordwürttemberg/Nordbaden von 1973 (unter anderem Einführung der sogenannten *Steinkühlerpause*) genannt.[27] Neben der IG Metall hat aber zum Beispiel auch die Gewerkschaft Nahrung-Genuss-Gaststätten frühzeitig tarifpolitische Forderungen zur Humanisierung des Arbeitslebens in ihr Gesamtkonzept übernommen.[28]

Im universitären Bereich und an freien Instituten für Arbeits- und Sozialforschung sorgte das staatliche HdA-Programm zusätzlich für eine weitere Aktivierung der Arbeits- und Sozialwissenschaften in der anwendungsorientierten Forschung.

Die Bemühungen um menschengerechte Arbeitsgestaltung fügten sich nicht zuletzt in ein erweitertes Konzept von Sozialpolitik ein, wie es insbesondere von gewerkschaftsnahen Sozialdemokraten verstanden wurde: »Sozialpolitik als umfassend konzipierte, rationale, vorausschauend operierende und eng mit anderen Politikbereichen verflochtene Gesellschaftspolitik.«[29] Der reformerische und modernisierende Aufbruch der sozialliberalen Koalition und der Zeitgeist der Demokratisierung, der sich auch auf die Arbeitsbeziehungen und die Arbeitsorganisation übertragen ließ, sowie die bis in die 1970er-Jahre verbreitete Gestaltungseuphorie und der Glaube an die Planbarkeit politischer, sozialer und wirtschaftlicher Prozesse mittels ihrer Verwis-

---

25 Vgl. etwa Ruth Rosenberger, Demokratisierung durch Verwissenschaftlichung? Betriebliche Humanexperten als Akteure des Wandels der betrieblichen Sozialordnung in westdeutschen Unternehmen, in: Archiv für Sozialgeschichte 44 (2004), S. 327-355.

26 Die für den DGB zentralen Vorstellungen und Überlegungen zur Humanisierung des Arbeitslebens hat Heinz Oskar Vetter mehrmals dargelegt, siehe u. a. Heinz Oskar Vetter, Humanisierung der Arbeitswelt als gewerkschaftliche Aufgabe, in: Gewerkschaftliche Monatshefte 1 (1973), S. 1-11.

27 Siehe z. B. Michael Schneider, Kleine Geschichte der Gewerkschaften. Ihre Entwicklung in Deutschland von den Anfängen bis heute, Lizenzausgabe für die Bundeszentrale für politische Bildung, Bonn 2000, S. 354.

28 Vgl. Gerd Pohl/Walter Nickel/Horst Brehm: Gewerkschaft Nahrung-Genuss-Gaststätten, (= Ämter und Organisationen der Bundesrepublik Deutschland, Bd. 61), Düsseldorf 1980, S. 175-176.

29 Winfried Süß, Sozialpolitische Denk- und Handlungsfelder in der Reformära, in: Hans Günter Hockerts (Hg.), Bundesrepublik Deutschland 1966–1974. Eine Zeit vielfältigen Aufbruchs, (= Geschichte der Sozialpolitik seit 1945, Bd. 5), Baden-Baden 2006, S. 157-221, hier: 205.

senschaftlichung boten insgesamt den politischen, gesellschaftlichen und kulturellen Rahmen für das HdA-Programm.[30]

Im Folgenden werden nun zwei HdA-Projekte kursorisch vorgestellt, zum einen aus der Automobilindustrie, zum anderen aus der Verwaltung.

Beispiel: Gruppenarbeit in der Motorenmontage bei VW

Die Automobilindustrie war ein bevorzugtes Feld von Humanisierungsprojekten. Hier wurden vor allem neue Arbeitsorganisationsweisen wie die Gruppenarbeit in der Motorenmontage erprobt, so auch bei der Volkswagen AG in einem Projekt von April 1975 bis Dezember 1977.[31] Als Untersuchungsbetrieb wurde das Werk Salzgitter ausgewählt, da hier in zwei typischen Formen der Fließbandarbeit montiert wurde: Am kontinuierlich laufenden Plattenband, das heißt die bekannteste Form der Fließbandarbeit mit kurztaktigen Arbeitsschritten, und an der Transfermontagelinie, die intermittierend läuft und einen höheren Mechanisierungsgrad aufweist.[32] Eine Gruppe aus dem Kreis der Beschäftigten aus der Motorenmontage erprobte nacheinander die Fertigung in diesen beiden Arbeitsstrukturen und in der Gruppenmontage und wurde von den Wissenschaftlern der beiden beteiligten Institute für Arbeitswissenschaft/-psychologie begleitet.

Für die Gruppenarbeit wurden folgende Vorgaben gemacht: die Produktion von hundert Motoren pro Arbeitstag und der Arbeitsumfang (Materialbereitstellung, komplette Montage des Motors, Motoreinlaufen, Kontroll- und dispositive Aufgaben); weitere Festlegungen ergaben sich erst im Laufe des Planungsprozesses, an dem die späteren Mitarbeiter in der Gruppenmontage beteiligt wurden. Dabei ergab sich folgendes Konzept: Es wurden zwei Montagegruppen mit je vier parallel geschalteten Montageinseln eingerichtet, jede Insel enthielt alle notwendigen Werkzeuge und Montageteile; die Montage selbst erfolgte auf einem Montagewagen. An den Wagen konnten zeitweilig bis zu drei Mitarbeiter gleichzeitig arbeiten, womit »den Gruppen für ihre eigene Arbeitsorganisation und Arbeitsteilung ein hohes Maß an Flexibilität« gegeben wurde.[33] Jede Gruppe wurde durch einen selbstgewählten Gruppenleiter in

---

30 Zu Verwissenschaftlichungsprozessen vgl. grundlegend Lutz Raphael, Die Verwissenschaftlichung des Sozialen als methodische und konzeptionelle Herausforderung für eine Sozialgeschichte des 20. Jahrhunderts, in: Geschichte und Gesellschaft 22 (1996), S. 165-193. Vgl. auch Archiv für Sozialgeschichte 50 (2010) mit dem Schwerpunkt Verwissenschaftlichungsprozesse.
31 Volkswagen AG in Zusammenarbeit mit dem Institut für Arbeits- und Betriebspsychologie der ETH Zürich und dem Institut für Arbeitswissenschaft der TH Darmstadt, Gruppenarbeit in der Motorenmontage. Ein Vergleich von Arbeitsstrukturen (Schriftenreihe »Humanisierung des Arbeitslebens«, Bd. 3), Frankfurt a. M./New York 1980.
32 Ebd., S. 19.
33 Ebd., S. 27.

der Projektorganisation vertreten. Im Verlauf des Projekts organisierten sich die Gruppen so, dass jeweils ein Mitarbeiter einen kompletten Motor montierte. Begleitend durchliefen sie ein Lernprogramm, um die höheren Anforderungen bewältigen zu können.

Sowohl Projektleitung als auch Betriebsrat berichten von Differenzen während des Projekts. So monierte der Betriebsrat, dass er nicht umfassend in das Projekt eingebunden wurde: Weder wurde er bei der Auswahl der begleitenden Institute beteiligt oder informiert, noch an der Antragsstellung. Daher fehle im Antrag auch der Hinweis auf die gesetzlich vorgeschriebene Unterrichtung und Mitbestimmung des Betriebsrats.[34] Auf der anderen Seite kritisierte ebenso die Projektleitung die Haltung des Betriebsrats, welche auf ein grundsätzliches Problem der Gewerkschaften und ihrer Betriebsvertreter mit der teilautonomen Gruppenarbeit hinweist:

> »Während wir zusammen mit der Begleitforschung in erster Linie bestrebt waren, die Auswirkungen neuer Arbeitsstrukturen auf die Mitarbeiter zu erforschen, war der Betriebsrat offensichtlich in erster Linie daran interessiert, seine Mitbestimmungsrechte beim Aufbau neuer Arbeitsstrukturen auszuschöpfen. [...] In der Dispositionsfreiheit innerhalb der Teilautonomie der Gruppe sah er anscheinenden seine Mitbestimmungsrechte hinsichtlich Arbeitsordnung und Pausenregelung beeinträchtigt.«[35]

Aus Sicht des Betriebsrats stellte sich das Problem so dar, dass durch eine

> »Institutionalisierung der Gruppensprecher ohne Einbeziehung der betrieblichen Interessenvertretung Betriebsrat und gewerkschaftlicher Vertrauensleutekörper [...] die Gefahr bestand, diese neue ›Institution‹ [...] allzuleicht für die Interessen der Unternehmensseite auszunutzen«.[36]

Nachdem der erste Teil der Gruppenarbeitsphase abgeschlossen war, wurde für die zweite Phase das Ziel »Teilautonomie« aufgrund der Einsprüche des Betriebsrats und der zuständigen Gewerkschaft, der IG Metall, aufgegeben und nur noch das Ziel »Aufgabenerweiterung« unter »normalen betrieblichen Gegebenheiten« verfolgt.[37] Den Gruppensprechern wurde der Status von gewerkschaftlichen Vertrauensleuten gegeben. Eine weitere strittige Frage betraf die Lohneingruppierung: Durch die Aufgabenerweiterung in der Gruppenarbeit qualifizierten sich die Mitarbeiter weiter und strebten nach Eingruppierung in eine höhere Lohngruppe. Dies hätte, so die Ansicht

---

34 Ebd., S. 59.
35 Ebd., S. 37.
36 Ebd., S. 63.
37 Ebd., S. 31 f.

von Projektleitung und dem begleitenden Institut für Arbeits- und Betriebspsychologie, Einfluss darauf gehabt, dass sich in den Gruppen die Organisation *ein Mann – ein Motor* rasch einbürgerte und keine andere Arbeitsaufteilung oder eine gemeinsame Montage erprobt wurde.[38] Dies sah der Betriebsrat ähnlich, allerdings machte er das Festhalten des Unternehmens an der Einzelbewertung der Mitarbeiter – statt einer Gruppenbewertung – dafür verantwortlich. Die Lohnfrage wurde schließlich durch die Lohnkommission im letzten Jahr des Projekts geregelt.

Zu den Projektergebnissen[39]: Aus den ausgewerteten Daten ergab sich, dass die höhere Arbeitsbelastung bei der Gruppenmontage zu der relativ günstigsten Beanspruchung der Mitarbeiter führte. Daraus wurde geschlossen, dass vor allem *die Art der Belastung über die Höhe der Beanspruchung* entscheide, das heißt, dass der Wechsel der Belastungsanforderungen durch die Arbeitserweiterung in der Gruppenarbeit Ermüdungserscheinungen vorbeugte, wohingegen bei repetitiver, stark körperlich belastender Arbeit in der klassischen Plattenbandmontage Ermüdungserscheinungen rasch auftraten. Einen Mittelweg stellte die Transfermontage dar, da hier aufgrund des höheren Mechanisierungsgrads die körperliche Belastung reduziert wird. Dies spielte für die Projektleitung, also aus Sicht des Unternehmens, auch bei den Produktionskosten eine Rolle: Die eingesparten Lohnkosten bei der Transfermontage sorgten (unter anderen Kostenfaktoren) dafür, dass diese Art der Arbeitsorganisation am kostengünstigsten war (60 Prozent der Kosten im Vergleich zur Plattenbandmontage). Aus betriebswirtschaftlicher Sicht stellte demnach die Gruppenarbeit die ungünstigste Fertigungsmethode dar: Aufgrund langer Zeitabläufe, höherer Lohn- und Investitionskosten lagen die Fertigungskosten bei 250 Prozent im Verhältnis zur Plattenbandmontage. Dies bestätige »die Erfahrung, daß Arbeitsstrukturen mit einem hohen Anteil von manueller Tätigkeit – etwa die Gruppenmontage – nur bei kleinen Stückzahlen zum Tragen kommen können«[40] und somit die Gruppenarbeit für die »bei der VW AG vorliegenden Aufgabenstellungen der Massenproduktion [...] aus technisch-wirtschaftlicher Sicht keine Alternative«[41] darstelle. Nur bei Kleinserien sei diese Art der Montage einsetzbar. Für den Betriebsrat hat sich erwiesen, dass

> »trotz aller aufgetretenen Konflikte und Probleme eine menschengerechtere Gestaltung der Arbeitsplätze in der Serienfertigung der Automobilindustrie möglich ist und daß Arbeiter mit Hilfe eines praxisorientierten Schulungs- und Trainingsprogramm[s] durchaus in der Lage sind, qualifiziertere Tätigkeiten zu erlernen und auszuüben.«[42]

---

38 Ebd., S. 38 f.
39 Vgl. ebd., S. 40 ff.
40 Ebd., S. 45.
41 Ebd., S. 46.
42 Ebd., S. 66.

Der Einblick in das Projekt Gruppenarbeit bei der Motorenmontage zeigt dreierlei auf: Zunächst einmal stellte sich heraus, dass die Arbeitsbelastungen bei Gruppenarbeit durch Wechsel der Arbeitsanforderungen tatsächlich zu weniger Beanspruchung bei den Mitarbeitern führten. Zum anderen aber führte diese Erkenntnis nicht dazu, dass die Produktion entsprechend auf dieses Organisationskonzept umgestellt wurde, da betriebswirtschaftliche Gründe dagegen standen. Schließlich ist dieses Projekt ein Musterbeispiel für das Aufeinandertreffen unterschiedlicher Interessen und Zielvorstellungen von Unternehmen, Betriebsrat und Gewerkschaften und den Arbeitnehmern selbst.

Beispiel: Taylorisierung, Computerisierung und Frauenarbeitsplätze in der Verwaltung

Um einen Kontrapunkt zur männlich dominierten Industriearbeit im vorangegangenen Beispiel zu setzen, wird hier Einblick in eine HdA-Untersuchung im Bereich der Verwaltung gegeben: ein weitgehend von weiblichen Beschäftigen besetztes Berufsfeld. Der wachsende Dienstleistungssektor in der Bundesrepublik – 1950 waren 33 Prozent aller Erwerbstätigen dort beschäftigt, 1971 bereits 43,6 Prozent und 1987 schon 54,4 Prozent – war auch insgesamt der Bereich, in dem die Frauenerwerbstätigkeit am stärksten anstieg.[43]

Ebenso wie in Teilen der Industrie war die Arbeitsorganisation in der Verwaltung in den 1970er-Jahren noch Taylorisierungstendenzen unterworfen.[44] Die Rationalisierung der Arbeitsabläufe durch die Zentralisierung von Schreibdiensten, das heißt die Einrichtung eines zentralen Pools an Schreibkräften, die ohne personale Zuordnung ausschließlich die anfallenden Schreibarbeiten erledigten, sollte für eine höhere Konzentrationsleistung und eine Leistungssteigerung sorgen. Das Maschineschreiben wurde oft als rein manuelle Tätigkeit ohne geistige Mitarbeit begriffen, und die Leistung anhand von Anschlägen pro Minute vorgegeben und gemessen. In dem HdA-Projekt »Textverarbeitung im Büro. Alternativen der Arbeitsgestaltung« untersuchte die sozialwissenschaftliche Projektgruppe München unterschiedliche Formen der Arbeitsgestaltung und kam zu dem Schluss, dass die Beschränkung auf das ausschließliche Maschineschreiben im Gegenteil häufig zu einer Leistungsminderung führte.[45] Belastungen entstanden durch Monotonie und Intensivierung der Ar-

---

43 Vgl. zur Entwicklung der Erwerbstätigkeit nach Wirtschaftsbereichen Tabelle 6 a, in: Michael Schneider, Kleine Geschichte der Gewerkschaften, S. 599. Vgl. die Ausführungen von Monika Mattes zur Frauenerwerbstätigkeit in diesem Band.
44 Vgl. Ursula Jacobi/Veronika Lullies/Friedrich Weltz (Sozialwissenschaftliche Projektgruppe München), Textverarbeitung im Büro. Alternativen der Arbeitsgestaltung (= Schriftenreihe »Humanisierung des Arbeitslebens«, Bd. 4), Frankfurt a. M. 1980, S. 10, 25 ff.
45 Vgl. ebd.

beit, sodass die Konzentrationsleistung im Laufe der Zeit nachließ. Die Steigerung des individuellen Schreibrhythmus, um die geforderten Sollvorgaben zu bewältigen, sorgte ebenfalls für eine geminderte Leistung.[46] Komplexe Gesamtleistungen (Maschineschreiben, Kopieren, Telefonieren, Terminabsprachen et cetera) waren zwar störanfälliger, wurden von den Beschäftigten jedoch als weniger belastend wahrgenommen. In unterschiedlichem Maße – wobei die Beschwerden bei reiner Schreibtätigkeit häufiger auftraten –, aber in allen Formen der Arbeitsorganisation auszumachen, waren physische Belastungen wie Rücken-, Kopf- und Augenschmerzen.[47]

Die dem zentralen Schreibdienst gegensätzliche Form der Arbeitsgestaltung ist die der persönlichen Sekretärin.[48] Die Sekretärin erledigt alle im Büro ihres Vorgesetzten anfallenden Arbeiten und ist durch die personale Zuordnung im hohen Maße von ihrem Chef abhängig. Belastungen ergaben sich also nicht durch eine monotone, auf wenige Handgriffe und (angeblich) wenig *Mitdenken* beschränkte Tätigkeiten, sondern durch häufige Störungen und Unterbrechungen bei der Arbeit, durch fremdbestimmte Arbeitsorganisation und -teilung (zum Beispiel werden Pausenzeiten, Feierabendzeiten von der An- oder Abwesenheit des Vorgesetzten bestimmt) und durch das Verhalten des Vorgesetzten (Geringschätzung, Arbeitsüberlastung et cetera). Aus dem Zuordnungsverhältnis zu ihrem Chef schöpften Sekretärinnen in der oben erwähnten Untersuchung aber auch Kraft, um den hohen Belastungen standzuhalten, da sie ideell gratifiziert wurden (Stellung, Prestige, Identifikation). Die Sekretärin hatte »stellvertretend Teil« an den Erfolgen des Vorgesetzten, an »seinem Ansehen«, »seiner Karriere«.[49] Dies wirft ein bezeichnendes Licht auf die Rolle der Frau (nicht nur) in den Sekretärinnenbüros der 1970er-Jahre:

»Darüber hinaus wird der Sekretärin die Identifikation mit ihrem Beruf noch dadurch erleichtert, daß ihre Tätigkeit in enger Beziehung zu dem ›weiblichen‹ Rollenbild der verständnisvollen und einfühlsamen Partnerin des Mannes, die ihm stets hilft, ohne selbst je in den Vordergrund zu treten.«[50]

Die Hinnahme restriktiver Arbeitsbedingungen und unhonorierter Zusatzleistungen im gesamten Bereich des Sekretariats- und Schreibdienstes machen die Autoren der Studie als *typisch weiblich* aus, bedingt durch die Arbeitsmarktsituation und die gesellschaftliche Position – weshalb dieses Berufsfeld eben auch bisher durch Frauen dominiert würde. Qualifikatorische Verbesserungen und/oder eine Eingliederung des Arbeitsbereiches in das Laufbahnsystem der übrigen Verwaltung – also Maßnahmen

---

46 Vgl. ebd., S. 80.
47 Vgl. ebd., S. 23 ff.
48 Vgl. im Folgenden ebd., S. 39 ff.
49 Ebd., S. 41.
50 Ebd.

zur Humanisierung im weiteren Sinne – könnten zu einem Dilemma werden, da diese Tätigkeiten nunmehr auch für Männer attraktiv werden könnten.[51] Hinzu trat die schwach ausgeprägte Interessenvertretung der Frauen in diesem Bereich: durch die (gefühlte) Abhängigkeit vom Wohlwollen der Vorgesetzten, ein geringes Interesse an kollektiver Interessenvertretung und – umgekehrt – ein geringes Interesse kollektiver Interessenvertretung an dieser Zielgruppe. Die Anteile von Frauen aus diesem Beschäftigungsbereich in Betriebs- und Personalräten wie in Gewerkschaften waren entsprechend gering.[52] Auch das Thema Doppelbelastung Beruf und Familie wurde von einigen der Befragten – unabhängig von der Form der Arbeitsorganisation – angesprochen, die nach Feierabend noch den gesamten Haushalt und die Kinderbetreuung bewältigen mussten. Die Problematiken einer menschengerechteren Arbeitsgestaltung in weiblich geprägten Beschäftigungssektoren erfahren also eine zusätzliche gesellschaftliche Dimension.

Erkannt wurde in der angesprochenen Untersuchung auch die revolutionäre Sprengkraft neuer Technologien. Schon damals war die Rede vom »papierlosen« oder »menschenleeren« Büro der Zukunft, in dem sich Informationsverarbeitung und -übermittlung weitgehend selbststeuernd in elektronischen Systemen vollzögen.[53] Da der Einsatz von »Schreibautomaten« zur Textverarbeitung und -bearbeitung in den 1970er-Jahren noch in ihren Anfängen steckte, stellt die Projektgruppe nur in einem kurzen Exkurs die Chancen und Risiken der neuen technischen Möglichkeiten vor.[54] Als Vorteile gaben die Befragten die schwindende Angst vor Fehlern, die schnellere Einarbeitung von Korrekturen und das Wegfallen wiederholten Abschreibens ganzer Texte an. Auch die erweiterten Gestaltungsmöglichkeiten am Bildschirm fielen positiv ins Gewicht. Nachteile sahen die Beschäftigten in einer Tendenz zur »Schludrigkeit«: Die Sorgfalt litt, da erstens Fehler leichter zu korrigieren, diese aber zweitens am Bildschirm nicht so schnell zu erkennen waren. Weiterhin wurde ein verschärftes Arbeitstempo, verringerte Pausen, Bewegungsarmut und eine höhere Anfälligkeit für Störquellen festgestellt. Schließlich machte auch die Abhängigkeit vom Funktionieren des Computers den Beschäftigten zu schaffen.

Anhand einer Analyse von Humanisierungsprojekten im Verwaltungsbereich könnten somit wichtige Bereiche der Arbeitswelten der 1970er-Jahre beleuchtet werden: Rationalisierungsmaßnahmen und die beginnende *Computerisierung* in den Büros sowie die Rolle und Stellung der Frau in der Arbeitsgesellschaft. Hinsichtlich des Qualifizierungs-»Problems«, dass die Autoren der Studie ausmachten, kann schon einmal festgehalten werden, dass frühere Schreib- und Sekretariatsaufgaben durchaus an Attraktivität auch für männliche Arbeitnehmer gewonnen haben, insofern sie

---

51 Vgl. ebd., S. 136.
52 Vgl. ebd., S. 123.
53 Vgl. ebd., S. 9.
54 Vgl. ebd., S. 33 ff.

sich zur »Teamassistenz«, das heißt eines qualifizierten, abwechslungsreichen und verantwortungsvollen Aufgabenbereichs, weiterentwickelt haben.

Bewertung des HdA-Programms in der (historischen) Forschung

Der historiografische Forschungsstand zur Humanisierung des Arbeitslebens gestaltet sich noch recht übersichtlich. In den bisherigen Beiträgen zur Geschichte der innenpolitischen Reformen der sozialliberalen Koalition wird das Thema meist nur am Rande erwähnt. Auch in gewerkschaftsgeschichtlicher Perspektive bestehen noch Lücken in der geschichtswissenschaftlichen Aufarbeitung der 1970er-Jahre. Das bezieht sich nicht nur auf die Humanisierungsaktivitäten, sondern zum Beispiel auch eine Geschichte der Mitbestimmung der 1970er-Jahre oder der industriellen Beziehungen.[55] Für die frühen 1970er-Jahre ist angenommen worden, dass die Humanisierungsaktivitäten Ausdruck einer sich neu orientierenden gewerkschaftlichen Strategie waren, die stärker auf qualitativ-gesellschaftspolitische Änderungen zielte und weniger auf quantitativ-materielle, also vor allem auf Lohnsteigerungen.[56] Hätten die Gewerkschaften in den 1950er- und 1960er-Jahren sich vor allem am Wirtschaftsergebnis orientiert, so rückte in den 1970er-Jahren das Interesse am Wirtschaftsvollzug stärker in den Fokus:

»Hier verknüpf[t]en sich traditionelle gewerkschaftliche Politikmuster mit den aus dem Wertewandel abgeleiteten Interessenstrukturen, wobei es müßig ist[,] darüber zu streiten, ob die Gewerkschaften eher auf einen gewachsenen ›internen Problemdruck‹ wie etwa ›spontane Streiks‹ oder auf die externen allgemeinen Diskussionen reagierten.«[57]

Bis Ende der 1960er-Jahre begriffen die Gewerkschaften, so Klaus Lompe, die technisch-organisatorischen Entwicklungen größtenteils als quasi vorgegebene Rahmenbedingung, deren Auswirkungen auf den Menschen, der sich ihnen anzupassen hatte, sozial abgefedert werden sollten: »Noch fehlten Konzepte aktiver Gestaltung von Technik und Arbeit, die angesichts der Folgen fortschreitender Dequalifizierung, Be-

---

55   Siehe zum Forschungsstand Stefan Remeke, Gewerkschaften und Sozialgesetzgebung. DGB und Arbeitnehmerschutz in der Reformphase der sozialliberalen Koalition, Essen 2005, S. 31-32; vgl. auch Wolfgang Schroeder, Gewerkschaften als soziale Bewegung – soziale Bewegung in den Gewerkschaften in den Siebzigerjahren, in: Archiv für Sozialgeschichte 44 (2004), S. 243-265, hier: 244 ff.
56   Klaus Lompe, Gewerkschaftliche Politik in der Phase gesellschaftlicher Reformen und der außenpolitischen Neuorientierung der Bundesrepublik. 1969 bis 1974, in: Hans-Otto Hemmer/Kurt Thomas Schmitz (Hg.), Geschichte der Gewerkschaften in der Bundesrepublik Deutschland. Von den Anfängen bis heute, Köln 1990, S. 281-338, vgl. v. a. S. 299 ff.
57   Ebd., S. 303-304.

lastungsverschärfung usw. immer dringlicher wurden.«[58] Trotz der Thematisierung der fortschreitenden Automation und ihrer Auswirkungen (vor allem bei der IG Metall) habe es bis in die 1970er-Jahre hinein gedauert, bis Technik und Arbeitsorganisation als variable Faktoren begriffen wurden, die durchaus in Richtung humaner Arbeitsbedingungen zu gestalten waren. Das HdA-Programm ab 1974 sahen Kritiker, vor allem aus dem linken Gewerkschaftsspektrum, zunächst als »symbolisches Legitimationsprogramm«, als »soziale Abfederung des politischen Konzeptes der Modernisierung der Volkswirtschaft« an, das »erst ab 1976 durch seine finanzielle Ausstattung eine notwendige Ausstrahlung in Richtung einer sozial orientierten Technologiepolitik hätte entfalten können.«[59] Für Klaus Lompe blieben die Entscheidungen über HdA-Förderungsanträge und die Umsetzung der Ergebnisse weitgehend im Bereich von Marktprozessen und Unternehmensentscheidungen verhaftet; die Maßnahmen des Staates weitgehend auf privatwirtschaftliche Strukturen ausgerichtet. Die bloße Beteiligung der Gewerkschaften an dem Programm ohne politische Durchsetzungsmöglichkeiten hätte dies nicht ändern können. In den HdA-Programmen hätte sich gezeigt, dass »unter solchen Bedingungen Beteiligung leicht zu korporatistischen Symbolverbunden ohne ausreichende Aufmerksamkeit für die Arbeitnehmerinteressen verkommen« könnte, so Lompe abschließend.[60]

Stefan Remeke ist eine erste ausführliche, aktenbasierte Arbeit zu den Arbeitsschutzreformen der sozialliberalen Koalition zu verdanken, in der er die Rolle des DGB als sozialpolitischen Akteur in den Mittelpunkt stellt.[61] Die Arbeit konzentriert sich auf die Arbeitsschutzgesetze der »Reformphase« 1969–1974 und blendet das Programm zur Humanisierung der Arbeit weitgehend aus, was nicht nur an dessen späterer Lancierung 1974 liegt, sondern auch an der organisationsgeschichtlichen Fokussierung Remekes auf den DGB. Der DGB als Dachverband beschäftigte sich zwar übergreifend mit dem Thema Humanisierung des Arbeitslebens, hat aber keinen Zugang zur betrieblichen Ebene, sodass die HdA-Aktivitäten im Wesentlichen über die Einzelgewerkschaften erfolgten. Dementsprechend knapp gehalten sind seine Aussagen zu den Hintergründen, Entstehungsmomenten, Konzeptionen und über den engeren Arbeits- und Unfallschutz hinaus gehenden Initiativen zur Humanisierung der Arbeit.

Die dynamische Entwicklung der Aktivitäten im Bereich Arbeitnehmerschutz Ende der 1960er-Jahre nahm nach Remeke seinen »Ausgang bei den betriebswirtschaftlichen Zwängen der Unternehmen mit ihren in den sechziger Jahren besonders starken Produktivitätsinteressen«.[62] Zum einen brachte der Wandel der Produktions-

---

58 Ebd., S. 304.
59 Ebd., S. 305-306.
60 Ebd., S. 306.
61 Stefan Remeke, Gewerkschaften und Sozialgesetzgebung, a. a. O.
62 Ebd., S. 72.

methoden, durch Arbeitsintensivierung, Rationalisierung und Automation gekennzeichnet, eine Veränderung der Belastungen von körperlichen zu nervlichen mit sich, mithin konnten die krank machenden Bereiche der Arbeitswelt nicht mehr ohne Weiteres identifiziert werden.[63] Zum anderen begann sich die individuelle Arbeitsleistung – Kriterium für das Entgelt – zu verringern. Hinzu kamen hohe Fluktuationszahlen unter den Arbeitnehmern in den 1960er-Jahren. Den Unternehmensleitungen stellte sich somit die Frage nach der Motivation der Arbeitenden, das »Zeitalter der Betriebspsychologie« begann, in der die »Arbeitszufriedenheit« zu einem Leitbild wurde. Neben der Hebung des betrieblichen Betriebsklimas und dem Abbau von hierarchischen Führungsstrukturen wurde die Verbesserung der Arbeitsumgebung in den Blick genommen. Hier erhielt, so Remeke, der Arbeitsschutz einen neuen Platz: Nicht mehr sollte er nur vor unmittelbaren Gefahren schützen, sondern mit betriebswirtschaftlichen Effekten das Arbeitsumfeld gestalten, um den menschlichen Faktor zu stärken. An diese Tendenz schließe sich

»der Humanisierungsbegriff an, der in den endenden 1960er- und in den 1970er-Jahren mit zunehmend inflationären Tendenzen eine Leitidee für die Gestaltung der Arbeitswelt entwarf. Man kann jene Begriffsprägung, die Einführung der ›Humanisierung der Arbeitswelt‹ in den Sprachgebrauch, einerseits als Ergebnis einer politischen Schlagwortbildung verstehen. Seit der ersten Regierungserklärung Brandts [...] fungierte ›Humanisierung‹ immer häufiger als Instrument, um politische Eingriffe in die Arbeitswelt einordnen und legitimieren zu können. Andererseits war das Aufkommen des Humanisierungsbegriffs weit mehr als nur eine Folge politischer Öffentlichkeitsarbeit. Er entsprach einem Zeitgeist, in dem die Frage nach Lebensqualität immer häufiger gestellt und intellektuell diskutiert wurde. Man könnte in ihm, wenn man wollte, eine erste Vorhut des Postmaterialismus sehen.«[64]

Um dieses letzte, vorsichtig formulierte These zu stützen, gibt Remeke einen Hinweis auf eine infas-Umfrage aus den Jahren 1972/73 über die Kriterien der Arbeitnehmer zur Bewertung ihres Arbeitsplatzes: Zwar gaben knapp über 50 Prozent der Arbeitnehmer das Entgelt als das wichtigste Kriterium an, aber mit 45 beziehungsweise 34 Prozent waren die Kriterien »angenehme Arbeitsbedingungen« beziehungsweise »interessante und abwechslungsreiche Tätigkeiten sowie gute Zusammenarbeit« nicht sehr weit abgeschlagen.[65]

Aufseiten der Gewerkschaften macht Remeke eine etwas zwiespältige Reaktion auf die Maßnahmen, die unter dem Begriff »Humanisierung des Arbeitslebens« liefen,

---

63 Vgl. im Folgenden ebd., S. 72 ff.
64 Ebd., S. 73-74.
65 Vgl. ebd., S. 74.

aus. Einerseits konnten sie begriffen werden als Instrument, um Tendenzen entgegen zu treten, die auch den Gewerkschaften in Hinsicht auf ihr Organisationspotenzial zu schaffen machten, wie hohe Fluktuation, Dequalifizierung und Reduktion von Facharbeitern. Andererseits dienten sie auch den Produktivitätsinteressen der Unternehmen, was ein nicht überraschendes Misstrauen in Teilen der Gewerkschaften auslöste. HdA als Begriff sei daher auch erst relativ spät von den Gewerkschaften aufgegriffen worden, und ihr Interesse habe erst begonnen zu steigen, als das staatliche Forschungsprogramm konkreter wurde. Hier versuchten die Gewerkschaften, vor allem Einfluss auf die Auswahl der Forschungsvorhaben zu nehmen und dem Primat der Rationalisierung vorzubeugen.[66]

Im Fokus von Werner Abelshausers Ausführungen über die Humanisierung des Arbeitslebens steht naturgemäß Hans Matthöfer. Dieser »erbte« das zuvor von Arendt und Ehmke entwickelte Aktionsprogramm »Forschung zur Humanisierung des Arbeitslebens«, das sich aber, so Abelshauser, »mit seinen eigenen früheren Absichten verknüpfen [ließ], den Arbeitsplatz zum Zentrum gewerkschaftlicher Politik und des Arbeiterbewusstseins zu machen.«[67] Zur Hauptaufgabe der deutschen Forschungs- und Technologiepolitik, die Abelshauser in der Loslösung von der Fokussierung auf die alte industrielle Gesellschaft und entsprechende Förderung etwa von Informations- statt Kohletechnologien für die nachindustrielle Gesellschaft ausmacht, habe das HdA-Programm »nur einen peripheren Beitrag leisten« können.[68] Dennoch hätte dies dem »praktischen Nutzen und [...] [der] politischen Anziehungskraft« des Humanisierungsprogramms keinen Abbruch getan und wäre einer großen Menge von Arbeitnehmern zugutegekommen. Das Programm habe sich »nahtlos in die Anfang der 1970er Jahre einsetzende Debatte um die ›Qualität des Lebens‹« eingefügt, die »nicht zuletzt von den Gewerkschaften und der Sozialdemokratie geführt wurde.«[69] Matthöfer und mit ihm Arbeitsminister Arendt und Bildungsminister Rohde (alle mit gewerkschaftlichem Hintergrund) hätten dem Programm zur Humanisierung des Arbeitslebens eine klare Interessenpriorität zugemessen:

> »Sie sahen in ihm die nahezu ideale Umsetzung ihres öffentlichen Auftrages, Belastungen der abhängig beschäftigten Menschen zu beseitigen oder wenigstens zu mildern, allen Menschen die Chance zu geben, Arbeit als ebenso positiven Bestandteil ihres Lebens zu erfahren wie Freizeit, oder [...] die Entfremdung der Menschen von ihrer Arbeit und in ihrer Arbeit wenn nicht aufzuheben, so doch zu vermindern.«[70]

---

66 Vgl. ebd., S. 75 f.
67 Werner Abelshauser, Nach dem Wirtschaftswunder, S. 284.
68 Ebd., S. 288. Vgl. ebd., S. 286 ff.
69 Ebd., S. 288.
70 Ebd., S. 292-293.

Matthöfers Verdienst sei es gewesen, trotz wenig spektakulärer, aber zumindest gradueller Verbesserungen durch das Forschungsprogramm, und trotz seines minimalen Beitrags zur neuen Kursbestimmung der deutschen Wirtschafts- und Forschungspolitik, die HdA-Thematik über die Grenzen der Parteien und Weltanschauungen bekannt zu machen und im Konsens zu diskutieren.

In der Reihe »Geschichte der Sozialpolitik seit 1945« sind die Bände zu den Jahren 1966–1974 und 1974–1982 von besonderer Relevanz.[71] Winfried Süß summiert in seinem Aufschlag zu den sozialpolitischen Denk- und Handlungsfeldern in der sogenannten Reformära die sozialpolitischen Leitideen unter den Stichworten »Aktive Gesellschaftspolitik – Qualität des Lebens – Humanisierung des Arbeitslebens«.[72] Die »Fehlbeträge in der Bilanz des jahrzehntelangen Wirtschaftswachstums« und die »wachsende Kluft zwischen dem erreichten Wohlstandsniveau und den vorherrschenden Lebens- und Arbeitsbedingungen in der hochindustriellen Gesellschaft« bedingten eine staatliche Intervention in Richtung auf mehr Qualität des Lebens und humanere Arbeitsbedingungen.[73] Vor allem die Gewerkschaften erkannten, dass die Verwerfungen des technisch-industriellen Fortschrittes größer waren als gedacht, ja das diese diametral dem Glauben an die Verwirklichung besserer Arbeitsbedingungen allein aus diesem Fortschritt hinaus entgegenstanden.[74] Deutschland sah sich mit diesen Überlegungen nicht alleine, im Gegenteil – die meisten westlichen Industriestaaten hatten sich dem Thema Humanisierung des Arbeitslebens schon in den 1960er-Jahren gewidmet, die Bundesrepublik war »eher ein Nachzügler«.[75] Ähnlich wie Remeke sieht auch Süß den Begriff der Humanisierung des Arbeitslebens als unscharf an:

»›Humanisierung des Arbeitslebens‹ bezeichnete kein geschlossenes gedankliches Konstrukt, sondern ein vielseitig ausdeutbares und daher vielfältig anschlussfähiges Bündel sozialpolitischer Leitvorstellungen, die darauf zielten, Arbeitnehmerinteressen als dem Rentabilitätsziel gleichrangiges Rationalitätskriterium im Produktionsprozess zu verankern.«[76]

---

71 Geschichte der Sozialpolitik in Deutschland seit 1945, hg. v. Bundesministerium für Arbeit und Soziales und Bundesarchiv, Baden-Baden 2002 ff.
72 Vgl. Winfried Süß, Sozialpolitische Denk- und Handlungsfelder; vgl. auch Dieter Bethge, Arbeitsschutz, in: Hockerts, Zeit vielfältigen Aufbruchs, S. 277-330 u. in: Martin H. Geyer (Hg.), Bundesrepublik Deutschland 1974–1982. Neue Herausforderungen, wachsende Unsicherheit, (= Geschichte der Sozialpolitik in Deutschland seit 1945, Bd. 6), S. 267-310; Hans Günter Hockerts/Winfried Süß, Gesamtbetrachtung: Die sozialpolitische Bilanz der Reformära, in: ders., Zeit vielfältigen Aufbruchs, S. 943-962; Martin H. Geyer, Gesamtbetrachtung: Die Logik sozialpolitischer Reformen, in: ders., Neue Herausforderungen, S. 886-916.
73 Winfried Süß, Sozialpolitische Denk- und Handlungsfelder, S. 216.
74 Vgl. ebd.
75 Ebd., S. 217.
76 Ebd.

Teil 1: Rahmenbedingungen im Wandel: Ökonomische, politische, soziale Veränderungen

Wichtiges Kriterium für die Aktivität der politischen Akteure in diesem Bereich sei die Wahrnehmung ihrer Gegenwart als eine Zeit rascher Wandlungen, einer »beschleunigte[n] Entwicklung von Technik, Wirtschaft und Gesellschaft«, die dem Menschen eine andere Lebenshaltung abverlange und die sozial durch den Staat abgefedert werden müsste.[77]

Neben den historisch angelegten Zugängen müssen auch arbeitswissenschaftliche und industriesoziologische Erkenntnisse zur Humanisierung des Arbeitslebens berücksichtigt werden.[78] So hat etwa Werner Fricke eine Bilanz aus dreißig Jahren Forschung und Praxis zur Humanisierung des Arbeitslebens geliefert, die wertvolle Anhaltspunkte für eine weitergehende Beschäftigung mit dem Thema bietet.[79] Insbesondere ist hier die Rolle der Gewerkschaften kritisch hinterfragt worden. Diese taten sich mit demokratisierenden und partizipativen Ansätzen, die auf den individuellen Arbeitnehmer in seinem unmittelbaren Arbeitsbereich zielten, schwer, da sie eine Aushöhlung der institutionalisierten Strukturen im Betrieb fürchteten.[80] Auch verwahrten sie sich gegen Eingriffe in die Tarifautonomie, so etwa als die IG Metall sich gemeinsam mit Arbeitgeberverbänden gegen die Erprobung neuer Lohnformen als Alternative für den Einzelakkord mit dem Hinweis auf die Tarifautonomie wehrte. Mit der

> »mangelnde[n] Bereitschaft der Gewerkschaften jener Zeit, die Erprobung demokratischer Beteiligungsformen und teilautonomer Gruppenarbeit sowie die Entwicklung einer veränderten Leistungspolitik mitzutragen und ihre[r] Weigerung, ihre Organisation der Mitwirkung ihrer Mitglieder zu öffnen«[81],

hätten die Gewerkschaften einen folgenschweren Fehler begangen, der zur Schwächung der Gewerkschaften der letzten zwanzig Jahre nicht unwesentlich beigetragen und das Feld der betrieblichen Beteiligung zunehmend Management und Unternehmensleitungen überlassen habe.

---

77 Ebd., S. 220.
78 Beispielhaft seien hier erwähnt: Gerd Peter, Wissenspolitik und Wissensarbeit als Gesellschaftsform. Ausgewählte Beiträge zur Arbeitsforschung 1972–2002, (= Dortmunder Beiträge zur Sozial- und Gesellschaftspolitik, Bd. 50), Münster (Westf.) 2003; Paul Oehlke, Arbeitspolitik zwischen Tradition und Innovation. Studien in humanisierungspolitischer Perspektive, Hamburg 2004; Zeitschrift für Arbeitswissenschaften 2 (2009); Michael Schumann/Horst Kern, Industriearbeit und Arbeiterbewusstsein. Eine empirische Untersuchung über den Einfluß der aktuellen technischen Entwicklung auf die industrielle Arbeit und das Arbeiterbewußtsein, Frankfurt a. M. 1970; dies., Das Ende der Arbeitsteilung? Rationalisierung in der industriellen Produktion, München 1984; Bundesminister für Technologie und Forschung (Hg.), Schriftenreihe »Humanisierung des Arbeitslebens«, Düsseldorf/Frankfurt a. M./New York, 1981 ff.
79 Werner Fricke, Drei Jahrzehnte, S. 144-168.
80 Vgl. ebd., S. 147. Vgl. auch Horst Kern, Vom Unfug mit der »autonomen Arbeitsgruppe«, in: Der Gewerkschafter 1 (1977), S. 16-18.
81 Werner Fricke, Drei Jahrzehnte, S. 147-148.

Forschungsperspektiven

Für die Diskussion um Zäsuren und Periodisierung der Geschichte nach 1945, insbesondere der 1970er-Jahre, kann die Aufarbeitung der Aktivitäten um die Humanisierung des Arbeitslebens somit wertvolle Anregungen liefern. Betrachtet man einerseits die HdA als ein genuin sozialdemokratisches und gewerkschaftliches, mithin als antikapitalistisches Projekt, so gewinnen Zuschreibungen der 1970er-Jahre etwa als »sozialdemokratisches Jahrzehnt« zusätzliche Relevanz.[82] Andererseits könnten aber einige Aspekte der HdA für den von Doering-Manteuffel und Raphael diagnostizierten Strukturbruch Anfang der 1970er-Jahre sprechen. Die Auswirkungen und der Umgang mit technischen Umbrüchen in den Arbeitswelten wie die Einführung der Mikroelektronik und der computergestützten Erwerbsarbeit, die Umstrukturierungen der Produktion und der generelle Strukturwandel in Industrie wie in der gesamten Wirtschaft könnten durch eine Analyse der Projekte im Rahmen der Humanisierung des Arbeitslebens in Teilen nachvollzogen werden.[83] Diese Wandlungen spiegelten sich, so Doering-Manteuffel und Raphael, auch in der Gesellschaft: Die Zeit der standardisierten Gesellschaft des fordistischen Produktionsmodells ging ihrem Ende entgegen, und kulturelle Veränderungen wie Flexibilisierung und Individualisierung schritten voran.[84] Die Erwartungen der Arbeitnehmer und Arbeitnehmerinnen an ihren Arbeitsplatz veränderten sich, nicht zuletzt durch den Wertewandel hin zum Postmaterialismus.[85] Auch für diese Diagnosen wäre ein Blick auf die Zielgruppen der Aktivitäten zur Humanisierung des Arbeitslebens, deren Erwartungen und Interpretationen einer humanen Arbeitsgestaltung sinnvoll. Von Bedeutung für die Strukturbruchthese ist nicht zuletzt die sich wandelnde Rolle der Frau in Gesellschaft und Arbeitswelt, hier vor allem im expandierenden Dienstleistungssektor.[86]

Aber inwieweit trugen die HdA-Projekte zu einem anzunehmenden Strukturbruch bei? In den 1980er-Jahren zeigte sich in vielen Bereichen der Wirtschaft in der Tat eine deutliche Veränderung von Arbeitsorganisation und Produktionsprozessen, sodass schon von einem »Ende der Arbeitsteilung«[87] gesprochen wurde. Die Rationalisierungswellen in diesen Jahren sorgten allerdings für neue Verwerfungen, trennten die Arbeitnehmerschaft in Rationalisierungsgewinner und -verlierer. Neben die Krise des »alten« Produktionsregimes trat, so Doering-Manteuffel und Raphael, die »kontrastierende Wirklichkeit neuer Produktionsstätten mit geringeren Beschäftigungszahlen, aber höherer Produktivität […], wo ganz andere Arbeitsabläufe und Qualifi-

---

82 Bernd Faulenbach, Die Siebzigerjahre, gesamt.
83 Vgl. Anselm Doering-Manteuffel/Lutz Raphael, Nach dem Boom, S. 34 ff.
84 Anselm Doering-Manteuffel/Lutz Raphael, Nach dem Boom, S. 50, 53.
85 Vgl. ebd., S. 61 ff.
86 Siehe dazu den Beitrag von Monika Mattes in diesem Band.
87 Michael Schumann/Horst Kern, Das Ende der Arbeitsteilung?, gesamt.

kationen gefragt sind«.[88] Spielten dort Lernprozesse der Unternehmen aus den HdA-Projekten, insbesondere zu Arbeits- und Aufgabenerweiterung, zur Qualifizierung und Individualisierung eine Rolle? Einzelne, vor allem in betriebswirtschaftlicher Hinsicht positive Erfahrungen in Unternehmen, in denen HdA-Projekte durchgeführt wurden, mögen durchaus einen Wandel in der Arbeitsorganisation unterstützt haben. Auch dürften einige arbeitswissenschaftliche Erkenntnisse aus dem Programm betriebs- und branchenübergreifend diffundiert sein. Hauptsächlich aber dürfte das Zusammentreffen von neuen technischen Möglichkeiten und der Herausbildung eines nahezu ungehemmten globalen Kapitalismus[89], der unmittelbare Konkurrenz vor allem aus Asien auf den deutschen Markt brachte und damit etwa auch neue Managementmethoden (»Lean Production«, »Toyotismus«) beförderte, für die Rationalisierungseuphorie (nicht nur) bei den Unternehmen gesorgt haben. Von den demokratisierenden und emanzipativen Ansätzen der Humanisierungsidee war nicht mehr viel übrig; es ging (weiterhin) um Produktivität und Rentabilität, für die der Faktor Mensch und dessen Können und Wissen – und dies ist vielleicht noch als ein Lernprozess aus den Diskussionen um die Humanisierung des Arbeitslebens (und ihren Vorgängern) zu begreifen – einen anderen Stellenwert erhalten hatte.

---

88 Anselm Doering-Manteuffel/Lutz Raphael, Nach dem Boom, S. 42.
89 Vgl. ebd., S. 53 ff.

Monika Mattes

Krisenverliererinnen? Frauen, Arbeit und das Ende des Booms

Die damalige SPD-Bundestagsabgeordnete Herta Däubler-Gmelin betitelte ihr 1977 in der populären Reihe »rororo aktuell« erschienenes Buch: »Frauenarbeitslosigkeit oder Reserve zurück an den Herd!«[1] Wie der Titel nahelegt, sah die Autorin mit der Rezession Frauen vom Rückfall in die traditionelle Hausfrauenrolle bedroht und damit die klassische Denkfigur der weiblichen Reservearmee bestätigt. Nach dieser These werden Frauen in Zeiten der Hochkonjunktur zur außerhäuslichen Erwerbsarbeit herangezogen, um in Phasen der Krise als Erste entlassen zu werden. Waren Frauen also die Krisenverliererinnen oder sind sie gar zu den Verlierern des »Strukturbruchs« Mitte der 1970er-Jahre zu zählen? Was sich Mitte der 1970er-Jahre in der zeitgenössischen Beobachtung als durchaus evident und eindeutig darstellte, relativiert sich in einer historischen Perspektive. Die historische Erforschung der Jahre nach dem Boom hat gerade erst begonnen. Erste perspektivische und konzeptuelle Vermessungen des historischen Terrains sprechen wie Anselm Doering-Manteuffel und Lutz Raphael von einer Krise der männlichen Industriearbeit und einem »Strukturbruch«, nehmen dabei allerdings die Arbeitsverhältnisse von Frauen nicht explizit in den Blick.[2]

Periodisierungen und Deutungskonzepte, deren Referenzpunkt das industriezentrierte, sogenannte Normalarbeitsverhältnis ist, sind für das Feld der Frauenarbeit nur bedingt erhellend. Die Arbeit von Frauen unterlag schon immer anderen Bedingungen, Bewertungen und Verlaufsmustern als die Arbeit von Männern. Ich möchte im Folgenden für eine geschlechtssensible Perspektive plädieren, um den vielschichtigen Wandel weiblicher Erwerbswege, der eher quer lag zur Vorstellung eines Strukturbruchs, zu erfassen. Es scheint zweckmäßig, hierfür zuerst kurz das Ernährer-Hausfrau/Zuverdienerin-Modell in Erinnerung zu rufen, das maßgeblichen Einfluss auf die individuellen und kollektiven Orientierungen der historischen Akteure hatte. In einem zweiten Schritt werde ich am Beispiel der Bundesrepublik genauer auf den kon-

---

1 Herta Däubler-Gmelin, Frauenarbeitslosigkeit oder Reserve zurück an den Herd!, Reinbek bei Hamburg 1977, S. 185 f.
2 Anselm Doering-Manteuffel/Lutz Raphael, Nach dem Boom. Perspektiven auf die Zeitgeschichte seit 1970, Göttingen 2008, S. 34 ff. Vgl. auch die Ausführungen zur These der Entstandardisierung von Lebensläufen von Andreas Wirsching, Erwerbsbiografien und Privatheitsformen. Entstandardisierung von Lebensläufen, in: Thomas Raithel/Andreas Rödder/Andreas Wirsching (Hg.), Auf dem Weg in eine neue Moderne? Die Bundesrepublik in den siebziger und achtziger Jahren, München 2009, S. 83-97.

zeptuellen Nutzen eingehen, den das Modell für eine Erforschung weiblicher Arbeit nach dem Boom haben könnte. Drittens schließen sich schlaglichtartig einige Bemerkungen zur Situation in der DDR an, bevor ein knappes Fazit den Beitrag abschließt.

Das Ernährer-Hausfrau/Zuverdienerin-Modell

Die Industriemoderne war fest verbunden mit einer Geschlechterordnung, die auf dem sogenannten Ernährer-Hausfrau/Zuverdienerin-Modell basierte.[3] Dieses Modell sah für Männer kontinuierliche, aufstiegsorientierte und lebenslange Vollzeitberufsarbeit vor, für Frauen komplementär dazu den vermeintlich natürlichen Beruf der Hausfrau, Gattin und Mutter. Seine historische Wirkungsmacht bei der Gestaltung von Arbeitsverhältnissen und Arbeitsmärkten ist kaum zu unterschätzen. Männer wurden per se als Familienernährer gedacht, entsprechende Familienzuschläge kennzeichneten die männlichen Ernährerlöhne. Für Frauen dagegen galt außerhäusliche Erwerbsarbeit als Sonderfall, für den der Zuverdienerlohn als angemessenes Entlohnungsniveau festgeschrieben wurde (selbst dann, wenn sie die Alleinernährerinnen für ihre Familienangehörigen waren). Männer hatten, sobald das Angebot an Arbeitsplätzen knapp wurde, einen ideell höheren Anspruch auf einen Arbeitsplatz als Frauen. Nicht nur hinsichtlich der Entlohnung, auch in Bezug auf Qualifikation, Autorität und Wertschätzung ihrer Tätigkeiten standen Frauen hinter Männern zurück. Seit dem 19. Jahrhundert trug das Modell dazu bei, weibliche und männliche Tätigkeits- und Zuständigkeitsbereiche zu definieren und eine geschlechtsspezifische Arbeitsteilung zu legitimieren.[4] Karin Hausen hat darauf aufmerksam gemacht, dass die breite Akzeptanz und Attraktivität des Modells daher rührte, dass es das

> »Versprechen von möglicher Balance und Harmonie zwischen den konfliktreichen Beziehungen der individualistisch konzipierten markt- und profitorientierten Erwerbswelt auf der einen Seite und auf der anderen Seite den zwar zunehmend marktabhängigen, aber weiterhin bedürfnisorientierten Familien und Familienhaushalten«

transportierte.[5]

---

3 Die folgenden Erläuterungen basieren auf Karin Hausen, Frauenerwerbstätigkeit und erwerbstätige Frauen. Anmerkungen zur historischen Forschung, in: Gunilla-Friederike Budde (Hg.), Frauen arbeiten. Weibliche Erwerbstätigkeit in Ost- und Westdeutschland, Göttingen 1997, S. 19-45, hier: 24 f.
4 Vgl. Karin Hausen, Arbeit und Geschlecht, in: Jürgen Kocka/Jürgen Offe (Hg.), Geschichte und Zukunft der Arbeit, Frankfurt a. M. 2000, S. 343-361, hier: 345 f.
5 Karin Hausen, Frauenerwerbstätigkeit, S. 23.

Bis in die 1960er-Jahre hinein herrschte im Westen ein breiter, alle politischen Parteien und gesellschaftlichen Gruppen übergreifender Konsens hinsichtlich der normativen Gültigkeit des Modells.

Sowohl in kapitalistischen als auch in staatssozialistischen Industriegesellschaften waren die Arbeitsmärkte hochgradig nach Geschlecht hierarchisiert und segregiert. In der DDR wurde das Modell transformiert und ging in die Norm der »zwei Ernährer-Hausfrau-Familie« ein. Auch im Realsozialismus blieben Kindererziehung und Hausarbeit primär in weiblicher Zuständigkeit. In der Bundesrepublik war das Ernährer-Hausfrau/Zuverdienerin-Modell – und ist es vielfach heute noch – normativer Bezugsrahmen und Funktionselement, nicht nur für den Arbeitsmarkt, sondern auch in der Sozial- beziehungsweise Familienpolitik. Wenngleich die Kritik seit den 1970er-Jahren stark zunahm, werden neue Wege durch die strukturelle Verfestigung etwa im Sozialsystem erschwert. So besitzen nur Erwerbstätige Leistungsansprüche im sozialen Sicherungssystem, nichterwerbstätige Ehefrauen haben nur einen abgeleiteten Versorgungsanspruch durch den Ehemann.[6]

In der westdeutschen Nachkriegsgesellschaft gab es einen breiten Konsens darüber, dass Ehe und Mutterschaft und nicht eine Berufskarriere den weiblichen Lebensplan strukturieren und Frauen deshalb lediglich übergangsweise in den Jahren vor der Eheschließung erwerbstätig sein sollten. Eine Berufsausbildung wurde mit Blick auf die demografisch-sozialen Kriegsfolgen zwar auch für Frauen befürwortet, aber nur als Risikoabsicherung für den Fall der Nichtverheiratung, der Scheidung oder Verwitwung erachtet. Zwar waren die Diskurse und Politiken in der frühen Bundesrepublik in starkem Maße vom Ernährer-Hausfrau/Zuverdienerin-Modell normativ wie strukturell durchdrungen, dies bedeutete jedoch nicht, dass sich Ehefrauen und Mütter ein modellkonformes Verhalten leisten konnten. Die große Zahl der Kriegswitwen und Geschiedenen beziehungsweise kriegsbedingt Ledigen hatte für den eigenen Unterhalt zu sorgen, ebenso wie in Arbeiterfamilien die Erwerbsarbeit der Ehefrau und Mutter an der Tagesordnung war.[7]

Wenn man mit Karin Hausen von einer historisch außerordentlich großen Anpassungsfähigkeit des Modells gerade in Zeiten gesellschaftlichen Wandels ausgeht, ist zu fragen, wie es sich in der hier interessierenden Epoche der 1970er-/1980er-Jahre

---

[6] Vgl. etwa Jane Lewis, Gender and the Development of Welfare Regimes, in: Journal of European Social Policy 2/3 (1992), S. 159-173; Ilona Ostner, The Politics of Care Policies in Germany, in: Jane Lewis (Hg.), Gender, Social Care and Welfare Restructuring in Europe, Alderhot 1998; vgl. auch den Forschungsüberblick bei Christiane Kuller, Soziale Sicherung von Frauen – ein ungelöstes Strukturproblem im männlichen Wohlfahrtsstaat. Die Bundesrepublik im europäischen Vergleich, in: Archiv für Sozialgeschichte 47 (2007), S. 199-236.

[7] Vgl. genauer Merith Niehuss, Familie, Frau und Gesellschaft. Studien zur Strukturgeschichte der Familie in Westdeutschland 1945 bis 1960, Göttingen 2001; Robert Moeller, Geschützte Mütter. Frauen und Familien in der westdeutschen Nachkriegspolitik, München 1997. Aus zeitgenössischem Blickwinkel: Elisabeth Pfeil, Die Berufstätigkeit von Müttern. Eine empirisch-soziologische Erhebung, Tübingen 1961.

transformierte beziehungsweise aufzulösen begann.⁸ Gegenüber dem Normalarbeitsverhältnis als Zentralperspektive bietet das Ernährer-Hausfrau/Zuverdienerin-Modell zwei Vorteile: Erstens impliziert es einen breiten Arbeitsbegriff, der neben Erwerbsarbeit auch private Fürsorge-/Hausarbeit einbezieht. Zweitens und damit zusammenhängend trägt es Entwicklungen sowohl auf der Männer- als auch auf der Frauenseite Rechnung. Das Normalarbeitsverhältnis traf demgegenüber für Frauen historisch mehrheitlich nie zu. Weibliche Erwerbsverläufe waren immer schon stärker durch Instabilität, Diskontinuität und statistisch nicht erfasste Erwerbsarbeit gekennzeichnet, da Frauen zwischen den Sphären Familie und außerhäusliche Arbeit wechselten.

Zur Entwicklung in der Bundesrepublik

Mit Blick auf Frauen und ihre Arbeitsverhältnisse ist die Bedeutung des Strukturbruchs Mitte der 1970er-Jahre zu relativieren. Auf den Feldern Bildung, Ausbildung und Erwerbsarbeit von Frauen wurden die entscheidenden Weichen bereits in den 1960er-Jahren gestellt. Die ökonomisch wie gesellschaftspolitisch motivierte Bildungsreform der 1960er-Jahre, die auf die Erschließung von »Begabungsreserven« wie auf eine vermehrte »Chancengleichheit« zielte, hatte Mädchen und junge Frauen als eine Hauptzielgruppe im Blick. Besuchte im Jahre 1960 von allen 14-jährigen Mädchen nur jede Vierte ein Gymnasium, war es 1980 bereits jede Zweite. Immer mehr junge Frauen entschieden sich für ein Studium. So stieg die Quote weiblicher Studienanfänger von 25 Prozent im Jahr 1969 auf 43 Prozent 1980.⁹

Was die Erwerbsarbeit von Frauen betrifft, so hatte sich der seit der Jahrhundertwende eingesetzte Wandel in den 1950er-Jahren fortgesetzt. Dies betraf zum einen die Art der Arbeitsplätze: Die Erwerbstätigkeit von Frauen wurde sichtbarer, denn diese arbeiteten immer weniger als mithelfende Familienangehörige in der Landwirtschaft oder im eigenen Handwerksbetrieb und stattdessen in stetig steigender Zahl auf außerhäuslichen Arbeitsplätzen des regulären Arbeitsmarktes – in der Industrie, in Handel und Dienstleistung. Ein weiteres Novum, insbesondere für die Mittelschichten, war, dass in den 1950er-Jahren immer mehr junge Ehefrauen, solange keine Kin-

---

8 Vgl. Karin Hausen, Frauenerwerbstätigkeit, S. 26 ff.
9 Vgl. Ute Frevert, Frauen-Geschichte. Zwischen Bürgerlicher Verbesserung und Neuer Weiblichkeit, Frankfurt a. M. 1986, S. 261; Torsten Gass-Bolm, Das Gymnasium 1945–1980. Bildungsreform und gesellschaftlicher Wandel in Westdeutschland, Göttingen 2005, S. 430; Monika Mattes, Ambivalente Aufbrüche. Frauen, Familie und Arbeitsmarkt zwischen Konjunktur und Krise, in: Konrad Jarausch (Hg.), Das Ende der Zuversicht? Die siebziger Jahre als Geschichte, Göttingen 2008, S. 218 f.

der zu betreuen waren, erwerbstätig waren.[10] Allerdings sind die offiziellen Erwerbsstatistiken für die Frauenerwerbstätigkeit nur bedingt aussagekräftig, geben sie doch keinen genauen Aufschluss über das tatsächliche Erwerbsverhalten von Frauen, das häufig von statistisch nicht erfassten Nebentätigkeiten bestimmt war.[11]

Eine erste Zäsur bildete die Zeit um 1959/60, als der breite öffentliche Geschlechterkonsens dem Druck des zunehmenden Arbeitskräftemangels nicht mehr standhielt und Ehefrauen und Mütter als zu erschließendes Arbeitskräftepotenzial in den Fokus der Wirtschaft und der Arbeitsverwaltung gerieten.[12] Während der 1960er-Jahre setzte sich die Teilzeitarbeit als familienkompatible Erwerbsmöglichkeit für Frauen mit Kindern durch, mit der Müttererwerbsarbeit jenseits familienökonomischer Notwendigkeit erstmals gesellschaftlich akzeptiert wurde.[13] Einen Neubeginn der Arbeitsmarktpolitik gegenüber Frauen markierte das Arbeitsförderungsgesetz vom Juni 1969, das noch unter der Großen Koalition verabschiedet wurde: Frauen galten nun erstmals als förderungswürdiges Arbeitskräftepotenzial, auf dessen »Doppelrolle« eine moderne Arbeitsmarktpolitik durch entsprechende Maßnahmen angemessen eingehen müsse.[14] Gerade die Rede von der weiblichen »Doppelrolle« rekurrierte allerdings auf das Ernährer-Hausfrau-Modell als implizitem Bewertungsmaßstab. Gleichwohl wird für die Felder von Arbeitsmarkt- und Bildungspolitik deutlich, dass die bis dahin dominierenden anthropologischen Vorstellungen einer natürlichen Geschlechterdifferenz zunehmend in den Hintergrund traten zugunsten von Gleichheitskonzepten und einer stärker soziologischen Perspektive, die die Rollenbilder für Männer und Frauen problematisierte. Damit verbunden war ein tief greifender gesellschaftlicher Wandel von Einstellungen und Werten, der schon vor 1968 eingesetzt hatte und der sich vermehrt an partnerschaftlichen Eheleitbildern orientierte.[15] Sowohl das Reformklima in den Jahren der sozialliberalen Brandt-Regierung als auch die breit rezipierte Agenda der Frauenbewegung schärften das öffentliche Problembewusstsein für die gesellschaftliche Benachteiligung von Frauen. Dies zusammen mit der Vollbeschäftigung während des Booms setzte die traditionelle Geschlechterordnung beträchtlich unter Druck.

Nach dem wirtschaftlichen Einbruch Mitte der 1970er-Jahre ist durch einen geschlechtergeschichtlichen Zugriff genauer zu ermitteln, welche Kräfte zu einer Resta-

---

10 Zum Wandel vgl. Angelika Willms-Herget, Frauenarbeit. Zur Integration von Frauen in den Arbeitsmarkt, Frankfurt a. M. 1985; Walter Müller/Angelika Willms-Herget/Johann Handl (Hg.), Strukturwandel der Frauenarbeit 1880–1980, Frankfurt a. M./New York 1983.
11 Vgl. Karin Hausen, Frauenerwerbstätigkeit, S. 26 ff.
12 Genauer dazu Monika Mattes, Anwerbepolitik, Migration und Geschlecht. »Gastarbeiterinnen« in der Bundesrepublik von den 1950er bis 70er Jahren, Frankfurt a. M./New York 2005, S. 206 ff.
13 Dazu Christine von Oertzen, Teilzeitarbeit und die Lust am Zuverdienen. Geschlechterpolitik und gesellschaftlicher Wandel in Westdeutschland 1948–1969, Göttingen 1999.
14 Vgl. Monika Mattes, Ambivalente Aufbrüche, S. 219.
15 Zum Wertewandel vgl. allgemein Wolfgang Elz/Andreas Roedder (Hg.), Alte Werte, neue Werte. Schlaglichter des Wertewandels, Göttingen 2008.

bilisierung des Ernährermodells und welche zu seiner weiteren Erosion beitrugen. Da empirische sozialhistorische Arbeiten noch weitgehend fehlen, sollen hierzu im Folgenden nur einige Entwicklungstendenzen in groben Strichen skizziert werden. Zunächst zeigt sich klar, dass die westdeutsche Arbeitsmarktpolitik seit Mitte der 1970er-Jahre eine deutliche Bremsbewegung in Bezug auf Frauen vollzog. Die Zahl der registrierten weiblichen Arbeitslosen verdreifachte sich fast zwischen 1978 und 1988 auf über 1,5 Millionen. Die Arbeitslosenquote von Frauen lag dabei durchgängig etwa 2 Prozent höher als die von Männern, selbst wenn sie bereits dadurch bereinigt war, dass gar nicht alle arbeitslosen Frauen ihren Anspruch auf Arbeitslosengeld wahrnehmen. Mit Beginn der Krise waren die Arbeitsämter dazu übergegangen, erwerbslos werdenden Frauen mit kleinen Kindern die staatliche Arbeitslosenunterstützung mit dem Hinweis zu verweigern, dass sie dem Arbeitsmarkt nicht zu den »üblichen Bedingungen« zur Verfügung ständen.[16] Das Adjektiv »üblich« impliziert die vollzeitliche und räumliche Verfügbarkeit für den Arbeitsmarkt und lässt unschwer den als *hoch mobil* gedachten männlichen Ernährer als Maßstab erkennen. Die feministische Zeitschrift »Courage« brachte es auf den Punkt mit dem Hinweis, dass »Frauen den Skandal der fehlenden öffentlichen Kinderversorgung mit dem Verzicht auf Arbeitslosenunterstützung bezahlen.«[17] Das Institut für Arbeitsmarkt und Berufsforschung errechnete für den Zeitraum zwischen September 1974 und September 1975 unter der Gesamtzahl der arbeitslosen Frauen mit Kindern einen *Abgang* von 44 Prozent, das heißt, diese Frauen tauchten anschließend auch nicht mehr in der Erwerbslosenstatistik auf.[18]

Mit Krise und steigender Arbeitslosigkeit verloren seit Mitte der 1970er-Jahre Anliegen der *Gleichberechtigung* ihre gesellschaftspolitische Dringlichkeit. Frauen wurden gerade auch durch die Praxis der Arbeitsämter zugunsten der Arbeitsplatzsicherung für männliche Ernährer wieder stärker auf den Familienbereich verwiesen. Ob und wie in Arbeitsämtern, Gewerkschaften und Betrieben wieder stärker an die alte Rede vom Doppelverdienertum angeknüpft wurde und sich damit antifeministische Diskurse gegen die sogenannte *Emanzipationshysterie* verbanden, wäre nur eine von vielen spannenden Fragen, denen genauer nachgegangen werden müsste. Die seit den späten 1970er-Jahren geführten Diskussionen über ein Erziehungsgeld für Mütter belegen in jedem Fall, dass in wirtschaftlichen Krisenzeiten die Familie als weibliche Option zu stärken weiterhin opportun erschien. Für vergleichsweise wenig Geld sollten sich junge Mütter nunmehr wieder verstärkt der Kindererziehung widmen und

---

16 Vgl. die Zahlen bei Friederike Maier, Zwischen Arbeitsmarkt und Familie. Frauenarbeit in den alten Bundesländern, in: Gisela Helwig/Hildegard Maria Nickel (Hg.), Frauen in Deutschland 1945–1992, Bonn 1993, S. 257–279, hier: 259.
17 Geld vom Arbeitsamt, in: Courage 1977, Nr. 1, S. 38 f.
18 Vgl. ebd., S. 39.

damit die Arbeitsmarktstatistik entlasten.[19] Gleichwohl bedeutete das Erziehungsgeldgesetz von 1986 aber auch die Anerkennung privat geleisteter Erziehungsarbeit.

In längerer Perspektive sind Entwicklungstrends nicht zu übersehen, die eine Abwendung vom reinen Ernährer-Hausfrau-Modell anzeigen: Die Erwerbsbeteiligung von Frauen stieg seit Ende der 1970er-Jahre kontinuierlich an. Betrug die Erwerbsquote bei Frauen im Alter zwischen 15 und 65 Jahren im Jahr 1972 47,6 Prozent, waren es 1989 bereits 55,5 Prozent.[20] Auf der Ebene des öffentlichen Diskurses über Frauenerwerbstätigkeit setzte sich die Auffassung durch, dass Frauen eine gute Ausbildung und einen Beruf benötigen. Auch trugen die internationalen feministischen Debatten und Forschungen dazu bei, dass die Geschlechterdifferenz nicht mehr zur Legitimierung der Geschlechterhierarchien auf dem Arbeitsmarkt herangezogen werden konnte.

Der Anstieg der Frauenerwerbstätigkeit war eng mit dem Übergang von der Industriegesellschaft zur Dienstleistungsgesellschaft verbunden. Immer weniger Frauen arbeiteten in der Industrie. Waren 1970 noch die meisten Frauen im verarbeitenden Gewerbe beschäftigt (33,2 Prozent), waren es 1989 nur noch 24,5 Prozent.[21] Vor allem in der Textil- und Bekleidungsindustrie waren Arbeitsplätze für Frauen abgebaut worden, nachdem die Produktion von Stoffen und Bekleidung bereits in den 1960er-Jahren zunächst in europäische Länder, dann immer stärker in Billiglohnländer der Dritten Welt verlagert worden war.[22] Zwischen 1970 und 1989 stieg der Anteil der Frauen, die im Bereich »Sonstige Dienstleistungen« beschäftigt waren, von 24,6 Prozent auf 36,7 Prozent an, bei Kreditinstituten/Versicherungsgewerbe von 2,7 auf 4,4 Prozent, bei Gebietskörperschaften/Sozialversicherungen von 5,4 Prozent auf 8,4 Prozent.[23] Immer mehr Frauen arbeiteten in einem Dienstleistungsberuf, im Büro oder im Einzelhandel und vor allem im stark expandierenden öffentlichen Dienst als Lehrerinnen, Sozialarbeiterinnen, Verwaltungsangestellte und im Gesundheitswesen. Zwischen 1982 und 1991 hat laut Mikrozensus die Zahl der erwerbstätigen Frauen um rund 19 Prozent zugenommen, davon betrug der Beschäftigungszuwachs im Dienstleistungssektor 29 Prozent.[24] In diesem Zusammenhang ist zu berücksichtigen, dass in der Bundesrepublik der tertiäre Sektor weniger expandierte als in anderen Ländern, gerade auch weil viele Dienstleistungen von Frauen unentgelt-

---

19 Vgl. Wiebke Kolbe, Elternschaft im Wohlfahrtsstaat. Schweden und die Bundesrepublik im Vergleich 1945–2000, Frankfurt a. M./New York 2002, S. 167 ff; auch Karin Jurczyk, Frauenarbeit und Frauenrolle. Zum Zusammenhang von Familienpolitik und Frauenerwerbstätigkeit in Deutschland von 1918–1975, Frankfurt a. M. 1977, S. 117 ff.
20 Vgl. Friederike Maier, Zwischen Arbeitsmarkt und Familie, S. 259.
21 Vgl. Statistisches Bundesamt, zit. n. Friederike Maier, Zwischen Arbeitsmarkt und Familie, S. 263.
22 Vgl. Stephan H. Lindner, Den Faden verloren. Die westdeutsche und die französische Textilindustrie auf dem Rückzug 1930/45–1990, München 2001.
23 Vgl. Statistisches Bundesamt, zit. n. Friederike Maier, Zwischen Arbeitsmarkt und Familie, S. 263.
24 Vgl. Bundesanstalt für Arbeit (Hg.), Arbeitsmarktreport für Frauen, Nürnberg 1994, S. 67.

lich im Haushalt erbracht wurden. Im Gegensatz zur DDR wurde im Westen der Ausbau ganztägiger Kinderbetreuungseinrichtungen von staatlicher Seite nicht gefördert, sondern vielmehr gebremst – abgesehen von einer kurzen, durch die Bildungsreform angestoßenen Phase, in der der Kindergartenbau mit dem bildungspolitischen Ziel der frühkindlichen Förderung vorangetrieben wurde.[25] So stieg durch den Ausbau von (in der Regel allerdings Halbtags-)Kindergärten die Betreuungsquote bei den 3- bis 6-jährigen Kindern zwischen 1970 und 1980 von 38 Prozent auf 79 Prozent an. Wesentlich schlechter war es um die Kleinkindbetreuung und um die nachmittägliche Betreuung von Grundschulkindern bestellt: Im Jahr 1987 waren nur 5 Prozent aller Schulen in der Bundesrepublik ganztags offen.[26]

Die Entwicklung der Frauenerwerbstätigkeit nach dem Boom fächerte sich in unterschiedliche Richtungen auf. Die Expansion bestimmter Bereiche des Dienstleistungssektors war mit einer wachsenden Polarisierung unter erwerbstätigen Frauen verbunden. Eine kleine, wenn auch allmählich wachsende Gruppe von Frauen drang in qualifizierte Angestelltentätigkeiten beziehungsweise prestigereiche Berufe in vormaligen Männerdomänen vor (zum Beispiel Studienräte, Ärzte, Anwälte). Auf der anderen Seite schien die wachsende Erwerbsbeteiligung von Frauen mit der Tertiarisierung und dabei insbesondere mit der Ausweitung zumeist wenig gesicherter und qualifizierter Teilzeitarbeitsplätze einherzugehen, die schlecht bezahlt und ohne Aufstiegsmöglichkeiten waren. Derartige Beschäftigungsverhältnisse richteten sich an verheiratete Frauen, die zusätzlich von einem männlichen Ernährereinkommen abhängig waren.[27] Sie ersetzten die traditionellen weiblichen Arbeitsformen wie Heimarbeit, Aushilfs- und Saisontätigkeiten und das »Mithelfen« im Familienbetrieb und förderten eine weibliche Lebensführung, bei der Familien- und Erwerbsarbeit »flexibel« verbunden sind.[28]

Die Ausweitung von Teilzeitarbeit gehörte seit den späten 1970er-Jahren zu den unternehmerischen Strategien der Arbeitsintensivierung, -rationalisierung und Lohnkostensenkung.[29] Sehr viel genauer müsste für einzelne Branchen, insbesondere für Handel und Dienstleistungen, empirisch rekonstruiert werden, wie das Ernährer-

---

25 Vgl. Christiane Kuller, Familienpolitik im föderativen Sozialstaat. Die Formierung eines Politikfeldes in der Bundesrepublik 1949–1975, München 2004.
26 Vgl. Karen Hagemann, Die Ganztagsschule als Politikum. Die bundesdeutsche Entwicklung in gesellschafts- und geschlechtergeschichtlicher Perspektive, in: Zeitschrift für Pädagogik 2009, 54. Beiheft, S. 209-229, hier: 221.
27 Vgl. Elke Holst/Friederike Maier, Normalarbeitsverhältnis und Geschlechterordnung, in: Mitteilungen aus der Arbeitsmarkt- und Berufsforschung 3 (1998), S. 506-518.
28 Vgl. Birgit Geissler, »Der flexibilisierte Mensch«: Eine These auf dem Prüfstand, in: Caritas Schweiz (Hg.), Sozialmanach 2002: Der Flexibilisierte Mensch, Luzern 2002, S. 57-71.
29 Vgl. für die Situation Mitte der 1980er-Jahre die sozialwissenschaftlichen Beiträge von Christel Eckart, Wie Teilzeitarbeit zur Frauenarbeit gemacht wurde, und Sabine Gensior, Teilzeitarbeit und frauenspezifischer Arbeitsmarkt, in: Ute Gerhard/Jutta Limbach (Hg.), Rechtsalltag von Frauen, Frankfurt a. M. 1988, S. 46-60, 61-75.

Hausfrau/Zuverdiener-Modell bei der Einführung von Mikroelektronik und zunehmender zeitlicher Flexibilisierung von Arbeitsverhältnissen die spezifischen Nutzungskalküle der Unternehmen – aber auch die Reaktionen und Arbeitszeitpolitik der Gewerkschaften – beeinflusste. Inwieweit wurden hier traditionelle weibliche Arbeitsverhältnisse mit Arbeit auf Abruf und Hausfrauenschichten fortgeführt oder bedeuteten »kapazitätsorientierte variable Arbeitszeit« und »Flexibilisierung« eine Verschärfung? Wie regulierten sich mit der Einführung technischer Innovationen die betrieblichen Geschlechtergrenzen neu? Ebenso wäre das zeitliche Zusammenfallen von technologischen Veränderungen von Frauenarbeitsplätzen und anschwellenden Mütterlichkeitsdiskursen genauer zu befragen.

Eine zählebige Kontinuität wies die Entwicklung der Einkommensstruktur bei Frauen und Männern auf. Noch 1988 erzielten in der Bundesrepublik Frauen als vollbeschäftigte Angestellte nur 64 Prozent der Bruttoverdienste ihrer männlichen Kollegen. Bei den Industriearbeiterinnen waren es 70 Prozent.[30] Bezieht man neben den Monatseinkommen auch die Altersrenten aus eigener Erwerbstätigkeit mit ein, stand Frauen noch im Jahr 2005 fast 40 Prozent weniger Geld zur Verfügung als Männern. Erklärt werden diese großen Unterschiede mit den Erwerbsunterbrechungen und Teilzeitarbeitsverhältnissen, die bislang vor allem weibliche Erwerbsbiografien kennzeichneten. Wer weniger verdient, unterbricht in diesem Sinne die eigene Erwerbsarbeit eher, um sich der Familienarbeit zu widmen.[31] Neben der vertikalen ist auch die horizontale geschlechtsspezifische Segregierung von Arbeitmärkten mit männlich und weiblich dominierten Tätigkeitsfeldern zu nennen. Dass Tarifverträge für die Perpetuierung der in der Bundesrepublik besonders ausgeprägten Lohnunterschiede zwischen Männern und Frauen eine Rolle spielen, ist bereits von der historischen, sozial- und wirtschaftswissenschaftlichen Forschung breit untersucht worden.[32]

Als Zwischenresümee ist festzuhalten, dass sich die Phase nach dem Boom eindeutigen Zuordnungen entzieht. Einerseits hatte ein Wertewandel hin zu mehr Individualisierung stattgefunden, sodass die politische Forderung nach gleichberechtigter Teilhabe von Frauen am Berufsleben nicht mehr von der öffentlichen Agenda verdrängt

---

30 Vgl. Rainer Geißler, Die Sozialstruktur Deutschlands. Ein Studienbuch zur gesellschaftlichen Entwicklung im geteilten und vereinten Deutschland, Bonn 1992, S. 244.

31 Vgl. Jutta Allmendinger/Kathrin Leuze/Jonna M. Blanck, 50 Jahre Geschlechtergerechtigkeit und Arbeitsmarkt, in: Aus Politik und Zeitgeschichte 24/25 (2008), S. 18-25, hier: 23.

32 Aus historischer Perspektive vgl. die Einleitung von Brigitte Kerchner/Sigrid Koch-Baumgarten, Geschlechterbilder in der politischen Auseinandersetzung, in: Internationale Wissenschaftliche Korrespondenz zur Geschichte der Arbeiterbewegung 3/4 (1998), S. 297-315; Brigitte Kassel, »... letztlich ging es doch voran!« Zur Frauenpolitik der Gewerkschaft ÖTV 1949–1989, hg. v. ver.di – Vereinte Dienstleistungsgewerkschaft e. V. und Hans-Böckler-Stiftung, Stuttgart 2001; zur aktuellen Situation vgl. Birgit Frank-Bosch, Verdienstabstand zwischen Männern und Frauen. Eine Untersuchung mit Hilfe laufender Verdiensterhebungen 2001, in: Wirtschaft und Statistik 5 (2002), S. 246; Thomas Hinz/Herman Gartner, Geschlechtsspezifische Lohnunterschiede in Branchen, Berufen und Betrieben, in: Zeitschrift für Soziologie 1 (2005), S. 22-39.

werden konnte. Zunehmend mehr jüngere, gut gebildete Frauen richteten danach ihre Lebensplanung aus, auch unter Verzicht auf Kinder. Insofern verlor die Geschlechterdifferenz allmählich ihre Legitimation und erwerbsbiografisch strukturierende Kraft zugunsten von Bildung/Qualifikation. Andererseits blieb das traditionelle Ernährer-Hausfrau-Modell weitgehend strukturell aufrechterhalten. Wenngleich es als Ernährer-Zuverdienerin-Modell partiell modifiziert und modernisiert wurde, durchdringt dessen Prinzip die Fundamente des westdeutschen Sozialstaates und wird von der Politik nicht nur steuerlich finanziell privilegiert.[33]

Exkurs: ein Blick auf die DDR

In der DDR wurde die Frauenerwerbsarbeit früher und entschiedener gefördert, mit dem Ergebnis, dass sie 1989 mit über 90 Prozent eine der höchsten Frauenerwerbsquoten der Welt hatte.[34] Das Recht auf Arbeit war im Osten bekanntlich immer auch moralische Pflicht und finanzielle Notwendigkeit: Im Unterschied zu den hohen männlichen Ernährerlöhnen in der Bundesrepublik war das Lohnniveau in der DDR im Durchschnitt so konzipiert, dass nur bei zwei Verdienern das familiäre Auskommen gesichert war.

Auch für die DDR bietet das Ernährer-Hausfrau-Modell einen Ansatz, mit dem die Einflussfaktoren, die individuell und kollektiv über weibliche Erwerbswege entschieden, genauer bestimmt werden können. Wie im Westen setzte in der DDR der Wandel der Frauenerwerbsarbeit in den 1960er-Jahren ein. Im Jahre 1955 gingen 52 Prozent der weiblichen Bevölkerung im erwerbsfähigen Alter einer lohnabhängigen Beschäftigung nach, 1970 waren es bereits 66 Prozent, 1980 73 Prozent und 1989 schließlich 78 Prozent (ohne Auszubildende und Studierende).[35]

Zum Spezifikum der staatssozialistischen Arbeitsgesellschaft gehörte es, dass das Gros der Vollzeit beschäftigten Frauen Kinder hatte. Seit den 1950er-Jahren unternahmen Staat und Partei intensive Anstrengungen, die *werktätige Frau und Mutter* als kulturelle Norm zu implementieren und durch den Ausbau von Kinderbetreuungseinrichtungen in der Praxis zu realisieren. Wurden von Kleinkindern zwischen 0 und 3 Jahren 1955 erst 9,1 Prozent in einer Krippe betreut, stieg ihr Anteil bis 1970 auf 29,1 Prozent und bis 1989 auf 80,2 Prozent. Von den 3- bis 6-Jährigen gingen 1955

---

33 Vgl. Christiane Kuller, Soziale Sicherung von Frauen.
34 Die viel zitierte hohe Frauenerwerbsquote von über 90 % kam dadurch zustande, dass Studierende und Lehrlinge miteinbezogen wurden. Im Jahr 1989 waren in der DDR 78,1 % aller Frauen im erwerbsfähigen Alter erwerbstätig, mit Studierenden und Lehrlingen waren es 91,2 %. Hildegard Maria Nickel, »Mitgestalterinnen des Sozialismus« – Frauenarbeit in der DDR, in: Gisela Helwig/Hildegard Maria Nickel (Hg.), Frauen in Deutschland 1945–1992, Bonn 1993, S. 233-256, hier: 237.
35 Vgl. Gunnar Winkler (Hg.), Frauenreport '90, Berlin 1990, S. 63.

34,5 Prozent in einen Kindergarten, 1970 waren es 64,5 Prozent und 1989 ingesamt 95,1 Prozent.[36] Für Schulkinder wurde die Hortbetreuung ausgebaut. Gingen 1960 erst 13 Prozent in einen Schulhort, stieg der Betreuungsgrad bis 1970 auf 47 Prozent und bis 1989 auf 81 Prozent.[37]

Frauen profitierten von einer allgemeinen Verbesserung des Bildungssystems wie auch von speziellen Qualifizierungs- und Förderprogrammen für Frauen und sie konnten in qualifiziertere Berufe und Tätigkeiten vordringen. 1985 hatten 82 Prozent der weiblichen Erwerbstätigen in der DDR einen Facharbeiter-, Fachschul- oder Hochschulabschluss (in der Bundesrepublik hatten dagegen nur 62 Prozent einen vergleichbaren Abschluss).[38] Noch 1991 wunderte sich die Bundesanstalt für Arbeit in ihrem Arbeitsmarktreport darüber, dass es im Osten relativ wenig Hilfsarbeiterinnen gab und ostdeutsche Frauen im hoch qualifizierten Ingenieursberuf stark vertreten waren. In der Bundesrepublik arbeiteten demgegenüber Mitte der 1980er-Jahre 84 Prozent aller Arbeiterinnen als An- und Ungelernte.[39] Dennoch waren auch im Osten die Geschlechterlinien des Arbeitsmarktes äußerst zählebig: Verglichen mit Männern hatten Frauen die unattraktiveren, monotonen Arbeitsplätze inne und waren in niedrigere Lohngruppen eingruppiert – zum Beispiel kamen auch in der DDR im Jahr 1988 vollbeschäftigte Frauen nur auf 78 Prozent der Männerverdienste.[40]

Wenn auch schwächer ausgeprägt als in der Bundesrepublik, fand in der DDR ebenfalls in den 1980er-Jahren ein Strukturwandel statt, mit dem sich weibliche Erwerbstätigkeit auf die nichtproduzierenden Bereiche verschob. 1991 waren 66 Prozent aller weiblichen Erwerbstätigen in den neuen Bundesländern im tertiären Sektor beschäftigt (gegenüber 71 Prozent im Westen).[41] Wirtschaftsbereiche wie das Bildungs-, Gesundheits- und Sozialwesen wiesen einen Frauenanteil von bis zu 90 Prozent auf.[42]

Ähnlich wie im Westen gab es in der DDR einen wachsenden Trend zur Teilzeitarbeit. Während Teilzeitarbeit in der Bundesrepublik eine Arbeitgeberstrategie war,

---

36 Vgl. ebd., S. 142 f.
37 Zahlen bei Gunnar Winkler, Frauenreport, S. 144. Zur Ausweitung von Ganztagsbetreuung in der DDR vgl. Monika Mattes, Ganztagserziehung in der DDR. »Tagesschule« und Hort in den Politiken und Diskursen der 1950er bis 1970er Jahre, in: Zeitschrift für Pädagogik, 54. Beiheft, 2009, S. 230-246.
38 Vgl. Friederike Maier, Patriarchale Arbeitsmarktstrukturen – Das Phänomen geschlechtsspezifisch gespaltener Arbeitsmärkte in Ost und West, in: Feministische Studien 1 (1999), S. 107-116, 110.
39 Vgl. BA für Arbeit (Hg.), Arbeitsmarktreport für Frauen, Nürnberg 1994, S. 66 f. Vgl. Rainer Geißler, Sozialstruktur, S. 243.
40 Vgl. Rainer Geißler, Sozialstruktur, S. 244.
41 Vgl. BA für Arbeit (Hg.), Arbeitsmarktreport für Frauen, Nürnberg 1994, S. 5.
42 So waren z. B. im Jahr 1980 von den Beschäftigten im Bereich Sozialwesen, worunter auch die Kinderbetreuungseinrichtungen fielen, rund 94 % Frauen. Vgl. die Zahlen in Tabelle 2 bei Maria Nickel, »Mitgestalterinnen des Sozialismus«, S. 237.

schien sie im Osten zunächst eine Antwort der Betriebe auf die Arbeitszeitwünsche von verheirateten Arbeiterinnen gewesen zu sein – gegen den Willen der Partei und der Gewerkschaften. Auf die Frage »Was meinen Sie, sollte eine verheiratete Frau berufstätig sein?«, die das Institut für Meinungsforschung beim Zentralkomitee (ZK) der Sozialistischen Einheitspartei Deutschlands (SED) Beschäftigten in ausgewählten Betrieben stellte, sprachen sich über 80 Prozent der befragten Männer und Frauen für eine Berufstätigkeit von Ehefrauen aus, aber nur ein Fünftel der Befragten befürwortete Vollzeit. Von den befragten Frauen arbeiteten zwar 80,5 Prozent Vollzeit, aber knapp die Hälfte von ihnen sprach sich für Teilzeitarbeit aus.[43] Teilzeitarbeit schien sich zum »heimlichen Modell der Müttererwerbstätigkeit« entwickelt zu haben.[44] Wenn in der DDR immer mehr Frauen in den späten 1960er-Jahren zur Teilzeitarbeit übergingen, war das vermutlich eine Folge der 1967 eingeführten Fünftagewoche, mit der sich der Arbeitstag um 45 Minuten täglich verlängerte. Für erwerbstätige Mütter machte dies das Alltagsmanagement zwischen Erwerb und Familie noch schwieriger. Im Jahre 1970 arbeiteten bereits 32,5 Prozent der erwerbstätigen Frauen in Teilzeitarbeit, ein Anteil, der bis 1989 nur leicht zurückgedrängt werden konnte.[45] Es wäre genauer zu erkunden, in welchen Konstellationen es familiengebundenen Frauen gelang, sich zeitverkürzte Arbeit trotz der ablehnenden Haltung von Betrieb, Gewerkschaft und Partei zu ertrotzen.

Nicht nur an der Teilzeitarbeit, sondern auch der wachsenden Scheidungsrate und den zurückgehenden Geburtenzahlen zeigte sich, dass viele Frauen damit überfordert waren, bezahlte und unbezahlte Arbeit im Alltag zu vereinbaren. Die neue Staatsführung unter Erich Honecker reagierte auf die besorgniserregende Entwicklung mit einem extensiv angelegten sozialpolitischen Programm, das auf die bessere Vereinbarung von Erwerbsarbeit und Mutterschaft zielte. Die Verlängerung des Schwangerschafts- beziehungsweise Wochenurlaubs, ein einjähriges Babyjahr, Verkürzung der Arbeitszeit für Mütter und bezahlte Freistellung bei Krankheit des Kindes waren Maßnahmen, die an Frauen als Mütter, nicht aber an Männer als Väter gerichtet waren. Diese Politik zielte auf die Aufwertung von Mutterschaft, indem sie Mütter der jüngeren Generation privilegierte, mit dem Ergebnis, dass nicht etwa verantwortungsvolle

---

43 Die Zahlen, die das Institut für Meinungsforschung beim ZK der SED im Rahmen einer Umfrage zur Stellung der Frau in Familie und Gesellschaft erhob, wurden übernommen von Christine von Oertzen/Almut Rietzschel, Das »Kuckucksei« Teilzeitarbeit. Die Politik der Gewerkschaften im deutsch-deutschen Vergleich, in: Gunilla-Friederike Budde (Hg.), Weibliche Erwerbstätigkeit in Ost- und Westdeutschland nach 1945, Göttingen 1997, S. 212-251, hier: 240.
44 Ebd., S. 239 f.
45 Vgl. Gesine Obertreis, Familienpolitik in der DDR 1945–1980, Opladen 1986, S. 306; vgl. auch Heike Trappe, Emanzipation oder Zwang? Frauen in der DDR zwischen Beruf, Familie und Sozialpolitik, Berlin 1995.

Elternschaft, sondern die traditionelle Arbeitsteilung zwischen Frauen und Männern gestärkt wurde.[46]

Für die 1970er-/1980er-Jahre stellt sich die Frage, ob die pronatalistische Politik seit Honecker nicht zu einem vermehrten Ausschluss von Frauen aus zukunftsträchtigen technischen Berufen führte, da Frauen als potenzielle Mütter von den Betrieben nun per se als kostspielige und hinsichtlich ihrer zeitlichen Einsatzmöglichkeiten als unsichere *Kantonistinnen* betrachtet wurden. Seit Mitte der 1970er-Jahre war der Frauenanteil in Technik gestaltenden Berufen wieder rückläufig. Betriebe und Kombinate versuchten, den Anteil weiblicher Berufseinsteiger in zukunftsträchtigen technischen Berufen zu reduzieren und junge Männer einzustellen. Intern wurde dies mit dem Fehlen sozialer Einrichtungen, mit dem angeblich fehlenden technischen Interesse und mit der höheren Ausfallquote und Fluktuation bei Frauen begründet. Kaum wurde die Ursache bei der paternalistischen Sozialpolitik und deren einseitiger Ausrichtung auf Mütter gesucht.[47]

Fazit

Abschließend ist knapp zu resümieren, warum eine geschlechtergeschichtliche Fragerichtung für eine Sozialgeschichte der Arbeit lohnend sein kann. Ziel dieses Beitrags war es, die Entwicklung weiblicher Arbeitsverhältnisse in den 1970er- und 1980er-Jahren in einer ersten Erkundung zu skizzieren. Es ist deutlich geworden, dass aus dieser Perspektive der »Strukturbruch« sehr viel weniger eindeutig als Zäsur und als Verlust zu interpretieren ist, als wenn männliche Industriearbeit den Fokus bestimmt. Eine zukünftige Sozialgeschichte der Arbeit und Arbeitswelt nach dem Boom müsste noch sehr viel genauer ausloten, wo und wie der wirtschaftliche Strukturwandel, die Schaffung neuer Arbeitsplätze, staatliche Politiken auf den Feldern Migration, Bildung und Kinderbetreuung sowie der gesellschaftliche Wertewandel zusammenwirkten und wie dabei für die davon Betroffenen Risiken und Chancen verteilt waren. Soziologische Diagnosen, unabhängig davon, ob sie Frauen als Gewinnerinnen des Strukturwandels der männlichen Industriearbeiterschaft in der Krise gegenüberstellen oder ob sie die Kontinuitäten der geschlechtshierarchischen Arbeitsmarktstruktu-

---

46 Vgl. Ute Gerhard, Die staatlich institutionalisierte »Lösung« der Frauenfrage. Zur Geschichte der Geschlechterverhältnisse in der DDR, in: Hartmut Kaelble/Jürgen Kocka/Hartmut Zwahr (Hg.), Sozialgeschichte der DDR, Stuttgart 1994, S. 383-404, hier: 391 f.; Obertreis, Familienpolitik, S. 292 ff.

47 Beispielsweise halbierte er sich bis 1987 beinahe bei Wartungsmechanikern für Datenverarbeitung und Büromaschinen auf 18 %, bei Elektronikfacharbeitern auf 26 % und bei Facharbeitern für Bedien-, Mess-, Regeltechnik nahm der Frauenanteil um zwei Drittel ab. Demgegenüber wuchs der Frauenanteil in der Chipproduktion – der Facharbeiter für Datenverarbeitung hatte 1988 einen Frauenanteil von 74 %. Vgl. Maria Nickel, »Mitgestalterinnen des Sozialismus«, S. 241.

ren betonen, können einen Ausgangspunkt bilden für eine historische Rekonstruktion, die neben den Unternehmensstrategien zentrale Kategorien wie Generation, soziale Schicht, Ethnizität, Bildung/Qualifikation und Region einbeziehen sollte.

Der Vorteil eines geschlechtssensiblen Zugangs besteht darin, dass damit die Begriffe Arbeit und Arbeitsmarkt grundsätzlich offener angelegt sind, sodass sich Dimensionen sozialer beziehungsweise kultureller Handlungen und Deutungen stärker einbeziehen ließen. Gerade das als historisch wandlungsfähig zu verstehende Ernährer-Hausfrau-Modell erscheint flexibel genug, die unterschiedlichen Ebenen wie Normen, Praktiken, Diskurse und Politiken einzufangen und auch die Widersprüchlichkeiten und unterschiedlichen Geschwindigkeiten des stattfindenden Wandels zu erschließen. Eher als mit dem Begriff des Normalarbeitsverhältnisses ist es damit möglich, Erfahrungen von Frauen und Männern gleichberechtigt in den Blick zu bekommen. Auch kann dadurch das geläufige Wahrnehmungsraster, das den männlichen (Industrie-)Arbeiter als das Allgemeine und die zwischen Erwerb und Familie pendelnde Frau als das Besondere setzt, unterlaufen werden. Schließlich legen auch aktuelle Diskussionen hier einen Perspektivwechsel nahe – mit Erwerbswegen, die von Diskontinuität, Instabilität und Pendelbewegungen zwischen Erwerb und Familie gekennzeichnet sind, scheinen Frauen eher Trendsetterinnen als Nachzüglerinnen einer neuen, zukünftig noch stärker geforderten Lebensweise zu sein.[48]

---

48 So ähnlich jedenfalls Karin Hausen, Arbeit und Geschlecht, S. 354 ff. u. Ute Gerhard, Mütter zwischen Individualisierung und Institution: Kulturelle Leitbilder in der Wohlfahrtspolitik, in: Ute Gerhard/Trudie Knijn/Anja Weckert (Hg.), Erwerbstätige Mütter. Ein europäischer Vergleich, München 2003, S. 53-84, hier: 62.

Teil 2

Arbeitswelten und -beziehungen im Wandel: Beispiele und Fallstudien

Nina Weimann-Sandig

»Individual Bargaining« – eine neue Kultur der Arbeitsbeziehungen? Zur Entwicklung der Arbeitnehmervertretung bei kommunalen Energieversorgern

Der Begriff der Struktur spielt nicht nur für die historiografische Strukturbruchthese von Anselm Doering-Manteuffel und Lutz Raphael, sondern grundsätzlich auch für die Soziologie eine zentrale Rolle. Bildhaft gesprochen ist allen Definitionen von Struktur letztlich gemeinsam, dass man sich darunter ein Gebilde von dauerhaftem Bestand vorzustellen hat, welches aus verschiedenen Teilen zusammengesetzt ist, die jedoch in ganz unterschiedlicher Art und Weise verbunden sind. Veränderungen von Strukturen können daher über Betrachtungen einzelner Subsysteme erfolgen. Aus diesem Grund ist die These von Doering-Manteuffel und Raphael essenziell, dass ein »Strukturbruch« nicht von einem »Epizentrum« aus analysiert werden kann, sondern dass die Suche nach Querverbindungen zwischen den (scheinbar) funktional getrennten Bereichen Politik, Ökonomie, Bildung, Wissenschaft et cetera von grundlegender Bedeutung ist.[1]

Gleichzeitig gilt es zu fragen, was unter einem Strukturbruch eigentlich zu verstehen ist. Doering-Manteuffel und Raphael antworten hierauf mit folgender Definition:

> »Mit den Kategorien Strukturbruch sowie sozialer Wandel von revolutionärer Qualität bezeichnen wir Phänomene, die charakterisiert sind durch den Bedeutungsrückgang etablierter institutioneller Ordnungen oder tradierter Verhaltensweisen. Unser Vorgehen wird von der Beobachtung geleitet, dass solche Veränderungen in den verschiedenen Segmenten der Gesellschaft nicht deutlich genug verkoppelt sind, um ein einheitliches Szenario abzubilden, ganz im Gegenteil.«[2]

Demnach geht es hierbei also um die Frage, wo sich die Zielgrade, das heißt, die funktionalen Bestimmungen von Strukturen grundlegend verändert haben.

Wichtig erscheint mir, dass die beiden Autoren für die Betrachtung des Zeitraumes nach 1970 das Ende einer exakt abgrenzbaren epochalen Zeiterfassung fordern. Dies ist für die Soziologie nicht neu. Bereits Adorno wies darauf hin, dass die »Beschränkung auf herausgeschnittene, scharf isolierte Gegenstände« nicht nur »temporär, son-

---

1 Anselm Doering-Manteuffel/Lutz Raphael, Nach dem Boom. Perspektiven auf die Zeitgeschichte seit 1970, Göttingen 2008, S. 11.
2 Ebd.

dern prinzipiell die Behandlung der Totalität der Gesellschaft« behindert.³ Tatsächlich weisen die vergangenen 30 Jahre aus gesellschaftspolitischer Perspektive eine bis dahin unbekannte Diversifikation auf. Dies lässt sich nicht zuletzt daran festmachen, dass eine einheitliche gesellschaftliche Kontextuierung kaum noch auszumachen ist. Die Frage nach der Form von Gesellschaft, in der wir heute leben, mag dementsprechend mit den Schlagworten »Wissensgesellschaft«, »Erlebnisgesellschaft« oder mit der These von der »Risikogesellschaft« beantwortet werden.⁴ Diese – allenfalls exemplarischen und keinesfalls erschöpfenden – gesellschaftlichen Ordnungsmodelle sind mit unterschiedlichen Blickwinkeln verbunden, verweisen aber allesamt darauf, dass eine enge Verknüpfung einstmals getrennter Lebensbereiche in den vergangenen 30 Jahren erfolgt ist. Während sich die Nachkriegsjahre in Deutschland durch einen allgemeinen Aufwärtstrend, sprich steigenden Wohlstand, Vollbeschäftigung, ersten Urlaubsfahrten im eigenen Auto sowie einem klassischen *one best way* der Lebensführung (Vater, Mutter und zwei Kinder) auszeichneten, ergibt sich heute kein solch eingängiges und einheitliches Bild mehr.

Bemerkenswert ist dabei allerdings, dass dieser Strukturbruch im Zuge der Globalisierung und einer stetig wachsenden Verflechtung der Wirtschaftsräume zwar in allen Industrienationen stattfand beziehungsweise weiter stattfindet, sich dennoch nationale Wege und Besonderheiten entwickelt haben. Ich möchte diese Überlegung im Folgenden anhand von Auszügen aus einer Fallstudie zu kommunalen Energieversorgungsunternehmen in Deutschland illustrieren, um auf diesem Wege der Strukturbruchthese von Doering-Manteuffel und Raphael Nachdruck zu verleihen. Es soll versucht werden, entlang der Branche der kommunalen Energieversorgungsunternehmen darzulegen, wie sich das Arbeitnehmerselbstverständnis dieser Beschäftigten – bedingt durch den Strukturbruch seit den 1970er-Jahren – gewandelt hat, und welche Folgewirkungen dieser Wandel auf den Einfluss kollektiver Interessensvertretung (wie etwa die Betriebsräte) hatte. Den Bezugspunkt hierfür bildet eine in den Jahren 2004 bis 2008 durchgeführte qualitative Längsschnittstudie in ehemals kommunalen Energieversorgungsunternehmen, welche das Ziel verfolgt, neue Mitbestimmungsstrukturen und -tendenzen seit der Liberalisierung des Strommarktes sowie der zeitgleichen Privatisierung der ehemals kommunalen Versorgungsunternehmen zu untersuchen.⁵

---

3   Alfred Bellebaum, Soziologische Grundbegriffe, Stuttgart 1974, S. 141 ff.
4   Helmut Wilke, Systemisches Wissensmanagement, Stuttgart 2001; Gerhard Schulze, Die Erlebnisgesellschaft. Kultursoziologie der Gegenwart, Frankfurt a. M. 1992; Ulrich Beck, Politik in der Risikogesellschaft, Frankfurt a. M. 1991.
5   Nina Weimann, Betriebliche Mitbestimmung in ehemals kommunalen Energieversorgungsbetrieben. Der Wandel der intra-organisationalen Wahrnehmung betrieblicher Interessensvertretung durch die Privatisierung öffentlicher Unternehmen, Erlangen 2004 und Nina Weimann-Sandig, Neue Ansätze der Betriebsratsarbeit am Beispiel kommunaler Energieversorgungsunternehmen (unveröffentlichtes Manuskript der Dissertation).

Wenngleich die Mikroebene der kommunalen Energieversorgungsunternehmen in Deutschland in den Mittelpunkt des Beitrages rücken wird, soll deutlich gemacht werden, dass diese Veränderungen auf betrieblicher Ebene nicht das Resultat eigenkonzipierter, organisationaler Veränderungsprozesse sind. Müssen sie daher nicht vielmehr als Reaktion auf einen fundamentalen strukturellen Wandel, verursacht durch die politischen und wirtschaftlichen Veränderungen seit den 1970er-Jahren, gewertet werden? Für mich besteht die Faszination dieses Themas darin, dass man bildhaft schon fast von einem »Dominoeffekt« des Wandels, das heißt einer bis dahin unbekannten Kraft sprechen kann. Die Entstehung transnationaler Wirtschaftsräume und die Europäisierung zentraler Politikfelder tragen insbesondere seit den 1970er-Jahren zu einer entscheidenden Veränderung des organisationalen Aufbaus kommunaler Energieversorgungsunternehmen bei. Insbesondere auf der Arbeitnehmerebene fanden bedeutsame Veränderungen und Wandlungsprozesse statt. Diese gipfelten in den 1970er-Jahren in einer allmählichen Abkehr von tradierten Normen und Rollenzuschreibungen sowie in einer ernsthaften Krise der etablierten Kollektivvertretungsstrukturen der Nachkriegszeit.

Energieversorgung in Deutschland – das Ende nationaler Eigenständigkeit

Die deutsche Stromversorgung ist spätestens seit Mitte der 1990er-Jahre eng verbunden mit den Richtungsvorgaben der Europäischen Union. Durch die Verabschiedung einer Elektrizitätsrichtlinie durch den EU-Ministerrat am 26. Juni 1996 sowie der Richtlinie 96/92/EG des Europäischen Parlamentes und Rates betreffend gemeinsamer Vorschriften für den Elektrizitätsbinnenmarkt vom 19. Dezember 1996 waren alle EU-Mitgliedstaaten zu einer Liberalisierung ihrer Strommärkte verpflichtet.[6] Eigentlich ließe sich für die Bestrebungen nach einem europäischen Modell der Energieversorgung noch ein viel früheres Datum nennen: Bereits auf der Tagung des Rates vom 22. Mai 1973 wurde der Grundstock für ein gemeinschaftsrechtliches europäisches Energierecht gelegt, das freilich zu dieser Zeit noch frei war von Spezifikationen. Konkretere Überlegungen wurden im Weißbuch zur Vollendung des Binnenmarktes (1985) und im Weißbuch Energiepolitik (1995) formuliert. Dennoch wurde die Stromversorgung in Deutschland im Hinblick auf ihre drei primären Kennzeichen Leitungsgebundenheit, Nichtspeicherbarkeit und Kapitalintensität von der Politik bis Mitte der 1990er-Jahre stets als sogenanntes *natürliches Monopol* deklariert, dessen Besonderhei-

---

6   Die EU-Richtlinie findet sich im Amtsblatt der Europäischen Gemeinschaften L 27/20 v. 30.1.1997. [www.iwr.de/re/eu/recht/gesetz1.html].

ten die Nichtverträglichkeit eines Wettbewerbsmechanismus implizierten.[7] Infolgedessen lag die Stromversorgung in Deutschland bis dahin in der Hand öffentlicher Unternehmen, die ihren Auftrag aus der kommunalen Daseinsvorsorge ableiteten. Als kommunale Eigenbetriebe genossen die Energieversorgungsunternehmen zwei entscheidende Vorteile: das Monopolistendasein auf dem Versorgungsmarkt sowie eine einzigartige Stabilität der Arbeitsbeziehungen. Letztere war in erster Linie durch stabile Erwerbsbiografien geprägt: Ein Großteil der Beschäftigten zeichnete sich durch Betriebszugehörigkeiten von 30 Jahren oder mehr aus. Die Entscheidung zum Berufseintritt in das Unternehmen »Stadt« wurde dabei von pragmatischen Grundsätzen begleitet: Die Arbeitsplatzsicherheit in einem Anfang des 20. Jahrhunderts gegründeten Unternehmen, verbunden mit geregelten Gehaltssteigerungen durch das sogenannte Senioritätsprinzip, entschädigte für die – im Vergleich zur freien Wirtschaft – niedrigeren Gehaltsbezüge. Diese Planungssicherheit führte auch aufseiten der Kollektivvertretungen Personalrat und Gewerkschaft zu relativ konfliktarmen und arbeitgebernahen Vertretungspraxen. Auf der Arbeitgeberseite führte die Konstruktion des kommunalen Eigenbetriebes zu einer fehlenden Personalhoheit der damaligen Werksleiter. Der Eigenbetrieb ohne eigene Rechtspersönlichkeit war in allen Belangen den städtischen Vorgaben unterworfen. Die vom Stadtrat gewählten Werksleiter (direkt vergleichbar mit den städtischen Referatsleitern in ihrer Eigenschaft als kommunale Wahlbeamte) hatten in Personalfragen lediglich ein Vorschlagsrecht.[8] Dies trug wiederum zu einer Erhöhung der Arbeitsplatzsicherheit bei, da tatsächlich nur grobe Verstöße der Mitarbeiterinnen und Mitarbeiter in den städtischen Instanzen thematisiert wurden, wohingegen früheres Entfernen vom Arbeitsplatz, private Dienstwagennutzung oder die Erledigung privater Belange während der Dienstzeit als Kavaliersdelikte gehandhabt wurden. Hierzu die Äußerung des Geschäftsführers eines kommunalen Energieversorgers:

> GF1: »Neulich hatte ich auch so ein Erlebnis. Da war ich zufällig in der Stadt unterwegs und kam an einem Reisebüro vorbei. Ich hab eigentlich nur ins Schaufenster geschaut, weil unmittelbar davor eines unserer Firmenautos geparkt war. Ich schau also rein und seh den XY aus der Abteilung X in voller Montur da sitzen. Ich schau auf die Uhr und denk, des gibt es ja gar nicht, es ist 14.28 Uhr, der kann noch keinen Feierabend haben. Ich geh also rein und sage: ›Hallo Herr XY, sagen Sie mal, wie kommen Sie dazu während der Arbeitszeit ins Reisebüro zu gehen?‹ Da lacht der mich an und sagt: ›Chef, stellen Sie sich doch nicht so an,

---

7 Ein natürliches Monopol bedeutet eine Wettbewerbssituation, in der ein Unternehmen das Output kostengünstiger produzieren kann als jede Kombination anderer Unternehmen. Wettbewerb stellt in einem natürlichen Monopolbereich folglich eine volkswirtschaftlich ineffiziente Lösung dar.

8 Für detaillierte Informationen vgl. dazu die Eigenbetriebsordnung (EBV) v. 29.5.1987.

früher war das doch auch ganz normal, da haben wir das immer so gemacht und niemand hat sich darüber aufgeregt.‹ Zwei Tage später habe ich ihm die Abmahnung ausgehändigt, weil das kann ja einfach nicht sein. Er hat die Welt nicht mehr verstanden: aber früher war früher und jetzt weht hier ein anderer Wind.«[9]

Insbesondere in den 1980er-Jahren, als die »Krise der Arbeitsgesellschaft« anhand steigender Arbeitslosenzahlen und zunehmender Langzeitarbeitslosigkeit in der freien Wirtschaft ausgerufen wurde und sich Schlüsselindustrien wie die Automobilbranche mit sinkenden Unternehmensgewinnen konfrontiert sahen, erlebten die öffentlichen Unternehmen einen regelrechten Bewerberansturm.[10]

Im Zuge des politischen Diskurses um eine verstärkte Wettbewerbsöffnung in den Mitgliedsstaaten der EU kam es in Deutschland, forciert durch die zunehmenden Haushaltsprobleme der Kommunen[11], zu verstärkten Privatisierungsbemühungen, insbesondere in den Bereichen Versorgung, Entsorgung, Nahverkehr und Gesundheit.[12] Für die Arbeitswelt der kommunalen Energieversorger brachte dies eine grundlegende organisatorische Dezentralisierung mit sich, die sich wie folgt kennzeichnet:

Die Ausgliederung der Unternehmen hatte den Übergang in eine privatwirtschaftliche Unternehmensform zur Folge. Eine Vielzahl der Stadtwerke wurde infolgedessen in die Rechtsform einer Gesellschaft mit beschränkter Haftung (GmbH) überführt, andere blieben als Aktiengesellschaften hundertprozentige Töchter der Stadt.[13] Gemeinhin bewahrten sich die Städte umfassende Eingriffsrechte, da Oberbürgermeister und Stadträte als Mitglieder beziehungsweise Vorsitzende des Aufsichtsrates fungierten. Während in den Aktiengesellschaften die Arbeitnehmermitbestimmung im Aufsichtsrat klar geregelt ist, findet sich – durch das sogenannte Drittelbeteiligungsgesetz (DrittelbG) – lediglich für GmbHs mit mehr als 500 Beschäftigten eine rechtlich-ver-

---

9 Nina Weimann-Sandig, Transkriptionspassage aus einem Interview mit dem Geschäftsführer eines kommunalen Energieversorgers: (Geschäftsführer = GF).
10 Vgl. dazu die Verhandlungen des 21. Deutschen Soziologentages in Bamberg 1982 zur Krise der Arbeitsgesellschaft. Joachim Mattes (Hg.), Krise der Arbeitsgesellschaft. Verhandlungen des 21. Deutschen Soziologentages in Bamberg 1982, Frankfurt a. M./New York 1983.
11 Als Ursache für die steigenden Haushaltsprobleme der Kommunen wird gemeinhin das erweiterte Aufgabenspektrum der Kommunen seit den 1990er-Jahren angeführt, welche seither zu mehr als 70 % Landes- bzw. Bundesaufgaben ausführen. Vgl. Gerd Schmidt-Eichstaedt, Autonomie und Regelung von oben. Zum Verhältnis von kommunaler Eigenverantwortung und fremdbestimmter Eingrenzung durch Bundes- und Landesrecht sowie durch Normen der Europäischen Union, in: Roland Roth/Hellmut Wollmann (Hg.), Kommunalpolitik. Politisches Handeln in den Gemeinden, Opladen 2002, S. 323-337, hier: 328 ff.
12 Karsten Schneider, Mitbestimmung im »Konzern Stadt«. Arbeitspolitische Implikationen des dezentralisierten kommunalen Sektors, in: Industrielle Beziehungen 1 (2002), S. 7-32.
13 Heinz-Josef Bohntrup/Ralf-Michael Marquardt/Werner Voß, Liberalisierung in der Elektrizitätswirtschaft. Zuspitzung der Verteilungskonflikte, in: WSI-Mitteilungen 4 (2008), S. 175-183, hier: 176.

bindliche Regelung zur Arbeitnehmervertretung in Aufsichtsräten. GmbHs mit einer Unternehmensgröße von weniger als 500 Beschäftigten verfügen allenfalls über einen fakultativen Aufsichtsrat, der keine verbindliche Anzahl von Arbeitnehmervertretern vorsieht. In der Praxis besteht diese zumeist in der Benennung des Betriebsratsvorsitzenden und dessen Stellvertreters als Arbeitnehmervertreter im Aufsichtsrat. Ein Wahlmodus entsprechend dem Drittelmitbestimmungsgesetz existiert jedoch nicht.

Verbunden mit dem Übergang in eine privatwirtschaftliche Unternehmensform war die Anwendung eines neuen Tarifrechts (Tarifvertrag für Versorgungsbetriebe, kurz »TV-V«) sowie eines neuen Gesetzesmodells der betrieblichen Mitbestimmung (vom Personalvertretungs- zum Betriebsverfassungsgesetz). Im Unterschied zum bis dahin angewandten Personalvertretungsgesetz sieht das Betriebsverfassungsgesetz nun weit reichendere Mitbestimmungs- und Mitspracherechte (über die soziale und personelle Ebene hinaus) vor. Der zwischen der Vereinigung kommunaler Arbeitgeberverbände (VKA) und den damaligen Gewerkschaften ÖTV und DAG (heute ver.di) geschlossene Tarifvertrag für Versorgungsbetriebe bildet in den nunmehr privatwirtschaftlich strukturierten Unternehmen den Ersatz für den Bundes-Angestellten-Tarifvertrag sowie den Bundesmanteltarifvertrag (BAT beziehungsweise BMTG), verzichtete jedoch auf die traditionelle Differenzierung zwischen Arbeiter und Angestellten mittels Einführung eines umfassenden Entgeltgruppen beziehungsweise -stufensystems. Diese Veränderung hatte die Ablösung des alten Senioritätsprinzips, also des natürlichen Aufstiegs in eine höhere Entgeltgruppe aufgrund von Alter und Dauer der Betriebszugehörigkeit zur Folge. Vielmehr sah der TV-V verstärkt die Möglichkeiten von Stufenvorrückungen oder Leistungsprämien bei Übernahme höherwertiger Tätigkeiten oder zur Honorierung individueller Erfolge vor. Auch für leistungsbezogene Entgeltkomponenten wurden Spielräume vorgesehen.

Mit dem neuen Energiewirtschaftsgesetz vom 29. April 1998 führte die Bundesrepublik Deutschland eine vollständige Öffnung des Elektrizitätsmarktes für alle Kundengruppen ein. Während es auf überregionaler Ebene zu einer Zentralisation vier großer Verbundunternehmen kam, die gegenwärtig immerhin 78 Prozent der Stromerzeugung in Deutschland leisten und sich auf diese Weise noch immer eine klare Versorgungsdominanz erhielten, wurden die rund 1.200 Stadtwerke auf lokaler Ebene mit dem Aufkommen kostengünstiger Privatanbieter konfrontiert. Die städtischen Versorgungsbetriebe sahen sich folglich einer neuartigen Konkurrenzsituation gegenüber, was unter anderem einen Unternehmensschwund von rund 20 Prozent zur Folge hatte.[14]

Mit den Bemühungen zur Europäisierung des Strommarktes auf der politischen Makroebene ging, zeitlich um einige Jahre versetzt, ein Wandel der Betriebsformen im Bereich kommunaler Energieversorgungsunternehmen einher. Diese organisationa-

---

14 Heinz-Josef Bohntrup/Ralf-Michael Marquardt/Werner Voß, Liberalisierung in der Elektrizitätswirtschaft, S. 176.

len Veränderungen führten, gemeinsam mit dem Agieren auf einem nunmehr freien und ungeschützten Markt, zur Entstehung neuer Interessenslagen bei den Arbeitnehmern. Die Stadtwerke bilden heute – im Vergleich zu den goldenen Jahren des kommunalen Eigenbetriebes der 1960er- und 1970er-Jahre – eine instabile, heterogene und intermodale Arbeitswelt ab, die unterschiedliche Veränderungen ihrer zentralen betrieblichen Akteure erbracht hat.

Wandel der Interessenslagen der Arbeitnehmer: Mit steigendem Qualifikationsniveau steigt der Einzelvertretungsanspruch

Über die Situation von Arbeitnehmern in öffentlichen Unternehmen in den 1960er- und 1970er-Jahren gibt es kaum wissenschaftlich fundierte Erkenntnisse. Auch mit Beginn der Krise der Arbeitsgesellschaft Ende der 1970er-Jahre lag der Fokus der sozialwissenschaftlichen Forschung auf den Veränderungen der Arbeitswelt in der freien Wirtschaft. Erst Ende der 1990er-Jahre, mit Beginn der Privatisierungsbestrebungen der Kommunen, wurde das Interesse der Forschung hieran geweckt.[15] In der zugrunde liegenden Fallstudie gelang mittels qualitativer Interviews die retrospektive Betrachtung der Arbeitswelt zwischen 1960 und 1980 durch den Vergleich mit den Veränderungen seit Ende der 1990er-Jahre.[16] Vorangegangen waren vielfältige Dokumentenanalysen wie Kommunalverordnungen, zugängliche Stadtrats- und Betriebsratsprotokolle und anonymisierte Unterlagen, um eine Verzerrung retrospektiver Interviewergebnisse weitgehend zu vermeiden. Denn eine mögliche Glorifizierung vergangener Arbeitswelten durch die Interviewpartner musste im Auge behalten werden.

Schöne alte Arbeitswelt?

Grundlegend für die Zeit zwischen 1960 und dem Ende der 1980er-Jahre ist die Linearität und Konstanz sozialfriedlicher Arbeitsbeziehungen in den kommunalen Energieversorgungsunternehmen. Feste Aufstiegsmöglichkeiten, planbare Stufenvorrü-

---

15 Exemplarisch sei hier erwähnt: Thomas Edeling/Werner Jann/Christoph Reinhard/Dieter Wagner, Öffentliche Unternehmen. Entstaatlichung und Privatisierung?, Opladen 2001.
16 Es handelt sich hierbei um eine Längsschnittstudie, welche ich in den Jahren 2004–2008 am Institut für Soziologie der Universität Erlangen-Nürnberg als Dissertationsprojekt durchgeführt habe. Im Mittelpunkt der Längsschnittuntersuchung stand die Zusammenarbeit mit Betriebsräten kommunaler Energieversorgungsunternehmen im Rahmen eines eigens gegründeten *Arbeitskreises Betriebsräte Versorgung*. Dieser Arbeitskreis hatte es sich zur Aufgabe gemacht, neue Handlungskonzepte für die Betriebsräte kommunaler Energieversorger zu erarbeiten. Neben Gruppendiskussionsverfahren innerhalb des Arbeitskreises bildeten Experteninterviews mit Vertretern des Managements der beteiligten Unternehmen ebenso wie leitfadengestützte Interviews mit Mitarbeiterinnen und Mitarbeitern eine wesentliche Erkenntnis- und Analysequelle.

ckungen und Gehaltsaufstockungen und nicht zuletzt feste Arbeitstätigkeiten stehen im Vordergrund der Erzählungen über diese Zeit:

> Am: »Wissen Sie, ich will nicht sagen, dass es früher alles besser war, aber einfacher war es und klarer absehbar. Du hast gewusst, wenn du hier reinkommst, bleibst du bis zur Rente da, außer du machst was ganz Schreckliches (er lacht). Aber das hat bestimmt keiner gewollt, weil man hat ja gesehen, dass es draußen immer schwieriger wurde und da war es dann schon okay, dass man nicht das große Geld verdient hat. Wenig ist es ja aber auch nicht, man kommt gut damit klar und früher konnte man sich ausrechnen, wie viel man in der letzten Stufe haben wird. Des ging ja ganz automatisch, dass man immer etwas weiter vorgerückt ist, sozusagen über Los (er lacht).«[17]

Heute sieht die Situation anders aus: Wenngleich der Verzicht auf betriebsbedingte Kündigungen in den Überleitungen zum Tarifvertrag für Versorgungsbetriebe für die Anfangsjahre fixiert wurde, weisen Studien einen Rückgang der Beschäftigtenzahlen zwischen 1998 und 2005 von 290.168 auf 207.654 Beschäftigte in der Stromversorgung nach, wobei hiervon insbesondere Stadtwerke mit mehr als 500 Beschäftigten betroffen waren.[18] Wie steht es also um die Angst der Mitarbeiter vor Arbeitsplatzverlust und wer fühlt sich tatsächlich bedroht? Eine erste interessante Erkenntnis besteht darin, dass die sonst so offensichtlichen Korrelationen zwischen Qualifikation beziehungsweise Art der ausgeübten Tätigkeit im Betrieb und der Angst vor Arbeitsplatzverlust in den untersuchten kommunalen Energieversorgungsunternehmen eine geringe Rolle spielten. Wenngleich Studien, etwa zum Einfluss des Qualifikationsniveaus auf die Gefahr von Arbeitslosigkeit oder zu Fortschreibungen qualifikationsspezifischer Arbeitslosenquoten einen deutlichen Zusammenhang zwischen Qualifikation und der Bedrohung durch Arbeitsplatzverlust ausmachen[19], kann dieser Trend in den Stadtwerken nicht bestätigt werden. Angst vor Arbeitsplatzverlust wurde in der gesamten Bandbreite der Beschäftigten geäußert – unabhängig von der ausgeübten Tätigkeit und der hierarchischen Ansiedlung im Organisationsgefüge. Bemerkenswerterweise existiert aber ein scheinbar qualifikationsunabhängiger Zusammenhang zwischen Dauer der Betriebszugehörigkeit und der Angst vor Arbeitsplatzverlust. Mitarbeiter mit einer langen Betriebszugehörigkeit (>10 Jahre) äußerten deutlich öfter die Sorge um die Be-

---

17 Nina Weimann-Sandig, Transkriptionspassage aus einem Interview mit einem Teamleiter des Servicebereiches im Betrieb; der Beschäftigte hat Personalverantwortung für 10 Mitarbeiterinnen und Mitarbeiter und ist seit 1979 im Unternehmen (Am = Teamleiter, männlich).
18 Heinz-Josef Bohntrup/Ralf-Michael Marquardt/Werner Voß, Liberalisierung, S. 177.
19 Vgl. z. B. Uwe Blien, Arbeitslosigkeit als zentrale Dimension sozialer Ungleichheit, in: Aus Politik und Zeitgeschichte 40/41 (2008), S. 3-6; Alexander Reinberg/Markus Hummel, Schwierige Fortschreibung: Der Trend bleibt - Geringqualifizierte sind häufiger arbeitslos, in: IAB-Kurzbericht 18 (2007).

drohung ihres Arbeitsplatzes als relativ neue Beschäftigte. Während Letzteren die Mechanismen der Arbeitssuche in der freien Wirtschaft vertraut waren, oftmals auch ein bis zwei Unternehmenswechsel erfolgten und dementsprechend die Gewissheit bestand, dass man bis jetzt immer noch etwas gefunden habe, fehlte den Mitarbeitern mit langer Betriebszugehörigkeit dieser Erfahrungswert. Die einst gesicherte Zukunft durch den Verbleib in einem öffentlichen Unternehmen erfuhr nun eine negative Konnotation, wie in der Interviewpassage deutlich wird:

> Bm: »Also sag mer mal ja es gibt schon Befürchtungen. Also sag mer mal so, ich bin ähm wie soll ich sagen, wenn ich mir mal die Umwelt so anschau denk ich mir, dass wir schon nen sehr, sehr sicheren Arbeitsplatz gehabt haben. Also ultrasicher war der früher. Ich denke auch, dass die Führung jetzt einfach ein bisschen rigoroser durchgreift weil ich sag mal früher waren halt schon sehr viele schwarze Schafe dabei, die was halt schon öffentlichen Dienst haben ausgenutzt. Des denk ich halt schon, dass sich da was in der Führung geändert hat und des macht jetzt schon die Runde, dass des nimmer so einfach ist (.) auch da draußen net (.) wenn man immer hier drin war.«[20]

Neue Zeiten erfordern neue Strategien

Der Wandel der Arbeitswelt hat in der zugrunde liegenden Fallstudie zu der zentralen Untersuchungshypothese geführt, dass durch die dramatischen Veränderungen des Arbeitskontextes sowie der damit verbundenen Arbeitsplatzunsicherheit ein stärkeres Bedürfnis der Mitarbeiter nach einer kollektiven Interessensvertretung, das heißt nach einem einheitlichen Sprachrohr und Identifikationsorgan existiert. Im Sinne eines Collective Bargaining auf betrieblicher Ebene wurde also angenommen, dass die Mitarbeiter aufgrund eines einheitlichen Handlungsbedarfes (der Sicherung der Arbeitsplätze) ein Solidargefühl entwickeln und beispielsweise den Betriebsrat als feste Größe hinsichtlich der Vertretung ihrer Interessen betrachten. Gerade die betriebliche Mitbestimmung hat in den Jahren seit 1950 in Deutschland einen Aufwärtstrend erfahren und ist auch in Zeiten abnehmender gewerkschaftlicher Organisationsgrade in den Unternehmen von den Arbeitnehmern als wichtiges Instrument wahrgenommen worden, ihre Interessen zu vertreten.

Tatsächlich konnte aber in der Langzeitanalyse für die untersuchten kommunalen Energieversorgungsunternehmen ein gegenläufiger Trend ausgemacht werden. Trotz einer betrieblich umfassenden Angst vor Arbeitsplatzverlust war das Kollektivbe-

---

20 Nina Weimann-Sandig, Transkriptionspassage aus einem Interview mit einem Beschäftigten mit Meistertitel und Personalverantwortung im Betrieb; der Beschäftigte ist seit seiner Ausbildung 1989 im Unternehmen (Bm = Mitarbeiter männlich).

wusstsein der Arbeitnehmer hier eher gering ausgeprägt. Zudem nahm es mit steigendem Qualifikationsgrad ab.[21] Bricht man diese generelle Erkenntnis auf die Frage nach der Präferenz der Beschäftigten hinsichtlich einer Interessensvertretung durch einen Betriebsrat oder direktpartizipative Mitbestimmungsmodelle herab, so sah zwar die Mehrheit der Beschäftigten (qualifikationsunabhängig) den Betriebsrat als wichtiges, da institutionalisiertes und damit rechtlich verankertes Kollektivorgan an, legitimierte seine Existenz jedoch auf differenzierte Weise.

Bei den Beschäftigten mit niedrigen Bildungsabschlüssen und einfachen Tätigkeiten im Unternehmen existiert nach wie vor die Definition der Interaktion zwischen Arbeitnehmer und Arbeitgeber als Nullsummenspiel. Vereinfacht ausgedrückt: Was der eine gewinnt, verliert der andere.[22] Der Arbeitnehmer wird im klassischen Marx'schen Sinne als unterlegen und mit dem Arbeitgeber nicht auf gleicher Augenhöhe stehend erachtet. Damit der einzelne Beschäftigte sich in seiner unterlegenen Position gegenüber dem Arbeitgeber (als Besitzer der Produktionsmittel) behaupten kann, bedarf es einer kollektiven Vereinigung der Arbeitnehmer. Nicht verwunderlich ist hier, dass gerade in diesen Belegschaftsteilen der Großteil der Gewerkschaftsmitglieder im Unternehmen zu verzeichnen ist. Das negative Bild des Arbeitgebers (wenn auch im übertragenen und generalisierten Sinne) macht folglich die Existenz eines Betriebsrates zum Schutze des einzelnen Arbeitnehmers notwendig. Dem Betriebsrat wird in erster Linie eine Schutzfunktion mit inkludierendem Charakter zugeschrieben. Diese betriebsrätliche Schutzfunktion wurde in der Begründungslogik der höherqualifizierten Beschäftigten weniger gesehen. Die Notwendigkeit eines Betriebsrates resultiert aus ihrer Sicht aus der Unternehmensgröße, welche direktpartizipative Mitbestimmungsformen verhindert sowie den unterschiedlichen Bildungshorizonten und Beschäftigungsgruppen im Unternehmen. Mit steigendem Qualifikationsniveau setzt dementsprechend ein Exklusionsmechanismus ein: Der Betriebsrat gilt als Vertreter des einfachen Arbeiters beziehungsweise der Schwachen im Unternehmen. So äußerte sich eine Beschäftigte in mittlerer Stellung über die Aufgaben des Betriebsrats wie folgt:

> Iw: »Was muss ihrer Ansicht nach denn ein Betriebsrat im Unternehmen für die Mitarbeiter leisten, was sind für sie so zentrale Themen, Schwerpunkte, die der Betriebsrat durchsetzen und für die er sich einsetzen sollte im Unternehmen?«
> Mw: »Also durchsetzen des weiß i etz net ob er des wirklich machen muss, aber einsetzen auf jeden Fall für den Schwächeren in Anführungsstrichen gegenüber der Firma wenn's um einen Problemfall oder wenn's ums Gehalt geht. Wobei da

---

21 Vgl. dazu auch Hermann Kotthoff/Alexandra Wagner, Die Leistungsträger. Führungskräfte im Wandel der Firmenkultur. Eine Follow-up-Studie, Berlin 2008.
22 Walther Müller-Jentsch, Soziologie der Industriellen Beziehungen. Eine Einführung, Frankfurt a. M./New York 1997, S. 260.

klare Grenzen da sind. Aber wenn's halt um Sachen geht wo die Schwächeren, die sich nichts sagen trauen oder irgendwie auch net können, Hilfe kriegen.«[23]

Derjenige, der folglich in der Lage ist, seine Interessen selbst zu artikulieren und in einen direkten Aushandlungsprozess mit seinem Vorgesetzten zu treten, bedarf nach Meinung dieser Befragten keines Betriebsrates. Wie lässt sich dieser Trend zum »Individual Bargaining« vor dem Hintergrund der Strukturbruchthese erklären? Grundsätzlich existiert in dieser Beschäftigtengruppe – im Vergleich zur Gruppe der Geringqualifizierten – eine Überwindung des Negativparadigmas bezüglich der Austauschbeziehung zwischen Arbeitgeber- und Arbeitnehmerseite. Im Gegensatz zum Beispiel der Niedrigqualifizierten wird der Arbeitgeberseite hier ein durchaus ambivalentes Partizipationsverständnis zugeschrieben. Soll heißen: Nach Meinung der Höherqualifizierten gesteht die Arbeitgeberseite den Arbeitnehmern durchaus die Ausweitung ihrer (wie auch immer gearteten) Spielräume zu, wenn erkennbar ist, dass dies für beide Seiten zu positiven Folgewirkungen führt. Auf Basis dieser generellen Grundannahme einer positiven, weil interessengeleiteten Interaktionskultur lässt sich durchaus die Zunahme des »Individual Bargaining« bei höher qualifizierten Beschäftigten nachvollziehen. Eine weitere Erklärung mag sicherlich aber auch in den veränderten Management- und Führungsstilen liegen, die seit der Privatisierung der Unternehmen Einzug gehalten haben. Im Zuge eines wirtschaftlichen und konkurrenzorientierten Geschäftsbetriebes wurden in den untersuchten Unternehmen Managementstile etabliert, die die Eigenverantwortlichkeit der Arbeitnehmer stark in den Vordergrund stellen. Als besonders häufiges Instrument wird das Führen mittels Zielvereinbarung eingesetzt. In dialogischen Gesprächen zwischen Führungskraft und Arbeitnehmer werden verbindliche Kriterien und Leistungserwartungen festgelegt. Dabei handelt es sich um nichts anderes als individuelle, das heißt direkte Aushandlungsprozesse zwischen Arbeitnehmern und Management. Anliegen, für deren Verwirklichung die Mitarbeiter früher an den Betriebsrat herantreten mussten, können folglich in einer direkten Kommunikation geklärt werden. Tatsächlich sind die Zielvereinbarungsgespräche in den drei untersuchten Unternehmen für alle Entgeltgruppen (Entgeltgruppe 2–15 des TV-V) verpflichtend. Zielvereinbarungsvorlagen werden folglich für alle Tätigkeitsprofile und Hierarchiestufen von den Personalabteilungen der Unternehmen erarbeitet und unterscheiden sich gemäß der einzelnen Tarifstufen nach der quantitativen (Anzahl der Ziele und Aufgaben) und qualitativen Komplexität (Art und Weise der Zielumsetzung) der Vereinbarungen. Insgesamt erhält jedoch jeder Mitarbeiter einmal jährlich die Gelegenheit, sich über die Art und Weise der Arbeitsausgestaltung sowie über zentrale Problemfelder mit seinem Vorgesetzten auszutauschen.

---

23 Nina Weimann-Sandig, Transkriptionspassage aus einem Interview mit einem Beschäftigten in mittlerer Stellung (ohne Personalverantwortung) im Betrieb; der Beschäftigte ist seit 1992 im Unternehmen. (Iw = Interviewerin, Mw = Mitarbeiter männlich).

Wenngleich für die Beschäftigten die generelle Möglichkeit besteht, einen Vertreter des Betriebsrates bei den Zielvereinbarungsgesprächen dabei zu haben, machen hiervon nur wenige Mitarbeiter, hierbei aber wiederum mehr Geringqualifizierte, von dieser Möglichkeit Gebrauch.[24]

> Dm: »Also ich bin ein Feind dieser Zielvereinbarungsgespräche, weil ich hab immer des Gefühl, dass mich mein Chef über den Tisch ziehen will, weil er mich eh net leiden kann. Deshalb find ich es schon gut, dass man den Betriebsrat dazu nehmen kann und der schaut dann drauf, dass des wirklich neutral läuft. Ich bin halt nur eine kleine Nummer in unserer Abteilung und da hab ich immer des Gefühl, dass die Studierten bei uns besser wegkommen. Einfach so, weil sie halt studiert haben.«
>
> Cw: »Ich kann dem jetzt absolut nicht zustimmen, aber vielleicht weil ich halt auch jemand bin, der studiert hat (sie lacht). Ich wäre nie auf die Idee gekommen, einen Betriebsrat in mein Zielvereinbarungsgespräch reinzunehmen. Das geht nur mich und meinen Chef was an und ich bereite mich vor und weiß genau, was ich hier für Arbeit leiste und trau mir auch zu, das allein zu vertreten.«[25]

Management: Co-Management statt Partikularinteressensvertretung

Auch das Management hat diesen Trend zum »Individual Bargaining« der Beschäftigten längst erkannt und tritt mit der Forderung einer Neuausrichtung der Betriebsratsarbeit auf den Plan. Der Betriebsrat rückt in den Augen des Managements in die Rolle eines Co-Managers, womit die Notwendigkeit einer Veränderung der Sach- und Themengebiete betrieblicher Mitbestimmung einhergeht: Arbeitsplatzsicherheit, wirtschaftliche Erfolge und unternehmerische Zwänge müssten nach Meinung des Managements heute an der Spitze der betriebsrätlichen Agenda stehen. Hierzu sei beispielhaft aus einem Interview mit einem stellvertretenden Geschäftsführer:

> GFm: »Des ist des Gleiche was den Betriebsrat anbelangt, also auch hier muss natürlich ein Umdenken her in der Gestalt, Auftragnehmer-, Auftraggeberdenken bedeutet Kostentransparenz, bedeutet natürlich auch mehr denn je Stichwort Kostensenkungspotentiale, ja ähm aufzugreifen, die zu erheben, zu suchen wo sind die und umzusetzen und ähm macht nicht Halt letztendlich bei den Perso-

---

24 Bei behinderten Mitarbeitern ist ebenso die Hinzuziehung des Schwerbehindertenvertreters möglich.
25 Nina Weimann-Sandig, Transkriptionspassage aus einer Diskussionsrunde mit Mitarbeiterinnen und Mitarbeitern (Cw= Mitarbeiterin weiblich, Dm= Mitarbeiter männlich).

nalkosten und des ist des Hauptthema, wo ich zunächst natürlich Verständnis hab, keine Frage, der Betriebsrat hat hier natürlich die Aufgabe, die Belegschaft zu vertreten aber er muss des dann auch professionell und mit Sachkenntnis tun (.) aber ich bin ja schon froh zu hören, wenn der Betriebsrat mal das Ziel hat, aus seiner Reserve rauszugehen, a mal sich den neuen Gegebenheiten zu stellen und auch unter Umständen mal mit der Unternehmensleitung hier das Gespräch sucht und einfach mal feststellt und wahrnimmt, dass wir eine neue Welt haben.«[26]

Dies stellt durchaus kein Novum dar. In der industriesoziologischen Forschung ist die Tendenz zur Übernahme einer Co-Managementrolle des Betriebsrates bereits vielfach thematisiert und in den großen Unternehmen der freien Wirtschaft bereits in hohem Maße etabliert.[27] Dementsprechend verlagert sich die Notwendigkeit einer Arbeitnehmervertretung nach Ansicht des Managements immer mehr von der innerbetrieblichen Ebene auf die Beschäftigtenvertretung im Aufsichtsrat. Arbeitnehmermitbestimmung im Aufsichtsrat erfordert indes aufgrund der umfangreichen Entscheidungskompetenzen eine Bereitschaft zum Erwerb zusätzlicher Qualifikationen. Wollen Betriebsräte im Sinne einer Co-Managements eine zentrale Rolle spielen[28], dann geht dies weit über die traditionellen Bildungs- und Qualifizierungsangebote hinaus. Zusätzlich zu den tradierten gewerkschaftlichen Orientierungs- und Qualifizierungshilfen müssen Unternehmensthemen in den Blickpunkt der Betriebsräte beziehungsweise Arbeitnehmervertreter gelangen. Dies stellt wiederum für die untersuchten Betriebsräte der kommunalen Energieversorgungsunternehmen ein Novum dar. Während gewerkschaftliche Basisseminare zu den wesentlichen Elementen des Betriebsverfassungsgesetzes sowie zur Anwendung des Tarifvertrages für Versorgungsbetriebe in allen Betriebsratsgremien zum Pflichtprogramm gehören, gibt es darüber hinaus nur wenig Initiativbereitschaft. Auffallend ist auch der noch wenig ausgeprägte Rückgriff auf nichtgewerkschaftliche Weiterbildungsveranstaltungen:

Gm: »Wir wollten ja mal über Weiterbildungen reden. Also bei uns ist es schon so, dass wir versuchen, alle Betriebsräte auf Basisseminare von ver.di zu schicken, also Betriebsverfassungsgesetz und des Ganze. Aber ich merk schon, dass des langsam nimmer reicht. Deshalb hab ich mich neulich angemeldet zu einem

---

26 Nina Weimann-Sandig, Transkriptionspassage aus einem Interview mit einem stellvertretenden Geschäftsführer eines bayerischen EVUs mit mehr als 1.000 Mitarbeitern (GFm = Geschäftsführer männlich).
27 Vgl. dazu u. a. Walther Müller-Jentsch, From Collective Voice to Co-management, in: Joel Rogers/Wolfgang Streeck (Hg.), Works Councils. Consultation, Representation, and Cooperation in Industrial Relations, Chicago 1995, S. 53-78, gesamt; Britta Rehder, Legitimitätsdefizite des Co-Managements. Betriebliche Bündnisse für Arbeit als Konfliktfeld zwischen Arbeitnehmern und betrieblicher Interessenvertretung, in: Zeitschrift für Soziologie 3 (2006), S. 227-242.
28 Vgl. dazu Walther Müller-Jentsch, Soziologie, S. 275.

Fachseminar Energieversorgung bei ver.di, des wurde dann aber wieder abgesagt. Ich würd ja gern, aber es wird ja scheinbar nicht angeboten.«
Mm: »Also das versteh ich net, warum geht ihr denn dann net zu einem anderen Anbieter? Wir machen ehrlich gesagt schon länger die thematisch relevanten Weiterbildungen wie Unbundling oder Personalwesen bei der Firma X. Die ist der größte private Anbieter für Betriebsratsseminare und wir sind total zufrieden. Hat auch den Vorteil, dass man Fachreferenten hat, also Juristen oder Personaler usw. und die sehen des viel objektiver. Da gehen auch die Betriebsräte aus den großen Unternehmen hin, beim letzten Mal waren da viele von AUDI.«[29]

Die Betriebsräte der kommunalen Energieversorgungsunternehmen haben also durchaus erkannt: *Nachhilfestunden* in rechtlichen Grundlagen der Liberalisierung, betriebswirtschaftlichen Kennziffern, Organisations- und Personalentwicklungsmaßnamen werden unerlässlich sein, wenn der Betriebsrat zukünftig in den Unternehmen eine aktive Rolle spielen will. So stellt sich die Frage, wie es um die Zukunft der Betriebsräte, aber auch deren Arbeit in den Unternehmen der kommunalen Energieversorgung bestellt ist. Müssen sie aufgrund des zunehmenden »Individual Bargaining« als Auslaufmodell betrachtet werden oder fristen sie zukünftig allenfalls ein Schattendasein für die Randgruppe der Schutzbedürftigen? Eine normative Antwort im Sinne eines *One best Way* der betrieblichen Interessensvertretung wäre meiner Ansicht nach weder hilfreich noch angebracht. Tatsächlich haben die Betriebsräte der untersuchten kommunalen Energieversorger erkannt, wie wichtig es ist, sich den Veränderungen der Arbeitnehmerbelange, aber auch der Managementanforderungen zu stellen. Dabei sollte eine solche Emanzipation keinesfalls als Übernahme einseitiger Rollenzuschreibung durch die anderen betrieblichen Akteure verstanden werden. Als Reaktion auf die Ergebnisse in den untersuchten Betrieben gründete sich beispielsweise ein *Arbeitskreis Betriebsräte Versorgung*. Gemeinsam diskutierten Betriebsräte kommunaler Energieversorgungsunternehmen hier über vier Jahre – unter sozialwissenschaftlicher Begleitung – bei regelmäßigen Treffen die neusten Entwicklungen ihrer betrieblichen Lebenswelt sowie damit verbundene Reaktionen der Akteure. Im gemeinsamen Gespräch konnten neue Konzepte und Leitlinien einer modernen Betriebsratsarbeit entwickelt werden. Einig war man sich hier vor allem darin, den Trend zum »Individual Bargaining« nicht durch die Besetzung bloßer Schutz- und Nischenfunktionen stoppen zu können, sondern durch eine Neudefinition der Zusammenarbeit zwischen Betriebsrat und Mitarbeitern. Eine solche Maßnahme bestand etwa in der stärkeren Einbeziehung der Mitarbeiter bei der Erarbeitung von Betriebsvereinbarungen. Umgesetzt wurde auch die Gründung thematischer Mitarbeiterarbeitsgruppen mit Bera-

---

29 Nina Weimann-Sandig, Transkriptionspassage aus einem Treffen des »Arbeitskreis Betriebsräte Versorgung« (Gm = Betriebsratsvorsitzender des Unternehmens X, Mm = Betriebsratsvorsitzender des Unternehmens Y).

tungsfunktion für den Betriebsrat. Tatsächlich hat sich die Akzeptanz der Betriebsratsarbeit insbesondere bei den höherqualifizierten Beschäftigten mit Selbstvertretungsanspruch seitdem verbessert. Betriebliche Vereinbarungen genießen einen deutlich höheren Stellenwert, weil sie nicht länger als das Aushandlungsprodukt von Betriebsrat und Arbeitgeberseite gelten, sondern sich Mitarbeitermeinungen darin wiederfinden. Dies hat den Betriebsräten im *Arbeitskreis Betriebsräte Versorgung* ein neues Selbstvertrauen gegeben, das dazu beitrug, sich in einem weiteren Schritt mit den Erwartungen des Managements auseinanderzusetzen. Besonders wichtig war den Betriebsräten letzten Endes folgende Erkenntnis: Betriebsratsarbeit unter dem Blickwinkel eines zunehmenden *Individual Bargaining* und dem Ruf nach Co-Management kann nur Bestand haben, wenn sich der Betriebsrat selbst aktiv um die Etablierung einer neuen Beteiligungskultur im Unternehmen bemüht. Dies setzt die Erkenntnis voraus, wie sehr man durch die strukturellen Veränderungen, die sich ab den 1970er-Jahren politisch angedeutet haben und spätestens seit Ende der 1990er-Jahre für das wirtschaftliche Gebaren der kommunalen Energieversorgungsunternehmen gelten, in eine Defensivposition gedrängt wurde. Der Wandel war kaum beeinflussbar, weil er nicht von einem zentralen Epizentrum ausgelöst wurde, sondern sich in vielen Subsystemen vollzog. Der Wandel war fundamental, weil er erst nach einer Orientierungsphase Raum für das Beschreiten eigener Wege ließ. Und genau hier müssen Unternehmen und Betriebsräte künftig ansetzen. Aktive Mitbestimmungspolitik in den kommunalen Energieversorgungsunternehmen sollte das Ziel verfolgen, die unterschiedlichen Entwicklungslinien der betrieblichen Akteure aktiv einzubeziehen. Ein *Collective Bargaining* der neuen Art setzt Betriebsräte mit Gestaltungsweitblick voraus. Individualisierungsbestrebungen dürfen nicht als Konkurrenz der Betriebsratsarbeit empfunden werden, sondern man muss lernen, sie produktiv für sich zu nutzen.

Knud Andresen

Strukturbruch in der Berufsausbildung?
Wandlungen des Berufseinstiegs von Jugendlichen zwischen den 1960er- und den 1980er-Jahren

Die These von einem »sozialen Wandel von revolutionärer Qualität« in den Arbeitswelten kann auf verschiedenen Ebenen geprüft werden: Dazu gehören der augenfällige Rückgang der schweren körperlichen Arbeit, die Automatisierung der Arbeitsabläufe oder die Ausweitung von Dienstleistungstätigkeiten. Aber ein damit verbundener gesellschaftlicher Wandel, vor allem bei Werteinstellungen und Wahrnehmungsmustern, ist ein langfristiger Prozess; und es liegt auf der Hand, von einem eher konflikthaften Empfinden und Widerständen bei arbeitsweltlichen Wandlungsprozessen auszugehen. Die immer wieder anzutreffenden Verlustgeschichten in den Arbeitswelten beziehen sich daher auch zumeist auf die Verlusterfahrungen und -ängste insbesondere älterer Beschäftigter, während jugendliche Beschäftigte in den 1960er-Jahren einem Wandel gegenüber offener waren. »Vielen, vor allem den Jüngeren, fiel der Abschied vom alten industriellen Arbeitsplatz leicht, wenn andere Verdienstmöglichkeiten winkten, um das Lebensmodell der Boomjahre fortzusetzen«, vermuten Anselm Doering-Manteuffel und Lutz Raphael.[1]

Dies wirft die Frage nach den Übergängen von schulischer und beruflicher Bildung Jugendlicher in die Arbeitswelt auf. Die entscheidende berufliche Sozialisationsinstanz in der Bundesrepublik ist die duale Berufsausbildung. Seit den 1960er-Jahren haben sich hier erhebliche Veränderungen sowohl in der inhaltlichen Ausrichtung wie auch der sozialen Zusammensetzung der Auszubildenden ergeben. Die Kritik an einer überkommenen Berufsausbildung, die Jugendliche nicht ausreichend zur beruflichen Mobilität befähige, war Bestandteil der Bildungsdebatte der 1960er-Jahre. Zwischen den 1960er- und den 1980er-Jahren vollzog sich in diesem Bereich ein fundamentaler Wandel, ohne dass die bestehende Struktur der dualen Ausbildung prinzipiell geändert wurde. Im Folgenden soll diese Entwicklung für die alte Bundesrepublik skizziert und sozial- wie kulturgeschichtliche Auswirkungen konturiert werden. In diesem Zusammenhang wird zu diskutieren sein, ob eine *revolutionäre Qualität* des Wandels für die Arbeitswelten erkennbar wird. Anselm Doering-Manteuffel und Lutz Raphael haben der Bildungsexpansion hierbei eine wichtige Bedeutung zugeschrieben:

---

1 Anselm Doering-Manteuffel/Lutz Raphael, Nach dem Boom. Perspektiven auf die Zeitgeschichte seit 1970, Göttingen 2008, S. 38.

»Die ›Bildungsreform‹ wurde die vielleicht markanteste Chiffre der 1960er Jahre, denn darin bündelte sich der Übergang von der traditionellen Industrieproduktion mit ihrer fordistisch organisierten Mensch-Maschine-Symbiose zur Wissensproduktion und Expertenkultur als Grundlage der Industriegesellschaft eines neuen, modernisierten Typs.«[2]

Diese Beobachtung lässt sich auf Änderungen in der Arbeitsorganisation beziehen, aber eben auch auf geänderte Einstiegsmechanismen in den Arbeitsmarkt. Die Literatur zur Bildungsdebatte leidet ein wenig darunter, dass die berufliche Bildung, obwohl zeitgenössisch ein wichtiges Thema, in der Regel aus Darstellungen herausfällt. Dabei sind die Wandlungen in diesem Bereich für die übergroße Mehrheit der jugendlichen Bevölkerung von Bedeutung.

Die Bedeutung einer geänderten Berufsausbildung zeigt sich bei einem der klassischen Leitbilder körperlicher Schwerstarbeit, dem *Malocher* im Stahlwerk. Der »Abschied vom Malocher« in der Stahlindustrie kündigte sich durch die Normierung der Berufsausbildung bereits Anfang der 1970er-Jahre an. Der Beruf des Stahlkochers war vorher gekennzeichnet durch Anlernverhältnisse mit schwerster körperlicher Arbeit und wurde seit den 1970er-Jahren zu einem geregelten Ausbildungsgang in der Verfahrenstechnik. Nicht mehr »Vormachen« und »Nachmachen« war die Maxime der Berufssozialisation, sondern eine »verfahrens- und produktspezifische Ausbildung« rückte in den Vordergrund.[3] Dieser Wandlungsprozess steht in einem Zusammenhang mit der Automatisierung der Produktion, der die meisten industriellen Bereiche erfasste. Über diese konkreten Entwicklungen hinaus ist die Frage einer *Entstandardisierung* von Erwerbsbiografien aufgeworfen worden. Martin Kohli hat bereits in den 1980er-Jahren davon gesprochen, dass nach einer Phase der Institutionalisierung des Lebenslaufs nach dem Krieg nun eine De-Institutionalisierung erfolge. Merkmale des standardisierten Lebenslaufes waren für Kohli eine relativ planbare Berufskarriere, die kontinuierlich verlief und auch den Arbeitern eine sichere Zukunftsperspektive eröffnete. Die sich durchsetzende Individualisierung habe in den 1970er-Jahren mit zur Auflösung dieses Standards beigetragen. Besonders sichtbar wurde dies an den *Rändern*, also an einem späteren Einstieg und früheren Ausstieg aus dem Berufsleben.[4] Andreas Wirsching hat diese Überlegungen kürzlich noch ein-

---

2 Ebd., S. 22 f.
3 Wolfgang Hindrichs et al., Der lange Abschied vom Malocher. Sozialer Umbruch in der Stahlindustrie und die Rolle der Betriebsräte von 1960 bis in die neunziger Jahre, Essen 2000, S. 16 f.; vgl. Wilfried Kruse/Gertrude Kühnlein/Ursula Müller, Facharbeiter werden – Facharbeiter bleiben. Betriebserfahrungen und Berufsperspektiven von gewerblich-technischen Auszubildenden in Großbetrieben, Frankfurt a. M. 1981.
4 Martin Kohli, Institutionalisierung und Individualisierung der Erwerbsbiographie, in: Ditmar Brock (Hg.), Subjektivität im gesellschaftlichen Wandel. Umbrüche im beruflichen Sozialisationsprozess, Weinheim und München 1991, S. 249-278.

mal aufgegriffen[5]: Bis Mitte der 1970er-Jahre habe das »fordistische Lebenslaufregime« dominiert, welches von den beiden zentralen Faktoren Arbeit und Geschlecht geprägt war. Für Männer galt die Normerwerbsbiografie mit den Stationen Ausbildung, Erwerbstätigkeit und Ruhestand, geprägt von hoher Arbeitsplatzsicherheit und steigenden Reallöhnen. Für Frauen war Heirat und Kinderbetreuung die dominante soziale Norm. Diese auf eine Einversorgerehe zielende Struktur sei durch neue Anforderungen seit den 1970er-Jahren aufgebrochen: Während der Anteil von erwerbstätigen Frauen stieg und die Einversorgerehe nicht mehr als das dominierende soziale Maß galt, ging der Anteil von erwerbstätigen Männern, insbesondere in der letzten Phase der Erwerbstätigkeit, zurück. Aber auch die Anforderungen an lebenslanges Lernen und die höheren Erwartungen an berufliche und räumliche Mobilität hätten zum Ende des fordistischen Lebenslaufregimes beigetragen.

Wirsching weist darauf hin, dass gerade zum Berufseinstieg empirisch gestützte Darstellungen fehlen, daher sollen in diesem Artikel die Veränderungen und die Auswirkungen auf die Erwerbsbiografie diskutiert werden. Dabei wird davon ausgegangen, dass die Wandlungsprozesse zwar zu einer Entkoppelung von Traditionen und sozialen Normen geführt, sich aber auch neue Standards in der Berufsbildung etabliert haben. Im Anschluss werden die allgemeinen Tendenzen der Berufsausbildung in der Bundesrepublik dargestellt.

Zur Entwicklung der Berufsausbildung oder von der Meisterlehre bis zur dualen Berufsausbildung

Die Berufsausbildung in Deutschland hat eine lange Tradition als sogenannte *Meisterlehre* des Handwerks, in der ein – in der Regel männlicher – Jugendlicher bei einem Handwerksmeister in die Lehre ging und dort auf den Beruf vorbereitet wurde. Um 1900 verfestigte sich diese Form der Ausbildung noch durch die Etablierung von beruflichen Schulen, in denen die theoretische Durchdringung erfolgen sollte. Klassischerweise ging dann für viele Lehrlinge der Weg vom Handwerk, in dem immer über den eigenen Personalbedarf hinaus ausgebildet wurde, in industrielle Arbeitsplätze. Bereits zeitgenössisch von Gewerkschaften als sogenannte *Lehrlingszüchterei* kritisiert, erfolgte in der Weimarer Republik nur ein langsamer Ausbau industrieller Ausbildungsplätze. Ein einheitliches Berufsbildungsgesetz stand seit 1919 auf der gewerkschaftlichen Forderungsagenda. 1927 lag schließlich ein Gesetzesentwurf vor, der aber bedingt durch die Weltwirtschaftskrise nicht mehr umgesetzt wurde. Das *duale Sys-*

---

5   Andreas Wirsching, Erwerbsbiographien und Privatheitsformen. Die Entstandardisierung von Lebensläufen, in: Thomas Raithel/Andreas Rödder/Andreas Wirsching (Hg.), Auf dem Weg in die Moderne. Die Bundesrepublik Deutschland in den siebziger und achtziger Jahren, München 2009, S. 83-97.

tem mit den beiden Lernorten Betrieb und Schule blieb auch nach 1945 kennzeichnend für die Bundesrepublik. Allerdings erfolgte erst 1969 die Verabschiedung eines einheitlichen Berufsbildungsgesetzes. Kennzeichen für die bundesdeutsche Lehrlingsausbildung war die Zuständigkeit der Selbstverwaltungsorgane der Wirtschaft, also der regionalen Industrie- und Handelskammern sowie Handwerkskammern und eine erkennbare Vernachlässigung der Berufsschulen. Rechtlich standen die Lehrlinge (ab 1969 hieß es Auszubildende) in einer eigentümlichen Zwischenposition: Einerseits schlossen sie einen individuellen Arbeitsvertrag, andererseits waren sie durch die Schulpflicht bis 18 Jahre noch Schüler in einem öffentlichen Rechtsverhältnis. Die sogenannten *Jungarbeiter*, also angelernte Beschäftigte unter 18 Jahren, unterlagen ebenfalls der Berufsschulpflicht.

Zwar hatten sich nach 1945 die Verhältnisse zwischen der Ausbildung in Industrie und Handwerk verschoben, aber das Handwerk bildete immer noch relational zu seinem Beschäftigungsvolumen eine Mehrzahl von Jugendlichen aus. Dabei wurde insbesondere im Handwerk noch über weite Strecken die Ausbildung als Erziehungsaufgabe verstanden. Es ging vor allem darum, Arbeitsdisziplin und Sekundärtugenden zu erlernen und erst nachrangig um die fachliche Qualifikation. Vertreter des Handwerks sprachen sich dann auch gegen eine Ausweitung von Bildungsansprüchen aus.[6] Als problematisch wurde die Vielzahl von unterschiedlichen Berufen angesehen, wobei Ausbildungsberufe wie Schmied im Handwerk bereits als aussterbende Berufe erkannt wurden. Die Anzahl der Ausbildungsberufe ging von über 900 nach 1945 bis auf etwas über 300 Ende der 1990er-Jahre zurück. Hinzu kam, dass das Einstiegsalter für die Lehre in den Nachkriegsjahrzehnten noch relativ niedrig war. In den 1960er-Jahren waren durchschnittlich rund 1,3 Millionen Lehrlinge tätig. Dies waren zumeist fast 80 Prozent eines Altersjahrganges, die nach Beendigung der Volks- beziehungsweise Hauptschule eine Lehre begannen, häufig im Alter von gerade 14 oder 15 Jahren.[7]

Die Berufspädagogik war von einer starken Vergangenheitsorientierung geprägt. Der bereits in der Weimarer Republik aktive Eduard Spranger war noch in den 1950er-Jahren der führende Theoretiker, der mit der Trias »Landmann«, »Handwerker«, »Händler« berufliche Archetypen zu identifizieren versuchte. Das wesentliche Ziel der Berufspädagogik war es, die »berufliche Tüchtigkeit« der Jugendlichen zu erreichen. Das duale System galt als bewährt.[8] Bei der Berufsberatung in den frühen 1960er-Jahren stand im Vordergrund, den passenden »Lebensberuf« für einen Jugend-

---

6 »Der hat es ja wie im Himmel«. *Spiegel*-Gespräch mit dem Präsidenten des Zentralverbandes des Deutschen Handwerks, Der Spiegel 32 (1970), S. 63-66.

7 Wulf Schönbohm, Linksradikale Gruppen im Lehrlingsbereich, in: Aus Politik und Zeitgeschichte 51 (1972), S. 3-29, hier: 5.

8 Antonius Lipsmeier, Berufsbildung, in: Handbuch der deutschen Bildungsgeschichte, Bd. VI: 1945 bis zur Gegenwart, Erster Teilbd.: Bundesrepublik Deutschland, hg. v. Christoph Führs/Carl-Ludwig Franck, München 1998, S. 447-489, 472 f.

lichen zu finden. Mit der Erneuerung der Berufsbildungsforschung rückte in den 1970er-Jahren in den Vordergrund, mit der Erstausbildung die Mobilitätschancen für Jugendliche zu erhöhen und verstärkt auf Weiterqualifizierungen nach der Erstausbildung zu setzen.[9]

Bestrebungen für eine soziale Mobilität für Arbeiterjugendliche zielten in den 1950er- und 1960er-Jahren vor allem auf die Erweiterung der schulischen Möglichkeiten und damit einer Ausrichtung auf eine gymnasiale Laufbahn. Daher wurden in den 1950er-Jahren einerseits Kollegs ausgebaut und 1959 von der Kultusministerkonferenz die Einrichtung von Berufsaufbauschulen beschlossen. In diesen sollte nach einer Lehre und dem Ende der Berufsschulpflicht in einem Jahr Vollzeitschule die Fachschulreife erworben werden. Der Höhepunkt dieser Einrichtungen lag 1965 bei 53.000 Schülern.[10]

Die erste kritische Untersuchung zur Berufsausbildung legten 1965 die Bildungsforscher Wolfgang Lempert und Friedrich Ebel vor, in der sie zum Schluss kamen: »Nicht auf fertige Erfahrungen, sondern auf die Fähigkeit, Erfahrungen zu machen, kommt es an. Dazu aber verhilft vor allem eine möglichst breite und systematische theoretische und praktische Grundausbildung.«[11] Ihre Untersuchung zielte auf die stärkere Berücksichtigung auch allgemeinbildender Bildungsinhalte in der Berufsausbildung. Dies wurde von den Gewerkschaften aufgegriffen und erhielt in der Zeit von 1969 bis 1972 mit der Lehrlingsbewegung einen dynamischen Aspekt, da nun aus den Betrieben selbst, angeregt und zum Teil auch initiiert von Angehörigen der außerparlamentarischen Opposition und der Studentenbewegung, Kritik an überkommenen Ausbildungsverhältnissen kam. Wenn hierbei auch ein Überschuss an revolutionärer Phantasie und systemveränderndem Einschlag deutlich wurde, waren die allgemeinen Forderungen insbesondere der »radikalisierten« Gewerkschaftsjugend vor allem auf eine Modernisierung der Berufsausbildung gerichtet.[12] Die Kritik zielte auf als unwürdig empfundene ausbildungsfremde Tätigkeiten wie Fegen, Bier holen oder private Hilfsdienste, auf die mangelnde pädagogische Qualifikation der Ausbilder, auf veraltete Ausbildungsgänge und unsystematische und ungerechte Verteilung der Ausbildungsmöglichkeiten. Ziel war letztlich eine Reform der Berufsausbildung, mit der die Hegemonie der Arbeitgeber beendet und die Ausbildung durch die öffentliche Hand

---

9 Vgl. Friedemann Stooß, Übergangsmuster im Wandel – von der einen Berufswahl zur gestuften Abfolge von Entscheidungen über Ausbildung und Beruf, in: Ditmar Brock et al. (Hg.), Übergänge in den Beruf. Zwischenbilanz der Forschung, Weinheim/München 1991, S. 56-68, bes. 56-61.
10 Die Schülerzahl ging dann stetig zurück, inzwischen existieren Berufsaufbauschulen nur noch in einigen Ländern und dienen zum Abschluss der mittleren Reife, um dann weitere Ausbildungswege beschreiten zu können. Hierzu Antonius Lipsmeier, Berufsbildung, S. 466 f.
11 Wolfgang Lempert/Friedrich Ebel, Lehrzeitdauer, Ausbildungssystem und Ausbildungserfolg, Freiburg i. Br. 1965, S. 20.
12 Vgl. Knud Andresen, Die bundesdeutsche Lehrlingsbewegung von 1968 bis 1972. Konturen eines vernachlässigten Phänomens, in: Peter Birke/Bernd Hüttner/Gottfried Oy (Hg.), Alte Linke – Neue Linke? Die sozialen Kämpfe der 1968er Jahre in der Diskussion, Berlin 2009, S. 87-102.

durchgeführt werden sollte. Die weitestgehende Forderung war der Aufbau einer integrierten Gesamtschule auch für Berufsschüler und die weitgehende Aufgabe des Betriebes als Lernort. Allerdings wurde diese Forderung nicht von allen Gewerkschaften getragen, und auch in der Bildungsplanung der sozial-liberalen Koalition war die vollständige Aufgabe des Dualen Systems nicht vorgesehen. Die intensive Reformdebatte versandete Mitte der 1970er-Jahre und verlor insbesondere ihren demokratischen Anspruch, Chancengleichheit für alle Auszubildenden herzustellen. 1976 verabschiedete die Bundesregierung das Ausbildungsplatzförderungsgesetz, mit dem vor allem eine Finanzierungsregelung vorgesehen war, mit der Betriebe bei einer sinkenden Ausbildungsquote zur Kasse gebeten werden sollten. Dieses Gesetz wurde im Dezember 1980 vom Bundesverfassungsgericht aufgrund von Verfahrensfehlern für verfassungswidrig erklärt.[13] Übrig blieben schließlich nur Bestimmungen zur ausführlichen statistischen Berichterstattung über die Entwicklung der Berufsausbildung, die seit 1977 vom Bundesministerium für Bildung und Wissenschaft jährlich vorgelegt werden.

Mit dem Berufsbildungsgesetz vom Juni 1969 wurde auch das Bundesinstitut für Berufsbildung in Bonn geschaffen, in dem Forschungen zur beruflichen Bildung erfolgen sollten. Mit der Einrichtung wurde die Bedeutungszunahme der Wissenschaft auch im Bereich der Berufsbildung unterstrichen. Auch in diesem Bereich war die *Verwissenschaftlichung des Sozialen* ein erkennbarer Indikator eines Wandlungsprozesses.[14] Der Deutsche Bildungsrat hatte im Frühjahr 1969 nach mehreren Arbeitstagungen seine Empfehlungen zur Berufsbildung vorgelegt. Darin war der Anspruch auf eine stärker öffentlich kontrollierte Berufsausbildung grundlegendes Element. Die Arbeitgeberverbände reagierten entsprechend und hielten die Empfehlungen für ideologisch verzerrt.[15] Die Berufsbildungsforschung rückte von älteren Vorstellungen wie den »Archetypen« ab und zielte auf die Modernisierung der Ausbildung unter emanzipatorischen und pädagogischen Aspekten.[16]

Die frühen 1970er-Jahre waren in der Berufsbildungsdebatte von scharfen inhaltlichen Auseinandersetzungen geprägt, bei denen insbesondere die Arbeitgeber angegriffen wurden. Dies hing auch damit zusammen, dass aus der Wissenschaft, aber vor

---

13 Urteil des Bundesverfassungsgerichts v. 10.12.1980, 2 BvF 3/77.
14 Lutz Raphael, Die Verwissenschaftlichung des Sozialen als methodische und konzeptionelle. Herausforderung für eine Sozialgeschichte des 20. Jahrhunderts, in: Geschichte und Gesellschaft 22 (1996), S. 165-193.
15 Deutscher Bildungsrat, Empfehlungen der Bildungskommission. Zur Verbesserung der Lehrlingsausbildung, verabschiedet auf der 19. Sitzung der Bildungskommission am 30./31.1.1969, Bonn; als Gegenposition der Wirtschaftsverbände vgl. Ideologie und Wirklichkeit. Zu den Empfehlungen der Bildungskommission, zur Verbesserung der Lehrlingsausbildung. Stellungnahme der Spitzenorganisationen der gewerblichen Wirtschaft, Mai 1969, Bonn o. J. [1969].
16 Vgl. hierzu Ditmar Brock, Der Forschungsbeitrag des Deutschen Jugendinstituts zum Sonderforschungsbereich 101. Theoretische Grundlagen sozialwissenschaftlicher Berufs- und Arbeitskräfteforschung, in: ders. et al. (Hg.), Subjektivität im gesellschaftlichen Wandel. Umbrüche im beruflichen Sozialisationsprozess, Weinheim/München 1991, S. 319-327.

allem auch aus den Gewerkschaften, die Modernisierungsforderung mit Demokratisierung und Transparenz verbunden wurde, um die Hegemonie der Arbeitgeber in diesem Bereich zu beschränken. Denn neben der Befürchtung, dass die Wirtschaft nicht alle Jugendlichen ausbilde, kamen signifikante regionale und sektorale Ungleichheiten hinzu; so gab es in ländlichen Gegenden nur sehr wenige Ausbildungsberufe und erhebliche Lohnspreizungen zwischen den Ausbildungsgängen. Eine erneute Reform des Berufsbildungsgesetzes war Bestandteil politischer Forderungen ebenso wie die Behauptung der Profitorientierung der ausbildenden Betriebe. Trotz dieser Auseinandersetzungen erfolgte ein Wandel der Berufsausbildung auch auf Betreiben der Arbeitgeber. Dabei spielten strukturelle Unterschiede eine wichtige Rolle: Während die meisten Widerstände gegen eine stärker auf berufliche Mobilität ausgerichtete Erstausbildung – erwartet wurde schon Ende der 1960er-Jahre, dass die Mehrzahl der Beschäftigten nicht einen dauerhaften und lebenslangen Arbeitsplatz haben werde – aus dem Bereich des Handwerks und zum Teil der Ausbilder kamen, waren die Unternehmensleitungen insbesondere größerer Unternehmen an einer stärker fachlich ausgerichteten Ausbildung interessiert. Erste Experimente mit einer Veränderung hatte 1964 Krupp unternommen, als eine Stufenausbildung eingeführt wurde: Der Personaldirektor Erhard Reusch begründete dies:

> »Ausbildungsziel kann heute nicht mehr ein ›Beruf‹ im traditionellen Sinn sein. Erforderlich ist vielmehr ein Standard an Wissen und Können, der eine möglichst hohe Anpassungsfähigkeit an sich ändernde oder neue Arbeitsanforderungen sichert.«[17]

Allerdings zielte die Krupp-Stufenausbildung auf eine verkürzte Ausbildungsdauer für sogenannte *Betriebswerker*. Dieses Ziel wurde insbesondere von den Gewerkschaften angegriffen. Die IG Metall selbst hatte einen eigenen Stufenplan vorgelegt, in dem der Gedanke einer breiten Grundausbildung betont wurde. Die Stufenausbildungsdiskussion im industriellen Bereich dominierte noch Diskussionen in den 1970er- und 1980er-Jahren; insbesondere in den Großbetrieben drängten die Jugendvertretungen und Betriebsräte aber darauf, prinzipiell die Übernahme in die zweite Stufe für alle durchzuführen und so das Selektionsprinzip auszuheben.[18] Die Stufenausbildung in der Metallindustrie war Ende der 1980er-Jahre ein Auslaufmodell, da 1985 Gewerkschaften und Arbeitgeberverbände die Metallberufe im Sinne einer breiten Grundaus-

---

17 Stifte erster Klasse, in: Der Spiegel 15 (1965), S. 56; prinzipiell zu den Anforderungen für Unternehmer, bei Rationalisierungen die sozialen Interessen der Beschäftigten zu berücksichtigen vgl. Claus J. Tully, Rationalisierungspraxis. Zur Entideologisierung eines parteilichen Begriffs, Frankfurt a. M./New York 1982.
18 Eine zusammenfassende Darstellung dieser Aktivitäten gibt es nicht. Vgl. als Beispiel die erfolgreiche Durchsetzung von Übernahmen in die zweite Stufe 1978 bei Siemens in Hamburg: DGB-Kreisjugendausschuss Hamburg: Übernahme in die 2. Stufe. Dokumentation der Aktivitäten der

bildung neu ordneten. Aus 37 Einzelberufen waren nur noch sechs Grundberufe geworden, in denen ab dem zweiten Jahr eine Spezialisierung erfolgte.

Die Bildungsdiskussion und die Veränderung in der Berufsausbildung hatten seit den 1960er-Jahren eine deutliche Differenzierung der Wege zur beruflichen Qualifikation und damit zum Einstieg in den Arbeitsmarkt zur Folge. Dies soll nun zunächst anhand der statistischen Entwicklung dargestellt werden.

Zahlenspiele – zur Entwicklung der beruflichen Bildung

Von den späten 1960er-Jahren bis Ende der 1980er-Jahre vollzog sich ein rasanter Wandel im Verhältnis von Auszubildenden und Studierenden. Standen 1968 noch rund 300.000 Studierende fast 5 Millionen Beschäftigten unter 25 Jahren gegenüber, von denen rund 1,3 Millionen eine Lehre machten, war das Verhältnis zwischen beruflicher Ausbildung und Studium 1989 fast ausgeglichen, beide lagen etwas über 1,5 Millionen. Inzwischen hat sich das Verhältnis deutlich zugunsten der Studierenden verschoben, 2008 standen den 1,6 Millionen Auszubildenden über 2 Millionen Studierende gegenüber.[19]

Tabelle 1: Erwerbstätige bis 25 Jahre, Auszubildende und Studenten 1968-1989 in der Bundesrepublik Deutschland					
Jahr	Abhängig Erwerbstätige unter 25	Auszubildende	Weiblich	Studierende zum Jahresende	Weiblich
1968	4.939.000	1.345.685	473.738	313.693	77.924
1970	4.923.000	1.270.120	448.746	421.976 [1]	130.404
1975	4.966.000	1.329.000	470.000	840.757	283.201
1980	5.349.000	1.712.716	625.219	1.044.210	383.198
1985	5.155.000	1.831.265	743.768	1.338.042	506.649
1989	4.985.000	1.552.534	669.095	1.508.241	576.943

Quelle: Zahlen (ohne Selbstständige und mithelfende Familienangehörige) nach: Statistische Jahrbücher der Bundesrepublik Deutschland 1970–1980; eigene Zusammenstellung.

[1] Ab 1970 wurden die pädagogischen Hochschulen, ab 1972 die Fachhochschulen in die Zahl der Studierenden einbezogen.

Siemens-Kollegen in Hamburg, Hamburg 1978, in: Archiv der sozialen Demokratie (AdsD), 5-IGMA 22-719.
19 Statistisches Bundesamt, [www.destatis.de/jetspeed/portal/cms/Sites/destatis/Internet/DE/Content/Statistiken/Bildung-ForschungKultur/Content75/Kennzahlen,templateId=renderPrint.psml] (16.12.2009).

Der erste Blick auf die Tabelle zeigt, dass die berufliche Ausbildung weiterhin von einem großen Teil der jungen Bevölkerung als Einstieg in den Arbeitsmarkt genutzt wurde. Allerdings erscheint der Befund erklärungsbedürftig, warum die Zahl der Auszubildenden mit Schwankungen nahezu konstant blieb, während gleichzeitig die Studierendenzahl kontinuierlich stieg. Dies hing damit zusammen, dass die Zusammensetzung und inhaltliche Ausrichtung der Berufsbildung sich deutlich verschob. Die Lehre wurde zur beruflichen *Erstausbildung*, die weniger den Einstieg in ein festes und dauerhaftes Arbeitsverhältnis bedeutete, sondern nach dem Schulbesuch häufiger den Beginn einer weitergehenden Qualifikationskarriere.[20] Diese Änderungen lassen sich in mehrere Bereiche untergliedern, die hier skizziert werden sollen.

Steigendes Qualifikationsniveau

Das Qualifikationsniveau der beruflichen Bildung hat sich erheblich erhöht. Der Anteil der Abiturienten an einem Altersjahrgang stieg seit den späten 1960er-Jahren beständig an. 1968 machten 77.032 Personen Abitur, 1989 waren es 280.000. Dabei erfolgte die Dynamisierung im Verhältnis der Schulabschlüsse vor allem in den 1980er-Jahren: 1979 waren noch 11,5 Prozent ohne Abschluss und 41,5 Prozent mit einem Hauptschulabschluss abgegangen, 30,5 Prozent hatten einen Realschulabschluss und nur 17 Prozent die Fach- oder allgemeine Hochschulreife. 1989 waren es dann nur noch 6,3 Prozent ohne Abschluss und noch 25 Prozent mit Hauptschulabschluss, die Realschulabschlüsse waren auf 35,5 Prozent gestiegen, signifikant jedoch hochschulqualifizierende Abschlüsse, die nun gut 33 Prozent betrugen.[21] Dies entspricht ungefähr der Abschlussverteilung im Jahre 2008, wobei sich der Anteil der Realschulabschlüsse noch etwas erhöht hat.[22]

Die Abiturienten drängten in das duale System. Waren 1976 noch rund 7,4 Prozent der Abiturienten in die berufliche Ausbildung gegangen, waren es 1983 bereits 14,2 Prozent, wobei mehr als doppelt so viele weibliche wie männliche Studienbe-

---

20 Zum Begriff vgl. Karen Schober, Veränderungen im Übergangssystem seit 1960. Herausforderungen an die Berufsbildungs- und Arbeitsmarktpolitik, Einführung 1 zu Teil I, in: Ditmar Brock et al. (Hg.), Übergänge in den Beruf. Zwischenbilanz der Forschung, Weinheim/München 1991, S. 29-34, 31.
21 Schulabgängerstatistik 1979: Berufsbildungsbericht 1981, hg. v. Bundesminister für Bildung und Wissenschaft, Bonn 1981, S. 108; 1989; Statistisches Jahrbuch für das vereinte Deutschland, hg. v. Statistischen Bundesamt, Wiesbaden 1991, S. 388.
22 Ohne Abschluss: 7,0 %; mit Hauptschulabschluss: 22,6 %; Realschulabschluss: 40,2 %, Fachhochschulreife und allgemeine Hochschulreife: 30,2 %. Statistisches Bundesamt, [www.destatis.de/jetspeed/portal/cms/Sites/destatis/Internet/DE/Content/Statistiken/BildungForschungKultur/Schulen/Tabellen/Content100/AllgemeinbildendeSchulenAbschlussart,templateId=renderPrint.psml] (6.1.2010).

rechtigte eine berufliche Ausbildung begannen.[23] 1988 wurde in einer Verlaufsuntersuchung festgestellt, dass 20,2 Prozent der Abiturienten des Jahrganges 1986 eine betriebliche Ausbildung machten, wobei im Verhältnis ein Drittel mehr Frauen diesen Weg beschritten.[24] Dabei gaben 31 Prozent in der betrieblichen Ausbildung an, anschließend noch studieren zu wollen. Offensichtlich wurde die betriebliche Ausbildung gerade für AbiturientInnen zu einer Qualifikationsstufe, die auch nach längerer Zeit noch ein Studium einschloss. Bei einer Reihe von Fachhochschulen war die Ausbildung eine Voraussetzung für das Studium, insbesondere bei Gärtnern/Gärtnerinnen und Landwirten/Landwirtinnen gab es aus diesem Grund eine hohe Abiturientenquote.[25]

Bei Befragungen zu den Berufsabsichten von Abiturienten zeigte sich eine wachsende Gruppe von Unentschlossenen und Personen, die eine Berufsausbildung beginnen wollten. 1972 waren es noch 6,1 Prozent Unentschlossene, und 4,1 Prozent wollten eine Berufsausbildung machen. 1980 war ein Drittel der AbiturientInnen nicht mehr sicher, ob sie überhaupt studieren wollten. 10,1 Prozent planten eine Ausbildung, über 21 Prozent waren noch unentschlossen.[26] Wenn sich hier möglicherweise auch der Einfluss der Alternativbewegung zeigte, so setzte sich die Entwicklung dahin fort, dass mit dem Abitur nicht mehr vor allem die Hochschulreife erworben wurde, sondern es die Wahl unter mehreren Optionen ermöglichte, in den Arbeitsmarkt einzusteigen.[27]

Dabei lag der Schwerpunkt bei den gewählten Ausbildungsberufen im kaufmännischen Bereich. 1983 waren 64,5 Prozent der männlichen Studienberechtigten in Ausbildung in sieben Berufen konzentriert, dabei allerdings auch Schlosser, Gärtner und KfZ-Instandsetzer. Bei den Frauen waren es sogar 71,3 Prozent. Gemeinsame Präferenzen beider Geschlechter waren Bürofachkräfte, Bankfachleute und Groß- und Einzelhandelskaufleute.[28]

Aber der Qualifikationsanstieg war nicht allein auf die wachsende Zahl von AbiturientInnen in der beruflichen Ausbildung zurückzuführen. Wesentlich war auch, dass die Möglichkeiten zur Weiterqualifikation an Fachhochschulen ausgebaut wurden. In höheren Fachschulen wie den Ingenieursschulen oder Berufsakademien wurden bereits in den 1950er- und 1960er-Jahren Fachkräfte für anwendungsbezogene Tätigkeiten ausgebildet, was einen Aufstiegsweg auch für Gesellen und Meister bot. 1968 beschlossen die Kultusminister den Ausbau dieser Einrichtungen zu Fachhochschulen, der in den Ländern bis 1972 erfolgte. Damit waren sie nicht mehr Teil des beruflichen

---

23 Berufsbildungsbericht 1985, hg. v. Bundesminister für Bildung und Wissenschaft, Bonn 1985, S. 74.
24 Berufsbildungsbericht 1990, S. 71.
25 Berufsbildungsbericht 1984, S. 44.
26 Berufsbildungsbericht 1980, S. 56.
27 Berufsbildungsbericht 1986, S. 71.
28 Ebd., S. 77.

Schulwesens.[29] Zuerst vor allem als Lehrinstitute ausgerichtet, war der Besuch mit einem Fachhochschulabschluss möglich, der häufig an nun neu eingerichteten Fachoberschulen erworben wurde. Seit Mitte der 1980er-Jahre wurde auch die angewandte Forschung stärker an den Fachhochschulen propagiert, bis zur fast vollständigen Gleichstellung mit den Universitäten Anfang dieses Jahrhunderts im Rahmen des Bologna-Prozesses. Für Auszubildende ergab sich hieraus ein Hindernislauf zum Studium, der für einen Hauptschüler über Berufsaufbauschule und Fachoberschule zur Fachhochschule führen konnte. In Hamburg planten 1970 vier von zehn Lehrlingen, diesen Aufstiegsweg zu nutzen, wobei es auch eine Rolle gespielt haben mag, dass die Lehrlinge sich damit auch eine Verlängerung ihrer Jugendphase versprachen.[30] Dieser vermutlich eher zeitgenössische Aspekt war sicherlich nicht die Hauptmotivation für einen sozialen Aufstieg über die Fachhochschulen. Viele Unternehmen versprachen sich von einem anwendungsbezogenen Studium Fachkräfte für Forschungs- und Entwicklungsarbeiten in den Betrieben, die seit den 1970er-Jahren ausgebaut wurden.

Der Anstieg von AbiturientInnen führte in bestimmten Bereichen zu Verlagerungen in den Qualifikationsprofilen einzelner Berufe. Es entstand ein Fahrstuhleffekt: Da immer mehr AbiturientInnen in das duale Ausbildungssystem drängten, wurde der Realschulabschluss zur traditionellen Schulqualifikation für die berufliche Ausbildung, während der Hauptschulabschluss eher zum Hindernis wurde.[31] Deutlich wird dies zum Beispiel am Beruf des Bankkaufmanns und der Bankkauffrau: Waren es 1972 immerhin noch 26 Prozent HauptschülerInnen (überwiegend nach Besuch der zweijährigen Handelsschule), die diesen Beruf ergriffen, waren es 1980 noch gerade 6,7 Prozent. Der Anteil von RealschülerInnen sank von 65,2 Prozent auf 46,3 Prozent, während der Anteil an Abiturienten von 8,8 auf 47,1 Prozent anstieg. Die HauptschülerInnen waren aus diesem Berufsfeld fast vollständig verdrängt worden.[32] In den industriellen Großbetrieben erfolgten diese Veränderungen begleitet von Diskussionen der Arbeitnehmervertreter. Häufig waren es die Arbeitnehmervertreter in den Personalausschüssen, die darauf drängten, dass die Einstellungsvoraussetzungen auch Hauptschüler umfassen sollten. 1980 beteuerte die Personalabteilung von Siemens noch gegenüber der Gesamtjugendvertretung, dass die Einstellung von zwei Abiturienten als Industriekaufleute in einem Bremer Werk eine Ausnahme sei.[33]

---

29 Antonius Lipsmeier, Berufsbildung, S. 459.
30 Heinz Eskamp, Fortbildungsinteresse und Zukunftserwartungen der Lehrlinge, Bd. 4 der Hamburger Lehrlingsstudie, München 1974, S. 43-45.
31 Helmut Köhler, Hat sich ein neues Übergangssystem entwickelt? Anmerkungen zu ausgewählten Trends der Entwicklung im Bildungswesen, in: Ditmar Brock et al. (Hg.), Übergänge in den Beruf. Zwischenbilanz der Forschung, Weinheim/München 1991, S. 39-55, 55.
32 Berufsbildungsbericht 1981, hg. v. Bundesminister für Bildung und Wissenschaft, Bonn 1981, S. 59.
33 Bericht über die 2. Sitzung der Gesamtjugendvertretung der Siemens AG am 4.12.1980 in München, in: AdsD, 5-IGMA-22-0657.

Die traditionelle Problemgruppe beim Berufseinstieg waren Personen ohne Abschluss; auch für diese Gruppe änderten sich die Qualifikationswege. Eine wesentliche Folge der Transformationen in der Arbeitswelt war der Rückgang von Beschäftigungen mit geringen Qualifikationsanforderungen in den Betrieben. Für Jugendliche mit Abschlüssen der Sekundarstufe I wurden daher die Bildungsmöglichkeiten erweitert. Dies bedeutete vor allem die Verlängerung der Schulzeit. Das wichtigste Instrumentarium hierbei war das Berufsgrundbildungsjahr (BGJ) beziehungsweise das Berufsvorbereitungsjahr (BVJ). Flächendeckend nur in Niedersachsen eingeführt, stieg der Anteil von SchülerInnen im Berufsgrundbildungsjahr an.[34] Da es nur in einigen Bundesländern zu einer Einführung eines 10. Schuljahres kam, wurden diese an der Berufsschule angesiedelten Berufsvorbereitungsmaßnahmen systematisch ausgebaut. Dadurch entstand bereits in der Ausbildungsphase ein sogenannter zweiter Arbeitsmarkt, der letztlich auf eine längere schulische Begleitung zielte und von einem erschwerten Einstieg in Normalarbeitsverhältnisse dieser Gruppe begleitet wurde. Die Zahl der Schulabgänger ohne Abschluss wurde in dieser Zeit ebenfalls gesenkt. Gingen 1979 noch über 11 Prozent der Jugendlichen ohne Abschluss in den Arbeitsmarkt, waren dies 1989 noch etwas über 6 Prozent.[35] Gerade angesichts von nachgeholten Bildungsabschlüssen wurde geschätzt, dass Ende der 1980er-Jahre nur noch rund 5 Prozent das Bildungssystem ohne Abschluss verließen und noch rund ein Drittel mit dem Hauptschulabschluss.[36]

Bildungsboom und Frauenerwerbstätigkeit

Aber nicht allein der beachtliche Anstieg des Qualifikationsniveaus gehörte zu den Veränderungen in der Berufsausbildung. Es erfolgte auch eine deutliche Zunahme weiblicher Erwerbstätiger, die politisch gewollt und gefördert wurde. Die Bildungsforschung der 1960er-Jahre identifizierte eine besonders benachteiligte Gruppe, und zwar die des katholischen Schulmädchens vom Land, die in der Bildungshierarchie am Ende stand. Dieses »katholische Bildungsdefizit« war schon Mitte der 1970er-Jahre weitgehend aufgehoben.[37] Bereits in den 1970er-Jahren zeichnete sich ab, dass die großen Unterschiede zwischen Männern und Frauen bei der Frage der Qualifikation ab-

---

34 Günter Wiemann, Reformstrategien zur Einführung des Berufsgrundbildungsjahres, in: Antonius Lipsmeier, Berufsbildungspolitik in den 70er Jahren. Eine kritische Bestandsaufnahme für die 80er Jahre, Wiesbaden 1983, S. 110-122.
35 Zahlen nach Berufsbildungsbericht 1979, S. 108 u. Statistisches Jahrbuch für die Bundesrepublik Deutschland, 1991, S. 388.
36 Helmut Köhler, Hat sich ein neues Übergangssystem entwickelt?, S. 55.
37 Oskar Anweiler, Bildungspolitik, in: Hans Günter Hockerts, Geschichte der Sozialpolitik in Deutschland seit 1945, Bd. 5: 1966–1974. Bundesrepublik Deutschland. Eine Zeit vielfältigen Aufbruchs, Baden-Baden 2006, S. 709-753, hier: 752.

nehmen würden. 1978 waren in der Altersgruppe der 65–69-Jährigen 52,5 Prozent formal nicht qualifiziert, aber in dieser Altersgruppe nur 27,7 Prozent der Männer und 69,5 Prozent der Frauen. Bei der am besten ausgebildeten Altersgruppe der 30–34-Jährigen waren nur 19,4 Prozent der Männer, aber immerhin noch 34,7 Prozent der Frauen formal nicht qualifiziert.[38] Der hohe Anteil von nichtqualifizierten Frauen erklärte sich vor allem durch die nichterwerbstätigen Frauen und stützt die These von der Heirat und Nichterwerbstätigkeit als sozialer Norm.

Tabelle 1 zeigt den steigenden Anteil von Frauen in der Ausbildung, und zwar sowohl im Studium wie in der beruflichen Ausbildung, wobei der Anstieg von weiblichen Studierenden zügiger erfolgte als die Angleichung in der beruflichen Bildung.[39] Allerdings waren und blieben die geschlechtsspezifischen Unterschiede bei der Berufswahl dominierend. Friseurinnen und Verkäuferinnen gehörten in der Gesamtheit der Berufswahl zu den weiblichen, KfZ-Mechaniker zu den männlichen Spitzenreitern.[40] Hinzu kamen noch Restriktionen für einige Berufe, die einen Zugang für Mädchen verhinderten. Allerdings war es erklärtes Ziel der Politik, hier gegenzusteuern. Ende der 1970er-Jahre waren es noch 30 von 451 Ausbildungsberufen, die Restriktionen unterlagen. Diese waren vor allem im Bergbau und den Bauhauptberufen angesiedelt, die Zugangsbeschränkungen für Mädchen für Baunebenberufe und Bauausbauberufe wurden Anfang 1980 aufgehoben.[41]

Der Anteil von weiblichen Auszubildenden stieg kontinuierlich an. Lag er 1973 noch etwas über einem Drittel, waren es 1988 43,1 Prozent. Ein Anstieg war in allen Ausbildungsbereichen festzustellen. In Industrie und Handel auf 43,9 Prozent, im öffentlichen Dienst auf fast 50 Prozent. Im Handwerk – zu dem auch die Friseurinnen zählten – kletterte der Anteil von 17,4 Prozent im Jahr 1973 auf 28,3 Prozent im Jahr 1988. Allerdings erfolgte kaum ein Einbruch in die klassisch weiblichen Ausbildungsbereiche durch Männer: Bei den Ausbildungsplätzen in den freien Berufen, vor allem Arzt-/Zahnarzthelferin und Rechtsanwaltsgehilfin, erhöhte sich der Frauenanteil sogar von 93,4 auf 96,3 Prozent, und in den Hauswirtschaftsausbildungen, die lange Zeit zu 100 Prozent von Frauen besetzt wurden, waren es 1988 immer noch 98,3 Prozent weibliche Auszubildende.[42] Die »Feminisierung« der Arbeit bedeutete also vor allem den Anstieg des Frauenanteils in vielen vorher männlich dominierten Ausbildungsberufen, aber im erheblich geringeren Maße die Tätigkeitsaufnahme von Männern in sogenannten Frauenberufen.

---

38 Berufsbildungsbericht 1982, hg. v. Bundesminister für Bildung und Wissenschaft, Bonn 1982, S. 42.
39 Anweiler, Bildungspolitik, S. 752.
40 1979 waren 79 % der weiblichen und 60 % der männlichen Auszubildenden in 20 Berufen konzentriert, Spitzenreiter waren die drei oben genannten Ausbildungsberufe. Berufsbildungsbericht 1981, hg. v. Bundesminister für Bildung und Wissenschaft, Bonn 1981, S. 12.
41 Ebd., S. 61.
42 Berufsbildungsbericht 1990, S. 35.

Die Bundesregierung hatte seit 1978 mehrere Modellversuche aufgelegt, in denen der Anteil von Mädchen in gewerblich-technischen Berufen erhöht werden sollte. Als *Männerberuf* galten Ausbildungsberufe, in denen 1977 der Frauenanteil unter 25 Prozent lag. Bereits bis 1980 fielen 27 Berufe nicht mehr in diese Kategorie, dazu gehörten Gärtnerin oder Tierwirtin. Allerdings blieb der Anteil in den klassischen Industrieberufen gering: Von 1977 bis 1980 stieg der Anteil von weiblichen KfZ-Lehrlingen absolut von 144 auf 366 Mädchen, was einem Anteil von 0,6 Prozent entsprach. Der Anstieg war vermutlich vor allem auf die Modellprogramme zurückzuführen. Auch bei Mechanikerinnen, Maschinenschlosserinnen oder Werkzeugmacherinnen war der Anteil deutlich unter 500 Beschäftigten und kaum über 3 Prozent der gesamten Auszubildenden.[43]

Zwar stieg der Anteil von Frauen in industriellen Berufen in den 1980er-Jahren weiter an. Es waren dabei zumeist Großbetriebe, die sich an Modellversuchen beteiligten und langfristig die Voraussetzungen für eine Ausbildung zur Facharbeiterin schufen. Allerdings zeigte sich hier noch mehr als in anderen Bereichen der Durchgang zu weiteren Qualifikationsschritten, denn nicht wenige der weiblichen Auszubildenden nutzten anschließend Maßnahmen zur Weiterqualifizierung.

Ausbildungserweiterung und Migrationshintergrund

Ein weiterer Bereich, in dem sich erhebliche Veränderungen ergaben, war der Anstieg von jugendlichen Migranten, die als neue »Problemgruppe« seit den späten 1970er-Jahren identifiziert wurden. Der Berufsbildungsbericht wies 1980 erstmals eine eigene Statistik zu ausländischen Beschäftigten aus, wobei eine starke regionale Ungleichverteilung und ein Anstieg festgestellt wurden.[44]

Die Arbeitsmigration der 1960er- und frühen 1970er-Jahre war vor allem von gering qualifizierten Männern geprägt. In der dualen Ausbildung spielten ausländische Jugendliche nur eine sehr geringe Rolle. 1970/71 besuchten knapp 29.000 ausländische Jugendliche bundesdeutsche Berufsschulen, 1981 waren es schon über 120.000. Verschoben hatte sich insbesondere der Anteil aus den sechs hauptsächlichen Herkunftsländern der Migranten (Portugal, Spanien, Griechenland, Italien, Jugoslawien und Türkei). Ihr Anteil lag 1970/71 bei 52,6 Prozent, 1980/81 bei 86 Prozent.[45] In der Gesamtheit der 15–18-jährigen ausländischen Jugendlichen besuchten 1982 nur 56,1 Prozent eine Berufsschule.[46] Hinzu kam, dass unter den ausländischen Berufsschülern der Anteil ohne Ausbildungsvertrag besonders hoch war, ein Hinweis auf eine unzurei-

---

43 Berufsbildungsbericht 1981, S. 56 f.
44 Ebd., S. 33.
45 Berufsbildungsbericht 1983, S. 114.
46 Berufsbildungsbericht 1984, S. 88.

chende Integration in das duale Ausbildungssystem. Genaue Statistiken liegen nur für einzelne Bundesländer vor. So hatten 1981 in Baden-Württemberg nur knapp 39 Prozent der ausländischen Berufsschüler einen Ausbildungsvertrag, während gut 23 Prozent Jungarbeiter und 31 Prozent arbeitslos waren.[47] Der Anteil der ausländischen Jugendlichen an der Ausbildung lag insgesamt bei 2,5 Prozent.

Zum Ende des Jahrzehnts erfolgte zwar ein relationaler Anstieg der ausländischen Jugendlichen mit Ausbildungsverträgen auf rund 73.000 Personen und einem Anteil an der Ausbildung von 4,4 Prozent. Der Anteil an Besuchern der beruflichen Schulen lag mit 152.000 hingegen erheblich höher. Er erfasste auch Berufsgrundbildungsjahre, Kollegschulen oder Schulen des Gesundheitswesens. Weiterhin waren rund 25.000 ausländische Berufsschüler ohne Ausbildungsvertrag.[48] Der Anstieg in den 1980er-Jahren belegt eine stärkere Verankerung der dauerhaft in Deutschland lebenden Migranten, aber zugleich eine anhaltende Asymmetrie in der Qualifikation. Insbesondere war der Anteil in technisch-gewerblichen oder handwerklichen Bereichen sehr hoch. Der höchste Anteil ausländischer Frauen war 1988 in der Friseurausbildung mit 15,7 Prozent zu finden. Der Anteil ausländischer Männer in den Berufen Schlosser und KfZ-Mechaniker war mit 10,9 und 9,5 Prozent aller Auszubildenden wesentlich höher als der Durchschnitt, während der öffentliche Dienst oder die Landwirtschaft erheblich schwächer besetzt blieben.[49]

Jugendliche mit Migrationshintergrund sind bis heute eine der benachteiligten Gruppen auf dem Ausbildungssektor. Sie haben – aufgrund ihrer schulischen Vorqualifikation – in der Gänze mehr Probleme, einen Ausbildungsplatz zu erhalten, trotz vielfältiger struktureller Unterstützung.[50]

Anstieg der Jugendarbeitslosigkeit

Ein wichtiges Element des Arbeitsmarktes wurde ab 1973 die strukturelle Arbeitslosigkeit, die zum Dauerthema avancierte.[51] Dies betraf gerade auch Jugendliche, die durch die Arbeitslosigkeit keinen Einstieg in den Arbeitsmarkt fanden. Seit Mitte der 1970er-Jahre waren diese Fragen zu einem zentralen Handlungsfeld von Gewerkschaften und Politik geworden. Gekennzeichnet war dies durch eine kontrovers geführte Debatte über die Statistik. Im Berufsbildungsbericht 1983 äußerten die Ge-

---

47 Berufsbildungsbericht 1983, S. 67.
48 Berufsbildungsbericht 1990, S. 121, 123.
49 Ebd., S. 121.
50 BIBB-Report 2/2007: Ursula Beicht/Michael Friedrich/Joachim Gerd Ulrich, Deutlich längere Dauer bis zum Ausbildungseinstieg. Internetausgabe [ww.bibb.de/de/32005.htm] (5.6.2010).
51 Thomas Raithel/Andreas Rödder/Andreas Wirsching, Einleitung, in: dies. (Hg.), Auf dem Weg in die Moderne? Die Bundesrepublik Deutschland in den siebziger und achtziger Jahren, München 2009, S. 7-14, 9.

werkschaftsvertreter und die Vertreter des Landes Bremen in einem Minderheitenvotum erhebliche Zweifel an der positiven Zeichnung. Das Berufsforschungsinstitut ging von 36.000 noch unvermittelten Bewerbern in der Arbeitsamtsstatistik aus und nannte die Entwicklung positiv. Dagegen rechnete die kritische Gruppe anders: Nicht die Zahl der dem Arbeitsamt gemeldeten Bewerber sei entscheidend, sondern ihre Grundlage waren die Abgänger aus allen Schularten und Berufsfördermaßnahmen. So kamen sie auf 273.000 Jugendliche, die unversorgt geblieben seien.[52] Wenn diese zum Teil auch in möglicherweise nicht erfassten Bereichen unterkommen konnten, so ist doch davon auszugehen, dass die Zahl der nicht beschäftigten Jugendlichen immer erheblich höher lag als die der gemeldeten Bewerber beim Arbeitsamt. Trotz dieser manchmal erbittert geführten Debatten um die Statistik ist im internationalen Vergleich die Jugendarbeitslosigkeit in Deutschland geringer als zum Beispiel in Frankreich geblieben, was letztlich auf das duale System zurückzuführen ist. Denn darüber erhielten Jugendliche eine betriebliche Einstiegsmöglichkeit und bessere Chancen auf dem Arbeitsmarkt als bei einer vorwiegend schulischen Berufsausbildung wie in Frankreich.[53] Dies kann auch als Ergebnis von gemeinsamen Anstrengungen von Unternehmen, Gewerkschaften und staatlichen Einrichtungen gesehen werden. Insbesondere in Großbetrieben erreichten Betriebsräte und Gewerkschaften häufig die weitgehende Übernahme der Ausgebildeten, allerdings verstärkt als Arbeiter in der Produktion und seltener in dem ausgebildeten Beruf; sie achteten auch darauf, dass unter den Eingestellten weiterhin Hauptschüler vertreten waren. Dadurch verschoben sich auch die Einstiegswege in die Arbeitswelt: In Großunternehmen ist der Weg in den Betrieb häufig verbunden mit einer lebenslangen Anstellung und eher über die Ausbildung zu erreichen, während zugleich die Arbeitsplätze für Geringqualifizierte abnahmen.

Aber für die übergroße Mehrheit der Jugendlichen war ein Ausbildungsplatz in einem Großbetrieb die Ausnahme. Selbst nach der Berufsausbildung bestand die Gefahr der Arbeitslosigkeit, sodass von der »Erosion eines Übergangsregimes« gesprochen wurde.[54] Von daher wurde sich vor allem auf berufsqualifizierende Maßnahmen konzentriert. Dazu gehörten die seit den 1970er-Jahren aus dem Boden sprießenden überbetrieblichen Ausbildungsstätten, das Berufsvorbereitungs- oder Berufsgrundbildungsjahr sowie Arbeitsbeschaffungsmaßnahmen. Seit Mitte der 1970er-Jahre

---

52 Berufsbildungsbericht 1983, hg. v. Bundesminister für Bildung und Wissenschaft, Bonn 1983, S. 11-15.
53 Thomas Raithel, Jugendarbeitslosigkeit in der Bundesrepublik Deutschland und in Frankreich in den 1970er und 1980er Jahren, in: ders./Thomas Schemmer (Hg.), Die Rückkehr der Arbeitslosigkeit, München 2009, S. 67-80.
54 Dirk Konietzka/Holger Seibert, Die Erosion eines Übergangsregimes. Arbeitslosigkeit nach der Berufsausbildung und ihre Folgen für den Berufseinstieg – ein Vergleich der Bildungskohorten 1976–1996, in: Peter A. Berger/Dirk Konietzka (Hg.), Die Erwerbsgesellschaft. Neue Ungleichheiten und Unsicherheiten, Opladen 2001, S. 64-93.

zeichnete sich eine neue Gruppe mit erheblichen Schwierigkeiten auf dem Arbeitsmarkt ab, und zwar die Gruppe der gering oder gar nicht Qualifizierten. Dies waren in den 1970er- und 1980er-Jahren insbesondere die Schulabbrecher, die als Problemfälle identifiziert wurden. Obwohl ihre Quote gesenkt werden konnte, zeigte sich, dass trotz vielfältiger Qualifizierungsmaßnahmen weiterhin ein Teil der Jugendlichen vom Ausbildungsmarkt ausgeschlossen blieb. Das frühere Berufsbild des *ungelernten Arbeiters* verschwand nicht ganz, aber auch durch die Bildungsmaßnahmen Qualifizierte verblieben häufig im Niedriglohnbereich. Dabei hatte sich diese Gruppe durch eine geringe soziale Mobilität ausgezeichnet. Von den Hilfsarbeitern oder Angelernten, die vor 1970 angefangen hatten zu arbeiten, waren 1979 noch 68 Prozent in derselben beruflichen Position.[55]

Die Wandlungen des Ausbildungsmarktes können kaum allein als positive Entwicklung gezeichnet werden. Merkmal eines neuen Standards der Erwerbsbiografie war die Erstausbildung als Einstieg in eine längere Qualifikationskarriere. Wem dies nicht gelang, der hatte auf dem Arbeitsmarkt zumeist nur Chancen auf gering qualifizierte und damit schlecht bezahlte Tätigkeiten in Niedriglohnbereichen. Die Bildungsforschung ging daher davon aus, dass die Bildungsreform mit dem Ziel der Chancengleichheit einen paradoxen Effekt hatte: Die zunehmend erwartete höhere schulische Qualifizierung und der Wegfall gering qualifizierter Tätigkeiten führten für diese Gruppe zu einer gewissen Schließung des Arbeitsmarktes. Die soziale Ungleichheit schrieb sich in einem neuen Verhältnis fort. Die langen Ausbildungswege bedeuteten allerdings auch, dass zum Beispiel Studienabbrecher auch in prekären Beschäftigungsverhältnissen verbleiben konnten, die eine sichere Zukunftsplanung nur noch begrenzt ermöglichten.

Kulturelle und soziale Aspekte des Transformationsprozesses

Eine der möglicherweise markantesten Transformationen jugendlicher Arbeitswelten ist der erhebliche Anstieg des Alters von Auszubildenden. Lag das Durchschnittsalter von Berufsschülern 1970 noch bei 16,6 Jahren, wurde 1983 das Durchschnittsalter von 18 Jahren erreicht und stieg bis 1987 auf 18,7 Jahre an.[56] Dieser Trend setzte sich in den 1990er-Jahren fort, 2006 lag das Durchschnittsalter für den Beginn einer Ausbildung bei 19,3 Jahren. Dies kann nicht allein durch einen erhöhten Anteil von Auszubildenden mit Fachhoch- oder Hochschulreife erklärt werden, sondern insbesondere durch

---

55 Berufsbildungsbericht 1982, hg. v. Bundesminister für Bildung und Wissenschaft, Bonn 1982, S. 45.
56 Berufsbildungsbericht 1990, S. 42.

eine erhebliche längere Übergangszeit für Hauptschüler zur Erstausbildung.[57] Obwohl Schüler mit guten Noten auch nach der Hauptschule noch zum Teil direkt eine Lehrstelle finden konnten, sind Jugendliche unter 18 Jahren aus der Arbeitswelt weitgehend verschwunden. Dies lässt sich am Beispiel der Metallwirtschaft sehr deutlich demonstrieren: Nach der Reform des Betriebsverfassungsgesetzes 1972, mit der auch mehr Jugendvertretungen eingerichtet werden konnten, erfasste die IG Metall rund 146.221 Wahlberechtigte bis 18 Jahre. Dies war jedoch der Höchststand, denn von diesem Jahr an sank die Zahl der Wahlberechtigten Jugendlichen kontinuierlich ab bis auf circa 44.000 Personen 1986.[58] Innerhalb der IG Metall wurde diese Entwicklung bereits Ende der 1970er-Jahre erkannt und nach einer Lösung gesucht, denn mit dem Rückgang der Jugendlichen im Betrieb brach eine der entscheidenden betrieblichen Basen, die Jugendvertretung, langsam zusammen. Daher wurde versucht, die Teilnahme von volljährigen Auszubildenden bei der Jugendvertretung durch betriebliche Regelungen abzusichern. Schließlich kam es 1988 zu einer Neuregelung durch den Bundestag, mit der die Bildung von Jugend- und Auszubildendenvertretungen gesetzlich ermöglicht wurde.[59] Dieses Gesetz symbolisierte die Anerkennung der altersmäßigen Verschiebungen in der beruflichen Ausbildung.

Die Ausweitung des Jugendalters erstreckte sich auch auf die organisatorische Ebene. Der DGB hatte bereits 1971 die Altersgrenze für die Mitgliedschaft in der Gewerkschaftsjugend von 21 auf 25 Jahre angehoben, was zu einem sprunghaften Mitgliederanstieg der Gewerkschaftsjugend führte. Diese Entwicklung fiel in die von der Jugendsoziologie beobachtete Ausdehnung der Jugendphase beziehungsweise die sogenannte Postadoleszenz. Bezeichnet wird damit »eine Lebensphase, die dadurch gekennzeichnet ist, dass ihre Mitglieder in intellektueller, politischer und sexueller Hinsicht die volle Eigenständigkeit erreicht haben, ökonomisch jedoch weiter abhängig sind.«[60] Dies erfolgte zum einen durch längere Bildungsgänge, bei denen die Berufsausbildung nur noch einen Baustein lieferte, aber auch durch Jugendarbeitslosigkeit oder freiwilliges Abtauchen in die jugendkulturell geprägten Milieus insbesondere der Großstädte. Dieser »Strukturwandel der Jugend« war ein internationaler Prozess, da die Jugend als Zeitphase in den westlichen Industriegesellschaften als Moratorium zur Orientierung und Sinnsuche weithin akzeptiert wurde, was zur Entstrukturierung der Jugendphase führte: »Der Übergang in das Erwachsenenalter ist weniger klar konturiert und zerfällt in eine tendenziell zusammenhanglose Abfolge von Teilübergängen,

---

57 BIBB-Report 2/2007: Ursula Beicht/Michael Friedrich/Joachim Gerd Ulrich, Deutlich längere Dauer bis zum Ausbildungseinstieg. [www.bibb.de/de/32005.htm].
58 Angaben nach Geschäftsberichten der IG Metall [1971–1973], hg. v. Vorstand der IG Metall für die Bundesrepublik Deutschland, 1971–73, S. 255 u. 1986–1988, S. 553, 557.
59 Vgl. Geschäftsbericht der IG Metall 1986–1988, hg. v. Vorstand der IG Metall für die Bundesrepublik Deutschland, S. 553-556.
60 Klaus Dörre/Paul Schäfer, In den Straßen steigt das Fieber. Jugend in der Bundesrepublik, Köln 1982, S. 25.

die ohne festen Anfangs- und Endpunkt zudem zeitlich immer breiter streuen.«[61] Neben der verspätet oder gar nicht erfolgenden Heirat ist ein wichtiges Merkmal der ausdifferenzierte Einstieg in die Erwerbsarbeit.

Diese Entstrukturierung erfolgte im stärkeren Maße auch für die Jugendlichen, die aus den traditionellen Arbeiterschichten kamen und für die eine Lehre in der fordistischen Hochphase den Einstieg in ein Normarbeitsverhältnis bedeutete. Der Transformationsprozess jugendlicher Arbeitswelten verstärkte so den sozioökonomischen Trend zur Erosion der Arbeiterklasse als politisches und soziales Milieu.[62] Die traditionelle Lehre stellte einen wichtigen Sozialisationsfaktor für die lebensweltlichen Bezüge der Arbeiterklasse dar. Da sich die Möglichkeiten erweiterten und zugleich für einen Teil der Zugang erschwert war, boten sich für soziale Aufsteiger mehr individuelle Bildungschancen, während Geringqualifizierte nur schwer den Einstieg in ein dauerhaftes Arbeitsverhältnis fanden. Gerade die Schicht der festangestellten Facharbeiter bildete vor diesem Hintergrund für die meisten Gewerkschaften das wichtigste Mitgliederreservoir.

Dies führt zurück zu der eingangs erwähnten These der Entstandardisierung der Lebensläufe. Martin Kohli ging 1986 davon aus, dass eine stärker »individualisierte Handlungsstruktur« bei den beruflichen Lebensläufen in den Vordergrund rückte. Nicht mehr die scheinbare Planungssicherheit sozial gefestigter Strukturen und die damit verbundene »institutionelle Entlastung« prägten die Berufsentscheidungen, sondern individuelle Aspekte rückten in den Vordergrund: »Sich selber zu entscheiden und die Entscheidung nach einer Individuallogik zu fällen, ist möglich und notwendig geworden.«[63] Gegenüber der *Entstandardisierung* beziehungsweise der *Enttraditionalisierung*, so der auf Ulrich Beck zurückgehende Begriff in der Berufspädagogik, ist jedoch zu berücksichtigen[64], welche Reichweite die standardisierten Lebensläufe hatten. Kohlis Vorstellung von der mit der Standardisierung verbundenen Planungssicherheit lässt sich nur für die zweite Hälfte der 1950er- und die 1960er-Jahre als hegemonial annehmen, denn auch in dieser Zeit war eine berufliche Flexibilität verbreitet, insbesondere durch einen einfacheren Arbeitsplatzwechsel in Zeiten der Vollbeschäftigung. Der standardisierte Lebenslauf war ein Idealtypus, der schon bald angesichts der Bildungsexpansion und der materiellen Änderungen, insbesondere der Automatisierung der Produktion, erhöhte Anforderungen an die berufliche Qualifi-

---

61 Wilfried Ferchhoff/Thomas Olk, Strukturwandel der Jugend in internationaler Perspektive, in: dies. (Hg.), Jugend im internationalen Vergleich. Sozialhistorische und sozialkulturelle Perspektiven, Weinheim/München 1988, S. 9-30.
62 Vgl. immer noch grundlegend Josef Mooser, Arbeiterleben in Deutschland 1900–1970. Klassenlagen, Kultur und Politik, Frankfurt a. M. 1984.
63 Martin Kohli, Institutionalisierung, S. 267.
64 Vgl. Ditmar Brock, Übergangsforschung, in: ders. et al. (Hg.), Übergänge in den Beruf. Zwischenbilanz der Forschung, Weinheim/München 1991, S. 9-26.

kation stellte. Dieser Prozess führte dazu, dass die Wege, mit denen soziale Ungleichheit reproduziert wurde, komplizierter wurden.[65]

Fazit

Lässt sich angesichts der Transformationen der jugendlichen Berufsausbildung nun von einem *sozialen Wandel von revolutionärer Qualität* und von einem Strukturbruch sprechen? Die geänderte soziale Zusammensetzung in der Ausbildung verweist auf grundlegende gesellschaftliche Wandlungsprozesse. Insbesondere der Anstieg des Frauenanteils, aber auch von besser ausgebildeten Migranten in den Arbeitswelten zeigt eine geänderte Einstellung gegenüber dem vorher dominierenden Modell der männlichen Einversorgerehe. Trotz weiter bestehender sozialer Ungleichheiten kann hier von einer Neuzusammensetzung der geschlechtsbezogenen Berufsidentitäten ausgegangen werden, wobei es sich vor allem um die Zunahme des Anteils von Frauen in vorherigen Männerberufen handelt, weniger um männliche Arbeitnehmer in von Frauen dominierten Berufen. Der strukturelle Kern der Berufsausbildung hat sich ebenfalls verändert. Im Vordergrund steht nicht mehr die Lehre als Arbeitsdisziplinierung, wie sie noch in den 1980er-Jahren als der »heimliche Lehrplan des Betriebes« betrachtet wurde.[66] Die Lehre wandelte sich zur beruflichen Erstausbildung, auf der eine weitere Berufskarriere aufgebaut wurde. Die Ausbildung ist umfassender und breiter angelegt als noch in den 1960er-Jahren. Insbesondere die Möglichkeiten zur beruflichen Qualifikation an Fachhochschulen haben zu einem erheblichen Anstieg von Studierenden mit beruflicher Vorbildung geführt. Dieser Prozess ist mit erheblichen zeitlichen und sektoralen Ungleichzeitigkeiten verlaufen. Während in der Großindustrie bereits in den 1960er-Jahren die Ausbildung modernisiert werden sollte, blieben Vorbehalte insbesondere im Handwerk bestehen. Die inhaltliche Ausweitung der Berufsausbildung korrespondierte mit stärker individuell geprägten beruflichen Lebensverläufen. Hierbei reproduzierte sich allerdings auch soziale Ungleichheit weiter. Denn insbesondere Personen, die nur eine geringe formale Qualifikation hatten, fanden und finden erheblich schwerer den Einstieg in die Arbeitswelten. Sie bilden das Reservoir für einen Niedriglohnsektor, der sich inzwischen vor allem im Dienstleistungsbereich etabliert hat.

Die Bildungsexpansion hat also deutliche Spuren hinterlassen. In der wissensbasierten Arbeitsgesellschaft der Gegenwart war sie notwendig, um die Veränderungen aufzufangen und mit voranzutreiben. Insbesondere auch im industriellen Bereich mit dem starken Ausbau industrienaher Dienstleistungen wie Forschung und Entwick-

---

65 Ebd., S. 10.
66 Helmut Heid/Wolfgang Lempert (Hg.), Sozialisation durch den heimlichen Lehrplan des Betriebs, Wiesbaden 1982.

lung haben sich die Arbeitswelten gewandelt. Hier war die stärker auf eine Grundbildung ausgerichtete Berufsausbildung eine notwendige Erweiterung. Zugleich hat dies mit zur Erosion der Arbeiterklasse als politischem und sozialem Milieu beigetragen, da mit der Individualisierung auch in diesem Milieu lebensweltliche Pluralisierung und postmaterielle Werte an Bedeutung gewannen.

Allerdings ist die Annahme, dass mit diesem Prozess die identitätsstiftende Wirkung von Arbeit zurückging zugunsten einer Orientierung auf eine durch Konsum geprägte Identität, kaum zutreffend.[67] Auch wenn die Konsumgesellschaft und die zurückgehende Arbeitszeit eines der gesellschaftlichen Merkmale seit den 1960er-Jahren ist, blieb doch die Berufstätigkeit elementar für den Zugang zu gesellschaftlichen Ressourcen in materieller wie ideeller Hinsicht. Arbeitsverdienste ermöglichten den Konsum, und die Ausübung einer beruflichen Tätigkeit gehörte zu den Grundpfeilern der sozialen Anerkennung. Die fordistische Massenproduktion war immer nur für einen kleinen Teil der Industriearbeiter prägend, und auch dort gehörten Berufs- und Leistungsethos zu einem der wesentlichen identitätsstiftenden Merkmale.[68] Allerdings ist es richtig, dass gerade durch jugendkulturelle Einflüsse auch Arbeiterjugendliche sich an einem Lebensstil von (älteren) Schülern und Studierenden ausrichteten, womit über weite Strecken eine längere Postadoleszenz einherging.

Kann aber nun von einem Strukturbruch bei der Berufsausbildung insgesamt gesprochen werden? Für die formalen Merkmale trifft es nicht zu: Weiterhin besteht das System der dualen Ausbildung und insbesondere eine stark sozial selektive Schulbildung, die durch die frühe Trennung von Schülern Bildungskarrieren vorzeichnet. Allerdings ist das Berufsbildungssystem erheblich durchlässiger geworden, und die Bildungserwartung ist auch für Berufstätige sehr hoch geworden. Zerbrochen sind die relativ standardisierten Übergänge von der Schule in den Beruf und die damit verbundene *individuelle Entlastung*. Es gibt einerseits mehr Chancen, andererseits erfolgen die Schließungen des Arbeitsmarktes jedoch über hohe Qualifikationsanforderungen. Diese Entwicklung wurde in der Bildungsforschung bereits in den 1960er-Jahren erkannt und langsam, aber nachhaltig in der betrieblichen Praxis umgesetzt. Dabei gab es ein Zusammenspiel von Bildungsreformern, Gewerkschaften und auch Arbeitgebern, die auf eine stärker individuell orientierte und nach weniger standardisierten Lebensläufen suchende Jugend trafen. Dieses Zusammentreffen in den 1970er- und 1980er-Jahren hat die soziale Zusammensetzung und inhaltliche Ausrichtung der Berufsausbildung nachhaltig verändert und prägt sie bis heute.

---

67 So kürzlich Andreas Wirsching, Konsum statt Arbeit? Zum Wandel von Individualität in der modernen Massengesellschaft, in: Vierteljahreshefte für Zeitgeschichte 57 (2009), S. 171-199.
68 Vgl. die Studie zu Werftarbeitern: Michael Schumann et al., Rationalisierung, Krise, Arbeiter. Eine empirische Untersuchung der Industrialisierung auf der Werft, Frankfurt a. M. 1981.

In diesem Sinne ist von einem sich seit den späten 1960er-Jahren hinziehenden Strukturbruch in der Berufsausbildung auszugehen. Dabei waren Ideen von Demokratisierung, Chancengleichheit und Transparenz eher die Begleitmusik der 1970er-Jahre für langfristig individuellere, höherqualifizierte und sich länger erstreckende Übergänge in die Berufswelt, die den Anforderungen und Notwendigkeiten einer stärker durch Computertechnik geprägten Arbeitswelt entsprachen.

Rüdiger Hachtmann

Gewerkschaften und Rationalisierung: Die 1970er-Jahre – ein Wendepunkt?

In den 1970er-Jahren endete das bundesdeutsche Wirtschaftswunder. Mit den konjunkturellen – und aus heutiger Sicht vergleichsweise harmlosen – Krisen von 1966/67 und 1973/74, mit der Aufkündigung des Bretton-Wood-Abkommens 1971, mit den Ölpreisschocks von 1973/74 und 1979/80, mit der Billigkonkurrenz der fernöstlichen Tigerstaaten und mit den sich am Horizont bereits abzeichnenden fundamentalen Wandlungen von Wirtschaft und Gesellschaft durch Mikroelektronik und moderne Informationstechnologien, für die sich die Bezeichnung »dritte industrielle Revolution« eingebürgert hat, kündigte sich eine anhaltende industrielle Strukturkrise an, die sich derzeit zu einer Fundamentalkrise des globalen Kapitalismus auswächst. Die fordistische Suggestion eines fortwährend boomenden Kapitalismus ohne echte Krise und ebenso die Hoffnung auf eine dauerhafte Voll- oder gar Überbeschäftigung entpuppten sich als Illusion. Stattdessen wurde nun die »Krise des Fordismus« debattiert – und oft sehr Unterschiedliches darunter gefasst. Spätestens in den 1980er-Jahren machte die Formel vom »Ende des Fordismus« die Runde. »Krise« und »Ende« sind jedoch nur die eine Seite der Medaille. Gleichzeitig blieb die Bundesrepublik Deutschland zumindest die erste Hälfte der 1970er-Jahre aber auch von einer bis dahin ungekannten gesellschaftlichen Aufbruchstimmung und Reformeuphorie gekennzeichnet, die etwa Mitte der 1960er-Jahre eingesetzt hatte. Sie zeigte ebenfalls nachhaltige Wirkungen und wird nicht selten durch die von Zeithistorikern unlängst geprägte, deprimiert-ratlose Formel »Nach dem Boom« verdeckt beziehungsweise verniedlicht.[1]

Dass auch die Gewerkschaften vom ökonomischen Strukturumbruch wie von der Reformeuphorie betroffen waren, liegt auf der Hand, ebenso, dass sie erhebliche Probleme hatten, sich auf die vielschichtigen neuen Konstellationen einzustellen. Die Begriffe »Krise« und »Reformeuphorie« markieren grob die Pole des Spannungsfeldes, in dem sich die gewerkschaftlichen Debatten und Konzepte in den 1970er-Jahren bewegten. Der Trägheit eines großen Tankers gleich, kostete es den DGB und die Einzelgewerkschaften erhebliche Anstrengungen, überhaupt zu realisieren, dass man unruhigeren Zeiten entgegensteuerte und die Jahre automatischer, korporatistisch abgesicherter und relativ üppiger Reallohnerhöhungen vorbei waren. Die Arbeitnehmerver-

---

[1] Anselm Doering-Manteuffel/Lutz Raphael, Nach dem Boom. Perspektiven auf die Zeitgeschichte seit 1970, Göttingen 2008. Ich danke Dietmar Süß für Kritik und Anregungen.

bände begannen, produktionsökonomische Rationalisierungen nicht mehr nur als Segnungen zu begrüßen, sondern zunehmend auch kritisch zu betrachten.

Drei Aspekte dieses gewerkschaftlichen Rationalisierungsdiskurses sind hervorzuheben: Erstens war dieser Prozess nicht einheitlich und widerspruchsfrei; das Meinungsspektrum innerhalb der Gewerkschaftsbewegung war weit gefächert.

Zweitens fand der Rationalisierungsdiskurs unter Druck statt – und zwar in doppelter Hinsicht: unter dem Druck einer wachsenden, zunehmend (auch) strukturellen Erwerbslosigkeit und vor dem Hintergrund eines gleichfalls zunehmenden volkstümlichen Antifordismus und Antitaylorismus an der betrieblichen Basis, die in spontanen, gewerkschaftlich nicht legitimierten Streiks Ende der 1960er-, Anfang der 1970er-Jahre einen sichtbaren Ausdruck fanden.

Drittens schließlich kam der gewerkschaftliche Rationalisierungsdiskurs vergleichsweise spät: Dass fordistische und tayloristische Produktionsregime die Belegschaften keineswegs nur beglückten, sondern einen vielschichtig-repressiven Charakter besaßen, war seit den 1920er-Jahren bekannt und wurde während der Weimarer Republik auch in Gewerkschaftskreisen diskutiert. Wer den Rationalisierungsdiskurs der bundesdeutschen Arbeitnehmerverbände während der 1970er-Jahre in den Fokus nimmt, hat deshalb zunächst dessen weit zurückreichende Vorgeschichte zu thematisieren. Er hat in einem ersten Schritt zu fragen, warum die Protagonisten der westdeutschen Gewerkschaften in den ersten Nachkriegsjahrzehnten erneut von der »Zauberformel« einer Kapital wie Arbeit gleichermaßen beglückenden Produktionsformation in den Bann gezogen wurden – einer »Zauberformel«, die der Automobilkönig und bekennende Antisemit Henry Ford Anfang der 1920er-Jahre mit geschicktem Marketing massenwirksam auch unter das deutsche Volk gebracht hatte.[2] Er hat zu erklären, warum die Ford'sche »Zauberformel« durch die Weltwirtschaftskrise ab 1929 zwar desavouiert wurde, seit den 1950er-Jahren dennoch wieder so viele gläubige Anhänger fand, auch und gerade in den Gewerkschaften, obgleich deren Basis in den Betrieben am stärksten von den negativen Effekten fordistischer Produktionsregime betroffen war.

Im Folgenden werden zunächst diese Kontinuitäten angesprochen und hier die Schlaglichter insbesondere auf die Weimarer Republik und den seinerzeitigen Rationalisierungsdiskurs gerichtet, danach die Einstellungen der Gewerkschaften zum Thema »Rationalisierung« in den ersten Jahrzehnten der alten Bundesrepublik umrissen, ehe die 1970er-Jahre im Engeren thematisiert und dabei die Veränderungen des gewerkschaftlichen Diskurses und – begrenzt – auch der Praxen skizziert werden.

---

2 Zur »Psychologie des Schlagwortes« Fordismus, zu seiner Funktion als »Zauberformel«, nämlich als »Projektionsfläche für zahllose Zuschreibungen, Sehnsüchte und Verschleierungen«, vgl. Thomas von Freyberg, Industrielle Rationalisierung in der Weimarer Republik. Untersucht an Beispielen aus dem Maschinenbau und der Elektroindustrie, Frankfurt a. M./New York 1989, S. 305-320.

Am Schluss des Beitrags steht die These, dass die Rede vom »Abschied vom fordistischen Fabriksystem« wie überhaupt vom »Postfordismus« voreilig ist.[3]

Das komplexe Thema »Gewerkschaften und Rationalisierung« zwingt zu Eingrenzungen vor allem in zwei Richtungen: (1.) Der Begriff »Rationalisierung« ist hochgradig bedeutungsoffen und historisch nicht gebunden. Die folgende Skizze beschränkt sich auf das 20. Jahrhundert und im Wesentlichen auf die Varianten betrieblicher Produktionsregime, die gemeinhin als fordistisch und tayloristisch etikettiert werden und von den Zeitgenossen insbesondere der 1920er-Jahre als Kernelemente einer sehr viel breiteren »Rationalisierung(sbewegung)« diskutiert wurden.[4] (2.) Die Gewerkschaftsbewegung war und ist heterogen. Dies gilt auch für die »Einheitsgewerkschaft« DGB, in noch stärkerem Maße für die europäischen Gewerkschaften oder auch für die in mehrere Organisationen und Strömungen aufgesplittete Weimarer Gewerkschaftsbewegung.[5]

Taylorismus, Fordismus und der gewerkschaftliche Rationalisierungsdiskurs bis 1933

In der reichsdeutschen Wirtschaft allgemein sowie überhaupt der gesamten Gesellschaft der Weimarer Republik – und ähnlich, wenngleich mit je spezifischen Abweichungen, in den anderen hoch industrialisierten Staaten und Regionen Europas – entbrannte während der 1920er-Jahre eine heftige Rationalisierungsdebatte. Die Gewerkschaften machten hier keine Ausnahme. Retrospektiv betrachtet, mutet die weitgehende Akzeptanz, die ja oft euphorische Zustimmung aller gewerkschaftlichen Richtungen der Weimarer Republik zu den Formen betrieblicher Rationalisie-

---

3 So z. B. Anselm Doering-Manteuffel/Lutz Raphael, Nach dem Boom, S. 41. Doering-Manteuffel/Raphael verweisen dabei auf den »Druck der japanischen Konkurrenz«; sie suggerieren mithin, dass der Toyotismus etwas ganz anderes gewesen sei als das fordistische Produktionsregime. Dem war jedoch nicht so. Vgl. Volker Elis, Von Amerika nach Japan – und zurück. Die historischen Wurzeln und Transformationen des Toyotismus, in: Zeithistorische Forschungen/Studies in Contemporary History 6 (2009) 2, S. 255-275, v. a. 258 ff.

4 Zu den verschiedenen Bedeutungsebenen des Schlagwortes »Fordismus« vgl. Adelheid von Saldern/Rüdiger Hachtmann, Das fordistische Jahrhundert: Eine Einleitung, in: ebd., S. 174-185.

5 Die folgenden thesenhaft zugespitzten Ausführungen beziehen sich auf die jeweils hegemonialen Strömungen (bzw. mit Blick auf Weimar: den freigewerkschaftlichen ADGB). Sie basieren auf einem Vortrag, der am 29.5.2009 im Zentrum für Zeithistorische Forschungen in Potsdam gehalten wurde. Zugleich markieren sie mit dem Fokus auf die 1970er-Jahre Überlegungen und Arbeitshypothesen zu einem Projekt des Verf., das unter dem Titel »Das fordistische Jahrhundert« systemübergreifend längerfristige Trends der betriebsbezogenen Rationalisierungen und Produktionsregime sowie die darauf bezogenen Modernisierungsdiskurse zum Gegenstand hat.

rungsbewegung[6], die sich unter die Schlagworte »Fordismus«[7] und »Taylorismus«[8] subsumieren lassen, erstaunlich an.[9] Denn die Implementierung und Perfektionie-

6   Die Weimarer Gewerkschaftsbewegung zerfiel in mehrere politische Richtungen, unter denen die der SPD nahestehende mit ungefähr 80 % aller Gewerkschaftsmitglieder die wichtigste war (ADGB). Von Bedeutung waren außerdem die christlichen Gewerkschaften (DGB) sowie ab Ende der 1920er-Jahre die kommunistische RGO. Lediglich die RGO ging relativ deutlich auf Distanz zu den auf F. W. Taylor und H. Ford zurückgehenden Produktionsregimes – unter kapitalistischen Verhältnissen, während der euphemistische Rekurs auf Taylorismus und Fordismus in der Sowjetunion und die Einführung dieser Produktionsregime dort jedenfalls von den hegemonialen Strömungen in der RGO gleichzeitig begrüßt wurde. Innerhalb breiter (nicht organisierter) Arbeiterschichten entwickelte sich dagegen eine Art des volkstümlichen Antitaylorismus und Antifordismus, der noch in der zweiten Hälfte der 1930er-Jahre deutlich zu beobachten war, obwohl das NS-Regime die Arbeitnehmerschaft jeglicher Möglichkeiten autonomer Interessensartikulation beraubt hatte.
7   Im Herbst 1923 erschien Henry Fords »Mein Leben und Werk« auf Deutsch. Innerhalb kürzester Zeit erreichte dieses Buch, in dem Ford seine Produktionsprinzipien wie seine Gesellschaftsvision ausbreitete, eine Auflagenhöhe von mehreren Hunderttausend (während die Fordrezeption in den damaligen europäischen »Automobilländern« Frankreich und Großbritannien sehr viel zurückhaltender blieb). Zum Schlagwort wurde der Begriff »Fordismus« durch den Ford-Enthusiasten und Ordinarius für Betriebswissenschaften an der Berliner Friedrich-Wilhelms-Universität Friedrich v. Gottl-Ottilienfeld bereits ab Mai 1924; von Gramsci wurde der Begriff einige Jahre später aufgenommen. Vgl. Gottl-Ottlilienfelds Vortrag u. d. T. »Fordismus? Von Frederick Winslow Taylor zu Henry Ford« am Institut für Weltwirtschaft an der Universität Kiel, ferner seinen Vortrag über »Industrie im Geiste Henry Fords« vor dem Hamburger Überseeklub sowie seine im Frühjahr 1925 verfassten Artikel »Fordismus« und »Fordisation« für den zweiten Band des »Handwörterbuch des Kaufmanns. Lexikon für Handel und Industrie«. Alle drei separat publizierten Artikel fasste Gottl-Ottlilienfeld mit drei weiteren Aufsätzen u. d. T. »Fordismus. Über Industrie und Technische Vernunft« zu einem separaten Buch zusammen, das im Sommer 1926 bereits in der dritten Auflage erschien. Vgl. außerdem Antonio Gramsci, Amerikanismus und Fordismus, in: ders., Philosophie der Praxis, hg. u. übers. v. Christian Riechers, Frankfurt a. M. 1967, S. 376-404.
8   Systematisch (und meist auch chronologisch) geht der Taylorismus dem Fordismus voraus: Das tayloristische Produktionsregime basiert (idealtypisch) auf systematischen Bewegungs- und Zeitstudien; anschließend werden komplexe Arbeitsgänge systematisch zerlegt und daraufhin wenige, im Bewegungsablauf und der zeitlichen Folge genau fixierte Handgriffe einzelnen Arbeitsplätzen und Arbeitskräften zugeschrieben, schließlich die penible Einhaltung der vorgegebenen Handgriffe, aber auch Pausen etc., durch Aufsichtspersonal genau überwacht. Was beim Taylorismus durch das Aufsichtspersonal geschieht, wird im Fordismus durch das laufende Band erzwungen. Der Implementierung von Fließbändern gehen tayloristische Untersuchungen voraus. Insofern gehört zum fordistischen Produktionsregime immer auch der Taylorismus als Teilelement.
9   Vgl. Gunnar Stollberg, Die Rationalisierungsdebatte 1918 bis 1933. Freie Gewerkschaften zwischen Mitwirkung und Gegenwehr, Frankfurt a. M. 1981, bes. S. 81 ff.; Günter Neubauer, Sozialökonomische Bedingungen der Rationalisierung und der gewerkschaftlichen Rationalisierungsschutzpolitik. Vergleichende Untersuchung der Rationalisierungsphasen 1918 bis 1933 und 1945 bis 1968, Berlin 1980, bes. S. 101-131; Richard Vahrenkamp, Wirtschaftsdemokratie und Rationalisierung. Zur Technologiepolitik der Arbeiterbewegung in der Weimarer Republik, in: Gewerkschaftliche Monatshefte 34 (1983), S. 722-735; Gunther Mai, Politische Krise und Rationalisierungsdiskurs in den zwanziger Jahren, in: Technikgeschichte 4 (1995), S. 317-332, bes. 323 f.; Christian Haußer, Ameri-

rung tayloristischer sowie (daran anknüpfend) fordistischer Varianten betrieblicher Rationalisierung zwang die betroffenen Arbeitskräfte zu Tätigkeiten, die im Rahmen eines immer stärker arbeitsteilig organisierten Produktionsprozesses auf den ständig zu wiederholenden, zeitlich genau bemessenen, also repetitiven Vollzug von ganz wenigen Arbeitsbewegungen reduziert wurden. Mussten vorher in der Produktion komplexe Gesamtleistungen erbracht werden, die Aus- und Weiterbildungsprozesse zur Vorraussetzung hatten, barg die einfache monotone Teilverrichtung die Gefahr, geistig abzustumpfen. Insbesondere das mit teilautomatischen Apparaturen verknüpfte fließende Band degradierte die unmittelbar produktiven Arbeitskräfte zu lebendigen Maschinenteilen – wie Charlie Chaplin dies so schön karikierend in den ersten Szenen seines Meisterwerks »Moderne Zeiten« auf Zelluloid gebannt hat.

Verfehlt wäre es freilich, sich die frühe Fließbandproduktion der 1920er-, 1930er- und 1940er-Jahre allzu perfekt vorzustellen.[10] Tayloristische und fordistische Formen betrieblicher Rationalisierung besaßen historisch eine breite Vielfalt. Insbesondere während der 1920er-Jahre wurde Fließfertigung oft lediglich auf arbeitsorganisatorischem Wege hergestellt. Mechanische Transportbänder waren eher die Ausnahme und zudem innerhalb der Betriebe in Deutschland lange Zeit auf wenige Inseln beschränkt. Das änderte sich erst seit Mitte der 1930er-Jahre. Der erste größere Betrieb, der vollständig – ohne handwerkliche Abteilungen – auf Basis von Fließbändern produzierte, öffnete in Deutschland 1936 seine Tore: Es war das von Opel in der Stadt Brandenburg errichtete Werk für die Produktion des Kleinlastwagens »Blitz«; »Betriebsführer« dieses Betriebes war Heinrich Nordhoff, der später als Generaldirektor und Firmenpatriarch des Wolfsburger Volkswagenwerkes den VW-Käfer zum Inbegriff des bundesdeutschen Fordismus machen sollte. Opel befand sich seit 1929/31 im Besitz von General Motors und konzentrierte bis in den Zweiten Weltkrieg hinein gut 40 Prozent der reichsdeutschen Automobilproduktion auf sich. Davon abgesehen blieben selbst in den 1950er- und 1960er-Jahren auch in entwickelt-fordistischen Betrieben handwerkliche Teilschritte üblich; so war der Gummihammer im Karosseriebau bis in die 1960er-Jahre auch am Band ein weithin gebräuchliches Werkzeug.

kanisierung der Arbeit? Deutsche Wirtschaftsführer und Gewerkschaften im Streit um Ford und Taylor, Stuttgart 2008, bes. S. 82-98; Thomas von Freyberg, Rationalisierung in der Weimarer Republik, S. 371-384; Jürgen Bönig, Einführung von Fließarbeit in Deutschland bis 1933. Zur Geschichte einer Sozialinnovation, Münster (Westf.)/Hamburg 1993, Bd. 1, S. 131-134, 147 ff.; Bd. 2, S. 694 f. Allgemein außerdem z. B. Anselm Doering-Manteuffel, Wie westlich sind die Deutschen? Amerikanisierung und Westernisierung im 20. Jahrhundert, Göttingen 1999, S. 20-34; Andreas Wirsching, Politische Generationen, Konsumgesellschaft, Sozialpolitik. Zur Erfahrung von Demokratie, Diktatur in Zwischenkriegszeit und Nachkriegszeit, in: Anselm Doering-Manteuffel (Hg.), Strukturmerkmale der deutschen Geschichte des 20. Jahrhunderts, München 2006, S. 43-64, hier: 51 ff.

10 Zum Folgenden vgl. als Überblick Rüdiger Hachtmann/Adelheid von Saldern, »Gesellschaft am Fließband«. Fordistische Produktion und Herrschaftspraxis in Deutschland, in: Studies in Contemporary History/Zeithistorische Forschungen 6 (2009) 2, S. 186-208 (sowie die dort genannte Literatur).

Dennoch überraschen die Sympathien, die von Gewerkschaftsseite vor allem dem von Henry Ford propagierten Produktionsregime entgegenschlugen, weil sie einem Votum für monotone, stark entfremdete Arbeit gleichkamen. Taylorismus und Fordismus entmündigten die betroffenen Arbeitskräfte, indem sie ihnen die Restbestände an Autonomie über die jeweiligen Arbeitsvollzüge entzogen, die sie bis dahin besessen hatten. Noch mehr erstaunt die Zustimmung breiter Strömungen der Weimarer Gewerkschaftsbewegung zu den betrieblichen Rationalisierungsbewegungen fordistischer Couleur, weil deren Implementierung einseitig die Macht der Unternehmensleitungen stärkte und die Position der 1920 gerade erst geschaffenen Betriebsräte jedenfalls im Bereich der betrieblichen Leistungspolitik schwächten.[11]

Wenn Taylorismus und Fordismus (so die kritische Historiografie) »Ausbeutungsinnovationen« waren[12], die die betrieblichen Machtverhältnisse einseitig zugunsten der Unternehmenseigner beziehungsweise der von diesen eingesetzten *Managerkaste* auf Kosten der Arbeitnehmer, und das heißt auch der Gewerkschaften, verschoben, wenn zudem Ford und Taylor aus ihrer offenen Gewerkschaftsfeindlichkeit keinen Hehl machten – was erklärt dann die Zustimmung der meisten Protagonisten der Gewerkschaftsbewegung insbesondere zum Fordismus?[13] Die neun wichtigsten Gründe:

Die fließende Fertigung per Band reduzierte erstens die *körperlichen Anstrengungen* und ließ außerdem, allmählich, die Zahl der Arbeitsunfälle sinken. Als Argument zugkräftiger war zweitens das *Versprechen höherer Löhne*, das insbesondere Henry Ford in seiner breit rezipierten, vom einflussreichen Gewerkschaftsführer Fritz Tarnow zur »revolutionärsten Schrift der ganzen bisherigen Wirtschaftsliteratur« erhobenen, Ende 1923 erschienenen Autobiografie abgegeben und in den USA tatsächlich auch einige Jahre verwirklicht hatte.[14] Drittens faszinierte, dass Ford das *Versprechen des Massenkonsums* nicht nur von der Konsumentenseite (höhere Löhne), sondern auch von der Produktionsseite her einlösen wollte, indem er durch Massenfertigung das Automobil vom Luxusgut zum Gebrauchsgegenstand für jedermann zu machen

---

11 Wichtig ist festzuhalten, dass die Einflussmöglichkeiten der Betriebsräte auf die betriebliche Leistungspolitik allerdings ohnehin sehr begrenzt waren. Zur Implementierung der Betriebsräte vgl. zusammenfassend Heinrich-August Winkler, Von der Revolution zur Stabilisierung. Arbeiter und Arbeiterbewegung in der Weimarer Republik 1918 bis 1924, Bonn 1985, bes. S. 283-294.
12 Jürgen Bönig, Einführung von Fließarbeit, S. 37 f. Vgl. ausführlich außerdem Freyberg, Rationalisierung in der Weimarer Republik, S. 166 ff., 173, 195 ff., 211, 214.
13 Vgl. exemplarisch: Henry Ford, Erfolg im Leben. Mein Leben und Werk, München 1954, S. 171 f. Erst ab 1941 gelang es dem Verband der United Auto Workers (UAW), das zentrale Ford-Werk in Dearborn zu organisieren.
14 Fritz Tarnow, Warum arm sein?, Berlin 1928, S. 19, zit. n. Haußer, Amerikanisierung, S. 88. Tarnow (1890–1951), seit 1920 Vorsitzender des Holzarbeiter-Verbandes, saß seit 1928 im Bundesvorstand des ADGB und machte sich v. a. als wichtiger Unterstützer des von Fritz Naphtali ausgearbeiteten Konzepts der »Wirtschaftsdemokratie« (1928) sowie als Mitverfasser des quasikeynesianischen WTB-Plans (1931) einen Namen.

schien – und damit zahllosen anderen Produkten, die zunächst gleichfalls Luxusgüter für kleine, kaufkräftige Bevölkerungsschichten waren, einen ähnlichen Weg vorzeichnete.[15] Viertens ist die Begeisterung, mit der die meisten Gewerkschafter den Fordismus und Taylorismus annahmen, wesentlich darauf zurückzuführen, dass das neue Rationalisierungsproletariat, das die tayloristische und fordistische Rationalisierungsbewegung zu schultern hatte, kaum gewerkschaftlich organisiert war. Dieser Aspekt ist hier etwas ausführlicher anzusprechen.

Das tayloristische und fordistische Rationalisierungsproletariat war, außerhalb vor allem der (in Deutschland bis weit in die 1930er-Jahre vornehmlich noch handwerklich organisierten) Automobilindustrie sowie des Flugzeugbaus, zu erheblichen Teilen *weiblich*, zum Beispiel in der elektrotechnischen und feinmechanischen, der Bekleidungs- und Schuh- sowie der Nahrungsmittelindustrie.[16] Später kamen *ausländische Arbeitskräfte* hinzu. Als »Fremdarbeiter« (beiderlei Geschlechts) substituierten sie Anfang der 1940er-Jahre in der verarbeitenden Industrie deutsche Frauen an den Bändern.[17] Seit Anfang der 1960er-Jahre wurden dann immer mehr »Gastarbeiter« rekrutiert, um den scheinbar unerschöpflichen Bedarf der bundesdeutschen Industrie an Arbeitskräften zu stillen. Im Jahr 1970 waren rund 60 Prozent der ungelernten Arbeitskräfte Frauen und Ausländer (beiderlei Geschlechts). Mehr als jede zweite deutsche Arbeiterin führte eine ungelernte Beschäftigung aus, während es bei

---

15 Tatsächlich blieb der PKW in Deutschland – im Unterschied zu den USA, zu Großbritannien und auch Frankreich – während der ersten Hälfte des 20. Jahrhunderts ein Luxusgut, das sich nur Vermögende leisten konnten (v. a. wegen des kostenträchtigen Unterhaltes, weniger wegen der Anschaffungskosten).
16 Aufschlussreich auch in dieser Hinsicht sind nicht zuletzt zeitgenössische Erhebungen. Vgl. v. a. Vorstand des DMV, Die Rationalisierung in der Metallindustrie, Berlin 1932; Erfahrungen mit Fließarbeit. Auswertung der 1926/27 erschienenen Veröffentlichungen über Fließarbeit, hg. v. Ausschuß für Fließarbeit beim AWF, Teil I und II, Berlin 1928; Gerhard Duvigneau, Untersuchungen zur Verbreitung der Fließarbeit in der deutschen Industrie, Breslau 1932. Vgl. ferner Heidrun Homburg, Rationalisierung und Industriearbeit am Beispiel des Siemens-Konzerns Berlin 1900–1939, Berlin 1991; zum Verhältnis von Frauenarbeit und repetitiven, tayloristischen bzw. fordistischen Tätigkeiten, bes. S. 554 f. u. 679; Jürgen Bönig, Einführung von Fließarbeit, Bd. 1, S. 172 ff. u. 272 f. Prozesse, wie sie sich für die Industrie beobachten lassen, u. a. eine signifikante Feminisierung der unteren Statusgruppen, sind ähnlich auch bei den Angestellten auszumachen. Vgl. Michael Prinz, Vom neuen Mittelstand zum Volksgenossen. Die Entwicklung des sozialen Status der Angestellten von der Weimarer Republik bis zum Ende der NS-Zeit (= Studien zur Zeitgeschichte, Bd. 30), München 1986, bes. S. 242; Homburg, Rationalisierung, S. 535 ff.
17 Vgl. Rüdiger Hachtmann, Fordism and Unfree Labour: Aspects of the Work Deployment of Concentration Camp Prisoners in German Industry between 1941 and 1944, in: International Review of Social History, 55 (2010) 3, S. 485-513; ders., Fordismus und Sklavenarbeit. Thesen zur betrieblichen Rationalisierungsbewegung 1941 bis 1944, in: ZZF-Bulletin 43/44 (2008), S. 21-34; ders., Rationalisierung und Industriearbeiterschaft 1900 bis 1945. Bemerkungen zum Forschungsstand, in: Jahrbuch für Wirtschaftsgeschichte 1996/I, S. 211-258, bes. 235-244 (und die dort genannte Literatur).

den deutschen Männern nur jeder Fünfte war.[18] Die ungelernten Frauen und die überwiegende Mehrheit der »Gastarbeiter« (beiderlei Geschlechts) waren die Arbeiterschichten, die bevorzugt an den – von deutschen Arbeitern oft scheel angesehenen – monotonen Arbeitsplätzen in der Fließfertigung eingesetzt wurden.[19]

Scheel angesehen wurden einheimische Arbeiterinnen und ausländische Arbeitskräfte auch von vielen Gewerkschaftsmitgliedern und -funktionären. Den Hintergrund für diese Einstellung bildet der traditionell ausgesprochen niedrige gewerkschaftliche Organisationsgrad von Frauen und ähnlich später der der »Gastarbeiter«. Das war kein neues Phänomen. Auch in den 1920er-Jahren (und früher) waren Frauen in den Arbeitnehmerverbänden deutlich unterrepräsentiert; noch in den 1970er-Jahren änderte sich das kaum.[20] Der niedrige Organisationsgrad von Frauen ist nun allerdings, wie Brigitte Kassel am Beispiel des Deutschen Metallarbeiterverbands (DMV) der Weimarer Republik gezeigt hat, nicht oder jedenfalls nicht in erster Linie auf typisch weibliche Vorbehalte gegenüber Gewerkschaften zurückzuführen. Er war umgekehrt oft einer gezielten Abschließung des von (männlichen) Facharbeitern geprägten Metallarbeiter-Verbandes gegenüber Ungelernten beiderlei Geschlechts und – damit auch – gegenüber Frauen geschuldet. Für den DMV und seine Protagonisten, und ähnlich vermutlich auch für die anderen Gewerkschaften, war der männliche Prioritätsanspruch auf dem Arbeitsmarkt selbstverständlich; der Mann galt als »Hauptverdiener«, weibliche Lohnarbeit wurde ebenso selbstverständlich auf »Zuarbeit« reduziert. Diese eingefrästen geschlechtsspezifischen Rollenerwartungen erklären, warum der DMV die »Doppelverdienerkampagne« nach dem Ersten Weltkrieg mittrug, und warum dessen Repräsentanten in trauter Gemeinsamkeit mit Politikern aller Couleur

---

18 Josef Mooser, Arbeiterleben in Deutschland 1900–1970. Klassenlagen, Kultur und Politik, Frankfurt a. M. 1984, S. 59.

19 Bei Ford wurden Migranten von Anfang an an Fließbändern eingesetzt – nachzulesen bereits in Fords Autobiografie. Nach 1945 wurden nicht nur in der Bundesrepublik, sondern auch in anderen Regionen, z. B. in Norditalien, bevorzugt Migranten (aus Kalabrien und Sizilien) für die Fließfertigung eingestellt. Für die Bundesrepublik vgl. als vorzüglichen Überblick: Ulrich Herbert, Geschichte der Ausländerpolitik. Saisonarbeiter, Zwangsarbeiter, Gastarbeiter, Flüchtlinge, München 2001, S. 208 ff., 213 f., 217 f.

20 Ende 1976 lag der Anteil der Frauen unter den Gewerkschaftsmitgliedern bei 13,2 %, drei Jahre später bei 14,1 %. Angaben nach: Joachim Bergmann/Otto Jacobi/Walther Müller-Jentsch, Gewerkschaften in der Bundesrepublik. Gewerkschaftliche Lohnpolitik zwischen Mitgliederinteressen und ökonomischen Systemzwängen, Frankfurt a. M. 1975, S. 360; Otto Jacobi/Walther Müller-Jentsch/ Eberhard Schmidt (Hg.), Gewerkschaftspolitik in der Krise (Kritisches Gewerkschaftsjahrbuch 1977/78 – Dokumentation), Berlin 1978, S. 214, bzw. dies., Moderne Zeit – alte Rezepte (Kritisches Gewerkschaftsjahrbuch 1980/81 – Dokumentation), Berlin 1981, S. 200. Klaus Schönhoven (Die deutschen Gewerkschaften, Frankfurt a. M. 1987, S. 242) betont, dass zwischen 1966 und 1983 die Zahl der im DGB organisierten Frauen um beachtliche zwei Drittel gestiegen sei. Hier muss der Eindruck des Organisationserfolgs relativiert werden: Zu berücksichtigen sind die sehr niedrigen Basiswerte sowie die stark steigende Erwerbsquote von Frauen. Vgl. auch z. B. Michael Schneider, Kleine Geschichte der Gewerkschaften. Ihre Entwicklung in Deutschland von den Anfängen bis heute, Bonn 1989, S. 357.

darauf drängten, die zwischen 1914 und 1918 mobilisierten Arbeiterinnen entsprechend einem bürgerlichen Frauenideal wieder auf ihren vermeintlich angestammten Platz in Familie und Haushalt zurückzutreiben.[21] Diese für den DMV der Weimarer Zeit getroffenen Feststellungen dürften Gültigkeit auch für die bundesdeutschen Gewerkschaften besitzen, zumindest während der ersten Nachkriegsjahrzehnte – von der niedrigen weiblichen Repräsentanz auf den mittleren und höheren Hierarchieebenen des ADGB, des christlichen DGB und später des bundesdeutschen abgesehen.[22]

Der Tatbestand, dass die Gewerkschaften in erster Linie *qualifizierte männliche Arbeiter* (deutscher Staatsbürgerschaft), kaum dagegen das eigentliche fordistische Rationalisierungsproletariat organisierten, ist für den gewerkschaftlichen Diskurs über industrielle Rationalisierung zentral.[23] Denn Facharbeiter wurden zu einem erheblichen Teil zu Nutznießern von Taylorismus und Fordismus. Beide Produktionsregime führten nicht etwa zu einer generellen Entwertung von Industriearbeit. Sie hatten vielmehr eine scharfe Polarisierung innerhalb der Belegschaften zur Folge. Der Masse der unqualifizierten, meist weiblichen und ausländischen Arbeitskräfte stand eine schmale Schicht von gewerkschaftlich meist gut organisierten männlichen Facharbeitern gegenüber, deren Berufsprofil sich vor dem Hintergrund einer zunehmenden, innerbetrieblichen Rationalisierung veränderte. Statt wie die *klassischen* Fachar-

---

21 Infolgedessen sei die Geschlechterhierarchie auf dem Arbeitsmarkt durch die Gewerkschaften reproduziert und damit generell männliche Vorrechte zementiert worden. Dadurch, aber auch durch Topoi männlicher Kollegen – wie dem der angeblich typisch weiblichen Neigung zur »Unorganisiertheit« oder dem der »Verführbarkeit«, wie sie Frauen nun einmal zu eigen sei und von Arbeitgebern, gelben Werkvereinen usw. ausgenutzt würde, oder auch der gleichfalls biologisierten Monotonieresistenz von Frauen (vgl. unten) –, habe sich eine Art Circulus vitiosus ausgebildet, und viele Metallarbeiterinnen seien auch tatsächlich vom Eintritt in die Gewerkschaften abgehalten worden. Vgl. Brigitte Kassel, Frauen in einer Männerwelt. Frauenerwerbsarbeit in der Metallindustrie und ihre Interessenvertretung durch den Deutschen Metallarbeiter-Verband (1891–1933), Köln 1997, resümierend S. 634 f., 643.

22 Zur niedrigen Repräsentanz von Frauen und zum Nicht-Ernst-Nehmen weiblicher Funktionäre durch ihre männlichen Kollegen vgl. z. B. »Da haben wir uns alle schrecklich geirrt …«. Die Geschichte der gewerkschaftlichen Frauenarbeit im Deutschen Gewerkschaftsbund von 1945 bis 1960, hg. v. DGB, Pfaffenweiler 1993. Die Kontinuitäten der Zeit vor 1933 und nach 1945 sind auffällig: Frauen, die sich in den Gewerkschaften engagieren, heißt es in der Untersuchung von Kassel (Frauen in einer Männerwelt, S. 638 ff.) über den DMV vor 1933, hätten dort »eher Gering- als Hochschätzung« erfahren und seien systematisch von einflussreichen Funktionen ferngehalten worden. Die Folge sei Resignation gewesen; politisches Desinteresse aufseiten der Arbeiterinnen sei mithin künstlich (durch männliche Ressentiments) erzeugt worden und kein »natürliches Faktum« gewesen.

23 Aufschlussreich ist in diesem Zusammenhang, dass (wie Brigitte Kassel für den DMV der Weimarer Republik nachgewiesen hat) der vermeintlich niedrige Organisationsgrad der Arbeiterinnen nicht in erster Linie auf deren geschlechtsspezifische Vorbehalte gegenüber den Gewerkschaften zurückzuführen ist, sondern auf den Charakter des DMV als (männlichem) Facharbeiterverband. Der Organisationsgrad ungelernter männlicher Metallarbeiter war ähnlich niedrig wie der der Metallarbeiterinnen. Vgl. Kassel, Frauen in einer Männerwelt, S. 636 f.

beiter im Zentrum des unmittelbaren Produktionsprozesses zu stehen, wurden sie im Kontext der Einführung fordistischer sowie teilautomatisierter Produktionsweisen zunehmend mit der Einrichtung der neuen Anlagen und deren Kontrolle sowie Reparatur betraut. Sie erfuhren vielfach eine Aufwertung und Statuserhöhung. Der »fordistische« Facharbeiter rückte näher an den technischen Angestellten heran, während sich die Kluft zu den un- und angelernten Arbeitskräften vergrößerte.[24] Es ist nicht zuletzt vor diesem Hintergrund kein Zufall, dass die bundesdeutschen Gewerkschaften die Strukturen betrieblicher Rationalisierung erst zu einem zentralen Thema machten, als *Facharbeiter*kerne ganzer Branchen von technologischen oder arbeitsorganisatorischen Wandlungen vernichtet zu werden drohten – und absehbar war, dass damit auch der Mitgliederbestand ganzer Einzelgewerkschaften wegbrechen würde.

Ein fünfter Grund für die hohe Akzeptanz von Fordismus und Taylorismus auf Gewerkschaftsseite war der *wissenschaftliche Anspruch* der darauf zurückgehenden Konzepte.[25] Der Taylorismus, der in Deutschland 1924 institutionell in die Gründung des »Reichsausschusses für Arbeitszeitermittlung« (beziehungsweise ab 1935 »für Arbeitsstudien«; REFA) mündete, führte diesen Anspruch bereits in dem von Taylor selbst gewählten Etikett »Wissenschaftliche Betriebsführung«. Kennzeichnend war auch und gerade aufseiten der Gewerkschaften ein Wissenschaftsfetischismus, der auf vulgärmarxistischen Traditionen basierte und die im Deutschen Reich ab Mitte der 1920er-Jahre aufblühenden, auf Taylor, Gilb und Ford[26], später außerdem auf Bedaux[27] rekurrierenden »Arbeitswissenschaften«, die in der Rückschau bestenfalls als Vor-Wissenschaften bezeichnet werden können, wie selbstverständlich einschloss. Welche Interessen hinter deren Konzepten standen, wurde mitunter zwar durchaus angesprochen. Zugleich wurde aber deren ideologischer Anspruch – im Grunde im Dienste des gesellschaftlichen Gesamtwohls tätig, mithin den Arbeitgeber- und Arbeitnehmerinteressen gleichermaßen verpflichtet zu sein – nicht wirklich kritisch hinterfragt. Die

---

24   Diese Distanz war ohnehin erheblich, da Facharbeiter (wie Lüdtke gezeigt hat) traditionell ein ausgeprägtes Ethos *deutscher Wertarbeit* kultiviert hatten. Vgl. bes. Alf Lüdtke, »Ehre der Arbeit«: Industriearbeiter und Macht der Symbole. Zur Reichweite symbolischer Orientierungen im Nationalsozialismus, in: ders., Eigen-Sinn. Fabrikalltag, Arbeitererfahrungen und Politik vom Kaiserreich bis in den Faschismus, Hamburg 1993, S. 283-350.
25   Symptomatisch war z. B. die generöse finanzielle wie ideelle Unterstützung der Forschungen des Kaiser-Wilhelm-Instituts für Arbeitsphysiologie durch die freien Gewerkschaften. Vgl. dazu Karl Lauschke, Das Kaiser-Wilhelm-Institut für Arbeitsphysiologie und die Gewerkschaften, erscheint in: Hans-Ulrich Thamer/Theo Plesser (Hg.), Vom Kaiser-Wilhelm-Institut für Arbeitsphysiologie zum Max-Planck-Institut für molekulare Physiologie in Dortmund (1913–1993), Stuttgart 2011.
26   Der Bauunternehmer Frank B. Gilbreth (1868–1924) und seine Frau Lilian Gilbreth (1878–1972) waren Pioniere der Analyse des Bewegungsstudiums auf Basis fotografischer bzw. filmischer Studien. Ihre Arbeiten markieren eine wichtige Ergänzung der Bewegungs- und Zeitstudien Frederick W. Taylors (1856–1915).
27   Der französischstämmige US-Amerikaner Charles Bedaux (1887–1944) war der wichtigste Pionier für die Entwicklung früher Arbeitsbewertungssysteme.

gewerkschaftlichen Mehrheitsströmungen nahmen die mit dem Fordismus einhergehende zunehmende Entfremdung der Arbeit als »anthropologisches« Faktum hin. Sie reduzierten gewerkschaftliche (Tarif-)Politik vom Grundsatz her lange Zeit auf mehr Lohn und weniger Arbeitszeit beziehungsweise längeren Urlaub, das heißt auf mehr Freizeit und verbesserte Konsummöglichkeiten als Kompensation.[28] Viele Gewerkschafter waren zudem offen für Ansichten von Arbeitswissenschaftlern, die mit vorgegebenen »Geschlechtscharakteren« argumentierten und behaupteten, Frauen seien *von Natur aus* eher monotonieresistent.[29]

Ein sechster Grund für die Akzeptanz von Fordismus und Taylorismus aufseiten der Gewerkschaften war der »erste Kalte Krieg« (Wolfgang Schivelbusch) in den 1920er- und 1930er-Jahren: die Spaltung der sozialistischen Arbeiterbewegung und die scharfe Frontstellung zwischen Sozialdemokratie und stalinistischem Parteikommunismus. Die Weimarer KPD lehnte REFA und Fließfertigung rhetorisch als kapitalistisches Teufelswerk ab – und suchte auf diese Weise einen volkstümlichen Antifordismus und Antitaylorismus an der betrieblichen Basis für sich zu vereinnahmen. Diese politisch grundierte Frontstellung wiederum verstärkte die positive Hinwendung des sozialdemokratischen ADGB und seiner Führung zu den verschiedenen Formen des betrieblichen Amerikanismus. Der siebte, damit eng zusammenhängende Grund: Seit der berühmten Massenstreikdebatte von 1909, spätestens seit der organisatorisch endgültig vollzogenen Spaltung der Sozialdemokratie 1918/19 hatte eine Mehrheitsströmung in den freien Gewerkschaften (trotz des programmatischen Ziels der »Wirtschaftsdemokratie«) de facto von sozialistischen Visionen Abschied genommen; sie orientierte sich nicht mehr an einer Überwindung kapitalistischer Marktwirtschaft, sondern an einer Massenkonsumgesellschaft nach amerikanischem Muster, die zwar sozialdemokratisch geprägt sein, sich jedoch grundsätzlich im bestehenden marktwirtschaftlichen Rahmen bewegen sollte.

Achtens: Schon Taylor hatte sein Konzept ins Gesellschaftlich-utopische ausgeweitet. Doch mehr noch als Taylor suggerierte Henry Ford, auf Basis seiner Ideen könne die Gesellschaft wie eine störungsfreie Maschinerie laufen, sei es möglich, Kapital und Arbeit zu einem einvernehmlichen Ausgleich zu bringen und eine ewig laufende soziale Marktwirtschaft zu generieren, an der die Arbeitnehmerschaft kräftig

---

28 Kein Zufall dürfte es in diesem Zusammenhang sein, dass parallel zum (auch) gewerkschaftlichen Fordismusdiskurs ab Mitte der 1920er-Jahre der ADGB und die christlichen Gewerkschaften erste massentouristische bzw. sozialtouristische Konzepte und eine entsprechende Praxis auszubilden begannen und der bundesdeutsche DGB hier in den ersten Jahrzehnten nach 1945 eifrig war, während der FDGB mit seinem »Feriendienst« sogar bis zum Zusammenbruch der DDR ein zentraler touristischer Akteur war. Vgl. Christine Keitz, Reisen als Leitbild. Die Entstehung des modernen Massentourismus in Deutschland, München 1997, bes. S. 129-172, 274-284; Rüdiger Hachtmann, Tourismus-Geschichte, Göttingen 2007, bes. S. 105-109, 143 ff., 158 f.

29 Zum oft genug biologistisch aufgeladenen Frauenbild vieler Arbeitswissenschaftler vgl. bes. Gertraude Krell, Das Bild der Frau in der Arbeitswissenschaft, Frankfurt a. M./New York 1984.

partizipieren könne – das *Ende der Geschichte* als fordistische Gesellschaft. Diese Annahme sollte sich während der Weltwirtschaftskrise als blanke Illusion herausstellen; auch Ford selbst geriet mit seinem Unternehmen in den 1930er-Jahren in Turbulenzen. Dauerhaft wurde der Fordismus durch die schwere Krise dennoch nicht diskreditiert. Die Faszination, die die fordistische Gesellschaftsvision in Deutschland während der 1920er-Jahre ausgelöst hatte, erlebte nach 1945 in der Bundesrepublik eine Renaissance, auch auf Gewerkschaftsseite.

Geprägt wurde der gewerkschaftliche Rationalisierungsdiskurs der Weimarer Zeit neuntens schließlich durch *nationale Konnotationen*. Nicht nur bei den tonangebenden politischen, wirtschaftlichen und wissenschaftlichen Eliten, auch in den Gewerkschaften verstärkte die deutsche Niederlage im Ersten Weltkrieg die nationalen Identifikationen eher, als dass sie diese schwächte. Die von Taylorismus und Fordismus versprochene und in den USA auch tatsächlich realisierte Erhöhung der einzelbetrieblichen Produktivität, die in der Summe den ökonomischen Aufstieg der Vereinigten Staaten zur Weltmacht beflügelt hatte, befeuerte gerade in Deutschland die Hoffnung auf eine Stärkung der nationalen Wirtschaftskraft. Indem man dem Vorbild »Amerika« nacheiferte, glaubte man, die Gebietsabtretungen infolge des Versailler Vertrags kompensieren und den gewünschten Wiederaufstieg Deutschlands zur Großmacht wesentlich ermöglichen zu können. Auch um dieses Zieles willen waren die Gewerkschaften bereit, die negativen Folgewirkungen, die Taylorismus und Fordismus in der betrieblichen Praxis zahllosen Arbeitern und Arbeiterinnen bereiteten, hinzunehmen.

Kontinuitäten nach 1945

Nach 1945 bewegte sich der gewerkschaftliche Rationalisierungsdiskurs in der Bundesrepublik Deutschland lange Zeit in den gleichen engen Grenzen wie zur Zeit der Weimarer Republik, denn auch im gewerkschaftlichen Exil, aus dem sich ein Teil der Führungsgremien nach dem Zweiten Weltkrieg rekrutieren sollte, kam es in den Debatten um die Neukonstruktion der Gewerkschaften für die Zeit nach dem Nationalsozialismus zu keinen nennenswerten Neubewertungen in dieser Frage. Warum blieb der westdeutsche DGB in der Kontinuität des gewerkschaftlichen Rationalisierungsdiskurses der Weimarer Republik gefangen?

Wenn, ganz ähnlich wie in den 1920er-Jahren, der Fordismus positiv rezipiert und in den Betrieben bald tatkräftig umgesetzt wurde, und auch führende Gewerkschafter mithin ziemlich bruchlos an ihre pro-fordistischen Positionen der Weimarer Republik anknüpften, dann war dafür paradoxerweise der politische und ökonomische Strukturbruch entscheidend, den das Jahr 1945 und die unmittelbar sich anschließende Zeitphase markierten. Spätestens mit dem Koreaboom stand den Bundesdeutschen der Weltmarkt weit offen; nach innen forderte die entstehende (fordistische) Massenkonsumgesellschaft Massenfertigung, in weiten Teilen der verarbeitenden Industrie also Fordismus von der Produktionsseite her. Die seit den 1950er-Jahren starke Orientierung auf das Erfolgsmodell USA tat ein Übriges. Dass auch die nationalsozialistischen Machthaber »Amerika« zuvor keineswegs pauschal abgelehnt hatten und insbesondere die Ford-Euphorie[30], durch NS-Termini nur wenig kaschiert, ab Mitte der 1930er-Jahre einen erneuten Aufschwung erlebt hatte[31], wurde verdrängt oder tat jedenfalls der bundesdeutschen Fordismusrenaissance keinen Abbruch. Die Renaissance des Fordismus und ebenso des Taylorismus nach 1945 war im Übrigen unverstellt, der Blick auf das Original nicht mehr national getrübt (während zugleich der Antisemitismus des Namensgebers ausgeblendet wurde). War der deutsche Amerikanismus zwischen 1918 und 1945 widersprüchlich und spannungsgeladen geblieben, nämlich durch gleichzeitige radikalnationalistische Absetzbewegungen überformt, so verschwand diese nationalistisch grundierte Ambivalenz nach 1945 weitgehend.[32] Angesichts der ungeheuren ökonomischen Überlegenheit der USA, aber auch der scharfen Fronten des Kalten Krieges war dies wenig überraschend. Begünstigt wurde die Entfaltung fordistischer Produktionsweisen zudem durch umfangreiche amerikanische Direktinvestitionen und teilweise den unmittelbaren Aufbau von »Vorbildunternehmen« in Westeuropa.[33]

---

30   Nicht zuletzt die Deutsche Arbeitsfront, die im Mai 1933 auf den Trümmern der Gewerkschaften entstanden war, folgte in ihrer Betriebspolitik in vielerlei Hinsicht fordistischen Konzepten, verklausulierte dies gegenüber der nationalsozialistischen Öffentlichkeit freilich mit (für Nationalsozialisten) unverfänglichen Termini wie »deutsche Rationalisierung«.
31   Sie war nicht zuletzt bei Hitler selbst kräftig entwickelt. Symptomatisch ist die so lakonische wie pauschale rassistische Eingemeindung der innovativen Kräfte der USA durch Hitler. Vgl. dazu Rüdiger Hachtmann, »Die Begründer der amerikanischen Technik sind fast lauter schwäbisch-allemannische Menschen«: Nazi-Deutschland, der Blick auf die USA und die »Amerikanisierung« der industriellen Produktionsstrukturen im »Dritten Reich«, in: Alf Lüdtke/Inge Marßolek/ Adelheid von Saldern (Hg.), Amerikanisierung. Traum und Alptraum im Deutschland des 20. Jahrhunderts, Stuttgart 1996, S. 37-66. Vgl. allgemein außerdem v. a.: Philipp Gassert, Amerika im Dritten Reich. Ideologie, Propaganda und Volksmeinung, Stuttgart 1997; Hans-Dieter Schäfer, Das gespaltene Bewußtsein. Deutsche Kultur und Lebenswirklichkeit 1933-1945, Frankfurt a. M. 1984, S. 146-208.
32   Selbst REFA setzte seine Variante des Taylorismus gezielt vom US-amerikanischen Vorbild ab und markierte mit seiner »Normalleistung«, die festzustellen Ziel des REFA-Mannes sein sollte, gegenüber der »Höchstleistung« Taylors einen deutschen Sonderweg. Vgl. Rüdiger Hachtmann, Industriearbeit im »Dritten Reich«. Untersuchungen zu den Lohn- und Arbeitsbedingungen 1933 bis 1945, Göttingen 1989, S. 364, Anm. 46. Zur Implementierung fordistischer und tayloristischer Produktionsregime insbesondere im Kontext der forcierten Aufrüstung ab 1936 vgl. ebd., bes. S. 71-76, 168 f., 175-185. Zur USA-Rezeption nach 1945 vgl. grundsätzlich Anselm Doering-Manteuffel, Wie westlich sind die Deutschen?, S. 90-101.
33   Vgl. als Überblick Joachim Radkau, »Wirtschaftswunder« ohne technologische Innovation? Technische Modernität in den 50er Jahren, in: Axel Schildt/Arnold Sywottek (Hg.), Modernisierung im Wiederaufbau. Die westdeutsche Gesellschaft der 50er Jahre, Bonn 1993, S. 129-154 sowie Werner Abelshauser, Deutsche Wirtschaftsgeschichte seit 1945, München 2004, S. 48 f., 374 ff., 432 f.

Massenfertigung, die Perspektive des Massenkonsums und ebenso der Amerika-Bezug wiederum begünstigten auch innerhalb der bundesdeutschen Gewerkschaften eine erneute, positive Fordismus- und Taylorismusrezeption. Hinzu traten die personellen Kontinuitäten. Viele höhere DGB-Funktionäre des ersten Nachkriegsjahrzehnts waren schon bis 1932 im ADGB auf ähnlichen Positionen gewesen. Und auch die jüngeren Gewerkschafter waren durch die Weimarer Debatten in den freien Gewerkschaften geprägt worden.

Daneben galten die meisten der für die 1920er-Jahre genannten Gründe für einen positiven Fordismusbezug weiter. So wandelte sich die soziale Basis der DGB-Gewerkschaften gegenüber der des ADGB sowie der christlichen und Hirsch-Dunckerschen Gewerkschaften der Weimarer Republik lange Zeit kaum. Die Politik des bundesdeutschen Gewerkschaftsbundes und der ihm angeschlossenen Einzelgewerkschaften blieb weiterhin auf Facharbeiter fokussiert, der Organisationsgrad der Kerne des Rationalisierungsproletariats – also der Frauen und später der »Gastarbeiter« – niedrig. Ihre Arbeitsbedingungen hatten in der konkreten gewerkschaftlichen Politik de facto kaum Platz.

Der DGB und namentlich die Einzelgewerkschaft IG Metall beschäftigten sich durchaus seit Mitte der 1950er-Jahre auf Tagungen und Konferenzen mit Fragen der Rationalisierung[34], verstärkt seit Mitte der 1960er-Jahre.[35] Ende Juli 1957 wurde sogar ein »Ausschuss für Automatisierung« beim Bundesvorstand des DGB eingerichtet. Über die Beratungen dieses Ausschusses sowie mögliche Ergebnisse ist freilich nichts bekannt; ein längeres Leben scheint ihm nicht beschieden gewesen zu sein. Erst 1983 richtete der DGB eine eigenständige Abteilung »Technologie/Humanisierung der Arbeit« ein.[36] Die bis Ende der 1960er-Jahre alles in allem eher seltenen gewerkschaftlichen Debatten über Rationalisierungsfolgen blieben letztlich folgenlos; sie mündeten »nicht in breite Aufklärungskampagnen und in gezielte Abwehrstrate-

---

34 Zu nennen ist hier v. a. die 5. Tagung des 1946 gegründeten Wirtschaftswissenschaftlichen Instituts der Gewerkschaften, die unter dem Rahmenthema »Probleme der fortschreitenden Rationalisierung und Automatisierung« im Juni 1956 stattfand. Auf der zweiten Bundeskonferenz der IG Metall im Febr. 1958 über die »Bedeutung und Aufgaben der Betriebsräte und Vertrauensleute« war »Rationalisierung« dagegen zunächst kein Thema. Erst ein Gewerkschafter griff in der Diskussion im Anschluss an die Referate »die brennenden Probleme der Kollegen in den Betrieben« auf. Günter Neubauer, Sozialökonomische Bedingungen der Rationalisierung und der gewerkschaftlichen Rationalisierungsschutzpolitik – Vergleichende Untersuchung der Rationalisierungsphasen 1918 bis 1933 und 1945 bis 1968, Bonn 1980, S. 460 f.
35 Besonders die IG Metall machte »Automation« und »Rationalisierung« zum Thema auf Internationalen Tagungen im Juli 1963, im März 1965 und März 1968. Vgl. Günter Neubauer, Rationalisierungsschutzpolitik, S. 464 ff., 468; außerdem Georg Altmann, Aktive Arbeitsmarktpolitik. Entstehung und Wirkung eines Reformkonzeptes in der Bundesrepublik Deutschland, Stuttgart 2004, S. 66 ff.
36 Peter Jansen/Ulrich Jürgens, Gewerkschaften und Industriepolitik, in: Wolfgang Schröder/Bernhard Weßels (Hg.), Die Gewerkschaften in Politik und Gesellschaft der Bundesrepublik Deutschland. Ein Handbuch, Opladen 2003, S. 429-450, hier: 439.

gien«, wie Günter Neubauer seine Analyse des gewerkschaftlichen Rationalisierungsdiskurses 1945 bis 1968 resümiert hat. Charakteristisch war eine überwiegend eher unkritische Rezeption fordistischer Konzepte, die die negativen Rationalisierungsfolgen weitgehend ausblendete. Obwohl gewerkschaftsnahe Autoren beziehungsweise Institutionen bereits Anfang der 1960er-Jahre nachgewiesen hatten, dass die vor dem Hintergrund der erreichten Vollbeschäftigung forcierten einzelbetrieblichen Rationalisierungen zu massiven Arbeitsplatzverlusten führen würden, bejahten die Gewerkschaften 1963 im neuen Düsseldorfer Grundsatzprogramm des DGB ausdrücklich und uneingeschränkt »den technischen Fortschritt als einen ausschlaggebenden Faktor für die Hebung des allgemeinen Lebensstandards und die Erleichterung der menschlichen Arbeit«.[37] Mit Formulierungen wie diesen fiel der DGB im Übrigen noch hinter das Münchner Programm von 1949 zurück, in dem vor dem Hintergrund der Erfahrungen Ende der 1920er-Jahre die Gefahr, dass »die Rationalisierung in der kapitalistischen Wirtschaft zur Freisetzung von Menschen durch Maschinen und damit zur Gefahr hartnäckiger Arbeitslosigkeit« führen könne, wenigstens angesprochen wurde.[38] Offenbar hielt man derartige Sätze angesichts des bundesdeutschen »Wirtschaftswunders« und der Illusion immerwährender Vollbeschäftigung, aber auch vor dem Hintergrund einer Überschätzung der »Mitbestimmung« sowie angesichts der Regierungsbeteiligung einer Sozialdemokratie, die schon Ende der 1950er-Jahre glaubte, dass die fordistische »zweite Industrielle Revolution [...] die Not und das Elend zu beseitigen« in der Lage sei[39], für überflüssig. Auch die rasche Computerisierung in der deutschen Industrie vermochte den DGB und seine Einzelgewerkschaften zunächst nicht aufzuwecken.[40] Der Traum einer immerwährenden, keynesianisch abgestützten Konjunktur verflog nur sehr allmählich.

Bis Ende der 1960er-, Anfang der 1970er-Jahre blieb der Grundsatz, dass die zur Automatisierung hindrängende Perfektionierung des fordistischen Produktionsapparates »für alle Arbeitnehmer kürzere Arbeitszeiten und qualifiziertere Arbeitsplätze« bringen würde[41], gewerkschaftliche Leitlinie. Appelle an die Bundesregierung, diese

---

37 Grundsatzprogramm des DGB, Köln o. J. [1964], S. 4. Die anschließende Formulierung, dass »die wirtschaftlichen und sozialen Gefahren, die sich aus der Technisierung, insbesondere aus der Rationalisierung und Automation ergeben könnten, ständig beobachtet und geprüft werden« sollten, waren letztlich unverbindliche Floskeln. Zu den im Düsseldorfer Programm geforderten Untersuchungen vgl. Günter Neubauer, Rationalisierung, S. 464, 469 f.
38 Protokoll, Gründungskongreß des DGB, Köln 1950, S. 323.
39 Das Godesberger Programm der SPD (1959), nach: Programme der deutschen Sozialdemokratie 1863–1963, Hannover 1963, S. 183-210, hier: 193. Zu den DGB-Programmen vgl. auch z. B. den Überblick bei Schönhoven, Gewerkschaften, hier: S. 209 f., 229 ff.
40 So erhöhte sich der Einsatz sog. automatischer Datenverarbeitungsanlagen zwischen 1964 und 1969 von 1.600 auf 5.000, die Zahl der »Abrechnungsanlagen mit Computereigenschaften« von 100 auf 6.500. Vgl. Günter Neubauer, Rationalisierung, S. 469.
41 Vgl. Günter Neubauer, Rationalisierung, S. 451-457, 462 ff., 468 ff., Zitat: 455 f. sowie (mit Blick auf den Automatisierungsexperten der IG Metall der 1950er-Jahre) Werner Abelshauser, Nach

möge doch eine »Bundesstelle für Automation und technischen Fortschritt« einrichten, die ein Auge auch auf die negativen Effekte betriebstechnologischer Innovationen werfen solle[42], änderten daran wenig. Käme es in den Betrieben zu rationalisierungsbedingten Friktionen, so seien diese durch den Betriebsrat und andere Organe der »Mitbestimmung« zu lösen, so die unausgesprochene gewerkschaftliche Leitlinie, wie überhaupt betriebliche »Mitbestimmung« bis Ende der 1960er-Jahre für die Gewerkschaften ein Passepartout gewesen zu sein scheint, das ein Drängen auf konkrete, alltagspraktische »Humanisierung der Arbeit« überflüssig zu machten schien (nicht zuletzt tarifpolitisch).[43] Eine ins Grundsätzliche gehende Ablehnung von Taylorismus und Fordismus blieb – wie schon in den 1920er-Jahren – auch nach 1945 lange Zeit vor allem volkstümlich, nämlich Sache oft nicht organisierter Kollegen in den Betrieben sowie einzelner Funktionäre auf den unteren Ebenen der Gewerkschaftshierarchie.

Zu den genannten Gründen für die nachhaltige Akzeptanz von Taylorismus und Fordismus innerhalb des DGB traten weitere der bereits für die Weimarer Republik beobachteten Aspekte hinzu. Wirksam blieb ein oft ziemlich unreflektierter Wissenschafts- und Produktivitätsfetischismus. So mutet es retrospektiv befremdlich an, dass der vor dem Hintergrund verstärkter kriegswirtschaftlicher Anstrengungen 1942 für die metallverarbeitende Industrie des »Altreiches« inklusive Österreich eingeführte »Lohnkatalog Eisen und Metall« (LKEM) – der erstmalig in Deutschland flächendeckend für eine Branche das auf den Amerikaner Charles Bedaux zurückgehende Arbeitsbewertungssystem einführte und zudem ebenso flächendeckend die Überprüfung der Akkorde durch das vorgeblich wissenschaftliche REFA-Verfahren nach sich zog – bis Ende der 1960er-Jahre in der Bundesrepublik nicht nur extensiv praktiziert wurde. Es war darüber hinaus ausgerechnet die IG Metall, die – nach anfänglichen Vorbehalten – die Einführung und Ausweitung des LKEM forcierte, unter Verweis auf den wissenschaftlichen und deshalb angeblich gerechten Charakter der im LKEM vorgeschriebenen Bewertungs- und Einstufungsverfahren.[44]

---

dem Wirtschaftswunder. Der Gewerkschafter, Politiker und Unternehmer Hans Matthöfer, Bonn 2009, bes. S. 114 ff., 120.

42 Zitat: »Entschließung über Automation und technischen Fortschritt«, beschlossen auf dem 8. Ordentlichen Gewerkschaftstag der IG Metall im Sept. 1965. Nach Günter Neubauer, Rationalisierung, S. 466.

43 Zu den Ambivalenzen der Mitbestimmung für die Belegschaften vgl. zusammenfassend Dietmar Süß, Kumpel und Genossen. Arbeiterschaft, Betrieb und Sozialdemokratie in der bayerischen Montanindustrie 1945–1976, München 2003, S. 438 f. sowie die dort genannte ältere Literatur. Süß weist darauf hin, dass die Mitbestimmung in der Montanindustrie auch der »sozialen Disziplinierung der Belegschaft« diente. Die durch Betriebsrat, Arbeitsdirektor etc. institutionalisierte Sozialpartnerschaft stützte die sehr viel älteren, fatalen Vorstellungen vom Unternehmen als »Familie« und wurde zur »wirkungsvollsten Klammer« der divergierenden Interessen von Belegschaft, Gewerkschaft und Betriebsleitung.

44 Gleichzeitig sollte das mit dem LKEM eingeführte Arbeitsbewertungssystem vom summarischen zum differenzierten Verfahren fortentwickelt werden. Vgl. Günter Könke, Die »Arbeitsbewertung« in der Metallindustrie in der Kontinuität vom »Dritten Reich« zur Bundesrepublik, in: Karl

Von besonders hohem Gewicht für die anhaltend positive Rezeption von Fordismus und Taylorismus im gewerkschaftlichen Diskurs der Bundesrepublik waren die auf einen Massenkonsum für jedermann abhebenden Versprechen, die Henry Ford ab Ende 1923 so publikumswirksam hatte verbreiten lassen. Sie schienen nach 1945 endlich Realität zu werden. Bis in die 1970er-Jahre gehörten deutliche Nominallohnsteigerungen und ebenso substanzielle Zuwächse der Realeinkommen tatsächlich zur bundesdeutschen Realität, und ebenso die (von Ford gleichfalls versprochenen) Arbeitszeitverkürzungen. Die sich rasch entfaltende moderne Massenkonsumgesellschaft westeuropäischen Zuschnitts verpaßte der Ford'schen Utopie das Signum der Realitätstüchtigkeit. Von gewerkschaftlicher Seite schloss man daraus, dass die bundesdeutsche und überhaupt die westeuropäische Arbeitnehmerschaft auf Dauer am Produktivitätsfortschritt partizipieren könne, ganz so, wie Ford dies ausgemalt hatte.[45] Krisen wie die ab Mitte der 1970er-Jahre lagen nicht im Erwartungshorizont.

Paradigmenwechsel im gewerkschaftlichen Rationalisierungsdiskurs

Der betriebliche Fordismus ist kein statisches System, sondern drängt auf Perfektionierung und tendenziell zur Automatisierung. Darüber hinaus haben Mikroelektronik und Informationstechnologie die betrieblichen Produktionsstrukturen – dies muss nicht weiter ausgeführt werden – seit den 1970er-Jahren fundamental verändert. Das hatte selbstredend substanzielle Auswirkungen auf den Rationalisierungsdiskurs und

---

Christian Führer (Hg.), Tarifbeziehungen und Tarifpolitik in Deutschland im historischen Wandel, Bonn 2004, S. 141-174, hier bes. 155 ff., 162 ff.; ders., Arbeitsbeziehungen in der hamburgischen Metallindustrie 1918–1974, Berlin 2004, bes. S. 513 ff., 519 f., 523 ff.; ferner Tilla Siegel, Leistung und Lohn in der nationalsozialistischen Ordnung der Arbeit, Opladen 1989, S. 263 ff. Die Einführung des sog. analytischen Arbeitsbewertungssystems war ursprünglich auch Anfang der 1940er-Jahre im Rahmen des LKEM vorgesehen gewesen. Unter dem Druck der kriegswirtschaftlichen Verhältnisse verzichteten der »Generalbevollmächtigte für den Arbeitseinsatz« Fritz Sauckel, die Reichsgruppe Industrie und die DAF allerdings (zunächst) auf das aufwendige analytische Verfahren und wendeten das einfachere und gröbere summarische Verfahren an. Vgl. Rüdiger Hachtmann, Industriearbeit, bes. S. 207-223. Nach 1945 war in den Westzonen und der frühen Bundesrepublik (und ebenso in Ostdeutschland, das hier allerdings ausgeblendet bleiben muss) der Widerstand der Belegschaften gegen das Weitergelten des LKEM erheblich. Vgl. Günter Könke, Arbeitsbeziehungen, S. 517, 521; ders., »Arbeitsbewertung«, S. 163. Zum auch in den 1970er-Jahren anhaltenden Glauben der Gewerkschaften an einen vorgeblich interessensneutralen technischen Fortschritt vgl. Josef Esser, Gewerkschaften in der Krise, bes. S. 195.

45 Die Diskussion darüber, ob und inwieweit für die Jahrzehnte zwischen Korea-Boom und den ausgehenden 1970er-Jahren von einer fordistisch-korporatistischen Einbindung der Gewerkschaften gesprochen kann, kann hier nicht aufgenommen werden. Sie würde den Rahmen dieses Aufsatzes ebenso sprengen wie eine Diskussion darüber, wie »fordistisch« die bundesdeutsche Gesellschaft war.

die Praxis der Gewerkschaften. Mitte der 1970er-Jahre kam es zu einer Art Paradigmenwechsel im gewerkschaftlichen Rationalisierungsdiskurs, der aus sozialökonomischen Gründen freilich nur begrenzt politisch-praktische Folgewirkungen zeitigte. An zwei Entwicklungslinien lässt sich der Wechsel beispielhaft ablesen:

Bis Ende der 1960er-Jahre hatten Forderungen nach Lohnerhöhungen, später dann außerdem nach Arbeitszeitverkürzungen (35-Stunden-Woche) die tarifpolitischen Auseinandersetzungen dominiert. Das änderte sich Anfang der 1970er-Jahre teilweise, markant vor allem bei der IG Metall. Seitdem fanden sich in Tarifkonflikten immer häufiger Forderungen nach Arbeitsplatz- und Qualifikationssicherung sowie solche, die die Abwehr produktionstechnisch bedingter Intensivierung der Arbeit zum Gegenstand hatten. Es war offenbar kein Zufall, dass dieser – partielle – Paradigmenwechsel nach der ersten bundesdeutschen Rezession von 1966/67 sowie (mit Blick auf die IG Metall wichtig) nach den bekannten Septemberstreiks von 1969 einsetzte, also spontanen, gewerkschaftlich nicht autorisierten Streiks, die sich in den Folgemonaten und -jahren weiter häuften und sich neben der Stahlindustrie auch in Unternehmen der Metallverarbeitung abspielten.[46]

Hintergrund sowohl der wilden Streiks als auch des teilweisen Paradigmenwechsels der IG Metall-Tarifpolitik war der konjunkturelle Einbruch von 1966/67. 1967 wurde, in den martialischen Worten der Frankfurter Allgemeinen Zeitung im Mai 1968, zum »Jahr des großen Aufräumens« und der »Reinigungskur«[47] beziehungsweise der »leistungspolitischen Offensive des Kapitals« (wie die Gewerkschaftslinke formulierte)[48], die angesichts steigender und für damalige Verhältnisse erheblicher, nach heutigen Kriterien freilich lächerlich niedriger Erwerbslosenzahlen größere Erfolgsaussichten hatte als in der vorausgegangenen langen Phase der Vollbeschäftigung. Zahlreiche Unternehmensleitungen implementierten mit tatkräftiger Unterstützung des anpassungsfähigen REFA moderne, in den USA seit Anfang der 1940er-Jahre entwickelte tayloristische Systeme (Methods-Time-Measurement [MTM], Work Factor [WF], Verfahren der vorbestimmten Zeiten) oder weiteten diese aus.[49] Die Folge: Das

---

46 Vgl. im Einzelnen Peter Birke, Wilde Streiks im Wirtschaftswunder. Arbeitskämpfe, Gewerkschaften und soziale Bewegungen in der Bundesrepublik und Dänemark, Frankfurt a. M. 2007, S. 220 ff.
47 Nach Peter Birke, Der Eigen-Sinn der Arbeitskämpfe. Wilde Streiks und Gewerkschaften in der Bundesrepublik vor und nach 1969, in: Bernd Gehrke/Gerd-Rainer Horn (Hg.), 1968 und die Arbeiter. Studien zum »proletarischen Mai« in Europa, Hamburg 2007, hier: S. 62.
48 So z. B. Walther Müller-Jentsch, Gewerkschaftliche Tarifpolitik gegen Rationalisierungsfolgen, in: Otto Jacobi/Walther Müller-Jentsch/Eberhard Schmidt (Hg.), Gewerkschaftspolitik in der Krise. Kritisches Gewerkschaftsjahrbuch 1977/78, Berlin 1978, S. 63-72, hier: 63.
49 Seit 1956 lehrte der REFA-Verband das WF-System in Lizenz. Zwischen 1958 und 1965 bildete er mehr als 1.200 Personen nach diesem System aus, insbesondere für die Elektroindustrie und Branchen mit feinen Montagegängen. Die Deutsche MTM-Vereinigung entstand 1962 auf Initiative großer Unternehmen der Automobil-, Textil-, Bekleidungs- und Chemieindustrie. Bis 1965 legten etwa tausend Personen bei der MTM-Vereinigung die Prüfung ab.

Arbeitstempo wurde spürbar erhöht. Gleichzeitig wurden vielerorts berufliche Qualifikationen entwertet; die Folge waren mitunter empfindliche Lohnabstufungen, die Zahl der belastenden Tätigkeiten und monotonen Arbeitsplätze wuchs in den Kernbereichen industrieller Produktion deutlich (bei gleichzeitiger Zunahme neuer Formen der Regelungs- und Kontrollarbeit).

Die Betroffenen reagierten vornehmlich mit Absentismus, Flucht in die Krankheit und zunehmender Fluktuation, in wachsendem Maße aber auch mit spontanen Arbeitsniederlegungen.[50] Die Gewerkschaften ihrerseits stellten sich nur allmählich auf die neuen Konstellationen ein. Dahinter stand nicht zuletzt die Trägheit eines zu Teilen schwerfällig gewordenen gewerkschaftlichen Apparates, in dem viele glaubten, dass es sowieso weiterhin vor allem die gewerkschaftlich kaum organisierten Migranten sowie Frauen – beides wesentlich Trägerschichten der wilden Streikbewegung –, nicht dagegen Kerne der Mitgliedschaft treffen würde. Wenn Walther Müller-Jentsch im auflagenstarken »Kritischen Gewerkschaftsjahrbuch« von 1977/78 kritisierte, dass »die über lange Jahre betriebene sozialpartnerschaftliche Politik und gleichzeitige Beschränkung auf lohnpolitische Strategien in großen Teilen der Gewerkschaftsbewegung einen Immobilismus gegenüber neuen Problemen begünstigt« habe[51], hatte er offensichtlich die unmittelbare Nachkriegszeit im Auge. Es war nicht nur die Gewöhnung an den überraschend schnellen volkswirtschaftlichen Aufstieg der Bundesrepublik, die konfliktscheu war und damit ein ausgeprägt sozialpartnerschaftliches Verhalten der Gewerkschaften beförderte. Darüber hinaus erklärt auch die Vorgeschichte des DGB, der Rationalisierungsdiskurs der Mehrheitsströmung in den freien Gewerkschaften in der Weimarer Republik und ihr grundsätzlich positiver Bezug auf den Fordismus, warum sich die bundesdeutschen Gewerkschaften nur langsam auf die neuen Herausforderungen umstellten.

Erst als ganze Industriezweige in den Sog rationalisierungsbedingter Umwälzungen der Arbeitswelt hineingezogen wurden, änderten sich auch die gewerkschaftlichen Reaktionen. Nachdem wichtige Einzelgewerkschaften zentrale Berufsgruppen ihrer Organisationsbereiche bedroht sahen – vor allem in der Druck-, in der Uhrenindustrie, in der feinmechanischen und in Teilen der Elektroindustrie – und zudem Abgruppierungen an der Tagesordnung waren, begannen sie zu reagieren und ihre tarifpolitischen Strategien um Forderungen nach einer substanziellen Humanisierung der Arbeitsbedingungen zu erweitern. Die Alarmsirenen namentlich der IG Metall schrillten, als es 1973 erneut zu spontanen Streiks kam (von denen der bei Ford nur der bekannteste war) und diese Forderungen nach Senkung der Arbeitsintensität sowie nach der den

---

50 Vgl. etwa Peter Birke, Unruhen und »Territorialisierung«. Überlegungen zu den Arbeitskämpfen der 1968er Jahre, in: ders./Bernd Hüttner/Gottfried Oy (Hg.), Alte Linke, Neue Linke. Die sozialen Kämpfe der 1968er Jahre in der Diskussion, Berlin 2009, S. 67-86, hier: 75 [www.rosalux.de/cms/fileadmin/rls_uploads/pdfs/texte57-auswahl.pdf]; ders., Der Eigen-Sinn der Arbeitskämpfe, S. 53-75.
51 Walther Müller-Jentsch, Gewerkschaftliche Tarifpolitik, S. 64.

Akkordlöhnen zugrunde liegenden tayloristischen Normen, nach einer Reduktion der Bandgeschwindigkeit und schließlich vereinzelt sogar nach Abschaffung des Fließbandes zum Gegenstand hatten.[52]

Mitte der 1960er-Jahre hatten sich die gewerkschaftlichen Strategen bei ihren Bemühungen, die negativen Folgen tayloristischer und fordistischer Produktionsregime abzuschwächen, zunächst auf sogenannte Rationalisierungsschutzabkommen konzentriert. Derartige Tarifabkommen waren zuerst in der Textilindustrie, wenig später dann auch von der IG Metall abgeschlossen worden. Anders als die Bezeichnung erwarten lässt, schützten diese Vereinbarungen nicht unmittelbar vor den negativen Folgen der Rationalisierung. Die Rationalisierungsschutzabkommen sahen vielmehr finanzielle Kompensationen vor, etwa indem die betreffenden Arbeiter/-innen bei einer rationalisierungsbedingten Umsetzung auf niedriger entlohnte Arbeitsplätze über einen begrenzten Zeitraum Anspruch auf Ausgleichszahlungen erheben konnten. Dies wurde später durch Vorruhestandsregelungen et cetera ergänzt. Rationalisierungsschutzabkommen waren also eher defensiv ausgerichtete Vereinbarungen, als eine »Politik der finanziellen Kompensation« waren sie nichts weiter als die »Fortsetzung der traditionellen gewerkschaftlichen Lohnpolitik mit anderen Mitteln«.[53] Offensive Forderungen nach humaneren Arbeitsbedingungen, die die rationalisierungsbedingten Verschlechterungen der Arbeitsverhältnisse mindestens auffingen, waren in den tarifpolitischen Forderungskatalogen der Gewerkschaften bis Ende der 1960er-Jahre zunächst weiterhin nicht zu finden.

Dies begann sich während des konjunkturellen Aufschwungs von 1968/69 bis 1973/74 zu ändern, als sich infolge der – kurzzeitig – erneuten Vollbeschäftigung die Verhandlungsposition der Arbeitnehmerverbände wieder verbesserte und außerdem die sozialliberale Regierung Programme zur »Humanisierung der Arbeit« auflegte, die vom Bundesministerium für Forschung und Technologie unter dem vormaligen IG Metall-Funktionär Hans Matthöfer finanziert wurden.[54] Das Schlagwort »Huma-

---

52 Birke (Unruhen und »Territorialisierung«, bes. S. 74) hat unlängst noch einmal die »herausragende Bedeutung« der weite Teile Westeuropas erfassenden Streikbewegung »um 1968« für »die Entwicklung der Arbeitsbeziehungen und deren Regulation« betont. Erst diese Arbeitskämpfe sowie deren »Verallgemeinerung« über den lokalen Rahmen hinaus und die breite Resonanz, die sie (u. a. in den Gewerkschaften) fanden, hätten die – schon vorher freilich lange latenten – »Konflikte um die Hegemonie des an der Ökonomie des Fordismus und den Sozialtechniken des Taylorismus orientierten Management Paradigmas« virulent werden und für alle sichtbar hervortreten lassen.
53 Ebd., S. 65. Vgl. ausführlich ebd., S. 64 ff. sowie (zu den älteren Rationalisierungsschutzabkommen) Günter Neubauer, Rationalisierung, S. 468, 477 f.
54 Zu Matthöfer und seiner Rolle in diesem Zusammenhang vgl. Werner Abelshauser, Matthöfer, bes. S. 288-297. Zu kritischen Stimmen innerhalb des DGB gegenüber dem von der sozialliberalen Regierung aufgelegten, auf Einvernehmen mit den Arbeitgebern angelegten Humanisierungsprogramm, die sich innergewerkschaftlich jedoch nicht durchsetzen konnten, vgl. Josef Esser, Gewerkschaften in der Krise, bes. S. 193 f. Siehe auch den Beitrag von Anne Seibring in diesem Band.

nisierung der Arbeit« zielte – vor dem Hintergrund der negativen Effekte vor allem der Fließbandarbeit – mit Blick auf den betrieblichen Alltag auf größere Zeitpuffer und andere Maßnahmen, die das Zeitdiktat des Bandes abschwächten[55], aber auch auf die Möglichkeit zum begrenzten Arbeitsplatzwechsel oder die Bildung von teilautonomen Gruppen.[56] Gleichzeitig begann namentlich die IG Metall in Absetzung zu den vorausgegangenen reaktiv-kompensatorischen Rationalisierungsschutzabkommen auch tarifpolitisch den Übergang zu einer offensiveren, begrenzt präventiven Rationalisierungsschutzpolitik einzuleiten – und damit einen Weg einzuschlagen, den die italienischen und französischen Gewerkschaften schon vorher zu beschreiten begonnen hatten.[57]

---

55 Nicht zufällig lief dies einer verstärkten Rezeption des Toyotismus parallel. Toyotismus (in seiner »klassischen« Form) ist letztlich eine Art weichgespülte, in die japanische Arbeitsverfassung eingepasste und um einige spezifische Elemente erweiterte Variante des Fordismus. Vgl. v. a. Volker Elis, Von Amerika nach Japan – und zurück, S. 255-276 u. die dort genannte ältere Literatur; ferner Gertraude Krell, Vergemeinschaftende Personalpolitik. Normative Personallehren, Werksgemeinschaft, NS-Betriebsgemeinschaft, Betriebliche Partnerschaft, Japan, Unternehmenskultur, München/Mering 1994, S. 206-247.

56 Vgl. (bereits im kritischen Rückblick) Willi Pöhler/Gerd Peter, Erfahrungen mit dem Humanisierungsprogramm. Von den Möglichkeiten und Grenzen einer sozialen Technologiepolitik, Köln 1982; Gerd Peter/Bruno Zwingmann (Hg.), Humanisierung der Arbeit. Probleme der Durchsetzung, Köln 1982. Zum damals prominenten »Volvo-Modell« der Gruppenarbeit vgl. z. B. Helmuth Hoyer/Matthias Knuth, Die teilautonome Gruppe. Strategie des Kapitals oder Chance für die Arbeiter?, in: Kursbuch 43: Arbeitsorganisation – Ende des Taylorismus?, Berlin 1976, S. 118-134. Zu neueren Varianten der Gruppenarbeit vgl. etwa Reiner Hollmann/Otfried Mickler/Edzard Niemeyer, Von der Utopie zum Alltag. Gruppenarbeit in der Bewährung, München 2002 sowie (kritisch) Mirko Steinkühler, Lean Production – Das Ende der Arbeitsteilung?, München 1995, bes. S. 76 f. (exemplarisch für Opel in Eisenach und VW in Zwickau.) oder auch Volker Eichener, Chancen und Risiken anthropozentrischer Produktionssysteme als Herausforderung an ihre Gestaltung, in: Stephan von Bandemer/Volker Eichener/Josef Hilbert (Hg.), Anthropozentrische Produktionssysteme. Die Neuorganisation der Fabrik zwischen »Lean Produktion« und »Sozialverträglichkeit«, Opladen 1993, S. 49-84, bes. 66 ff. Teilautonome Gruppen und größere Zeitpuffer besaßen und besitzen auch in Unternehmerperspektive Vorteile, da sie Störungen auf die Gruppe, also überschaubare Segmente des gesamten Produktionsablaufs, beschränken. Das Gesamtsystem wird nicht in Mitleidenschaft gezogen. Dies war und ist nach wie vor ein zentraler Aspekt, da der maschinelle Apparat im Zuge der Automatisierungsprozesse immer kostspieliger wird, sodass Produktionsausfälle durch Arbeiter mit immer höherem Verlust verbunden sind, während die in den 1970er- und 1980er-Jahren oft noch stark zentralisierten und eng miteinander verkoppelten technischen Produktionsanlagen gleichzeitig immer anfälliger für Störungen waren. Hinzu trat der für Gruppenakkorde generell charakteristische Disziplinierungsdruck auch auf leistungsschwächere – bzw. weniger leistungswillige – Arbeitnehmer. All diese Aspekte begünstigten in den 1970er-Jahren die Einführung der im Vergleich zu traditionellen fordistischen Produktionsregimen elastischeren toyotistischen Formen der Arbeitsorganisation – die inzwischen gleichfalls in die Kritik geraten sind.

57 Diese waren freilich auch einem massiven Druck von unten ausgesetzt gewesen, der in den starken offensiven Arbeiterbewegungen der Jahre 1968 und 1969 seinen markanten Ausdruck gefunden hatte. Zur Diskussion in den italienischen und französischen Gewerkschaften über negative Rationalisierungsfolgen für die Arbeitnehmer und deren erfolgreiche Abwehr vgl. (für Italien)

Teil 2: Arbeitswelten und -beziehungen im Wandel: Beispiele und Fallstudien

1973 ging die westdeutsche Metall-Gewerkschaft in ihrem kampfstarken baden-württembergischen Bezirk die Verhandlungen um den sogenannten Lohnrahmentarifvertrag II unter anderem mit dem Ziel an, dass erhöhte Arbeitsbelastungen nun nicht mehr wie zuvor ausschließlich oder überwiegend durch Lohnerhöhungen kompensiert werden sollten. Gewerkschaften beziehungsweise Betriebsräte sollten fortan vielmehr unmittelbaren Einfluss auf Arbeitsbedingungen und -tempo/-intensität nehmen, das heißt bei Pausenregelungen für Leistungslöhner oder Mindesttaktzeiten ein gewichtiges Wort mitreden können; außerdem waren ein besonderer Kündigungsschutz und Mindestverdienste für nicht mehr so leistungsfähige ältere Arbeitnehmer vorgesehen.[58]

Tatsächlich konnte sich die IG Metall 1973 mit ihren auf eine substanzielle Humanisierung der Arbeit gerichteten Forderungen zu einem erheblichen Teil durchsetzen (beschränkt allerdings nur auf das nördliche Baden-Württemberg). Organisationspolitisch wurde sie dafür mit steigenden Mitgliederzahlen belohnt.[59] Absolut wuchs die

---

etwa Bruno Trentin, Arbeiterdemokratie. Gewerkschaften, Streiks, Betriebsräte, Hamburg 1978. Das Buch von Bruno Trentin (1926–2007), der von 1960 bis 1973 als Mitglied des ZK in der PCI eine zentrale Rolle spielte und seit seiner Wahl 1962 zum Generalsekretär der Metallarbeitergewerkschaft »Federazione Impiegati Operai Metallurgici« (FIOM), später der Einheitsgewerkschaft der Metallarbeiter (»Federazione Lavoratori Metalmeccanici«/FLM) sowie von 1988 bis 1994 als Generalsekretär des PCI-nahen »Confederazione Generale Italiana del Lavoro« (CGIL) einer der wichtigsten Exponenten des traditions-linken Flügels der italienischen Gewerkschaften war, ist zugleich ein Spiegel der Identitätskrise der Gewerkschaften Italiens Mitte der 1970er-Jahre. Vgl. außerdem z. B. Johannes Rohbeck, Rationalisierung und Arbeitskampf bei FIAT, in: Gewerkschaften im Klassenkampf. Die Entwicklung der Gewerkschaftsbewegung in Westeuropa (Argument-Sonderband, Nr. 2), S. 175-229, (zur ambivalenten Haltung der Gewerkschaften gegenüber den weitergehenden, auf Selbstbestimmung im Produktionsprozess gerichteten Forderungen der Bandarbeiter) S. 218-222; Vittorio Riesser, Studenten, Arbeiter und Gewerkschaften in Italien 1968 bis in die siebziger Jahre, in: Bernd Gehrke/Gerd-Rainer Horn (Hg.), 1968 und die Arbeiter, S. 314-331, bes. 317 sowie als vorzüglichen Überblick über das *Arbeiter-68* in Frankreich, Italien, Skandinavien und der Bundesrepublik mit interessanten Thesen: Peter Birke, Unruhen und »Territorialisierung«, S. 57-86. Zu Aufstieg und Niedergang des Operaismus als einer Bewegung, die ihre Entstehung und Ausbreitung wesentlich der Implementierung fordistischer Produktionsregime in der norditalienischen Industrie verdankte und indirekt durch ihren Radikalismus auf die etablierten Gewerkschaften massiv einwirkte, vgl. jetzt Christian Krueger, Die operaistische Strömung in Italien (1960–1980), Mag.-Arbeit, Berlin 2009. (Die Arbeit wird demnächst in erweiterter Fassung publiziert).

58 Vgl. Eva Brumlop/Wolf Rosenbaum, »Humanisierung der Arbeitsbedingungen« durch gewerkschaftliche Tarifpolitik, in: Joachim Bergmann (Hg.), Beiträge zur Soziologie der Gewerkschaften, Frankfurt a. M. 1979, S. 264-297.

59 Ein weiterer Aspekt, der eine Öffnung gegenüber weniger qualifizierten Arbeiterschichten anzeigte, waren in den 1970er-Jahren zunehmend aufkommende Forderungen nicht mehr nach *prozentualen* Lohnerhöhungen, sondern nach Sockelbeträgen, die relativ v. a. den niedrig entlohnten Arbeitnehmergruppen zugutekamen. Lineare Lohnforderungen hatten namentlich während der Septemberstreiks 1969 eine wichtige Rolle gespielt. Vgl. Peter Birke, Wilde Streiks, S. 225 f., 235 ff. u. ö.

Zahl der IG Metall-Mitglieder von 2.330.609 (1972) auf 2.436.231 im Jahr 1973; in Baden-Württemberg war dieser Anstieg noch deutlicher.[60] Aufschlussreicher als die Entwicklung der absoluten Mitgliederzahlen ist der Organisationsgrad: Er stieg nach offiziellen Angaben (die auch die bei der IG Metall weiterhin organisierten Rentner einschließt) bundesweit von 51,5 Prozent 1972 auf 52,4 Prozent 1973; 1969 hatte er noch bei 45,8 Prozent gelegen.[61] Indes verschlechterte das Einsetzen der nächsten konjunkturellen Krise ab 1974 die Möglichkeiten einer unmittelbaren Einflussnahme auf die Arbeitsbedingungen durch Belegschaften und Betriebsräte und Gewerkschaften erneut. Diese zweite konjunkturelle Krise ging im Zuge der dritten industriellen Revolution in eine strukturelle industrielle Krise mit einer wachsenden Sockelarbeitslosigkeit über und beschränkte die gewerkschaftlichen Handlungsmöglichkeiten nachhaltig – weshalb der Rahmentarifvertrag von 1973 weitgehend singulär blieb.[62] Die Abhängigkeit einer gewerkschaftlichen Politik, die negative Rationalisierungseffekte offensiv abzufedern trachtete, von den gesamtökonomischen Rahmenbedingungen zeigt sich seitdem in aller Deutlichkeit.

Die zweite Entwicklungslinie, welche die Veränderung der gewerkschaftlichen Sicht auf den vielschichtigen Komplex »Rationalisierung« beschreibt, schließt chronologisch an. Vor allem in der zweiten Hälfte der 1970er-Jahre machte auch die, im Verhältnis zur IG Metall kleine, IG Druck und Papier (IG Drupa) gravierende rationalisierungsbedingte Veränderungen zum tarifpolitischen Thema, die (oberflächlich betrachtet) bereits postfordistischen Charakter besaßen, nämlich aus der Anwendung der Mikroelektronik und neuer Informationstechnologien resultierten.[63] Die IG Drupa scheute dabei auch nicht vor einem Streik zurück. Was war passiert? Der mikro-

---

60 Vgl. Reinhard Bahnmüller/Werner Schmidt, Riskante Modernisierung des Tarifsystems. Die Reform des Entgeltrahmenabkommens am Beispiel der Metall- und Elektroindustrie Baden-Württembergs, Berlin 2009, S. 64 (Tab. 3.4).
61 Dennoch und trotz eines ungefähr zeitgleich einsetzenden – sehr allmählichen – Abbaus geschlechtsspezifischer Vorbehalte gegenüber Frauen blieb die IG Metall auch in der Folgezeit allerdings eine männliche Gewerkschaft.
62 Auch den Einstieg in die 35-Stunden-Woche durch die IG Metall ab Herbst 1978 (so wichtig er sozialpolitisch war) kann man in dieser Perspektive als Form einer Defensivpolitik verstehen: Die negativen Rationalisierungseffekte wurden damit nicht (mehr) direkt angegangen, sondern auf arbeitszeitpolitische Kompensationen orientiert.
63 Postfordismus wird hier bewusst hervorgehoben. Elektronik sowie neuere Informations- und Kommunikationstechnologie auf der einen, und tayloristische oder fordistische Produktionsregime auf der anderen Seite schließen sich in der Praxis allerdings keineswegs aus. Dies bezieht sich nicht nur auf fordistische Strukturen bei der Fertigung mikroelektronischer Bauelemente, sondern auch auf die mikroelektronische Steuerung fordistischer Produktionsanlagen. So das Schlagwort *Postfordismus* nicht nur eine terminologische Krücke ist, die Hilflosigkeit angesichts der Veränderungen der Produktionsregime infolge der »dritten industriellen Revolution« nur schlecht kaschiert, macht der Begriff innerbetrieblich und bezogen auf den industriellen Produktionsprozess v. a. Sinn, wenn er neben einer tendenziellen Automatisierung die zunehmende Dezentralisierung von Produkt- und Produktionslinien begrifflich zu fassen sucht.

elektronisch gesteuerte Lichtsatz hatte die überkommene Satztechnik im Druckereigewerbe sukzessive obsolet werden lassen. Die klassischen Buchdrucker und Schriftsetzer – jahrhundertelang eine stolze Arbeiteraristokratie – waren ins Mark getroffen. Bis 1978 wurden infolge dieser technischen Revolution in der Bundesrepublik ungefähr 36.000 Facharbeiterplätze vernichtet.[64]

Nicht nur die Buchdrucker und Schriftsetzer drohten als Berufsgruppen zu verschwinden. Auch deren Gewerkschaft war in ihrer Existenz erschüttert. Seit 1975 versuchte die Gewerkschaft vergeblich, Modifikationen des Manteltarifvertrags mit dem Ziel durchzusetzen, dass ausschließlich Setzer mit der neuen Technik arbeiten durften, nicht dagegen Journalisten. Da es keine Einigung gab, begann die IG Druck und Papier im Herbst 1977 mit gezielten Warnstreiks. Die Mobilisierung der traditionell kampfstarken Buchdrucker und Schriftsetzer war groß. Als die Spitze der IG Drupa mit den Arbeitgebern einen Kompromiss aushandelte, der auf fünf Jahre befristete Übergangsregelungen vorsah, war die Basis nicht einverstanden. Sie lehnte den Kompromiss in einer Urabstimmung – trotz des hohen Quorums – ab. Die Führung der IG Druck und Papier kam nicht umhin, einen Streik auszurufen, der drei Wochen dauerte. Im Ergebnis brachte der Arbeitskampf allerdings nur geringfügige Verbesserungen, nämlich achtjährige Übergangsfristen, verbesserte Angebote für Umschulungen, Abfindungen und Ähnliches sowie in letztlich unverbindlichen Formulierungen das Zugeständnis, dass die ehemaligen Setzer bevorzugt auf den neuen Arbeitsplätzen zu beschäftigen seien und in den Angestelltenstatus aufrücken sollten.

In der Perspektive der Betroffenen war dieses Resultat mager. Die zentrale Streikleitung der IG Druck und Papier – die unter massiven politischen Druck geraten war, auch aus den Reihen des DGB und der damals regierenden Sozialdemokratie – fürchtete eine erneute Ablehnung des Tarifkompromisses.[65] Eine zweite Urabstimmung wurde deshalb gar nicht mehr durchgeführt, sondern dem von den Tarifparteien ausgehandelten Kompromiss quasi autoritativ durch die Gewerkschaftsleitung zugestimmt und dieser damit in Kraft gesetzt. In der Folgezeit beschränkte sich die IG Druck und Papier beziehungsweise ab 2001 ver.di weitgehend darauf, wie es bei Jansen und Jürgens lakonisch heißt: »die Entwicklung von Sozialplänen, um den Personalabbau in einzelnen Unternehmen abzufedern.«[66]

---

64 Vgl. Josef Esser, Gewerkschaften in der Krise, Frankfurt a. M. 1982, S. 165.
65 Josef Esser (Gewerkschaften in der Krise, S. 170) merkt dazu lakonisch an: »Trotz aller offiziellen Verlautbarungen« seitens des DGB und anderer Einzelgewerkschaften war es »um die vielbeschworene gewerkschaftliche Solidarität gegenüber den Druckern […] nicht allzu gut bestellt.« Ein weiterer wichtiger Grund für den Streikabbruch war, dass die kleine Druckergewerkschaft durch den Arbeitskampf in eine finanziell angespannte Situation geriet.
66 Peter Jansen/Ulrich Jürgens, Gewerkschaften und Industriepolitik, S. 437.

Diskursive Unübersichtlichkeit seit den 1970er-Jahren

Der seit Ende der 1970er-Jahre zunächst schleichende (und seit den 1990ern raschere) Einflussverlust der Gewerkschaften ändert nichts daran, dass die lange Zeit von Wissenschafts- und Technikeuphorie geprägten gewerkschaftlichen Rationalisierungsdebatten einer diskursiven Unübersichtlichkeit in den Gewerkschaften Platz gemacht haben.[67] Wenn Skepsis und sukzessive sogar dezidiert rationalisierungskritische Positionen innerhalb der Gewerkschaften Raum fanden, dann ist dies auch auf den Einfluss mehrerer gesellschaftlicher Bewegungen zurückzuführen:

Die 68er-(Jugend-)Bewegung. Sie setzte bereits Anfang der 1960er-Jahre ein und ist in ihren bis in die Gegenwart hineinreichenden politisch-kulturellen Folgewirkungen kaum zu überschätzen. Mit ihr kam ein Entfremdungsdiskurs auf[68], in dessen Gefolge Fordismus und Taylorismus unverblümt als Ausbeutungsinnovation klassifiziert wurden. Es wurde markanter als zuvor formuliert, dass beide Produktionsregime immer auch die betrieblichen Machtverhältnisse verändern sollten. Dieser zunächst in linken Kreisen der Studenten, Schüler und Lehrlinge aufgenommene Diskurs kam freilich erst mit zeitlicher Verzögerung und nur teilweise in der Mitte der Gewerkschaften an.[69]

---

67 Die Ursachen dafür sind vielfältig. Von zentraler Bedeutung ist neben den genannten Aspekten die Ausbildung einer »transnational orientierten kapitalistischen Klasse«, die nicht nur Welthandel treibt und riesige globale Finanzströme in Bewegung, sondern leichthändig auch riesige Unternehmenskomplexe in ihrer Gesamtheit von einem Land in ein anderes setzt. Die Folge: Den – immer noch überwiegend national agierenden – Gewerkschaften fehlen die Adressaten; nationale Arbeitnehmerverbände können komplikationslos gegeneinander ausgespielt werden. Erst wenn sich auch die Gewerkschaften bzw. die sozialen Bewegungen ihrerseits substanziell internationalisieren, lassen sich hier erfolgreich Gegenstrategien entwickeln. Vgl. Joachim Hirsch/Jens Wissel, Transnationalisierung der Klassenverhältnisse, in: Hans-Günter Thien (Hg.), Klassen im Postfordismus, Münster (Westf.) 2010, S. 287-309, Zitat: 290.
68 Symptomatisch ist in diesem Zusammenhang, dass die von Marx 1844 zu Papier gebrachten »Ökonomisch-philosophischen Manuskripte«, in denen das Themenfeld »Entfremdung« besonders ausführlich und differenziert abgehandelt wurde, 1968 als »Ergänzungsband« zu den Marx-Engels-Werken erschien.
69 Dass neben Studenten und Schülern auch Lehrlinge zum Kern der 68er-Bewegung gehörten – man denke an die Lehrlingszentren und andere politische Aktivitäten ab Frühjahr 1969 –, hat die zeithistorische Forschung lange Zeit kaum interessiert. Vgl. inzwischen exemplarisch für Hamburg und Essen: Knud Andresen, »Ausbildung ja – Bierholen nein«. Drei Formen des Lehrlingsprotestes 1969/70, in: Forschungsstelle für Zeitgeschichte Hamburg (Hg.), Zeitgeschichte in Hamburg 2008, Hamburg 2009, S. 55-69 sowie ders., Die bundesdeutsche Lehrlingsbewegung von 1968–1972. Konturen eines vernachlässigten Phänomens, in: Peter Birke et al. (Hg.), Alte Linke, Neue Linke, S. 87-102. Vgl. exemplarisch auch Dietmar Süß, Kumpel und Genossen, resümierend S. 448 f., zum Mischverhältnis von Kooperation und Friktion zwischen jungen Arbeitnehmern und Studenten im Jahr 1968 ebd., S. 314-320. Vgl. summarisch außerdem Peter Birke, Wilde Streiks, S. 245. Wann der Entfremdungsdiskurs einsetzte, wie intensiv er geführt wurde und welche Kontroversen um ihn geführt wurden, wäre eine eigene Untersuchung wert. Folgt man Dietmar Süß (Kumpel und Genossen, S. 290 f.) setzte er auf lokaler und regionaler Ebene in mindestens einigen Fällen nicht nach, sondern parallel zu den studentisch-»intellektuellen« Diskursen ein.

Weitere soziale Bewegungen der 1970er-Jahre verdanken wesentliche Impulse der 68er-Bewegung, darunter:

Die Ökologiebewegung. Sie trug wesentlich dazu bei, dass die Wissenschaftsgläubigkeit, der auf einen älteren Vulgärmarxismus zurückgehende Produktivkraftfetischismus innerhalb der Arbeiterbewegung, zunehmend kritisch hinterfragt wurde. Dass Teile der Ökologiebewegung das Pendel zur anderen Seite ausschlagen ließen und mitunter ihrerseits einer generellen Technikfeindlichkeit verfielen, tut dabei nichts zur Sache.

Die Frauenbewegung. Auf sie ist es maßgeblich zurückzuführen, dass der lange Zeit schweigende weibliche Kern des fordistischen Rationalisierungsproletariats allmählich aktiv wurde. Frauen sind zwar nicht nur in gewerkschaftlichen Funktionen, sondern auch im gewerkschaftlichen Diskurs immer noch unterrepräsentiert. Die spezifische Betroffenheit von Frauen in den historischen wie aktuellen Rationalisierungsprozessen ist aber in der gewerkschaftlichen und darüber hinaus der allgemeinen Öffentlichkeit wenigstens präsent – aller weiteren, scharfen lohnpolitischen Diskriminierung zum Trotz.

Betriebliche *Bewegungen unter den ausländischen Arbeitskräften.* Auch der andere Kern des fordistischen Rationalisierungsproletariats, die »Gastarbeiter« (wie sie euphemistisch genannt wurden), machte sich namentlich in den 1970er-Jahren seinerseits gleichfalls zunehmend bemerkbar.[70] Die nicht zuletzt von Migranten getragenen wilden, das heißt tariflich nicht eingebundenen und von den Gewerkschaften nicht legitimierten Streiks markierten die Krise des nackten *klassischen* Fordismus als Ausbeutungsinnovation auch nach außen hin.[71]

Die wilden Streiks Ende der 1960er-, Anfang der 1970er-Jahre haben die lange verschüttete herrschaftsstabilisierende Funktion des betrieblichen Fordismus sichtbar hervortreten lassen, die ihm von Anbeginn innewohnte.[72] Der Begriff »Herrschaftsstabilisierung« zielt auf betriebliche, aber auch auf überbetriebliche Herrschaft. Die

---

70 Die Trennung in vier zentrale »Bewegungen« ist selbstredend idealtypisch. Weiblichkeit und migrantischer Hintergrund schließen sich natürlich nicht aus. Dass in einigen Fällen selbstbewusste migrantische Arbeiterinnen zu Trägerinnen auch von größeren Streiks wurden, ist z. B. Peter Birke, Unruhen und »Territorialisierung«, S. 78 zu entnehmen.

71 Nicht zufällig datiert der Anwerbestopp für ausländische Arbeitskräfte aus Nicht-EU-Ländern auf Ende Nov. 1973. Die Ölkrise bot einen willkommenen Anlass; die tatsächlichen Gründe lagen tiefer – im seit Anfang der 1970er-Jahre heftig diskutierten Gastarbeiterproblem (wachsende Aufenthaltsdauer, steigende Erwerbslosigkeit ausländischer Arbeiter, aber auch deren Beteiligung an wilden Streiks). Die Frankfurter Rundschau kommentierte hämisch: »So verderben die Araber mit ihrem Ölboykott auch so manchem türkischen Glaubensbruder den Traum vom Taxibetrieb in Istanbul« (nach Ulrich Herbert, Ausländerpolitik in Deutschland, S. 229).

72 Die seit 1969 bis Mitte der 1970er-Jahre anschwellende Welle wilder Streiks hatte (wie Peter Birke unlängst überzeugend gezeigt hat) zunehmend genau dies, nämlich das fordistische und tayloristische Produktionsregime, zum Thema gemacht. Vgl. Peter Birke, Wilde Streiks; ders., Eigen-Sinn, 1968, bes. S. 75.

Fordismuseuphorie der 1920er-Jahre war namentlich auf Unternehmerseite ja auch wesentlich darauf zurückzuführen, dass man (nicht zu Unrecht) mit diesem Produktionsregime die durch die Revolution von 1918/19 und das Betriebsverfassungsgesetz erschütterten betrieblichen Machtverhältnisse wieder herstellen und zementieren zu können glaubte. Anfang der 1970er-Jahre schienen sich Taylorismus und Fordismus in ihren traditionellen Formen als effiziente Ausbeutungsinnovationen überlebt zu haben. Beide Produktionsregime wurden zunehmend von unten angegriffen. Innerbetrieblich, aber auch über die einzelnen Unternehmen hinaus mutierten Taylorismus und Fordismus zu einem Unruheherd und wurden auch und gerade in Unternehmerperspektive oftmals kontraproduktiv.

Die Rede vom »Ende des Fordismus« ist dennoch voreilig.[73] Sie übersieht zum einen, dass Mikroelektronik und IT-Revolution, also die tragenden Säulen der dritten industriellen Revolution, einerseits und fordistische Produktionsweisen andererseits sich keineswegs ausschließen müssen. Namentlich in den Schwellenländern bildeten sich auf der Fertigungsebene Produktionsregime aus, die man – paradox formuliert – als *postfordistischen Fordismus* oder IT-Fordismus klassifizieren kann.[74] Zum anderen weist die Rede vom »Ende des Fordismus« Züge einer Germano- beziehungsweise Eurozentriertheit auf – jedenfalls wenn man mit dem Schlagwort die Produktionsre-

---

[73] Die folgenden Bemerkungen beziehen sich in erster Linie auf fordistische Produktionsregime. Weitere, mit dem Fordismusbegriff oft gleichfalls angesprochene Aspekte wie ein spezifisches Lebenslaufmodell und spezifische Erwerbsbiografien oder der Zusammenhang von Rationalisierung, Produktivitätssteigerung und Vollbeschäftigung – und die hier zu beobachtenden Veränderungen – können hier nicht diskutiert werden. Vgl. dazu z. B. den anregenden Aufsatz von Andreas Wirsching, Erwerbsbiographien und Privatheitsformen. Die Entstandardisierung von Lebensläufen, in: Thomas Raithel (Hg.), Auf dem Weg in die neue Moderne. Die Bundesrepublik Deutschland in den siebziger und achtziger Jahren, München 2009, S. 83-97.

[74] So spricht etwa Boy Lüthje von der »Wiederentdeckung des Fordschen Produktionsmodells durch die big player des Wintelismus« (einem Wortungetüm aus »Windows« und »Intel«). Typisch für die neue Form des Fordismus sei *transnationale* »netzwerkbasierte« Massenproduktion« – und nicht mehr die Integration der Massenfertigung in national organisierten, vertikalen Konzernen, wie dies für den »klassischen« Fordismus kennzeichnend war. Im Unterschied zum »alten Fordismus« sind im gegenwärtigen IT-Fordismus darüber hinaus »Produktinnovation einerseits und Fertigung andererseits« nicht mehr unmittelbar verkoppelt, sondern oft viele tausend Meilen getrennt. Die »Branchenführer« beschränkten sich auf die »Kontrolle der Schlüsselkomponenten der Architekturen dezentraler IT-Systeme« und delegieren die eigentliche Fertigung an Zulieferer, die ihrerseits auf fordistische und tayloristische Produktionsweisen zurückgreifen. Typisch für den neuen Fordismus dort seien, wie beim »alten Fordismus«, riesige Fertigungsanlagen, nicht selten ganze Industriestädte mit Zehntausenden von Beschäftigten an Low-Cost-Standorten in Schwellenländern (China, Taiwan, Südkorea, Indien, Brasilien usw.). Wie beim klassischen Fordismus und Taylorismus sind »die Arbeitsabläufe und die Tätigkeiten der zumeist weiblichen Beschäftigten extrem segmentiert« und die »Arbeitsorganisation entspricht trotz anderslautender Bekenntnisse weitgehend dem Fordschen Fließbandprinzip«. Vgl. Boy Lühtje, Kehrt der Fordismus zurück? Globale Produktionsnetze und Industriearbeit in der »New Economy«, in: Berliner Debatte Initial 1 (2004), S. 63-73, Zitate: 63, 69.

gime in den Blick nimmt. In den aufstrebenden Wirtschaftssupermächten China, Indien oder Brasilien, aber auch in Mexiko und ähnlichen Ländern gehören der Rückgriff auf primitive Formen fordistischer und tayloristischer Produktionsregime (»peripherer« oder »schmutziger Fordismus«) und andere Varianten brachialer Ausbeutung zum unternehmenspolitischen Alltag.[75] Und auch in den ehemals realsozialistischen Staaten, den jüngsten Beitrittsländern zur EU, ist die Situation oft wenig anders. Symptomatisch ist, dass Renault das Billigauto Logan in den ehemaligen Dacia-Werken Mioveni und Pitesti seit 2005 nicht auf Basis der in Mitteleuropa in den Kernbetrieben der Automobilindustrie inzwischen weitgehend üblichen Automatisierung bauen lässt, sondern aus Kostengründen auf einen scheinbar veralteten betrieblichen Fließbandfordismus zurückgreift, mit einem auch in der Endmontage hohen Anteil an billiger manueller Arbeit.[76] Der Begriff »Kosten« ist im Übrigen weit zu fassen; er schließt, gleichgültig ob an den Rändern Europas oder außerhalb der europäischen Grenzen, schwache Gewerkschaften mit ein. »Billiglohnländer« sind nicht zufällig meist autoritäre Staaten, die entweder »gewerkschaftsfrei« sind oder in denen staatsloyale Arbeitnehmerverbände einer brachial-fordistischen Regelung der Arbeitsbeziehungen nicht im Wege stehen.

Und selbst in den hoch industrialisierten Kernregionen Westeuropas ist die Situation keineswegs so eindeutig, wie man vermuten sollte. Auch hier reicht ein Blick auf die Branchen, die tragende Säulen des Wirtschaftswunders der Nachkriegsjahrzehnte waren und die Bundesrepublik bis 2008 zum Exportweltmeister gemacht haben. Auch und gerade in den Zentren der metallverarbeitenden Industrie scheinen die derzeitige Krise und die mit ihr weiter anschwellende Sockelarbeitslosigkeit die kaum kaschierte Wiederkehr eines in der industriellen Produktion, im Übrigen bisher zu keinem Zeitpunkt wirklich verschwundenen, klassischen Fordismus und Taylorismus möglich zu machen[77], der die geschwächten Gewerkschaften und Betriebsräte oft nur wenig entgegensetzen können. Bei Bosch, bei Mercedes sowie in der Zahnradfabrik Friedrichshafen seien »die Arbeitstakte am Fließband«, so war Anfang 2009 in der Wochenzeitschrift »Die Zeit« zu lesen, schon seit Längerem »fast überall kurz« gewesen. Mit Einsetzen der Krise würden sie »vielfach weiter gekürzt«. Mit den bekannten Folgen: »Immer nur wenige Handgriffe, immer gleich, ›da verkümmert der Geist‹«, so

---

75 Vgl. Alain Liepitz, Die Welt des Postfordismus. Über die strukturellen Veränderungen der entwickelten kapitalistischen Gesellschaften, Hamburg 1997, bes. S. 21, 30, 32 ff.
76 Tomasz Konisz, Renaults Billighit, in: Junge Welt v. 22.2.2008.
77 Die Rede vom Verschwinden oder vom Ende des Fordismus (auch) als industrielles Produktionsregime findet auch deshalb breite Resonanz, weil der Blick der Zeithistoriker zumeist auf hochmoderne Großunternehmen verengt ist, wie z. B. die Endmontage des Volkswagenwerks in Wolfsburg, wo fordistische Fertigungsstrukturen tatsächlich weitgehend der Vergangenheit angehören. Wenn man aber den Fokus auf die zahlreichen kleineren Zulieferer sowie überhaupt zahllose Unternehmen der verarbeitenden Industrie richtet, verändert sich die Perspektive. Hier sind oft genug noch ausgesprochen primitive fordistische und tayloristische Produktionsregime gang und gäbe – und werden dies wohl auch auf absehbare Zeit bleiben.

die Klage einer Betriebsrätin der Zahnradfabrik am Bodensee. Gleichzeitig würden »derzeit in vielen Werken« zahlreiche »Bänder [still]stehen oder kurzgearbeitet«. Abwechslungsreiche Arbeitsgänge habe die Betriebsleitung systematisch reduziert. »Alles, was nicht allzu eng zur Fließbandmontage gehört, soll gestrichen werden […], die Vormontagen, die Nachtarbeit, die Qualitätssicherung«, resümierte der Betriebsratsvorsitzende von Daimler-Benz. Dieser Trend ist keineswegs kriseninduziert, die Krise wirkt hier allerdings als Verstärker. Bereits seit Mitte der 1990er-Jahre gebe

> »es im Stillen eine Rückkehr zu stark arbeitsteiliger und standardisierter Fertigung. Toyota ist das Vorbild, asiatische Disziplin. […] Noch wählen bei Daimler die in Gruppenarbeit beschäftigten Montagekräfte ihre Teamsprecher: ›Im Toyota-System müssen die weg, da gilt die Autonomie der Arbeiter als Übel.‹«[78]

Es gehören keine großen prophetischen Fähigkeiten dazu, zu prognostizieren, dass nicht nur »Rationalisierung und Gewerkschaften«, sondern speziell auch Fordismus beziehungsweise Taylorismus für die Gewerkschaften ein Thema bleiben werden.

---

78 Jonas Viering, Taylors stille Rückkehr, in: Die Zeit v. 15.1.2009, S. 27. Vgl. außerdem bereits z. B. Roland Springer, Rückkehr zum Taylorismus? Arbeitspolitik in der Automobilindustrie am Scheideweg, Frankfurt a. M. 1999.

Teil 3

Interessenrepräsentation im Wandel: Brüche und Kontinuitäten

Ingrid Artus

Mitbestimmung versus Rapport de force: Geschichte und Gegenwart betrieblicher Interessenvertretung im deutsch-französischen Vergleich

Spätestens nach Verabschiedung der EU-Richtlinie zur Unterrichtung und Anhörung der Arbeitnehmer gilt ein Mindestmaß an institutionalisierten demokratischen Beteiligungsrechten der Belegschaft als normativ gesicherter Besitzstand in Europa.[1] Dies ist alles andere als selbstverständlich, sondern das Ergebnis einer langen Geschichte von Auseinandersetzungen und Konflikten. Aus ihnen sind Institutionen hervorgegangen wie der deutsche Betriebsrat oder die französischen *Institutions Représentatives du Personnel*. Im Folgenden wird ein vergleichend angelegter Überblick über die Geschichte betrieblicher Interessenvertretung in Deutschland und Frankreich gegeben. Dies ist ein anspruchsvolles Unterfangen, da es die Thematisierung von rund 100 Jahren Geschichte industrieller Beziehungen verlangt, welche wiederum eng mit gesamtgesellschaftlichen, politischen und wirtschaftlichen Entwicklungen in beiden Ländern zusammenhängt. Als analytischer Rahmen dient im Folgenden die Interpretation der jüngeren Zeitgeschichte nach Anselm Doering-Manteuffels und Lutz Raphaels Überlegungen zum Strukturbruch in den 1970er-Jahren.[2] Die wirtschaftliche Boomphase nach dem Zweiten Weltkrieg lässt sich demnach als ein relativ kohärentes Entwicklungsmodell begreifen, das spätestens ab Anfang der 1980er-Jahre sein Ende gefunden hat. Eine besondere Rolle als Jahrzehnt der »Umbrüche« spielen demnach die 1970er-Jahre.[3] Die Terminologie eines »Strukturbruchs« in diesem Zeitraum wird jedoch hier nicht verwendet, da sie die Gefahr birgt, bezogen auf den Wandel betrieblicher Interessenvertretung die Vorstellung einer zu scharfen Grenzziehung zu erwecken. Weder in Deutschland noch in Frankreich haben sich die industriellen Beziehungen in den 1970er-Jahren in einem Ausmaß verändert, dass von einem »Strukturbruch […] revolutionärer Qualität« die Rede sein könnte.[4] Für den hier interessierenden Gegenstandsbereich müssen die 1970er-Jahre hingegen als ein Scharnierjahrzehnt begriffen und dargestellt werden: Die Entwicklungslinien der Boomphase setz-

---

1 Vgl. die Richtlinie im Wortlaut [www.europe.ifj.org/pdfs/sofia2007-EWC-EFJhandbook-DE.pdf].
2 Anselm Doering-Manteuffel/Lutz Raphael, Nach dem Boom. Perspektiven auf die Zeitgeschichte seit 1970, Göttingen 2008. Ähnliche Periodisierungen finden sich auch in anderen theoretischen Konzepten, vgl. z. B. Eric J. Hobsbawm, Das Zeitalter der Extreme. Weltgeschichte des 20. Jahrhunderts, München/Wien 1995.
3 Anselm Doering-Manteuffel/Lutz Raphael, Nach dem Boom, S. 52.
4 Ebd., S. 10.

ten sich vorübergehend noch fort. Sie bestimmten durchaus den Zeitgeist, der vom Glauben an die Machbarkeit und neue Spielräume gesellschaftlicher Entwicklung geprägt war. Gemeinsam mit dem einsetzenden Wertewandel führte dies zu neuen, deutlich erweiterten Ansprüchen auf demokratische Partizipation. Zugleich fallen in die 1970er-Jahre aber auch die ersten deutlichen Anzeichen eines wirtschaftlichen und gesellschaftlichen Strukturwandels, der in der Folgezeit in vielen Betrieben zu einer Verschiebung der Machtverhältnisse zuungunsten der abhängig Beschäftigten führte. Die Gewerkschaften verloren nicht nur Mitglieder, sondern auch politische Einflussmacht, und es kam zu einer Verbetrieblichung industrieller Beziehungen – eine Entwicklung, welche die industriellen Beziehungen bis zum heutigen Datum prägt.

Die Vorstellung, wonach nach dem Zweiten Weltkrieg sowohl in Deutschland wie in Frankreich zwei distinkte Phasen wirtschaftlicher und gesellschaftlicher Entwicklung zu unterscheiden sind, die auch die Institutionen sowie die Praxis betrieblicher Interessenvertretung nachhaltig beeinflusst haben, bedeutet nicht, dass in beiden Ländern durchgängig ähnliche Veränderungsprozesse zu beobachten wären. Zu unterschiedlich waren und sind die etablierten Modelle industrieller Beziehungen, wie sie sich bereits vor dem Zweiten Weltkrieg herausgebildet hatten. Obwohl sich viele strukturelle Einflussfaktoren gleichen, wirken diese sich jedoch im Rahmen differenter Akteurskonstellationen und kulturell verankerter Handlungslogiken unterschiedlich aus. Mit anderen Worten: Es existieren ausgeprägte nationale Pfadabhängigkeiten. Dies zeigt sich etwa deutlich an den national spezifischen Dynamiken der Institutionenentwicklung: Die deutsche Geschichte der Mitbestimmung ist von einer ausgeprägten Konstanz institutioneller Grundmuster gekennzeichnet. Ihre Logik des institutionellen Wandels lässt sich begrifflich als Konversion beschreiben, das heißt eine Institution (konkret der Betriebsrat) wird an stets neue Anforderungen angepasst.[5] In Frankreich hingegen wurden in historischen Umbruchsituationen typischerweise neue Institutionen geschaffen, um die bereits existierenden zu ergänzen und somit den neuen Rahmenbedingungen gerecht zu werden. Es kam zu einer institutionellen Überlagerung.[6] Wie bereits für andere empirische Themenbereiche herausgearbeitet wurde, hängt die Logik des Institutionenwandels eng mit dem sozialen Kontext zusammen, insbesondere mit dem Maß an wechselseitigem Vertrauen und der Kooperationsneigung der zentralen Akteure. So ist es nahe liegend, die Logik der Konversion in der deutschen Institutionengeschichte mit dem höheren Maß an Vertrauen zwi-

---

5 Vgl. Wolfgang Streeck/Kathleen Thelen, Introduction: Institutional Change in Advanced Political Economies, in: dies. (Hg.), Beyond Continuity. Institutional Change in Advanced Political Economies, Oxford 2005, S. 26-39, hier: 26 ff.; Gregory Jackson, Contested Boundaries. Ambiguity and Creativity in the Evolution of German Codetermination, in: Wolfgang Streeck/Kathleen Thelen (Hg.), Beyond Continuity, S. 229-254.
6 Zum sog. »layering« vgl. Wolfgang Streeck/Kathleen Thelen, Introduction, in: dies. (Hg.), Beyond Continuity, S. 22 ff.

schen zentralen Akteuren zu erklären, während in Frankreich Misstrauensbeziehungen und verhärtete Konfliktfronten stets eine größere Rolle spielten.

Im Rahmen international vergleichender Theorieansätze werden Deutschland und Frankreich häufig ähnlichen Gesellschafts- und Wirtschaftsmodellen zugeschrieben. Beide Länder werden als »konservative Wohlfahrtsstaaten« und »koordinierte Marktwirtschaften« bezeichnet.[7] Betrachtet man hingegen die internationale Industrial-Relations-Literatur, gilt Deutschland häufig als idealtypischer Fall für allgemeine europäische Entwicklungen, Frankreich firmiert hingegen als »Spezialfall«, »atypisch« und »anormal«.[8] Das Charakteristikum der französischen Devianz – und damit auch der zentrale Unterschied zwischen Deutschland und Frankreich – lag darin, dass die (vermeintlich) europaweite Tendenz zur Etablierung eines neokorporatistischen Konsenses zwischen Arbeit, Kapital und Staat in Frankreich nie dieselbe Prägekraft entfaltete wie in vielen anderen Ländern. Dies zeigte sich etwa an deutlich überdurchschnittlichen Streikraten bei zugleich schwacher gewerkschaftlicher Organisierung. Es zeigte sich auch an anhaltenden Gegensätzen zwischen Unternehmern und Gewerkschaften, die mit einer besonders starken und aktiven Rolle des Staates als Akteur industrieller Beziehungen korrelierte.

Auch Anselm Doering-Manteuffel und Lutz Raphael weisen in ihrer Skizze der europäischen Nachkriegsordnung Frankreich als Sonderfall aus: Der liberale Konsens zwischen Kapital, Arbeit und Staat, der die Theorie des Keynesianismus mit dem Glauben an die mögliche Überwindung sozialer Spannungen und der Abkehr vom Klassenkampfgedanken verband, blieb in Frankreich stets brüchig. Es überlebten nicht nur die traditionellen Klassengegensätze zwischen Gewerkschaften und Unternehmern, sondern es existierten auch auf politischer Ebene »scharf gezeichnete Fronten zwischen den Linksparteien und dem bürgerlichen Lager«.[9] So sind Deutschland und Frankreich vom Theorieansatz der *Varieties of Capitalism* zwar berechtigterweise als koordinierte Marktwirtschaften bezeichnet worden, jedoch werden in Deutschland wesentliche Koordinierungsleistungen von den Tarifparteien erbracht, in Frankreich vom Staat.

Einige Elemente zur Erklärung dieser Unterschiede sind in der unterschiedlichen Industrialisierungsgeschichte sowie der Frühgeschichte industrieller Beziehungen in beiden Ländern zu suchen. Um die beiden Modelle industrieller Beziehungen in Deutschland und Frankreich in ihren Entstehungsbedingungen transparent zu ma-

---

7   Vgl. Gøsta Esping-Anderson, Three Worlds of Welfare Capitalism, Cambridge 1990; Peter A. Hall/David Soskice (Hg.), Varieties of Capitalism. The Institutional Foundations of Comparative Advantage, New York 2001.
8   Jean-François Amadieu, Industrial Relations. Is France a Special Case? British Journal of Industrial Relations, 33 (1995), S. 345-351; Janine Goetschy, France: The limits of Reform, in: Anthony Ferner/Richard Hyman (Hg.), Changing industrial relations in Europe, Oxford 1998, S. 257-394.
9   Vgl. Anselm Doering-Manteuffel/Lutz Raphael, Nach dem Boom. Perspektiven auf die Zeitgeschichte seit 1970, Göttingen 2008, S. 17, Zitat: 25.

chen, werden einführend zunächst wesentliche Entwicklungslinien in beiden Ländern bis zum Ende des Zweiten Weltkriegs skizziert. Anschließend wird die Geschichte betrieblicher Interessenvertretung in der industriell geprägten Boomphase der 1950er- und 1960er-Jahre beschrieben, an deren Ende es sowohl in Deutschland wie in Frankreich zu grundlegenden Reformen kommt. Die 1970er-Jahre werden – gemäß ihrer Konzeption als Scharnierjahrzehnt – in doppelter Weise angesprochen, das heißt auch in zwei Kapiteln diskutiert: Sie bilden den Abschluss der Boomphase der Nachkriegszeit und den Beginn einer Epoche, die von einem grundlegenden Strukturwandel in Wirtschaft und Gesellschaft geprägt ist.

Die Anfänge betrieblicher Interessenvertretung in Deutschland

In Deutschland setzte die Industrialisierung zwar später ein als in England oder auch Frankreich; sie verlief jedoch vergleichsweise rapide. Innerhalb weniger Jahrzehnte kam es zum Aufbau industrieller Zentren und der Durchsetzung des Fabriksystems. Industrialisierung und Urbanisierung waren dabei eng verknüpft. Vor allem in größeren Städten lebten und arbeiteten bereits im letzten Drittel des 19. Jahrhunderts eine große Zahl von LohnarbeiterInnen. Durch die schnelle Herausbildung eines relativ homogenen sowie lokal konzentrierten Proletariats lässt sich der – im internationalen Vergleich – recht rasante Aufbau großer Gewerkschaftsorganisationen in Deutschland erklären.[10] Diese besaßen durch ihre enge Verknüpfung mit der Sozialdemokratischen Partei zudem ein ideologisch einigendes Zentrum. Zugleich waren in Deutschland sowohl sozialreformerische als auch Zunfttraditionen stärker lebendig als zum Beispiel in Frankreich. Diese Konstellation schlug sich in der frühen Ausbildung eines Tarifvertragswesens sowie in der Bismarckschen Sozialgesetzgebung nieder.[11]

Der Erste Weltkrieg hatte in Deutschland in mehrfacher Hinsicht Katalysatorfunktion für die Entwicklung der industriellen Beziehungen: Im Rahmen der staatlichen Kriegswirtschaft kam es zu einer eklatanten Steigerung des Organisationsgrads von Unternehmerinteressen. Zugleich konstituierte der Krieg den Zwang zur Vermittlung der Interessengegensätze zwischen Kapital und Arbeit, was durch die Kollaboration der Sozialdemokratie mit der Kriegspolitik des deutschen Kaiserreiches

---

10 Vgl. Marc Maurice/François Sellier/Jean Jacques Silvestre, La Production de la hiérarchie dans l'entreprise: recherche d'un effet sociétal. Comparaison France-Allemagne, Revue française de Sociologie XX (1979), S. 331-365; dies., Politique d'éducation et organisation industrielle en France et en Allemagne. Essai d'analyse sociétale, Paris 1982; Jean-Marie Pernot, Syndicats: lendemains de crise? Paris 2005.

11 Vgl. Peter Ullmann, Tarifverträge und Tarifpolitik in Deutschland bis 1914. Entstehung und Entwicklung, interessenpolitische Bedingungen und Bedeutung des Tarifvertragswesens für die sozialistischen Gewerkschaften, Frankfurt a. M./Bern 1977; Ingrid Artus, Krise des deutschen Tarifsystems. Die Erosion des Flächentarifvertrags in Ost und West, Wiesbaden 2001.

ideologisch erleichtert wurde. Die Schwächung der politischen Instanzen durch die militärische Niederlage, die im Untergang der Monarchie kulminierte, die Krise der betrieblichen Machtposition der Unternehmer, das Entstehen einer radikalen sozialistischen Rätebewegung parallel zur Etablierung einer Sowjetrepublik in Russland ebnete in Deutschland den Weg zu einer neuen Konstellation: Die

> »Hinwendung zu einem Handlungsmodell, wonach Gewerkschaften und Unternehmer ihre Interessen gegenseitig als legitim anerkannten und auf der Grundlage der marktwirtschaftlichen Ordnung ihre Ziele gemeinsam aushandeln«,

hat sich in Deutschland nicht erst nach dem Zweiten Weltkrieg etabliert, sondern drückte sich erstmals symbolträchtig und regulierungswirksam im sogenannten Stinnes-Legien-Pakt aus.[12] Das Abkommen über die Bildung einer Zentralarbeitsgemeinschaft vom 15. November 1918 ist immer wieder auch als Magna Charta der Gewerkschaften bezeichnet worden.[13] Neben der Einführung des 8-Stunden-Tages schrieb es das Prinzip der tarifvertraglichen Vereinbarung als grundlegende Norm fest und erkannte die Gewerkschaften als berufene Vertreter der Arbeiterschaft an. Damit war auch der Boden bereitet für das erste Betriebsrätegesetz 1920, das als Geburtsstunde des deutschen dualen Systems industrieller Beziehungen gelten kann.

Im internationalen Vergleich wurden in Deutschland relativ früh sowie umfassend grundlegende Rechte betrieblicher Beschäftigtenpartizipation garantiert. Zum damaligen Zeitpunkt war das Betriebsrätegesetz jedoch lediglich eine Art Minimalkompromiss und rudimentäre Verwirklichung sehr viel weitergehender Vorstellungen wirtschaftlicher Demokratisierung und Sozialisierung. »Codetermination represented a socially integrative alternative to revolution or socialism«.[14] Das neue Betriebsrätegesetz war strikt dual konzipiert, das heißt, es machte nicht die überbetrieblich verfassten, zu diesem Zeitpunkt in Deutschland bereits mächtigen Gewerkschaften zur betrieblichen Interessenvertretung der Lohnabhängigen, sondern es kreierte den Betriebsrat als gewerkschaftsunabhängige Instanz, die nur der Belegschaft verpflichtet und auf den betrieblichen Rahmen beschränkt war. Er besaß zudem kein Streikrecht, sondern war zur vertrauensvollen Zusammenarbeit mit der Geschäftsleitung verpflichtet. Diese Konzeption, die im Grundsatz bis heute erhalten blieb, war einerseits

---

12 Anselm Doering-Manteuffel/Lutz Raphael, Nach dem Boom, S. 17.
13 Vgl. Hans Mommsen, Klassenkampf oder Mitbestimmung. Zum Problem der Kontrolle wirtschaftlicher Macht in der Weimarer Republik, Frankfurt a. M. 1977; Heinrich Potthoff, Freie Gewerkschaften 1918–1933. Der Allgemeine Deutsche Gewerkschaftsbund in der Weimarer Republik, Düsseldorf 1987.
14 Gregory Jackson, Contested Boundaries, S. 237; vgl. Gerald D. Feldman, German Business between War and Revolution. The Origins of the Stinnes-Legien Agreement, in: Gerhard A. Ritter (Hg.), Entstehung und Wandel der modernen Gesellschaft, Berlin 1970, S. 312-341.

ein Zugeständnis an die Unternehmerschaft, da mit ihr potenziell eine Beschränkung und Schwächung gewerkschaftlicher Einflussmacht an der Basis angelegt war. Es waren jedoch sozialdemokratische Minister, die das Betriebsrätegesetz konzipierten. Dies deutet darauf hin, dass es zum damaligen Zeitpunkt auch den Interessen der (mehrheits)sozialdemokratisch orientierten Gewerkschaftsführungen entsprach, das Streikmonopol für die Tarifebene zu reservieren und damit eine gewisse Disziplinierung und Kontrolle der (zu diesem Zeitpunkt höchst unruhigen) gewerkschaftlichen Basis in den Betrieben zu gewährleisten.[15]

Schätzungen gehen davon aus, dass Mitte der 1920er-Jahre in etwa der Hälfte aller Betriebe mit über 50 Beschäftigten Betriebsräte existierten.[16] Auch wenn diese Schätzungen möglicherweise etwas übertrieben sind, ist von einer erheblichen quantitativen Verbreitung der neuen Institution in der Weimarer Republik auszugehen. Ihre Einflussmacht war jedoch sehr unterschiedlich und häufig eher gering.[17] Der Hauptkonfliktschauplatz der Weimarer Republik lag eindeutig auf der Tarifebene. Angesichts steigender Arbeitslosenzahlen veränderten sich die Machtverhältnisse schon zu Beginn der 1920er-Jahre wieder zugunsten der Unternehmer. Die eskalierenden Arbeitskonflikte gingen dementsprechend auch auf die Offensive der Kapitalseite zurück, die verlorenes Terrain zurückgewinnen wollte. Die seit der Schlichtungsverordnung vom 30. Oktober 1923 mögliche staatliche Zwangsschlichtung erwies sich als ungeeignet, die Konflikte zu befrieden. Sie bürdete dem Staat vielmehr die Rolle eines von keiner der beiden Seiten akzeptierten Schiedsrichters auf und trug letztlich zur Delegitimierung des Staates als normsetzender Instanz bei. Nachdem bereits die Brüning-Regierung durch Notverordnungen in laufende Tarifverträge des öffentlichen Sektors einzugreifen begann, demontierten die Nationalsozialisten 1933 das noch junge System der Betriebsverfassung und Tarifautonomie. Freie Gewerkschaftsorganisationen, das Streikrecht sowie die Institution des Betriebsrats wurden abgeschafft. Stattdessen wurden betriebliche Vertrauensräte installiert, deren Vorsitz die Unter-

---

15 In den heftigen Auseinandersetzungen um die Verabschiedung des Betriebsrätegesetzes (BRG) 1920 drückte sich die tiefe Zerrissenheit der deutschen Arbeiterbewegung nach dem Scheitern rätesozialistischer Revolutionshoffnungen in Deutschland aus. So kam es »während der letzten Beratungen des BRG [...] am 13. Januar 1920 zu einer von der oppositionellen Berliner Betriebsrätezentrale unter Richard Müller organisierten, zunächst friedlich verlaufenden Massendemonstration der Berliner Arbeiter vor dem Reichstag, mit der gegen das Gesetz protestiert wurde. Durch das Eingreifen der Polizei wurden 42 Arbeiter getötet«, in: Siegfried Braun/Wilhelm Eberwein/Jochen Tholen, Belegschaften und Unternehmer. Zur Geschichte und Soziologie der deutschen Betriebsverfassung und Belegschaftsmitbestimmung, Frankfurt a. M./New York 1992, S. 408.

16 Werner Plumpe, Die Betriebsräte der Weimarer Republik. Eine Skizze zu ihrer Verbreitung, Zusammensetzung und Akzeptanz, in: Werner Plumpe/Christian Kleinschmidt (Hg.), Unternehmen zwischen Markt und Macht: Aspekte deutscher Unternehmens- und Industriegeschichte im 20. Jahrhundert, Essen 1992, S. 42-60.

17 Vgl. Kurt Brigl-Matthiaß, Das Betriebsräteproblem, Berlin 1926; Theodor Geiger, Zur Soziologie der Industriearbeit und des Betriebes, in: Die Arbeit 11 (1929) S. 673-689.

nehmensleitung innehatte. Diese waren nicht als unabhängige Interessenvertretung der Beschäftigten konzipiert und hatten lediglich Beratungsrechte gegenüber der Betriebsleitung.[18]

Der Beginn betrieblicher Beschäftigtenrepräsentation in Frankreich

In der französischen Industrialisierungsgeschichte fehlt jener *effet de masse* einer Vielzahl gleichzeitig artikulierter identischer Interessenlagen (etwa von männlichen Arbeitern in städtischen Großbetrieben), der die kollektive Organisierung in Deutschland erheblich vereinfachte.[19] Obwohl die Industrialisierung bereits sehr früh begann, verlief sie deutlich langsamer als in vielen anderen europäischen Ländern. Ursachen waren ein geringes Bevölkerungswachstum, erhebliche politische Instabilitäten seit Ende des 18. Jahrhunderts, ein ökonomisch sehr ungleiches Wachstum im französischen Staatsgebiet sowie die – vom Großraum Paris abgesehen – sehr zögerliche Urbanisierung. Das Fabriksystem setzte sich nur langsam durch. Ein Großteil der Industriebeschäftigten arbeitete in Klein- und Kleinstbetrieben. Aufgrund des stagnierenden Bevölkerungswachstums und des damit verbundenen Mangels an Arbeitskräften spielten weibliche sowie migrantische ArbeiterInnen schon früh eine größere Rolle als in anderen Ländern.[20] Die Heterogenität der sich sehr langsam konstituierenden LohnarbeiterInnenschaft war in Frankreich daher (noch) ausgeprägter als in anderen Ländern.

Ein weiteres Organisierungshindernis bestand darin, dass früher und viel radikaler als in Deutschland mit mittelalterlichen Zunfttraditionen gebrochen wurde. Das Loi Le Chapelier (1791) schaffte im Gefolge der Französischen Revolution die Zunftkorporationen ab und verbot jede Form der Arbeiterassoziation. Fast ein Jahrhundert lang, von 1791 bis 1884, blieben die Gewerkschaften in Frankreich illegal. Ausgesprochen bitter waren in dieser Zeit die Niederlagen der frühen Zusammenschlüsse von IndustriearbeiterInnen. Trotz ihres semilegalen Status vervielfachten sich jedoch ab den 1860ern die Bourses du travail und die lokalen Gewerkschaftsorganisationen.

---

18   Vgl. Tilla Siegel, Leistung und Lohn in der nationalsozialistischen »Ordnung der Arbeit«, Opladen 1989; Andreas Kranig, Arbeitnehmer, Arbeitsbeziehungen und Sozialpolitik unter dem Nationalsozialismus, in: Karl Dietrich Bracher/Manfred Funke/Hans-Adolf Jacobsen (Hg.), Deutschland 1933–1945. Neue Studien zur nationalsozialistischen Herrschaft, Bonn 1993, S. 135-152; Gertraude Krell, Vergemeinschaftende Personalpolitik. Normative Personallehren, Werksgemeinschaft, NS-Betriebsgemeinschaft, Betriebliche Partnerschaft, Japan, Unternehmenskultur, München/Mering 1994.
19   Vgl. François Sellier, La confrontation sociale en France 1936–1981, Paris 1984.
20   Marc Maurice/François Sellier/Jean Jacques Silvestre, Production, S. 334; François Sellier, La confrontation, S. 24 f.; Steve Jefferys, Liberté, Égalité and Fraternité at Work. Changing French Employment Relations and Management, Basingstoke/New York 2003, S. 30 ff.

Folgenreich war der Umstand, dass punktuelle Arbeiterkoalitionen in Form von Streiks bereits toleriert und ab 1864 legalisiert wurden, als gewerkschaftliche Organisationen noch verboten blieben.[21] Die französische Gewerkschaftskultur ist bis zum heutigen Datum wesentlich dezentraler angelegt und stärker lokal verankert als in Deutschland.

»Die Gewerkschaftssektionen (sections) und Einzelgewerkschaften (syndicats) – verfügen im Bereich der AktivistInnen (partisans) über eine ausgesprochen große Autonomie. Der französische Syndikalismus ist nach dem Prinzip des Zusammenschlusses von Assoziationen (fédéralisme associatif) organisiert.«[22]

Dies hat nicht nur Folgewirkungen für die Möglichkeiten einer zentralisierten, flächendeckenden Tarifpolitik oder strategisch koordinierter Streikaktionen; es legt auch eine spezifische Arbeitsteilung zwischen Dachverband und Basisorganisationen nahe: Während sich die Confédération (der Dachverband) vor allem auf Repräsentationsfunktionen und damit auf den Bereich politischer Forderungen spezialisierte, die sich primär an den Staat adressierten, lag die ökonomische Handlungsmacht in erster Linie bei den Basisgliederungen. Diese entscheiden bis heute weitgehend autonom im betrieblichen oder regionalen Rahmen über Streikaktivitäten. Als Pendant zur Schwäche und Dezentralisierung der Gewerkschaften fehlte in Frankreich auch lange Zeit eine organisierte Unternehmerschaft, mit der etwa tarifautonome Vereinbarungen möglich gewesen wären. Stattdessen war stets der Staat stark präsent – sei es in der Form antigewerkschaftlicher Repression, sei es in der Gestalt einer straff organisierten Verwaltung, die schon früh handlungsmächtig war im Bereich der Arbeitsschutzgesetzgebung, der Arbeitsrechtsprechung und der Fabrikinspektion.

Deutlich länger als in Deutschland blieb unter diesen Bedingungen die Politik der 1895 gegründeten Confédération Generale du Travail (CGT) ein »Syndikalismus der Konfrontation«, der allerdings eine schwache Organisationsbasis und geringe Durchsetzungsmacht besaß.[23] Erst nach dem Ersten Weltkrieg kam es im Jahr 1920 zum Ausschluss des revolutionären Flügels aus der CGT. Fortan gehörte die Forderung nach der Durchsetzung von Arbeiterkontrolle (contrôle ouvrier) zum gewerkschaftlichen Programm. Dies meinte u. a. die legale Verankerung gewerkschaftlicher Strukturen in den Betrieben. Kollektive Repräsentation der Beschäftigten und gewerkschaftliche Durchdringung des Betriebs wurden dabei in eins gedacht. Die Geburtsstunde gesetzlich garantierter betrieblicher Interessenvertretung in Frankreich schlug aller-

---

21 Friedhelm Boll, Arbeitskämpfe und Gewerkschaften in Deutschland, England und Frankreich. Ihre Entwicklung vom 19. zum 20. Jahrhundert, Bonn 1992, S. 166.
22 Dominique Andolfatto/Dominique Labbé, Sociologie des syndicats, Paris 2000, S. 45. Übers. n. Ingrid Artus.
23 Michel Dreyfus, Histoire de la C. G. T. Cent ans de syndicalisme en France, Bruxelles 1995, S. 48.

dings erst deutlich später als in Deutschland, nämlich im Zuge der Volksfront 1936, in deren Verlauf sich die Unternehmer zur aktiven Befriedung der Belegschaften gezwungen sahen. Die Institution der Délégués du Personnel (DP) wurde eingeführt. Diese war jedoch – konträr zu den Intentionen der Gewerkschaften – gewerkschaftsunabhängig konzipiert. Ebenso wie der deutsche Betriebsrat wurde sie von den Belegschaften direkt gewählt.[24] Insofern misstrauten die Gewerkschaften diesen neu eingeführten Belegschaftsdelegierten, die vor allem die Aufgabe erhielten, der Direktion individuelle Forderungen vorzutragen. Ihre quantitative wie qualitative Wirksamkeit blieb während der III. Republik äußerst beschränkt, und sie wurden zu Beginn des Zweiten Weltkriegs wieder abgeschafft. Nach dessen Ende wurden sie jedoch wieder eingeführt – ergänzt um die neue Institution des Comité d'Entreprise (CE). Dieses ist für die Interessenvertretung der Beschäftigten in kollektiver Hinsicht zuständig und kümmert sich zudem um soziale und kulturelle Angelegenheiten. Der paternalistische Charakter der CE zeigte sich darin, dass die Geschäftsleitung den Vorsitz in dieser Institution hat. Sie speiste sich u. a. aus dem historischen Vorbild der unter dem Vichy-Regime eingeführten Sozialkomitees. Zugleich gingen aber auch Erfahrungen recht avancierter Formen von Mitbestimmung in den von der Résistance befreiten Gebieten in die neue Institution ein.[25]

Betriebliche Interessenvertretung in der Boomphase

Zu Beginn der Nachkriegsordnung gab es also sowohl in Deutschland wie in Frankreich bereits institutionelle Vorbilder betrieblicher Interessenvertretung. Zugleich waren die Charakteristika der beiden Modelle industrieller Beziehungen bereits erkennbar: In Deutschland bildete der Nationalsozialismus zwar einen tiefen Einschnitt in die Geschichte der Gewerkschaftsbewegung; es existierte gleichwohl eine lange Tradition massenhafter Organisierung sowie tarifpolitischer Regulierung. Als Lehre aus der Geschichte konstituierten sich in der Bundesrepublik Deutschland die neu gegründeten Gewerkschaften als Einheitsgewerkschaft, und das bereits im Stinnes-Legien-Pakt von 1918 angelegte Prinzip der Tarifautonomie erhielt sogar Verfassungsrang.[26] Die Trennung zwischen einem verrechtlichten System wirtschaftsfriedlicher Mitbestimmung

---

24 Nach dem Zweiten Weltkrieg erhielten die als repräsentativ anerkannten Gewerkschaften allerdings ein Vorschlagsrecht im ersten Wahlgang für die KandidatInnen der DP sowie der neuen Institution des Comités d'Entreprise.
25 Ingrid Artus, Interessenhandeln jenseits der Norm. Mittelständische Betriebe und prekäre Dienstleistungsarbeit in Deutschland und Frankreich, Frankfurt a. M./New York 2008, S. 123 ff.
26 Aus Platzgründen wird auf die Darstellung der Entwicklung in Ostdeutschland verzichtet, die einen eigenen Entwicklungspfad darstellt. Vgl. hierzu etwa Benno Sarel, Arbeiter gegen den »Kommunismus«. Zur Geschichte des proletarischen Widerstandes in der DDR (1945–1958), München 1975; Ingrid Artus, Krise, gesamt.

und streikbewehrter gewerkschaftlicher Tarifpolitik wurde neu aufgelegt und fortgeschrieben. In Frankreich hingegen setzte sich die Tradition des Fédéralisme associatif fort. Das Streikrecht wurde als individuelles (nicht kollektives) Recht in der Verfassung verankert. Angesichts der anhaltenden Schwäche der intermediären Regulierungsebene übernahm der Staat – weiter erstarkt durch seine Rolle als wichtigster Arbeitgeber im Rahmen der Planification – zentrale Aufgaben im Bereich der Arbeitspolitik. Während somit das deutsche Modell industrieller Beziehungen seine Stärken auf der Mesoebene der Tarifpolitik besaß, hatte das französische System seine Schwerpunkte auf der Makroebene, das heißt im Bereich staatlicher Regulierung, sowie auf der Mikroebene betrieblichen Interessenhandelns. Hier spielten lokale Gewerkschaftsgliederungen im Sinne betrieblicher AktivistInnengruppen (syndicats) häufig eine wichtige Rolle und konnten über ihre Streikmächtigkeit im Einzelbetrieb nicht selten ein Rapport de force (Machtverhältnis) etablieren. Die Confédérations übernahmen zwar die Rolle eines politischen Sprachrohrs der abhängig Beschäftigten und wurden insbesondere im Bereich der Sozialversicherung in korporatistischer Weise eingebunden; ihre Kapazitäten als intermediäre Institutionen und gesellschaftliche Ordnungsmacht blieben jedoch beschränkt, da sie nur bedingt zu einer strategischen Koordinierung und ggf. Disziplinierung der lokal verankerten Gegenmacht in der Lage waren.

Mitbestimmung in Deutschland: das erfolgreiche Scheitern eines Kampfes

In der unmittelbaren Nachkriegszeit kam es in Westdeutschland zu einem schnellen und umfassenden organisatorischen Neuaufbau der Gewerkschaften, die sich als Einheitsgewerkschaften konstituierten. Dieses »Wunder der Organisation« zeigte den virulenten Willen vieler ArbeiterInnen, auf gewerkschaftlichem Wege an der Rekonstruktion der Betriebe sowie des neuen Staates zu partizipieren.[27] Dabei erwies sich die Frage betrieblicher Mitbestimmung (erneut) als Schlüsselthema, bei dem die Auseinandersetzungen um die wirtschaftliche und gesellschaftliche Ordnung kulminierten. Die Intensität der Konflikte erklärt sich dadurch, dass es hier in der Perspektive der zeitgenössischen Akteure um nicht viel weniger ging als um die Frage der Wirtschaftsverfassung. Die gewerkschaftlichen Vorstellungen gingen in die Richtung einer gemeinwirtschaftlichen Utopie, wie sie bereits von Fritz Naphtali im Jahr 1928 unter dem Stichwort der Wirtschaftsdemokratie konzipiert worden war.[28] Als am 1. März 1947 in der (von der Labour-Regierung kontrollierten) britischen Besatzungszone die paritätische Mitbestimmung in den ersten vier entflochtenen Werken der Eisen- und

---

27 Vgl. Theo Pirker, Die blinde Macht. Die Gewerkschaftsbewegung in Westdeutschland, 1. Teil 1945–1952, Vom »Ende des Kapitalismus« zur Zähmung der Gewerkschaften, München 1960.
28 Klaus Schönhoven, Die deutschen Gewerkschaften, Frankfurt a. M. 1987, S. 209.

Stahlindustrie eingeführt wurde, schien dies lediglich »ein bescheidener Anfang«.[29] Doch es kam anders: Die eskalierende Blockkonfrontation und antikommunistisch geprägte Politik der westlichen Besatzungsmächte sowie die Wahl einer konservativen Regierung im neu entstehenden westdeutschen Staat führten zur Festschreibung der Prinzipien einer zwar sozialen, aber kapitalistischen Marktwirtschaft im Grundgesetz der neuen Bundesrepublik. Fortan ging es also bei »den gewerkschaftlichen Forderungen nach [...] der ›Demokratisierung der Wirtschaft‹ um nicht mehr und nicht weniger als um die Veränderung der bestehenden Verfassung«.[30]

Einen »halben Sieg« konnten die Gewerkschaften noch bei der Verteidigung des von der britischen Besatzungsmacht eingeführten Mitbestimmungsmodells in der Montanindustrie 1951 erringen.[31] Während Hans Böckler davon sprach, dass mit dieser Auseinandersetzung »ein herzhafter Anfang« gemacht worden sei, bewertete Theo Pirker in seiner Rückschau die Ereignisse bereits als Signal der bevorstehenden erfolgreichen »Zähmung der Gewerkschaften«.[32] Das im Juli 1952 verabschiedete Betriebsverfassungsgesetz blieb weit hinter den gewerkschaftlichen Neuordnungsvorstellungen zurück. Es war im Wesentlichen eine Neuauflage des Betriebsrätegesetzes von 1920. Die Zuständigkeiten des Betriebsrats waren vor allem auf Arbeitsbedingungen und personelle Angelegenheiten konzentriert. In wirtschaftlichen Fragen erhielt er lediglich Informations-, jedoch keinerlei Mitspracherechte. Weiterhin war er als rein betriebliches sowie wirtschaftsfriedliches Organ konzipiert. Die Gewerkschaften erhielten keinerlei rechtlich garantierte Verankerung im Betrieb. Immerhin erhielt die neue/alte Institution jedoch veränderte Befugnisse und Rechte, das heißt, es kam zu einer »Konversion« des Betriebsrats.[33] Unter dem Druck wesentlich weiter gehender wirtschaftsdemokratischer Forderungen erhielt der deutsche Betriebsrat – im Unterschied zu seinen französischen Pendants und erstmals in der deutschen Geschichte – echte Mitbestimmungs- und Vetorechte, etwa bei Fragen von Einstellungen und Kündigungen, Überstunden, Regelungen zur Arbeitszeit sowie der Leistungsmessung. Diese machten ihn zu einem betrieblichen Akteur mit rechtlich garantierten, relevanten Störpotenzialen. Zur Sicherung eines geregelten Betriebsablaufs tat das Management fortan gut daran, ein kooperatives Verhältnis zu ihm suchen. Das fehlende Streikrecht und die Verpflichtung auf das Betriebswohl wurden durch seine Mitbestimmungsrechte machtpolitisch partiell kompensiert.

Insgesamt lässt sich die Geschichte der deutschen Betriebsverfassung und des dualen Modells industrieller Beziehungen letztlich als eine Geschichte des erfolgreichen

---

29 Eberhard Schmidt, Ordnungsfaktor oder Gegenmacht. Die politische Rolle der Gewerkschaften, Frankfurt a. M. 1971, S. 18.
30 Theo Pirker, Die blinde Macht, S. 148.
31 Klaus Schönhoven, Gewerkschaften, S. 215.
32 Vgl. Theo Pirker, Die blinde Macht, S. 237-290.
33 Vgl. zum Begriff institutioneller »Konversion« Wolfgang Streeck/Kathleen Thelen, Beyond Continuity, S. 26.

Scheiterns schreiben. Die Bundesrepublik entwickelte sich in den 1950er- und 1960er-Jahren zum Paradebeispiel dessen, was verschiedene theoretische Ansätze als fordistisches Produktionsmodell oder auch als Spätkapitalismus bezeichnen. Ein integraler Bestandteil des neuen Akkumulations- und Regulationsmodells, das auf Massenproduktion und -konsum beruhte, war die organisierte Interessenvermittlung zwischen Kapital und Arbeit. Dies implizierte die Entwicklung der Gewerkschaften von Institutionen der unmittelbaren Interessenvertretung zu repräsentativen Verbänden aller abhängig Beschäftigten, die als intermediäre Organisationen überbetrieblich zwischen volkswirtschaftlichen Systemzwängen und Mitgliederinteressen vermitteln.[34] Voraussetzung dafür war die weitgehende Durchsetzung des Einheitsgedankens in der bundesdeutschen Gewerkschaftslandschaft, die Steigerung des Organisationsgrads sowie effiziente innergewerkschaftliche Zentralisierungsprozesse. Nachdem im Grundgesetz sowie im Tarifvertragsgesetz von 1949 das Prinzip der Tarifautonomie festgeschrieben worden war, entwickelte sich die flächendeckende Tarifpolitik zur Hauptdomäne der bundesdeutschen Gewerkschaften. Die betriebliche Friedenspflicht und damit das tarifliche Streikmonopol garantierte den Gewerkschaften eine erhebliche Mobilisierungs- und Disziplinierungsmacht gegenüber ihrer betrieblichen Basis, die sie in der Folgezeit für die Aushandlung tariflich flächendeckender Mindestnormen nutzten. Somit konnte sich in Deutschland ein auch machtpolitisch ausgewogenes Verhältnis funktionaler Differenzierung zwischen betrieblicher und tariflicher Regulierungsebene etablieren. Das »Gesetz zur Förderung der Stabilität und des Wachstums der Wirtschaft« (1967) inkarnierte zudem die Tendenz einer gewerkschaftlichen »Konsolidierung durch Kooperation« zwischen Tarifverbänden und Staat im Rahmen einer wirtschaftlichen Gesamtplanung.[35]

Die Vorstellung weitgehend stabiler Verhältnisse und konsensualer Konfliktregulierung in dieser Ära des sozialstaatlich organisierten Kapitalismus muss allerdings angesichts neuerer Forschungen etwas relativiert werden. In der Zeit zwischen 1955 und 1973 stiegen die Zahl und der Anteil der wilden Streiks an den Arbeitsniederlegungen an. »Die Bedeutung der dezentralen Arbeitskämpfe wuchs, mitten im Boom, mitten in einer Zeit der ›historischen Fortschritte‹«.[36] Die Kehrseite der recht straffen Organisierung, Zentralisierung und institutionellen Einbindung im Rahmen intermediärer Tarifpolitik war also offenbar – auch in der wirtschaftsfriedlichen Bundesrepublik – ein allmähliches Anwachsen von Arbeiterunruhe unterhalb beziehungs-

---

34 Vgl. Joachim Bergmann/Otto Jacobi/Walther Müller-Jentsch, Gewerkschaften in der Bundesrepublik, Bd. 1: Gewerkschaftliche Lohnpolitik zwischen Mitgliederinteressen und ökonomischen Systemzwängen, Frankfurt a. M./New York 1979; Walther Müller-Jentsch, Gewerkschaften als intermediäre Organisationen, in: Materialien zur Industriesoziologie, KZfSS-Sonderheft 24 (1982), S. 408-432.
35 Ingrid Artus, Krise, S. 74 ff.
36 Peter Birke, Wilde Streiks im Wirtschaftswunder. Arbeitskämpfe, Gewerkschaften und soziale Bewegungen in der Bundesrepublik und Dänemark, Frankfurt a. M./New York 2008, S. 14.

weise jenseits der Grenzen des institutionellen Systems.[37] Dies ist zugleich die Vorgeschichte jener wesentlich größeren Konflikte, die in Frankreich wie in Deutschland ab Ende der 1960er-Jahre aufbrechen: Am Ende der Boomphase steht ein neues erweitertes Anspruchsdenken der *Malocher und Malocherinnen*. Wenngleich in Deutschland die Verknüpfung von StudentInnen- und ArbeiterInnenprotesten im unruhigen Jahr 1968 deutlich weniger eng war als in Frankreich, so kam es doch 1969 sowie 1973/74 zu eindrucksvollen Streikwellen – im Rahmen sowie jenseits gewerkschaftlicher Tarifpolitik.[38] Sie signalisierten das Ende der Bescheidenheit der Nachkriegsgenerationen. 20 Jahre Aufschwung gaben ausreichend Anlass für die nach wie vor unterprivilegierten Arbeiterschichten, einen größeren Anteil an der gesellschaftlichen Wertschöpfung, qualitative Verbesserungen ihrer Arbeitssituation sowie ein Mehr an Partizipation und betrieblicher Demokratie zu fordern. Sowohl der legendäre Lohnrahmentarifvertrag II (1973) als auch die hart umkämpfte Novellierung des Betriebsverfassungsgesetzes (1972) und das nach zehnjähriger Diskussion endlich verabschiedete Mitbestimmungsgesetz (1976) sind Ergebnisse dieser neuen Anspruchhaltung sowie des gesamtgesellschaftlichen Gefühls der Machbarkeit besserer Lebensbedingungen für alle.[39] Ähnlich wie die zeitgleich einsetzende expansive Sozialpolitik ist auch der dezidierte Reformwille des Gesetzgebers beim Thema Mitbestimmung als »Schlussstein des westeuropäischen Modernisierungsmodells« zu betrachten, der »erst gesetzt« wurde, »als der Boom bereits vorbei war«.[40]

Von der gelähmten Institutionenpraxis zur gewerkschaftlichen Offensive in Frankreich

Verglichen mit Deutschland und anderen europäischen Ländern war das französische Wirtschaftswachstum in den 1950er-Jahren moderat. In den 1960er-Jahren lag Frankreich jedoch hinsichtlich der jährlichen Wachstumsraten an der Spitze der industrialisierten Länder. Mithilfe der staatlichen *Planification*, die eine *économie dirigée* als »Mischtyp zwischen Markt- und Planwirtschaft« entstehen ließ, gelang es, einige der bisherigen Schwächen der französischen Industrie zu mindern.[41] Der bislang unter-

---

37 Zum Begriff der »Arbeiterunruhe« vgl. Beverly J. Silver, Arbeiterbewegungen und Globalisierung seit 1870, Berlin/Hamburg 2005.
38 Vgl. Eberhard Schmidt, Ordnungsfaktor, S. 81-166; Peter Birke, Wilde Streiks, S. 218-249, 274-304.
39 Im Lohnrahmentarifvertrag II der Metallindustrie für den Tarifbereich Nordwürttemberg/Nordbaden wurden erstmals arbeitsinhaltliche Belastungen reduziert (v. a. durch die Vereinbarung von Mindesttaktzeiten und veränderte Pausenregelungen), statt diese monetär zu entschädigen.
40 Anselm Doering-Manteuffel/Lutz Raphael, Nach dem Boom, S. 30.
41 Franz-Xaver Kaufmann, Varianten des Wohlfahrtsstaats. Der deutsche Sozialstaat im internationalen Vergleich, Frankfurt a. M. 2003, S. 215.

entwickelte industrielle Sektor wuchs überdurchschnittlich stark, und insbesondere in den verstaatlichten Bereichen gelang eine Kapital- und Unternehmenskonzentration, wie sie dem internationalen Durchschnitt entsprach.[42] Kennzeichnend für die *Trente glorieuses* ist zudem ein enormes Bevölkerungswachstum. Parallel dazu nahm die Frauenerwerbstätigkeit stark zu, sodass sich Frankreich – mit gewisser zeitlicher Verspätung – zur Industriegesellschaft und *Société salariale* (Lohnarbeitsgesellschaft) wandelte. Parallel dazu entwickelten sich auch die Gewerkschaften erstmals in der französischen Geschichte zu Massenorganisationen, allen voran die CGT als mit Abstand größte Gewerkschaft.[43] Sie blieb ideologisch jedoch als *Fille Ainée* (älteste Tochter) eng mit der stalinistisch geprägten, kommunistischen Partei (KPF) verbunden, die in Frankreich bis in die 1980er-Jahre mit einem Wähleranteil von rund 20 Prozent die größte Oppositionspartei war. Angesichts der Kolonialkonflikte (in Indochina, aber vor allem in Algerien) sowie der Blockkonfrontation des sogenannten Kalten Kriegs brachte dies eine Konstellation hervor, in der die größte Gewerkschaft eine dezidierte politische Oppositionsrolle innehatte – im Extremfall sogar die eines *Feindes im Inneren*.

Der Neubeginn betrieblicher Beschäftigtenrepräsentation nach dem Zweiten Weltkrieg war dennoch verheißungsvoll: Die Etablierung der neuen Institution des *Comité d'entreprise (CE)* wurde von den Gewerkschaften als Erfolg gefeiert, als »letztes untrennbares Element der Triptik, die im Zuge der Befreiung verwirklicht wurde – gemeinsam mit den Nationalisierungen und der Einführung der Sozialversicherung.«[44] Bereits Ende 1948 wurde ihre Zahl auf etwa 10.000 geschätzt, was angesichts einer potenziellen Zahl von etwa 15.000 Betrieben einem Deckungsgrad von etwa 75 bis 80 Prozent entsprach.[45] Bereits Anfang der 1950er-Jahre stagnierte jedoch ihre Zahl und ging dann während eines Zeitraums von zehn Jahren deutlich zurück. Diese quantitative Stagnation verweist darauf, dass sowohl die neue Institution des CE als auch allgemein das französische System betrieblicher Interessenvertretung in der Nachkriegszeit unter Funktionsdefiziten litt. Jean-Pierre Le Crom bezeichnet den Zeitraum zwischen 1948 und 1965 daher auch als »*une longue éclipse*«, als eine lange Sonnenfinsternis.[46]

---

42 Detlef Albers/Werner Goldschmidt/Paul Oehlk, Klassenkämpfe in Westeuropa. England, Frankreich, Italien, Reinbek bei Hamburg 1971, S. 22 ff.
43 Ihre Stimmenanteile bei den Wahlen für die paritätisch besetzte Sozialversicherung zwischen 1947 und 1962 lagen konstant bei deutlich über 40 %. Mit diesem Anteil konnten weder die christliche Gewerkschaft CFTC noch die antikommunistische CGT-Abspaltung CGT-FO, und schon gar nicht die Gewerkschaft der Cadres CGC rivalisieren.
44 Michel Dreyfus, Histoire de la C.G.T, S. 258. Übers. n. Ingrid Artus.
45 Jean-Pierre Le Crom, L'introuvable démocratie salariale. Le droit de la représentation du personnel dans l'entreprise (1890–2002), Collection »le Présent Avenir«, Paris 2003, S. 55.
46 Le Crom, L'introuvable démocratie, S. 93.

Das anhaltende Schattendasein der französischen Institutionen betrieblicher Belegschaftsrepräsentation lag vor allem daran, dass die betrieblichen Sozialbeziehungen vielerorts primär Misstrauensbeziehungen waren und blieben. Ursache dafür war zum einen der dezidierte Alleinherrschaftsanspruch vieler Patrons. Dieser ergänzt(e) sich jedoch mit einem spezifischen Produktionsmodell: Eine ausgesprochen rigide Form tayloristischer Massenproduktion korrelierte mit einer vergleichsweise gering qualifizierten LohnarbeiterInnenschaft. Manche der angeworbenen ImmigrantInnen aus den Kolonialländern konnten nicht Lesen und Schreiben; generell besaß das System der Berufsbildung in Frankreich einen geringeren Stellenwert als in Deutschland. Ein (aus deutscher Sicht) begrenzteres professionelles Qualifikationsniveau der Beschäftigten, eine stark arbeitsteilige Produktionsweise mit engmaschigen direkten Kontrollen, ausgeprägter innerbetrieblicher Hierarchie sowie die Misstrauenskultur zwischen Beschäftigten und betrieblicher Leitung stabilisierten sich wechselseitig.[47]

Auch in qualitativer Hinsicht erfüllte die neue Institution des Comité d'entreprise (CE), das ausschließlich mit Informations- und Mitwirkungsrechten ausgestattet war, keineswegs die Erwartungen. Im Bereich wirtschaftlicher Angelegenheiten etwa wurden die ohnehin schwachen Informationsrechte offenbar nur sehr unzureichend verwirklicht.[48] Zur Hauptdomäne der Comités d'entreprise wurde stattdessen die Organisierung von Sozialleistungen für die Belegschaft und die Verwaltung des von der Geschäftsleitung zur Verfügung gestellten Sozialbudgets (in der Höhe von 1 bis 3 Prozent der jährlichen Lohnsumme). In verstaatlichten Großunternehmen, in denen die CGT häufig dominierte (zum Beispiel Renault oder Électricité de France – Gas de France [EDF-GDF]), wurden die CE damit zu ausgesprochen finanzstarken Organisationseinheiten, die erheblichen Einfluss auf das soziale und kulturelle Leben von Zigtausenden von ArbeiterInnen hatten und typischerweise recht kooperative Beziehungen zur Unternehmensführung etablierten. In den meisten kleineren Betrieben schafften die CE es dagegen kaum, sich von der Geschäftsleitung zu emanzipieren, die formal den Vorsitz führte. Die Organisierung der Sozialleistungen erfolgte somit unter paternalistischen Vorzeichen.

Die Gewerkschaften, allen voran die CGT, pflegten ein durchaus ambivalentes Verhältnis zu der neuen Institution. Trotz ihrer Deklaration als Errungenschaft der Arbeiterbewegung war sie in ihrer konkreten Verfasstheit von Anfang an auch ein Ärgernis. Ursprüngliches Ziel war die Durchsetzung einer legalen Verankerung der Gewerkschaften im Betrieb gewesen. Man wollte *als CGT* das Recht eingeräumt wissen, im Betrieb präsent zu sein und Einfluss zu nehmen. Der formale Vorsitz der Geschäftsleitung im CE dokumentierte jedoch deutlich, wer weiterhin unumschränkter Herrscher im französischen Industriebetrieb war. Die Haltung der CGT schwankte insofern zwischen dem Versuch der Instrumentalisierung des CE als Trojanisches

---

47 Vgl. Marc Maurice/François Sellier/Jean Jacques Silvestre, Politique, S. 17-234.
48 Vgl. Le Crom, L'introuvable démocratie, S. 93.

Pferd für gewerkschaftliche Aktivitäten und einem prinzipiellen Misstrauen gegenüber der neuen Institution als Instrument der Klassenkollaboration.

Auch die Tätigkeit der *Délégués du personnel* (DP), die, wie bereits vor dem Zweiten Weltkrieg, für innerbetriebliche Konfliktangelegenheiten und die Weiterleitung individueller Beschwerden zuständig waren, blieb durch die weit verbreiteten betrieblichen Misstrauensbeziehungen gelähmt. Für die meisten Geschäftsleitungen stellten die rechtlich obligatorischen monatlichen Treffen ungeliebte Übungen dar, und viele von ihnen begegneten den aufgeworfenen Fragen und Problemen mit einer Blockadehaltung. Die *Délégués du personnel* wiederum waren häufig identisch mit den gewerkschaftlichen AktivistInnen und versuchten die Treffen mit der Geschäftsleitung als politisches Forum zu nutzen.[49] Dies führte häufig zu einem sterilen Austausch anhaltend divergenter Positionen und Forderungen sowie zu einer starken Bürokratisierung und Verschriftlichung des Kontakts.

In diese vergleichsweise stabile – oder besser: – erstarrte politische Situation kam seit Anfang der 1960er-Jahre Bewegung: Die Streiktätigkeit nahm zu, vor allem im Bereich des Bergbaus sowie des öffentlichen Nahverkehrs, woraufhin die gaullistisch geprägte Rechtsregierung 1963 mit autoritären Maßnahmen reagierte. Die Gewerkschaftslandschaft veränderte sich. 1964 dekonfessionalisierte sich die Mehrheit der christlichen Gewerkschaft CFTC und gründete die neue Gewerkschaft *Confédération française démocratique du travail* (CFDT). Sie wurde vorübergehend zum Sprachrohr einer neuen Linken und entwickelte sich mit ihrer Forderung nach *autogestion* (Selbstverwaltung) zu einer ernst zu nehmenden Konkurrenz für die CGT. Nachdem die CGT und die CFDT 1966 eine Aktionseinheit beschlossen hatten, konnten sie erhebliche Lohnerhöhungen erringen. Die Gewerkschaften schienen im Aufwind. Die legendären Ereignisse im Mai/Juni 1968 waren daher nur der Kulminationspunkt einer Entwicklung, die sich seit längerer Zeit angebahnt hatte. Sie markierten »gleichermaßen das Ende einer Epoche und den tumultartigen Beginn einer Erneuerung. [...] Bis Mitte der 70er Jahre ist die Atmosphäre stark von der Thematik der Revolution geprägt«.[50]

Der Zeitraum zwischen 1966 und 1971 ist in Frankreich eine klassische Periode der *unsettled time*, das heißt ein kritischer Zeitraum, in dem stabile Gewissheiten erodieren, sich in relativ kurzer Zeit neue Konstellationen herausbilden und es daher zu vielen institutionellen Neuerungen in größerem Umfang kommt.[51] In diesen Zeitraum fallen mehrere Gesetzesnovellen, die das institutionelle Gefüge betrieblicher In-

---

49 Robert Tchobanian, France: From Conflict to Social Dialogue?, in: Joel Rogers/Wolfgang Streeck (Hg.), Works Councils. Consultation, Representation, and Cooperation in Industrial Relations, Chicago/London 1995, S. 115-152.
50 Roger Martelli, Les années soixante-dix, in: Claude Willard (Hg.), La France Ouvrière, tome 3, Paris 1995, S. 68-90, 67. Übers. n. Ingrid Artus.
51 Ann Swidler, Culture in Action: Symbols and Strategies, in: American Sociological Review 51 (1986), S. 273-286, zit. n. Wolfgang Streeck/Kathleen Thelen, Beyond Continuity, S. 7.

teressenvertretung in Frankreich nachhaltig modifizierten. Sie speisten sich aus zwei Quellen: erstens dem Zeitgeist eines Glaubens an die moderne Planbarkeit sozialer Verhältnisse *von oben* sowie zweitens aus der Notwendigkeit, auf eine massive soziale Bewegung *von unten* zu reagieren, die ein deutliches Mehr an betrieblicher Demokratie und *Autogestion* forderte.

Die beiden Gesetzesnovellen des gaullistischen Arbeitsministers Gilbert Grandval im Jahr 1966 und 1967 versuchten, die Stellung des Comité d'entreprise aufzuwerten und seine obligatorische Einrichtung stärker zu kontrollieren. Dabei wurde das französische Institutionensystem partiell revolutioniert: Das CE erhielt zum ersten Mal das Recht, betriebliche Verträge mit der Geschäftsleitung zu schließen (konkret zum Thema Gewinnbeteiligung der Beschäftigten). Es wurde somit als ein von der Geschäftsleitung unabhängiges, eigenständiges Organ behandelt. Dies bedeutete gleichermaßen einen Bruch mit dem paternalistischen Betriebskonzept wie mit dem Verhandlungsmonopol der Gewerkschaften. Da mit dem Abschluss betrieblicher Verträge zum Thema Gewinnbeteiligung erhebliche Steuervorteile verknüpft waren, konstituierte die Regelung einen starken Anreiz für die Gründung von Comités d'entreprise, die allerdings primär von den Geschäftsleitungen initiiert wurden.[52] Zwischen 1968 und 1973 kam es zu einem regelrechten »Gründungsboom«.[53] Mitte der 1970er-Jahre flachte die Wachstumstendenz zwar etwas ab, die Zahl der Komitees stieg jedoch bis Anfang der 1980er-Jahre weiter an. Dies ist freilich nicht allein auf die veränderte staatliche Gesetzgebung zurückzuführen, sondern auch auf die zweite Quelle der Reform: die erheblichen politischen Mobilisierungs- und Bewusstseinsprozesse, die in diese Zeit fallen.

Der sogenannte Pariser Mai ist längst zum Mythos geworden. Die heftigen sozialen Konflikte des Jahres 1968 waren auch Ausdruck des Protests der ArbeiterInnen gegen stark tayloristisch geprägte Formen des Arbeitseinsatzes und die dafür gezahlten niedrigen Löhne. Der berühmte Vertrag von Grenelle, in dem die Regierung mit Vertretern der Gewerkschaften und der Arbeitgeber eine grundlegende Vereinbarung traf, sah nicht nur erhebliche materielle Zugeständnisse vor, sondern auch substanzielle Neuregelungen des Systems betrieblicher Belegschaftsrepräsentation. Die Gewerkschaften errangen erstmals ihre legale Verankerung im Betrieb. Sie hatten fortan das Recht, Gewerkschaftssektionen (*Sections Syndicales*) zu gründen sowie Gewerkschaftsdelegierte (*Délégués Syndicaux*; DS) in Betrieben mit mindestens 50 Beschäftigten ernennen. Diese neuen Institutionen erhielten das Monopol auf den Abschluss betrieblicher Verträge. Anders als in Deutschland konnten die Gewerkschaften damit formal institutionalisiert und nicht nur informell geduldet in das paternalistische Bollwerk des Betriebs eindringen. Die neue Institution der DS wurde allerdings – wie zu-

---

52 Eine ähnliche Anreizwirkung hatte auch das Gesetz v. 16.7.1971 über die berufliche Qualifizierung. Artus, Interessenhandeln, S. 139 ff.
53 Dominique Andolfatto, L'univers des élections professionnelles, Paris 1992, S. 100.

vor bereits das CE – vergleichsweise unverbunden neben die bereits existierenden Institutionen gestellt. Der Modus des Institutionenwandels in Form des *layering*, der Überlagerung, stabilisierte sich.

Betriebliche Interessenvertretung nach dem Boom

Seit Mitte der 1970er-Jahre ist die wirtschaftliche Situation sowohl der westlichen Industrienationen als auch der Weltwirtschaft als krisenhaft zu beschreiben. Sie ist von einer tief greifenden, lang andauernden und strukturell verankerten Krise der Kapitalverwertung gekennzeichnet. Gemeinsam mit dem Einzug der Mikroelektronik in die Betriebe, wesentlich flexibleren Formen des Arbeitskrafteinsatzes sowie seit Mitte der 1980er-Jahre der verstärkten Neustrukturierung der globalen Wertschöpfungsketten führte dies in Deutschland wie in Frankreich zum Aufbau einer strukturellen Massenarbeitslosigkeit. Von kaum zu überschätzender Bedeutung für die Entwicklung der Gewerkschaften ist zudem die Tertiarisierung der Wirtschaftsstruktur, in deren Verlauf traditionelle gewerkschaftliche Hochburgen an Bedeutung verloren und immer mehr neue Arbeitnehmerinnen und Arbeitnehmer auftauchten, die dem klassischen gewerkschaftlichen Identitätsprofil nicht mehr entsprachen: Sie sind tendenziell höher qualifiziert, zunehmend weiblich, haben oft Migrationshintergrund, arbeiten im Dienstleistungsbereich und immer häufiger nicht mehr in sozialversicherungspflichtig abgesicherten, dauerhaften Vollzeittätigkeiten, sondern befristet, in Teilzeit, als geringfügig Beschäftigte, als LeiharbeiterInnen oder völlig illegal. Bereits seit Ende der 1970er-Jahre machte daher das Schlagwort von der Krise der Gewerkschaften die Runde. In allen westlichen Industrieländern mussten die Gewerkschaften massive Mitgliederverluste hinnehmen und kämpften mit einer schwindenden Einflussmacht in den Betrieben. Angesichts verschobener Kräfteverhältnisse und der zunehmenden Orientierung staatlicher Regulierungspolitik an neoliberalen Prämissen wurden traditionelle Kompromisslinien im Verhältnis von Kapital, Arbeit und Staat aufgekündigt. Dies führte zu grundlegenden Veränderungen im Bereich industrieller Beziehungen sowie betrieblicher Interessenvertretung – in Deutschland wie in Frankreich.

Betriebsräte im Strukturwandel: zwischen Verbetrieblichung, Co-Management und neuer Konflikthaltigkeit

Trotz beginnender wirtschaftlicher Krisenprozesse sind die 1970er- und 1980er-Jahre in Deutschland noch nicht von dramatischen Veränderungen geprägt, sondern erscheinen im Nachhinein eher als eine Zeit des moderaten Wandels. Dass das deutsche Nachkriegsmodell industrieller Beziehungen eine etwas längere Halbwertszeit besaß als die Konstellationen in vielen europäischen Nachbarländern, mag damit zu tun haben, dass in Deutschland der Kompromiss als Modus des Interessenausgleichs kulturell in recht robuster Weise verankert war. Als normatives Handlungsparadigma prägte es die Ereignisse daher noch zu einem Zeitpunkt, zu dem sich machtpolitisch bereits erhebliche Verschiebungen ergeben hatten. Eine zweite Begründung findet sich in den vergleichsweise soliden Machtgrundlagen der abhängig Beschäftigten: Die Gewerkschaften als zentralisierte Massenverbände konnten zum Beispiel noch im Arbeitszeitkonflikt in der Metallindustrie 1984 unter Beweis stellen, dass sie nach wie vor kampfstarke Organisationen waren; im anhaltend industrialistischen deutschen Produktionsmodell erodierten die gewerkschaftlichen Kampfbastionen zudem weniger rapide als in Ländern mit einem radikaleren Trend zur Tertiarisierung.[54] Schließlich stärkte auch die Verrechtlichung des Systems betrieblicher Mitbestimmung dessen historische Robustheit. In den 1970er-Jahren war diese von der Industrie- und Gewerkschaftssoziologie vor allem negativ als Ausdruck gewerkschaftlicher Niederlagen gewertet oder auch als funktionales Element einer primär kooperativen Gewerkschaftspolitik kritisiert worden.[55] Im Zuge des Strukturwandels erwies sich jedoch, dass die Verrechtlichung des bundesdeutschen Systems der Betriebsverfassung nicht nur konfliktbegrenzende und disziplinierende Auswirkungen auf die Belegschaften besaß, sondern die Position des Betriebsrats durch die Gewährung rechtlich gesicherter, sekundärer Machtressourcen auch in Krisenzeiten stabilisierte. So betonten viele Studien der 1980er- und 1990er-Jahre, dass der Betriebsrat sich von einer ehemals umstrittenen Institution zu einer legitimen Repräsentationsinstanz der Beschäftigten entwickeln konnte, die als wichtiger Garant zur Wahrung (eingeschränkter) demokratischer Bürgerrechte im Betrieb zunehmend akzeptiert wurde.[56] Durch die Verbetrieblichung der Tarifpolitik im Zuge des Arbeitszeitkompromisses in der Metallindustrie 1984 erhielten Betriebsräte zudem neue Zuständigkeiten und Einflussbereiche bei der Umsetzung tariflicher Normen. Als professionelle Sachwalter von Beschäftigteninteressen wurden sie nicht selten sogar recht umfassend in Bereiche der Produktionsorganisation und Arbeitsgestaltung eingebunden, in denen formal nur schwache Mitspracherechte bestanden.[57] Seit den 1990er-Jahren machte daher das Schlagwort

---

54 Vgl. Martin Baethge, Der unendlich langsame Abschied vom Industrialismus und die Zukunft der Dienstleistungsbeschäftigung, in: WSI Mitteilungen 3 (2000), S. 149-156.
55 Vgl. Rainer Erd, Verrechtlichung industrieller Konflikte. Normative Rahmenbedingungen des dualen Systems der Interessenvertretung, Frankfurt a. M. 1978.
56 Vgl. Aida Bosch et. al., Betriebliches Interessenhandeln. Bd. 1. Zur politischen Kultur der Austauschbeziehungen zwischen Management und Betriebsrat in der westdeutschen Industrie, Opladen 1999; Hermann Kotthoff, Betriebsräte und Bürgerstatus. Wandel und Kontinuität betrieblicher Mitbestimmung, München/Mering 1994; Walther Müller-Jentsch, Mitbestimmung: Wirtschaftlicher Erfolgsfaktor oder Bürgerrecht?, in: Gewerkschaftliche Monatshefte 4 (2001), S. 202-211.
57 Walther Müller-Jentsch/Beate Seitz, Betriebsräte gewinnen Konturen. Ergebnisse einer Betriebsräte-Befragung im Maschinenbau, in: Industrielle Beziehungen 4 (1998), S. 361-387.

vom Betriebsrat als Co-Management die Runde[58], was jedoch nicht nur eine gestiegene Verantwortungsübernahme der Betriebsräte ausdrückt, sondern auch eine Verschärfung der Widersprüche in seiner Rolle als »Grenzinstitution«.[59]

Eine Zäsur erfährt die bundesdeutsche Geschichte industrieller Beziehungen somit – zumindest auf der Phänomenebene – weniger in den 1970er-Jahren als vielmehr zum Zeitpunkt des Beitritts der DDR zur Bundesrepublik zu Beginn der 1990er-Jahre. Hier beginnt eine schwierige Phase der Neuausrichtung für den Staat, die Betriebe und nicht zuletzt für die Gewerkschaften, die sich auf die schwierige Herstellung der bundesdeutschen Gewerkschaftseinheit konzentrieren mussten. Ohne die historischen Ereignisse hier in der notwendigen Komplexität darstellen zu können[60], führten diese doch letztlich dazu, dass die neuen Bundesländer bis zum heutigen Datum als gewerkschaftliche Peripherie zu gelten haben: Der gewerkschaftliche Organisationsgrad ist niedriger, Betriebsräte sind seltener, defizitäre Formen betrieblicher Partizipation sind weiter verbreitet als in Westdeutschland. Nicht zufällig war Ostdeutschland daher auch das Terrain, in dem grundlegende Normen der Tarifautonomie von den Arbeitgeberverbänden erstmals aufgekündigt und im Rahmen der tariflichen Härtefallklausel in der Metallindustrie auch quantitative Aspekte des Lohn-Leistungs-Verhältnisses zum Gegenstand betrieblicher Regulierung erklärt wurden. Dieser Trend setzte sich fort, sei es in der Form kontrollierter oder wilder Dezentralisierung der Tarifpolitik, und dehnte sich auch auf Westdeutschland aus. Dies beinhaltete erhebliche neue Risiken. Die Verlagerung von immer mehr und immer wichtigeren Verhandlungsgegenständen auf die betriebliche Ebene, auf der den machtpolitisch deutlich überlegenen Geschäftsleitungen ein (fast notwendig auch) standortegoistisch denkender sowie legal auf den Betriebsfrieden verpflichteter Betriebsrat gegenübersteht, implizierte die Gefahr der Zunahme erpresster oder auch freiwilliger betrieblicher Bündnisse und somit der Erosion einer flächendeckend vereinheitlichenden Tarifpolitik.[61] Verschärfte internationale Wettbewerbskonditionen sowie Shareholder-Value-Standards, die steigende Glaubwürdigkeit von Verlagerungsdrohungen bei gleichzeitig anwachsenden Arbeitslosenzahlen führten für viele Betriebsräte zu einer Situation

---

58 Vgl. Ingrid Artus et al., Betriebliches Interessenhandeln, Bd. 2: Zur politischen Kultur der Austauschbeziehungen zwischen Management und Betriebsrat in der ostdeutschen Industrie, Opladen 2001; Juri Hälker, Betriebsräte in Rollenkonflikten. Betriebspolitisches Denken zwischen Co-Management und Gegenmacht, München 2005.
59 Friedrich Fürstenberg, Der Betriebsrat – Strukturanalyse einer Grenzinstitution, in: Kölner Zeitschrift für Soziologie und Sozialpsychologie 10 (1958), S. 418-429.
60 Vgl. hierzu ausführlich Joachim Bergmann/Rudi Schmidt (Hg.), Industrielle Beziehungen. Institutionalisierung und Praxis unter Krisenbedingungen, Opladen 1996; Wolfgang Schroeder, Das Modell Deutschland auf dem Prüfstand. Zur Entwicklung der industriellen Beziehungen in Ostdeutschland 1999-2000, Wiesbaden 2000.
61 Vgl. Britta Rehder, Betriebliche Bündnisse für Arbeit in Deutschland. Mitbestimmung und Flächentarif im Wandel, Frankfurt a. M./New York 2003.

zwischen Kooperation und Erpressung.⁶² Ihre wiederholte, scheinbar alternativlose Kollaboration bei immer neuen Restrukturierungs-, Arbeitsplatzabbau- und Kosteneinsparungsprogrammen hatte zudem Folgewirkungen für ihre Reputation in der Belegschaft⁶³: Wenn Betriebsräte dauerhaft nur noch das Ausmaß des Verzichts auf geltende Standards bei Lohn und Arbeitszeit aushandeln konnten, so barg dies die Gefahr ihrer Delegitimierung. Dies deutete sich etwa in einigen singulär konflikthaltigen Auseinandersetzungen der letzten Jahre an, in denen die Betriebsräte Mühe hatten, weiterhin als legitime Vertreter der Beschäftigten zu agieren.⁶⁴ Zugleich evozierte das neue Arrangement auch Bruchlinien im Verhältnis zwischen Betriebsräten und Gewerkschaften. Die verstärkte Einbindung der Betriebsräte in die einzelbetriebliche Standortlogik kollidierte mit überbetrieblichen gewerkschaftlichen Solidaritätsanforderungen, und die vermehrten Bündnisse für Arbeit öffneten einem zwischenbetrieblichen Dumpingwettbewerb Tür und Tor. Aktuell versuchen die Gewerkschaften zwar, »aus der Not der Verbetrieblichung der Tarifverträge die Tugend einer über Tariffragen organisierten Politisierung der gewerkschaftlichen Betriebsarbeit« zu machen.⁶⁵ Ob dies jedoch flächendeckend gelingt, ist fraglich.

Parallel zur Abnahme der Handlungsmacht betrieblicher Interessenvertretungen in den industriellen Kernbereichen wuchsen im Zuge der Tertiarisierung zudem Wirtschaftssegmente, in denen (vom Standpunkt der Beschäftigten aus) defizitär gestaltete Formen betrieblicher Interessenvertretung existierten. Gemeint ist insbesondere der Bereich hoch qualifizierter Wissensarbeit sowie prekärer Dienstleistungsarbeit. In beiden Segmenten gibt es überdurchschnittlich viele Betriebe ohne Betriebsrat oder mit Vertretungsorganen jenseits des Betriebsverfassungsgesetzes.⁶⁶ Im prekären Dienstleistungsbereich sind repressive Strategien der Betriebsratsverhinderung weit verbreitet und oft erfolgreich.⁶⁷ Mitbestimmung ist hier kein akzeptierter Bestandteil der betrieblichen Kultur.

Die geschilderten Entwicklungen stellen zumindest infrage, ob das historisch etablierte Muster des deutschen Institutionenwandels als Konversion auch zukünftig

---

62 Vgl. Ingrid Artus, Krise, S. 104 ff.
63 Hermann Kotthoff, Mitbestimmung in Zeiten interessenpolitischer Rückschritte. Betriebsräte zwischen Beteiligungsofferten und »gnadenlosem Kostensenkungsdiktat«, in: Industrielle Beziehungen 5 (1998), S. 76-100.
64 Vgl. Britta Rehder, Legitimitätsdefizite des Co-Managements. Betriebliche Bündnisse für Arbeit als Konfliktfeld zwischen Arbeitnehmern und betrieblicher Interessenvertretung, in: Zeitschrift für Soziologie 3 (2006), S. 227-242.
65 Vgl. Christoph Ehlscheid/Hans-Jürgen Urban, Ein Schritt auf dem Weg aus der Defensive? Die Tarifrunde 2007 in der Metall- und Elektroindustrie, in: WSI Mitteilungen 7 (2007), S. 398-403.
66 Vgl. Ingrid Artus et al. (Hg.), Betriebe ohne Betriebsrat. Informelle Interessenvertretung in Unternehmen, Frankfurt a. M./New York 2006; Axel Hauser-Ditz et al., Betriebliche Interessenregulierung in Deutschland. Arbeitnehmervertretung zwischen demokratischer Teilhabe und ökonomischer Effizienz, Frankfurt a. M./New York 2008.
67 Vgl. Ingrid Artus, Interessenhandeln.

haltbar sein wird, oder ob es eher zu einer Erosion von Mitbestimmung kommt. Auch die Segmentierung industrieller Beziehungen, das heißt die Aufspaltung in ein Kernsegment (industrieller Großbetriebe) mit (noch) einigermaßen funktionsfähigen Prozeduren betrieblicher Interessenvertretung und wachsende Randbereiche mit defizitären oder fehlenden demokratischen Partizipationsmöglichkeiten ist eine realistische Perspektive.[68] Zwar kam es bislang zu keinem Bruch etablierter Entwicklungslinien, wie dies etwa die von neoliberaler Seite geforderte Abschaffung der Mitbestimmung im Aufsichtsrat bedeutet hätte. Auch die 2001 erfolgte Novellierung des Betriebsverfassungsgesetzes ist als »pragmatische Anpassung« der gesetzlichen Bestimmungen an neue Herausforderungen zu werten.[69] Ihre Auswirkungen auf die Quantität sowie Qualität der Mitbestimmung blieben jedoch beschränkt.

Die neuen Interessenarrangements *nach dem Boom*, in denen eine kooperative Betriebsrats- und Gewerkschaftspolitik nicht länger durch materielle Konzessionen und die Beteiligung am Wirtschaftswachstum entgolten wird, beziehungsweise überhaupt keine institutionelle Partizipation der Beschäftigten mehr stattfindet, und in denen die befristete Sicherung des Arbeitsplatzes reichen soll als Gegenleistung für individuelle Leistungsbereitschaft, sind allerdings nicht unumstritten. Dies zeigte sich in jüngster Zeit etwa an den Initiativen neuer gewerkschaftlicher Akteure außerhalb der etablierten Organisationen[70], an der Zunahme der Arbeitskonflikte in den Jahren 2006 und 2007 sowie an diversen singulär konflikthaften Auseinandersetzungen, auch im Bereich hoch qualifizierter Wissensarbeit sowie prekärer Dienstleistungsarbeit.[71] Die einschneidende Wirtschaftskrise 2008/2009 hat zwar vorübergehend zu einem massiven Trend betrieblicher Bündnisse und einer Renaissance der Gewerkschaften als Ordnungsmacht geführt; dennoch gibt es eine neue Unsicherheit und Abnahme normativer Verbindlichkeit von Verhaltensstandards sowohl auf Management- als auch auf Beschäftigtenseite. All dies zeigt an, dass gegenwärtig eine Suchphase begonnen hat, in der Einflusssphären neu ausgelotet werden und um neue machtpolitische Kompromisse gerungen wird. Ohne Konflikte wird dies sicherlich nicht möglich sein.

---

68 Vgl. Ingrid Artus et al., Jenseits der Mitbestimmung. Interessenhandeln in Betrieben ohne Betriebsrat, Frankfurt a. M./New York 2010 (im Erscheinen).
69 Vgl. Wolfgang Streeck/Britta Rehder, Der Flächentarifvertrag: Krise, Stabilität und Wandel, in: Industrielle Beziehungen 3 (2003), S. 341-362.
70 Wolfgang Schroeder/Samuel Greef, Industrie- und Spartengewerkschaften im Konflikt. Organisatorische Voraussetzungen und realisierte Gelegenheitsstrukturen, in: Industrielle Beziehungen 4 (2008), S. 329-355.
71 Heiner Dribbusch, Streiks in Deutschland – Rahmenbedingungen und Entwicklung ab 1990, in: WSI-Tarifhandbuch 2008, Frankfurt a. M. 2008, S. 55-85.

Verbetrieblichung à la française – jenseits der Gewerkschaften?

Trotz oder vielleicht auch wegen der 1968 neu errungenen Rechte der Gewerkschaften ändert sich bis weit in die 1980er-Jahre hinein wenig an den betrieblichen Kulturen in Frankreich: Sie bleiben überwiegend konflikthaltige Misstrauensbeziehungen. Angesichts einer radikalisierten betrieblichen Basis spitzten die Gewerkschaften ihre Grundsatzprogramme in den 1970er-Jahren sogar noch politisch zu. Die Unternehmer wiederum nahmen die gewerkschaftliche Offensivposition zum Anlass, hartnäckiger denn je auf ihrer traditionellen autoritären Eindämmungspolitik zu verharren. Prominent ist gerade in den 1970er-Jahren der Versuch, die Bedeutung der neuen gewerkschaftlichen Rechte im Betrieb zu minimieren, indem Verhandlungen mit den Gewerkschaftsdelegierten, wenn möglich, komplett vermieden wurden. Die steigende Anzahl der CE im Laufe der 1970er-Jahre begründet Tchobanian dementsprechend »not only because of the new presence of the unions but also because some companies tried to use the committees to limit the role of the union locals«.[72] Zudem versuchte das Management vielerorts, Formen des direkten Dialogs mit den Beschäftigten zu implementieren. Als daher im sogenannten Sudreau-Bericht (1975) staatlicherseits recht weitgehende Reformen zur Demokratisierung der Unternehmensstrukturen vorgeschlagen wurden, wurden diese bezeichnenderweise von beiden Tarifparteien (mit Ausnahme von Teilen der CFDT) einhellig abgelehnt.[73]

Waren die französischen Gewerkschaften sich in den 1970er-Jahren ihrer Machtposition noch recht sicher, so wirkten sich die Krise des fordistischen Akkumulationsmodells, die sinkenden Profitspielräume, der Anstieg der Arbeitslosenzahlen und der wirtschaftliche Strukturwandel in Frankreich besonders verheerend auf die gewerkschaftlichen Mitgliederzahlen aus. Die wegbrechende Macht an der Basis führte zu einer sukzessiven Entradikalisierung gewerkschaftlicher Forderungen. Die CFDT machte eine pragmatische Wendung, verabschiedete ihr programmatisches Flaggschiff der *autogestion* und ging zu einer realpolitischen Forderungs- und Verhandlungspolitik in den Betrieben über. Selbst innerhalb der CGT wurden (etwa angesichts der Krise der Stahlindustrie) erstmals reformistische Ideen einer verstärkten Beteiligung der Beschäftigten an der Unternehmensführung diskutiert. In dieser Situation zunehmender Arbeitslosigkeit und dem Beginn einer wirtschaftlichen Strukturkrise kam 1981 nach Jahrzehnten konservativer Regierung erstmals die sozialistische Partei unter François Mitterand an die Macht. Etwa zehn Jahre später als im Zuge des Machtwechsels in der Bundesrepublik eröffneten sich damit in Frankreich neue Chancen auf eine Modernisierung des sozialen Dialogs. Sie drückten sich in den nach dem amtierenden Arbeitsminister sogenannten *Auroux-Gesetzen* aus.

---

72 Robert Tchobanian, France, S. 126.
73 Catherine Sauviat, Le rôle des salariés dans la gouvernance des entreprises en France: Un débat ancien, une légitimité en devenir, IRES Document de travail Nr. 06.02, April 2006, Noisy-le-Grand.

Der sozialistische Arbeitsminister Jean Auroux initiierte eine Reihe von Gesetzesnovellen, die den Betrieb als Verhandlungsarena zwischen Kapital und Arbeit aufwerten sollte.[74] Ganz im Sinne des französischen Pfades primär staatlicher Koordinierungsleistungen wurde hier die Verbetrieblichung industrieller Beziehungen vom Gesetzgeber vorangetrieben.[75] Eine wesentliche Neuerung waren die fortan obligatorischen alljährlichen Lohngespräche zwischen Geschäftsleitung und Gewerkschaftsvertretung (Négociations Annuelles Obligatoires/NAO). Zugleich wurde das Comité d'Entreprise in vielfacher Hinsicht aufgewertet – allerdings ohne ihm tatsächliche Eingriffs- oder Vetorechte zuzugestehen. Getreu dem französischen Muster der institutionellen Überlagerung wurden den bislang bereits existierenden drei Institutionen betrieblicher Interessenvertretung noch weitere hinzugefügt: das Comité de Groupe als Repräsentationsinstanz auf der Ebene der Unternehmensgruppe, die Groupes d'Expression (Äußerungsgruppen) als direkte Formen der Arbeitnehmerpartizipation sowie die Comités d'Hygiène, de Sécurité et des Conditions de Travail (CHSCT), dessen Schwerpunkt auf Fragen der Arbeitssicherheit und der Arbeitsbedingungen lag.

Auch nach Ende der sozialistischen Reformära unter Mitterand wurden in den letzten 10 bis 15 Jahren weitere Gesetzesnovellen verabschiedet, die die Verbesserung des betrieblichen Sozialdialogs zum Ziel hatten. In der wachsenden Zahl von Klein- und Mittelbetrieben sollten institutionelle Verhältnisse geschaffen werden, die betriebliche Vereinbarungen ermöglichten. Zu diesem Zweck wurden im Kontext der sogenannten Aubry-Gesetze (1998 und 1999) zur Einführung der 35-Stunden-Woche die Salarié(e)s Mandaté(e)s (Beschäftigte mit Verhandlungsmandat) kreiert. Es handelt sich um Beschäftigte, die von einer Gewerkschaft ein Mandat erhalten, das ihnen eine Verhandlungsvollmacht für einen bestimmten Verhandlungsgegenstand sowie für einen begrenzten Zeitraum überträgt. Sie können nicht unabhängig agieren, sondern sind der betreffenden Gewerkschaft gegenüber (zumindest formal) rechenschaftspflichtig. Mit der neuen Institution wurden in Gewerkschaftskreisen sowohl Hoffnungen als auch Befürchtungen verknüpft. Die Hoffnungen betrafen einen verbesser-

---

74 Vgl. François Eyraud/Robert Tchobanian, The Auroux Reforms and Company Level Industrial Relations in France, in: British Journal of Industrial Relations 2 (1985), S. 241-259; Leo Kißler (Hg.), Industrielle Demokratie in Frankreich. Die neuen Arbeitnehmer- und Gewerkschaftsrechte in Theorie und Praxis, Frankfurt a. M./New York 1985.

75 Streng genommen ist der Begriff der »Verbetrieblichung« industrieller Beziehungen für den französischen Kontext nicht exakt, da hier traditionell ein Großteil der Interessenauseinandersetzungen und auch zentrale Prozesse der Lohnfindung auf betrieblicher (und nicht tariflicher) Ebene stattfanden. Unterentwickelt blieb dennoch ein institutionalisierter betrieblicher Sozialdialog. Die Beschäftigtenvertretungen waren kaum Verhandlungspartner im Zuge betrieblicher Reformprozesse. Der Begriff der Verbetrieblichung meint im französischen Kontext also die Schaffung institutionalisierter Formen des betrieblichen Dialogs und die Ausweitung betrieblicher Verhandlungsprozesse über ein Verhältnis des puren *Rapport de force* hinaus.

ten Kontakt zu Beschäftigten in Klein- und Mittelbetrieben.[76] Die Befürchtungen bezogen sich auf eine Aushöhlung gewerkschaftlicher Regulierungsmacht durch die neue Institution. Die Umsetzung der Arbeitszeitverkürzung führte jedenfalls zu einer massenhaften Verbreitung der Salarié(e)s Mandaté(e)s. Ihr Dasein blieb jedoch in den meisten Fällen ephemer und führte nicht zu nachhaltigen institutionellen Verschiebungen.[77] Auch das Gesetz über den sozialen Dialog des konservativen Arbeitsministers Fillon zielte 2004 auf eine Verbetrieblichung der industriellen Beziehungen – diesmal jedoch deutlicher unter Umgehung der gewerkschaftlichen Normsetzungsmacht. Es sollte ermöglichen, dass – ebenso wie im Fall des Mandatement – in jenen kleineren und mittleren Unternehmen ohne gewerkschaftliche Interessenvertretung das Management künftig auch Vereinbarungen mit dem CE, mit Salarié(e)s Mandaté(e)s oder sogar direkt mit den Beschäftigten treffen konnte.[78] Dieses Vorhaben rührte notwendig an die heikle Frage des 1968/69 errungenen Verhandlungsmonopols der Délégués Syndicaux.

Trotz der umfassenden institutionellen Neuregelungen blieb der französische Sozialdialog jedoch – gemessen an deutschen Verhältnissen – vielfach unterentwickelt. Typisch ist vielmehr eine Vielzahl eher formeller Kontakte und wechselseitiger Informationsprozesse. Das CE wurde als Vertretungsinstanz im Zuge der gesetzlichen Reformen sukzessive aufgewertet; es besitzt jedoch nach wie vor keine substanziellen Mitbestimmungsrechte. Die 1968 errungene Institution des Délégué Syndical litt zunehmend unter der sich verschärfenden Krise der französischen Gewerkschaften, deren Organisationsgrad von rund 30 Prozent gegen Ende der 1970er-Jahre auf deutlich unter 10 Prozent Mitte der 1990er-Jahre und aktuell nur noch etwa 8 Prozent sank.[79] Angesichts fehlender substanzieller Rechte waren die diversen Institutionen der Belegschaftsvertretung zudem eher noch empfindlicher als die deutschen Betriebsräte vom Zusammenbruch gewerkschaftlicher Organisationsmacht betroffen. Der Rapport de force geriet vielerorts ins Wanken.

Zu Beginn der 1990er-Jahre mehrten sich daher die Stimmen, die ein Ende des französischen Ausnahmecharakters industrieller Beziehungen prognostizierten. Im Jahr 1994 erreichten die Arbeitskämpfe in Frankreich einen historischen Tiefstand, was sogar Anlass gab zu der Frage, ob der Streik möglicherweise generell in Westeuro-

---

76 Bernhard Schmid, Welche soziale Demokratie in der Arbeitswelt?, in: Juri Hälker/Claudius Vellay (Hg.), Union Renewal – Gewerkschaften in Veränderung, Düsseldorf 2006, S. 72-80, 75.
77 Vgl. Christian Dufour et al., Le mandatement en question, in: Travail et Emploi, No. 82, avril 2000, S. 25-36.
78 Vgl. Hervé Defalvard/Martine Lurol/Evelyne Polzhuber, La loi Fillon sur le dialogue social: révolution du droit en attente des pratiques?, in: Relations au travail, relations de travail, Xième Journées internationales de sociologie du travail, Rouen, 24./25.11.2005, Vol. 1, S. 431-446.
79 In der Privatwirtschaft sogar nur 5 %. Vgl. Thomas Amossé, Mythes et réalités de la syndicalisation en France, DARES, Premières Synthèse Informations, Octobre 2004, No. 44.2.

pa als Mittel der Auseinandersetzung ausgedient habe.[80] Aber das Ende der französischen Ausnahme war zu früh eingeläutet worden. Dies zeigte die soziale Bewegung im Jahr 1995 gegen die Regierungspläne einer einschneidenden Sozialreform. Massive Streikaktionen paralysierten mehrere Wochen lang das gesamte Land, und der zuständige Minister Juppé war schließlich zum Rücktritt gezwungen. Ein Jahr darauf kam es zu einem Regierungswechsel zugunsten der Sozialisten, die – gegen den europaweiten Trend zum Abbau sozialer Besitzstände – eine beschäftigungspolitisch motivierte staatliche Arbeitszeitverkürzung in Angriff nahmen. Im Jahr 2003 fand (wieder unter konservativer Regierung) eine beträchtliche Mobilisierung gegen die Rentenpläne der Regierung statt. Das Jahr 2006 sah schließlich eine Massenmobilisierung gegen den geplanten Contrat Première Embauche (CPE, dt. Erstanstellungsvertrag), der einen reduzierten Kündigungsschutz für jüngere Beschäftigte vorsah. Gegen dieses Vorhaben streiken erfolgreich nicht nur SchülerInnen und StudentInnen, sondern auch Gewerkschaften und Beschäftigte in den Betrieben.

Immer deutlicher zeichnete sich auch das »unglaubliche Überleben der CGT« ab.[81] Während sich der Niedergang der kommunistischen Partei Frankreichs (PCF) bis heute kontinuierlich fortsetzte, gelang ihrer Fille Ainée nach der organisatorischen Trennung von der Parteimutter auf reduziertem Niveau eine Konsolidierung ihrer Organisationsstrukturen sowie ihrer Einflussmacht. Parallel dazu kam es jedoch zu einer Renaissance der französischen Tradition organisatorischer Abspaltungs- und Neugründungstendenzen. Als Ausdruck des Erstarkens von Berufsgewerkschaften, vor allem im öffentlichen Dienst, kann die 1993 gegründete Gewerkschaft UNSA gelten. Zugleich entstanden einige neue gewerkschaftliche Strömungen ausgesprochen militanter Prägung, vor allem die SUD-Gewerkschaften (Solidaires, unitaires, démocratiques). Während also der (zahlenmäßig allerdings eher kleine) radikale Flügel der französischen Gewerkschaftsbewegung offenbar erstarkt, ist aktuell eher die CFDT von gewissen Krisenerscheinungen gekennzeichnet. Ihr »Hyperreformismus« (Pernot 2005) macht sie zwar als Verhandlungspartnerin für Regierung und Unternehmer interessant; das Ausscheren aus der einheitlichen Gewerkschaftsfront und ihre Zustimmung im Alleingang zu den Regierungsplänen sowohl 1995 als auch 2003 hat sie im Kreis ihrer eigenen Mitglieder sowie Funktionäre jedoch desavouiert.[82] In beiden Fällen kam es zu einer Welle von Mitgliederaustritten.

Diagnosen vom Ende einer betrieblichen Konfliktkultur und einer existenziellen Krise der Gewerkschaften in Frankreich erwiesen sich also als vorschnell. Zumindest bezogen auf formale Indikatoren wie Mitgliederzahlen, Wahlbeteiligung, Deckungs-

---

80 Vgl. Paul K. Edwards/Richard Hyman, Strikes and Industrial Conflict? Peace in Europe, in: Richard Hyman/Anthony Ferner (Hg.), New Frontiers in European Industrial Relations, Oxford 1994, S. 250-280.
81 René Mouriaux, L'incroyable survie de la CGT, in: Regards sur l'actualité 244, sept.–oct. 1998, S. 13-23.
82 Pernot, Syndicats, S. 211.

grad der Institutionen et cetera ist eine Stabilisierung auf niedrigem Niveau zu verzeichnen. Ähnlich wie der deutsche Betriebsrat sind die französischen Institutions Représentatives du Personnel (IRP) jedoch mit einigen Entwicklungen konfrontiert, die ihre Funktionsfähigkeit in qualitativer Hinsicht bedrohen: Laut repräsentativer Umfrageergebnisse werden ihnen von den Beschäftigten nur eine geringe Effizienz und Einflussmacht zugeschrieben. Nur 30 Prozent der Beschäftigten sind der Ansicht, dass die IRP die Entscheidungen der Geschäftsleitung beeinflussen können.[83] Ein Großteil der Institutionen hat zudem mit akuten Personalproblemen zu kämpfen: Im Zeitraum 2004/05 gaben 46 Prozent der BelegschaftsrepräsentantInnen an, dass es in ihrem Betrieb nicht genügend KandidatInnen für die Vertretungsämter gebe. Die Ausdünnung der Personaldecke hat sicherlich auch mit dem derzeit stattfindenden Generationenwechsel gewerkschaftlicher AktivistInnen zu tun. Die Élus (dt. Gewählte), die in den gewerkschaftlichen Offensivphasen der 1960er- und 1970er-Jahre sozialisiert wurden, scheiden derzeit altersbedingt aus den Betrieben aus – und lassen sich offenbar nur schwer ersetzen. Besonders eklatant sowie folgenreich ist die Auszehrung in den Reihen gewerkschaftlich organisierter Élus. Diese erhalten zwar – alle Gewerkschaften zusammengerechnet – etwa 78 Prozent der Stimmen bei den CE-Wahlen, stellen jedoch mangels KandidatInnen nur etwa die Hälfte der VertreterInnen. Der dadurch entstehende Eindruck einer Entgewerkschaftlichung betrieblicher Interessenvertretung in Frankreich scheint zunächst widerlegt zu werden durch den Sachverhalt, dass der Anteil gewerkschaftlich organisierter Gremien kontinuierlich wächst. Anhand qualitativer Analysen lässt sich allerdings überzeugend belegen, dass viele formal gewerkschaftlich organisierten Comités d'entreprise kaum eine echte Bindung an die Gewerkschaften besitzen.[84] Die normative Auszehrung der französischen Repräsentationslandschaft ist somit deutlich eklatanter als es die statistischen Daten zum gewerkschaftlichen Organisationsgrad der betrieblichen Institutionen anzeigen. Zählt man die verschiedenen Indizien zusammen, ergibt sich somit das Bild einer Vielzahl staatlich vorgesehener und auch real existierender betrieblicher Vertretungsinstitutionen, die jedoch kaum reale Einflussmacht besitzen und daher unter dem Desinteresse der Beschäftigten zu leiden haben. Immer seltener sind sie auch als reale Basisverankerung der Gewerkschaften zu werten.

An dieser Problematik setzt das nach langer Diskussion im August 2008 verabschiedete Loi sur la représentativité an, das die Vertragsfähigkeit gewerkschaftlicher Vertretungsinstanzen neuerdings an ein Mindestmaß von Wählerstimmen bei den betrieblichen Vertreterwahlen koppelt. Diese Neuregelung erschüttert momentan die

---

[83] Olivier Jacod, Les élections aux comités d'entreprise 2005, DARES Première Informations Synthèses, Mai 2007, No. 19.1.
[84] Vgl. Adelheid Hege/Christian Dufour, Betriebliche Gewerkschaftsvertreter ohne Gewerkschaftsbindung? Das Paradox der zunehmend gewerkschaftlich organisierten Comités d'entreprise in Frankreich, in: Industrielle Beziehungen 2 (2009), S. 154-178.

etablierten Machtverhältnisse und Verhandlungsroutinen in den französischen Betrieben massiv; ob es langfristig stabilisierende Auswirkungen hat, muss zum derzeitigen Zeitpunkt offenbleiben. Sicher ist jedoch, dass (auch) die französischen Gewerkschaften die Wirtschaftskrise 2008/09 primär als »Krise in der Krise« wahrnehmen und sich daher in selten gekannter Einheit für eine Strategie des Abwartens und der Wahrung eines Dialogue Social mit der konservativen Regierung entschieden – eine Strategie, die ihre Strukturprobleme betrieblicher Verankerung gewiss nicht gelöst hat.[85]

Zusammenfassend ist zu konstatieren, dass in Frankreich der wirtschaftliche und gesellschaftliche Strukturwandel zwar zu einer vergleichsweise dramatischen Erosion gewerkschaftlicher Einflussmacht in den Betrieben führte; das etablierte Gesamtmodell industrieller Beziehungen wurde dadurch jedoch ironischerweise eher weniger in Mitleidenschaft gezogen als in Deutschland. Sicherlich erodierten in etlichen Betrieben die auf Mikroebene existierenden Rapport de Force-Beziehungen – mit empfindlichen Konsequenzen für die betroffenen Belegschaften und InteressenvertrerInnen. Nach wie vor setzt jedoch der Staat durchaus regulierungsmächtig gewisse (minimale) Mindestbedingungen im Bereich von Lohn, Arbeitsbedingungen und Partizipation der Beschäftigten. Von einer Auflösung eines kompromissorientierten Nachkriegsmodells industrieller Beziehungen oder auch einer Erosion tariflicher Normierungsfähigkeit kann kaum die Rede sein, da sich beides in Frankreich nie in ähnlicher Weise durchsetzen konnte wie in Deutschland. So lässt sich eher von einer relativen Konstanz des französischen Sonderfalls industrieller Beziehungen mit einer konfliktorientierten Misstrauenskultur sprechen, die durch die neue Schwäche der Belegschaften allerdings freilich partiell befriedet wird. Früher wie heute gelingt es den Reformmaßnahmen der staatlichen Gesetzgebung zudem nur unzureichend, den betrieblichen Sozialdialog mit echtem Leben zu füllen. Wollte man die historische Paradoxie noch auf die Spitze treiben, so könnte man darauf verweisen, dass die neuen Verhältnisse nach dem Strukturwandel für die französische Gewerkschaftslandschaft im Grunde altbekannt sind. In vielerlei Hinsicht bedeuten sie nur eine Rückkehr zu jenen Bedingungen, wie sie auch für die Entstehung der französischen Gewerkschaftskultur prägend waren – und zu denen daher auch die etablierten gewerkschaftlichen Organisationsstrukturen ganz gut passen: schwache Gewerkschaften, übermächtige Geschäftsleitungen, heterogene Belegschaften, unsichere Arbeitsverhältnisse, dezentrale Aktionsnotwendigkeiten.

---

85 Vgl. Ingrid Artus, Die französischen Gewerkschaften in der Wirtschaftskrise. Zwischen dialogue social und Basismilitanz, in: WSI Mitteilungen, 9 (2010).

Resümee: die 1970er-Jahre als Scharnierjahrzehnt des Auf- und Umbruchs industrieller Beziehungen

Historisch haben sich in Deutschland und Frankreich deutlich differente Modelle betrieblicher Interessenvertretung sowie industrieller Beziehungen entwickelt. In Deutschland kam es unter dem Einfluss starker sowie vergleichsweise zentralisiert agierender Gewerkschaften schon früh zur Herausbildung eines Musters, das von einer Dualität wirtschaftsfriedlicher betrieblicher Interessenvertretung und konfliktträchtiger, später intermediärer Tarifpolitik geprägt ist. Zugleich waren Mitbestimmungsfragen stets stark politisiert, weil mit ihnen Grundsatzfragen wirtschaftlicher Ordnung verknüpft wurden. Die französischen Gewerkschaften haben sich hingegen deutlich später und vergleichsweise weniger energisch die Durchsetzung betrieblicher Vertretungsrechte der abhängig Beschäftigten auf die Fahnen geschrieben. Durch die anhaltende gesellschaftliche Oppositionsrolle der größten kommunistischen Gewerkschaft CGT und weit verbreitete Misstrauensbeziehungen in den Betrieben blieb lange Zeit die Vorstellung prägend, Mitbestimmung im deutschen Sinne sei gleichbedeutend mit Beteiligung an kapitalistischer Ausbeutung. Statt rechtlich verankerter Beteiligungsmöglichkeiten der Belegschaft war die unmittelbare gewerkschaftliche Durchdringung der Betriebe das zentrale Ziel, das am Ende des Booms mit der Einrichtung der Délégués Syndicaux auch tatsächlich erreicht wurde.

Die differente Bewertung institutionalisierter demokratischer Beteiligung im Betrieb trug zu der national spezifischen Dynamik der Institutionenentwicklung bei: Während es unter den stärker sozialpartnerschaftlich geprägten Rahmenbedingungen der Bundesrepublik zu einer wiederholten Konversion der Institution des Betriebsrats kam, entstand in Frankreich nacheinander eine Vielzahl differenter Institutions Représentatives du Personnel (Délégués du Personnel, Comité d'Entreprise, Délégués Syndicaux u. a.). Das Muster institutioneller Überlagerung ist typisch für einen sozialen Kontext mit wenig wechselseitigem Vertrauen, geringer Kooperationsneigung und verhärteten Konfliktfronten.

Sowohl in der deutschen wie in der französischen Geschichte betrieblicher Interessenvertretung kam es in den 1970er-Jahren, das heißt am Ende der wirtschaftlichen Boomphase, zu einem kräftigen Demokratisierungsschub. Dieser war sowohl Ausdruck einer gestiegenen Anspruchshaltung der Beschäftigten als auch des Glaubens an die sozialplanerische Machbarkeit besserer Lebensbedingungen. Der Demokratisierungsschub war verbunden mit institutionellen Neuerungen (der Einführung der Délégué Syndicaux in Frankreich, der Reform des Betriebsverfassungs- sowie Mitbestimmungsrechts in Deutschland), einer verstärkten Präsenz der gesetzlich garantierten Institutionen in den Betrieben sowie erweiterten machtpolitischen Spielräumen derselben. Mitte der 1970er-Jahre begann jedoch eine Entwicklung, die von einschneidenden wirtschaftlichen Krisenprozessen, wachsender Arbeitslosigkeit und letztlich einem substanziellen Machtverlust der Gewerkschaften gekennzeichnet war.

Der von Anselm Doering-Manteuffel und Lutz Raphael diagnostizierte »Strukturbruch und soziale Wandel revolutionärer Qualität« beschreibt daher durchaus zutreffend die wirtschaftlichen und gesellschaftlichen Grundlagen der historischen Entwicklung; auf der Phänomenebene betrieblicher Interessenvertretung findet er sich in den 1970er-Jahren jedoch nur bedingt. In Deutschland hatten die vergleichsweise soliden Machtressourcen der Gewerkschaften und das verrechtlichte System industrieller Beziehungen eine retardierende Funktion: Im Zuge des Arbeitszeitkonflikts in der Metallindustrie 1984 konnten sich die Gewerkschaften noch einmal als ausreichend konfliktfähig erweisen, um einen Kompromiss zu erringen, der beide Seiten »das Gesicht wahren« ließ; in Frankreich war es hingegen der Staat, der die Phase betrieblicher Demokratisierungsversuche gewissermaßen noch einmal »künstlich verlängerte«: Die sozialistische Regierung Mitterand verabschiedete ab 1981 noch einmal diverse gesetzliche Neuregelungen zur Stimulierung des Sozialdialogs.

Dennoch zeichneten sich im Laufe der 1980er-Jahre, in Deutschland insbesondere nach dem Beitritt der DDR zur Bundesrepublik in den 1990er-Jahren, neue Konstellationen ab, die sich in der Folgezeit verfestigten: Einerseits entwickelten sich die gesetzlich verankerten Repräsentationsgremien von einst umstrittenen und bekämpften Institutionen zu weithin akzeptierten Organen des betrieblichen Alltags. Andererseits häuften sich die Anzeichen für eine qualitative Erosion ihrer Regulierungsmacht. In der Ära internationalisierter Konkurrenz und struktureller Massenarbeitslosigkeit sahen sie sich verstärkt managerialen Zumutungen ausgesetzt. Die deutschen Betriebsräte wurden vielfach mehr oder weniger freiwillig in die Rolle von standortorientierten Co-Managern gedrängt. Die französischen *Elus* leiden häufig unter substanzieller Einflusslosigkeit. Die gewerkschaftliche Solidarisierungsfähigkeit nahm ab, die Gewerkschaftslandschaft wurde kleinteiliger. In beiden Ländern zeigte sich auch eine Segmentierung industrieller Beziehungen: In den kleiner werdenden Kernbereichen gewerkschaftlich gut organisierter Branchen und Betriebe haben die in der Boomphase etablierten Partizipationsmuster der Beschäftigten teilweise durchaus noch Bestand; sie stehen jedoch unter Veränderungsdruck. Parallel dazu dehnten sich im Zuge von Tertiarisierung, Verkleinbetrieblichung und Shareholder-Value-Dominanz Wirtschaftssegmente aus, die weit entfernt sind von den historisch errungenen Standards betrieblicher Demokratie. Wenn die gesetzlich vorgesehenen Institutionen hier überhaupt existieren, so besitzen sie häufig nur eine sehr geringe Gestaltungsmacht und werden von den Geschäftsleitungen als ärgerliche und kostenintensive Fremdkörper rigide bekämpft.

Das *Neue* beginnt also zwar in den 1970er-Jahren, seine revolutionären Folgewirkungen werden jedoch erst in späteren Jahrzehnten deutlich. Kennzeichen der 1970er-Jahre ist damit – zumindest bezogen auf den Gegenstandsbereich betrieblicher Interessenvertretung – weniger ein scharfer Einschnitt, als vielmehr die Überlagerung differenter Entwicklungslinien und eine grundlegende Ambivalenz der Situation. Sie sind ein Scharnierjahrzehnt, das gleichermaßen eng verzahnt ist mit dem Gewesenen wie mit dem Neuen; es nimmt die älteren Entwicklungslinien auf und gibt der historischen Verlaufskurve eine neue Richtung. Die historische Analyse der Entwicklung und des aktuellen Zustands betrieblicher Interessenvertretung in Deutschland und Frankreich macht somit insgesamt nachdrücklich darauf aufmerksam, dass historisch errungene Rechte und demokratische Beteiligungsmöglichkeiten nie als endgültig gesichert gelten können, sondern gegebenenfalls verteidigt und an neue Entwicklungen und Herausforderungen angepasst werden müssen, wenn ihre normativen Inhalte nicht erodieren sollen.

Stephan Meise

Regionale Welten der gewerkschaftlichen Interessenrepräsentation: Spezifische neue Herausforderungen im Strukturwandel

Die Gewerkschaften sind bereits seit einigen Jahren vom gesellschaftlichen, politischen und ökonomischen Wandel in einer Weise betroffen[1], die nicht weniger als »ihre zentralen Existenzvoraussetzungen« berührt.[2] Nicht nur sind ihre überbetrieblichen und gesellschaftspolitischen Einfluss- und Regelungsmöglichkeiten im Rückgang begriffen. Auch die unmittelbare Grundlage der Organisationsmacht der Arbeitnehmervertretung, ihre Mitgliederstärke, erodiert bereits seit den 1990er-Jahren in erheblichem Ausmaß.[3] Zwar hat sich der Mitgliederrückgang in den letzten Jahren verlangsamt, die gewerkschaftliche Stärke ist jedoch weiterhin sehr ungleichmäßig verteilt. Relativ gut organisierten Bereichen in der Großindustrie stehen gewerkschaftsfreie Bereiche vor allem in kleineren Unternehmen und im Dienstleistungsbereich gegenüber; besondere Probleme bestehen auch in Ostdeutschland. Die Mitgliederstruktur der Gewerkschaften und die Beschäftigtenstruktur fallen bundesweit auseinander.[4] Die Jenaer Arbeitsgruppe Strategic Unionism spricht in diesem Zusammenhang von einer »tiefen Krise der gewerkschaftlichen Repräsentation«.[5]

Im Allgemeinen werden die bestehenden Schwierigkeiten der Gewerkschaften auf den »radikalen Strukturwandel« zurückgeführt, in dessen Zuge die in der Nachkriegszeit gegebenen relativ festen Rahmenbedingungen und Voraussetzungen der Gewerkschaftspraxis teilweise erodierten.[6] Dies betraf zunächst den »Strukturwandel der in-

---

1 Herzlicher Dank gilt Heiko Geiling für wertvolle Anregungen.
2 Wolfgang Schroeder/Bernhard Weßels, Das deutsche Gewerkschaftsmodell im Transformationsprozess. Die neue deutsche Gewerkschaftslandschaft, in: dies. (Hg.), Die Gewerkschaften in Politik und Gesellschaft der Bundesrepublik Deutschland. Ein Handbuch, Wiesbaden 2003, S. 11-37, hier: 35.
3 Vgl. Bernhard Ebbinghaus, Die Mitgliederentwicklung deutscher Gewerkschaften im historischen und internationalen Vergleich, in: Wolfgang Schroeder/Bernhard Weßels (Hg.), Gewerkschaften, S. 174-203; Walther Müller-Jentsch, Strukturwandel der Industriellen Beziehungen. »Industrial Citizenship« zwischen Markt und Regulierung, Wiesbaden 2007, S. 34 ff.
4 Vgl. Hattinger Kreis, Wege aus der Rekrutierungsfalle. Zur Zukunftsdebatte der IG Metall, in: Gewerkschaftliche Monatshefte 9 (2002), S. 518-524.
5 Ulrich Brinkmann/Hae-Lin Choi/Richard Detje/Klaus Dörre/Hajo Holst/Serhat Karakayalý/Catharina Schmalstieg, Strategic Unionism: Aus der Krise zur Erneuerung? Umrisse eines Forschungsprogramms, Wiesbaden 2008, S. 19.
6 Klaus Dörre/Bernd Röttger, Im Schatten der Globalisierung. Strukturpolitik, Netzwerke und Gewerkschaften in altindustriellen Regionen, Wiesbaden 2006, S. 20.

dustriellen Beziehungen«[7] und hier vor allem die Dezentralisierung und Flexibilisierung der Tarifpolitik, mit denen eine abnehmende Reichweite und Geltungskraft flächentariflicher Normen verbunden ist, wodurch deren Schutzwirkung für die Arbeitnehmer in zahlreichen, insbesondere kleineren Betrieben relativiert wird.[8] Dabei zeigt sich, dass sich die Machtverhältnisse in den Arbeitsbeziehungen zugunsten der Kapitalseite verschoben haben, was es den Arbeitgebern ermöglicht hat, gewerkschaftlich erkämpfte Standards in den Arbeits- und Beschäftigungsbedingungen auf breiter Front infrage zu stellen, um Kostensenkungen beim Produktionsfaktor Arbeit durchzusetzen.[9]

Der Strukturwandel der industriellen Beziehungen, darin besteht weitgehende Einigkeit, ist nur vor dem Hintergrund weiterer erheblicher Veränderungsprozesse in Ökonomie, Politik und Sozialstruktur zu verstehen.[10] An dieser Stelle erscheint die von Anselm Doering-Manteuffel und Lutz Raphael formulierte und in diesem Band für den Bereich der Arbeitsbeziehungen aufgegriffene These vom Strukturbruch seit den 1970er-Jahren anschlussfähig an die Debatten der Industrie- und Gewerkschaftssoziologie.[11] Dieser Strukturbruch *nach dem Boom* der Nachkriegsjahrzehnte ist nicht als klar terminierte Zäsur einer mehr oder weniger eindimensionalen gesellschaftlichen Entwicklung zu verstehen, sondern es handelt sich um einen Epochenbruch in Form eines längerfristig stark beschleunigten sozialen Wandels, der wesentlich von der Interdependenz der verschiedenen, im dynamischen Strukturwandel befindlichen gesellschaftlichen Funktionsbereiche bestimmt und durch zahlreiche Ungleichzeitigkeiten und Gegentendenzen charakterisiert ist.

Diese allgemeine These wird im Folgenden anhand bestehender Forschungsdesiderate auf die gewerkschaftliche Interessenrepräsentation bezogen und in ihrer Tragfähigkeit überprüft. Wie mehrere aktuelle Literaturstudien übereinstimmend darlegen, ist die Analyse der Krise der gewerkschaftlichen Repräsentation in Deutschland trotz zahlreicher Arbeiten zur Gewerkschaftsforschung bisher noch unzureichend

---

7   Walther Müller-Jentsch, Strukturwandel.
8   Vgl. Reinhard Bispinck/Thorsten Schulten, Flächentarif und betriebliche Interessenvertretung, in: Walther Müller-Jentsch (Hg.), Konfliktpartnerschaft. Akteure und Institutionen in den industriellen Beziehungen, München 1999, S. 185-212; Ingrid Artus, Krise des deutschen Tarifsystems. Die Erosion des Flächentarifvertrags in Ost und West, Wiesbaden 2001.
9   Vgl. Britta Rehder, Betriebliche Bündnisse für Arbeit in Deutschland. Mitbestimmung und Flächentarif im Wandel, Frankfurt a. M./New York 2003, S. 227.
10 Vgl. einführend z. B. Heiner Minssen, Arbeits- und Industriesoziologie. Eine Einführung, Frankfurt a. M., 2006; Michael Vester/Christel Teiwes-Kügler/Andrea Lange-Vester, Die neuen Arbeitnehmer. Zunehmende Kompetenzen – wachsende Unsicherheiten, Hamburg 2007.
11 Anselm Doering-Manteuffel/Lutz Raphael, Nach dem Boom. Perspektiven auf die Zeitgeschichte seit 1970, Göttingen 2008.

entwickelt.[12] Im Einzelnen bestehen Defizite sowohl hinsichtlich der Erforschung der sozialen Beziehungen zwischen gewerkschaftlichen Repräsentanten und den von ihnen vertretenen Arbeitnehmermilieus als auch hinsichtlich der sozialen Beziehungen zwischen hauptamtlichen und ehrenamtlichen Gewerkschaftern. Hinzu kommt ein Mangel an Studien über die Auswirkung der zunehmenden regionalen Differenzierung auf die gewerkschaftliche Repräsentation.[13] Somit sind gerade die dem beschleunigten Wandel ausgesetzten subjektiven und objektiven Strukturbedingungen der Gewerkschaftspraxis auf der unteren Organisationsebene als dem mitgliedernahen Bereich nicht hinreichend erforscht, obwohl dieser für die Entstehung und Pflege von Repräsentationsbeziehungen zwischen haupt- und ehrenamtlichen Arbeitnehmervertretern und verschiedenen Beschäftigtengruppen von zentraler Bedeutung ist.

Für die Untersuchung dieser Desiderate erscheint die Strukturbruchthese von Doering-Manteuffel/Raphael insbesondere deshalb grundsätzlich hilfreich, weil sie die Wechselbeziehungen zwischen verschiedenen funktional voneinander getrennten Teilbereichen der Gesellschaft ins Zentrum der Betrachtung rückt und so eine relationale und dynamische Perspektive auf Arbeitsbeziehungen und Interessenrepräsentation erschließt. Ihr explizit interdisziplinärer Ansatz ermöglicht es, Analysen, die auf politökonomische oder institutionalistische Aspekte beschränkt sind, zu erweitern und ökonomische, politische, soziokulturelle und institutionelle Veränderungsprozesse in ihrem interdependenten Zusammenhang als strukturierende Voraussetzungen der Interessenrepräsentation aufzufassen. Gegenüber Konzepten, die eine einseitige Determination sozialer Prozesse postulieren, verdeutlicht die Strukturbruchthese, dass der soziale Wandel nicht eindimensional verläuft, sondern ein komplexer Prozess mit einem Nebeneinander von Wandel und Kontinuität, von Erosion und Rekonsolidierung in zahlreichen miteinander verschränkten sozialen Feldern ist.[14]

Der vorliegende Beitrag fragt nach der Bedeutung unterschiedlicher regionaler Verlaufsformen des Strukturbruchs für die Interessenrepräsentation: Entlang welcher

---

12   Vgl. Ulrich Brinkmann et al., Strategic Unionism, S. 35-38; Wolfgang Schroeder/Dorothea Keudel, Strategische Akteure in drei Welten. Die deutschen Gewerkschaften im Spiegel der neueren Forschung, Düsseldorf 2008, S. 31.
13   Vgl. Josef Schmid, Gewerkschaft im Föderalismus. Regionale Strukturen und Kulturen und die Dynamik von politischen Mehrebenensystemen, in: Wolfgang Schroeder/Bernhard Weßels, Gewerkschaften, S. 271-295, hier: 278; Jörg Bundesmann-Jansen/Joke Frerichs, Betriebspolitik und Organisationswandel. Neuansätze gewerkschaftlicher Politik zwischen Delegation und Partizipation, Münster (Westf.) 1995. S. 188; einer der jüngsten Debattenbeiträge stammt von Klaus Dörre/Bernd Röttger (i. Ersch.).
14   Bourdieu verweist mit seinem Konzept des sozialen Feldes auf gesellschaftliche Teilbereiche, in denen soziale Akteure um Machtpositionen konkurrieren, dabei relativ autonomen »Spielregeln« des jeweiligen Feldes folgen und somit Verhaltensstrategien entwickeln, die den Kräfteverhältnissen im Feld nicht nur angepasst sind, sondern diese auch mit spezifischen Ressourcen zu ihren Gunsten beeinflussen wollen. Vgl. Pierre Bourdieu, Sozialer Raum und »Klassen«. Lecon sur la leçon. Zwei Vorlesungen, Frankfurt a. M. 1985.

regionalspezifischen Brüche und Kontinuitäten verläuft die Entwicklung gewerkschaftlicher Handlungsbedingungen in den sozialen Feldern der Ökonomie, der Politik und der Alltagskultur der sozialen Milieus, und welche Auswirkungen haben diese sich wandelnden Feldbedingungen auf die regionale gewerkschaftliche Repräsentation von Arbeitnehmermilieus?[15]

Dabei wird gezeigt, dass sich auf der Grundlage typischer regionaler Muster des Strukturbruchs, die durch ökonomische, politische und soziokulturelle Auseinandersetzungen entstehen, spezifische regionale Beziehungsmuster zwischen Arbeitnehmermilieus und ihren gewerkschaftlichen Repräsentanten ausbilden. Insofern stellt die Kenntnis der regionalen Formen des Strukturwandels und ihres Einflusses auf die gewerkschaftliche Repräsentation eine notwendige Bedingung der reflexiven Gestaltung gewerkschaftlicher Modernisierung dar. Diese Hypothese steht im Gegensatz zu Auffassungen, die den Strukturbruch als Anfang vom Ende kollektiver Interessenrepräsentation interpretieren, indem sie entweder den Prozessen des sozialen Wandels eine Tendenz unterstellen, den für die industriellen Beziehungen konstitutiven Gegensatz zwischen Kapital und Arbeit aufzuheben, oder der Arbeitnehmerorganisation die Fähigkeit absprechen, sich auf die im Zuge des Wandels entstehenden neuen Herausforderungen einzustellen.

Die Fragestellung wird am Beispiel der Interessenvertretung in der Metall- und Elektroindustrie durch den Vergleich von drei ausgewählten Regionen untersucht.[16]

---

15 Das Konzept der sozialen Milieus nach Vester et al. bezeichnet spezifische alltagskulturelle Vergemeinschaftungszusammenhänge. In einem sozialen Milieu befinden sich Akteure, die sich aufgrund ihrer sozialen Herkunft, ihrer Position in der Sozialstruktur und damit zusammenhängender verwandtschaftlicher, nachbarschaftlicher und berufsbezogener Erfahrungen und Beziehungen ähneln und darüber ähnliche Dispositionen des Habitus ausbilden, was weitgehende Übereinstimmungen in den Grundwerten mit einschließt. Aufgrund der gesellschaftlichen Arbeitsteilung und der sozialen Hierarchien verfügen die Akteure je nach Milieuzugehörigkeit über spezifische Kapitalressourcen ökonomischer, kultureller und sozialer Art. Der klassenkulturelle Habitus eines sozialen Milieus ist trotz veränderter äußerer Lebensstile in der Regel über mehrere Generationen hinweg relativ stabil. Vgl. Michael Vester/Peter von Oertzen/Heiko Geiling/Thomas Hermann/Dagmar Müller, Soziale Milieus im gesellschaftlichen Strukturwandel. Zwischen Integration und Ausgrenzung, Frankfurt a. M. 2001.
16 Es handelt sich dabei um Ergebnisse des von der Hans-Böckler-Stiftung geförderten Forschungsprojektes »Gewerkschaft und soziale Milieus«, das von 2006 bis 2008 unter der Leitung von Heiko Geiling an der Leibniz Universität Hannover durchgeführt wurde. Da soziale Felder und die Habitusdispositionen der sozialen Akteure das derzeitige (Zwischen-)Ergebnis historischer Auseinandersetzungen und Aneignungsprozesse darstellen, wurden bei der methodologisch auf den Konzepten des sozialen Feldes (Bourdieu) sowie der regionalen und sozialstrukturellen Milieuforschung (Vester et al.) beruhenden politisch-soziologischen Untersuchung in allen Phasen auch historische Aspekte berücksichtigt. Die empirische Basis des Beitrags bilden über 90 qualitative Interviews mit Gewerkschaftsmitgliedern, Nichtmitgliedern und Experten sowie umfangreiche Untersuchungen der gewerkschaftlichen Handlungsfelder in drei Regionen mittels teilnehmender Beobachtung und Quellenauswertung. Alle Angaben sind anonymisiert erhoben worden. Daher erfolgt keine Benennung der einzelnen Regionen. Vgl. Heiko Geiling/Stephan Meise/Dennis Eversberg,

Dabei knüpft der Beitrag ergänzend zur Strukturbruchthese an die Metapher der »drei Welten der deutschen Gewerkschaften« von Wolfgang Schroeder und Bernhard Weßels an, mit der Betriebe unter dem Gesichtspunkt der dort vorliegenden Bedingungen gewerkschaftlicher Vertretungsmacht kategorisiert werden.[17] Zur *ersten Welt* der Gewerkschaften zählen große Industrieunternehmen, in denen der gewerkschaftliche Organisationsgrad traditionell hoch ist, sowie der Öffentliche Dienst. Die *zweite Welt* wird von mittelgroßen Unternehmen des sekundären und tertiären Sektors gebildet, in denen Gewerkschaften zwar vertreten, aber nur unter besonderen regionalen und branchenspezifischen Umständen eine größere Stärke erringen können. Schließlich gibt es noch die *dritte Welt* von kleinen oder mittleren Betrieben vor allem des tertiären Sektors, in denen die Gewerkschaften in der Regel schwach oder gar nicht vertreten sind.

Diese Typologie wird im Folgenden auf regionale Gewerkschaftsstrukturen übertragen und so für die Analyse der Zusammenhänge zwischen regionalen Strukturbedingungen und Interessenrepräsentation nutzbar gemacht. Die vorgestellten Untersuchungsregionen stehen jeweils exemplarisch für eine der drei Welten, da in jeder die Gewerkschaftspraxis zwar nicht ausschließlich, aber überwiegend von einer dieser Welten geprägt ist. Eine westdeutsche Großstadtregion mit starken gewerkschaftlichen Kernbereichen repräsentiert die gewerkschaftliche *erste Welt*. Für die *zweite Welt* steht eine eher ländlich strukturierte westdeutsche Region mit Hochschulstandort und mittelständischem Hightechcluster, während eine altindustrielle Region in Ostdeutschland als *dritte Welt* der Gewerkschaften erscheint. In jeder Region wird zunächst die Entwicklung der Handlungsbedingungen der Gewerkschaft entlang der Brüche und Kontinuitäten in den sozialen Feldern der Ökonomie, der Politik und der Alltagskultur der sozialen Milieus – als wesentlichen Dimensionen gewerkschaftlicher Stärke – dargestellt, um anschließend deren Auswirkungen auf die jeweilige regionale Gewerkschaftspolitik und die sozialen Beziehungen zwischen Gewerkschaftsrepräsentanten und Arbeitnehmermilieus untersuchen zu können. Vor dem Hintergrund der Ergebnisse zur regionalen Interessenrepräsentation werden schließlich mögliche Probleme der Strukturbruchthese von Doering-Manteuffel/Raphael diskutiert und die These um eine stärkere Berücksichtigung regional unterschiedlicher Entwicklungspfade und damit verbundener Akteurskonstellationen erweitert.

Gewerkschaft und soziale Milieus. Eine vergleichende Studie über gewerkschaftliche Nähe- und Distanzbeziehungen in drei Regionen. Forschungsbericht, Hannover 2008; Stephan Meise, Habitustheoretische Analyse innergewerkschaftlicher Machtverhältnisse, in: Samuel Greef/Viktoria Kalass/Wolfgang Schroeder (Hg.), Gewerkschaften und die Politik der Erneuerung. Und sie bewegen sich doch, Düsseldorf 2010, S. 187-205; Stephan Meise, Regionale Gewerkschaftspraxis in Ostdeutschland 20 Jahre nach der »Wende« – eine Fallstudie, in: Industrielle Beziehungen 2 (2010), S. 214-231.

17 Wolfgang Schroeder/Bernhard Weßels, Gewerkschaften, S. 19.

In der ersten Welt der gewerkschaftlichen Interessenrepräsentation: Konversion der strukturellen Grundlagen traditioneller Gewerkschaftsmacht

Als Erstes wird der soziale Wandel in einer westdeutschen Großstadtregion betrachtet, in der die Gewerkschaft IG Metall traditionell stark präsent ist. Die dortigen großen Industrieunternehmen, die nicht selten auf eine lange Geschichte zurückblicken können, profitierten besonders vom Boom der Nachkriegszeit. In den 1970er-Jahren hat im *ökonomischen Feld* ein Prozess des Strukturwandels vom sekundären zum tertiären Sektor eingesetzt, der bis heute andauert und in dessen Zuge zahlreiche traditionelle Industrieunternehmen verschwunden beziehungsweise erheblich geschrumpft sind. Andere Großunternehmen konnten sich hingegen am Markt behaupten. Insbesondere der Fahrzeugbau mit einigen bedeutenden Betrieben und die damit verbundene Zulieferindustrie wirken nach wie vor strukturprägend. Die Wirtschaftsstruktur ist – zum Teil in Abhängigkeit von den Großbetrieben – stark diversifiziert. In der traditionellen Metall- und Elektroindustrie sind die Beschäftigtenzahlen langfristig deutlich zurückgegangen. Dem gegenüber stehen seit den 1990er-Jahren erhebliche Beschäftigungszuwächse in den Bereichen IT, Telekommunikation und Softwaredienstleistungen. Das Wachstum von Dienstleistungsunternehmen hat den Verlust an Industriearbeitsplätzen aber insgesamt nur zu etwa einem Drittel kompensieren können. Zwischen 1990 und 2005 gingen in der Region per saldo über 30.000 sozialversicherungspflichtige Beschäftigungsverhältnisse verloren. Während sich die regionale Wirtschaft unter anderem durch eine Konzentration wissensintensiver Branchen und eine internationale Ausrichtung insgesamt als sehr konkurrenzfähig erweist, zeigen sich aus gewerkschaftlicher Sicht sowohl in modernen wie in den klassischen Beschäftigungsbereichen problematische Veränderungsprozesse: Ausgliederungen, Übernahmen, Umstrukturierungen und zunehmende Leiharbeit gehen häufig mit Verschlechterungen der Arbeitsbedingungen einher. Die sinkenden Arbeitslosenzahlen der letzten Jahre stehen im Zusammenhang mit einem deutlichen Wachstum prekärer Beschäftigungsformen.

Die bedeutende Rolle der Automobilindustrie mit anhaltend hohen gewerkschaftlichen Organisationsgraden stellt die zentrale Bedingung für die symbolische Stärke der IG Metall im *politischen Feld* von Region 1 dar. Vor dem Hintergrund eines sich trotz starker Brüche bei einzelnen traditionellen Unternehmen im Ganzen ebenso stetig wie langsam vollziehenden industriellen Strukturwandels haben sich korporatistische Arrangements zwischen Wirtschaft, Politik und Gewerkschaften in modernisierter Form erhalten. Dies hängt auch mit den Voraussetzungen im regionalen politischen Feld zusammen, in dem keine scharfen Brüche festzustellen sind. Die Machtstruktur ist eher als konsensorientiert zu beschreiben und wird in besonderem Maß von der Rolle als bedeutendem Oberzentrum geprägt. In den immer wieder diskret erneuerten politischen Konsens zwischen verschiedenen städtischen Elitefraktionen sind partiell auch die Gewerkschaften eingebunden. Dafür war vor allem die seit der

Nachkriegszeit durchgängige und bis heute wirksame Hegemonie der Sozialdemokratie von Bedeutung. Die langfristig relativ stabile politische Situation hat zu einem für alle Beteiligten verlässlichen Handlungskontext geführt, in dem die Politiker in der Lage sind, zwischen den Interessen von Wirtschafts- und Arbeitnehmerseite in bemerkenswert konfliktarmer Art und Weise zu vermitteln. Korporatistische Arrangements zwischen Wirtschaft, Politik und Gewerkschaften scheinen auch weiterhin Bestand zu haben, wenngleich in jüngerer Zeit ein Übergewicht eher angebotsorientierter Politik festzustellen ist. Trotz der vergleichsweise starken historischen Kontinuität im politischen Feld sind schleichende Entfremdungsprozesse zwischen Politik und bestimmten sozialen Milieus, insbesondere den unterprivilegierten, aber auch den mittleren Arbeitnehmermilieus, die eine Zunahme illegitimer Eingriffe in ihre Lebensweise wahrnehmen, festzustellen. Dies ist in ähnlicher Form auch in den anderen Regionen zu beobachten.[18]

Im Verhältnis zwischen Gewerkschaft und Politik, vor allem zur SPD, haben professionell distanzierte Kommunikationsformen nach und nach die alten kollegialen Vergemeinschaftungsformen ersetzt. Der regionalen IG Metall gelang es zwar, stellenweise einen gewissen politischen Einfluss mit dem Ziel einer arbeitnehmerorientierten Wirtschafts- und Sozialpolitik auszuüben. Dies geschah aber zumeist, ohne dass damit eine besondere symbolische Präsenz der IG Metall im politischen Feld verbunden war. Die geringe öffentliche Wahrnehmbarkeit der IG Metall hing auch damit zusammen, dass die regionalen Medien für die unterste gewerkschaftliche Organisationsebene jenseits von Routineberichten über alljährlich wiederkehrende Gedenkveranstaltungen kaum zugänglich sind.

Die Entwicklung im *Feld der Alltagskultur der sozialen Milieus* in Region 1 wird mitbestimmt vom bereits weit vorangeschrittenen ökonomischen Strukturwandel von der Industriegesellschaft zur Dienstleistungsgesellschaft. Die früher bedeutende traditionelle Arbeiterkultur hat sich im intergenerationalen Wandel modernisiert und ausdifferenziert. Die starke Dynamik der Entwicklung auf Unternehmensebene stellte hohe Anforderungen an die Beschäftigten, die im Durchschnitt über ein vergleichsweise hohes Qualifikationsniveau verfügten. Gleichzeitig stieg, bedingt durch berichtete oder persönlich erfahrene Entlassungen, Umstrukturierungen und Insolvenzen, die Angst vor dem Verlust des Arbeitsplatzes. Den Segmenten der hoch qualifizierten und der modernisierten Facharbeiter steht als typischer Urbanitätseffekt ein hoher Bestand an Arbeitslosen und ein in einigen Quartieren verdichtetes soziales Problempotenzial gegenüber. Zudem ist eine Tendenz zur Prekarisierung von Arbeits- und Beschäftigungsbedingungen zu beobachten, insbesondere Fremdvergabe und Leiharbeit kommen verstärkt zum Einsatz. Insgesamt sind sowohl eine relativ große horizontale

---

18 Zur Krise der politischen Repräsentation vgl. allgemein: Michael Vester et al., Soziale Milieus, S. 100 ff.; z. B. der SPD: Heiko Geiling (Hg.), Die Krise der SPD. Autoritäre oder partizipatorische Demokratie, Münster (Westf.) 2009.

Differenzierung, die in den letzten Jahrzehnten weiter zugenommen hat, als auch eine persistente vertikale Schichtung der Arbeitnehmermilieus feststellbar.

Der Strukturbruch hat sich in Region 1 insgesamt in einer für die industriellen Zentren Deutschlands typisch erscheinenden Form vollzogen, wobei eine besondere Kontinuität im regionalen politischen Feld bemerkenswert ist. Vor dem Hintergrund eines trotz starker Dynamik des Strukturwandels leistungsfähigen und diversifizierten Wirtschaftsstandortes sowie relativ stabiler korporatistischer Beziehungen hatte für das Handeln der Gewerkschaft in ihrer *ersten* Welt lange Zeit eine im Großen und Ganzen günstige Ausgangslage bestanden. Die teilweise ökonomische Konversion von der Industrieproduktion in Dienstleistungsorientierung, die mit Beschäftigungsabbau in den gewerkschaftlichen Kernbereichen verbunden ist, führte allmählich zu wachsenden Herausforderungen für die IG Metall.

Um eine vergleichende Analyse der Gewerkschaftspraxis zu ermöglichen, folgen zunächst die Darstellungen des Strukturwandels in den übrigen beiden regionalen Welten der Gewerkschaft.

In der zweiten Welt: polarisierte Regionalstruktur als Ausgangspunkt der Interessenvertretung

Das *ökonomische Feld* in der zweiten westdeutschen Untersuchungsregion war historisch lange weitgehend von landwirtschaftlicher und handwerklicher Produktion geprägt. Der verspätet einsetzende Industrialisierungsprozess war erst in der Mitte des 20. Jahrhunderts abgeschlossen. Anfang der 1980er-Jahre setzte ein erneuter Strukturwandel ein, der stellenweise eine sehr rasche Deindustrialisierung in der regionalen Peripherie bewirkte. Nach der deutschen Wiedervereinigung traf eine erneute Welle von Schließungen und Verlagerungen die Region. In den ländlichen Gebieten haben nur wenige größere Betriebe überlebt, die mit einem relativ kleinen Stamm an qualifiziertem Personal eine spezialisierte Nischenproduktion betreiben. In den Städten konnte sich jedoch eine Reihe vor allem mittelständischer Industrieunternehmen halten, die sich im Lauf der letzten Jahrzehnte teilweise zu international ausgerichteten Hightechproduzenten entwickelt haben. Mittlerweile bilden diese spezialisierten Betriebe das Rückgrat der regionalen Industrie. Allerdings handelt es sich nicht um personalintensive Branchen, sodass auch bei einer positiven Weiterentwicklung nicht mit größeren Arbeitsplatzzuwächsen zu rechnen ist. Insgesamt sind leichte Beschäftigungsrückgänge zu verzeichnen.

In Region 2 besteht heute ein deutliches Gefälle zwischen städtischen und ländlichen Wirtschaftsstrukturen. Abseits der Hightechzentren bestehen heute nicht unerhebliche Probleme in der regionalen Wirtschaftsstruktur. Es handelt sich trotz einzelner bedeutender Unternehmen um ein eher strukturschwaches Gebiet, das Gefahr läuft, zur ökonomischen *Krisenregion* zu werden. Kleine und mittelständische Betriebe dominieren, gerade in den Kleinbetrieben ist der gewerkschaftliche Einfluss oft gering. Wegen der schlechten Beschäftigungsperspektiven ist die Abwanderungsrate in den ländlichen Gebieten relativ hoch.

Im *politischen Feld* der Region 2 scheint insbesondere in den größeren Städten eine modernisierte Form der traditionellen Honoratiorenherrschaft weiterzubestehen. Bildungsbürgerliche und konservative Eliten bestimmen die kommunale Politik. Zahlreiche Konfliktlinien regionaler, konfessioneller und parteipolitischer Art durchziehen die Region. Beispielsweise bestand innerhalb des regionalen Hochschulstandorts eine ausgeprägte Konkurrenz zwischen verschiedenen Fraktionen von unternehmerischen und politischen Akteuren. Neben einer auch in politischer Hinsicht deutlichen Polarisierung zwischen Zentrum und Peripherie konkurrieren mehrere städtische Zentren miteinander sowie mit den Zentren benachbarter Regionen. Vor dem Hintergrund einer bisweilen lähmenden Spaltung der regionalpolitischen Akteure scheint der bis vor einigen Jahrzehnten in der Region praktizierte Korporatismus inzwischen weitgehend erodiert zu sein. In den letzten Jahren ist es einer unternehmerisch dominierten Regionalinitiative gelungen, sich als wichtiger eigenständiger Machtfaktor zu etablieren. In der Folge sind die gewerkschaftlichen Einflussmöglichkeiten in der regionalen Strukturpolitik deutlich zurückgegangen. Hinzu kommt, dass dem verarbeitenden Gewerbe von einigen regionalpolitischen Akteuren nur eine im Vergleich zur Universität und dem öffentlichen Dienstleistungsbereich relativ untergeordnete Bedeutung zuerkannt wird.

Ungeachtet dieser Konflikte sind Kontinuitäten in der politischen Kultur festzustellen. So bestehen weiterhin von der Gewerkschaft nutzbare, historisch gewachsene politische Beziehungen zu einzelnen Parteien. Insbesondere zur SPD, die in Teilen der Region die stärkste Partei ist, existieren die traditionellen milieuspezifischen Verbindungen in verringerter und modernisierter Form weiter.

Im *Feld der Alltagskultur der sozialen Milieus* entwickelte sich in der Region aus der noch ständisch geprägten Gesellschaft im 20. Jahrhundert nach und nach eine moderne Arbeitnehmergesellschaft, in der zwei soziale Klassenmilieus zusammenkamen. Während die eher hierarchisch orientierten ländlich-kleinbürgerlichen Milieus sozial abstiegen und ihre Kinder zu abhängig beschäftigten Arbeitnehmern wurden, stiegen die auf Eigenverantwortung ausgerichteten facharbeiterisch-handwerklichen Milieus in die Mitte der Gesellschaft auf. Die Facharbeiter wurden selbstbewusster und erkämpften sich die Teilhabe am entstehenden Wohlstand. Diese Milieutraditionslinien haben auch heute in teilweise modernisierter Form Bestand. Bildungsbürgerliche und gehoben konservative Milieus finden sich hauptsächlich in den Städten. Auf dem Land scheint die Präsenz der bisher schwerpunktmäßig in den Städten angesiedelten prekären Milieus zuzunehmen.

Vor allem innerhalb des Hightechclusters ist ein langfristiger Wandel der Beschäftigtenstruktur festzustellen. Der Anteil der hoch qualifizierten Arbeitsplätze im Dienstleistungsbereich, vor allem in der Forschung und Entwicklung, stieg in den meisten Betrieben, während in der Produktion Arbeitsplätze abgebaut, an ausländische Standorte verlagert oder durch Zeitarbeiter besetzt wurden. Unter anderem durch den verstärkten Einsatz von Leiharbeitern nahmen auch in dieser Region subjektive Erfahrungen von Unsicherheit zu – selbst dort, wo keine akute Bedrohung des Arbeitsplatzes vorlag.

Der Strukturwandel in Region 2 ist durch Polarisierungen zwischen traditionellen und modernen Wirtschaftsbereichen sowie zwischen städtischen und ländlichen Strukturen und durch starke Konfliktlinien im politischen Feld gekennzeichnet. Korporative Strukturen sind weitgehend erodiert und nur noch unter bestimmten Umständen in insularer Form für die Gewerkschaft nutzbar. Die traditionell diversifizierte Form der Facharbeit besteht in modernisierter und zunehmend spezialisierter und hoch qualifizierter Form weiter. Angesichts des langfristigen, aber deutlich hervortretenden Strukturbruchs, der als Teilmodernisierung aufgefasst werden kann, erscheinen die Bedingungen für kollektive Interessenvertretung ambivalent, sind damit aber, wie sich nun zeigen wird, günstiger als in der *dritten Welt* der Gewerkschaft.

Die dritte Welt der Gewerkschaft: unterbrochene Tradition und schwieriger Neuanfang

Anders als in den beiden zuvor untersuchten westdeutschen Regionen hat der Strukturbruch in der dritten, in Ostdeutschland liegenden Region nicht die Form eines über mehr als drei Jahrzehnte verlaufenden Prozesses, sondern eher die einer ökonomischen, politischen und sozialen Revolution angenommen. In der DDR war die Region ein bedeutender Standort der Maschinenbauindustrie. In der ersten Hälfte der 1990er-Jahre hat jedoch im Zuge der Umstellung der ostdeutschen Wirtschaftsstruktur auf marktwirtschaftliche Verwertungsziele und der radikalen Privatisierungspolitik der Treuhandgesellschaft eine Deindustrialisierung erheblichen Ausmaßes stattgefunden. Anstelle riesiger Maschinenbaukombinate existieren im *ökonomischen Feld* der Region 3 heute fast ausschließlich kleine und mittelständische Betriebe.

Die Zahl der Arbeitsplätze in der regionalen Metallindustrie ist von über 50.000 im Jahr 1990 bis heute auf etwa ein Viertel dieses Werts zurückgegangen. In den übrigen Organisationsbereichen der IG Metall hat ebenfalls ein Arbeitsplatzabbau in ähnlicher Größenordnung stattgefunden. Die Arbeitslosenquote lag in der Region lange bei über 20 Prozent. Erst in den letzten Jahren ist sie deutlich gesunken und liegt nun etwa im Bereich des Durchschnitts der ostdeutschen Bundesländer von 13 Prozent.[19] Die Entspannung auf dem regionalen Arbeitsmarkt, die bisher trotz der Wirtschaftskrise anhält, ist vor allem auf eine seit einigen Jahren zu beobachtende ökonomische

---

19 Jahresdurchschnitt 2009, Quelle: Bundesagentur für Arbeit.

Konsolidierung zurückzuführen.[20] Einzelne Sektoren bauen auf niedrigem Niveau wieder Beschäftigung auf, zum Teil gelang auch die Neuansiedlung innovativer Technologien. Innerhalb des Status der Erwerbsarbeit nahmen jedoch unterschiedliche Formen prekärer Beschäftigungsbedingungen, insbesondere Leiharbeit und geringfügige Beschäftigung, seit Mitte der 1990er-Jahre sehr stark zu.

Der krasse Strukturbruch des Transformationsprozesses wirkt bis heute in Form zahlreicher Einzelprobleme der Wirtschaftsstruktur nach. Ein zentrales und für die Gewerkschaftspraxis folgenreiches Problem besteht in der aus der Treuhandpolitik resultierenden Dominanz kleiner Betriebe, deren Kapitalausstattung oft sehr gering ist. Die noch existierenden größeren Betriebe gehören fast alle zu westdeutschen oder ausländischen Unternehmen, verfügen als deren *verlängerte Werkbänke* kaum über Forschungs- und Entwicklungskapazitäten und bleiben in der Wertschöpfung hinter den Stammhäusern ihrer Konzerne zurück.

Die Tariflandschaft der Region 3 ist stark fragmentiert. Relativ wenige Metall- und Elektrobetriebe sind an den Flächentarif gebunden, und von diesen nimmt die deutliche Mehrheit Härtefall- und Abweichungsregelungen in Anspruch. Etwa in der Hälfte der Betriebe der regionalen Metall- und Elektroindustrie waren die Arbeits- und Beschäftigungsbedingungen nicht tariflich reguliert, weder durch direkte Tarifbindung noch indirekt durch freiwillige Orientierung am Flächentarif.[21] Das Verhältnis von tarifgebundenen und nicht tarifgebundenen Unternehmen ist seit einigen Jahren in etwa konstant, das heißt, eine weitere Erosion der noch an den Flächentarifvertrag gebundenen Bereiche ist nicht zu beobachten. Damit deutet sich eine dauerhafte Koexistenz stärker und schwächer regulierter Bereiche innerhalb der Region an.[22]

In der Strukturpolitik ist kaum ein konzertiertes Vorgehen der regionalen Akteure erkennbar. Die Vergabe von Fördermitteln, die weiterhin vergleichsweise bedeutend ist, scheint kaum am regionalen Bedarf ausgerichtet zu sein. Jahrelange gewerkschaftliche Kritik an diesem Umstand sowie an den Kriterien der Mittelvergabe und der Haltung vieler Arbeitgeber, prinzipiell förderberechtigt zu sein, ist bisher folgenlos geblieben.

Dies verweist nicht nur auf im Zuge des Transformationsprozesses entstandene regionale politische Konfliktlinien, sondern auch darauf, dass die Position der IG Metall im *politischen Feld* der Region 3 als außerordentlich schwach zu kennzeichnen ist. In der Frühphase des Transformationsprozesses war die Gewerkschaft teilweise in

---

20 Für ganz Ostdeutschland vgl. Hans-Ulrich Brautzsch, Zur Entwicklung des ostdeutschen Arbeitsmarktes im Aufschwung, in: WSI-Mitteilungen 9 (2008), S. 486-491.
21 Dazu auch Ingrid Artus, Die Kooperation zwischen Betriebsräten und Gewerkschaften als neuralgischer Punkt des Tarifsystems. Eine exemplarische Analyse am Beispiel Ostdeutschlands, in: Industrielle Beziehungen 2 (2000), S. 250-272.
22 So auch Ulrich Brinkmann et al., Strategic Unionism, S. 19 sowie Thomas Haipeter, Tarifregulierung zwischen Fläche und Betrieb. Koordinierung und Praxis in der Chemie- und in der Metallindustrie, in: WSI-Mitteilungen 4 (2009), S. 185-192.

Entscheidungsprozesse mit eingebunden. Seit Ende der 1990er-Jahre scheinen die parteipolitischen Akteure an tripartistischen Arrangements kaum noch interessiert. Die Parteien geben sich zwar ansprechbar, räumen der Gewerkschaft aber keine praktischen Einflussmöglichkeiten ein. Eine besondere Nähe zwischen Gewerkschaft und der regional bildungsbürgerlich ausgerichteten Sozialdemokratie hat sich nach Jahrzehnten DDR nicht wieder entwickelt. Die parteipolitische Ausrichtung ist zudem gewerkschaftsintern umstritten: Während hauptamtliche Gewerkschafter eher SPD-orientiert agieren, gilt die Basis eher als Linkspartei-nah. In der Öffentlichkeit sind gewerkschaftliche Positionen kaum repräsentiert, die lokalen Medien sind ganz überwiegend gewerkschaftskritisch eingestellt.

Die andauernde Schwäche der gewerkschaftlichen Wahrnehmbarkeit in der regionalen Politik trägt zur Stärkung der Arbeitgeberseite bei. Für die Gewerkschaft ist dabei nicht nur ihr geringer politischer Einfluss auf die Parteipolitik problematisch. Eine stärkere informelle politische Einflussnahme scheitert auch daran, dass unter den Beschäftigten ein hoher Grad an politischer Enthaltung und Enttäuschung festzustellen ist. Die demokratische Kultur scheint sich in der Region auch zwanzig Jahre nach der *Wende* noch im Aufbau zu befinden. Dies kann nur teilweise als eine Nachwirkung des Mangels demokratischer Sozialisation in der DDR erklärt werden. Vielmehr ist auch zu berücksichtigen, dass im Zuge des Transformationsprozesses eine große Diskrepanz zwischen den Wahrnehmungen der politischen Repräsentanten und denen der Arbeitnehmer aus den unteren und mittleren Milieus entstanden ist. Insbesondere diejenigen Milieus mit traditionelleren Mentalitäten und Alltagsstrategien haben bis heute Schwierigkeiten, die häufig als persönliche Katastrophen empfundenen Folgen des Transformationsprozesses zu bewältigen. Die von großen Teilen der Arbeitnehmermilieus als sozial unausgewogen empfundenen Sozialreformen der Agenda 2010 haben ebenfalls zu der beobachtbaren Krise der politischen Repräsentation beigetragen.

Die zentrale Erkenntnis der Transformationsforschung, dass der ostdeutsche Strukturbruch trotz seiner revolutionären Form »keine Stunde null« kannte, zeigt sich in der Untersuchungsregion besonders im *Feld der Alltagskulturen der sozialen Milieus*.[23] Die ostdeutsche Sozialstruktur wies auch nach Jahrzehnten der getrennten Entwicklung noch eine im Vergleich zur westdeutschen sehr ähnliche Grundstruktur auf, was darauf hinweist, dass sich grundlegende Dimensionen sozialer Ungleichheit auch unter der staatssozialistischen Herrschaft nicht verändert hatten.[24] Unterschiede zeigten sich zunächst in den Größenordnungen der Milieutraditionen. Anders als

---

23 Wolfgang Schroeder, Das Modell Deutschland auf dem Prüfstand. Zur Entwicklung der industriellen Beziehungen in Ostdeutschland (1990–2000), Wiesbaden 2000, S. 373.
24 Vgl. Michael Vester et al., Strategic Unionism, S. 526 ff.; Michael Hofmann/Dieter Rink, Vom Arbeiterstaat zur de-klassierten Gesellschaft? Ostdeutsche Arbeitermilieus zwischen Auflösung und Aufmüpfigkeit, in: Helmut Bremer/Andrea Lange-Vester (Hg.), Soziale Milieus und Wandel der Sozialstruktur, Wiesbaden 2006, S. 262-284.

in Westdeutschland wiesen die traditionellen ostdeutschen Milieus, bedingt durch das Modernisierungsdefizit der DDR-Gesellschaft, noch in den 1990er-Jahren weit größere Bevölkerungsanteile auf. Nach der Wende haben sich insbesondere in den mittleren und unteren Arbeitnehmermilieus erhebliche Veränderungen ergeben. Die Milieustruktur der Region ist dadurch einer besonders großen Dynamik ausgesetzt. Während Teile der sozialen Milieus als Modernisierungsgewinner von der teilweisen Öffnung des sozialen Raums profitieren konnten, was bei ihnen mit einer Pluralisierung und Modernisierung von Lebensweisen einherging, sind andere Teile der Arbeitnehmermilieus zu Verlierern der Modernisierung geworden. Diese sehen sich bis heute mit erheblichen alltagskulturellen Problemen konfrontiert.

Vor allem auf der Ebene der betrieblichen Vergemeinschaftung sind starke Brüche festzustellen. Von der bestehenden Massenarbeitslosigkeit sehen sich nicht nur die unterprivilegierten Milieus in der Region stark bedroht, sondern auch weite Teile der mittleren Arbeitnehmermilieus. Die alte aus der Maschinenbautradition stammende regionale Identität ist weggefallen, eine neue Identität hingegen noch nicht gefestigt. Die verbreitete Erfahrung von Arbeitslosigkeit und damit verbundene Gefühle der Alternativlosigkeit wirken sich nun schon seit rund zwei Jahrzehnten als große Hypothek auf die Bereitschaft vieler Beschäftigten zu einer selbstbewussten Interessenvertretung aus. Insbesondere die *gescheiterten Pioniere* der facharbeiterischen Wiederaufbaugeneration, die inzwischen in die Jahre gekommen sind, haben sich in Teilen enttäuscht auf die Familie als einzige ihnen gebliebene Ressource zurückgezogen. In der Nachfolgegeneration wird als Aufstiegsstrategie relativ häufig die Option der Abwanderung in den Westen wahrgenommen. Unter anderem durch hohe Abwanderungsraten bedingt, sind in Zukunft weitere Veränderungen der regionalen Sozialstruktur zu erwarten.

Der revolutionäre Bruch nach 1990 hat also bis heute erhebliche Bedeutung für die Strukturen in Region 3. Auf nahezu katastrophale Erosionsprozesse sind zwar mittlerweile Konsolidierungstendenzen gefolgt, sodass sich keineswegs ein einseitiges Niedergangsszenario entwerfen lässt. Für die Gewerkschaft in Region 3 bestehen aber weiterhin ungünstige Bedingungen, die typisch für Ostdeutschland sind. Die Tariflandschaft ist dauerhaft fragmentiert. Weder korporative Strukturen noch gefestigte Beziehungen der Gewerkschaft zu parteipolitischen Akteuren haben sich mehr als in Ansätzen entwickeln können. Während die Folgen des ökonomischen Zusammenbruchs Teile der Arbeitnehmermilieus bis heute belasten, ist gleichzeitig eine sehr rasche Differenzierung und Polarisierung der sozialen Milieus feststellbar.

Auf die Darstellung der drei regionalen Welten der Gewerkschaft folgt nun eine vergleichende Untersuchung der Auswirkungen der jeweiligen Strukturbedingungen auf das gewerkschaftliche Handeln und die sozialen Beziehungen zwischen Gewerkschaftsrepräsentanten und Arbeitnehmermilieus.

Regionalspezifische Repräsentationsbeziehungen im Wandel

In den drei Untersuchungsregionen, die jeweils exemplarisch für eine der drei Welten der Gewerkschaften stehen, existieren, wie gesehen, jeweils spezifische Voraussetzungen für die gewerkschaftliche Praxis. Dies wirkt sich zunächst dahingehend aus, dass sich die regionalen Gewerkschaftsgliederungen in ihrer Arbeit auf sehr unterschiedlich strukturierte Ressourcen stützen. Am deutlichsten wird dies, wenn man die Region 3 mit ihrer Vielzahl von Problemlagen den beiden westdeutschen Regionen gegenüberstellt. Diese weisen auf den ersten Blick zwar mehr Ähnlichkeiten auf, im Einzelnen wirkt sich die unterschiedliche Struktur der beiden Regionen jedoch ebenfalls stark auf die gewerkschaftlichen Handlungsbedingungen aus. Im Weiteren ist nun zu untersuchen, mit welcher Ausgestaltung der sozialen Beziehungen zwischen gewerkschaftlichen Repräsentanten und Repräsentierten aus den verschiedenen Arbeitnehmermilieus die regional differenzierten Strukturbedingungen jeweils einhergehen.

Die IG Metall-Verwaltungsstelle in *Region 1* hat sich insofern lange in einer relativ privilegierten Situation befunden, als dass ihr durch weiterhin hohe Organisationsgrade in ihren industriellen Kernbetrieben ausreichend Ressourcen zugekommen sind. Neben einer größeren Anzahl von Hauptamtlichen profitiert die regionale Gewerkschaft noch bis heute davon, dass es in ihrem Bereich wegen der Größe vieler Betriebe mehr freigestellte Betriebsräte gibt als in den anderen beiden Regionen. Der schleichende Strukturwandel hat sich für die Gewerkschaftsakteure in Region 1, die es gewohnt waren, aus einer traditionellen Position der Stärke heraus zu agieren, bis weit in die 1990er-Jahre hinein kaum bemerkbar gemacht. Insofern war die IG Metall in ihrer *ersten Welt* in einer hegemonialen Position gegenüber den übrigen regionalen Gliederungen und hat ihre spezifische Orthodoxie – im Sinne habitualisierter Handlungsmuster und Verfahrensweisen der regionalen Gewerkschaftsakteure – ungeachtet der unterschiedlichen regionalen Bedingungen lange als Maßstab für die anderen Welten der Gewerkschaft aufgefasst.

Doch nachdem die Verwaltungsstelle in Region 1 zu Beginn der 1990er-Jahre einen Höchststand bei den Mitgliederzahlen erreicht hatte und angesichts der eigenen Stärke kaum Veränderungsbedarf zu bestehen schien, hat der langfristige Beschäftigungsabbau in den gewerkschaftlichen Kernbereichen der Metallindustrie die lokale IG Metall inzwischen merklich unter Druck gesetzt. Weil die zu Zeiten langfristig steigender Mitgliederzahlen ebenfalls gewachsenen Ausgaben nur allmählich zu reduzieren sind, macht sich dieser Druck inzwischen auch in finanzieller Hinsicht bemerkbar. Auch weitere im Zuge des langfristigen Wandels entstandene Strukturprobleme sind in den letzten fünfzehn Jahren immer deutlicher hervorgetreten. Dazu zählt, dass aufgrund der starken Diversifizierung der regionalen Wirtschaftsstruktur eine relativ große Bandbreite von sehr unterschiedlichen Branchen und Betrieben mit sehr verschiedenen Problemen und Anforderungen vorliegt. In manchen Bereichen müssen den Arbeitgebern nun Zugeständnisse in Form von Abweichung vom Flächentarif gemacht werden. Die diversifizierte Wirtschaftsstruktur geht einher mit einer relativ großen sozialen Heterogenität der Arbeitnehmerschaft. Während in den facharbeiterischen Milieus, vor allem in der Automobilindustrie, eine weitgehend stabile Verankerung der Gewerkschaft besteht, sind in Teilen der neu entstandenen modernen Dienstleistungsbereiche und bei hoch Qualifizierten Einschränkungen in der gewerkschaftlichen Repräsentation festzustellen.

In der Verwaltungsstelle wird die Lage nicht als eine vorübergehende Krise interpretiert, sondern als eigenes Modernisierungsdefizit. Deshalb ist die Strategie seit einigen Jahren bewusst auf eine zunehmende Professionalisierung ausgerichtet, und es wurden zentrale *Baustellen* der Modernisierung definiert. Die führenden Gewerkschaftsrepräsentanten reflektieren für die Verbesserung der Mitgliederentwicklungsarbeit stärker als in den anderen beiden Regionen auch soziokulturelle Aspekte. Vor diesem Hintergrund sind erste Ansätze einer strategischen Mitgliederentwicklung zu erkennen, um die sozialen Beziehungen in den modernisierten Beschäftigtenbereichen weiter zu verbessern. Den Hauptamtlichen sind mit der Durchführung einer Reihe von auf einzelne Betriebe zugeschnittenen Mitgliederentwicklungsprojekten bereits Erfolge gelungen. Dabei wird bewusst auf den schwierigen, gleichwohl notwendig erscheinenden Spagat abgezielt, sich stärker als bisher über die klassischen stark gewerkschaftlich organisierten Bereiche hinaus zu öffnen, ohne die traditionelle Klientel zurückzulassen. Schrittweise soll so die einseitige Ausrichtung auf einzelne industrielle Großbetriebe, in denen die Gewerkschaft noch heute sehr stark ist, die aber überdurchschnittlich Beschäftigung abbauen, überwunden werden. Die eigene, eher an der Facharbeiterkultur ausgerichtete Ausgestaltung der Mitgliederpartizipation wurde in den letzten Jahren einer kritischen Überprüfung und einer allmählichen Veränderung unterzogen. Die gewählte Strategie einer professionalisierten traditionsgestützten Modernisierung scheint nach den bisherigen Erfahrungen den regionalen Herausforderungen zu entsprechen. Auch wenn dies nicht allein an der Mitgliederentwicklung zu bemessen ist, da diese von zahlreichen Faktoren abhängt, hat die Strategie der Verwaltungsstelle doch mit dazu beigetragen, dass sich der Mitgliederrückgang in der jüngsten Zeit trotz der Wirtschaftskrise merklich verlangsamt hat.

Professionalisierung und relativ große Sensibilität für die soziale Heterogenität der Mitgliedschaft wurden in Region 1 durch einen langfristigen personellen Wandel in den haupt- und ehrenamtlichen Schlüsselpositionen, die gewissermaßen das regionale gewerkschaftliche *Feld der Macht* (Bourdieu) bilden, begünstigt. Infolge der sozialen und politischen Umbrüche der 1970er-Jahre entstanden latente Konflikte zwischen früher dominierenden, eher konservativ ausgerichteten Gewerkschaftern aus den traditionellen Arbeitermilieus und Akteuren aus modernisierten Fraktionen facharbeiterischer Milieus, die in der Studenten- und Lehrlingsbewegung der 1970er-Jahre sozialisiert wurden und eine stark politisierte und relativ konfliktorientierte Perspektive vertraten. Allmählich konnte diese jüngere Fraktion einen regionalen Elitenwechsel in der IG Metall durchsetzen, der erst vor etwa zehn Jahren abgeschlossen war. Die heute tonangebenden modernisierten Gewerkschaftsrepräsentanten verfügen oft über ein mehr oder weniger großes zusätzliches kulturelles Kapital, das sie sich durch ein berufsbegleitendes Studium oder andere Weiterbildung angeeignet haben. Dadurch fällt es ihnen leichter, auch über die Grenzen ihres Herkunftsmilieus hinweg zu agieren. Dies hat mit dazu beigetragen, dass sich die IG Metall in Region 1 inzwischen im modernen IT- und Telekommunikationsbereich auch zunehmend auf Ehrenamtliche stützen kann, die nicht aus der Facharbeiterkultur stammen.

Der Prozess des gewerkschaftlichen Elitenwechsels ist in ähnlicher Form auch in *Region 2* zu beobachten. Hier konnte sich die jüngere und modernisierte Fraktion sogar schon in den 1980er-Jahren durchsetzen und damit schneller als in der größeren IG Metall-Verwaltungsstelle in Region 1. Dabei ist jedoch in Region 2 eine stärkere Persistenz traditioneller Elemente in der gewerkschaftlichen Symbolik zu erkennen. Wenn auch teilweise in modernisierter Gestalt und beruflich höher qualifiziert, stammen heute noch fast alle untersuchten regionalen Gewerkschaftsakteure aus der Facharbeiterkultur – von Ausnahmen in den Hightechbetrieben abgesehen. Insbesondere in den ländlichen Gebieten der IG Metall-Verwaltungsstelle sind Arbeit und Kommunikation der betrieblichen Gewerkschaftsarbeit stark von der traditionellen Arbeiterkultur geprägt.

Zu der teilmodernisierten Orthodoxie beziehungsweise gewerkschaftlichen Regionaltradition, die der Teilmodernisierung der Region entspricht, gehört – neben einer teilweise klassenkämpferischen Rhetorik – im gewerkschaftlichen Alltag ein deutlicher Pragmatismus. Dieses habitualisierte Verhaltensmuster der gewerkschaftlichen Akteure basiert auf der jahrzehntelangen Erfahrung von Phasen schnellen Strukturwandels, die in der Region schon in der Nachkriegszeit und bis heute Normalität war. Vor dem Hintergrund der Erosion des regionalen Korporatismus hat die Verwaltungsstelle darauf gesetzt, bei betrieblichen Problemen den tarifpolitischen Rahmen voll auszunutzen und maßgeschneiderte betriebliche Regelungen zu finden. Durch Mobilisierung der Belegschaften und das Entfalten von Druck auf die Arbeitgeber konnten in mehreren *Vorzeigebetrieben* beispielhafte Tarifregelungen zu teilweise ungewöhnlichen Themen erzielt werden, die für die Beschäftigten nicht selten Vorteile gegenüber dem Flächentarif mit sich gebracht haben. Die IG Metall in Region 2 praktiziert bis heute auf der Grundlage traditioneller gewerkschaftlicher Werte einen kreativen Umgang mit neu entstehenden Herausforderungen. Sie nimmt im Rahmen des Möglichen positiven Einfluss auf die Arbeitsbedingungen gerade auch solcher Beschäftigtengruppen, die im Allgemeinen seitens der Gewerkschaft eher wenig Beachtung gefunden haben (zum Beispiel Studierende). Infolge der vergleichsweise innovativen Betriebspolitik der Verwaltungsstelle ist die Gewerkschaft in vielen Betrieben auch in den ihr traditionell distanziert gegenüberstehenden Beschäftigtenbereichen anerkannt. Diese gewerkschaftliche Handlungs- und Gestaltungsfähigkeit besteht jedoch nicht im gesamten Gebiet der Verwaltungsstelle, sondern schwerpunktmäßig in den gewerkschaftlich gut organisierten *Inseln* der größeren Unternehmen.

Die gewerkschaftliche Ansprache der meist aus facharbeiterischen Milieus stammenden Kernbelegschaften funktioniert in Region 2 grundsätzlich relativ reibungslos. Die Verwaltungsstelle setzt nach wie vor auf die traditionellen Facharbeiter, seit den 1990er-Jahren ist aber auch eine gezielte Politik der Öffnung für moderne und hoch qualifizierte Beschäftigtenbereiche zu beobachten. Auf diese Weise ist es der IG Metall in Region 2 im Laufe der letzten zwei Jahrzehnte gelungen, das teilweise weggefallene gewerkschaftliche Standbein in den traditionellen Industriebetrieben durch Zuwächse im regionalen Hightechcluster zu kompensieren. In diesem Wirtschaftssektor mit weitgehend stabilen Beschäftigtenzahlen sind heute die gewerkschaftlich wichtigsten Betriebe der Verwaltungsstelle angesiedelt. Dass die gewerkschaftliche Lage in der Region aber weiterhin durch Ambivalenzen gekennzeichnet ist, zeigt sich in der Mitgliederentwicklung. Nach einer über mehrere Jahre hinweg im Vergleich des IG Metall-Bezirks sehr guten, nämlich leicht positiven Mitgliederentwicklung, ist zuletzt vor dem Hintergrund der aktuellen Krise ein überdurchschnittlicher Rückgang der Mitgliederzahlen eingetreten, der vor allem Verlusten in den gewerkschaftlich weniger betreuten Bereichen geschuldet ist.

Im deutlichen Unterschied zu den beiden westdeutschen Verwaltungsstellen hat die IG Metall in *Region 3* ihre frühere Basis in den ehemaligen Maschinenbaukombinaten beinahe vollständig und ersatzlos verloren. Auch wenn die heute existierenden Unternehmen oft auf Resten der früheren industriellen Struktur aufbauen, sind die Traditionslinien der Betriebe und der betrieblichen Alltagskultur teilweise gekappt. In zahlreichen neugegründeten Betrieben hat sich die Gewerkschaft bisher kaum etablieren können. Die lange Zeit geführten Abwehrkämpfe zur Erhaltung der Großbetriebe sind letztlich erfolglos geblieben. Damit gingen traumatische Erfahrungen vieler Arbeitnehmer einher. Vor dem Hintergrund der Erfahrung der erstarrten politischen Verhältnisse in der DDR setzten viele Beschäftigte Anfang der 1990er-Jahre große Hoffnungen in die als machtvoll wahrgenommene gesamtdeutsche IG Metall, die die Zerschlagung der ostdeutschen Maschinenbaukombinate verhindern sollte. Dass sich solche Erwartungen unter den problematischen Bedingungen des Transformationsprozesses nicht einlösen ließen, da den Gewerkschaftsrepräsentanten oft kaum mehr übrig blieb, als für die Sozialverträglichkeit des Arbeitsplatzabbaus zu streiten, war Grund für erhebliche Enttäuschungen bei vielen Mitgliedern und zog zahlreiche Austritte nach sich. Die Problematik ist noch dadurch verschärft worden, dass die Hauptamtlichen in Region 3 bis Ende der 1990er-Jahre eine stark konfrontativ ausgerichtete Strategie verfolgten, die den ökonomischen Umbruchprozessen nicht angemessen gewesen zu sein scheint und zu Entfremdungsprozessen zwischen Hauptamtlichen und facharbeiterischer Kernmitgliedschaft geführt hat. Dies lag auch darin begründet, dass die Hauptamtlichen im Zuge des Neuanfangs der IG Metall in Ostdeutschland aus dem Westen *importiert* worden waren, anfangs kaum mit den Besonderheiten der regionalen Facharbeiterkultur vertraut waren und teilweise in der nur eingeschränkt zu den spezifischen regionalen Herausforderungen passenden hegemonialen Handlungslogik der *ersten Welt* der Gewerkschaft gefangen schienen. Weiterhin machte sich der massive Beschäftigungsabbau in den von der Treuhand zerschlagenen Kombinaten der Metallindustrie in Form sinkender Mitgliederzahlen und steigender Anteile arbeitsloser Mitglieder geltend. Dies hat zudem zu einer für die betriebliche und politische Durchsetzungsmacht der Organisation ungünstigen Mitgliederstruktur geführt. Mittlerweile ist deutlich weniger als die Hälfte der IG Metall-Mitglieder in der Region in Beschäftigung, rund ein Viertel ist arbeitslos, die übrigen sind im Ruhestand.

Nach dem Scheitern der anfänglichen Strategie, in Region 3 wenigstens symbolisch aus der Position der gewerkschaftlichen Stärke zu handeln, blieb der Verwaltungsstelle spätestens ab Ende der 1990er-Jahre nichts anderes übrig, als unter den gegebenen schwierigen Voraussetzungen einen eigenen Weg zu finden. Die tägliche Gewerkschaftsarbeit ist heute zum einen in besonderem Maß von der Sozialberatung der Mitglieder bestimmt. Zum anderen sieht sich die IG Metall in Region 3 angesichts ihrer Lage weit mehr als in den Vergleichsregionen gezwungen, überwiegend eine *Feuerwehrpolitik* zur Sicherung der verbliebenen Beschäftigung zu betreiben, mit der nicht selten gewisse Verschlechterungen der Arbeitsbedingungen in Kauf genommen werden. Dieses pragmatische *Concession Bargaining*, das von Fall zu Fall vor allem in krisengeschüttelten Betrieben aktiv wird, mag von außen betrachtet – insbesondere aus der Perspektive der gewerkschaftlichen *ersten Welt* – zunächst übertrieben bescheiden oder defensiv erscheinen, zumal die aus der Not geborene Strategie, langfristige betriebliche Sanierungs- und Härtefallregelungen abzuschließen, noch zur ohnehin starken Fragmentierung der Tariflandschaft beiträgt. Für die Verwaltungsstelle in Region 3 erweist sie sich aber als angemessene Strategie, die einerseits nur vor dem Hintergrund der besonderen Handlungsbedingungen zu verstehen ist und andererseits die volle Unterstützung der Mitglieder hat. So konnte im Zuge des in den letzten Jahren vollzogenen Strategiewechsels eine gewisse Entspannung im Verhältnis zwischen Hauptamtlichen, Betriebsräten und den facharbeiterischen Kernmilieus der Mitgliederbasis erzielt werden. Seit sich die Beschäftigtenzahlen im Organisationsbereich in den letzten Jahren konsolidiert haben und sich in Teilbereichen sogar wieder leicht positiv entwickeln, hat sich auch der Rückgang der Mitgliederzahlen verlangsamt.

Dies ist zwar als ein notwendiger Schritt in Richtung einer gewerkschaftlichen Konsolidierung zu werten. Aber mit dem beschleunigten Wandel im regionalen Feld der Alltagskulturen geht einher, dass sich die von der IG Metall repräsentierten Arbeitnehmermilieus weiter ausdifferenzieren. Insbesondere die gewerkschaftliche Repräsentation von technischen Experten aus gehobenen und modernisierten Milieus scheint in Region 3 noch geringer ausgeprägt zu sein als in Westdeutschland.[25] Während die Gemengelage von zu vertretenden Interessen komplexer wird, mangelt es in

---

25 Vgl. Michael Vester et al., Arbeitnehmer, S. 106 ff.

der ostdeutschen Region infolge der außergewöhnlich starken Brüche bis heute an Gewerkschaftsakteuren mit ausreichend sozialem Kapital.

Die Akkumulation neuen sozialen Kapitals wird nur langfristig durch den allmählichen Aufbau von Vertrauensbeziehungen im Rahmen einer kontinuierlichen und verlässlichen Betriebsbetreuung zu erreichen sein. Dies erscheint in Region 3 als eine zentrale Voraussetzung dafür, die zuletzt beobachtbare ökonomische Konsolidierung in eine weitere gewerkschaftliche Konsolidierung umzumünzen. Ein kleiner Kreis engagierter und gut verwurzelter Ehrenamtlicher verweist aber auch auf schon erzielte gewerkschaftliche Erfolge in Region 3. In Teilbereichen entsteht in den 1990er-Jahren verloren gegangenes Vertrauenskapital wieder neu. Dies geht auch mit einem veränderten Verhältnis zwischen betrieblichen und hauptamtlichen Gewerkschaftsakteuren einher. Die Ehrenamtlichen, die in ihren Betrieben erfolgreich sind, treten auch gegenüber den Hauptamtlichen zunehmend selbstbewusster auf. Für die IG Metall sind diese selbstbestimmten Aktiven, die sich in ihren Betrieben auskennen und dort sozial verankert sind, unverzichtbar.

Fazit: regionaler Strukturwandel, Interessenrepräsentation und die Strukturbruchthese

Die Untersuchung der Frage, inwieweit unterschiedliche regionale Verlaufsformen des Strukturbruchs spezifische gewerkschaftliche Repräsentationsbeziehungen mit sich bringen, hat *erstens* ergeben, dass die festgestellten regional differenzierten Brüche und Kontinuitäten in Abhängigkeit von historischen Auseinandersetzungen in den jeweiligen Praxisfeldern der Arbeitsbeziehungen stehen. In der gewerkschaftlichen *ersten Welt* der Region 1 nimmt der Strukturbruch die Form einer tendenziellen Konversion der gewerkschaftlichen Kernbereiche in der Industrie in modernisierte serviceorientierte Bereiche an. In Region 2, die exemplarisch für die *zweiten Welt* steht, ist der permanente Strukturwandel seit Jahrzehnten Normalität und hat zu erheblichen Polarisierungen innerhalb der Region geführt. In der ostdeutschen Region 3 ist als einziger ein revolutionärer Strukturbruch infolge der deutschen Wiedervereinigung festzustellen, mit dem die Region zu einem Beispiel für die *dritte Welt* der Gewerkschaft geworden ist.

Daran anschließend konnte *zweitens* gezeigt werden, dass die sozialen Beziehungen zwischen Gewerkschaftsrepräsentanten und Arbeitnehmermilieus dem jeweiligen regionalen Muster des Strukturbruchs entsprechend ausgestaltet sind. Die unterschiedlichen Formen gewerkschaftlicher Repräsentation haben in Westdeutschland in ihren Grundzügen schon vor dem Beginn des Strukturbruchs der 1970er-Jahre existiert. Damit verbunden sind relativ stabile regionalspezifische Verhaltensroutinen und gewerkschaftspolitische Traditionen, hier als regionale Orthodoxie der Gewerkschaft bezeichnet, die von den regionalen Gewerkschaftsakteuren verkörpert werden und aus denen sie ihr Selbstbewusstsein ziehen. Hinzugekommen ist in den 1990er-Jahren die gänzlich neue Situation im Osten Deutschlands, wo derzeit eine eigenständige gewerkschaftspolitische Tradition zu entstehen scheint.

Drittens hat sich im Strukturbruch auch das Verhältnis der gewerkschaftlichen Welten zueinander verändert. Die gewerkschaftliche Stärke in der hegemonialen *ersten Welt* ist angeschlagen, sodass auch hier Zugeständnisse an die Gegenseite nötig geworden sind. Die traditionell praktizierte pragmatische Politik der *zweiten Welt*, die noch vor nicht allzu langer Zeit aus der hegemonialen gewerkschaftlichen Perspektive abwertend betrachtet wurde, ist mittlerweile zur gewerkschaftlichen Normalität geworden. Auch die *dritte Welt* hat einen Autonomiegewinn erfahren, indem sich die regionalen Gewerkschaftsakteure durch die Folgen des revolutionären Strukturbruchs zur Aufgabe alter Selbstverständlichkeiten genötigt gesehen haben und gewerkschaftliche Strukturen unter krisenhaften Bedingungen neu schaffen.

Somit ist *viertens* festzuhalten, dass der Wandel der regionalen gewerkschaftlichen Repräsentationsbeziehungen unter Berücksichtigung seines pfadabhängigen Verlaufs gewerkschaftlich beeinflussbar ist. Die für die regionalspezifischen gewerkschaftlichen Modernisierungspfade konstitutiven Auseinandersetzungen in den jeweiligen regionalen Feldern sowie innerhalb der lokalen Gewerkschaftsorganisation selbst strukturieren die regionale Gewerkschaftspraxis einerseits vor, andererseits beinhalten sie auch regionalspezifische Gestaltungsmöglichkeiten. In der Folge verläuft der Anpassungsprozess, mit dem die Gewerkschaft in den untersuchten Regionen auf den Strukturwandel in ihren Praxisfeldern reagiert, nicht in vorbestimmten Bahnen oder in eine klare Richtung, sondern im Einzelnen oft unintendiert und von Ungleichzeitigkeiten gekennzeichnet. Dieser Befund weist Betrachtungsweisen zurück, nach denen Gewerkschaften nur als abhängige Variable ihr vorausgesetzter Strukturbedingungen und die Krise der gewerkschaftlichen Repräsentation als unabänderlich erscheinen. Bestätigt wird die Hypothese, dass für eine bewusst gestaltete Modernisierung der Gewerkschaft im mitgliedernahen Bereich eine Reflexion der dafür vorliegenden regionalen Strukturbedingungen – darunter auch die Alltagskulturen der zu repräsentierenden Arbeitnehmermilieus – erforderlich ist, um eine möglichst weitreichende gewerkschaftliche Repräsentation zu gewährleisten.

Bezüglich der im vorliegenden Band diskutierten *Strukturbruchthese* von Doering-Manteuffel/Raphael lässt sich das Fazit ziehen, dass diese auf einer allgemeinen Ebene sinnvoll an den industriesoziologischen Forschungsstand anschließt. Im Einzelnen deutet sich aber Erweiterungsbedarf an, um damit die praktischen Veränderungen in den Arbeitsbeziehungen und der Interessenrepräsentation erfassen zu können. Die Analyse des regionalen Wandels der Interessenrepräsentation verweist auf zwei mögliche Schwächen der Strukturbruchthese. Im hohen Abstraktionsniveau und dem Catch-all-Ansatz bezüglich sozialwissenschaftlicher Erklärungsversuche scheint die Gefahr theoretischer Unschärfe angelegt, die auf Kosten der Erklärungsleistung gehen könnte. So konzedieren Doering-Manteuffel/Raphael zwar die

Existenz regionaler Besonderheiten des Strukturbruchs, verfolgen deren Bedeutung für die konkrete soziale Praxis aber nicht weiter. Wenn die konkreten Formen der industriellen Beziehungen und der sozialen Ungleichheiten im Strukturwandel nicht berücksichtigt werden, besteht die Gefahr, die Boomphase im Nachhinein zu einem einzigen goldenen Zeitalter für Gewerkschaft und Arbeitnehmer zu stilisieren. Regionale Welten der Interessenrepräsentation haben jedenfalls auch schon vor dem jüngsten Epochenbruch existiert, wenngleich die Auswirkungen der regionalen Differenzierung durch den festen institutionellen Rahmen des Nachkriegskorporatismus relativiert wurden.

Hinzu kommt, dass die Strukturbruchthese in ihrer allgemeinen Form dazu tendiert, den sozialen Gehalt des beschleunigten Strukturwandels insoweit zu vernachlässigen, als dass es sich dabei, allgemein ausgedrückt, um Resultate sozialer Auseinandersetzungen zwischen verschiedenen gesellschaftlichen Gruppen um begrenzte Ressourcen, soziale Positionen und legitime Sichtweisen handelt. Dass die gesellschaftlichen Teilbereiche, durch deren Interaktion der Strukturwandel bestimmt wird, Kampffelder sind, um einen Ausdruck von Pierre Bourdieu zu benutzen, zeigt sich in den Auseinandersetzungen um Arbeits- und Beschäftigungsbedingungen besonders deutlich. Dies betrifft bezüglich der Interessenrepräsentation nicht nur das Spannungsverhältnis zwischen Arbeit und Kapital, sondern auch latente interne Auseinandersetzungen zwischen verschiedenen sozialen Gruppen von hauptamtlichen und ehrenamtlichen Gewerkschaftsfunktionären sowie Beschäftigten aus verschiedenen sozialen Milieus, in denen darum gestritten wird, wie die Interessenrepräsentation praktisch ausgestaltet sein soll.

Für die Analyse der gewerkschaftlichen Repräsentation wäre die Strukturbruchthese demnach um zwei Aspekte zu ergänzen. Zum einen könnte eine stärkere Beachtung der regionalen Differenzierung unzutreffende Pauschalisierungen hinsichtlich sich wandelnder Handlungsbedingungen von intermediären Organisationen vermeiden helfen. Diesbezüglich erscheint die Übertragung der These von den drei Welten der Gewerkschaft auf unterschiedliche regionale Strukturen grundsätzlich als sinnvoll, sofern sie wie im Rahmen der durchgeführten exemplarischen Untersuchung von einer Analyse der jeweiligen Praxis der Repräsentation begleitet ist und nicht auf einer rein deskriptiven Ebene verbleibt. Die weitergehende Frage, ob die Annahme der drei regionalen Welten der Gewerkschaft auch für eine allgemeine Typologie regionalspezifischer gewerkschaftlicher Handlungskontexte tragfähig ist, muss an dieser Stelle offenbleiben.

Zum anderen würde eine Ergänzung der eher strukturorientierten Betrachtungsweise von Doering-Manteuffel/Raphael um eine stärker akteurszentrierte Perspektive die Analyse des Wandels von Nähe- und Distanzbeziehungen zwischen verschiedenen sozialen Gruppen von Repräsentanten und Repräsentierten erleichtern. Hier bieten sich die für diese Untersuchung genutzte politische Soziologie Pierre Bourdieus, die in den Kategorien des Habitus und des sozialen Feldes subjektive und objektive Aspekte sozialer Praxis integriert[26] sowie darauf aufbauende Studien zum Wandel von Mentalitäten und Werthaltungen der Arbeitnehmermilieus als Analyserahmen an.[27]

---

[26] Vgl. Pierre Bourdieu, Die feinen Unterschiede. Kritik der gesellschaftlichen Urteilskraft, Frankfurt a. M. 1982.
[27] Vgl. Andrea Lange-Vester et al., Soziale Milieus, gesamt; Michael Vester et al., Arbeitnehmer, gesamt.

Thilo Fehmel

Institutioneller Wandel durch semantische Kontinuität: Die bruchlose Transformation der Tarifautonomie

Lesern des Buches mit dem Titel »Nach dem Boom« von Anselm Doering-Manteuffel und Lutz Raphael stellt sich unsere heutige Gegenwart als eine sehr unruhige Zeit dar. Folgt man den Autoren, dann waren die dreieinhalb Jahrzehnte seit 1970 eine Zeit allgegenwärtiger revolutionärer Dynamik des Wandels.[1] Vor allem in den westeuropäischen Industriegesellschaften reiht sich seither Revolution an Revolution: Lebensstilrevolution, Kulturrevolution, stille Revolution, Thatchers konservative Revolution, Motorisierungsrevolution, Bildungsrevolution, mikroelektronische Revolution, monetaristische Revolution, Konsumrevolution.[2] Nahezu jede gesellschaftliche Veränderung in dieser Zeit, sei sie nun wirtschaftlicher, politischer oder kultureller Art, war dem Buch zufolge revolutionär, Strukturen brachen auf, kaum etwas hatte Bestand.[3]

Der Leser erfährt aus dem Buch, dass in Westeuropa um 1970 eine Epoche an ihr Ende kam, die als Nachkriegsordnung gut 20 Jahre gedauert hatte. Charakteristisch für diese (auffallend kurze) Phase des Booms waren stabile, fordistisch geprägte liberalkonsensuale industrielle Beziehungen, zunehmende keynesianisch inspirierte staatliche Kompetenzansprüche und allumfassende Konzepte für sozialplanerisch ambitionierte politische Steuerung. Damit einher gingen eine bemerkenswerte sozialstaatliche Expansion und eine sich daraus insgesamt verbreitende Sicherheits- und Zukunftsgewissheit. Gegenüber dieser Phase zeichnete sich die Phase nach dem Boom in politökonomischer Hinsicht durch miteinander verschränkte, sich gegenseitig verstärkende Prozesse des industriellen, kulturellen und politischen Wandels aus. Durch weltwirtschaftliche Turbulenzen und Strukturverschiebungen sowie eine nach zwei Jahrzehnten allmählich erschöpfte Nachfrage nach Konsum- und Investitionsgütern verschärften sich (unter anderem) in Deutschland die Verteilungskämpfe zwischen Kapital und Arbeit. In der Folge stiegen Inflation und Arbeitslosigkeit auf nicht mehr für möglich gehaltene Werte, und das wiederum verengte die Spielräume für soziale Reformpolitik massiv. Von der Wahrnehmung dieses Verlustes politischer Handlungsfähigkeit war es zum Befund einer generellen staatlichen Handlungsunfähigkeit nicht mehr weit. Das ebnete ei-

---
1 Anselm Doering-Manteuffel/Lutz Raphael, Nach dem Boom. Perspektiven auf die Zeitgeschichte seit 1970, Göttingen 2008, hier: S. 91.
2 Ebd., S. 28-33, 53-66, 107 sowie Anm. 48-53.
3 Ebd., S. 12.

nem Paradigmenwechsel im Staatsverständnis den Weg; der Staat sollte schrumpfen, Kompetenzen abgeben, sich auf die Förderung von Marktbedingungen beschränken und ansonsten zugunsten von Marktakteuren beiseitetreten.

Normative wie faktische Konsequenzen dieses sich grundsätzlich verändernden Staatsverständnisses zeigten sich auf mehreren Ebenen.[4] So führen Lutz Raphael und Doering-Manteuffel weiter aus, dass dem Staat unter anderem zunehmend nachdrücklich der Gestaltungsanspruch hinsichtlich vormals zentraler Politikfelder wie der Wirtschafts- und Einkommenspolitik abgesprochen wurde. Dem Buch wie auch den in ihm vorgestellten Sozialtheoretikern zufolge wurde der Staat durch den Paradigmenwechsel hin zu antikeynesianischer, monetaristischer Wirtschafts- und Sozialpolitik eigentümlich funktions-, seine Konsensorientierung bedeutungs-, Regierungen und Parlamente einflusslos.[5]

Das neue Staatsverständnis wäre zudem Folge und Verstärker einer spezifischen gesellschaftlichen Richtungs-, wenn nicht gar Orientierungslosigkeit. Der Glaube an die Dynamik, Gerichtetheit und zielgeleitete Steuerungsfähigkeit der gesellschaftlichen Entwicklung, in öffentlichen Diskursen der Boomphase zum Ausdruck gebracht mit Verlaufsbegriffen wie *Modernisierung* oder *Fortschritt*, sei zusehends erlahmt. Angesichts verschärften multidimensionalen Wandels wären Leitbegriffe für die Steuerung von Gesellschaft und für die Beschreibung von Wandel und Dynamik stillgestellt und durch Zustandsbeschreibungen wie *Moderne* ersetzt worden, die die Wucht des Wandels nicht mehr zur Sprache gebracht, ja regelrecht dethematisiert hätten.[6] Auf diese Weise wäre nicht nur der Steuerungsanspruch des Staates weiter ad absurdum geführt worden, sondern auch der Wandel selbst in all seinen vielen Facetten sei eigentümlich begriffslos.

Dieser Dethematisierung des Wandels fiele aber nicht nur der zielgerichtete Blick nach vorn (Fortschritt, Modernisierung) zum Opfer, sondern zugleich auch der selbstvergewissernde Blick zurück. Mit der Frage nach dem Wohin der Gesellschaft sei auch die Frage nach ihrem Woher nicht mehr gestellt. »Geschichtslose Augenblicklichkeit« ist die darauf abstellende Formel Paul Virilios, auf den sich Doering-Manteuffel und Raphael explizit beziehen.[7] Unklar bleibt zwar, ob diese Entgeschichtlichung, dieser Rückgang des geschichtlichen Bewusstseins, dieser weitgehende Verzicht auf den Einbezug der Kategorie der Entwicklung in die Beschreibung sozialer Probleme[8] ein aktiv betriebener Prozess (wenn ja: von wem?) oder eine sich passiv ergebende Folge des Untergangs von Fortschrittsvorstellungen war. Klar aber ist

---

4   Ebd., S. 45.
5   Ebd., S. 45-72, 82.
6   Ebd., S. 119.
7   Ebd., S. 85 u. Paul Virilio, Rasender Stillstand, München 1992, hier: S. 49.
8   Anselm Doering-Manteuffel/Lutz Raphael, Nach dem Boom, S. 89.

für die beiden Autoren: Nach 1980 war die Gegenwart nicht nur zukunfts-, sondern auch herkunftslos.

Funktionslosigkeit des Staates, Begriffslosigkeit der Entwicklung, Geschichtslosigkeit der Gegenwart – die Analyse der Jahrzehnte nach dem Boom von Doering-Manteuffel und Raphael lässt sich mit etwas Mut zur Abstraktion auf diese drei Befunde zuspitzen. Sie sind zentrale, gleichsam tragende zeitgeschichtliche Ergebnisse des Buches, die sich seinem Leser als Erzählung von Verlust und Verschwinden präsentieren.[9]

Der enge Gegenwartsbezug des Bandes von Doering-Manteuffel/Raphael mag die gleichsam instinktive Abneigung vieler Zeitgenossen gegen die von den Autoren postulierte Historisierung der Epoche von 1965/70 bis 1995/2000 erklären[10], die sich zunächst jenseits der methodologischen Entscheidung zwischen »dekadologischer« vs. »epochologischer« Arbeitsweise ganz grundsätzlich an der Frage entzündet, wie sehr vergangen eigentlich Vergangenes sein muss, um nicht mehr der Gegenwart anzugehören. Vor allem aber hat die oben beschriebene Strukturbruchthese des Buches, die These einer Abfolge von Brüchen revolutionärer Qualität in den zurückliegenden drei, vier Jahrzehnten, viel Widerspruch hervorgerufen. Diesen Diskrepanzen zwischen Historisierung und Gegenwartsempfinden und zwischen Strukturbruch und Bruchlosigkeit gilt es im Folgenden nachzugehen. Als argumentatives Raster dafür bieten sich die drei Verlustbehauptungen, die oben pointiert paraphrasierten Ergebnisse des Buches *Nach dem Boom* an. Empirisch konzentriere ich mich dabei auf staatliche Einkommenspolitik und auf das Interaktionsverhältnis zwischen Staat und Tarifverbänden im Rahmen der Tarifautonomie in der Bundesrepublik. Ich werde zeigen, dass sich die Tarifautonomie als historisch gewachsenes, soziales Konstrukt während des Booms derart institutionalisiert hat, dass sie auch nach dem Boom eine tragende Säule des deutschen Institutionengefüges mit historischen Wurzeln blieb, dass auf dem Gebiet der Einkommenspolitik der Staat auch nach dem Boom weder faktisch noch seinem eigenen Selbstverständnis nach funktions- oder bedeutungslos war und dass und wie er sich bei seinen Steuerungen gerade der Geschichtlichkeit der Tarifautonomie bedient und zur Erreichung seiner Anpassungsziele den historisch gewachsenen Leitbegriff *Tarifautonomie* semantisch instrumentalisiert.

---

9 Übrigens als genau jene Verlustgeschichte, der die beiden Autoren gleichsam im Schlusssatz ihres Büchleins eine deutliche Absage erteilen. Vgl. hierzu ebd., S. 120.
10 Ebd., S. 11.

Geschichtslosigkeit der Gegenwart versus historischer Institutionalismus

Doering-Manteuffel und Raphael lesen zu Recht zeitgenössische sozialwissenschaftliche Diagnosen vor allem als wissenschaftlich kontrollierte, gesellschaftliche Selbstbeschreibungen der fraglichen Zeit.[11] Dabei errichten sie ihre These vom Rückgang geschichtlichen Bewusstseins und von der Nichtthematisierung sozialen Wandels seit den 1980er-Jahren im Wesentlichen auf der Lektüre der Diagnosen namhafter Sozialtheoretiker[12]: Ulrich Beck, Michel Foucault, Pierre Bourdieu, Manuel Castells, Anthony Giddens, Richard Sennett, Hartmut Rosa, Zygmunt Bauman scheinen ihnen die bedeutendsten.

Nun ist einerseits zu fragen (hier aber nicht abschließend zu beantworten), ob diese Autoren in der Tat als Beleg und Zeugen eines Geschichts- und Veränderungswahrnehmungsverlustes in den Sozialwissenschaften taugen. Ist es nicht gerade die teilweise sehr drastische Beschreibung gesellschaftlicher Dynamik, die den Genannten eine derart breite Rezeption gesichert hat? Verdanken sie nicht gerade der Thematisierung – und nicht der Dethematisierung – von Veränderung jene Bekanntheit, die sie für Doering-Manteuffel und Raphael erst relevant werden ließ? Entgegenhalten kann man dem einen oder anderen der erwähnten Diagnostiker allenfalls eine mangelnde empirische Absicherung seiner Thesen, nicht aber mangelnde Wachheit gegenüber der Kategorie der Entwicklung.

Andererseits fällt es schwer, die Genannten als erschöpfend repräsentativ für die Gesellschaftsbeobachtung der letzten vier Jahrzehnte zu akzeptieren und ausschließlich deren Werke als Schlüsseltexte der gesellschaftlichen Problemwahrnehmung zugrunde zu legen.[13] Wird da nicht eine lange Reihe von sozialwissenschaftlichen Arbeiten übersehen; und unter diesen insbesondere auch jene, die sich nicht nur während der hier infrage stehenden Zeit der Verknüpfung von gestern und heute, der Herkunft der Gegenwart widme(te)n, sondern diesen Anspruch auch in ihrer theoretisch-methodologischen Herangehensweise an soziale Phänomene explizit machen? Fehlt da nicht, zum Beispiel, der Hinweis auf Vertreter des historischen Institutionalismus?

Nach meinem Dafürhalten ist die fehlende Berücksichtigung etwa des historischen Institutionalismus ein veritables Desiderat in der Doering-Manteuffel'schen/Raphael'schen Analyse. Ich denke zudem, dass historisch-institutionalistisch geleitete Zeitdiagnostik einiges zum Verständnis heutiger sozialer Phänomene, vor allem aber zum Verständnis jenes oft so eigentümlichen Verhältnisses von Wandel und Kontinuität beitragen kann. Deshalb will ich hier zunächst die Grundprämissen des historischen Institutionalismus kurz darstellen.

---

11 Ebd., S. 59.
12 Ebd., S. 89.
13 Ebd., S. 58.

Theoreme des historischen Institutionalismus

Im Ansatz des historischen Institutionalismus verbinden sich Elemente einer rationalistisch-utilitaristischen und einer soziologisch-konstruktivistischen Institutionentheorie. Eine solche Verbindung ist sinnvoll, denn beide Ansätze tragen einiges zur Erklärung von Institutionen bei und können zugleich die Erklärungsdefizite des jeweils anderen Ansatzes relativieren.[14]

Der rationalistisch-utilitaristischen Institutionentheorie zufolge entstehen Institutionen als Möglichkeit der Überwindung von Dilemmata, die auftreten, wenn in interaktiven Zusammenhängen alle Akteure mit dem Ziel der Nutzenmaximierung ihre Präferenzen verfolgen. In solchen Situationen sichern Institutionen kooperatives Verhalten der beteiligten Akteure ab und statten sie mit Sicherheit über gegenwärtiges und zukünftiges Verhalten anderer Akteure aus. Von Dauer sind Institutionen dann, wenn sie aus Sicht relevanter Akteure mehr Nutzen hervorbringen als andere institutionelle Lösungen, wenn sie also ein *Nash-Gleichgewicht* zur Überwindung kollektiver Dilemmata herstellen und aufrechterhalten. Dieser Auffassung zufolge sind Institutionen Mittel strategischer Kalkulation und können von interessierten Akteuren willentlich in und außer Kraft gesetzt werden.

Die soziologisch-konstruktivistische Institutionentheorie betrachtet Institutionen als Ergebnis von Interessenkämpfen. Institutionen spiegeln die Machtverhältnisse wider, die zum Zeitpunkt ihrer Entstehung geherrscht haben. Sie begrenzen in einem gegebenen Kontext die Zahl der praktischen Handlungsmöglichkeiten von Akteuren. Diese Handlungsvorgaben werden von Akteuren internalisiert, das heißt in die oft unbewussten Handlungspräferenzen integriert. Im Prozess der Institutionalisierung einer sozialen Ordnung ist also die Tendenz der zunehmenden Beharrungskraft und Verselbstständigung dieser Institution gleichsam von Beginn an mit angelegt.[15] Über einen längeren Zeitraum hinweg und unter *günstigen* Bedingungen treten Fragen nach Machtverhältnissen oder nach der Funktionalität der Institution in den Hintergrund. Dadurch ist sie nicht mehr beliebig veränderbar, beziehungsweise der Versuch, eine Institution abzuschaffen oder spürbar und tief greifend zu verändern, ist riskant, denn er ist gleichzusetzen mit dem Versuch, die mit der Institution symbolisierte, kollektiv anerkannte soziale Ordnung infrage zu stellen.

Die Synthese der rationalistisch-utilitaristischen und der soziologisch-konstruktivistischen Institutionentheorie zum Ansatz des historischen Institutionalismus erlaubt die folgenden Grundannahmen: Einerseits können interessierte Akteure – auch zulasten anderer Akteure – vom Bestehen einer Institution profitieren und daher auch ein

---

14 Peter A. Hall/Rosemary C. R. Taylor, Political science and the three new institutionalisms, in: Political Studies 4 (1996), S. 936-957.
15 M. Rainer Lepsius, Bildet sich eine kulturelle Identität in der Europäischen Union?, in: Blätter für deutsche und internationale Politik 8 (1997), S. 948-955, hier: 949.

Interesse an ihrer Erhaltung haben. Andererseits können interessierte Akteure ein institutionelles Setting nicht abrupt, umfassend, beliebig und ohne Weiteres ändern, wenn sie der Auffassung sind, von einer Institution nicht mehr in ausreichendem Maße zu profitieren. Allerdings ist jenseits der theoretischen Postulate der genannten beiden Institutionalismen – hier strategische Abschaffung, dort statisches Beharren einer bestehenden Institution – institutioneller Wandel möglich. Ein solcher Wandel ist die Folge interessierten Handelns relevanter Akteure.[16] Er vollzieht sich schleichend und ist deshalb oft erst retrospektiv erkennbar. Weil er aber kumulativ wirken kann, kann er über einen genügend langen Zeitraum hinweg trotzdem Strukturen verändern.[17] Ein besonderes Kennzeichen eines solchen schleichenden institutionellen Wandels ist, dass er oft unterhalb der symbolischen und begrifflichen Ebene stattfindet. Gerade daraus ergibt sich die Chance, dass er weitgehend unbemerkt bleibt oder jedenfalls keine grundsätzlichen Interessenkämpfe um die Neuausrichtung der Institution auslöst. Die Stabilität – und notfalls: die aktive Stabilisierung – der Symbole und Begrifflichkeiten einer Institution begünstigt also den schleichenden, kaum wahrnehmbaren Wandel ihres Ordnungsanspruchs.[18] So sind punktuelle Interessenkämpfe um die Ausrichtung und den Ordnungsanspruch einer Institution unterhalb ihrer stabilen Begrifflichkeiten und Symbole möglich. Das heißt, Institutionen sind nicht nur Ergebnis, sondern auch beständiger Gegenstand von Interessenkämpfen.

Damit wird Pfadabhängigkeit zu einem zentralen Merkmal gesellschaftlicher, insbesondere politökonomischer Entwicklung – und zur begrifflichen Klammer der Gleichzeitigkeit von Wandel und Kontinuität. Entsprechend hat die Analyse einer institutionellen Konfiguration oder gar einer gesellschaftlichen oder zum Beispiel politökonomischen Institutionenordnung zu einem bestimmten Zeitpunkt nur geringen Erklärungswert. Vielmehr ist für das Verständnis von Entstehung und Weiterentwicklung einer Institution deren Betrachtung über einen längeren Zeitraum hinweg erforderlich.[19] In diesem Sinne ist dieser institutionalistische Ansatz historisch: Die Ausformungen der politischen, sozialen, ökonomischen oder kulturellen Gegenwart, ihre Widersprüche und Inkonsistenzen, ihre Probleme wie auch die Möglichkeiten ihrer

---

16 M. Rainer Lepsius, Vorwort, in: ders. (Hg.), Interessen, Ideen und Institutionen, Opladen 1990, S. 7-8.
17 Kathleen Thelen, How Institutions Evolve. The Political Economy of Skills in Germany, Britain, the United States and Japan, Cambridge 2004.
18 Karl-Siegbert Rehberg, Institutionen, Kognitionen und Symbole – Institutionen als symbolische Verkörperungen. Kultursoziologische Anmerkungen zu einem handlungstheoretischen Forschungsprogramm, in: Andrea Maurer/Michael Schmid (Hg.), Neuer Institutionalismus. Zur soziologischen Erklärung von Organisation, Moral und Vertrauen, Frankfurt a. M. 2002, S. 39-56.
19 Kathleen Thelen, The Explanatory Power of Historical Institutionalism, in: Renate Mayntz (Hg.), Akteure, Mechanismen, Modelle. Zur Theoriefähigkeit makro-sozialer Analysen, Frankfurt a. M. 2002, S. 91-107.

Überwindung lassen sich sinnvoll nur erfassen durch den gleichzeitigen Blick auf ihr Gewordensein, auf ihre Geschichte.

Tarifautonomie als historisch gewachsene Institution

Derartige intertemporale Analysen wurden für viele institutionelle Konfigurationen vorgenommen. Insbesondere die Beziehungen zwischen Kapital und Arbeit erfreuen sich diesbezüglich bis heute einer besonderen sozialwissenschaftlichen Aufmerksamkeit.[20] Das hängt zweifellos damit zusammen, dass der Arbeitsmarkt in einer Arbeitsgesellschaft wie der deutschen bis heute und allen Ablebensanzeigen und Nachrufen zum Trotz die zentrale Verteilungsarena für individuellen Wohlstand ist. Entsprechend stehen innerhalb dieser Arena besonders viele verschiedene Akteure zueinander in Beziehung, sodass hier auch die Wahrscheinlichkeit artikulierbarer, kollektivierbarer konfligierender Interessen besonders hoch ist. Daraus erklärt sich wiederum, dass sich gerade im Kontext der Industriellen Beziehungen besonders viele wirkmächtige kollektive und korporative Akteure gebildet haben und berufen fühlen, nicht nur konfliktpartnerschaftlich den vielen Fragen der Regulierung und Ausgestaltung der Arbeitsbeziehungen nachzugehen, sondern auch – gleichsam auf einer Metaebene – der Frage nach der Verteilung von Regulierungskompetenzen.

In diesem Zusammenhang kommt der Institution *Tarifautonomie* eine bedeutende Rolle zu – und damit zugleich dem Staat! Denn an die Stelle des verkürzenden Alltagsverständnisses von Tarifautonomie – Gestaltung der Lohnarbeitsbeziehungen durch kollektive Akteure ohne Einfluss des Staates – tritt in den Sozialwissenschaften die Beschreibung der Tarifautonomie als ein spezifisches, institutionalisiertes Arrangement der Regelungskompetenzverteilung zwischen Staat und Tarifverbänden. Entsprechend dem oben beschriebenen historisch-institutionalistischen Vorgehen muss die Beschreibung dieses Arrangements die Frage seiner Entstehung beantworten. Unser Blick geht also zurück in die unmittelbare Nachkriegszeit.[21]

---

20 Beispielhaft: Helmut Martens, Empirische Institutionenforschung. Theoretische und methodologische Aspekte am Beispiel der Mitbestimmungsforschung, in: Gerhard Göhler (Hg.), Die Eigenart der Institutionen. Zum Profil politischer Institutionentheorie, Baden-Baden 1994, S. 273-300; Britta Rehder, Betriebliche Bündnisse für Arbeit in Deutschland. Mitbestimmung und Flächentarif im Wandel, Frankfurt a. M. 2003; Kathleen Thelen, Union of Parts. Labor Politics in Postwar Germany, Ithaca/London 1991; Torben Iversen/Jonas Pontusen/David Soskice (Hg.), Unions, Employers and Central Banks, Cambridge/MA. 2000.

21 Dass die rechtliche Institutionalisierung der Tarifautonomie in den ausgehenden 1940er-Jahren ihrerseits an die Ursprünge eines nationalen Tarifvertragsrechts aus dem Jahr 1918 anknüpfte, kann hier nicht vertieft werden, unterstreicht aber die Notwendigkeit einer historischen Einordnung heutiger Institutionen. Für die Pfadabhängigkeit dieser Entwicklung vgl. ausführlich etwa Josef Englberger, Tarifautonomie im Deutschen Reich. Entwicklung des Tarifvertragswesens in Deutschland von 1870/71 bis 1945, Berlin 1995; Heidrun Homburg, Die soziale Selbstbestim-

Die rechtliche Grundlage der Tarifautonomie ist, neben Artikel 9 Abs. 3 des Grundgesetzes, das seit April 1949 geltende Tarifvertragsgesetz (TVG). Aus ihm ergibt sich das Recht der Tarifverbände auf Setzung unmittelbar wirkender und zwingender Tarifnormen. Es ist bis heute im Wesentlichen unverändert geblieben, obwohl schon sein Zustandekommen keineswegs so unumstritten war, wie seine anschließende jahrzehntelange Stabilität vermuten lässt: In den Vorläuferbehörden des 1949 gegründeten Bundesministeriums für Arbeit hatte man eine Regelung des Tarifvertragsrechts im Auge, die sich an den entsprechenden Normen der Zwischenkriegszeit und – mit Ausnahme des Lohnstopps, der im November 1948 aufgehoben wurde – an den Vorgaben der Alliierten Kontrollratsdirektive Nr. 14 orientierte.[22] Diesem Modell zufolge hätten Tarifverträge nur durch die Eintragung in ein Tarifregister nach materieller Prüfung der registerführenden Behörde Gültigkeit erlangen können.[23] Dieses Tarifrecht sollte zudem – ebenfalls in Anlehnung an die Regelungen der Zwischenkriegszeit – ergänzt werden um eine staatsinterventionistische Schlichtungsgesetzgebung. Das zu jener Zeit stark ausgeprägte grundsätzliche Interesse staatlicher Akteure an Möglichkeiten der Einflussnahme auf verbandliches Handeln ist nicht zu übersehen.

Mit der Intention, dem Verwaltungsentwurf zuvorzukommen, legten die Gewerkschaften (nach heftigen Auseinandersetzungen über die Grundziele zukünftigen Wirkens) in enger Abstimmung mit den Arbeitgeberverbänden ein Gegenkonzept vor[24], das als Gesetzentwurf über die SPD im November 1948 in die parlamentarische Debatte eingebracht wurde und nahezu unverändert als Tarifvertragsgesetz im April 1949 in Kraft trat.[25] Offensichtlich war es den federführenden Akteuren in den zuständigen Arbeitsverwaltungen trotz eigener fortgeschrittener Entwurfsarbeiten nicht gelungen, ihre Regelungsvorstellungen durchzusetzen. Die Verabschiedung des Tarifvertragsgesetzes ist somit zwar auf durchaus schwache (prä-)staatliche Akteure, deshalb aber keineswegs auf starke Verbände zurückzuführen. Maßgeblich war vielmehr die charak-

---

mung und der moderne Interventionsstaat. Der Tarifvertrag in Deutschland 1890–1933, in: Peter Wagner/Claude Didry/Bénédicte Zimmermann (Hg.), Arbeit und Nationalstaat. Frankreich und Deutschland in europäischer Perspektive, Frankfurt a. M. 2000, S. 250-282; Michael Schneider, Kleine Geschichte der Gewerkschaften. Ihre Entwicklung in Deutschland von den Anfängen bis heute, Bonn 2000; Rudolf Streich, Die Entwicklung des Arbeitsrechts in der amerikanischen Besatzungszone unter Berücksichtigung der Bizone. Vom Zeitpunkt der Kapitulation am 8.5.1945 bis zum Inkrafttreten des Grundgesetzes am 24.5.1949, Gießen 1973.

22 Vgl. zu diesen Normen: Isabelle von Brauchitsch, Staatliche Zwangsschlichtung. Die Aushöhlung der Tarifautonomie in der Weimarer Republik, Frankfurt a. M. 1990.

23 Jürgen Nautz, Die Wiederherstellung der Tarifautonomie in Westdeutschland nach dem Zweiten Weltkrieg, in: Archiv für Sozialgeschichte 1 (1991), S. 179-196.

24 Eberhard Schmidt, Ordnungsfaktor oder Gegenmacht. Die politische Rolle der Gewerkschaften, Frankfurt a. M. 1971, passim.

25 Vgl. Hans Carl Nipperdey, Das Tarifvertragsgesetz des vereinigten Wirtschaftsgebietes, in: Recht der Arbeit 2 (1949), S. 81-89.

teristisch indifferente Position der amerikanischen Besatzungsmacht, die den Wiederaufbau der deutschen Wirtschaft auf dem Weg des geringsten Widerstandes vorantreiben wollte und primär aus diesem Grund dem Konzept der Sozialen Marktwirtschaft den Vorzug vor Gemeinwirtschaftsmodellen gab.[26] Im Zuge dieser Entscheidung verhalf sie – und zwar vor dem Boom – dem Tarifvertragsgesetz zur Durchsetzung, also der Tarifautonomie zur rechtlichen Institutionalisierung.[27]

Seit Beginn der 1950er-Jahre hatte man dann Gelegenheit, sich in Deutschland an ein dauerhaft robustes Wirtschaftswachstum zu gewöhnen. Zwischen 1951 und 1964 stieg das Bruttoinlandsprodukt im Schnitt um mehr als 7 Prozent, es sorgte so zugleich für die nötige Kompromissbereitschaft der Arbeitgeber in Fragen der Tarifabschlüsse.[28] Entsprechend konnten die Gewerkschaften hohe Reallohnzuwächse von im Durchschnitt 5,3 Prozent für sich verbuchen, was ihrer Legitimation bei (potenziellen) Mitgliedern zugutekam. Gleichwohl waren die Lohnzuwächse so moderat, dass die Arbeitgeber nicht mit dem Mittel expansiver Preiserhöhungen das Lohn-Gewinn-Verhältnis nachträglich zu ihren Gunsten korrigieren mussten, was der Preisstabilität zugutekam. Da dies zugleich verbunden war mit einem zunehmend hohen Beschäftigungsstand, gab es auch für staatliche Akteure keinen Anlass zur Besorgnis.

Vor allem diesen günstigen wirtschaftlichen Bedingungen ist es zu verdanken, dass das ursprünglich als Provisorium gedachte Tarifvertragsgesetz weitgehend unhinterfragt und unverändert blieb und die verbandsautonome Aushandlung der Arbeitsbedingungen zu einer breit akzeptierten Basisinstitution der Bundesrepublik werden konnte.[29] Tarifautonomie wurde als gleichsam doppelte Konkretisierung der Leitideen *Freiheit* und *sozialer Ausgleich* eingebunden in die gesellschaftspolitische Erfolgsgeschichte jener Zeit – die Konzeption der Sozialen Marktwirtschaft. Zu dieser sozialen Institutionalisierung der Tarifautonomie in den beiden Jahrzehnten des Booms trug

---

26 Eberhard Schmidt, Ordnungsfaktor, S. 99.
27 In dieser Frühphase der Institutionalisierung wurden die Sozialpartner noch zwei weitere Male mit Bestrebungen der Bundesregierung konfrontiert, ein gesetzliches Schlichtungsrecht bundeseinheitlich zu erlassen. Sie traten dem jeweils geschlossen entgegen: mit der Hattenheimer Vereinbarung (Januar 1950) und mit der Vereinbarung von Margarethenhof (September 1954), in der sie sich angesichts einer drohenden gesetzlichen Regelung selbst verpflichteten, ein den Interessen der Allgemeinheit an wirtschaftlicher Stabilität angemessenes, autonomes Schlichtungssystem einzuführen. Vgl. dazu Günther Schulz, Sozialpolitische Denk- und Handlungsfelder, in: ders. (Hg.), Geschichte der Sozialpolitik in Deutschland seit 1945, Bd. 3: Bundesrepublik Deutschland 1949–1957. Bewältigung der Kriegsfolgen, Rückkehr zur sozialpolitischen Normalität, Baden-Baden 2005, S. 73-176; Reinhard Richardi, Arbeitsverfassung und Arbeitsrecht, in: Günther Schulz (Hg.), Geschichte, S. 179-225.
28 Thomas Blanke/Rainer Erd/Ulrich Mückenberger/Ulrich Stascheit, Kollektives Arbeitsrecht. Quellentexte zur Geschichte des Arbeitsrechts in Deutschland, Bd. 2: 1933 bis 1974, Reinbek bei Hamburg 1975, hier: S. 149.
29 Martin Dreschers, Die Entwicklung des Rechts des Tarifvertrags in Deutschland. Eine rechtshistorische Untersuchung über den Verlauf der Durchsetzung des Kollektivvertragsgedankens, Frankfurt a. M. 1994, S. 115.

auch ein Einstellungswandel bei staatlichen Akteuren bei. Durch das Ausbleiben der für den Staat ggf. nachteiligen Folgen tarifautonomen Handelns (insbesondere Arbeitslosigkeit und Inflation) traten die Vorteile tarifautonomen Handelns für staatliche Akteure in den Vordergrund: Da sich deren politische Legitimität wesentlich aus dem Postulat ihrer Neutralität und Gemeinwohlverpflichtung speist, ist jede direkte staatliche Regulierung der Lohnarbeitsbeziehungen (Lohnstopps, Tarifvorgaben, Zwangsschlichtungen u. Ä.) mit dem vergleichsweise hohen Risiko einer offensichtlichen Neutralitätsverletzung und eines sich daraus möglicherweise ergebenden Legitimationsverlustes verbunden. Sich der Einmischung nicht nur enthalten zu sollen (wie es GG und TVG vorgeben), sondern auch zu können, hat daher für staatliche Akteure den Vorteil, das Leitbild staatlicher Neutralität und Gemeinwohlorientierung stabilisieren und Legitimitätsrisiken reduzieren zu können.[30] An der Durchsetzung der Tarifautonomie als soziale Institution während des Booms, an der Zunahme ihrer sozialen Anerkennung und ihrer regelrechten Internalisierung in der Gesellschaft war der Staat also wesentlich beteiligt.

In dieser Situation, unter diesen verfestigten Bedingungen einer weitgehend akzeptierten Regelungskompetenzverteilung zwischen Tarifverbänden und Staat, wurde die erste ernstzunehmende wirtschaftliche Rezession der Nachkriegszeit in den Jahren 1966/67 zu einer dramatischen Erfahrung. Das Wirtschaftswachstum stagnierte, die Arbeitslosigkeit nahm für damalige Verhältnisse massiv zu, auch der Preisauftrieb beschleunigte sich. Ohne Verzögerung wurde aus der wirtschaftlichen Krise eine politische; im Herbst 1966 brach die amtierende CDU/FDP-Regierung auseinander und wurde von einer Großen Koalition aus CDU und SPD abgelöst. Der von dieser Entwicklung begünstigte Paradigmenwechsel hin zu keynesianisch geprägter, antizyklischer Wirtschaftspolitik, zur Globalsteuerung und zur konjunkturellen Wirtschaftslenkung mittels staatlicher Intervention fand jedoch seine Grenze genau dort, wo er die in der Boomphase etablierte Institution *Tarifautonomie* berührte. Zwar stieg durch die wirtschaftliche Entwicklung wie auch durch die wirtschaftspolitische Richtungsänderung das Interesse des Staates an der Beeinflussung des tarifautonomen Aushandlungsgeschehens deutlich. Aber staatliche Orientierungsdaten für Lohnabschlüsse im Rahmen der konzertierten Aktion waren weder mit dem Neutralitätspostulat des Staates noch mit dem Selbstverständnis der Tarifverbände, insbesondere der Gewerkschaften, vereinbar. In dieser Phase bedurfte es also aus Sicht staatlicher Akteure einer spezifischen politischen Kommunikation, die einerseits Einmischung des Staates ermöglichte, andererseits aber sein Nichteinmischungspostulat nicht ad absurdum führte. Die Lösung dieses Dilemmas staatlicher Akteure lag im Begriff *Tarifautonomie*. Sie lief darauf hinaus, die Wirksamkeit tripartistischer, neokorporatistischer Absprachen nicht zu gefährden, indem mantraartig behauptet wurde, dass mit den

---

30 M. Rainer Lepsius, Soziale Symmetrie: Tarifautonomie und staatliche Sozialpolitik, in: Werner Fricke (Hg.), Jahrbuch Arbeit und Technik 1995. Zukunft des Sozialstaats, Bonn 1995, S. 3-7.

Absprachen zwischen dem Wirtschaftsministerium, den Arbeitgeberverbänden und den Gewerkschaftsspitzen keineswegs die tarifpolitische Autonomie der Gewerkschaften verletzt wird, auch wenn und obwohl vom Prinzip her genau das der Fall war. Offensichtlich hatte sich während des Booms die Institution *Tarifautonomie* sozial derart verfestigt, dass sie gegen Ende des Booms bei politischen Steuerungsversuchen nicht mehr ohne Weiteres ignoriert werden konnte. Bei staatlichen Akteuren rief dieser Umstand ein gleichsam strategisches Geschichtsbewusstsein hervor – und eben gerade nicht einen Rückgang des geschichtlichen Bewusstseins: Zur Erhöhung der Erfolgschancen ihrer gegenwartsbezogenen Steuerungsversuche zitierten sie zurückliegende, im Allgemeinen positiv konnotierte gesellschaftliche Verhältnisse.

Funktionslosigkeit des Staates vs. Staat als fortgesetzt wirkungsmächtige Steuerungsinstanz

Diese sprachliche Aufwertung der Tarifautonomie im Kontext ihrer faktischen Begrenzung, also die Instrumentalisierung des Begriffs *Tarifautonomie* zum Zwecke der Beeinflussung der Institution *Tarifautonomie*, wurde im Rahmen der konzertierten Aktion von staatlichen Akteuren erstmals, und zwar exzessiv, praktiziert.[31] Die Erfolge dieser Praxis innerhalb der staatlichen Globalsteuerung blieben bekanntlich begrenzt: Die Kooperationsbereitschaft der Gewerkschaftsspitzen wurde angesichts der alsbald wieder anspringenden Konjunktur von den Beschäftigten mit *wilden*, spontanen Streiks quittiert, und den so erzwungenen starken Anstieg der Effektivlöhne mussten die Gewerkschaften ungeachtet etwelcher Absprachen mit der Regierung in der nächsten Tarifrunde tarifvertraglich nachvollziehen, wollten sie nicht einen in jeder Hinsicht gefährlichen Ansehensverlust bei ihren Mitgliedern erleiden.

Trotz der massiven unintendierten Effekte konnte sich die interessengeleitete Begriffsinstrumentalisierung als Methode der politischen Steuerung nachhaltig etablieren. An vier weiteren Steuerungsepisoden lässt sich das exemplarisch belegen: an der Auseinandersetzung um die Neufassung des § 116 Arbeitsförderungsgesetz im Jahr 1986, am Konflikt um Lohnabstandsklauseln für Beschäftigte in Arbeitsbeschaffungsmaßnahmen im Jahr 1992, am Bündnis für Arbeit um die Jahrtausendwende herum und am staatlichen Drängen auf Ermöglichung betrieblicher Bündnisse für Arbeit in den Jahren 2002 bis 2007. Den genannten Beispielen ist gemeinsam, dass staatliche Akteure die Institution *Tarifautonomie* als im Grundsatz unbestritten, aber zugleich als situativ nicht hinreichend funktionsfähig kommunizierten. Mit Sicherheit ließe sich die Auflistung dieser Steuerungsepisoden um weitere Beeinflussungsversuche ergänzen.

---

31 Vgl. Thilo Fehmel, Konflikte um den Konfliktrahmen. Die Steuerung der Tarifautonomie, Wiesbaden 2010, S. 129 ff.

Was aus dieser fortgesetzten Instrumentalisierungspraxis folgt, ist zunächst der Befund, dass der Staat in Fragen der Wirtschafts- und Einkommenspolitik nach dem Boom in seinem eigenen Selbstverständnis keineswegs so bedeutungs-, gar funktionslos wurde wie von Doering-Manteuffel/Raphael skizziert. Die beiden beschreiben ja einen Umschwung im Staatsverständnis seit den 1970er-Jahren, der sich europaweit über Regierungen und Parteien aller Couleur hinweg vollzog und gleichsam die Anpassung der Praxis an die Theorie war, die Anpassung der tatsächlichen Staatstätigkeit an das allseits durchgesetzte monetaristische Denken: weg von der umfassenden Sorgepflicht des *Vater Staat* (mit Ausnahme der Sozialpolitik) hin zum geschrumpften *Nachtwächterstaat*, der für die Sicherheit der Bürger zu sorgen, ihnen aber ansonsten ihre Freiheiten zu lassen hat.[32] Die von mir beleuchteten, bis in die Gegenwart fortgesetzten Versuche staatlicher Akteure, in makroökonomisch wirksame, autonome Aushandlungsprozesse einzugreifen, sind aber mit dem Bild eines ebenso handlungsunfähigen wie -unwilligen Nachtwächterstaates nicht vereinbar. Das räumen übrigens implizit auch Doering-Manteuffel und Raphael ein, wenn sie politischen Akteuren bescheinigen, die Durchsetzung der politökonomischen Norm des Neoliberalismus wenn nicht angestoßen, so doch zumindest verstärkt und stabilisiert zu haben.[33] So etwas geht schlechterdings nicht nur passiv durch Unterlassen vormals erfolgter Steuerung, sondern erfordert auch weiterhin aktive Regierungsarbeit: Auch Deregulierung muss reguliert werden!

Besonders eindrücklich lässt sich diese aktive Einflussnahme des Staates zur Stabilisierung der *neuen* politökonomischen Akteursbedingungen am Beispiel der Neufassung des § 116 AFG im Jahr 1986 belegen. Die Neufassung behandelte die Frage, unter welchen Voraussetzungen Beschäftigte, die von einem Arbeitskampf in einem anderen Unternehmen betroffen sind, Anspruch auf Lohnersatzleistungen der Arbeitslosenversicherung haben. Vordergründig ging es staatlichen Akteuren also – und zwar unter expliziter Betonung einer vorbehaltlos geachteten Tarifautonomie – um die Wahrung der Neutralität der Bundesanstalt für Arbeit bei Arbeitskämpfen. Faktisch reagierte die Neufassung jedoch vor allem auf eine spezifische Form der Arbeitskampfführung, auf die sogenannte Minimaxtaktik, mit der es insbesondere der IG Metall im Tarifkonflikt 1984 gelang, durch Bestreiken kleiner Zulieferbetriebe binnen kurzer Zeit große Unternehmen stillzulegen, ohne die dort Beschäftigten selbst zum Streik aufrufen und aus der gewerkschaftlichen Streikkasse für ihren Lohnausfall entschädigen zu müssen. Mit der Novellierung des § 116 AFG sank die Chance für diese mittelbar (»kalt ausgesperrten«) Betroffenen innerhalb des fachlichen, aber außerhalb des räumlichen Geltungsbereichs eines umkämpften Tarifvertrages, arbeitskampfbedingte Lohnersatzansprüche gegenüber dem Arbeitsamt geltend machen zu können. Damit war die Minimaxstrategie für die Gewerkschaften

---

32 Anselm Doering-Manteuffel/Lutz Raphael, Nach dem Boom, S. 46 f.
33 Ebd., S. 49.

keine ernsthafte Option mehr: Entweder hätten sie die Einkommensverluste der kalt ausgesperrten (organisierten) Arbeitnehmer aus eigenen Finanzmitteln (wenigstens partiell) kompensieren müssen, was ihre ökonomische Handlungsfähigkeit gravierend eingeschränkt hätte. Oder sie hätten bei fehlender Bereitschaft oder Fähigkeit zum Ausgleich dieser Einkommensverluste mit einer massiv sinkenden Organisationsloyalität der Betroffenen zu rechnen gehabt. Beides schmälert ihre Verhandlungsposition in Tarifkonflikten. Wollten sie diese Gefahren umgehen, mussten die Gewerkschaften seit Geltung des § 116 AFG n. F. 1986 von Arbeitskämpfen im Stile der Minimaxtaktik absehen.[34]

Die Neufassung des § 116 AFG war insofern besonders nachhaltig: Mit ihr konnten zunächst die ersten Tendenzen *postfordistischer* Arbeitsflexibilisierung des Arbeitszeitkompromisses von 1984 abgesichert werden, mit dem die Gewerkschaften »auf dem Wege überbetrieblicher Normierung dem unternehmerischen Druck in Richtung auf erhöhte betriebliche Dispositionsspielräume in Fragen des Arbeitskrafteinsatzes« nachgaben.[35] Denn durch die sich aus der Novellierung ergebende Einschränkung ihrer Arbeitskampfkraft war es den Gewerkschaften massiv erschwert, diese Entwicklung rückgängig zu machen oder anderweitig zu kompensieren. Und erst auf diesem stabilen Fundament grundsätzlich geänderter Arbeitskampfbedingungen eröffnete sich für die Arbeitgeber die Möglichkeit, die Verschiebung weiterer Verhandlungsthemen von der verbandlichen auf die betriebliche Ebene zu verlangen. Bald wurde nicht mehr nur über die Dimension *Zeit* in immer mehr Betrieben selbst entschieden, sondern auch die Dimension *Entgelt* zum Verhandlungsgegenstand zwischen Arbeitgebern und Belegschaften.[36]

Reicht aber eine derartige Trendverstärkung im Sinne von Doering-Manteuffel/ Raphael, eine solche Begünstigung der Arbeitgeberseite als Erklärung für Motivation und Handeln staatlicher Akteure? Ich denke, nein. Auch nach der Durchsetzung des Paradigmas der primär angebotsorientierten politischen Steuerung war und ist der Staat weit davon entfernt, nur jener verlängerte Arm des Kapitals zu sein, für den ihn zum Beispiel auch die von Doering-Manteuffel und Raphael in den Zeugenstand berufenen Pierre Bourdieu implizit oder Ulrich Beck explizit halten.[37] Vielmehr muss man nach meinem Dafürhalten auch ein spezifisches Interesse des Staates an sich

---

34 Vgl. Ernst Benda, Sozialrechtliche Eigentumspositionen im Arbeitskampf. Ein Beitrag zur Diskussion um die Änderung des § 116 Arbeitsförderungsgesetz, Baden-Baden 1986; Ulrich Mückenberger, Produktionsverflechtung und Risikoverantwortung. Verfassungsfragen zur Neufassung von 116 AFG, Baden-Baden 1992.
35 Stephan Lessenich, Dynamischer Immobilismus. Kontinuität und Wandel im deutschen Sozialmodell, Frankfurt a. M. 2003, S. 257.
36 Richard M. Locke/Kathleen Thelen, Apples and Oranges Revisited: Contextualised Comparisons and the Study of Comparative Labor Politics, in: Politics & Society 3 (1995), S. 337-367, hier: 348 ff.
37 Berthold Vogel, Die Verwaltung des sozialen Kapitals oder: Ist die Gesellschaft sich selbst genug? [www.soziologie.uni-rostock.de/sozialstruktur/tagungen/sektion/netzwerke/praes/Vogel_Netz

selbst in Rechnung stellen.³⁸ Es ist davon auszugehen, dass sich politische Akteure bei politischen Entscheidungen immer auch an den Regeln der Erlangung und Reproduktion politischer Macht orientieren.³⁹ Staatliche Akteure lassen sich zwar bei ihrem politischen Handeln nicht ausschließlich von ihrem egoistischen Interesse an Machterhaltung leiten, haben aber bei ihren Entscheidungen die Auswirkungen dieser Entscheidungen auf ihre Möglichkeit der Machtreproduktion stets mit im Blick. Dieser Logik zufolge werden staatliche Akteure bei gesellschaftlichen Problemen also dann aktiv, wenn sie ihrer eigenen Wahrnehmung nach befürchten müssen, dass diese Probleme ihre politische Macht gefährden oder gar das politische System destabilisieren könnten.⁴⁰ Das heißt, eine vom Staat getroffene Entscheidung beziehungsweise ergriffene Intervention muss, wie immer sie im Einzelnen aussehen mag, auch die Bedingung erfüllen, die ökonomischen und legitimatorischen Grundlagen staatlichen Handelns zu stabilisieren oder aber zumindest nicht noch weiter zu destabilisieren.

Wenn staatliche Akteure an stabilen ökonomischen und legitimatorischen Handlungsgrundlagen interessiert sind, dann werden die beiden (übrigens auch im Gesetz zur Förderung der Stabilität und des Wachstums der Wirtschaft von 1967 explizit so benannten) Stabilitätsziele Preisniveaustabilität und hoher Beschäftigungsstand zu zentralen staatlichen Handlungsfeldern, und zwar unabhängig davon, ob diese sich mit den Handlungsfeldern autonomer gesellschaftlicher Akteure überschneiden. Im Gegenteil: Wenn staatliche Akteure die Einschränkung ihrer Handlungsfähigkeit auf verbandsautonomes Handeln zurückführen, dann heißt das unweigerlich, dass sie ihre Handlungsbedingungen letztlich nur durch Limitierung der aus ihrer Sicht problemverursachenden Verbände und Intervention in tarifautonome Verfahren restabilisieren können.

Diese Motivstruktur – stabile, moderate, berechenbare Unterbeschäftigung und stabiles Preisniveau – lässt sich für die anderen drei der genannten Einflussepisoden nachweisen. So diente die Gesetzgebung zum Lohnabstand zwischen regulärer und öffentlich geförderter Beschäftigung (Arbeitsbeschaffungsmaßnahmen) im Zuge der deutschen Einigung explizit der Stabilisierung staatlicher Handlungsbedingungen. Arbeitsbeschaffungsmaßnahmen waren ein in der alten Bundesrepublik etabliertes und unbestrittenes, aber auch sehr randständiges arbeitsmarkt- und sozialpolitisches Instrument. Für die Abfederung des ebenso abrupten wie tief greifenden Transforma-

---

    werke _Vortrag_Nov_2005.pdf] (28.11.2009); Ulrich Beck, Macht und Gegenmacht im globalen Zeitalter. Neue weltpolitische Ökonomie, Frankfurt a. M. 2002, S. 197.
38 Claus Offe, Berufsbildungsreform. Eine Fallstudie über Reformpolitik, Frankfurt a. M. 1975; Georg Vobruba, Positionen der Staatstheorie. Rückblick auf eine Debatte, in: ders. (Hg.), Politik mit dem Wohlfahrtsstaat, Frankfurt a. M. 1983, S. 17-39.
39 Georg Vobruba, Die Dynamik Europas, Wiesbaden 2005, S. 100.
40 Peter Bleses, Wie die Leute den Wohlfahrtsstaat verändern, in: Jahrbuch Arbeit und Technik 1 (2001), S. 247-254; Thilo Raufer, Die legitime Demokratie. Zur Begründung politischer Ordnung in der Bundesrepublik, Frankfurt a. M. 2005, S. 28 ff.

tionsprozesses der ostdeutschen Wirtschaft kam es im Zuge der Deutschen Einigung in den neuen Bundesländern flächendeckend zum Einsatz. Dadurch wurden Arbeitsbeschaffungsmaßnahmen von einem kaum beachteten, gering budgetierten zu einem sehr kostspieligen und entsprechend politisch umstrittenen Instrument aktiver Arbeitsmarktpolitik. Angesichts der immensen Ausgaben und angesichts des sich abzeichnenden wirtschaftlichen Abschwungs in den alten Bundesländern traten im Laufe des Jahres 1992 die ursprünglichen sozialpolitischen Motive zur verbreiteten Schaffung von ABM-Beschäftigung in den neuen Ländern immer mehr in den Hintergrund. Maßnahmen aktiver Arbeitsmarktpolitik gerieten zusehends unter Rechtfertigungsdruck, Fragen der Ausgabenbegrenzung gewannen bei staatlichen Akteuren an Gewicht.[41]

Als eine Möglichkeit der Kosteneindämmung sah die Bundesregierung eine Änderung des AFG-Leistungsrechts: Fortan sollten ABM-Beschäftigte nicht mehr tariflich, sondern deutlich untertariflich entlohnt werden. Die diesbezüglichen Gesetzesänderungen sahen vor, dass die Bezuschussung einer ABM-Beschäftigung nur möglich war, wenn das Entgelt aus dieser Beschäftigung 80 Prozent des tariflichen Arbeitsentgelts nicht überstieg. Für staatliche Akteure attraktiv war eine solche Lösung angesichts der *absoluten* Zahl der ABM-Beschäftigten (bis zu 400.000 im Jahresdurchschnitt) und der damit verbundenen Einsparmöglichkeiten. Für die Gewerkschaften hingegen stellte sich eine derartige Lösung nicht nur als konkrete Einschränkung des tarifverbandlichen Normierungsanspruchs dar, sondern auch als ernsthafte Bedrohung, denn angesichts der – bezogen auf die Gesamtheit der abhängig Beschäftigten – *relativen* Zahl der ABM-Beschäftigten (bis zu 7 Prozent) sahen sie einen nicht unerheblichen Teil der Beschäftigten in Ostdeutschland von ihren Tarifverträgen ausgeschlossen. Entsprechend heftig wurde inner- und außerparlamentarisch über die Gesetzgebung debattiert – und sowohl Befürworter als auch Gegner der Regelung nahmen für sich in Anspruch, mit ihrer jeweiligen Position die Tarifautonomie zu stärken.

Insgesamt führte dieses Gesetz (wie auch seine nachträgliche höchstrichterliche Legitimierung) zur Verschiebung jener Grenze, die zwischen den Kompetenzsphären von Staat und Tarifverbänden verläuft. In der neuralgischen Phase des Institutionentransfers von West nach Ost war diese Behinderung der Institutionalisierung eines verbandlich dominierten Tarifsystems in den neuen Bundesländern keineswegs belanglos. Man wird nicht behaupten können, dass diese Transferbehinderung die alleinige Ursache für die bis heute gravierenden Unterschiede zwischen den Tarifteilsystemen der alten und der neuen Bundesländer ist. Aber zweifellos zog der ökonomische Zusammenbruch der DDR und die Integration der ostdeutschen in die bundesrepublikanische Volkswirtschaft eine Vielzahl sozialer (und damit: politischer) Probleme nach sich, die sich auch in dem noch einmal gesteigerten Bemühen der Bundesregie-

---

41 Hans-Walter Schmuhl, Arbeitsmarktpolitik und Arbeitsverwaltung in Deutschland 1871–2002. Zwischen Fürsorge, Hoheit und Markt, Nürnberg 2003, hier: S. 575.

rung um Einfluss auf die tarifautonome Gestaltung von Arbeitsbeziehungen widerspiegeln. Zumindest mit Blick auf das deutsche System der industriellen Beziehungen und auf die in ihm agierenden kollektiven Akteure spricht daher vieles dafür, den Zerfall des Ostblocks weniger als bloße Begleiterscheinung des Übergangs[42], sondern stärker als massiven Trendbeschleuniger und Ursache vieler heutiger Entwicklungen und Probleme zu deuten.[43]

Einige Jahre später hatte das Bündnis für Arbeit aus Sicht staatlicher Akteure das Ziel, durch eine Vielzahl von Absprachen zwischen Bundesregierung, Gewerkschaften und Arbeitgeber- und Wirtschaftsverbänden Arbeitslosigkeit zu bekämpfen und Beschäftigungsaufbau zu fördern. Seit dem ersten Jahr einer gesamtdeutschen Sozial- und Arbeitsmarktstatistik (1991) bis zum Jahr der rot-grünen Regierungsübernahme (1998) war die bundesweite Arbeitslosenquote um fünf Prozentpunkte auf 12,3 Prozent gestiegen, zugleich war der Umfang sozialversicherungspflichtiger Beschäftigung im Schnitt um 1,3 Prozent pro Jahr geschrumpft. Die fiskalischen Kosten und sozialen Folgeprobleme dieser Entwicklung waren immens. Mit ihrem Anspruch, diese Entwicklung stoppen zu wollen, errang die rot-grüne Regierung unter Bundeskanzler Schröder ihr Mandat. Damit wurden die Kosten zu politischen Risiken: Die politische Macht von Rot-Grün war auf Gedeih und Verderb von einer Verbesserung der Arbeitsmarktlage abhängig. Zur dafür erforderlichen Dynamisierung des Arbeitsmarktgeschehens hielt die Bundesregierung an hervorgehobener Stelle die Flexibilisierung und Differenzierung der bestehenden Tarifstrukturen für erforderlich. Ihr lag somit daran, die Gewerkschaften zu einer beschäftigungs(aufbau)orientierten Tarifpolitik zu bewegen, letztlich also zum Abschluss von Tarifverträgen, die den in dieser Zeit immer eindringlicher vorgetragenen betrieblichen Flexibilitätsbedürfnissen der Arbeitgeber mehr als bisher Rechnung tragen sollten. Sozialdemokratischen Politikmustern folgend, sollte dies konzertiert und tripartistisch abgestimmt erfolgen. Allerdings war diese Einbindung der Gewerkschaften in den Gewerkschaften selbst keineswegs unumstritten. Ähnlich wie bei der konzertierten Aktion in den späten 1960er-Jahren bestand daher für staatliche Akteure die Herausforderung auch beim Bündnis für Arbeit darin, den Gewerkschaften unter sprachlicher Wahrung des Anscheins ihrer Autonomie ein bestimmtes, staatlicherseits erwünschtes tarifpolitisches Verhalten vorzugeben. Wie schwer sich dieser Widerspruch überwinden ließ, zeigt die parlamentarische Äußerung des arbeitsmarktpolitischen Sprechers der SPD-Bundestagsfraktion:

---

42 Hierzu Anselm Doering-Manteuffel/Lutz Raphael, Nach dem Boom, S. 8.
43 Gerhard Lehmbruch, Verbände im ostdeutschen Transformationsprozeß, in: Werner Bührer/Edgar Grande (Hg.), Unternehmerverbände und Staat in Deutschland, Baden-Baden 2000, S. 88-109; Alexander Thumfart, Die politische Integration Ostdeutschlands, Frankfurt a. M. 2002; Ingrid Artus, Testfeld Ost. Betriebliche Interessenvertretung in Ostdeutschland – Konsequenzen für den Westen, in: WSI-Mitteilungen 5 (2004), S. 271-276.

»Dieses Bündnis ist vor allem langfristig und strategisch angelegt. Wir streben an, die einzelnen beschäftigungspolitisch relevanten Bereiche noch stärker zu verzahnen. Die Bundesregierung wird sich noch stärker einschalten und trotzdem die Tarifautonomie bewahren.«[44]

Vordergründig war dieses tripartistische Arrangement ähnlich erfolglos wie die tripartistisch angelegte konzertierte Aktion in den späten 1960er-Jahren. Für politische Tauschgeschäfte (eine oft beschriebene Voraussetzung funktionierender Tripartismen) fehlten der Bundesregierung die materiellen Ressourcen und der politische Wille. Dass sich in dieser Konstellation die Gewerkschaften eher an den Stabilitätsinteressen ihrer Mitglieder als an ihren (geringen) Möglichkeiten der politischen Einflussnahme im Bündnis für Arbeit orientierten, lag nahe.[45]

Die beständig erneuerte Forderung staatlicher Akteure nach flexibleren Tarifstrukturen bildete aber einen fruchtbaren Boden für den Übergang in die nächste Einflussepisode. Denn ab 2002 forderte die Bundesregierung angesichts des Scheiterns des makroökonomisch angelegten Bündnisses für Arbeit immer nachdrücklicher die Ermöglichung sogenannter betrieblicher Bündnisse für Arbeit. Gut fünf Jahre lang war die Frage, ob und in welchem Ausmaß das deutsche Flächentarifvertragssystem zugunsten von Absprachen zwischen betrieblichen Akteuren zu flexibilisieren sei und ob dafür die Änderung der rechtlichen Rahmenbedingungen und damit letztlich eine Verschiebung der Grenzen des Handlungsraumes autonomer Tarifverbände vonnöten wäre, ein zentrales Thema der politischen Auseinandersetzung zwischen Parteien und zwischen Staat und Gewerkschaften. Ihren Höhepunkt erreichte die Debatte mit der Androhung von Bundeskanzler Schröder, per Gesetz betriebliche Bündnisse zu ermöglichen, sollten sich die Gewerkschaften weiterhin weigern, diese per Tarifvertrag zuzulassen.[46] Zu dieser Gesetzesinitiative kam es nie; im Gegenteil: Bei nahezu allen späteren Einlassungen (auch nach dem Regierungswechsel im Jahr 2005!) versäumten es staatliche Akteure nicht, auf die vielen bereits existierenden tariflichen Öffnungen und auf die Funktionsfähigkeit der Tarifautonomie in toto hinzuweisen, freilich ergänzt um den Hinweis, es bedürfe noch weiterer Flexibilisierungen. Dennoch hatte die gesamte Debatte inklusive der Gesetzesandrohung nachhaltige Effekte. Durch die permanente

---

44 Klaus Brandner (Bundestags-Plenarprotokoll 14/248, 4.7.2002).
45 Der verbandliche Entscheidungszwang zwischen nach innen gerichteter, loyalitätssichernder Mitgliedschaftslogik und nach außen gerichteter, partizipationssichernder Einflusslogik ist ein zentrales Theorem der Neokorporatismusforschung. Vgl. dazu grundlegend Wolfgang Streeck, Staat und Verbände: Neue Fragen, neue Antworten?, in: ders., Korporatismus in Deutschland. Zwischen Nationalstaat und Europäischer Union, Frankfurt a. M. 1999, S. 280-309.
46 In seiner mit »Agenda 2010« überschriebenen Regierungserklärung v. 14.3.2003, jener Rede also, die ihrer Ankündigung eines weitreichenden und tief greifenden normativen und institutionellen Umbaus des Sozialstaates wegen ein zentrales Ereignis der jüngeren deutschen Sozialstaatsgeschichte ist (Bundestags-Plenarprotokoll 15/032).

Thematisierung der Notwendigkeit betrieblicher Bündnisse werteten staatliche Akteure die betriebliche Aushandlungsebene insgesamt erheblich auf – und relativierten derart die Bedeutung der Tarifverbände deutlich.[47] Und erste Untersuchungen deuten darauf hin, dass allein durch derartige fortgesetzte politische Bemühungen betriebliche Bündnisse von Firmenleitungen und -belegschaften selbstbewusster und offensiver kommuniziert und dadurch enttabuisiert, normalisiert und *veralltäglicht* wurden – ein Effekt, der keine rechtsnormativen, wohl aber faktische Auswirkungen hatte und hat auf die Gestaltungskraft der Verbände und auf die Dominanz einer volkswirtschaftlichen gegenüber einer betriebswirtschaftlichen Aushandlungsperspektive.[48] Es lässt sich nur schwer bestimmen, zu welchem Anteil dieser Wandel des Tarifsystems auf die beständige Thematisierung betrieblicher Bündnisse durch staatliche Akteure zurückgeht. Zumindest in deren eigener Wahrnehmung aber ist der Staat auch zu Beginn des 21. Jahrhunderts eine zentrale und wirkungsmächtige Steuerungsinstanz, wie die beiden folgenden Zitate zeigen:

»Man sieht doch, dass sich angesichts dessen, was wir bei der Diskussion um die Agenda 2010 vor zwei Jahren gesagt haben – gesetzlich handeln wir, wenn sich nichts bewegt –, sehr wohl etwas bewegt hat, dass es hinreichende Öffnungsklauseln gibt.«[49]
»Die Flexibilität in den Betrieben ist größer geworden. Das wurde sicherlich auch durch viele politische Diskussionen bewirkt, bei denen die Kollegen von der SPD sich zunächst übrigens relativ schwer getan haben.«[50]

Allen hier dargestellten Einflussepisoden ist die grundlegende Intention gemeinsam, tarifautonomes Gewerkschaftshandeln an sich wandelnde wirtschaftliche Bedingungen und Herausforderungen und daraus resultierende staatliche Erwartungen anzupassen. Jede einzelne dieser Episoden führte in je spezifischer Weise zu einer Verschiebung der Grenzen des Handlungsraumes der Gewerkschaften und damit immer auch zu Veränderungen und letztlich zu einem Wandel des Verhältnisses von Gewerkschaften und Staat. Ähnlich wie die erwähnte Neufassung des § 116 AFG Mitte der 1980er-Jahre hatten also auch die späteren Einflussepisoden strukturtransformative Wirkung.

---

47 Vgl. Thilo Fehmel, Staatshandeln zwischen betrieblicher Beschäftigungssicherung und Tarifautonomie. Die adaptive Transformation der industriellen Beziehungen durch den Staat, Leipzig 2006, Arbeitsbericht Nr. 42 des Instituts für Soziologie; Reinhard Bispinck, 60 Jahre Tarifvertragsgesetz – Stationen der Tarifpolitik von 1949 bis 2009, in: Reinhard Bispinck/Thorsten Schulten (Hg.), Zukunft der Tarifautonomie. 60 Jahre Tarifvertragsgesetz – Bilanz und Ausblick, Hamburg 2010, S. 20-35, hier: 31 f.
48 Werner Nienhüser/Heiko Hoßfeld, Wie bewerten Personalverantwortliche eine betriebliche Regulierung durch Betriebsvereinbarungen? Ergebnisse einer Befragung in 1.000 Betrieben, in: Bundesarbeitsblatt, 57,2 (2006), S. 4-8.
49 Gerhard Schröder, Bundeskanzler (Bundestags-Plenarprotokoll 15/166, 17.3.2005).
50 Laurenz Meyer, CDU/CSU-Fraktion (Bundestags-Plenarprotokoll 16/062, 8.11.2006).

Das heißt, nicht nur seinem eigenen Selbstverständnis nach, sondern auch faktisch hatte der Staat steuernden und richtunggebenden Einfluss auf die Institution *Tarifautonomie*. Von Bedeutungs-, gar Funktionslosigkeit des Staates nach dem Boom, wie sie der Analyse von Doering-Manteuffel/Raphael zu entnehmen ist[51], kann insofern nicht die Rede sein.

Begriffslosigkeit der Entwicklung vs. strategisch kontinuierende Leitbegrifflichkeiten

Doering-Manteuffel und Raphael sehen einen Widerspruch darin, dass »in einer Zeit immer schnelleren Wandels die Kategorie des Verlaufs aus dem öffentlichen Diskurs weitgehend verschwindet«.[52] Auf der Suche nach Gründen für die Begriffs- und Sprachlosigkeit gegenüber gesellschaftlicher Veränderung ziehen sie in Betracht, dass sich die Menschen dem Wandel, gleichsam als Selbstschutz angesichts seiner Schnelligkeit, verschließen. Diese Erklärung scheint mir unterkomplex: Sicher gibt es einen verstärkten Rückzug der Menschen in private Retrowelten der guten, alten Zeit – das Waren- und Versandhaus Manufactum bedient dieses verbreitete Bedürfnis ebenso wie etwa sogenannte Ostalgieshows im Fernsehen. Aber sind das nicht eher Oasen? Gibt es nicht auch genügend, von Doering-Manteuffel und Raphael ja selbst als multiple Revolution angesprochene Anzeichen dafür, dass die Leute mit der Zeit gehen – beim Konsum, in der Arbeitswelt, beim Familienleben –, und sei es nur, weil sie müssen? Im Übrigen: Wer treibt den Wandel voran, wenn die Menschen sich ihm verschließen?

Oder die Menschen sind an dynamische Entwicklungen von jeher derart gewöhnt, dass sich ein Nachdenken über das Vergangene erübrigt. Auch das ist unplausibel – zumindest wenn stimmt, was Doering-Manteuffel und Raphael über den Optimismus und den Aufbruchsgeist, über den Fortschritts- und Modernisierungsglauben in der Boomphase schreiben.

Es wurde bereits darauf hingewiesen, dass ich die Einschätzung des (sprachlichen) Geschichtsverlustes und der kognitiven Veränderungsverweigerung nicht teile. Schon die Frage (»Warum reden die Menschen nicht über Wandel?«) erscheint falsch gestellt. Zu fragen ist vielmehr: Warum verlief die Strukturtransformation so bruchlos? Die von mir vorgeschlagene Antwort lautet: weil sie unterhalb der allgemeinen Wahrnehmungsschwelle vonstattening. Damit sind wir auf der begrifflichen Ebene.

Doering-Manteuffels und Raphaels Befund des Verschwindens teleologischer Begriffe wie Fortschritt oder Modernisierung hat viel für sich (wenngleich gerade der Produktivitätsfortschritt im Bereich der Industriellen Beziehungen bis heute ein zen-

---

51 Anselm Doering-Manteuffel/Lutz Raphael, Nach dem Boom, S. 45-47, 51 f.
52 Ebd., S. 89.

traler Begriff ist). Fraglich bleibt jedoch, ob Verlaufsbegriffe generell mit Zustandsbegriffen still gestellt wurden, ob Wandel seither begrifflich nicht mehr erfasst wird. Ich halte dagegen, dass sich die so oft nachgewiesene Parallelität von Kontinuität und Wandel auch auf der Begriffsebene widerspiegelt: Es gibt einerseits seit den 1970er-Jahren in öffentlichen Diskursen zunehmend Vokabeln, die Dynamik und Veränderung, wenigstens aber deren Notwendigkeit unüberhörbar zum Ausdruck bringen – *Wachstum* oder *Reform* wären solche Begriffe oder auch all jene Worte, die mit dem Suffix *-ierung* das Prozesshafte ihres jeweiligen Inhaltes unterstreichen: *Flexibilisierung, Globalisierung, Aktivierung, Mobilisierung* et cetera. Zu beklagen wäre also weniger der Verlust von Verlaufsbegriffen, sondern eher der Verlust an Zielangaben innerhalb dieser Begriffe. Der Wandel scheint allgegenwärtig, aber – auch begrifflich – ziellos geworden zu sein.

Auf der anderen Seite begegnen uns bis heute Begriffe, die, auch im gesamtgesellschaftlichen Maßstab, auf einem sehr abstrakten Niveau Stabilität und Kontinuität suggerieren und einer Zeit vor dem Ende des Booms entstammen. Prominente Beispiele hierfür sind *Soziale Marktwirtschaft* oder auch *Sozialstaat*. Auf diese Vokabeln trifft die Doering-Manteuffel/Raphaelsche Beschreibung als *Zustandsbegriff* gewiss zu.[53] Als Beleg für eine kognitive Verdrängung des Wandels können sie jedoch ebenso wenig dienen wie für die Vermutung, dass sie allein deshalb den Zenit ihrer Bedeutung als Leitbegriffe durchlaufen haben, weil ihre gesellschaftliche Etablierung in die Epoche des Booms fiel.[54] Denn derartige gestrig-heutige Zustandsbegriffe stehen in der Regel nicht allein, sondern sind Teil einer Einheit, Teil eines Gegensatzpaares zur sprachlichen Verknüpfung von Kontinuität und Wandel, dessen anderer Teil eben jene genannten *Verlaufsbegriffe* sind. Das ist kein Zufall, sondern politische Strategie. Auf diese Weise lässt sich etwa im Kontext der Konflikte um sozialpolitische Reformen der Umbau des Sozialstaates gerade mit seinem angestrebten Erhalt rechtfertigen; oder politischen Entscheidungen wird Plausibilität verliehen, indem sie als Umsetzung des Prinzips der Sozialen Marktwirtschaft dargestellt werden.[55] Etwas zugespitzt lässt sich sagen: Auch Zustandsbegriffe haben ihre Funktion bei der interessengeleiteten Vorantreibung gesellschaftlichen Wandels.

Das gilt auch für den Begriff *Tarifautonomie*. Durch seine inflationäre Verwendung im Kontext der konzertierten Aktion wurde er von einem vormals ausschließlich im staats- und arbeitsrechtswissenschaftlichen Zusammenhang gebrauchten, also die Grenzen einer spezifischen Fachöffentlichkeit nicht überschreitenden Terminus zu einem politischen Begriff. Seine Verbreitung und Etablierung im politischen Sprachgebrauch verläuft also zeitlich parallel zu den Bemühungen staatlicher Akteure, die Ef-

---

53 Ebd.
54 Ebd., S. 118.
55 Martin Nonhoff, Politischer Diskurs und Hegemonie. Das Projekt »Soziale Marktwirtschaft«, Bielefeld 2006.

fekte tarifverbandlichen Handelns zu steuern. Bis in die Gegenwart hinein ist der Begriff *Tarifautonomie* für politische Akteure bei der Thematisierung ihrer Interessen bzgl. der Lohnarbeitsbedingungen nahezu unverzichtbar. Er verlinkt die staatlichen Anpassungsbestrebungen mit der *guten alten Zeit*: Die (vermeintliche) Notwendigkeit von Veränderungen des tarifautonomen Handlungsspielraums lässt sich so gerade mit der Sicherung des tarifautonomen Handlungsspielraums begründen. Durch Wiederholung ergibt sich daraus die ihrerseits institutionalisierte Strategie des Institutionenwandels durch Behauptung von Institutionenstabilität.

Eine solche politische Strategie der bewussten Inanspruchnahme der Legitimationskraft eines Institutionenbegriffs für den Wandel der *Institutionensubstanz* hat aus Sicht veränderungswilliger Akteure den Vorteil, dass angestrebte Veränderungen in einen assoziativen Zusammenhang mit Stabilität und Kontinuität gestellt werden, der dafür sorgt, dass die Veränderungen selbst oft als solche gar nicht oder jedenfalls nicht als bedrohlich wahrgenommen werden. Das erklärt die oft zu beobachtende Widerstandsarmut angesichts institutionellen Wandels ebenso wie das geringe Bedürfnis an dessen öffentlicher Thematisierung. Die Begriffsinstrumentalisierung hat andererseits aus Sicht veränderungswilliger Akteure den Nachteil, dass die angestrebten Veränderungen nicht *überdehnt* werden dürfen, da sie sonst Gefahr laufen, das Integrationsvermögen eines abstrakten Institutionenbegriffs wie *Tarifautonomie* zu überfordern. Daraus erklärt sich die inkrementelle, eben bruchlose und keineswegs revolutionäre Strukturtransformation.

Institutioneller Wandel und semantische Kontinuität – ein Fazit

Das deutsche System der Industriellen Beziehungen war in den ersten Jahren der Bundesrepublik gekennzeichnet durch Institutionalisierungsprozesse. Die staatliche Rahmensetzung für die industriellen Beziehungen wurde in die politisch dominante Leitidee der Sozialen Marktwirtschaft integriert und schuf so das rechtliche Fundament für tarifautonomes Agieren. Innerhalb weniger Jahre machte ein zunächst recht ungeordnetes tarifpolitisches System durch massiven Mitgliederzulauf sowohl bei Gewerkschaften wie auch bei Arbeitgeberverbänden einem System Platz, in dem die überbetriebliche Aushandlung von Arbeitsbedingungen durch Verbände dominierte. Diese Verbändedominanz und die damit verbundene volkswirtschaftliche Aushandlungsperspektive charakterisierten die industriellen Beziehungen in Westdeutschland bis in die späten 1970er-Jahre. Im Laufe der ersten drei Nachkriegsjahrzehnte ist

> »der Zwang zur antagonistischen Kooperation [...] von den Akteuren derart internalisiert worden, dass auch bei gegensätzlichen Interessenlagen, manifesten

Konfliktsituationen und nachhaltigen Umweltveränderungen eine hohe zwischenverbandliche Handlungsfähigkeit erreicht werden konnte«.[56]

Im Laufe der 1980er- und nochmals intensiviert seit den 1990er-Jahren änder(te)n sich die Kontextbedingungen des institutionalisierten Tarifvertragssystems. Als gemeinsamer begrifflicher Nenner dieser postfordistischen Entwicklungen der Arbeitsorganisation und der Arbeitsbeziehungen kann der Terminus *Flexibilisierung* gelten. Die seit den 1980er-Jahren rapide zunehmenden und sich selbst verstärkenden Rationalisierungs- und Flexibilisierungsprozesse auf Güter- und Produktmärkten schlugen immer stärker auf Arbeitsmärkte durch und damit in direkter Folge auch auf die Machtverhältnisse und Durchsetzungspotenziale der beteiligten Akteure.

Als Folge dieser Entwicklungen haben innerhalb des Tarifsystems der Bundesrepublik Deutschland die Tarifverbände als kollektive Interessenvertreter der Arbeitgeber- und der Arbeitnehmerseite massiv an Bedeutung verloren. Ihre Kraft zur Gestaltung und Strukturierung der Austauschbedingungen am Arbeitsmarkt und zur Lenkung von Umverteilungsströmen schwindet seit den 1980er-Jahren kontinuierlich zugunsten der Akteure in den Betrieben.

Wie war ein solcher Wandel ohne größeren Widerstand der von ihm Betroffenen möglich? Warum wurde das System überbetrieblicher Tarifverträge Stück für Stück untergraben, ohne dass seine Nutznießer dagegen aufbegehrten? Die Geräuschlosigkeit dieses Wandels lässt sich mit seiner *Kleinteiligkeit* und der sich daraus ergebenden Langsamkeit erklären. Erst retrospektiv über einen längeren Zeitraum wurden die Nachhaltigkeit und die strukturverändernden Effekte dieser Vielzahl einzelner, flexibilisierungsfördernder, je für sich genommen nur gradueller und dadurch kaum dramatischer Veränderungen erkennbar. Diese Prozesse inkrementellen, *schleichenden* Wandels, diese Entwicklungen der Entstandardisierung, Dezentrierung, Differenzierung und Entsolidarisierung im Tarifsystem vollzogen sich weitgehend innerhalb seiner institutionellen Rahmungen und durch weitreichende Anpassungsleistungen der diese Institution tragenden kollektiven Akteure. Es ist eben dies gemeint, wenn von der institutionellen Stabilität des Tarifsystems bei fortschreitendem Wandel seiner Gestaltungs- und Regelungsinhalte die Rede ist.[57] Dieser Wandel konnte sich so reibungslos, so *störungsfrei*, widerspruchsarm und vor allem bruchlos vollziehen, weil er gleichsam unterhalb einer Ebene semantischer Kontinuität vonstattenging.[58] So haben etwa heutige Flächentarifverträge mit den Flächentarifverträgen der 1960er- oder

---

56 Wolfgang Schroeder, Das Modell Deutschland auf dem Prüfstand. Zur Entwicklung der industriellen Beziehungen in Ostdeutschland, Wiesbaden 2000, S. 32 f.
57 Claus Schnabel, Entwicklungstendenzen der Arbeitsbeziehungen in der Bundesrepublik Deutschland seit Beginn der achtziger Jahre. Eine Analyse unter besonderer Berücksichtigung der Arbeitgeberseite, in: Michael Mesch (Hg.), Sozialpartnerschaft und Arbeitsbeziehungen in Europa, Wien 1995, S. 53-74; Britta Rehder, Abweichung als Regel?, in: Die Mitbestimmung 4 (2000), S. 12-16.
58 Lessenich, Dynamischer Immobilismus, a. a. O.

1970er-Jahre kaum mehr etwas gemein – außer ihrer Bezeichnung. Diese begriffliche Kontinuität ist eine wesentliche Voraussetzung, eine Erfolgsbedingung für nachhaltigen institutionellen Wandel: Kontinuierlich verwendete Zeichen, Symbole, Leitbegriffe tragen Gewähr, dass institutioneller Wandel nicht als solcher erkannt oder aber zumindest nicht als bedrohlich wahrgenommen wird; dadurch suggerieren und verbürgen sie sachliche (und damit in letzter Konsequenz: gesellschaftliche) Stabilität.

Begriffliche Kontinuität kommt nicht von ungefähr. Sie ist auch nicht nur Folge des menschlichen Bedürfnisses nach gesellschaftlicher Ordnung und Stabilität. Sie ist vielmehr auch Konsequenz strategischen Handelns, denn gesellschaftlichen Leitbegriffen wohnt ein mehr oder minder ausgeprägtes Strategie- und Instrumentalisierungspotenzial inne. Diese Feststellung lenkt den Blick auf strategisch handelnde Akteure. Zu diesen gehören auch eigeninteressierte staatliche Akteure.

Nach anfänglichem erfolglosem Bemühen, die Kompetenzen der Verbände per Gesetz zu begrenzen, erkannten staatliche Akteure im Laufe der Zeit immer mehr die zentralen entlastenden Effekte des Konstrukts der Tarifautonomie. Auf diese Weise wurde die Tarifautonomie zu einem spezifischen Ausdruck der institutionalisierten funktionalen Differenzierung von Staat und Verbänden in der Bundesrepublik, an deren (der Tarifautonomie) grundsätzlichem Bestand staatlichen Akteuren nachhaltig gelegen ist. Das schließt jedoch nicht aus, dass – unterhalb eines gemeinsamen Interesses an ökonomischer und gesellschaftlicher Stabilität – staatliche und tarifautonome Akteure zu unterschiedlichen Bewertungen darüber kommen können, was genau das für die Stabilität der wirtschaftlichen und politischen Ordnung Angemessene ist. Angesichts dieser Möglichkeit divergierender Einschätzungen ist das Interesse staatlicher Akteure nachvollziehbar, das Verhalten der Tarifverbände, insbesondere der Gewerkschaften, im eigenen Sinne zu beeinflussen. Derartige Interventionen dienen also immer auch dem Zweck, die Handlungsbedingungen der staatlichen Akteure selbst zu optimieren und notfalls zu restabilisieren.

Die vermeintlich starke grundrechtliche Position der Gewerkschaften kann staatliche Interventionen erschweren und begrenzen, jedoch nicht völlig verhindern. Durch die Wirtschaftsgeschichte der Bundesrepublik ziehen sich seit den ersten wirtschaftlichen Krisen in den 1960er-Jahren Versuche des Staates, das Verhalten der Gewerkschaften zu steuern und seine Auffassung von stabilitätskonformem gewerkschaftlichem Verhalten durchzusetzen. Diese Versuche waren mal mehr, mal weniger nachhaltig erfolgreich; aber sie waren und sind in der Regel fokussiert auf die Geltung und die Inhalte tarifverbandlich gesetzter Normen, denen staatliche Akteure Folgekosten zulasten ihrer eigenen Handlungsfähigkeit zugeschrieben haben. Dabei besteht für staatliche Akteure die Kunst politischer Steuerung der Tarifverbände darin, ihren Steuerungsanspruch möglichst unbemerkt durchzusetzen. Sie überwinden den Widerspruch von Autonomie und Beeinflussung durch semantische Stabilisierung der Tarifautonomie. Diese semantische Kontinuität des Begriffs *Tarifautonomie* war und ist eine wesentliche Bedingung dafür, dass staatliche Akteure in abgegrenzten

Materien innerhalb des Bereichs der Arbeitsbeziehungen die Grenze zwischen ihrem Regelungskompetenzraum und dem der Tarifverbände situativ verschieben konnten. Insofern findet der beschriebene »dynamische Immobilismus«, also die Formwahrung des Tarifsystems bei schleichender Substanzveränderung[59], seine Entsprechung im Wandel der Tarifautonomie, also dem Kompetenzverhältnis zwischen Tarifverbänden und Staat. Grenzverschiebungen zwischen beiden Seiten waren immer umstritten. Sie und die daraus resultierenden Transformationen der Handlungsbedingungen im bundesdeutschen System der Industriellen Beziehungen wären jedoch noch um vieles schwerer durchzusetzen gewesen ohne die parallele Betonung der Tarifautonomie als zentrale Kommunikationsstrategie. Letztlich ist damit die Instrumentalisierung des Begriffs *Tarifautonomie* durch staatliche Akteure ein Krisenanzeiger, ein wesentliches – und wie aus der Aneinanderreihung der einzelnen Beeinflussungsepisoden ersichtlich wird: ein generelles – Element zur Steuerung des Verhältnisses von Tarifverbänden und Staat, also ein wesentliches Element des staatlichen Flexibilitätsmanagements der Institution *Tarifautonomie*. Im Ergebnis heißt das: Keineswegs ausschließlich, aber doch zu einem nicht vernachlässigbaren Teil geht die abnehmende Strukturierungskraft der Tarifverbände bei der Regulierung der Lohnarbeitsbedingungen auf das autonomiebegrenzende Handeln staatlicher Akteure zurück. Ihnen kam und kommt bei der Durchsetzung der bruchlosen Strukturtransformation der Lohnarbeitsgesellschaft eine wesentliche Rolle zu.

Ein derartiges Verständnis institutionellen Wandels bei gleichzeitiger Stabilität von Symbolen und Begrifflichkeiten entspricht den Prämissen des historischen Institutionalismus: Es gibt jenseits von statischer Beharrung einerseits und revolutionärem Strukturbruch andererseits unterhalb einer stabilen begrifflichen Ebene einen oft inkrementellen und gerade nicht revolutionären, aber dennoch (weil kumulativ wirksam) transformativen Institutionenwandel und eine permanente, wenngleich pfadabhängige Neuausrichtung von Institutionen an veränderten politischen, sozialen und wirtschaftlichen Umwelten. Die beiden beschriebenen Entwicklungen des strukturellen Wandels und der semantischen Kontinuität sind insofern zwingend im Zusammenhang zu sehen. Setzt man sie zueinander in Beziehung, dann zeigt sich: Institutioneller Wandel von Tarifsystem und Verbände-Staat-Verhältnis einerseits und semantische Kontinuität des Leitbegriffs Tarifautonomie andererseits verlaufen – miteinander verwoben – gleichgerichtet. Strategisch kalkulierte Begriffsstabilität ist Bedingung institutioneller Flexibilität, semantische Kontinuität ist Erfolgsvoraussetzung struktureller Veränderungsbestrebungen – und Tarifautonomie wird so zur staatlich gesteuerten Autonomie der Verbände.

Dieser Befund lässt sich generalisieren. Die Strategie der Verkopplung von Transformationsinteressen und Stabilitätssuggestion lässt sich nicht nur im Verhältnis staatlicher Akteure zu tarifpolitischen Akteuren nachweisen. Die angestrebte Verände-

---

[59] Ebd., S. 288.

rung eines Institutionengefüges gerade mit der Sicherung und Aufrechterhaltung dieses Institutionengefüges zu begründen, findet sich auch in anderen Kontexten. Auf Konflikte um die Reform des Sozialstaats, der einer oft gehörten Argumentation zufolge nur durch seinen Umbau erhalten werden könne, habe ich bereits hingewiesen. Die Bedeutung eines stabilen Arbeitsbegriffs für den Umbau der Arbeitsgesellschaft und für die Durchsetzbarkeit neuer Formen von Erwerbsarbeit hat vor einiger Zeit eine ambitionierte Untersuchung nachgewiesen.[60] Welche Rolle etwa der Begriff *Ehe* im Kontext des familialen Wandels spielt, ist eine sicher lohnende Forschungsfrage. Und Gleiches gilt für die Beleuchtung der Strategie staatlicher Akteure, in verteidigungspolitischen Diskursen die Bundeswehr nach wie vor als reine Verteidigungsarmee zu kommunizieren, auch wenn sich ihr Einsatzspektrum und ihre Einsatzorte in den letzten Jahren massiv ausgeweitet haben und immer weniger mit dem grundgesetzlich Zulässigen in Übereinstimmung zu bringen sind.

Was mit diesen Beispielen angerissen und im vorliegenden Beitrag für den auch staatlich hervorgerufenen Wandel des Tarifsystems ausführlich illustriert wurde, steht der Überlegung von Anselm Doering-Manteuffel und Lutz Raphael im Schlussabsatz ihres Buches keineswegs entgegen[61], ergänzt sie aber in einem wesentlichen Aspekt: Der Versuch, die Bruchlosigkeit des Strukturbruchs beim Übergang von der Epoche des Booms zu den Jahrzehnten nach dem Boom zu erklären, setzt voraus, sich mit der scheinbar zeitlos gültigen Dominanz von Leitbegriffen über den Epochenwechsel hinweg zu befassen.

---

60 Holger Schatz, Arbeit als Herrschaft. Die Krise des Leistungsprinzips und seine neoliberale Rekonstruktion, Münster (Westf.) 2004.
61 Anselm Doering-Manteuffel/Lutz Raphael, Nach dem Boom, S. 120.

Christian Testorf

Welcher Bruch? Lohnpolitik zwischen den Krisen: Gewerkschaftliche Tarifpolitik von 1966 bis 1974

Die Lohnpolitik steht in der Bundesrepublik im Mittelpunkt des öffentlichen Interesses an den Gewerkschaften. Obgleich die gewerkschaftlichen Betätigungsfelder sich über zahlreiche Bereiche erstrecken und Lohnabhängige an guten Arbeitsbedingungen interessiert sind, stellt eine erfolgreiche Lohn- und Gehaltspolitik den Schlüssel zur Zufriedenheit der Mitglieder mit ihrer jeweiligen Gewerkschaft dar und gilt gleichzeitig als Eintrittsargument par excellence für nicht organisierte Arbeitnehmerinnen und Arbeitnehmer. Diese Feststellung gilt im Besonderen bis zum Jahr 1974. In der Bundesrepublik sollte ab 1966 mit der Gründung der konzertierten Aktion – einem Gesprächskreis aus Vertretern der Arbeitgeber, der Gewerkschaften, des Bundeswirtschaftsministeriums und des Sachverständigenrats zur Begutachtung der gesamtwirtschaftlichen Entwicklung – gemäß der Intention der staatlichen Akteure eine Zeit der Konzessionen auf allen Seiten, der Kompromisse und der gemeinsamen Klärung wirtschaftspolitischer Grundprobleme eingeläutet werden. Demnach sollte sich auch die gewerkschaftliche Lohnpolitik den wirtschaftlichen Gegebenheiten unterordnen. Dennoch verliefen die Lohnkonflikte in dem Zeitraum von 1969 bis 1974 konfrontativ wie nie zuvor in der Geschichte der Bundesrepublik. Der Beitrag versucht, die Lohnpolitik von 1966 bis 1969 und die anschließende *heiße Phase* der Lohnpolitik in den Verlauf der bundesrepublikanischen Wirtschaftsgeschichte einzuordnen und will dabei untersuchen, inwiefern sich der Sachzusammenhang mit einem »Strukturbruch« gemäß Doering-Manteuffel und Raphael verbinden lässt.[1] Ihre These steht unter der erkenntnisleitenden Annahme, dass »wir die Epoche *vor* dem Strukturbruch als eine Zeit zu betrachten haben, deren politökonomische Normen [...] spätestens seit dem Ende der 1970er Jahre keine selbstverständliche Ordnungskompetenz mehr aufweisen.« Diese Grundannahme mache es erforderlich,

> »die vorausgehende Zeit als eine in sich abgeschlossene Epoche zu historisieren und daraus die Frage abzuleiten, welches denn dann die wirtschaftlichen, technisch-wissenschaftlichen, kulturellen und politischen Spezifika der Entwicklung bis an die Schwelle der Gegenwart sind.«

---

1 Anselm Doering-Manteuffel/Lutz Raphael, Nach dem Boom. Perspektiven auf die Zeitgeschichte seit 1970, Göttingen 2008.

Ferner würden so Phänomene bezeichnet, die »charakterisiert sind durch den Bedeutungsrückgang etablierter institutioneller Ordnungen oder tradierter Verhaltensweisen.«[2] Anhand des Beispiels der Lohnpolitik und damit verbunden der gesamten Wirtschaftspolitik der letzten Phase des Booms soll diese These eines Strukturbruchs untersucht sowie der geforderten Historisierung der abgeschlossenen Epoche nachgekommen werden. Im Zentrum stehen dabei die Reflexe und Interaktionen der Akteure der Lohnpolitik sowie deren Einbindung in den Konjunkturverlauf. Da eine Betrachtung der Zeitgeschichte dieses letzten Abschnitts des vorausgegangenen Booms, der Phase der Hochlohnabschlüsse und des Anstiegs der Realeinkommen, an die Doering-Manteuffel und Raphael anschließen, sinnvollerweise nicht für sich stehen sollte, muss der Rückgriff auf die Vorbedingungen der Wirtschaftspolitik seit der ersten *Wirtschaftskrise* erfolgen.

Zwischen den Krisen: Zäsuren im Betrachtungszeitraum

Nachdem bereits im Jahr 1966 das reale Bruttoinlandsprodukt nur um 2,8 Prozent gegenüber 5,4 Prozent im Vorjahr anstieg, brach die Konjunktur 1967 ein. Das reale Bruttoinlandsprodukt sank um 0,3 Prozent ebenso wie das Pro-Kopf-Volkseinkommen, welches um circa 1,4 Prozent abnahm, ein bis dato unbekannter Vorgang.[3] Vorangegangen war der Rezession eine restriktive Geldpolitik der Bundesbank, die vor allem auf ein hohes Zinsniveau setzte, um die zur Überhitzung neigende Konjunktur der frühen 1960er-Jahre zu bremsen. Sie stand damit im deutlichen Gegensatz zur liberalen Steuerpolitik der Bundesregierung. Die Ursachen dieser »längst überfälligen Korrekturphase« liegen allerdings nicht allein in der Politik der Bundesbank begründet[4], es trat ebenfalls eine allgemeine Nachfrage- und Investitionsschwäche des Auslands, vor allem der USA, hinzu.[5] Über Nacht stieg die Arbeitslosenquote von 0,7 Prozent der Jahre 1965 und 1966 auf 2,1 Prozent der Erwerbstätigen im Durchschnitt des Jahres 1967 an.[6] Der Rückgang der Konjunktur lastete schwer auf dem öffentlichen Ansehen des Bundeskanzlers und vormaligen Wirtschaftsministers Ludwig Erhard, der als der Vater der Sozialen Marktwirtschaft und des Wirtschaftswunders galt. Ein Gefühl von Lethargie und Zaghaftigkeit machte sich breit. Nach seinem Rücktritt am 30. November 1966 wurde am darauf folgenden Tag Kurt Georg Kiesinger zum Bundeskanzler der ersten Großen Koalition gewählt, der bereits am selben

---

2 Vgl. ebd., S. 11.
3 Vgl. Statistisches Bundesamt (Hg.), Statistisches Jahrbuch für die Bundesrepublik Deutschland 1968, Stuttgart/Mainz 1968, S. 494.
4 Wolfram Weimer, Deutsche Wirtschaftsgeschichte. Von der Währungsreform bis zum Euro, Hamburg 1998, S. 180.
5 Vgl. ebd., S. 179-183.
6 Vgl. Statistisches Bundesamt (Hg.), Statistisches Jahrbuch 1968, S. 131.

Tag sein Kabinett vorstellte. Innerhalb der neuen Regierung fungierte Karl Schiller als neuer Wirtschaftsminister. Er vertrat einen keynesianischen Ansatz der Wirtschaftspolitik. Ökonom von Hause aus, galt er als der Initiator der neuen Wirtschaftspolitik, die den Staat bei grundsätzlich marktwirtschaftlicher Organisation zum Gestalter des Konjunkturverlaufs bestimmte. Zu diesem Zweck sollte er sich des *deficit spendings* bedienen, also die Konjunktur durch eine eigene Nachfrage anregen.[7] Ein zentrales Element der Schillerschen Planung der freien Marktwirtschaft stellte dabei die konzertierte Aktion dar. Der tief greifende und einschneidende Schock der ersten Rezession der bundesrepublikanischen Nachkriegswirtschaft, der sowohl die Politik als auch die Wirtschaft und die Gewerkschaften unvorbereitet traf, wird in der historischen Forschung allgemein betont. Er sei, so Werner Abelshauser, in dem Aufweichen des bis dahin gültigen Konsens über wirtschaftlichen Aufstieg und stetiges wirtschaftliches Wachstum festzumachen: »Konsens war nicht länger ein fast zwangsläufiges Produkt des wirtschaftlichen Erfolgs; er musste organisiert […] und mit Hilfe eines Konzepts der ›sozialen Symmetrie‹ politisch legitimiert werden.«[8] Seine rasche und erfolgreiche Überwindung sei, so stellt Klaus Hildebrand fest, dem festen und konsequenten Handeln des »überragenden Wirtschaftstheoretikers und -praktikers« Karl Schiller zu verdanken.[9]

Der zweite Fixpunkt bezieht sich auf das Jahr 1974, in dem die Folgen der ersten *echten* Wirtschaftskrise, die durch den Ölpreisschock des Jahres 1973 hervorgerufen wurde, in der Bundesrepublik voll zum Tragen kamen. Sämtlichen Akteuren der Wirtschaftspolitik war von nun an bewusst, dass eine Steuerung des Wirtschaftsprozesses nicht mehr ohne Weiteres vonstattengehen könnte. Zahlreiche Faktoren sprachen dagegen, bildeten sich doch nach dem Fall des Bretton-Woods-Systems 1973 die Wechselkursrelationen auf freien Währungsmärkten ohne staatlichen Einfluss, was die Bundesbank von dem Zwang entband, Stützungskäufe für den US-Dollar tätigen zu müssen. Zudem änderte sich die Arbeitsmarktlage radikal. Der Anstieg der Arbeitslosigkeit seit der Mitte der 1970er-Jahre stellte die Gewerkschaften vor eine bis dahin kaum gekannte Lage, in der sie nicht weiter als quasi-oligopolistischer Akteur die *Ware Arbeitskraft* allein auf dem Markt anbieten konnten, sondern das *Reservoir* der Arbeitslosen zu berücksichtigen hatten. Zudem setzten Automatisierung und Rationalisierung dem Arbeitsmarkt zu.

---

7 Werner Abelshauser, Deutsche Wirtschaftsgeschichte seit 1945, Bonn 2004, S. 409 f.
8 Ders., Die langen Fünfziger Jahre. Wirtschaft und Gesellschaft der Bundesrepublik Deutschland 1949–1966, Düsseldorf 1987, S. 75.
9 Klaus Hildebrand, Von Erhard zur Großen Koalition 1963–1969, Stuttgart 1984, S. 284.

Lohnpolitik im Spannungsfeld der Interessen

Die Lohnpolitik in einer freien Marktwirtschaft, welche die Tarifautonomie kennt, wird durch eine Vielzahl an Faktoren beeinflusst. Diese zwangen die Gewerkschaften auch zu Beginn der 1970er-Jahre in ein Korsett, in dem von freier Lohnfindung nur noch bedingt gesprochen werden konnte. Zwischen 1966 und 1974 bestimmte besonders die Inflation sowohl die Forderungen der Gewerkschaften als auch die Angebote der Arbeitgeber. Gemäß der Theorie einer gewerkschaftskritischen Wissenschaft und nach Auffassung vieler Arbeitgeber würden überzogene Lohnforderungen einen inflatorischen Effekt auslösen, die sogenannte Lohn-Preis-Spirale. Nach Lohnerhöhungen, die über das Niveau des Produktivitätsfortschritts hinausgehen, müssten die Unternehmen, um ihre Gewinnaussichten nicht zu beeinträchtigen, folglich ihre Preise erhöhen. Aufgrund der inflatorischen Rückwirkungen gingen die Gewerkschaften im nächsten Schritt dazu über, den Preisanstieg durch höhere Lohnforderungen auszugleichen, wodurch dann ein spiralförmiger Kreislauf in Gang gesetzt würde.[10] Deswegen sei die Lohn-Preis-Spirale auch als »kostenorientierte Inflationserklärung« zu bezeichnen.[11] Die wissenschaftliche Kritik an diesem Konzept hebt hervor, dass nicht die Löhne und Gehälter allein für die Kostendruckinflation verantwortlich sind. Andere Faktoren wie das Zinsniveau, Steuern oder Lohnnebenkosten spielten ebenfalls eine Rolle. Ferner läge es an der jeweiligen Marktsituation, ob Kosten voll, zum Teil oder gar nicht an die Konsumenten weiter gegeben werden könnten. Deshalb sei die Kostendruckinflation als alleiniges Erklärungsmuster für Preissteigerungen nur bedingt geeignet.[12] Es bleibt eine Frage des wirtschaftspolitischen Standpunkts, welchem Faktor die Schuld für die Entstehung von Inflation gegeben wird. In der Diskussion um die Lohnpolitik sollte aber gerade diese Frage beständig im Zentrum des Interesses stehen. Um die Frage nach ihrer Entstehung rangen Arbeitgeber und Arbeitnehmer mit enormer Vehemenz, vor allem in den Sitzungen der konzertierten Aktion, aber auch in der Öffentlichkeit.

Ferner sollte sich der Unterschied zwischen den tariflich festgelegten und den tatsächlich ausbezahlten Löhnen für die Gewerkschaften negativ auswirken. Diese auch als Lohndrift bezeichnete Erscheinung tritt in vielen modernen Industrienationen auf und beschreibt die Differenz zwischen dem tariflich gewährten, also rechtlich abgesicherten Lohn und den übertariflich freiwillig vom Arbeitgeber gewährten Lohnbestandteilen. Neben diesen beiden wichtigsten Einflüssen müssen die Tarifparteien auch die Entwicklung des Arbeitsmarktes, die Währungspolitik der Nationalbank und den Fortschritt der Produktivität berücksichtigen. Gerade der letztere Punkt galt der Arbeitgeberseite als das Maß einer *kostenniveauneutralen* Lohnpolitik, wie sie der

---

10 Vgl. Bruno Molitor, Lohn- und Arbeitsmarktpolitik, München 1988, S. 114.
11 Ulrich Teichmann, Lohnpolitik, Stuttgart u. a. 1974, S. 23 f.
12 Vgl. Jörn Altmann, Wirtschaftspolitik. Eine praxisorientierte Einführung, Stuttgart 1985, S. 58 f.

Sachverständigenrat zur Begutachtung der gesamtwirtschaftlichen Entwicklung zuerst in seinem Jahresgutachten 1964/65 konzipierte.[13] Dieser Vorschlag stieß bei den Gewerkschaften jedoch auf heftige Kritik, denn es war das Ziel ihrer Lohnpolitik, in Tarifverhandlungen eine Vermögensumverteilung über die Verminderung der Gewinne herbeizuführen. Sie standen im Zentrum der gewerkschaftlichen Argumentation. Die Gewerkschaften befanden sich dabei jedoch in dem Zwiespalt zwischen den eigenen, werbewirksamen Verteilungsansprüchen einerseits und der existenzsichernden Funktion der Unternehmensgewinne andererseits. Gewerkschaftsführer waren sich sehr wohl bewusst, dass ein Unternehmen, das dauerhaft keine Gewinne erwirtschaftet, keine sicheren Arbeitsplätze anbieten kann.[14]

Anpassung und Kooperation: das Stabilitätsopfer

Die Lohnpolitik der Gewerkschaften zwischen 1966 und 1974 muss in zwei Phasen eingeteilt werden, eine der gemäßigten Forderungen und moderaten Abschlüsse bis 1969 und eine der hohen Abschlüsse bis 1974. In der ersten Phase standen alle Akteure unter dem Einfluss der ersten *Wirtschaftskrise*. Das großkoalitionäre Mittel zur Überwindung der Krise sollte die konzertierte Aktion darstellen. Sowohl die Gewerkschaften als auch die Arbeitgeber standen ihrer Gründung grundsätzlich positiv gegenüber, wobei aufseiten des Deutschen Gewerkschaftsbundes (DGB) von Beginn an Skepsis in Bezug auf die Behandlung der Lohnfragen vorherrschte. Die ersten Vorgespräche mit Vertretern einflussreicher Einzelgewerkschaften und Vorstandsmitgliedern des DGB fanden am 22. Dezember 1966, also unmittelbar nach der Regierungsbildung, im Bundeswirtschaftsministerium statt. In der anschließenden Diskussion im DGB-Bundesvorstand äußerten bereits einzelne Vertreter die Befürchtung eines negativen Einflusses auf die Tarifautonomie. Die Gewerkschaften könnten, so der Tenor, sich zwar nicht der Mitarbeit entziehen, sollten aber alsbald deutlich machen, dass auch andere Themen neben der Tarifpolitik angesprochen werden müssten.[15]

Die Lohnpolitik stand allerdings von Beginn an im Mittelpunkt der Gespräche, wie es der Intention der konzertierten Aktion entsprach.[16] Minister Schiller gab den

---

13 Sachverständigenrat zur Begutachtung der gesamtwirtschaftlichen Entwicklung, Jahresgutachten 1964/65, Stuttgart/Mainz 1964, S. 136 ff.
14 Vgl. Willi Albers, Einkommensverteilung II: Verteilungspolitik, in: ders. et al. (Hg.), Handwörterbuch der Wirtschaftswissenschaft 2, Stuttgart 1977–1983, S. 285-315, hier: 301-313.
15 So Wilhelm Haferkamp, im DGB-Bundesvorstand bis 1967 zuständig für den Bereich Wirtschaftspolitik. Vgl. Protokoll der 7. Sitzung des DGB-Bundesvorstandes v. 10.1.1967, in: Klaus Schönhoven/Hermann Weber (Hg.), Quellen zur Geschichte der deutschen Gewerkschaftsbewegung im 20. Jahrhundert, Bd. 13: Der Deutsche Gewerkschaftsbund 1964–1969, Bonn 2006, S. 388-391.
16 Vgl. Werner Abelshauser, Wirtschaftsgeschichte, S. 415. Otto Jacobi beschreibt die Gründung der konzertierten Aktion gar als »Absicherung der produktivitätsorientierten Lohnpolitik«. Hierzu:

beteiligten Parteien bereits in der zweiten Sitzung am 1. März 1967 einen Katalog über wirtschaftliche Zieldaten für das Jahr 1967 an die Hand. Die Gewerkschaften nahmen dies zur Kenntnis, lehnten jedoch jegliche Rückwirkungen dieser Daten auf die Tarifpolitik ab. Dies wurde auch in einem Gespräch mit der Bundesvereinigung der deutschen Arbeitgeberverbände (BDA) zwei Tage nach der Sitzung von beiden Seiten einvernehmlich festgelegt.[17] Auch die Arbeitgeberverbände wollten die Tarifautonomie von Beginn an gewahrt sehen.[18] Dennoch sollte der Widerstreit zwischen einer autonomen Tarifpolitik und staatlichen Orientierungsvorgaben die Wahrnehmung der Gewerkschaften und der Öffentlichkeit weiter bestimmen. Karl Schiller schlug vor, den Begriff *Lohnleitlinien*, der negative Assoziationen hervorrufe, durch *Orientierungsdaten* zu ersetzen. Der Vorsitzende des Sachverständigenrats Herbert Giersch, der den Begriff der Leitlinie zunächst zur Verbindung der Kosten- und der Kaufkrafttheorie des Lohnes nutzen und bewahren wollte, schwenkte ein, verteidigte aber vehement die Ziele des Jahresgutachtens und forderte die Gewerkschaften explizit auf, »das schwierige Problem der Lohnpolitik ohne öffentliches Aufsehen weiter zu diskutieren.«[19] Der psychologisch einflussreiche Begriff der Leitlinie war aber von nun an passé. Dennoch sprach die Bundesregierung in den Jahreswirtschaftsberichten 1968 und 1969 offen von angestrebten Erhöhungen der Tariflöhne und -gehälter, die 1968 4 bis 5 Prozent und 1969 5,5 bis 6,5 Prozent betragen sollten.[20] Für Frustration sorgte bei den Gewerkschaften die fehlende Einleitung der sogenannten *zweiten Pha-*

Otto Jacobi, Einkommenspolitik kontra Lohnpolitik, in: ders./Walther Müller-Jentsch/Eberhard Schmidt (Hg.), Gewerkschaften und Klassenkampf. Kritisches Jahrbuch 1972, Frankfurt a. M. 1972, S. 123-133, hier: 129.

17 Vgl. Protokoll der 9. Sitzung des DGB-Bundesvorstandes v. 7.3.1967, in: Walther von Kieseritzky (Bearb.), Der Deutsche Gewerkschaftsbund 1964–1969, (= Quellen zur Geschichte der deutschen Gewerkschaftsbewegung im 20. Jahrhundert), hg. v. Klaus Schönhoven/Hermann Weber, Bd. 13, S. 418-432, hier: 429 ff.

18 So die Ausführungen des damaligen Leiters der Abt. »Volkswirtschaftliche und statistische Grundsatzfragen« in der BDA, Joachim Bretschneider, auf der Tagung »Lohnpolitik und Konzertierte Aktion« der DGB-Bundesschule Bad Kreuznach am 2. und 3.4.1969. Vgl. Joachim Bretschneider, Lohnpolitik und Konzertierte Aktion: Der Standpunkt der Arbeitgeberverbände, in: Gewerkschaftliche Monatshefte 20 (1969), S. 329-337, hier: 330.

19 Bericht über das Gespräch im Rahmen der Konzertierten Aktion am 14.12.1967, in: DGB-Archiv im AdsD, Abt. Wirtschaftspolitik 24/5189. Das Bundeswirtschaftsministerium bestand hingegen auf der Feststellung, niemals Lohnleitlinien vorgegeben zu haben, sondern sprach von Orientierungsdaten, wie der damalige Leiter der Abt. Strukturpolitik und Einkommenspolitik im Bundesministerium für Wirtschaft und spätere Bundesarbeitsminister Herbert Ehrenberg (geb. 1926) auf der Tagung des DGB zur konzertierten Aktion in Bad Kreuznach herausstellte. Hierzu: Herbert Ehrenberg, Lohnpolitik und Konzertierte Aktion, in: Gewerkschaftliche Monatshefte 20 (1969), S. 266-271, hier: 269.

20 Drucksache V/2511, Jahreswirtschaftsbericht der Bundesregierung 1968, in: Verhandlungen des Deutschen Bundestages. 5. Wahlperiode (Anlagen zu den stenographischen Berichten 118), S. 11. Drucksache V/3786, Jahreswirtschaftsbericht der Bundesregierung 1969, in: Ebd., (Anlagen zu den stenographischen Berichten 127), S. 19.

se der konzertierten Aktion, in der Themengebiete der Sozial- und Gesellschaftspolitik besprochen werden sollten. Eine Diskussion um den von Schiller geprägten Begriff der *sozialen Symmetrie* wurde zwar in Aussicht gestellt, jedoch nie angeregt. Im Gegenteil, gerade Karl Schiller versuchte solche Debatten beständig zu unterbinden, um sein Ziel, mithilfe der Gesprächsrunde die Konjunktur zu lenken, nicht zu gefährden. Aufseiten der Arbeitgeber stießen die Forderungen ohnehin auf keine Resonanz.[21] Abelshauser sieht in der Frage nach der Einleitung der *zweiten Phase* gar den Kern der konzertierten Aktion.[22]

Die Rezession von 1966/67 bildete also den Hintergrund, vor dem sich die gewerkschaftliche Tarifpolitik bis zur Mitte des Jahres 1969 abspielte. Das Jahr 1966 konnte noch unter dem Eindruck einer günstigen Wirtschaftsentwicklung mit Stundenlohnerhöhungen von 6,6 Prozent abgeschlossen werden, allerdings beliefen sich die durchschnittlichen Laufzeiten der abgeschlossenen Tarifverträge auf 14,8 Monate, mit Spitzenwerten wie der 18-monatigen Laufzeit der Eisen- und Stahlindustrie oder gar von 24 Monaten im Steinkohlebergbau.[23] Dies bedeutete von Beginn an ein Moment der Defensive der Gewerkschaften, denn je länger die Laufzeit der abgeschlossenen Verträge betrug, desto schwieriger war die Anpassung der Löhne und Gehälter an die konjunkturelle Lage oder die Preisentwicklung.

Im Folgejahr begann die Entwicklung der Anpassung der gewerkschaftlichen Lohnpolitik an die Krise. Da die Konsolidierung der Wirtschaft in den Augen Schillers einer Lohnkostenentlastung der Unternehmen bedurfte, verlangten die Bundesregierung und der Sachverständigenrat eine tarifpolitische Mäßigung.[24] In diesem Jahr ging der Höhepunkt der Rezession mit der Aufkündigung vieler Tarifverträge einher. Unter dem öffentlichen Druck konnten die Gewerkschaften keine Vermögen umverteilende Lohnpolitik betreiben, die Konsolidierung der Wirtschaft stand im Vordergrund des Interesses. Die Gewerkschaften sahen es auch als notwendig an, die Krise zu überwinden und Bewältigungsstrategien nicht durch überzogene Lohnforderungen zu gefährden. Bereits auf der tarifpolitischen Klausurtagung des DGB Ende 1966 stellten die versammelten Mitglieder des DGB-Bundesvorstandes und des tarifpolitischen Ausschusses des DGB fest, dass es »keine produktivitätsorientierte Lohn- und

---

21 Klaus Schönhoven, Wendejahre. Die Sozialdemokratie in der Zeit der Großen Koalition 1966–1969, Bonn 2004, S. 339 ff. Die Hinhaltetaktik der Unternehmensverbände und auch des Wirtschaftsministers bewog den DGB-Vorsitzenden Ludwig Rosenberg erstmals zu Beginn des Jahres 1968, den Austritt aus der konzertierten Aktion vorzuschlagen, was allerdings im DGB-Bundesvorstand abgelehnt wurde. Vgl. Protokoll der 18. Sitzung des DGB-Bundesvorstandes v. 16.1.1968, in: von Kieseritzky (Bearb.), Der Deutsche Gewerkschaftsbund 1964–1969, S. 603-617, hier: 604-607.
22 Vgl. Abelshauser, Wirtschaftsgeschichte, S. 415 f.
23 Vgl. Bundesvorstand des Deutschen Gewerkschaftsbundes (Hg.), Geschäftsbericht des Bundesvorstandes des Deutschen Gewerkschaftsbundes 1965 bis 1968, Bochum o. J., S. 288 f.
24 Vgl. Michael Zink, Konzertierte Aktion und Gewerkschaftspolitik in der Bundesrepublik Deutschland, o. O. 1975, S. 192. Siehe auch Sachverständigenrat zur Begutachtung der gesamtwirtschaftlichen Entwicklung, Jahresgutachten 1966/67, Stuttgart/Mainz 1966, S. 171 ff.

Tarifpolitik geben darf, sondern höchstenfalls ein wachstumskonformes Verhalten, worin Preissteigerungen und Produktivitätssteigerungen usw. enthalten sind«.[25] Ludwig Rosenberg bemerkte dazu, dass die Planung der Wirtschaft anhand von Globaldaten in der Vergangenheit eine Grundforderung der Gewerkschaften gewesen sei, der man nun Tribut zollen müsse. Es käme entschieden darauf an, einer Verringerung der Lohnquote entgegenzuwirken.[26] Dieses Ziel erreichten die Gewerkschaften jedoch mit Blick auf die Einkommensverteilung nicht. Real mussten die Arbeitnehmer Verluste von 1,6 Prozent, bereinigt gar von 1,9 Prozent hinnehmen.

1968 motivierte eine günstige Gewinnentwicklung der Unternehmen die Gewerkschaften, höhere Abschlüsse anzustreben. Im Sinne der Koordinierung der Wirtschaftspolitik erhielten sie dabei Rückendeckung vom Sachverständigenrat und von Teilen des Bundeswirtschaftsministeriums, da man die sich abzeichnenden Nachfragelücken geschlossen sehen wollte. Der Ökonom Herbert Giersch äußerte bereits im März, die Löhne würden hinter der konjunkturellen Entwicklung zurückbleiben, weswegen es in der Folgezeit zu zyklischen Schwankungen kommen werde. Doch die Befürchtungen des Wissenschaftlers fanden bei den Arbeitgebern kein Gehör. Sie standen einer konzertierten Absprache in der Frage der Löhne weiterhin skeptisch gegenüber. Der BDA-Geschäftsführer Eichler meinte, »wegen der hohen emotionalen Belastung der Lohnpolitik schrecke die Ankündigung von 4–5 vH Tariflohnerhöhung [der Bundesregierung, Anm. d. A.] die Unternehmer ab«.[27] Die Verhandlungen schließlich führten je nach Wirtschaftsbranche zu unterschiedlichen Ergebnissen, insgesamt wurde mit einer Steigerung des Gesamttariflohnniveaus von 3,9 Prozent ein Wert unterhalb der sowohl von den Gewerkschaften erwünschten als auch vom Sachverständigenrat vorgeschlagenen Erhöhung erzielt. Auch 1968 mussten die Gewerkschaften Abschlüsse mit Laufzeiten zwischen 13,6 und 14,2 Monaten akzeptieren.[28] Daraus resultierte die für die Lohnentwicklung in der Aufschwungphase der Konjunktur charakteristische Erscheinung einer ansteigenden Lohndrift.

Der verhaltene Trend setzte sich auch bis zur Mitte des Folgejahres fort: Als entscheidend für die weitere Entwicklung der Tarifpolitik sollte sich erweisen, dass es den Gewerkschaften trotz dieser Lohnerhöhungen bis in die Mitte des Jahres nicht gelang, die als ungerecht empfundene Einkommensverteilung und das Relationsverhältnis von Gewinn- und Einkommenssteigerungen zu überwinden. Die verhaltene Lohnpolitik in der Rezession sorgte für einen Vertrauensverlust bei vielen Gewerkschaftsmit-

---

25 Protokoll der Tarifpolitischen Klausurtagung des Bundesvorstandes v. 14.12.1966, in: Schönhoven/Weber (Hg.), Quellen, Bd. 13, S. 377-383, hier: 383.
26 Vgl. Protokoll der 13. Sitzung des DGB-Bundesvorstandes v. 4.7.1967, in: ebd., S. 476-488, hier: 476 ff.
27 Bericht über das [7.] Gespräch im Rahmen der Konzertierten Aktion am 7.3.1968, in: DGB-Archiv im AdsD, Abt. Wirtschaftspolitik 24/5189.
28 Bundesvorstand des Deutschen Gewerkschaftsbundes (Hg.), Geschäftsbericht 1965 bis 1968, S. 292.

gliedern und ließ bei ihnen den Wunsch nach einer offensiveren Tarifpolitik aufkommen. Vor allem die Schere zwischen Gewinnen und Löhnen sorgte zunehmend für Unmut.[29] So kann für den Zeitraum von 1966 bis zur Mitte des Jahres 1969 festgehalten werden, dass die Gewerkschaften ihre Lohnpolitik den gesamtwirtschaftlichen Erfordernissen, wie sie vom Bundeswirtschaftsministerium und dem Sachverständigenrat charakterisiert wurden, anpassten. Sie wurden somit den Erwartungen des Staates und der Arbeitgeber gerecht. Bei aller verbalen Ablehnung von Lohnleitlinien und einer produktivitätsorientierten Lohnpolitik blieben die äußeren wirtschaftlichen Faktoren bestimmend für die Entwicklung der Löhne und Gehälter. So resümiert Abelshauser, die Gewerkschaften hätten der Überwindung der Rezession ein »Stabilitätsopfer« gebracht.[30] Aber auch der DGB selbst charakterisierte seine Tarifpolitik als »einsichtiges Verhalten«, das seine Mitgliedsgewerkschaften gerade in den Jahren 1967 und 1968 an den Tag gelegt hätten.[31]

Beständig vorgebrachte Theorien über den Kaufkrafteffekt des Lohnes zur Überwindung der Rezession stießen bei den anderen Teilnehmern, auch beim sozialdemokratischen Wirtschaftsminister Schiller, nicht auf Gehör. Im Gegenteil, er stellte gar fest, dass »die Konjunktur nicht von der Lohnseite her, sondern von den Investitionen aus angekurbelt werde«.[32] In diesem Klima war kein Platz für gewerkschaftliche Vorstellungen zur Überwindung der Rezession oder für Forderungen der Mitglieder. Deren Vorstellungen über eine adäquate Wirtschaftspolitik wurden auch von den Vertretern der Gewerkschaften selbst in der konzertierten Aktion nicht thematisiert, obwohl sie wussten, dass der Gesprächskreis in Arbeitnehmerkreisen umstritten war.

Vom Wendepunkt 1969 bis zur Krise 1974: Lohnpolitik im Widerstreit

Dieses hohe Maß an Anpassungswillen in Verbindung mit dem geringen Maß an Rücksichtnahme auf die Interessen der Mitglieder sollte sich für die Gewerkschaften nicht auszahlen. Im September 1969 bildeten die Unzufriedenheit über die verhaltenen Tarifabschlüsse der Vergangenheit und die Zentralisierung der Lohnforderungs-

---

29 Das belegen die Briefe enttäuschter Vertrauensleute der IG Metall, die an den Vorstand der IG Metall gerichtet wurden. V. a. eine Lohnerhöhung um 8 % wurde als zu gering angesehen. Die Entrüstungen bezogen sich auch auf die in der Öffentlichkeit von Karl Schiller postulierte Tariflohnerhöhung von 9–10 %. Betriebsräte berichteten über Verstörungen in den Betrieben und über die ausgezeichnete Gewinnentwicklung vieler Unternehmen. Zahlreiche Entschließungen und Stellungnahmen der IG Metall-Bezirke sprechen dieselbe Sprache. IG Metall-Archiv im AdsD, Vorstand, 5/IGMA150816.
30 Werner Abelshauser, Wirtschaftsgeschichte, S. 344.
31 Bundesvorstand des Deutschen Gewerkschaftsbundes (Hg.), Geschäftsbericht 1965 bis 1968, S. 285.
32 Bericht über das Gespräch im Rahmen der Konzertierten Aktion v. 7.3.1968.

findung den Hintergrund für spontane Streiks in der Eisen- und Stahlindustrie, der Textilindustrie, des Öffentlichen Dienstes und in Teilen des Bergbaus. Der unmittelbare Anlass für die *wilden* und nicht gewerkschaftlich getragenen Streiks in der Metallindustrie war die nach der Zusammenlegung der Dortmund-Hörder Hüttenunion mit dem Hoesch-Konzern 1967 nicht erfolgte Anpassung der Stundenlöhne innerhalb des Unternehmens. Willi Michels, im Vorstand der IG Metall für die Eisen- und Stahlindustrie zuständig, äußerte noch am selben Tag die Vermutung, der Streik könne auf weitere Werke übergreifen.[33] Am 3. September legten dann alle 23.000 Arbeiter des Konzerns ihre Arbeit nieder, woraufhin eine Einigung mit der Betriebsleitung erzielt wurde. Aufgrund der aufgeladenen Stimmung weiteten sich die Streiks jedoch schnell aus. Sukzessive griffen sie auf Unternehmen des Bergbaus in Nordrhein-Westfalen und im Saargebiet, der Metall verarbeitenden Industrie sowie der Textilindustrie über. Räumlich blieben sie nicht auf Nordrhein-Westfalen beschränkt, sondern fanden unter Beteiligung von Arbeitern auch in Nord- und Süddeutschland statt. Der Höhepunkt der Ausstände lag um den 9. September 1969 mit insgesamt 29 bestreikten Betrieben. Zeitlich gegen Ende der Streikwelle – von einem ersten Streik in den Dortmunder Stadtwerken am 9. September abgesehen – erfassten die Ereignisse auch die Betriebe des Öffentlichen Dienstes, der aufgrund seiner Verbundenheit mit dem Staat traditionell in den Lohnverhandlungen das Nachsehen hatte.[34] Sowohl die Industriegewerkschaft Metall (IG Metall) als auch die Gewerkschaft Öffentliche Dienste, Transport und Verkehr (ÖTV) sowie die Industriegewerkschaft Bergbau (IG Bergbau) reagierten mit der sofortigen Kündigung der Tarifverträge und mit Nachverhandlungen in den betroffenen Organisationsbereichen, die Ergebnisse zwischen 10 Prozent und 14 Prozent Lohnerhöhungen sowie Einmalzahlungen ergaben. Die Führung der IG Metall war von den tarifrechtlich nicht legitimierten Streiks überrascht.[35]

Wichtiger jedoch als die politischen Implikationen der spontanen Streiks waren die Folgen, die sie auf das allgemeine tarifpolitische Klima in der Bundesrepublik ausübten. Die Septemberstreiks kennzeichneten vor allem in Anbetracht der geringen Anzahl der bestreikten Betriebe einen Höhepunkt im Verlauf der wenig konfliktbehafteten 1960er-Jahre. Peter Birke sieht die Septemberstreiks in einem zeitlichen Kontext zu den von der Öffentlichkeit und den Gewerkschaften selbst kaum beachteten spontanen Streikbewegungen der 1950er- und 1960er-Jahre. Mit ihnen hätten sich nur im Vorfeld vorhandene Spannungen entladen. In den Septemberstreiks habe sich potenziell eine »solidarische Lohnbewegung von unten« entwickelt. In ihr allerdings

---

33 Vgl. Aktennotiz für Otto Brenner, in: IG Metall-Archiv im AdsD, Vorstand: 5/IGMA030193.
34 Vgl. Institut für marxistische Studien (Hg.), Die Septemberstreiks 1969. Darstellung, Analyse, Dokumente der Streiks in der Stahlindustrie, im Bergbau, in der metallverarbeitenden Industrie und anderen Wirtschaftsbereichen, Frankfurt a. M. 1969, S. 39-45.
35 Dies betonte Otto Brenner vor der Presse. Vgl. Panorama-Interview mit Otto Brenner, in: IG Metall-Archiv im AdsD, Vorstand: 5/IGMA152283.

»Ansatzpunkte für eine Kritik des tayloristischen Fabriksystems« zu sehen, erscheint hingegen nicht den Streikmotiven der Arbeiter zu entsprechen. Auch der chronologische Zusammenhang zu spontanen Streiks in den 1950er- und 1960er-Jahren dürfte nur wenigen Beteiligten geläufig gewesen sein.[36] Hier einen vonseiten der Arbeitnehmer eingeleiteten *Wandel* oder *Bruch* in den industriellen Beziehungen zu sehen, entsprach nicht den Intentionen der Streikenden. Mehr noch, Betriebsräte und Vertrauensleute der einzelnen Gewerkschaften bildeten das Zentrum der spontanen Arbeitsniederlegungen und nicht, wie vielfach postuliert, linke oder von kommunistischen Ländern gesteuerte Gruppierungen. Diese behaupteten erst im Nachgang der Streiks, ihre Initiatoren gewesen zu sein.[37] Ferner bewirkten die Septemberstreiks einen weit reichenden Wandel der tarifpolitischen Konzeption der maßgeblichen Gewerkschaften.[38] Es zeigte sich, dass die Unzufriedenheit der Mitglieder ein so hohes Ausmaß annahm, dass sie trotz einer grundsätzlich positiven Einstellung zu den Gewerkschaften in diesem Moment der wirtschaftlichen Entwicklung der Bundesrepublik nicht mehr bereit waren, ihre Tarifhoheit anzuerkennen. In seinem zusammenfassenden Bericht über die Septemberstreiks an den Bundesvorstand des DGB analysierte der DGB-Vorsitzende Heinz Oskar Vetter, die ökonomische Entwicklung habe, neben dem neuen Selbstbewusstsein der Arbeiter und Angestellten und der »politischen Hochspannung« kurz vor der bevorstehenden Bundestagswahl 1969, als Triebfeder der streikenden Arbeiter gedient. Die Gewerkschaften, so führte Vetter seinen Bericht fort, seien zwar im Vorfeld nicht frei von Fehlern gewesen, hätten aber aufgrund der Laufzeiten der unter anderen konjunkturellen Voraussetzungen abgeschlossenen Ta-

---

36 Peter Birke, Der Eigen-Sinn der Arbeitskämpfe. Wilde Streiks und Gewerkschaften in der Bundesrepublik vor und nach 1969, in: Bernd Gehrke/Gerd-Rainer Horn (Hg.), 1968 und die Arbeiter. Studien zum »proletarischen Mai« in Europa, Hamburg 2007, S. 53-75, hier: 64-67.
37 Vgl. Holger Gorr, Gesellschaftliche Reform und Krisenbewältigung, in: Jürgen Peters (Hg.), In freier Verhandlung. Dokumente zur Tarifpolitik der IG Metall 1945 bis 2002, Göttingen 2003, S. 295-474, hier: 304. Eine fundamentale Kritik am »kapitalistischen System« oder gar revolutionäre Forderungen wurden nur von Randgruppen erhoben. Eine Untersuchung des Bundesinnenministeriums kommt zum Schluss, dass die DKP und der SDS keinen nennenswerten Einfluss auf die Streikbewegung ausübten und, wie die Gewerkschaften auch, von der Entwicklung überrascht wurden. Hierzu: Linksradikale Gruppierungen und die Streikbewegung, in: DGB-Archiv im AdSD 5/DGAI000015. Im Bergbausektor hingegen, so berichtete der Vertreter der IG Bergbau und Energie, Karl van Berk, anlässlich der Sitzung des DGB-Bundesvorstandes am 7./8.10.1969, gelang es der DKP, etwa bei der Schachtanlage Minister Stein, zumindest Betriebsräte und Arbeiter zu trennen. Vgl. hierzu: Protokoll der Sitzung des DGB-Bundesvorstandes v. 7./8.10.1969, in: DGB-Archiv im AdSD, Abt. Vorsitzender: 5/DGAI000463.
38 Birke hingegen spricht den Streiks indirekt die »Initialzündung« ab, denn es seien auch im Vorfeld spontane, lokale wilde Streiks um Entlohnungsbedingungen aufgetreten, etwa in der Metallindustrie Nordrhein-Westfalens. Diese Sichtweise klammert jedoch die Schockwirkung aus, die sich für die Gewerkschaftsführungen einstellte, nachdem ihnen ihre tarifpolitischen Versäumnisse vor Augen geführt wurden, die sie aus Sicht der Mitgliedschaft im Vorfeld verübt hatten. Vgl. hierzu Peter Birke, Wilde Streiks im Wirtschaftswunder. Arbeitskämpfe, Gewerkschaften und soziale Bewegungen in der Bundesrepublik und Dänemark, Frankfurt a. M. 2007, S. 220 f.

rifverträge nicht auf die gestiegenen Gewinne mit weiteren Lohnforderungen reagieren können. Er betonte, es komme nun darauf an, dass »wir die Lohnbewegung wieder in den Griff bekommen«.[39]

In der ersten Sitzung der konzertierten Aktion nach der Bundestagswahl am 24. November 1969 erreichten die Gewerkschaften, dass die Bundesregierung in ihren Jahreswirtschaftsberichten keine Lohnorientierungsdaten mehr veröffentlichte, was nicht zuletzt an der Unterstützung der BDA lag.[40] Der Sachverständigenrat, stets besorgt um zu hohe Lohnforderungen der Gewerkschaften und ihre Auswirkungen auf das Preisniveau und den Arbeitsmarkt, versuchte, mit der Strategie der präventiven Einkommenssicherung ein erneutes konzertiertes Verhalten der wirtschaftspolitischen Akteure zu erzielen. Diese Ambitionen, der konzertierten Aktion erneut zum Aufwind zu verhelfen, sprachen bereits für eine von allen Seiten nicht ausgesprochene, aber dennoch gespürte Abnutzung der mittlerweile ohnehin wenig geachteten Gesprächsrunde. In den Gesprächskommuniqués, die nach einer jeden Sitzung veröffentlicht wurden, sprach man nun auch kontroverse Themen und Fragen an, in denen die Teilnehmer nicht übereinstimmten. Die Arbeitgeber sahen sich enttäuscht über die fehlende Disziplinierungsfunktion der konzertierten Aktion in Fragen der Lohnpolitik. Die Gewerkschaften versuchten ab 1970 weiterhin vergeblich, gesellschaftspolitische Fragen auf die Tagesordnung zu bringen.[41] So zeigte sich im Verlauf der Diskussionen deutlich, dass alle Beteiligten in der Frage nach der Entstehung der Inflation zu keinem abschließenden Urteil kommen konnten. Diese erreichte bis September 1969 ein hohes Maß und nahm im Laufe des Jahres 1970 einen steilen Verlauf. Die Preise für die Lebenshaltung, der Bezugsgröße für gewerkschaftliche Lohnforderungen, entwickelten sich seit der zweiten Hälfte des Jahres 1968 um 3 Prozent nach oben, vor allem für Nahrungsmittel und Mieten, also aufgrund von »im Kern […] nicht konjunkturellen Faktoren.«[42] Die Septemberstreiks hatten nur einen geringen Anteil an der Entwicklung der Preise. Selbst der damalige Vizepräsident des Arbeitgeberverbands, Hanns-Martin Schleyer, räumte ein, die IG Metall habe im Herbst 1969 ein vernünftiges Verhalten an den Tag gelegt, das es hoch zu bewerten gelte.[43] Auch das Bundeswirtschaftsministerium machte als Ursache für den zu verzeichnenden Boom die

---

39 Heinz O. Vetter, Zusammenfassender Bericht über die Streiksituation (spontane Arbeitsniederlegungen) im September 1969, in: DGB-Archiv im AdsD: 5/DGAI000015.
40 Vgl. Protokoll der Sitzung der Konzertierten Aktion am 24.11.1969, in: DGB-Archiv im AdsD, Abt. Wirtschaftspolitik: 24/5191.
41 Hermann Adam, Die Konzertierte Aktion in der Bundesrepublik, (WSI-Studie zur Wirtschafts- und Sozialforschung 21), Köln 1972, S. 38-41.
42 Sachverständigenrat zur Begutachtung der gesamtwirtschaftlichen Entwicklung, Jahresgutachten 1969/70, Stuttgart/Mainz 1969, S. 21.
43 Vgl. Protokoll über die Sitzung der Konzertierten Aktion am 17.3.1970, in: DGB-Archiv im AdsD, Abt. Wirtschaftspolitik: 24/5191.

Übernachfrage des Auslands und die Nachfrage nach Investitionsgütern aus.[44] Die Rückwirkungen der Streiks auf die Tarifpolitik der folgenden Jahre waren jedoch überdeutlich. Im DGB-Bundesvorstand lehnte Heinz Oskar Vetter bereits im Vorfeld der Bekanntgabe der Geldpolitik der Bundesbank verhaltene Lohnforderungen 1970 mit Hinweis auf das »September-Desaster« und den Einfluss vonseiten der DKP, die vor allem in den Betrieben wieder für neue Diskussionen sorgen könnte, ab. Er führte aus, dass »[wir] in der Gestaltung und der Höhe unserer Tarifforderungen [zeigen] müssten, dass wir in der Lage [sind], uns durchzusetzen, nicht nur in der Frage der Laufzeit der Tarifverträge«.[45]

Um die angeheizte Konjunktur im Sinne der planerischen Intention der Zeit zu bremsen und zu beruhigen, beschlossen die Bundesregierung und die öffentliche Hand bis zur Mitte des Jahres 1970 verschiedene wirtschaftspolitische Maßnahmen wie die Sperrung von Haushaltstiteln und die Aussetzung der degressiven Abschreibung.[46] Innerhalb der konzertierten Aktion zeigten sich nun deutliche Anzeichen einer Ermüdungserscheinung. Die Debatten drehten sich beständig um dieselben Fragen und kamen doch zu keinem Ergebnis. Auch standen sich die Akteure immer unversöhnlicher gegenüber. So scheiterten etwa die Planungen des DGB, mit der BDA gemeinsam eine Untersuchung durchzuführen, die anhand von 90 Unternehmen den Einfluss der Lohndrift, die Entwicklung der Löhne und Gewinne seit 1967 und den Anteil vorgelagerter Preissteigerungen für die Industrie ergründen sollte.[47] Vor diesem Hintergrund kann das tarifpolitische Geschehen bis zum Zeitpunkt 1974 durchaus auch verortet werden, ohne dass Fragen und Themen, die in der konzertierten Aktion debattiert wurden, berücksichtigt werden. Die eintretende Entwicklung sprach zugunsten der Gewerkschaften und ihrer Lohnerfolge. Über alle Branchen der Wirtschaft hinweg konnten sie zum Teil deutliche Steigerungsraten erzielen, die von Einmalzahlungen

---

44 Vgl. Thesen des Bundesministeriums für Wirtschaft zur Wirtschaftslage, in: ebd. Die Bundesrepublik verzeichnete jedoch im Vergleich zum internationalen Umfeld und zu anderen europäischen Staaten noch vergleichsweise geringe Inflationsraten. So lagen die Kennziffern für die Entwicklung des dritten Quartals des Jahres 1969 auf 1970 im Vereinigten Königreich bei 6,8 %, in Japan bei 6,5 %, in den Vereinigten Staaten bei 5,7 % und in Frankreich bei 5,9 %. Die OECD legte 1970 eine Studie vor, in der sie ihre Besorgnis über den hohen Preisanstieg in Nordamerika und Europa zum Ausdruck brachte. Die Ursachen hierfür machte sie zwar auch in einem hohen Anstieg der Löhne fest, stellte aber auch die gestiegenen Güterpreise und den Anstieg der Inflation in den USA heraus, die Rückwirkungen auf alle Wirtschaften ausübten. Hierzu: Organisation for Economic Cooperation and Development (OECD), Inflation. The present Problem. Report by the Secretary General, o. O. 1970, hier bes. S. 7-13.
45 Protokoll des 6. Sitzung des Bundesvorstandes, 3.2.1970, in: DGB-Archiv im AdsD, Abt. Vorsitzender: 5/DGAI000464.
46 Vgl. Sachverständigenrat zur Begutachtung der gesamtwirtschaftlichen Entwicklung, Jahresgutachten 1970/71, Stuttgart/Mainz 1970, S. 31-34.
47 Vgl. Informationsdienst Gewerkschaftspresse Nr. 48/16 v. 27.4.1970 u. 53/16 v. 6.5.1970 sowie die Liste von 90 Firmen, an deren Hand die Kosten- und Gewinnanalyse durchgeführt werden sollte, in: DGB-Archiv im AdsD, Abt. Wirtschaftspolitik: 24/5092.

und sonstigen Lohnbestandteilen sekundiert wurden. Dabei war es vor allem die IG Metall, die das tarifpolitische Geschehen bestimmte. Als der Inbegriff von Gewerkschaft setzte sie mit ihren Erfolgen im Arbeitskampf die Trends, ihre Abschlüsse galten oftmals als Maßstab und Richtschnur für andere Einzelgewerkschaften des DGB.

Ungeachtet der intendierten wirtschaftspolitischen Absprachen verliefen die Tarifkonflikte zu Beginn der 1970er-Jahre so konfliktreich wie selten zuvor in der Bundesrepublik. 1971 gab es einen ersten Höhepunkt im Verteilungskampf mit den Streiks der IG Metall in ihrem Tarifgebiet Nordwürttemberg/Nordbaden, traditionell stark in der Organisation der IG Metall, bei der es im Kern »nicht nur um Lohnforderungen, sondern um eine Neufestlegung des Kräfteverhältnisses zwischen IG Metall und Metallindustriellen« ging.[48] Die besondere Bedeutung des Tarifabschlusses der Metallbranche in diesem Tarifbezirk erwuchs aus der traditionell hohen Kampfbereitschaft der Mitglieder und der Anzahl an Metall verarbeitenden Betrieben in Baden-Württemberg. Hier arbeiteten 1971 20,4 Prozent der Gesamtbeschäftigten in Unternehmen, die 19,4 Prozent des Gesamtumsatzes der Metallindustrie erwirtschafteten.[49] Die wirtschaftliche Lage in diesem Bereich und in anderen Wirtschaftszweigen verschlechterte sich seit der zweiten Hälfte des Jahres. Aus dem vorherigen Boom verbliebene Auftragsbestände sorgten jedoch dafür, dass die Kapazitätsauslastung der Unternehmen zunächst auf einem hohen Niveau verblieb und eine Entspannung der Konjunktur sich verzögerte.[50] Die Besonderheit der Tarifbewegung 1971 manifestierte sich nicht in dem erzielten Ergebnis, das, separat betrachtet, mit 7,5 Prozent Lohnerhöhung und einer Nettopauschale von 180 Mark nicht außergewöhnlich hoch ausfiel. Es überrascht eher die außergewöhnliche Vehemenz, mit welcher der Verteilungskampf unter den Vorzeichen der abgespannten Wirtschaftslage geführt wurde. Sowohl die Arbeitgeber als auch die IG Metall erlaubten sich kein Nachgeben und setzten mit Streik und Aussperrung ihre jeweils schärfste Waffe ein. Die Zeichen standen von Beginn an auf Konfrontation. Die BDA bereitete die angeschlossenen Unternehmen bereits im September auf mögliche Aussperrungsmaßnahmen vor und belegte ein Ausscheren mit deutlichen Sanktionen.[51] An dem über drei Wochen geführten Arbeitskampf beteiligten sich 145.000 Arbeitnehmer – damit wurden die bis dahin meisten Streikenden überhaupt in der Geschichte des DGB mobilisiert.[52] Im Jahr 1971

---

48 Regine Meyer, Streik und Aussperrung in der Metallindustrie. Eine Analyse der Streikbewegung in Nordwürttemberg/Nordbaden 1971, Marburg 1977, S. 11.
49 Vgl. ebd., S. 15.
50 Vgl. Sachverständigenrat zur Begutachtung der gesamtwirtschaftlichen Entwicklung, Jahresgutachten 1971/72, Stuttgart/Mainz 1971, S. 20 ff.
51 Vgl. Direktions-Schnellbrief an die angeschlossenen Unternehmen von Gesamtmetall, in: AdsD 5/IGMB100036.
52 Vgl. die Übersicht bei Friedhelm Boll, Streik und Aussperrung, in: Wolfgang Schroeder/Bernhard Weßels (Hg.), Die Gewerkschaften in Politik und Gesellschaft der Bundesrepublik Deutschland, Wiesbaden 2003, S. 478-510, hier: 510.

wurden die mit Abstand höchsten Streikraten im Betrachtungszeitraum verzeichnet. Insgesamt verlor die Wirtschaft circa 4,5 Millionen Arbeitstage durch Streik, von denen 2,27 Millionen auf die Metallindustrie Baden-Württembergs entfielen. Hier wurden nahezu alle der 305.000 in diesem Jahr von Aussperrung betroffenen Arbeitnehmer gezählt.[53] Seit diesem Streik musste die IG Metall den Faktor einer teuren Aussperrung immer mit einbeziehen. Auch war sich der Vorstand bewusst, dass niedrige Abschlüsse im DGB gescholten werden konnten.[54]

Zunehmend agierten die Gewerkschaften nun in der Öffentlichkeit, um angesichts der sich im Abschwung befindlichen Konjunktur nicht von allen Seiten als Preistreiber bezeichnet zu werden. Dabei entwickelte sich auch das Verhältnis zur SPD-geführten Regierung negativ, warfen die Gewerkschaften doch Wirtschaftsminister Schiller vor, die Stabilisierung der Preise nur verbal voranzutreiben und zu wenig auf dem Feld der Wettbewerbspolitik zu unternehmen. Heinz Oskar Vetter wandte sich am 24. März 1971 schriftlich an Bundeskanzler Willy Brandt und bat ihn, seinen »Einfluß auszuüben, daß diese Angriffe, soweit sie im Zusammenspiel zwischen Bundesregierung und Bundesbank erfolgen, eingestellt werden«.[55] In seiner der Presse zugetragenen Antwort stellte Brandt heraus, dass es »nicht seiner Auffassung« entspräche, »die gewerkschaftlichen Lohnforderungen einseitig als Quelle der Preissteigerungen zu bezeichnen«. Er äußerte ebenfalls ein klares Bekenntnis zur Tarifautonomie, räumte aber ein, dass Orientierungsdaten »als Richtwerte für ein den gesamtwirtschaftlichen Notwendigkeiten entsprechendes Verhalten aller gesellschaftlichen Gruppen« zu verstehen seien.[56]

Trotz aller Kritik stellte der DGB doch fest, die eigentliche Gegnerschaft sei, neben der CDU, die »politisch organisierte Unternehmerschaft«. Auf diesen Antagonismus legte er den Fokus nach dem ersten Quartal 1971. Der beständig postulierten Lohn-Preis-Spirale sollte nun intensiver mit der Gegenformel »Die Gewinne treiben die Preise« begegnet werden.[57] Im Folgejahr gingen die Gewerkschaften dazu über, ihre Lohnforderungen an die jeweiligen Branchengegebenheiten anzupassen, die eine

---

53 Vgl. Hasso Spode et al., Statistik der Arbeitskämpfe in Deutschland, St. Katharinen 1992, S. 475, 478.
54 Niederschrift der Sitzung des Vorstandes am 26.10.1972 sowie Metall-Presse-Dienst XX/176 v. 26.10.1972, in: IG Metall-Archiv im AdsD, Vorstand: 5/IGMA020058.
55 Brief Heinz Oskar Vetters an Bundskanzler Willy Brandt, in: DGB-Archiv im AdsD, Abt. Vorsitzender: 5/DGAI001254.
56 Da das Antwortschreiben Willy Brandts nicht vorlag, erfolgt die Zitation anhand der Pressesammlung, in welcher der genaue Wortlaut seines Schreibens zu finden ist. Artikel der Westfälischen Rundschau v. 30.3.1971, in: ebd.
57 Dies geht aus einer Abhandlung von Rudolf Henschel, Abt. Wirtschaftspolitik des DGB, v. 31.3.1971 hervor. Wi(e)der Orientierungsdaten, in: DGB-Archiv im AdsD, Abt. Wirtschaftspolitik: 24/4944.

Berücksichtigung von Globaldaten unmöglich machten.[58] So konnten im Frühjahr des Jahres diejenigen Gewerkschaften Lohnzuwächse erzielen, deren Branchen von der anhaltenden Privatnachfrage profitierten. Im Januar 1972 setzte man vor allem im Handel in unterschiedlichen Bezirken Lohnerhöhungen von 6 bis 20 Prozent bei gleichzeitiger Verkürzung der Wochenarbeitszeit durch. Im Verlauf des Jahres 1972 fanden keine weiteren tarifpolitischen Ereignisse statt, wohl aber trat Karl Schiller in diesem Jahr von seinem Posten als Wirtschaftsminister zurück und machte Platz für seinen Nachfolger Helmut Schmidt. Mit diesem zog ein neuer Stil in die konzertierte Aktion ein. Er bekannte, es »sei ja wohl kein Geheimnis, wenn von der Regierung stärker die Interessen der Gewerkschaften beachtet würden, während andererseits viele Unternehmer […] der CDU auch finanziell ihre Hilfe zuteil werden ließen«.[59] Der Antagonismus der Beteiligten wurde nicht länger verschwiegen, sondern trat offen zutage.

Nachdem sich die Preise weiterhin auf einem bis dahin unbekannt hohen Niveau entwickelten, traten in der Eisen- und Stahl- sowie in der Metallindustrie im Verlauf des Jahres 1973 erneute spontane Streiks auf, die jeweils für die Arbeitnehmer zu günstigen Ergebnissen führten. Vorangegangen war den Streiks auch in diesem Fall ein erneut recht moderater Abschluss der IG Metall von 8,5 Prozent in der Eisen- und Stahlindustrie, der viele Mitglieder nicht zufrieden stellte und in der Urabstimmung mit lediglich 52 Prozent angenommen wurde. Dennoch nahm der Vorstand das Ergebnis an, da ein Streik bei einem solchen Ergebnis nicht möglich gewesen wäre.[60] Die Inflation stand auch im Zentrum des ersten Streiks in der Druckindustrie seit 1952, der im selben Jahr mit großer Vehemenz geführt wurde. Die Arbeiter legten am 9. April für zwei Stunden die Arbeit nieder, sodass am Folgetag 90 Prozent der Tageszeitungen nicht erschienen. Als Ergebnis erzielte die IG Druck und Papier eine Lohnerhöhung von 10,8 Prozent. Obwohl dieses Ergebnis »zur Annahme zu wenig und zur Ablehnung zu viel« sei, da es unter der von den Mitgliedern geforderten Marke von 11 Prozent lag, nahm die Gewerkschaft es an. Eine Weiterführung der Streiks verwarf man als nicht sinnvoll, denn ein weiterer Lohnsprung sei nicht zu erwarten und die Stimmung in der Öffentlichkeit könne sich gegen die IG Druck und Papier richten.[61] Dieser Abschluss trat mitten in die Phase der Hochinflation. Die Bundesregierung zeigte sich daher bemüht, ihm keine »Signalwirkung« zu attestieren und be-

---

58 Vgl. die Ausführungen von Vertretern der DGB-Einzelgewerkschaften im tarifpolitischen Ausschuss des DGB. Handschriftliche Notizen über die Sitzung des Tarifpolitischen Ausschusses des DGB am 3.3.1972, in: DGB-Archiv im AdsD, Abt. Tarifpolitik: 24/6009.
59 Protokoll der 26. Sitzung der Konzertierten Aktion am 5.10.1972, in: DGB-Archiv im AdsD, Abt. Wirtschaftspolitik: 24/848.
60 Vgl. Niederschrift der Sitzung des Vorstandes am 15.1.1973, in: IG Metall-Archiv im AdsD, Vorstand: 5/IGMA020059.
61 Protokoll der 7. Sitzung der Tarifkommission für die Druckindustrie am 10.4.1973, in: AdsD, Industriegewerkschaft Medien/2085.

fürchtete weitere Preisauftriebe, sollte diese Zahl zum neuen Orientierungswert werden.[62] Allein, dieser Anspruch verwirklichte sich nicht. Die nachfolgenden Abschlüsse lagen über den zu Beginn des Jahres vorgegebenen Werten. Im Unterschied zur Druckindustrie gingen die Verhandlungen allerdings durchweg geräuschlos vonstatten. Durchgesetzt wurden Lohnerhöhungen zwischen 9,6 und 11 Prozent, etwa im Groß- und Außenhandel, in der Bekleidungsindustrie, in der chemischen Industrie, im Bankgewerbe oder im Steinkohlenbergbau.[63]

Die gesamtwirtschaftlichen Bedingungen, die das tarifpolitische Geschehen im Jahr 1974 bestimmten, änderten sich bereits in der zweiten Hälfte des Jahres 1973. Mit dem ersten Ölpreisschock endete die Epoche des stetigen wirtschaftlichen Aufstiegs und der Prosperität. Die Mängel im Konzept der Globalsteuerung wurden mit der Ölkrise offensichtlich, vermochte sie doch den Spagat zwischen einer gleichzeitig kontraktiven und expansiven Wirtschaftspolitik nicht mehr zu leisten. Der Schock der Ölpreiskrise des Jahres 1973 und die sich mit ihm ankündigende wirtschaftliche Rezession wirkten tief und führten bei vielen Akteuren zu einem Umdenken und zu fortgesetzten Zweifeln an der »Machbarkeit« ökonomischer Prozesse.[64] Dies sollte sich auch in der anstehenden öffentlichen Diskussion zeigen. Die Sachverständigen führten in ihrem Sondergutachten zu den Folgen der Ölpreiserhöhungen aus, dass sie »Chancen für eine kräftige Einkommensumverteilung« nicht sähen, »die Gefahr, dass den Stabilisierungsbemühungen des Jahres 1973 jede Aussicht auf Erfolg genommen wird« hingegen schon.[65] Aufgrund der veränderten Marktlage betrachteten sie einen Anstieg der Tariflöhne um 8,5 Prozent im Jahr 1973 als stabilitätskonform.[66] Dies wurde sogar von einigen DGB-Vertretern wohlwollend berücksichtigt[67], die Einzelgewerkschaften hingegen fürchteten, noch unter dem Einfluss der Ereignisse des Jahres 1969 stehend, die Inflationswirkungen und gingen auch insgesamt von einer positiveren Entwicklung des wirtschaftlichen Verlaufs aus. Ein Wachstum von 4 Prozent sei in 1974 möglich. Dies bekräftigten sie bei einem wirtschaftspolitischen Gespräch,

---

62 dpa-Meldung 135 v. 11.4.1973, in: AdsD, Industriegewerkschaft Medien/0944.
63 Vgl. Sachverständigenrat zur Begutachtung der gesamtwirtschaftlichen Entwicklung, Jahresgutachten 1973/74, Stuttgart/Mainz 1973, S. 45-49.
64 Harm G. Schröter, Von der Teilung zur Wiedervereinigung (1945-2004), in: Michael North (Hg.), Deutsche Wirtschaftsgeschichte. Ein Jahrtausend im Überblick, München 22005, S. 356-426, hier: 388 ff.
65 Drucksache 7/2848, Zu den gesamtwirtschaftlichen Auswirkungen der Ölkrise. Sondergutachten des Sachverständigenrats zur Begutachtung der gesamtwirtschaftlichen Entwicklung v. 17.12.1973, in: Verhandlungen des Deutschen Bundestages, 7. Wahlperiode, S. 183-198, hier: 195.
66 Vgl. ebd., S. 196.
67 So der DGB-Vorstand Martin Heiß bei einem Treffen mit Bundeswirtschaftsminister Hans Friderichs. Vgl. Protokoll der Sitzung des Tarifpolitischen Ausschusses am 19.9.1973, in: DGB-Archiv im AdsD, Abt. Tarifpolitik: 24/6010.

zu dem der Bundeskanzler Ende Januar 1974 geladen hatte.⁶⁸ Dieses Moment sollte auch in der nun anstehenden, wohl bekanntesten Tarifrunde im Öffentlichen Dienst eine wichtige Rolle spielen. Der nach den ersten flächendeckenden Streiks in der Bundesrepublik im Öffentlichen Dienst seit dem Krieg erzielte Abschluss von 11 Prozent mehr Lohn, mindestens aber 170 Deutsche Mark, bildete den Höhepunkt der Lohnbewegungen bis 1974 und stand noch ganz unter dem Eindruck der wirtschaftlichen Prosperitätsphase. In ihr kumulierte der Konflikt zwischen der Globalsteuerung auf der einen und der Tarifautonomie auf der anderen Seite. Dies erklärt die politische Implikation, die diesem Streik als Kampf zwischen Willy Brandt auf der einen und dem ÖTV-Chef Heinz Klunker auf der anderen Seite innewohnte.⁶⁹

Globalsteuerung und Lohnpolitik: Kontinuitäten der deutschen Wirtschaftsgeschichte

Kann man nun von einem Strukturbruch sprechen, der sich mit der stark konfrontativen Lohnpolitik der Gewerkschaften vollzogen hat? Die vorangegangene Boomphase, eine Zeit der gesellschaftlichen Veränderungen von vielleicht viel größerer Qualität als die in sich heterogene Anschlussphase, hat auch unter den Vorzeichen des Fordismus für die Integration der Arbeiter in die Gesellschaft gesorgt. Dies stellen nicht zuletzt Gerold Ambrosius und Hartmut Kaelble in ihrer Überblicksdarstellung der Jahre 1948 bis 1973 fest. Der sprunghafte Anstieg der Realeinkommen in diesem Zeitraum, der in wesentlichem Ausmaße zwischen 1969 und 1974 stattfand, beflügelte diese Integration der Arbeiter in den Staat und in die Konsumgesellschaft. Ihr kollektives Empfinden, nicht adäquat an der Verteilung des gesamtwirtschaftlich erzielten Ergebnisses beteiligt zu sein, sei in dem Maße gesunken, wie sich die vormals Unterprivilegierten nun luxuriöse und langlebige Konsumgüter wie Autos oder Fernseher leisten konnten. Damit sei »eine wichtige Trennlinie zwischen Arbeiter- und Bürgerwelt gefallen«. Es flössen zwar noch andere Faktoren in den Niedergang der Arbeiterkultur ein, der singuläre Anstieg der Einkommen nach dem Zweiten Weltkrieg habe aber in hohem Ausmaß beschleunigend gewirkt. Im Umkehrschluss konnte sich die bürgerliche Kultur ebenso wenig behaupten.⁷⁰ Analog zu der gängigen Periodisierung, die das

---

68 Vgl. Bemerkungen zur aktuellen wirtschaftlichen Lage und Perspektiven für 1974. Ausarbeitung der Abteilung Wirtschaftspolitik für ein Gespräch bei Bundeskanzler Brandt am 25.1.1974, in: DGB-Archiv im AdsD, Abt. Wirtschaftspolitik: 24/4942.
69 Vgl. Arnulf Baring, Machtwechsel. Die Ära Brandt-Scheel, Stuttgart 1982, S. 694-699.
70 Gerold Ambrosius/Hartmut Kaelble, Einleitung: Gesellschaftliche und wirtschaftliche Folgen des Booms der 1950er und 1960er Jahre, in: Hartmut Kaelble (Hg.), Der Boom 1948–1973. Gesellschaftliche und wirtschaftliche Folgen in der Bundesrepublik Deutschland und in Europa, Opladen 1992, S. 7-32, hier: 20 ff. Siehe zur »Entproletarisierung« der Arbeiterschaft auch Abelshauser, Die langen Fünfziger Jahre, S. 66 ff.

Ende des Booms der Nachkriegszeit in das Jahr 1973 setzt[71], pflichten auch Doering-Manteuffel und Raphael dem bei und beschreiben die *heiße Phase* der Lohnpolitik als ein letztes Charakteristikum des Booms, die wegbereitend für die folgenden 1970er-Jahre wirken sollte.

»Um 1970 war der Wohlstand für die breite Masse der Bevölkerung fühlbar, erlebbar, konsumierbar geworden. [...] Erst in den letzten Jahren des großen Booms entfalteten die materiellen Auswirkungen des Aufschwungs in den westeuropäischen Ländern eine gesellschaftliche Breitenwirkung.«[72]

Dazu trug nicht zuletzt die Tarifpolitik der Gewerkschaften bei, die eine breite Anhebung der Löhne und Gehälter durchsetzte und dabei insbesondere die unteren Lohngruppen bevorzugte. Dies beförderte die *Eigendynamik des Wohlstands*, mit dem zum ersten Mal breite Bevölkerungsschichten am Konsum partizipieren konnten. Die hier gewählte Zeitgrenze zäsuriert unmittelbar vor dem *Strukturbruch*, überlappt ihn aber auch, da der »industrielle Strukturbruch und [die] soziokulturelle Transformation als ein Geschehen zu erkennen [war], welches auf verschiedenen Ebenen ablief und zugleich eng verzahnt war.«[73] Der breite Anstieg des Massenkonsums mag zur Überlappung und zur Unübersichtlichkeit der 1970erJahre beigetragen haben.

Die Tarifpolitik der Gewerkschaften zeigte sich bei genauerem Betrachten nicht in sich so geschlossen, wie es hier mit Blick auf die reine Lohnpolitik den Anschein haben mag. Die Vorstände leiteten erste zaghafte Versuche einer Änderung der tarifpolitischen Konzeptionen ein, die jedoch alle für sich zunächst kaum eine Rolle spielten. Angesichts der unübersichtlichen Situation zu Beginn der 1970er-Jahre rang man um eine angemessene Beantwortung der aufgeworfenen Fragen. Ein Konzept zur Lösung der Probleme, das letztendlich nie in Gänze zum Tragen kam, sollte die *betriebsnahe Tarifpolitik* darstellen, welche die Betriebsräte unmittelbar in die Lohnfindung einbezogen hätte. Hans Mayr, im Vorstand der IG Metall für das Tarifwesen zuständig, und der IG Metall-Vorsitzende Otto Brenner widersprachen diesen Forderungen nach Branchen- oder Werkstarifverträgen jedoch schon zu Beginn des Jahres, da sie »nicht genügend das Gesamtinteresse berücksichtigen« und zu der stets befürchteten »Atomisierung« der Tariflandschaft führen würden.[74] Beide befürworteten lediglich regionale Tarifverträge mit Öffnungsklauseln für Unternehmen, deren Standorte sich

---

71 Klassisch und am prägnantesten bei Eric J. Hobsbawm, Das Zeitalter der Extreme. Weltgeschichte des 20. Jahrhunderts, München 2004, S. 324-362.
72 Anselm Doering-Manteuffel/Lutz Raphael, Nach dem Boom, S. 42 f.
73 Ebd., S. 42.
74 Otto Brenner, Gewerkschaftliche Tarifpolitik in den 1970er Jahren. Vortrag gehalten im Institut für Weltwirtschaft der Universität Kiel, in: Udo Achten, Flächentarifvertrag und betriebsnahe Tarifpolitik. Vom Anfang der Bundesrepublik bis in die 1990er Jahre, Hamburg 2007, S. 364-366, hier: 365.

über verschiedene Tarifgebiete erstreckten. Das vorrangige Ziel einer jeden Tarifbewegung sollte für Brenner nun mehr »Tarifwahrheit«, also die Absicherung der Effektivverdienste sein[75], wobei er intern die Forderung einer Gleichsetzung beider Größen als »utopisch« bezeichnete und »die weitestgehende tarifvertragliche Erfassung der Lohn-, Gehalts- und Arbeitsbedingungen und die größtmögliche Absicherung der Sozialleistungen« als realistischer einschätzte.[76]

Diese Linie verfolgten die Gewerkschaften in den folgenden Verhandlungen weiter, jedoch zeigten sich auch bereits erste Ansätze einer späteren tarifpolitischen Verschiebung der Schwerpunkte. Die Gewerkschaften gingen langsam dazu über, in den Tarifverhandlungen bereits bestehende Arbeitnehmerrechte zu sichern und eher die qualitativen Aspekte der Tarifpolitik, wie etwa die Verkürzung der Arbeitszeit bei vollem Lohnausgleich, einzufordern. Diese *qualitative Tarifpolitik*, mit deren Hilfe die Gewerkschaften eine Verbesserung der Arbeitsbedingungen und mit Blick auf die technische Rationalisierung die Sicherung von Arbeitsplätzen erreichen wollten, setzte ab der ersten Hälfte der 1970er-Jahre verstärkt ein. Das prominenteste Beispiel ist der Streik der IG Metall um den Lohnrahmentarifvertrag II in ihrem Bezirk Nordwürttemberg/Nordbaden 1973.[77] Zudem sollte eine Erweiterung der Mitbestimmung der Arbeitnehmer im Aufsichtsrat privatwirtschaftlicher Unternehmen dem Ziel der Verwirklichung der *Wirtschaftsdemokratie* dienen. Eine Unterordnung unter stabilitätsorientierte Vorgaben, wie sie innerhalb der konzertierten Aktion weiterhin diskutiert wurde, fiel unter diesen Voraussetzungen nicht weiter schwer, zumal der Gesprächskreis zu dem Zeitpunkt seinen Zauber ohnehin schon längst verloren hatte. Seit dem Beginn der 1970er-Jahre traten Kontroversen und Widersprüche deutlicher auf, der Kreis der Teilnehmer wurde ausgeweitet und die gefassten Beschlüsse noch unverbindlicher.

Der sprunghafte Anstieg der Lohnforderungen und damit des Massenkonsums in der letzten Phase des Booms kann aber vollständig nur erklärt werden, indem man seine Ursachen erklärt. Diese liegen im Wesentlichen in den Ansprüchen und Versprechungen, die mit der Etablierung der keynesianischen Wirtschaftspolitik in der Bundesrepublik entstanden. Kann man in diesem Zusammenhang von einem Strukturbruch in der Wirtschaftsgeschichte der Bundesrepublik sprechen? Bei der Betrachtung der Periodisierung fällt die Fragwürdigkeit des Jahres 1966 auf. Die Wirtschaftskrise wirkte massiv, der Nimbus von Ludwig Erhard war verflogen, aber dennoch kann der Begriff der Zäsur nur unter Einschränkungen zur Geltung kommen. Vielmehr betonen

---

75 Ebd.
76 Bericht über die Klausurtagung des Vorstandes der IG Metall v. 15.1. bis 17.1.1970 in Hauerskopf, in: IG Metall-Archiv im AdsD, Vorstand: 5/IGMA020047.
77 Eine gründliche, zeitgenössische Studie zur Veränderung der Tariflandschaft durch die qualitative Tarifpolitik bieten Ulrich Billerbeck et al., Neuorientierung der Tarifpolitik? Veränderungen im Verhältnis zwischen Lohn- und Manteltarifpolitik in den siebziger Jahren, (Forschungsberichte des Instituts für Sozialforschung Frankfurt am Main), Frankfurt a. M./New York 1982.

zahlreiche Autoren, es handele sich um die Etablierung einer lange im Vorfeld seit den 1950er-Jahren angestrebten Umsetzung der keynesianischen Wirtschaftspolitik in der Bundesrepublik, die sich damit einem internationalen Trend folgend der *keynesianischen Revolution* anschloss, die nach dem Zweiten Weltkrieg in großen Teilen Westeuropas und der USA zum Tragen kam. Somit bedeute der Schwenk von einer liberalen zu einer konzertierten, auf Absprachen und keynesianischen Maßnahmen beruhenden Wirtschaftspolitik für die Bundesrepublik allein betrachtet eine Zäsur, im internationalen Umfeld hingegen eine Anpassung an bestehende Verhältnisse.[78] Karl Schiller steht als Symbolfigur für die grundsätzliche Neuausrichtung der Wirtschaftspolitik in der Großen Koalition, die mit dem Eintritt der SPD in die Regierung erfolgte.[79] Mit ihm kam die Genese des »technokratischen Denkens« voll zum Tragen, und er konnte nach langer Wartezeit endlich den Versuch wagen, »seine Vorstellungen von einer rationalen, wissenschaftlich fundierten Wirtschaftspolitik zu verwirklichen, seine theoretische Erkenntnis damit dem Praxistest« aussetzen.[80] In der Mitte der 1960er-Jahre sei, so Tim Schanetzy in seiner ersten Bewertung über den Einfluss und die Auswirkungen der wissenschaftlichen Gestaltungsvorstellungen der Wirtschaftspolitik in der Zeit der Großen und der sozialliberalen Koalition, eine grundlegende Zäsur zu ziehen, bedeute die »Verwissenschaftlichung der Politik« doch einen grundlegenden Wandel im gesellschaftlichen Selbstverständnis. Die Trennung zwischen Staat und Gesellschaft sei mit der Etablierung der neuen Wirtschaftspolitik aufgehoben worden und der Staat ein Teil der Gesellschaft geworden.[81] Auf der gesellschaftlichen Ebene kann demnach mit der Etablierung der konzertierten Aktion und der keynesianischen Wirtschaftspolitik von einer dauerhaften Veränderung gesprochen werden.

Für den Bereich der Lohn- und Wirtschaftspolitik muss man allerdings von anderen Ansätzen ausgehen. Die Untersuchung und der Blick auf die Wirklichkeit zeigen, dass die klassischen Reflexe und die Faktoren, welche die tariflichen Ziele der Ge-

---

78 Für den Zusammenhang von Keynesianismus und politisch-ökonomischer Zäsur siehe: Werner Abelshauser, Markt und Staat: Deutsche Wirtschaftspolitik im »langen 20. Jahrhundert«, in: Reinhard Spree (Hg.), Geschichte der deutschen Wirtschaft im 20. Jahrhundert, München 2001, S. 117-140, hier: 134 f. und Gerold Ambrosius, Staat und Wirtschaft im 20. Jahrhundert, München 1990, S. 49, sowie Rainer Metz, Expansion und Kontraktion: Das Wachstum der deutschen Wirtschaft im 20. Jahrhundert, in: Reinhard Spree (Hg.), Geschichte der deutschen Wirtschaft im 20. Jahrhundert, München 2001, S. 70-89, hier: 76.
79 Vgl. Klaus Schönhoven, Wendejahre, S. 130 f. Umfassender zu der Konzeption Karl Schillers und seiner Vorstellung der Wirtschaft, v. a. zu ihrer Genese und den Einflüssen, die auf den Wirtschaftswissenschaftler Schiller einwirkten, siehe bei Torben Lütjen, Karl Schiller (1911–1994). »Superminister« Willy Brandts, Bonn 2007. Siehe auch Klaus Kellmann, Karl Schillers Weg zur Konzertierten Aktion. Die Herausbildung eines wirtschaftspolitischen Konzepts in Nationalsozialismus und parlamentarischer Demokratie, in: Neue Deutsche Hefte 33 (1986), S. 752-765, hier bes. 756-761.
80 Torben Lütjen, Karl Schiller, S. 12.
81 Vgl. Tim Schanetzky, Die große Ernüchterung. Wirtschaftspolitik, Expertise und Gesellschaft in der Bundesrepublik 1966 bis 1982, Berlin 2007, S. 327 f.

werkschaften bestimmten, sich noch vor dem Hintergrund des Verteilungskonflikts abspielten. Die Tarifhoheit galt den Akteuren als maßgebliches Gut. Die Inflation und die Erhöhung der Produktivität sollten ausgeglichen werden. Zudem zeugt die Vehemenz der Arbeitskämpfe davon, dass die angestrebte Umverteilung der Vermögensstruktur nicht bloß Rhetorik war, sondern durchaus ein ernstzunehmendes Ziel des DGB und seiner Einzelgewerkschaften als den tarifpolitisch bestimmenden Akteuren darstellte. Unter dieser Prämisse wollten sie sich nicht in ein Korsett von staatlichen Vorgaben der Wirtschaftspolitik zwängen lassen, seien sie auch noch so rational begründet. Wenn also »gewerkschaftlich erkämpfte Lohnzuwächse, die mit den Produktivitätssteigerungen und Unternehmergewinnen mithielten und auf diese Weise eine Massennachfrage« garantieren sollten, ein wesentliches Element des nach dem Zweiten Weltkrieg reüssierten fordistischen Produktionsmodells sind[82], so fügt sich die Tarifautonomie nicht ohne Weiteres in das Konzept der Globalsteuerung ein. Die Lohnpolitik entzog sich dem Mantra der Planung, welche in der »hohe[n] Zeit der Sozialingenieure« zur magischen Formel avancierte.[83] Die gewerkschaftliche Lohnpolitik zwischen der ersten *Wirtschaftskrise* in der Bundesrepublik, die sich vor allem als eine Binnenwirtschaftskrise darstellte und im Vergleich zu späteren Krisen von eher geringer Intensität war, und der zweiten Krise nach dem Ölpreisschock von 1974 orientierte sich nach eigenen, der Lohnfindung innewohnenden Prozessen. Dies vermag angesichts des planerischen Zeitgeists überraschen, entbehrt jedoch nicht einer gewissen Logik. Gewerkschaften und deren Führer und tarifpolitisch Verantwortliche sind zunächst ihren Mitgliedern verpflichtet. Nach den negativen Erfahrungen und der Unterordnung einer eigenständigen Tarifpolitik unter die gesamtwirtschaftlichen Gegebenheiten auf der einen Seite und den Vorstellungen der keynesianischen Wirtschaftspolitik auf der anderen Seite wurden die Gewerkschaften von den Forderungen der Mitglieder überrollt und mussten nun, um nicht ihre *Raison d'être* zu verlieren, auf eine eigenständige Lohnpolitik setzen.

Somit lässt sich schließen, dass die wichtige, die Diskussion in der konzertierten Aktion bestimmende Frage der Lohnpolitik bei genauerem Hinsehen nicht den Reflexen des Korporatismus in Deutschland folgt. Die lange Linie dieses Denkens kann durchaus nachvollzogen und die konzertierte Aktion als eine Spielart oder weitere Ausformung der deutschen Tradition der wirtschaftspolitischen Absprachen verstanden werden, dennoch ist festzuhalten, dass sie unter den Bedingungen des Verteilungskampfs nicht zum Tragen kam und somit auch die Mängel von Globalsteuerungskonzepten deutlich aufzeigte. Auch die für das Wesen des Korporatismus so wichtigen zentralen Verhandlungen der tarifpolitischen Akteure entsprachen nicht dem Willen nach einer Absprache und einer Unterordnung unter gesamtwirtschaftliche Ziele, sondern dienten der Darstellung der jeweiligen Organisationsinteressen.

---

82 Anselm Doering-Manteuffel/Lutz Raphael, Nach dem Boom, S. 21.
83 Ebd., S. 23.

Auf der Seite der Arbeitgeber sollten einheitliche Tarifverhandlungen das Ergebnis niedrig halten, aufseiten der Gewerkschaften der *Atomisierung* der Tariflandschaft und dem schwindenden Einfluss der Vorstände begegnen. Das Ende der Boomphase besiegelte das Ende der hohen Zuwachsraten der Löhne in vielen westlichen Ländern, insbesondere in der Bundesrepublik. Hier lässt sich eine Zäsur festmachen, die sich an makroökonomischen Gesichtspunkten orientiert. Die Genese des technokratischen Denkens konnte dem nicht folgen. Angesichts des relativ kurzen Zeitraums, in dem der Keynesianismus als reale Politik in der Bundesrepublik umgesetzt wurde, stellt sich in der Tat die Frage, ob man nicht hier von einem Strukturbruch in der Wirtschaftspolitik sprechen kann, die dann ab 1974/75 wieder dem Pfad des rheinischen Kapitalismus folgte. Denn trotz des Versagens der konzertierten Aktion und dem Aufkommen einer neuen Art des Laissez-faire-Kapitalismus, in dem Thatcherismus und Monetarismus vor dem Hintergrund einer veränderten Industrieproduktion und der dadurch bedingt gestiegenen Arbeitslosigkeit die Deutungshoheit über wirtschaftspolitische Abläufe erlangten[84], hielten sich korporatistische Vorstellungen in Deutschland, und insbesondere die Gewerkschaften wurden nie mit der Vehemenz bekämpft, wie es in England der Fall war.

---

[84] Vgl. ebd., S. 30-36.

Viktoria Kalass

Verbandskonkurrenz und Tarifpluralität: Neue Kräfteverhältnisse in den Arbeitsbeziehungen des Bahnwesens?

Im vorliegenden Beitrag geht es um den Lokführerstreik vom Sommer 2007, der nach monatelangem Ringen zwischen der protestierenden Gewerkschaft Deutscher Lokomotivführer (GDL) und dem Bahnvorstand, aber auch im Konflikt Ersterer mit den Bahneinheitsgewerkschaften Transnet[1] und Verkehrsgewerkschaft GDBA[2] im Frühjahr 2008 schließlich zu einem eigenen Tarifvertrag für Lokführer geführt hat. Während beim Marktführer Deutsche Bahn AG (DB AG) zuvor alle Tarifkräfte nach den gleichen Kriterien entlohnt wurden, gelten für die Streckenlokführer des Unternehmens seit März 2008 gesonderte Bedingungen. Neben einem eigenständigen Lokführertarifvertrag setzte die streikende GDL eine elfprozentige Lohnerhöhung durch, die allerdings rückwirkend auf alle Bahnmitarbeiter übertragen wurde.

Die GDL versteht sich selbst seither als authentische Mitarbeiterinteressenvertretung im Kampf für »soziale Gerechtigkeit«: »Alle Eisenbahner können sich bei uns bedanken [...]. Alle bekommen jetzt am Ende des Monats mehr, auch wenn sie in der anderen Gewerkschaft sind.«[3] Die Branchengewerkschaften Transnet und GDBA hingegen verurteilten den Streik der Lokführer. Das Vorgehen der GDL schade dem Unternehmensklima, erklärten Transnet-Chef Norbert Hansen und GDBA-Vorsitzender Klaus-Dieter Hommel gegenüber der Presse.[4] Kritik übten auch die gewerkschaftlichen Dachverbände Deutscher Gewerkschaftsbund (DGB) und Deutscher Beamtenbund (DBB), die der GDL unsolidarisches Verhalten vorwarfen.[5] Viele Journalisten zeigten indes Verständnis für die Forderung der Lokführer nach einer Verbesserung der Arbeitsbedingungen.[6] Andere Medienvertreter sahen indes den Betriebs-

---

1 Gewerkschaft Transport, Service, Netze (Transnet).
2 Bis 1994 Gewerkschaft Deutscher Bundesbahnbeamten und Anwärter (GDBA). Im Zuge der Bahnreform Umbenennung in Verkehrsgewerkschaft GDBA.
3 Manfred Schell, Die Lok zieht die Bahn. Autobiographie, Berlin 2009, S. 213.
4 Vgl. Anselm Waldermann, Interner Gewerkschafts-Ärger behindert Einigung im Bahn-Streik, in: Spiegel Online (4.7.2007), [www.spiegel.de/wirtschaft/0,1518,492343,00.html] (20.7.2007).
5 Vgl. Matthias Loke, DGB besorgt über Warnstreik-Verbot. Arbeitsrechtler halten einstweilige Verfügungen gegen Arbeitskämpfe für bedenklich, in: Berliner Zeitung, 11.7.2007, S. 9; Christian Tenbrock, Lok um Lok. Im Tarifkonflikt der Bahn kämpft eine Gewerkschaft gegen die andere, in: Die Zeit, 5.7.2007, S. 4.
6 Vgl. Klaus Ott, Streiks bei der Bahn. Lokführer auf Abwegen, in: Süddeutsche Zeitung, 2.7.2007, S. 5.

frieden per se in Gefahr und warnten vor einer dauerhaften Radikalisierung der industriellen Beziehungen in Deutschland.[7]

Wie realistisch aber sind die hier geäußerten Befürchtungen? Muss davon ausgegangen werden, dass in näherer Zukunft die Zahl der Arbeitskämpfe, getragen von kleinen Spezialistengewerkschaften, die homogene Arbeitnehmerinteressen mit hoher arbeitsmarktpolitischer Primärmacht repräsentieren, massiv zunehmen wird? Droht eine Fragmentierung der deutschen Gewerkschaftslandschaft und werden wir Zeugen einer »Renaissance von Berufsverbänden«?[8]

Diese Fragen werden im vorliegenden Beitrag aufgegriffen. Am Beispiel des Bahnsektors wird gezeigt, dass der Bedeutungszugewinn von Berufsverbänden, die separate Tarifverträge für einzelne Beschäftigtengruppen einfordern, keiner flächendeckenden Entwicklung entspricht. Vielmehr erweist sich die Etablierung von bislang unbeachteten, am Rand des deutschen Einheitsmodells schwimmenden Satellitengewerkschaften als autarke, ins Zentrum der industriellen Beziehungen vordringende Tarifakteure als äußerst voraussetzungsvoller Prozess. Der Fall der GDL verdeutlicht, dass es einer umfassenden, vielschichtigen Gelegenheitsstruktur bedarf, um einen berufsgewerkschaftlichen Streik mit dem Ergebnis eines Spartentarifs für einzelne Beschäftigtengruppen zu organisieren. In Anlehnung an Doering-Manteuffels und Raphaels These von tief greifenden Strukturbrüchen der sozioökonomischen Realitäten in den vergangenen drei Jahrzehnten soll gezeigt werden, dass die Bahnreform, aber auch die deutsche Vereinigung Facetten einer Gelegenheitsstruktur sind, die einem umfassenden Wandel der Arbeitsbeziehungen im Bahnwesen den Weg bereitet haben. Die Bahnreform, mit der die Privatisierung und Liberalisierung des deutschen Schienenmarktes umschrieben wird, und die deutsche Einheit bilden den Rahmen, in den der kometenhafte Aufstieg der GDL von einem Nischenverband im Schatten der großen Schwestergewerkschaft Transnet zu einem eigenständigen Verhandlungspartner im Zentrum der bahnspezifischen Tarifbeziehungen eingebettet ist.[9]

---

7   Vgl. Detlef Esslinger, Streikwelle. Die neue Lust auf Arbeitskampf, in: sueddeutsche.de (2.7.2007), [www.sueddeutsche.de/wirtschaft/440/346278/text/] (4.7.2007).
8   Bernd Keller, Renaissance von Berufsverbänden? Bedingungen, Ziele und Folgen, in: Tobias Blank et al. (Hg.), Integrierte Soziologie – Perspektiven zwischen Ökonomie und Soziologie, Praxis und Wissenschaft. Festschrift zum 70. Geburtstag von Hansjörg Weitbrecht, München/Mering 2008, S. 51-66.
9   Der Beitrag basiert auf Überlegungen, die im Rahmen des Dissertationsvorhabens »Das Phänomen GDL: Vom gewerkschaftlichen Mauerblümchen zum tarifpolitischen Shootingstar? Wandel der Arbeitsbeziehungen im Bahnwesen im Zuge von Privatisierung und Liberalisierung« entwickelt wurden. Die Dissertation selbst profitiert von Erkenntnissen, die im Verlauf des von der Hans-Böckler-Stiftung geförderten Forschungsprojekts »Wandel der Arbeitnehmerverbandslandschaft und neue Akteurskonstellationen in der kollektiven Interessenvertretungspolitik« (Universität Kassel; Lehrstuhl Prof. Dr. Wolfgang Schroeder) gewonnen werden konnten. Für dieses Projekt wurden verschiedene Interviews mit Arbeitgebervertretern und Gewerkschaften geführt; darunter auch die im vorliegenden Beitrag in anonymisierter Form zitierten Interviews.

Wissenschaftliche Diskussion und Einordnung

Nicht nur die Publizistik, sondern auch die sozialwissenschaftliche Forschung diskutiert in der jüngeren Vergangenheit über Spartengewerkschaften und neue Konkurrenzsituationen.[10] Das deutsche Gewerkschaftsmodell, das sich nach dem Zweiten Weltkrieg als strukturbildend herauskristallisiert hat, kennt zwar seit jeher eine latente Konkurrenz zwischen den großen Industrie- und Einheitsgewerkschaften des DGB einerseits und weiteren, zumeist kleineren Arbeitnehmerinteressenverbänden andererseits. Ein Teil der nicht zum DGB zählenden Verbände organisiert sich unter den Dächern des Beamtenbunds (DBB) oder auch des Christlichen Gewerkschaftsbunds (CGB). Während eine Wettbewerbssituation zwischen DGB, DBB und CGB systemimmanent angelegt ist, wurde diesem Umstand bislang publizistisch wenig Bedeutung geschenkt; nicht zuletzt, weil offen ausgetragene Konflikte Seltenheitswert besaßen. Demgegenüber deuten die manifesten Auseinandersetzungen zwischen den Einheitsgewerkschaften des DGB und den sogenannten Sparten- oder Spezialistengewerkschaften, die in jüngster Zeit beobachtet werden können, auf die Entstehung einer Konkurrenz neuer Qualität hin. Angefangen mit der Pilotengewerkschaft Vereinigung Cockpit (VC) haben es in den letzten Jahren weitere, bis dahin weitgehend unbeachtete Berufsgewerkschaften geschafft, den DGB-Gewerkschaften – zumindest in einzelnen Bereichen und mitunter begleitet von großem Medienrummel – deren tradierte Monopolstellung abspenstig zu machen. Neben VC gehören der Marburger Bund (MB) und die GDL zu den prominenten, weil mit ihren Forderungen nach deutlicher Einkommenserhöhung und berufsspezifischen Spartentarifen erfolgreichen Protagonisten der Entwicklung neuer organisations- und tarifpolitischer Konkurrenzkonstellationen in der Arbeitnehmerverbandslandschaft.[11]

Die grundlegenden Fragen, die angesichts des Bedeutungszugewinns bestimmter Berufsgewerkschaften wissenschaftlich reflektiert werden, sind diejenigen nach den Ursachen der Konkurrenz einerseits und nach der Prägkraft des vergleichsweise neuen Phänomens für das deutsche Gewerkschaftsmodell andererseits. Von einer umfas-

---

10 Vgl. u. a. Reinhard Bispinck/Heiner Dribbusch, Tarifkonkurrenz der Gewerkschaften zwischen Unter- und Überbietung. Zu aktuellen Veränderungen in der Tarif- und Gewerkschaftslandschaft, in: Sozialer Fortschritt 6 (2008), S. 153-163; Hagen Lesch, Spartengewerkschaften – Entstehungsmotive und ökonomische Wirkung, in: Industrielle Beziehungen 15 (2008), S. 303-328; Wolfgang Schroeder/Samuel Greef, Industrie- und Spartengewerkschaften im Konflikt. Organisatorische Voraussetzungen und realisierte Gelegenheitsstrukturen, in: Industrielle Beziehungen 4 (2008), S. 329-355.

11 Vgl. u. a. Reinhard Bispinck/Reiner Dribbusch, Tarifkonkurrenz der Gewerkschaften; Bernd Keller, Renaissance von Berufsverbänden; Hagen Lesch, Spartengewerkschaften sowie Hans-Peter Müller/Manfred Wilke, Verdrängte Beruflichkeit – Renaissance des Berufsprinzips?, in: Industrielle Beziehungen 15 (2008), S. 376-401; Walther Müller-Jentsch, Rückkehr der Berufsgewerkschaften?, in: WSI Mitteilungen 2 (2008), S. 62; Schroeder/Greef, Industrie- und Spartengewerkschaften.

senden Ausbreitung der Konkurrenz neuer Qualität, die eingangs geäußerte Pressezitate andeuten, geht die sozialwissenschaftliche Forschung indes nicht aus. Wolfgang Schroeder spricht von einer Fragmentierung des Einheitsmodells an seinen Rändern. Er rechnet damit, dass die Zentren der Gewerkschaftslandschaft insbesondere im verarbeitenden und produzierenden Gewerbe stabil bleiben werden und sich in naher Zukunft keine Erosion der dortigen Verbandsstrukturen abzeichnen wird.[12] Weiterhin wird von Wolfgang Schroeder, Viktoria Kalass und Samuel Greef angenommen, dass es jeweils spezifische Gelegenheitsstrukturen sind, die den Aufstieg einzelner, kleiner Spezialistenverbände bedingen, aber auch ermöglichen.[13]

In eine ähnliche Richtung weisen auch andere Beiträge zum Gegenstand neuer Gewerkschaftskonkurrenz. Hans-Peter Müller und Manfred Wilke beispielsweise fragen, ob es den Einheitsgewerkschaften bislang ungenügend gelungen sei, die Interessen bestimmter Beschäftigtengruppen einzubinden.[14] Gerade vor dem Hintergrund gewerkschaftlicher Fusionspolitiken der letzten Jahre gewinnt Müllers und Wilkes These Brisanz. Eine besondere Gefahr scheint insbesondere davon auszugehen, dass leistungsstarke Gruppen mit herausgehobener Bedeutung für den Produktionsprozess und, darauf basierend, hoher arbeitsmarktpolitischer Primärmacht ihre Interessen nicht länger angemessen vertreten fühlen. Auch die Liberalisierung und Privatisierung ehemals staatlicher Dienstleistungen geht an den hiesigen Arbeitsbeziehungen keineswegs folgenlos vorbei.[15]

Diese Überlegungen schließen an die unlängst von Anselm Doering-Manteuffel und Lutz Raphael vorgestellte These vom gesellschaftlichen Strukturbruch an.[16] Die beiden Historiker erklären, dass sich in den Staaten Westeuropas seit den 1970er-Jahren eine anhaltende Abkehr von keynesianischen Wirtschaftsvorstellungen und eine Hinwendung zu monetaristischen Konzepten beobachten lasse.[17] Ihre Argumentation lässt gar auf einen allmählichen, aber umfassenden Siegeszug neoliberaler Wirtschafts- und Gesellschaftsideale schließen.[18] Die extensiven sozialstaatlichen Wohlfahrtskonzepte Kontinentaleuropas in der unmittelbaren Nachkriegszeit verlören an Attraktivität, während die Vorstellung von einem schlanken Staat sowie der privaten

---

12 Vgl. Wolfgang Schroeder, Die Konkurrenten der Einheitsgewerkschaft, in: Mitbestimmung 54 (2008), S. 11-15.
13 Siehe Wolfgang Schroeder/Viktoria Kalass/Samuel Greef, Kleine Gewerkschaften und Berufsverbände im Wandel, Düsseldorf 2008.
14 Vgl. Hans-Peter Müller/Manfred Wilke, Verdrängte Beruflichkeit, S. 376 ff.
15 Vgl. Torsten Brandt/Thorsten Schulten, Auswirkungen von Privatisierung und Liberalisierung auf die Tarifpolitik in Deutschland. Ein vergleichender Überblick, in: Torsten Brandt et al. (Hg.), Europa im Ausverkauf. Liberalisierung und Privatisierung öffentlicher Dienstleistungen und ihre Folgen für die Tarifpolitik, Hamburg 2008, S. 68-91.
16 Anselm Doering-Manteuffel/Lutz Raphael, Nach dem Boom. Perspektiven auf die Zeitgeschichte seit 1970, Göttingen 2008.
17 Vgl. ebd., S. 30 ff.
18 Vgl. ebd., S. 45 ff.

Verantwortlichkeit für persönliche Vorsorge und Absicherung an Überzeugungskraft gewönnen. So heißt es bei Doering-Manteuffel und Raphael:

> »Der Staat sollte gewissermaßen schrumpfen, seine Funktionen als konsensstiftender Partner von Kapital und Arbeit aufgeben, sich aus der Kontrolle oder gar der Eigenregie von Unternehmen und Sektoren zurückziehen, vielversprechende Märkte für die private Wirtschaft und den Finanzmarktkapitalismus freimachen.«[19]

Beginnend mit der Aufhebung des staatlichen Monopols auf Fernsehen und der Gründung privater Sender, folgten die Privatisierung und Liberalisierung staatlicher Dienstleistungen in den Sektoren Energie, Post, Verkehr und Telekommunikation.[20] Getrieben waren die Privatisierungsbestrebungen von dem Anliegen, die Staatshaushalte zu entlasten. Die Liberalisierungsabsichten hingegen entsprachen übergreifenden Internationalisierungstrends.[21] Der vorliegende Beitrag bezieht die Veränderungen im Zuge der Bahnreform auf die Thesen und Ausgangsbeobachtungen von Doering-Manteuffel und Raphael und setzt sich kritisch mit ihnen auseinander. Besondere Beachtung wird dabei den Impulsen geschenkt, die von der *spezifischen Gelegenheitsstruktur* der deutschen Einheit ausgehen.

Die Bahnreform: Privatisierung und Liberalisierung des Schienenmarktes

Die Ursprünge des deutschen Bahnwesens sind regionaler Natur. Zu Beginn des 20. Jahrhunderts entstand die Deutsche Reichsbahn, die erstmals die Länderbahnen auf nationaler Ebene zu einem von staatlicher Hand geführten Unternehmen vereinte.[22] Nach dem Zweiten Weltkrieg wurde auf dem Gebiet der Bundesrepublik die Deutsche Bundesbahn, erneut als Staatsunternehmung, gegründet. Die Bundesbahn erwuchs zum Symbol des deutschen Wiederaufbaus. Mithilfe der Bahn wurde Trümmerschutt abtransportiert, Kohle und Stahl befördert und auch die Rückkehr der

---

19 Ebd., S. 45.
20 Vgl. ebd., S. 47.
21 Vgl. Hans-Peter Müller/Manfred Wilke, »Gestaltend Einfluß nehmen«. Bahngewerkschaften und Bahnreform 1993–2005, Berlin 2006, S. 30 ff.; Olivia van Riesen, Zur Leistungsfähigkeit des Regulierungsstaates im Bahnsektor. Eisenbahnregulierung in Europa im Spannungsfeld zwischen institutionellem Design und der politischen Ökonomie des Sektors. Eine Analyse von Eisenbahnregulierungsregimen in Deutschland und Großbritannien, Berlin 2007, S. 33 ff.
22 Vgl. Hans-Peter Müller/Manfred Wilke, Bahngewerkschaften und Bahnreform, S. 105; vgl. auch Manfred Pohl, Von den Staatsbahnen zur Reichsbahn 1918–1924, in: Lothar Gall/Manfred Pohl (Hg.), Die Eisenbahn in Deutschland. Von den Anfängen bis zur Gegenwart, München 1999, S. 71-107.

deutschen Kriegsgefangenen organisiert. Die Bahn stieg schnell zum unverzichtbaren Transportmittel der deutschen Nachkriegsgesellschaft auf.[23] Mit dem Aufkommen des motorisierten Individualverkehrs in den 1960er-Jahren erlitt die Schiene jedoch einen Bedeutungsverlust und büßte ihre Vorrangstellung gegenüber der Straße anhaltend ein. Aus der Bundesbahn wurde ein Defizitunternehmen, das sukzessive Schulden anhäufte.[24]

Zwar unterstand die Bahn als Staatsunternehmen der Verwaltung durch die Regierung. Dank ihrer Rechtsform als nicht rechtsfähiges Sondervermögen des Bundes tauchte jedoch das Betriebsergebnis der Bahn nicht unmittelbar in der Haushaltsbilanz der Bundesrepublik auf.[25] Nichtsdestotrotz erwies sich die Bundesbahn als hoch politisierbares Wirtschaftsobjekt, über dessen strategische Entscheidungen auf höchster politischer Ebene gestritten und entschieden wurde. Denn die kontinuierlichen Verluste der Bahn erforderten beträchtliche Zuwendungen aus dem Staatshaushalt. Schon früh wurde die Reformnotwendigkeit der Bahn angemahnt. So warnte bereits Bundeskanzler Helmut Schmidt, die Bundesrepublik könne sich nicht gleichzeitig eine *Bundes*wehr und eine *Bundes*bahn leisten. Zunächst wurde jedoch versucht, den Verlusten der Bahn mit dem Ansatz des *Gesundschrumpfens* – der Ausdünnung des Netzes – zu begegnen. Von 1949 bis 1989 wurden zehn Prozent der Strecken stillgelegt. Betroffen waren insbesondere wenig profitable bis gänzlich unrentable Abschnitte.[26] Gleichzeitig wurden Stellen abgebaut, sodass die Bundesbahn 1990 nur noch halb so viele Mitarbeiter beschäftigte wie zum Zeitpunkt ihrer Gründung.[27] Gegen die Schrumpfungspläne der Bundesbahnspitze regten sich aber auch Widerstände: Landes- und Kommunalpolitik kämpften vehement um den Erhalt der Anbindung ihrer Kommunen an das Bahnnetz. Ebenso machten Vertreter von Gewerkschaften und Industrie ihre Ansprüche geltend.[28] Die Bundesbahn wurde zum Spielball widerstreitender politischer Interessen und häufte indes einen beachtlichen, weiter wachsenden Schuldenberg an. Ende der 1970er-Jahre verzeichnete das Unternehmen ein Minus von mehr als 30 Milliarden Deutsche Mark, das bis 1989 gar auf 44 Milliarden Deutsche Mark stieg.[29] Den Schul-

---

23 Nachkriegsgeschichte. Aufbruch in die neue Zeit, in: mobil. Das Magazin der Deutschen Bahn 5 (2009), S. 50.
24 Vgl. Olivia van Riesen, Leistungsfähigkeit des Regulierungsstaates, S. 43.
25 Vgl. ebd., S. 91.
26 Vgl. Hans-Peter Müller/Manfred Wilke, Bahngewerkschaften und Bahnreform, S. 23.
27 Zahlenmäßige Entwicklung der Bundesbahnmitarbeiter: 1949: 540.000 Beschäftigte, 1960: 498.000 Beschäftigte, 1990: 249.000 Beschäftigte. Vgl. Hans-Peter Müller/Manfred Wilke, Bahngewerkschaften und Bahnreform, S. 23 f.; Olivia van Riesen, Zur Leistungsfähigkeit des Regulierungsstaates, S. 45.
28 Vgl. Dirk Lehmkuhl, Privatizing to Keep it Public? The Reorganization of the German Railways, in: Arthur Benz/Klaus H. Goetz (Hg.), A New German Public Sector? Reform, Adaptation and Stability, Aldershot 1996, S. 72.
29 Vgl. Hans-Peter Müller/Manfred Wilke, Bahngewerkschaften und Bahnreform, S. 23 f.; Nachkriegsgeschichte, S. 53.

denstand der Bahn vor Augen, setzte die Bundesregierung im September 1989 schließlich eine Kommission ein, die einen Vorschlag für eine Bahnreform erarbeiten sollte.[30]

Die politischen Ereignisse der damaligen Zeit erhöhten den Reformdruck. Mit dem Zusammenbruch des Ostblocks und der sich abzeichnenden deutschen Einheit fiel auch die Deutsche Reichsbahn als Staatsbahn der DDR unter die Direktive einer künftigen, gemeinsamen Bundesregierung. Beide Bahnunternehmen sollten zu einem Unternehmen verschmolzen werden. Bald schon wurde jedoch offenbar, dass sich die Deutsche Reichsbahn in einem katastrophalen Zustand befand. Schienen und Fahrzeuge der DDR-Bahn erforderten dringende Modernisierung. Auf die Stilllegung unrentabler Strecken war in der DDR aus politischen Gründen verzichtet worden. Stattdessen hatte das Politbüro verfügt, jeder Transport ab 50 km Länge habe zwingend auf dem Schienenweg zu erfolgen. Mit der Grenzöffnung verlor dieses Diktum jedoch seine Bedeutung. Binnen Kurzem brachen die Marktanteile der Reichsbahn drastisch ein. Gleichzeitig wies die Reichsbahn einen erheblichen Personalüberhang auf: 253.000 Beschäftigte bewirtschafteten ein halb so großes Netz mit halb so vielen Zügen wie im Falle der Bundesbahn, die lediglich 236.000 Mitarbeiter besaß.[31]

Die Regierungskommission Bahn prognostizierte, dass beide Bahnen gemeinsam bis 2001 einen Fehlbetrag von 180 Milliarden Deutsche Mark erwirtschaften und einen Zuschuss von 400 Milliarden Deutsche Mark aus Bundesmitteln benötigen würden.[32] Sie empfahlen, das Bahnwesen zu reformieren und den Staatshaushalt durch die Hinzuziehung privaten Kapitals zu entlasten. Als Deutsche Bundesbahn und Deutsche Reichsbahn im Jahr 1993 gemeinsam ein Defizit von 15,5 Milliarden Deutsche Mark anhäuften, schwanden frühere, politische Widerstände gegen eine Reform.[33] Im Dezember 1993 stimmten CDU/FDP-Regierung und SPD-Opposition gemeinsam für die Bahnreform, sodass Reichsbahn und Bundesbahn zum 1. Januar 1994 zu einem Unternehmen zusammengefasst und in die Rechtsform einer privaten Aktiengesellschaft überführt wurden. Es entstand die Deutsche Bahn AG, in deren Verantwortungsbereich fortan die Bereiche des Güter- und Personenverkehrs sowie das Schienennetz fielen. Die hoheitlichen Aufgaben der früheren Deutschen Bundesbahn hingegen verblieben in öffentlicher Hand. Das Eisenbahnbundesamt (EBA) übernahm Kontroll- und Aufsichtspflichten im Bahnwesen. Die Schulden der Bahn wurden auf das Bundeseisenbahnvermögen (BEV) übertragen, damit das neu gegründete Unter-

---

30 Hans-Peter Schwarz, Wiedervereinigung und Bahnreform, in: Lothar Gall/Manfred Pohl (Hg.), Die Eisenbahn in Deutschland. Von den Anfängen bis zur Gegenwart, München 1999, S. 377-418, hier: 377.
31 Ebd., S. 384.
32 Vgl. Regierungskommission Bundesbahn, Stellungnahme der Regierungskommission Bundesbahn (21.6.1991).
33 Vgl. Hans-Peter Schwarz, Wiedervereinigung und Bahnreform, S. 385.

nehmen unbelastet in die Zukunft starten konnte. Zusätzlich verwaltet das BEV als oberster Dienstherr der Bahnbeamten die Personalien der Deutschen Bundesbahn.[34]

Zwei Jahre nach dem Start der Bahnreform im Jahr 1994 ging die Zuständigkeit für den regionalen Personennahverkehr auf die Länder über, die dafür nach einem festen Schlüssel Zuwendungen aus dem Bundeshaushalt erhalten. Im Jahr 1999 folgte eine Überarbeitung der Architektur des Bahnunternehmens. Die einzelnen Geschäftsbereiche der Bahn (Personennah- und Fernverkehr, Güterverkehr und Fahrweg) wurden zu eigenständigen Tochterunternehmen umgestaltet, die vom Dach der Holdinggesellschaft DB AG zusammengehalten werden.[35] Seither ist der Bahnkonzern mehrfach umstrukturiert worden. Obgleich ursprünglich vorgesehen, ist die vollständige Privatisierung des Bahnwesens bislang nicht erfolgt.[36] Eigentümer der DB AG ist weiterhin der Bund. Eine Kapitalveräußerung des Bahnkonzerns wird wiederkehrend von den politischen Akteuren diskutiert, ließ sich jedoch nicht umsetzen. Zuletzt wurde der für Herbst 2008 geplante Börsengang mit Verweis auf die Weltwirtschaftskrise ausgesetzt.

Hinter der Bahnreform verbargen sich indes nicht allein fiskalpolitische Überlegungen. Vielmehr reagierte der Bund mit seiner Entscheidung Pro-Reform auch auf europäische Wettbewerbsvorgaben. Denn der europäische Gesetzgeber beabsichtigte die Vollendung des europäischen Binnenmarktes, was u. a. die Schaffung eines einheitlichen Marktes im Schienenverkehrswesen voraussetzte. Dazu mussten nationale Bestimmungen im Eisenbahnwesen harmonisiert, das Wettbewerbsprinzip etabliert und die Monopolstrukturen der Staatsbahnen aufgebrochen werden. Auf europäischer Ebene wurde nicht zuletzt gefürchtet, dass sich bei fortschreitender Internationalisierung des Welthandels die Bahnkonzerne zulasten der Staatshaushalte in waghalsige, finanzielle Joint Ventures stürzen könnten.[37]

Einen ersten Schritt in Richtung Schaffung eines europäischen Eisenbahnmarktes unternahm die Europäische Kommission 1991 mit Verabschiedung der Richtlinie (RL) 91/440/EWG.[38] Diese sah vor, dass Management und Rechnungsführung unabhängig von staatlicher Direktive sein müssen. Zugleich müssten Infrastruktur und Verkehrsbetrieb zumindest organisatorisch getrennt werden. Die Quersubventionierung von Netz und Schiene ist seither verboten. Gleichzeitig wurden die Staaten auf das Ziel ei-

---

34 Vgl. Hans-Peter Müller/Manfred Wilke, Bahngewerkschaften und Bahnreform, S. 37 ff.
35 Vgl. ebd., S. 39.
36 Auch im Falle einer *vollständigen* Privatisierung bliebe der Bund Mehrheitsaktionär. Maximal dürfen 49,9 % des Gesamtunternehmens veräußert werden, da der Bund laut GG Art. 87 e Abs. 3 die Mehrheit der Schieneninfrastruktur halten muss.
37 Vgl. Hans-Peter Müller/Manfred Wilke, Bahngewerkschaften und Bahnreform, S. 24 f.
38 Vgl. hierzu auch Verband der Deutschen Bahnindustrie (VDB) e. V., Hintergrundpapier 3/08. Die europäischen Eisenbahnpakete. Inhalte und Umsetzung der europäischen Verkehrspolitik, [www.bahnindustrie.info/fileadmin/Dokumente/Publikationen/Hintergrundpapiere/Hintergrund_2008_03_Europaeische_Eisenbahnpakete.pdf] (27.7.2009).

ner Sanierung des Schienenverkehrswesens verpflichtet. Schließlich sollte allen öffentlichen und privaten Eisenbahnverkehrsunternehmen der diskriminierungsfreie Zugang zum Schienennetz garantiert werden.[39] Es folgen weitere Richtlinien, die jedoch in den einzelnen Mitgliedsstaaten sehr unterschiedlich und zum Teil nur zögerlich umgesetzt wurden.[40] In den letzten Jahren hat die EU den Liberalisierungstrend forciert und weitere Harmonisierungsschritte eingeleitet. Während im Schienengüterverkehr seit 2007 Kabotagefreiheit herrscht, steht es ab 2010 allen europäischen Eisenbahnverkehrsunternehmen offen, sich grenzübergreifend um Streckenvergaben im Personenfernverkehr zu bewerben.[41]

Auswirkungen der Bahnreform auf Unternehmen und Branche

Wirtschaftlich betrachtet kann die Reform des deutschen Bahnwesens als Erfolg präsentiert werden. Allerdings gelang die Entlastung des nationalen Haushalts nicht im gewünschten Umfang, denn statt der erwünschten Reduktion staatlicher Mittel konnten die Ausgaben allenfalls stabilisiert werden.[42] Gleichwohl scheint der prognostizierte »Galopp [...] in die Verschuldung« gebremst worden zu sein.[43] Das Unternehmen selbst schreibt seit einigen Jahren schwarze Zahlen. Im Jahr 2007 betrug der Unternehmensgewinn vor Abzug von Zinsen und Steuern 2,5 Milliarden Euro. Im gleichen Zeitraum erwirtschaftete die Deutsche Bahn AG einen Umsatz von 33 Milliarden Euro gegenüber 15 Milliarden Euro im Vorjahr.[44] (☞ Abb. 1, S. 326)

---

39 Hans-Peter Müller/Manfred Wilke, Bahngewerkschaften und Bahnreform, S. 33 f.; Olivia van Riesen, Zur Leistungsfähigkeit des Regulierungsstaates, S. 67 f.
40 Während Deutschland den europäischen Harmonisierungsmaßgaben unmittelbar Folge leistete und mit der sofortigen Marktöffnung für Wettbewerber sowie der organisatorischen Trennung von Netz und Betrieb im Jahr 1994 sogar über europäische Zielvorgaben hinausschoss (vgl. Hans-Peter Müller/Manfred Wilke, Bahngewerkschaften und Bahnreform, S. 39), setzte etwa Frankreich die Vorschriften sehr viel zögerlicher um. Für einen ausführlichen Überblick über die französische Bahnreform vgl. Olivia van Riesen, Zur Leistungsfähigkeit des Regulierungsstaates, S. 219-236.
41 Vgl. Nikolaus Doll, Liberalisierung des Schienenverkehrs. Französische Attacke auf die Deutsche Bahn, in: Welt Online (31.9.2009). [www.welt.de/wirtschaft/article5036427/Franzoesische-Attacke-auf-die-Deutsche-Bahn.hmtl] (22.12.2009).
42 Vgl. Olivia van Riesen, Leistungsfähigkeit des Regulierungsstaates, S. 147.
43 Hans-Peter Schwarz, Wiedervereinigung und Bahnreform, S. 416.
44 Deutsche Bahn AG, Deutsche Bahn. DB Mobility Logistics. Daten & Fakten 2008, [www.deutschebahn.com/site/shared/de/dateianhaenge/berichte/daten__und__fakten__2008.pdf] (15.4.2010).

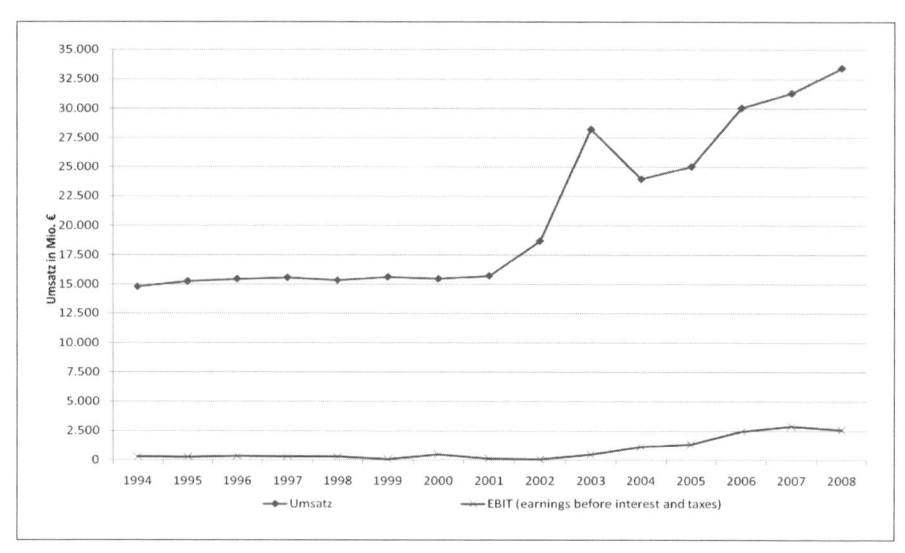

Teil 3: Interessenrepräsentation im Wandel: Brüche und Kontinuitäten

Abb. 1: *Umsatz- und Gewinnentwicklung des DB Konzerns*

Quelle: Geschäftsberichte Deutsche Bahn AG[45]

Während sich die Aktivitäten von Bundesbahn und Reichsbahn auf den nationalen Schienenverkehrsmarkt konzentriert hatten, hat sich die DB AG in den letzten Jahren als Akteur auf den globalen Transport- und Logistikmärkten fest etabliert. In Europa ist der Konzern zum größten Anbieter von Verkehrsinfrastruktur und zur Nummer eins der Schienengüterverkehrsunternehmen avanciert.[46]

Auf dem nationalen Eisenbahnverkehrsmarkt ist die Deutsche Bahn AG weiter marktbeherrschend in allen drei Segmenten (Personennah- und Fernverkehr, Schienengüterverkehr).[47] Gleichwohl ist die Unternehmenslandschaft der Branche sehr viel bunter geworden. Vor der Bahnreform fristeten die sogenannten nicht bundeseigenen Eisenbahnunternehmen (NE Bahnen) ein Nischendasein. Mit einem Marktanteil von

---

45 Deutsche Bahn AG, Daten und Fakten [zum Geschäftsbericht] 2005, [www.rail.dbschenker.de/site/shared/de/dateianhaenge/berichte/daten__und__fakten__2005.pdf] (1.4.2010); Deutsche Bahn AG, Daten und Fakten [zum Geschäftsbericht] 2006, [www.rail.dbschenker.de/site/shared/de/dateianhaenge/berichte/daten__und__fakten__2006.pdf] (1.4.2010); Deutsche Bahn AG, Deutsche Bahn. Daten und Fakten 2007, [www.deutschebahn.com/site/shared/de/dateianhaenge/berichte/daten__und__fakten__2007.pdf] (15.4.2010); Deutsche Bahn AG, Deutsche Bahn. DB Mobility Logistics. Daten & Fakten 2008, [www.deutschebahn.com/site/shared/de/dateianhaenge/berichte/daten__und__fakten__2008.pdf] (15.4.2010).
46 Interne Materialien DB AG im Besitz der Verfasserin.
47 Vgl. Netzwerk Privatbahnen/mofair, Wettbewerber-Report Eisenbahn 2008/2009, [www.mofair.de/content/20090707_wettbewerber-report-eisenbahn_zusammenfassung.pdf] (29.5.2009).

drei Prozent bedienten sie allenfalls Anschlussstrecken und unattraktive Netzabschnitte.[48] Mit der Öffnung des Netzes für Dritte und der Regionalisierung des Öffentlichen Personennahverkehrs (ÖPNV) gewannen die Privatbahnen allerdings erheblich an Boden. Die Anzahl der Eisenbahnverkehrsunternehmen (EVU) wuchs exponenziell; derzeit sind 377 EVU zugelassen.[49] Neben der Anzahl der Leistungserbringer stieg auch die Zugkilometerzahl zwischen 1993/94 und 1999/2000 um 18 Prozent im Bundesdurchschnitt.[50] In den letzten Jahren erhöhte sich insbesondere der Anteil des Schienengüterverkehrs (SGV). Die Schiene erobert Marktanteile zurück. Nebenstrecken, die zu Bundesbahnzeiten unter Rentabilitätsgesichtspunkten stillgelegt worden waren, wurden wiederaufgenommen und erneut befahren.[51]

Auswirkungen der Bahnreform auf die Beschäftigten

Während die Überführung der deutschen Staatsbahnen in eine privatrechtliche Unternehmensform unter wirtschaftlichen Gesichtspunkten als Erfolg verstanden werden mag, war die Bahnreform andererseits für die Bahnmitarbeiter mit teilweise schmerzhaften Einschnitten verbunden (☞ Tab. 1, S. 328).

Zunächst läutete die Bahnreform einen umfangreichen Stellenabbau ein. Zwischen 1995 und 2002 gingen bei der Deutschen Bahn AG mehr als 100.000 Arbeitsplätze verloren.[52] Die gestrichenen Stellen bei Bundesbahn und Reichsbahn konnten auch nicht durch neu entstehende Arbeitsplätze im Bereich der privaten NE Bahnen kompensiert werden. Stattdessen verläuft die beschäftigungspolitische Bilanz der Bahnreform für die Branche insgesamt unter negativem Vorzeichen.[53] Am stärksten traf die Reduktion der Stellen die neuen Bundesländer. 56,9 Prozent der zwischen 1992 und 1996 abgebauten Arbeitsplätze lagen im Gebiet der ehemaligen Reichsbahn.[54] Dennoch gab es keine betriebsbedingten Kündigungen. Die Hälfte des Stellenabbaus wurde durch natürliche Fluktuation ermöglicht, während die restlichen Streichungen sozialverträglich abgefedert wurden.[55]

---

48 Vgl. Hans-Peter Müller/Manfred Wilke, Bahngewerkschaften und Bahnreform, S. 64; Alexander Kirchner, Die Bahn, in: Brandt/Schulten/Sterkel u. a., Europa im Ausverkauf, S. 153-164, hier: 163.
49 Vgl. Bundesnetzagentur (BNetzA) (2009): Marktuntersuchung Eisenbahn 2008, unter: [www.bundesnetzagentur.de/media/archive/16539.pdfhttp://www.bundesnetzagentur.de/media/archive/16539.pdf] (20.7.2009).
50 Vgl. Hans-Peter Müller/Manfred Wilke, Bahngewerkschaften und Bahnreform, S. 63.
51 Vgl. ebd., S. 63.
52 Hans-Peter Müller/Manfred Willke, Bahngewerkschaften und Bahnreform, S. 156.
53 Olivia van Riesen, Zur Leistungsfähigkeit des Regulierungsstaates, S. 150.
54 Hans-Peter Müller/Manfred Wilke, Bahngewerkschaften und Bahnreform, S. 164.
55 Ebd., S. 156.

Tab. 1: Beschäftigungsentwicklung im DB AG-Konzern 1995–2002

Jahr	Beschäftigte (insgesamt)[58]	Beamte[57]	Tarifkräfte
1995	312.579	100.548	212.031
1996	288.768	89.032	199.736
1997	268.273	79.169	189.104
1998	252.468	71.008	181.460
1999	241.638	65.001	176.637
2000	222.656	55.881	166.775
2001	214.371	52.997	161.374
2002[58]	210.072	50.613	159.459
Differenz 1995–2002 (in %)	-32,8	-49,7	-24,8

Quelle: Hans-Peter Müller/Manfred Wilke (2006), Bahngewerkschaften und Bahnreform, S. 156.

Zugleich endete mit der Lösung des Bahnunternehmens aus der staatlichen Verwaltung die Praxis der Verbeamtung. Bis 1994 waren rund 50 Prozent der Bundesbahnbeschäftigten Beamte und mussten als solche keine Abgaben für Renten- und Sozialversicherung entrichten.[59] Mit dem Beamtenstatus war den Bahnmitarbeitern eine lebenslange Beschäftigungsperspektive in Aussicht gestellt. Alle Neueinstellungen ab Januar 1994 ebenso wie alle Reichsbahner, die ebenfalls auf tariflicher Basis übernommen wurden, kamen nicht in den Genuss dieser weitreichenden Absicherung. Zwar gelang es den zuständigen Bahngewerkschaften, das Sicherungsniveau für die Altbelegschaft der Bundesbahn mittels eines tariflichen Überleitungssystems zu konservieren. Die Privilegien der Beamtenschaft ließen sich jedoch unter anderem wegen der statusbedingten Befreiung von Renten- und Sozialversicherungslasten kaum ungeschmälert auf Neueinstellungen ausweiten.[60]

Auswirkungen der Bahnreform auf die Verbändelandschaft

Die beschäftigungspolitischen Konsequenzen der Bahnreform deuten bereits an, dass die Bahnreform die zuständigen Gewerkschaften der Branche unter Handlungsdruck setzte. Das Verbandswesen im Bahnsektor der Bundesrepublik ist seit jeher

---

56 Stand jeweils am Jahresende.
57 Zugewiesene Beamte des BEV.
58 Ohne Beschäftigte der Stinnes AG.
59 Ende 1992 beschäftigte die Deutsche Bundesbahn 128.234 Beamte und 96.547 Tarifmitarbeiter. Vgl. Hans-Peter Müller/Manfred Wilke, Bahngewerkschaften und Bahnreform, S. 157.
60 Vgl. ebd., S. 202 ff.

pluralistisch organisiert. Der Pluralismus der Verbändelandschaft fand seine Entsprechung in unterschiedlichen Dachverbandsstrukturen. Nicht zuletzt diese Zugehörigkeiten führten zu ideologischen Differenzen zwischen den Verbänden als solche, aber auch zu Animositäten – um nicht zu sagen Feindschaften –, die bis hinunter zu den einzelnen Mitgliedern reichten. Je nach verbandlicher Prägung der einzelnen Dienststellen war mit Blick auf die persönlichen beruflichen Aufstiegschancen eine Mitgliedschaft in der vor Ort dominierenden Gewerkschaft angeraten.[61]

Im Zentrum der Verbändelandschaft stand und steht auch heute die Gewerkschaft der Eisenbahner Deutschlands (GdED), die mittlerweile unter dem Namen Transnet bekannt ist.[62] Als Mitglied des DGB war die GdED nach dem Einheits- und Branchenprinzip strukturiert und vertrat die überwiegende Mehrheit der Bundesbahnmitarbeiter.[63] Trotz deutlicher Einbußen stellt Transnet mit 227.690 Mitgliedern zum Jahresende 2008 auch heute noch den größten Arbeitnehmerverband im Bahnwesen.[64] Weiterhin entstand nach dem Zweiten Weltkrieg die Gewerkschaft Deutscher Bundesbahnbeamten und Anwärter (GDBA), die dem DBB angehörte. Das Ziel der GDBA-Gründung bestand darin, den Beamten des Bahnwesens jenseits der sozialdemokratisch bis sozialistisch orientierten Industriegewerkschaften ein organisatorisches Dach zu gewähren. In den 1960er-Jahren öffnete sich die GDBA für Nicht-Beamte.[65] Da sowohl GdED als auch GDBA als Branchen- und Einheitsgewerkschaften – dem Anspruch nach – alle Bahnbeschäftigten organisieren wollten, bestanden zwischen diesen Verbänden die größten Animositäten.[66] Gleichwohl konnte die GDBA, ungeachtet der hohen Beamtenzahl bei der Bundesbahn, keine mit der GdED vergleichbare Bedeutung erlangen. In »guten Zeiten« zählte die GDBA rund 120.000 Mitglieder, während der Nettoorganisationsgrad der GdED Anfang der 1970er-Jahre bei 70 Prozent lag.[67] Heute organisiert die GDBA, die sich seit 1994 Verkehrsgewerkschaft GDBA nennt, etwa 36.000 Mitglieder.[68] Neben der GDBA entstand ein weiterer Verband, der sich dem DBB anschloss: die GDL. Letzterer beruft sich auf Tradi-

---

61 Vgl. Interview v. 26.8.2009 mit Transnet-Vertreter in Heilbronn u. Interview v. 27.8.2009 mit Transnet-Vertreter in Frankfurt am Main.
62 Mit dem Umbau des Unternehmens verband die GdED eine Organisationsreform. Diese war nicht zuletzt Antwort auf den mit der Neuaufstellung des Bahnkonzerns als Transport- und Logistikunternehmen neu abgesteckten Organisationsradius des Verbands. Hinter dem Kürzel Transnet verbirgt sich die Namensgebung Gewerkschaft Transport, Service, Netze.
63 1971 waren 58 % der Beamten und 87 % der Tarifkräfte in der GdED organisiert. Vgl. Hans-Peter Müller/Manfred Wilke, Bahngewerkschaften und Bahnreform, S. 122.
64 Vgl. Institut der Deutschen Wirtschaft Köln (IW), Gewerkschaftsmitglieder. IG Metall: Schwarze Null, in: IW Gewerkschaftsspiegel, 2009, S. 2.
65 Hans-Jürgen Seiffert, 60 Jahre Verkehrsgewerkschaft GDBA, [www.gdba.de/navi/index_wir. htm] (17.6.2009).
66 Interview v. 26.8.2009 mit Transnet-Vertreter in Heilbronn.
67 Interview v. 18.6.2009 mit GDBA-Vertreter in Frankfurt am Main. Vgl. Hans-Peter Müller/Manfred Wilke, Bahngewerkschaften und Bahnreform, S. 122.
68 Interview v. 18.6.2009 mit GDBA-Vertreter in Frankfurt am Main.

tionsbezüge, die bis ins Jahr 1867 zurückreichen. Die GDL versteht sich als älteste deutsche Gewerkschaft, verantwortlich für die berufs- und standespolitische Vertretung der Lokomotivführer.[69] Gemeinsam mit der GDBA bildete die GDL von 1963 bis 2002 eine Tarifgemeinschaft (Tgm).[70] Die GDL zählt heute rund 33.000 Mitglieder und organisiert 80 Prozent der Lokomotivführer der Deutschen Bahn AG.[71]

Als im Bundestag und in der Öffentlichkeit über die Bahnreform diskutiert wurde, bezogen auch die Gewerkschaften Position. Dies erfolgte zunächst in unterschiedlicher Weise. Die sozialdemokratisch orientierte GdED hatte sich bereits im Zuge der Diskussionen um eine mögliche Bahnreform gegen eine Blockadetaktik und für eine mitgestaltende Strategie entschieden. Dahinter verbarg sich die Hoffnung, aktiv auf den Reformprozess Einfluss nehmen und für eine sozialverträgliche Ausgestaltung des politisch gewollten Umbaus im Bahnwesen sorgen zu können. Entsprechend eines Grundsatzartikels aus dem Jahr 1993 lautete die Losung der GdED »Gestaltend Einfluß nehmen«.[72] Die anderen beiden Gewerkschaften hatten zunächst ein Alternativmodell zur privatrechtlichen Aktiengesellschaft favorisiert. Nach dem anders lautenden Beschluss des Deutschen Bundestags fügten sich jedoch alle Verbände der parlamentarischen Prärogative.[73] Obwohl der GDL-Vorsitzende Manfred Schell, der zum Zeitpunkt der Entscheidung über die Bahnreform Mitglied des Deutschen Bundestags war, als einziger Abgeordneter der CDU/CSU-Fraktion gegen die Reform gestimmt hatte, erklärte das GDL-Magazin *Voraus*, die Gewerkschaft werde die Entscheidung mittragen und sich auch weiterhin als »verlässlicher Partner« zu erkennen geben.[74]

Durch die Bahnreform rückten die zuständigen Gewerkschaften ungeachtet ideologischer Differenzen und unterschiedlicher organisationspolitischer Verankerung erstmals näher zusammen. Mit dem beschäftigungspolitischen Umbau des Konzerns konzentrierte sich ein wesentlicher Teil der Gewerkschaftspolitik gezwungenermaßen auf das Tarifgeschäft, während die zuvor im Vordergrund stehenden Besoldungs-

---

69 Gewerkschaft Deutscher Lokomotivführer und Anwärter (GDL), Erfolg und Zukunft. 125 Jahre GDL. Geschichte der Gewerkschaft Deutscher Lokomotivführer 1867–1992, Düsseldorf 1992, S. 34, 230.
70 Der Tgm gehörte anfangs mit der Christlichen Gewerkschaft Deutscher Eisenbahner (CGDE) ein weiterer Verband an. Wegen geringer Mitgliederzahlen schied die CGDE in den 1980er-Jahren jedoch aus finanziellen Gründen aus der Tgm aus. Heute besitzt die CGDE weder tarifpolitische noch mitbestimmungspolitische Relevanz. Wegen ihrer geringen Bedeutung wird die CGDE aus der vorliegenden Betrachtung ausgeklammert.
71 Vgl. Gewerkschaft Deutscher Lokomotivführer (GDL), Der Fahrpersonaltarifvertrag: Zahlen, Fakten, Hintergründe (2007), [www.gdl.de/redaktionssystem/downloads/fptv-fakten-broschuere.pdf] (16.6.2009).
72 Vgl. Hans-Peter Müller/Manfred Wilke, Bahngewerkschaften und Bahnreform, S. 11.
73 Vgl. Interview v. 18.6.2009 mit GDBA-Vertreter in Frankfurt am Main.
74 Die Deutsche Bahn AG ist gegründet. GDL bleibt ein verlässlicher Partner, in: Voraus, Januar 1994, S. 3.

fragen im Verhältnis an Bedeutung einbüßten. Die Dominanz der Tarifpolitik stellte alle drei Verbände gleichermaßen vor neue Herausforderungen. Mit dem Wegfall der an den Beamtenstatus geknüpften lebenslangen Beschäftigungssicherheit betraten die Bahngewerkschaften Neuland, wenn es um den Erhalt und die Sicherung von Arbeitsplätzen ging. Und da der DB-Vorstand den Gewerkschaften unter der Drohung, andernfalls nicht länger von betriebsbedingten Kündigungen absehen zu wollen, beständig weitergehende Zugeständnisse abverlangte, um Arbeitsplätze zu erhalten, verloren die interverbandlichen Differenzen – schleichend, aber sukzessive – an Bedeutung.[75] Es setzte sich vielmehr die Einsicht durch, dass »Tarifpolitik weiterhin Machtpolitik blieb und bis heute bleibt, aber das muss nicht gleichbedeutend mit Feindschaft sein«.[76] Der Bahnvorstand versprach, Arbeitsplätze zu erhalten, während sich die Verbände im Gegenzug in Tariffragen konzessionsbereit zeigten. Infolge wiederkehrender Beschäftigungsbündnisse mit dem Arbeitgeber fanden sich die Gewerkschaften in einem gemeinsamen Boot wieder. Hinter verschlossenen Türen spielten sich verhandlungspolitische Kooperationsriten zwischen den Verbänden ein.

Die GDL in den 1990er-Jahren

Anfangs trug die GDL den zwischenverbandlichen Annäherungskurs mit. Als jedoch schriftlich fixierte Kooperationsabreden getroffen werden sollten und GdED/Transnet-Chef Hansen öffentlich über eine mögliche Fusion der drei Bahngewerkschaften nachdachte, vollzog die GDL einen Kurswechsel. Der Gewerkschaftsvorstand war ohnehin seit einiger Zeit uneins, wie weit die Kooperation gehen könne, ohne dem verbandlichen Eigenprofil zu schaden. Schließlich setzten sich diejenigen Stimmen durch, die einen eigenständigeren Kurs befürworteten. Nach einem ersten Anlauf im Jahr 2002 gelang es der Lokführergewerkschaft dann 2007/08, einen Spartentarif für Lokführer auszuhandeln. Mit dem Streik vom Sommer 2007 und dem Lokführertarif wurde der Eigenständigkeitsanspruch der GDL öffentlich. Obgleich der Bahnvorstand, aber auch die anderen Gewerkschaften vehement protestierten, ließ sich das Eigenständigkeitsstreben der GDL nicht länger unterbinden. Die Durchsetzung der Eigenständigkeit bedurfte indes länger währender innerverbandlicher Veränderungsprozesse, deren Ursprung in der deutschen Einheit lag.

Nach dem Fall der innerdeutschen Grenze unterstützten die bundesdeutschen Verbände den Aufbau demokratischer, gewerkschaftlicher Organisationsstrukturen auf dem Gebiet der DDR. Das Engagement der Gewerkschaften beim Aufbau Ost verlief jedoch nicht in allen Bereichen wie erhofft. Besonders erfolgreich erwies sich die Unterstützung der GDL beim Aufbau einer gewerkschaftlichen Schwesterorgani-

---

75 Vgl. Hans-Peter Müller/Manfred Wilke, Bahngewerkschaften und Bahnreform, S. 155 ff.
76 Interview v. 16.7.2009 mit GDBA-Vertreter in Frankfurt am Main.

sation in Ostdeutschland. Bereits im Herbst 1989 nahmen Lokführer aus Halle an der Saale Kontakt zur Zentrale der westdeutschen GDL in Frankfurt am Main auf. Als im Januar 1990 ein Treffen aller Lokführer auf dem Gebiet der DDR organisiert werden konnte, kamen der GDL-Vorsitzende Manfred Schell und sein Stellvertreter Dieter Kowalsky persönlich nach Halle. Sie hatten erst am Vorabend von dem geplanten Treffen erfahren und sich kurzerhand entschlossen, noch in derselben Nacht nach Halle aufzubrechen.[77] Am späten Vormittag trafen Schell und Kowalsky ein.[78] 97 Lokführer aus 39 DDR-Dienststellen diskutierten über die organisationspolitische Zukunft ihres Berufsstandes.[79] Dann ergriff Schell die Initiative:

> »Da bin ich aufgestanden und habe eine kurze Rede gehalten. Aus dem Stegreif, ohne Zettel. Ich habe die Versammelten einfach gefragt: ›Warum gründet ihr nicht eure eigene Gewerkschaft?‹ Allgemeiner Beifall. […] Dann fragte ich sie: ›Wann, wenn nicht jetzt?‹ […] So wurde exakt um 12.02 die GDL der DDR gegründet. Noch vor dem Mittagessen.«[80]

Schells Engagement erschöpfte sich nicht allein in seinem spontanen Eingriff in den Gründungsprozess der GDL-Ost am 24. Januar 1990. Vielmehr unterstützte die GDL ihre ostdeutsche Schwesterorganisation in der Folgezeit, wo immer dies möglich war. Dazu zählten die Beschaffung von Büroräumen und -material, finanzielle Zuwendungen, Rechtsberatung und der Austausch mit Mitgliedern und Funktionären vor Ort.[81] Schell selbst war während der ersten Monate in Halle so präsent, dass er den Lokführern vor Ort bald als einer der ihren galt.[82] Rund zwei Drittel seiner Arbeitszeit habe Schell 1990 in den neuen Bundesländern verbracht und den gewerkschaftlichen Aufbau vorangebracht.[83] Der Einsatz zeigte bald Erfolg: Binnen Kurzem gelang es, mehr als 10.000 Lokführer in Ostdeutschland zu organisieren.[84] Pro Tag verzeichnete die GDL-Ost zwischen 150 und 450 Neueintritte.[85] Im Januar 1991 vereinigten sich GDL-Ost und GDL-West in Kassel. Den Vorsitz der gesamtdeutschen Organisation übernahm der bisherige Bundesvorsitzende, Manfred Schell.[86]

---

77 Interview v. 27.9.2009 mit GDL-Vertreter in Frankfurt am Main.
78 Vgl. Interview v. 3.6.2009 mit GDL-Vertreter in Leipzig u. Interview v. 27.9.2009 mit GDL-Vertreter in Frankfurt am Main.
79 Vgl. Gründungsprotokoll der GDL, in: Flügelrad [Mitgliederzeitschrift der GDL-Ost; V.K.], Februar 1990 (Gründungsausgabe), unpaginiert.
80 Manfred Schell, Die Lok, S. 96.
81 Vgl. ebd., S. 100.
82 »Der Schell war damals so oft da, dass er beinahe selbst zum Ossi geworden ist« (Interview v. 23.6.2009).
83 Vgl. Interview v. 27.8.2009 mit GDL-Vertreter in Frankfurt am Main.
84 Vgl. Interview v. 23.6.2009 mit GDL-Vertreter in Nordhausen.
85 Vgl. Manfred Schell, Die Lok, S. 100.
86 Vgl. Wiedervereinigte GDL stellt Weichen für die Zukunft, in: Voraus, Februar 1991, S. 3.

Der hohe Organisationsgrad unter den ostdeutschen Lokführern bescherte der GDL langfristig gesehen nicht nur zusätzliche Beitragszahler, sondern vor allem einen erheblichen Zuwachs an Streikmacht. Zu Bundesbahnzeiten waren alle Lokführer Beamte und als solche dem Dienstherrn gegenüber zu Loyalität verpflichtet. Ein Lokführerstreik war damit ausgeschlossen. Mit Beginn der Bahnreform wurden nicht nur alle neu eingestellten Lokführer der DB AG auf tariflicher Basis eingestellt. Vielmehr wurden auch die Lokführer der früheren Reichsbahn als Tarifkräfte übernommen und waren somit berechtigt, ihre Interessen notfalls auch mit Arbeitskampfmaßnahmen durchzusetzen. Anfangs jedoch überwog sowohl innerorganisatorisch als auch vor allem im Unternehmensbereich der DB AG die Zahl der Beamten. Den Zugewinn an Streikpotenzial konnte die GDL angesichts des erheblichen Beschäftigungsabbaus im Osten und der Furcht ostdeutscher Bahnbeschäftigter, den eigenen Arbeitsplatz zu verlieren, zunächst nicht für eigene organisationspolitische Ziele nutzbar machen.[87]

Währenddessen veränderte sich die Konstellation der Verbändelandschaft in den 1990er-Jahren grundlegend. Es ist bereits beschrieben worden, dass wiederholte Beschäftigungspakte die Gewerkschaften an einen Tisch zwangen. Einige Jahre kooperierten die Verbände im Stillen ohne formelle Grundlagen. GDL und GDBA erwogen zu dieser Zeit gar eine Fusion. Beide Verbände betrieben seit 1963 eine tarifliche Verhandlungsgemeinschaft (Tgm). Zu Bundesbahnzeiten war die Tgm jedoch einflusslos geblieben. Wegen ihrer organisationspolitischen Konzentration auf den Beamtenbereich einerseits und der Mitgliederstärke der GdED andererseits besaß Letztere das Verhandlungsmonopol in Tariffragen. GDL und GDBA übernahmen faktisch lediglich den zuvor bereits zwischen Bahnvorstand und GdED ausgehandelten Abschluss.[88] Von der organisationspolitischen Fusion versprachen sich beide Verbände eine Bündelung der jeweiligen Ressourcen und damit einhergehend eine Ausweitung des verbandspolitischen Einflusses.

Zeitgleich sollte die Kooperation aller drei Verbände, die sich in den 1990er-Jahren hintergründig eingespielt hatte, auf eine vertragliche Basis gestellt und ebenfalls ausgebaut werden. Einerseits sollte der vertragliche Rahmen die Kooperation kalkulierbarer gestalten. Andererseits sollte die offizielle Zusammenarbeit der Gewerkschaften die Position der Mitarbeiter gegenüber dem Bahnvorstand stärken.[89] Ein maßgeblicher Befürworter des Ausbaus der zwischengewerkschaftlichen Kooperation war Heinz Fuhrmann, Vizevorsitzender und Tarifexperte der GDL. Fuhrmann warb offen für eine Vertiefung der Zusammenarbeit über die bloße vertragliche Fixierung der bereits eingespielten Bündnispolitik der Gewerkschaften hinaus. Ein Ausbau der Kooperation mit GDBA und Transnet stärke nicht nur die gewerkschaftliche Position

---

87 Vgl. Interview v. 27.8.2009 mit GDL-Vertreter in Frankfurt am Main.
88 Vgl. Hans-Peter Müller/Manfred Wilke, Bahngewerkschaften und Bahnreform, S. 248; vgl. auch Interview v. 26.8.2009.
89 Vgl. Interview v. 16.7.2009 mit GDBA-Vertreter in Frankfurt am Main.

gegenüber dem Arbeitgeber, sondern erhöhe zudem die Bedeutung der Bahnverbände gegenüber konkurrierenden Gewerkschaften im Verkehrswesen wie etwa ver.di. Eine Gefährdung des Profils der GDL als Lokführerinteressenvertretung konnte Fuhrmann hinter einer Intensivierung der Zusammenarbeit mit GDBA und Transnet nicht erkennen.[90]

Das sahen andere Stimmen innerhalb der GDL jedoch ganz anders. Fuhrmanns Widersacher fanden ihren Fürsprecher im Vorsitzenden Schell, der sich im Gegensatz zu Fuhrmann für eine Schärfung des eigenen Verbandsprofils aussprach:

»Im Orchester der Tarif- und Sozialpartner haben wir in den letzten zweieinhalb Jahren gewisse Unterlassungssünden begangen. Unsere Mitglieder haben manchmal große Schwierigkeiten, die GDL-Beiträge im Orchester wahrzunehmen. [...] Wir sind nicht die Gewerkschaft zum Wohle der DB AG oder ihrer Führungsgesellschaften, sondern die GDL hat die Interessen ihrer Mitglieder zu vertreten.«[91]

Es folgte ein innerorganisatorischer Kampf zwischen Schell und Fuhrmann, in dem Letzterer schließlich unterlag. Er gab seine Ämter bei der GDL auf und wechselte zur GDBA, wo er dem Angebot des GDBA Vorsitzenden Hommel folgend erneut die Zuständigkeit für das Tarifgeschäft übernahm.[92] Später tat sich Fuhrmann als stellvertretender Vorsitzender der Tarifgemeinschaft Transnet/GDBA als maßgeblicher Protagonist des Ausbaus der interverbandlichen Kooperation von Transnet und GDBA hervor. Heute steht ein organisatorischer Zusammenschluss von Transnet und GDBA zu einem gemeinsamen Verband unmittelbar bevor. Im Jahr 2002 sprengte indes der Wechsel Fuhrmanns von der GDL zur GDBA die bereits abgesteckte Fusionsroute von GDL und GDBA. Während sich Letztere zu einer weiteren Öffnung in Richtung Transnet entschied, verfolgte die GDL mit forcierter Kraft ihren Eigenständigkeitskurs. Zwar hatte es zwischen den Verbänden seit jeher latente Konflikte sowie auf Ebene der Mitglieder Animositäten und persönliche Feindschaften gegeben. Mit der Annäherung von Transnet und GDBA bei gleichzeitiger Distanzierung der GDL erwuchs jedoch aus der latenten schließlich eine manifeste Konfliktsituation, die im Streit um die DB Regio Ergänzungstarifverträge offenbar wurde.

---

90 Vgl. Kooperation in der Tarifpolitik soll Position gegenüber dem Arbeitgeber stärken, in: Voraus, Januar/Februar 2002, S. 4.
91 Die GDL hat die Interessen ihrer Mitglieder zu vertreten, in: Voraus, Oktober 2001, S. 6.
92 Vgl. Interview v. 16.7.2009 mit GDBA-Vertreter in Frankfurt am Main.

Streit um die DB Regio ErgTV:
Forciertes Eigenständigkeitsbestreben

Hintergrund des Konflikts waren Kostensenkungspläne des Bahnvorstands. Angesichts von Streckenverlusten an private Anbieter im Regionalverkehr müsse die DB AG preisgünstiger werden, um bei Vergaben im Nahverkehr weiterhin wettbewerbsfähig zu sein, erklärte der Arbeitgeber. Der Bahnvorstand schlug vor, das aus seiner Sicht zu starre Konzerntarifrecht aufzubrechen, um die Arbeitsbedingungen je nach Marktlage anpassen zu können. Dazu sollten sogenannte Ergänzungstarifverträge für die Nahverkehrssparte des Konzerns DB Regio abgeschlossen werden (DB Regio ErgTV). Sollten sich die Gewerkschaften nicht auf diese Forderung einlassen, drohte das Management des DB Konzerns, sich künftig nicht weiter flächendeckend an Streckenausschreibungen im Regionalbereich beteiligen zu wollen.[93] Da alle drei Gewerkschaften im Jahr 2000 zugestimmt hatten, im Gegenzug für langfristige Beschäftigungsperspektiven dem Konzern zu wettbewerbsfähigeren Strukturen verhelfen zu wollen, schien sich der Arbeitgeber der gewerkschaftlichen Konzessionsbereitschaft sicher.[94] Dabei hatte er jedoch die veränderte Konstellation der Verbändelandschaft außer Acht gelassen.

Nach dem Kurswechsel entschieden die Verantwortlichen der GDL, ihren Wunsch nach eigenständiger Profilierung mithilfe einer mitgliederorientierten Tarifpolitik, die keine Absenkungen im Einkommensniveau vorsah, zum Ausdruck zu bringen.[95] Genau diese Anpassungen sollten jedoch durch die Ergänzungstarifverträge ermöglicht werden. Zudem wurde bekannt, dass die Mitglieder der GDL wegen ihrer hohen Konzentration im Regionalverkehr von den Einschränkungen besonders betroffen sein würden. Vorgesehen war, die für Lokführer und Zugbegleiter bestehende Fahrentschädigung in eine allgemeine Schichtzulage für alle Beschäftigten umzuwandeln. Außerdem sollten Tätigkeitsunterbrechungen[96], Fahrgastfahrten und Arbeitspausen nicht länger hundertprozentig vergütet sowie Zusatz- und Weiterbildungsurlaubstage gekürzt werden.[97] Die GDL sah ihre Klientel über Gebühr belastet. Als dann die Tarifkommissionen von Transnet und GDBA den DB Regio ErgTV zustimmten, interpretierte die GDL diesen Schritt als Affront gegen den eigenen Verband beziehungsweise seine Mitgliederinteressen und verweigerte die Unterschrift.

---

93 Vgl. Hans-Peter Müller/Manfred Wilke, Bahngewerkschaften und Bahnreform, S. 225.
94 Bei den hier gemeinten Schriftstücken aus dem Jahr 2000 handelt es sich um die »Kölner Vereinbarung« v. 24./25.3.2000 und um den Eckpunkte-Tarifvertrag v. 7.6.2000, der als »Frankfurter Erklärung« bezeichnet wurde. Vgl. Hans-Peter Müller/Manfred Wilke, Bahngewerkschaften und Bahnreform, S. 248 f.
95 Vgl. ebd., S. 253.
96 Passive Mitfahrten von Zugbegleitern und Lokführern von dem Ort, an dem der letzte Dienst beendet wurde, bis zum nächsten Einsatzort.
97 Vgl. Hans-Peter Müller/Manfred Wilke, Bahngewerkschaften und Bahnreform, S. 255 f.

Hinzu kam in dieser Situation, dass offenbar Transnet und GDBA einerseits ihre eigenen Mitglieder nur ungenügend über Verlauf und Inhalt der Verhandlungen informiert und andererseits deren Zugeständnisbereitschaft überschätzt hatten. Nach der Zustimmung der Tarifkommission formierten sich offener Widerspruch und Protest an der Basis. Im Internet drohten Transnet-Mitglieder offen mit Streiks und Austritt. Tatsächlich kehrten einige Mitglieder der Transnet den Rücken; nicht wenige davon wechselten zur GDL.[98] Diese Entwicklung verhalf der GDL zu unerwarteter Schützenhilfe. So folgern Müller und Wilke:

»Die Organisationskonkurrenz mit der GDL entwickelte nun Eigendynamik, indem sich die GDL nun zum Sprachrohr der täglich anschwellenden Proteststimmung in Betrieben und Belegschaften des Fahrdienstes machte. [...] Die GDL formte nun ihre Außenseiterrolle in die einer institutionalisierten Betriebsopposition um.«[99]

Fortan verstand sich die GDL als Interessenvertretung des Fahrpersonals und authentische Mitarbeitervertretung. Die Gewerkschaft warb offensiv um Mitglieder im Zugbegleitdienst und unter den Mitarbeitern der DB Bordgastronomie.[100] Unter den anschwellenden Protesten sahen sich Transnet und GDBA indes gezwungen, die bereits geleistete Unterschrift zu widerrufen. Diese Entwicklung ließ die GDL erst recht triumphieren. Nach Müller und Wilke feierte der Verband seinen Sieg über die scheinbar übermächtige Gewerkschaftsschwester Transnet wie den biblischen Triumph Davids über Goliath.[101] Vom eigenen Erfolg beflügelt, stieg die GDL in die kommende Tarifrunde des Frühjahrs 2003 mit der Forderung nach einem eigenständigen Tarifvertrag für das Fahrpersonal ein und drohte mit Streiks. Diese versuchte der Arbeitgeber juristisch zu unterbinden. Seiner Argumentation folgend widersprach das Ansinnen der GDL dem Grundsatz der Tarifeinheit. Schließlich entschied das hessische Landesarbeitsgericht zugunsten der GDL.[102]

Trotz mehrerer Warnstreiks ließ sich die Forderung nach einem gesonderten Tarifvertrag für das Fahrpersonal nicht durchsetzen. Rückblickend sieht die Gewerkschaft den eigentlichen Hintergrund ihres Scheiterns im Zuge der Tarifrunde 2002/03 darin, dass der Anteil zwischen Tarifkräften und Beamten innerhalb der Organisation nicht ausgewogen gewesen sei. Vor allem in NRW, dem flächenstärksten Bundesland, habe

---

98 Vgl. ebd., S. 258; Die GDL hat die Interessen ihrer Mitglieder zu vertreten, in: Voraus, Dezember 2002, S. 4 f.; vgl. Interview v. 8.5.2009 mit Transnet-Vertreter in Berlin.
99 Hans-Peter Müller/Manfred Wilke, Bahngewerkschaften und Bahnreform, S. 257.
100 Vgl. u. a.: Die GDL hat die Interessen ihrer Mitglieder zu vertreten, in: Voraus, Dezember 2002, S. 4 f.
101 Vgl. Hans-Peter Müller/Manfred Wilke, Bahngewerkschaften und Bahnreform, S. 269.
102 Ebd., S. 286; vgl. auch das zugehörige Urteil 9 Sa GA 637/03 v. 2.5.2003, Landesarbeitsgericht Hessen.

es über 50 Prozent und damit zu viele Beamte unter den Lokführern gegeben, die nicht streikberechtigt waren.[103] Nach weiteren zwei Jahren mit fortschreitender Abnahme der Beamtenzahl unter den Bahnbeschäftigten beschloss die Generalversammlung der Gewerkschaft im Jahr 2006, im Zuge der kommenden Tarifrunde erneut einen separaten Tarifvertrag für die Personalien des Fahrbetriebs zu fordern.[104]

Tarifkonflikt 2007: Etablierung als eigenständiger Tarifakteur

Bereits im Vorfeld der Tarifrunde vom Sommer 2007 machte die GDL deutlich, dass sie nicht gewillt war, mit Transnet und GDBA gemeinsam zu verhandeln und einen einheitlichen Abschluss zu akzeptieren. Im März 2007 übermittelte der GDL-Vorstand dem Bahnkonzern bereits den Entwurf eines eigenständigen Fahrpersonaltarifvertrags (FPTV).[105] Unter dem Motto »Dickes Plus im Portemonnaie des Fahrpersonals« verband die Gewerkschaft mit dem Modell eines separaten Vertrags die Forderung nach einer merklichen Einkommensverbesserung für ihre Klientel.[106] Berechnungen des Bahnvorstands zufolge summierten sich die Ansprüche der GDL für Lokführer auf eine Entgelterhöhung um 31 Prozent.[107] Die GDL widerlegte diese Rechnung nicht, sondern verwies im Gegenzug auf eine Anhebung der Bahnvorstandsbezüge um 62 Prozent zum Jahreswechsel 2005/06.[108] Auf einer Mitgliederversammlung in Berlin stellte GDL-Chef Schell beide Zahlen in Bezug zueinander und fragte provokativ: »Welche Zahl ist hier vom anderen Stern?«[109] Dabei verstand sich die Gewerkschaft strikt an den Auftrag ihrer Mitglieder gebunden. In einer Urabstimmung dokumentierten 95,8 Prozent der GDL-Mitglieder ihre Bereitschaft zu streiken.[110]

Von Beginn an verhandelten Transnet und GDBA einerseits und GDL andererseits mit dem Arbeitgeber. Auch Transnet und GDBA forderten spürbare Einkommensverbesserungen.[111] Hier lautete das zugehörige Motto: »Du bist mehr wert.«[112]

---

103 Vgl. Interview v. 27.8.2009 mit GDL-Vertreter in Frankfurt am Main.
104 Heute ist die Mehrzahl der GDL-Mitglieder auf tariflicher Basis beschäftigt. Interview v. 27.8.2009 mit GDL-Vertreter in Frankfurt am Main.
105 Vgl. GDL-Pressemitteilung v. 20.3.2007.
106 GDL fordert dickes Plus im Portemonnaie des Fahrpersonals, in: Voraus, März 2007, 4 f.
107 Vgl. Jürgen Hoffmann/Rudi Schmidt, Der Streik der Lokomotivführer-Gewerkschaft GDL. Anfang vom Ende des deutschen Systems der industriellen Beziehungen?, in: Prokla 38 (2008), S. 323-342, hier: 332.
108 Vgl. Manfred Schell, Die Lok, S. 162.
109 Interview v. 27.8.2009 mit GDL-Vertreter in Frankfurt am Main.
110 Vgl. GDL und DB verhandeln nun über eigenständigen Tarifvertrag, in: Voraus, September 2007, S. 4 f.
111 Vgl. DB Konzern. Tarifforderungen festgelegt, in: inform [Mitgliedermagazin Transnet; V.K.], Mai 2007, S. 18.
112 Du bist mehr wert. Einkommensrunden 2007, in: inform, Juli 2007, S. 21 ff.

Nach Ablauf der Friedenspflicht riefen Transnet und GDBA sowie GDL getrennt voneinander zu Warnstreiks auf. Nach Wiederaufnahme der Gespräche einigten sich Transnet und GDBA schließlich Anfang Juli mit dem Arbeitgeber. Vereinbart wurden eine Einkommenserhöhung von 4,5 Prozent ab Januar 2008 sowie eine Einmalzahlung von 600 Euro im August 2007 bei einer Vertragslaufzeit von 19 Monaten. Wie zu erwarten, übernahm die GDL den Abschluss nicht. Es kam zu monatelangen zähen Verhandlungen, in denen sich die GDL einerseits weigerte, von ihrer Forderung nach einem separaten Vertragswerk Abstand zu nehmen, während es der Bahnvorstand andererseits ablehnte, mit Verweis auf den Grundsatz der Tarifeinheit über die Forderung der GDL in Verhandlungen zu treten. Bahnchef Mehdorn bat gar die Bundesregierung, sie möge die Tarifeinheit als unumstößliches Prinzip der Arbeitsbeziehungen festschreiben.[113]

Schließlich griff die Bundesregierung als Eigentümer tatsächlich ein. Allerdings kaum so, wie von Mehdorn erhofft. Vielmehr drängte Verkehrsminister Tiefensee auf eine baldige Einigung. Unter Tiefensees Direktive wurden am 12. Januar 2008 die Grundzüge eines eigenständigen Tarifvertrags für Lokführer festgelegt.[114] Am 8. März 2008 wurde der Lokführertarifvertrag (LfTV) von der GDL und der Arbeitgeberseite unterschrieben. Die Forderung nach einem Spartentarif für das Fahrpersonal hatte die GDL schließlich fallengelassen, weil ihr Organisationsgrad im Zugbegleitdienst zu gering war, sodass die Verantwortlichen des Verbands einsehen mussten, diesen Anspruch nicht durchsetzen zu können. Mit dem LfTV wurde eine Lohnerhöhung von insgesamt 11 Prozent für Streckenlokführer der DB AG und eine rückwirkende Zahlung von 800 Euro für die Monate Juli 2007 bis Ende Februar 2008 vereinbart. Zugleich wurde die von der GDL durchgesetzte elfprozentige Entgelterhöhung auf alle Beschäftigten des Konzerns ausgeweitet.[115]

Möglich war der Abschluss eines eigenständigen Tarifvertrags für Lokführer nicht zuletzt deshalb, weil Transnet und GDBA ihrerseits zugestimmt hatten, das Konzerntarifwerk in funktionsgruppenspezifische Verträge zu untergliedern. Das als »Brandenburger-Tor-Modell« bekannt gewordene Konzept umfasst sechs Säulen. Eine dieser Vertragssäulen ist der LfTV, der die entsprechenden tarifvertraglichen Bedingungen für Streckenlokführer definiert. Durch den Abschluss sogenannter Grundlagentarifverträge mit Transnet und GDBA einerseits und der GDL andererseits ist es dem Arbeitgeber außerdem gelungen, die tarifliche Einheit des Betriebs im Kern zu erhalten. In den Grundlagentarifverträgen verpflichten sich beide Gewerkschaftsseiten, bis 2012 keine Tarifforderungen für Mitarbeitergruppen zu erheben, die außerhalb ihrer

---

113 Vgl. Bahn-Tarifkonflikt: Mehdorn fordert Eingreifen der Bundesregierung, in: Frankfurter Allgemeine FAZ.NET (3.11.2007), [www.faz.net/s/Rub0E9EEF84AC1E4A389A8DC6C23161FE44/Doc~EB7823921DDBA4AF6B348DBB2028B5457~ATpl~Ecommon~Scontent.html] (29.10.2009).
114 Manfred Schell, Die Lok, S. 188.
115 Vgl. Jürgen Hoffmann/Rudi Schmidt, Streik der Lokomotivführer-Gewerkschaft, S. 335.

tarifvertraglichen Vertretungszuständigkeit liegen. Die GDL verhandelt bis 2012 mit der DB AG lediglich über Tarifverträge für Streckenlokführer, Transnet und GDBA für alle anderen Beschäftigtengruppen der DB AG. Mit dem Grundlagentarifvertragskonstrukt ist es dem Arbeitgeber gelungen, die drohende Tarifpluralität zu entschärfen und eine unmittelbare Konkurrenz bestehender Verträge zu unterbinden.[116]

Neue Kräfteverhältnisse als Folge des Zusammenspiels kurz- und längerfristiger Veränderungsprozesse

Im Sommer 2007 streikten die deutschen Lokführer. Verantwortlich für den Streik war die Gewerkschaft Deutscher Lokomotivführer, die mit dem Arbeitskampf einen eigenständigen Spartentarif für Lokführer durchsetzte. Die GDL besitzt seit Abschluss des Vertrags das Monopol auf Vertretung der Lokführerbelange. Möglich wurde der LfTV, weil sich Arbeitgeber und Gewerkschaften auf ein funktionsgruppenspezifisches Konstrukt – das sogenannte »Brandenburger-Tor-Modell« – einigen konnten, das den alten einheitlichen Konzerntarif ablöste. Zur Einigung hatte aber auch beigetragen, dass die Bahngewerkschaften Transnet und GDBA der GDL vorerst die Zuständigkeit für Lokführerbelange zubilligten, während Letztere im Gegenzug versprach, in dem vereinbarten Zeitraum keinen Vertretungsanspruch für andere Beschäftigtengruppen des Bahnkonzerns geltend zu machen.

All diese Neuerungen zeugen von umfassenden Veränderungen in den Arbeitsbeziehungen des Bahnsektors. Gleichwohl lässt sich der Wandel nicht allein auf die Umstände des Sommers 2007 zurückführen. Vielmehr sind die Veränderungen Ausdruck vielschichtiger und langwieriger Wandlungsprozesse. Es war eine spezifische Gelegenheitsstruktur – also ein Zusammentreffen verschiedener Ereignisse in den Verbänden selbst, in ihrem Zusammenspiel ebenso wie in der Branche insgesamt –, die den Wandel möglich und in einem weiteren Schritt verständlich gemacht hat. Zwei grundlegende Aspekte der Gelegenheitsstruktur ergeben sich aus den Phänomenen deutsche Einheit sowie Privatisierung und Liberalisierung (Bahnreform).

Mit der deutschen Einheit hat die GDL einen erheblichen Zuwachs an Neumitgliedern in den östlichen Bundesländern erhalten. Im Zuge der Bahnreform veränderte sich die innerverbandliche Mitgliederzusammensetzung der Gewerkschaft, da nicht nur alle Neueinstellungen ab Januar 1994, sondern zudem alle Reichsbahnlokführer als Tarifkräfte übernommen wurden. Aus der GDL, die eine Mitgliedergruppe mit hoher arbeitsmarktpolitischer Primärmacht repräsentierte, wurde ein kampfkräftiger Gewerkschaftsverband. Und dies, je mehr sich der Anteil von Beamten und Tarifkräf-

---
116 Werner Bayreuther, Tarifeinheit und Gewerkschaftspluralität. Die Lösung der Deutschen Bahn AG, in: Frank Maschmann (Hg.), Festschrift für Wolfgang Hromadka zum 70. Geburtstag, München 2008, S. 7.

ten zugunsten Letzterer verschob und die Mitglieder der Gewerkschaft mehrheitlich in der Lage waren, ihre Interessen notfalls auch auf dem Konfliktweg durchzusetzen.

Gleichzeitig haben Privatisierung und Liberalisierung die Kräfteverhältnisse in der Gewerkschaftslandschaft des Bahnwesens beeinflusst. Alte Interessengemeinschaften sind zerbrochen und dies nicht zuletzt, weil die GDL an Stärke gewonnen hat, während die Mitgliederzahlen der GDBA rückläufig waren. Daneben haben sich neue Interessenallianzen gebildet. Die Einheitsgewerkschaften Transnet und GDBA haben ihre ideologischen Differenzen überwunden und sich zum organisationspolitischen Zusammenschluss entschlossen – ungeachtet ihrer differenten dachverbandlichen Herkunft. Mit vereinten Kräften sollen so die Interessen der Bahnbeschäftigten von einer gemeinsamen Verkehrsgewerkschaft mit Verve vertreten werden.

Aus den Veränderungen des Bahnwesens lässt sich eine Bestätigung für Doering-Manteuffels und Raphaels These vom Strukturbruch ableiten. Ein Strukturbruch ist charakterisiert durch Phänomene, die einen »sozialen Wandel von revolutionärer Qualität« ausgelöst haben.[117] Wie Doering-Manteuffel und Raphael weiter vermuten, veränderte sich infolge der Bahnreform, mit der begrifflich die Privatisierung und Liberalisierung des Schienenwesens subsumiert wird, die Kräftekonstellation derjenigen Akteure, die die Arbeitsbeziehungen gestalten. Geschlossenen Gruppen mit hoher Arbeitsmarktmacht fällt es offenbar zunehmend leichter, die eigenen Interessen durchzusetzen. Nicht selten argumentieren diese Gruppen mit einem veränderten Verständnis von Gerechtigkeit. Statt der Betonung einer übergreifenden Arbeitnehmersolidarität, die Gruppenunterschiede negiert, gilt diesen die angemessene Entlohnung von Leistung als gerecht.[118] Dem entsprach auch die Losung der GDL, die 2002/03 die Forderung nach einem gesonderten Vergütungssystem für das Fahrpersonal begründete: »Gerechtigkeit statt Gleichmacherei!«[119]

Während Doering-Manteuffel und Raphael jedoch die 1970er-Jahre als paradigmatisch für einen Mentalitätswandel hinsichtlich der Vorstellungen über die Aufgabenfülle, die an die Konzepte westeuropäischer Sozialstaatlichkeit knüpften, ausmachen, muss im Falle der Bahnbranche kontastiert werden, dass hier erst die geschichtlichen Veränderungen Ende der 1980er-Jahre die entscheidenden Weichenstellungen für den Beschluss zur Privatisierung und Liberalisierung darstellten. Zuvor hatten führende Politiker wie Helmut Schmidt mit seiner anfangs erwähnten Äußerung über eine begrenzte finanzielle Leistungsfähigkeit der Bundesregierung bereits auf die aus eigener Sicht unerlässliche Notwendigkeit eines Paradigmenwechsel und daran knüpfender Veränderungen in der Organisationsstruktur des Bahnwesens hingewiesen. Politische Widerstände insbesondere auf kommunaler und regionaler Ebene hatten diese Mah-

---

117 Anselm Doering-Manteuffel/Lutz Raphael, S. 10.
118 Vgl. ebd., S. 102.
119 Gewerkschaft Deutscher Lokomotivführer, Gerechtigkeit statt Gleichmacherei!, in: GDL-Informationsdienst. GDL-Aushang – Fakten (29.1.2003), [www.gdl.de/] (11.5.2005).

nungen ungehört verhallen lassen, sodass die Bundesbahn im Staatsbesitz verblieb und wie zuvor weitergehend Schulden anhäufte. Als dann jedoch die Vollendung des europäischen Binnenmarktes Liberalisierungsprozesse im Bahnwesen erforderlich machte und zeitgleich mit dem Zusammenbruch der DDR und der anvisierten Deutschen Einheit die Übernahme der Verbindlichkeiten der DDR-Reichsbahn bevorstand, schmolzen diese Widerstände. Zu katastrophal schienen der Mehrheit der Abgeordneten die Prognosen der Bahnreformkommission im Falle weitergehender alleiniger Verantwortungsübernahme des Staates für den Bahnbereich, sodass der Bundestag mit breiter Mehrheit zugunsten des Projekts Bahnreform stimmte.

Gleichwohl scheint sich der Mentalitätswandel im Falle der Bahn keinesfalls umfassend und kontigent vollzogen zu haben. Vielmehr zeigen die Erfahrungen insbesondere der jüngeren Vergangenheit, dass ein Großteil nicht nur der betroffenen Mitarbeiter, sondern auch der politisch interessierten Öffentlichkeit den Folgen der Privatisierung und Liberalisierung der Branche zunehmend kritisch gegenübertritt. Davon zeugen zumindest die unterstützenden Äußerungen von Fahrgästen und Journalisten im Zuge des Lokführerkonflikts 2007/08. Die abnehmende Unterstützung der Öffentlichkeit für die 1994 begonnene Bahnreform geht auch an der politischen Klasse nicht spurlos vorbei. So ist es in den letzten Jahren unter wechselnden parteipolitischen Koalitionen nicht möglich gewesen, den anfangs vorgesehenen Teilbörsengang der Bahn durchzusetzen. Auch wenn die Frage nie ganz von der politischen Agenda verschwunden ist, scheint die Festlegung auf einen Zeitpunkt nach der zuletzt erfolgten Aussetzung des Vorhabens im Herbst 2008 in immer weitere Ferne zu rücken. So ist es in den letzten Monaten erstaunlich leise geworden um das ursprünglich fest an das Reformprojekt geknüpfte Ziel der Teilprivatisierung der Bahn, um, wie in Doering-Manteuffels und Raphaels These vorgesehen, mehr Raum für unternehmerische Eigeninitiative zu erlauben und den Staatshaushalt aus einem Teil seiner Verantwortlichkeiten zu entlassen.

Teil 4

Fazit: Die 1970er-Jahre als Epochenwende?

Winfried Süß/Dietmar Süß

Zeitgeschichte der Arbeit: Beobachtungen und Perspektiven

Arbeit im zeithistorischen Feld

Arbeit ist eine der wichtigsten Instanzen der Vergesellschaftung in der Industriemoderne, ein strukturprägender Faktor von enormer Durchschlagskraft. Sie ist Determinante sozialer Integration und Fixpunkt der sozialen Sicherung. Vieles hängt von ihr ab, nicht nur das Einkommen. Marktbezogene Erwerbsarbeit ist Zwang und Befreiung zugleich, Entfremdung ebenso wie Sinngebung. Arbeit – und ihr Fehlen – stiftet Identität, prägt soziale Beziehungen, entscheidet über die Zuerkennung von Ansehen. Arbeit strukturiert Lebensläufe und produziert soziale Ungleichheit.[1] Die »arbeitsbezogene Existenzweise« ist das Standardmodell, an dem sich unser Leben orientiert.[2] Eine Geschichte der Arbeitswelt(en) seit den 1970er-Jahren kann also ein Thema von eminenter Gegenwartsbedeutung sein, und eine wachsende Zahl von Tagungen und Forschungsprojekten verweist auf den drängenden zeithistorischen Bilanzierungsbedarf dieser Entwicklung.[3] Es lohnt daher, danach zu fragen, was passiert, wenn Arbeit ihre Gestalt verändert, wenn sie neu verteilt wird, wenn Arbeitsverhältnisse sich wandeln, und nicht zuletzt: wenn weniger menschliche Arbeitskraft gebraucht wird.

---

1 Vgl. hierzu Charles Tilly/Chris Tilly, Work under Capitalism, Boulder, Col. 1997; Jürgen Kocka/Claus Offe (Hg.), Geschichte und Zukunft der Arbeit, Frankfurt a. M. 2000; Jürgen Kocka, Mehr Last als Lust. Arbeit und Arbeitsgesellschaft in der europäischen Geschichte, in: Jahrbuch für Wirtschaftsgeschichte 2 (2005), S. 185-206; Peter Hübner, Arbeitsgesellschaft in der Krise? Eine Anmerkung zur Sozialgeschichte der Industriearbeit im ausgehenden 20. Jahrhundert. Ein Themenschwerpunkt auf Zeitgeschichte-online [www.zeitgeschichte-online.de/site/40208913/default.aspx] (18.1.2011).
2 Wolfgang Bonß, Beschäftigt – Arbeitslos, in: Stephan Lessenich/Frank Nullmeier (Hg.), Deutschland – eine gespaltene Gesellschaft, Frankfurt a. M. u. a. 2006, S. 53-72, S. 52.
3 Vgl. die Ergebnisse u. a. folgender Tagungen: Arbeit in der sich globalisierenden Welt – historischer Wandel und gegenwärtige Effekte, Bonn 2010; The Memory of Labour – Arbeiterbewegungen in globalen Erinnerungsprozessen, Linz 2010; Arbeit im Lebenslauf. Ein transdisziplinärer Dialog zu einem Verhältnis im Wandel, Wien 2010; Arbeitswelten und Arbeitsbeziehungen als Gegenstand historischer Forschung, Bonn 2009; Sozialgeschichte der Arbeit »nach dem Boom«. Deutschland und Europa seit den siebziger Jahren, Potsdam 2009; Die Krise der Arbeitsgesellschaft 1973–1989. Die Bundesrepublik Deutschland im europäischen Kontext, Dresden 2008. Die Tagungsberichte sind über die Homepage von HSozKult abrufbar [www.hsozkult.geschichte.hu-berlin.de/tagungsberichte].

Eine solche Zeitgeschichte der Arbeitswelt(en) kann unterschiedlich erzählt werden: Als Untergangsgeschichte alter Industrien sowie der mit ihr verbundenen Sozialmilieus und als Geschichte vom Verschwinden des Normalarbeitsverhältnisses – jenes nach dem Ende des Zweiten Weltkriegs im Zusammenspiel von Wirtschafts-, Tarif- und Sozialpolitik etablierten fordistisch-keynesianischen Gleichklangs von Prosperitätserfahrung, moderater staatlicher Wirtschaftssteuerung, auf Ausgleich angelegten Arbeitsbeziehungen, (männlich geprägter) Erwerbstätigkeit in stabilen, sozial geschützten Arbeitsverhältnissen und standardisierten Lebensläufen, der seit den 1980er-Jahren zunehmend erodierte.[4] Damit geraten Formen arbeitsweltlicher Flexibilisierung in den Blick, die neue Wahlmöglichkeiten eröffneten, gleichzeitig aber auch Verlust von Sicherheit bedeuten konnten.

Mit guten Gründen könnte man diese Geschichte des Wandels der Arbeitswelt(en) indes auch ganz anders erzählen: als Erfolgsgeschichte, als Geschichte des »Abschieds vom Malocher« und seiner körperlich geprägten Arbeit und als Geschichte der Durchsetzung neuer, physisch weniger belasteter Arbeitsverhältnisse[5]; als Aufstiegsgeschichte des tertiären Sektors mit seiner durch qualifizierte Tätigkeiten bestimmten Büroarbeit, als Geschichte der Ausbreitung gut bezahlter und sozialrechtlich gesicherter Arbeitsplätze im öffentlichen Dienst, als Geschichte neuer Bildungs- und Aufstiegschancen in einer Arbeitnehmergesellschaft und nicht zuletzt als Geschichte verbesserter weiblicher Erwerbschancen.

Vor diesem Hintergrund ist ein Konzept von Zeitgeschichte interessant, das nicht nur die Abarbeitung alter Problemlagen untersucht, sondern nach der »Vorgeschichte aktueller Problemkonstellationen« fragt.[6] So verstanden kann eine Zeitgeschichte der Arbeit Problemlagen erklären, die unsere Gegenwart kennzeichnen: Dazu gehört die Geschichte der Massenarbeitslosigkeit ebenso wie die ambivalenten Folgen der digitalen Revolution und der medialen Vernetzung oder die Bedeutung veränderter Geschlechterverhältnisse für die Arbeitswelt(en).[7] Weitere Untersuchungsfelder sind die

---

4   Vgl. Winfried Süß, Der Keynesianische Traum und sein langes Ende. Sozioökonomischer Wandel und Sozialpolitik in den siebziger Jahren, in: Konrad Jarausch (Hg.), Das Ende der Zuversicht? Die siebziger Jahre als Geschichte, Göttingen 2008, S. 112-137; Andreas Wirsching, Erwerbsbiographien und Privatheitsformen. Die Entstandardisierung von Lebensläufen, in: Thomas Raithel/Andreas Rödder/Andreas Wirsching (Hg.), Auf dem Weg in eine neue Moderne? Die Bundesrepublik in den siebziger und achtziger Jahren, München 2009, S. 83-97; Toni Pierenkemper/Klaus F. Zimmermann, Zum Aufstieg und Niedergang des Normalarbeitsverhältnisses in Deutschland 1800–2010 – ein Forschungsprojekt, in: Jahrbuch für Wirtschaftsgeschichte 2 (2009), S. 231-242.

5   Dietmar Süß, Kumpel und Genossen. Arbeiterschaft, Betrieb und Sozialdemokratie in der bayerischen Montanindustrie 1945 bis 1976, München 2003.

6   Hans Günter Hockerts, Einleitung, in: ders. (Hg.), Koordinaten deutscher Geschichte in der Epoche des Ost-West-Konflikts, München 2004, S. VII-XV, VIII.

7   Als instruktive Bilanz der sozialwissenschaftlichen Forschung: Berthold Vogel, Biographische Brüche, soziale Ungleichheit und politische Gestaltung. Bestände und Perspektiven soziologischer Arbeitslosigkeitsforschung, in: Mittelweg 36 (2008), S. 11-20, als erste zeithistorische Vermessungen des Feldes: Thomas Raithel/Thomas Schlemmer (Hg.), Die Rückkehr der Arbeitslo-

Implementierung neuer Fertigungstechnologien und Arbeitsorganisationsmodelle, der Widerstand und Protest gegen Betriebsschließungen und der Funktionswandel gewerkschaftlicher Organisation von betrieblichen Arbeitnehmervertretern zu Co-Managern des industriellen Wandels im »Modell Deutschland«.[8]

Wie man diese Veränderungsprozesse bewertet, ist strittig – und der Band reflektiert die Diskussionen anschaulich. Im Kern geht es um die Frage, inwiefern man die Geschichte seit Mitte der 1970er-Jahre als »Strukturbruch« der Arbeitswelt fassen kann. Reichweite, analytische Zugriffe und Bewertungsmaßstäbe sind dabei sehr unterschiedlich.

Die Beiträge, die die Institutionenordnung des rheinischen Kapitalismus, den Formenwandel industrieller Beziehungen und die Geschichte von Mitbestimmung, Tarifautonomie und gewerkschaftlicher Rationalisierungspolitik untersuchen, sind hier in ihrer Thesenbildung eher zurückhaltend. Sie betonen – bei allen Veränderungen – die außerordentliche Elastizität und Pfadstabilität des inner- und außerbetrieblichen Interessenausgleichs. Sie identifizieren eine Zäsur in einigen Fällen oft eher in den frühen 1990er-Jahren und akzentuieren damit weniger den schleichenden Transformationsprozess seit den Ölpreiskrisen der 1970er-Jahre als vielmehr die neoliberale Schockwelle nach dem Zusammenbruch der kommunistischen Diktaturen. Gleichzeitig weisen sie auf nationale Ungleichzeitigkeiten und die Gefahr hin, die Epoche vor dem Ende des Booms gleichsam zur statischen, konfliktarmen Friedensperiode des Neokorporatismus zu stilisieren.

Je schärfer der Fokus auf die unmittelbare Arbeits- und Ausbildungssituation gestellt wird, desto unmittelbarer treten die Veränderungsschübe und die ambivalenten Folgen hervor. Knud Andresen zeigt dies in seinem Beitrag über die Berufsausbildung eindringlich: Immer mehr Frauen (und Migranten) drängten in den Arbeits- und Ausbildungsmarkt, die Zusammensetzung der jungen Lehrlinge veränderte sich und damit auch geschlechtsbezogene Berufsidentitäten. Oder anders: Häufiger sah man nun auch junge Mädchen und Frauen auf Ausbildungsplätzen, die bis dahin reine Männerdomänen gewesen waren. Die Lehre galt – und dies war tatsächlich ein Strukturbruch des dualen deutschen Ausbildungssystems – nicht mehr als der heimliche Lehrplan des Betriebes, sondern als Teil einer umfassenden Berufsbiografie qualifizierter junger Frauen und Männer, deren modernisierte Ausbildung individuellen Aufstiegsaspirationen entsprach. Gleichzeitig bedeutete diese Modernisierung und Differenzierung

---

sigkeit. Die Bundesrepublik Deutschland im europäischen Kontext, München 2009; Werner Abelshauser, Strukturelle Arbeitslosigkeit: Eine Diagnose aus historischer Perspektive, in: Jahrbuch für Wirtschaftsgeschichte 2 (2009), S. 249-262; Andreas Wirsching, Durchbruch des Fortschritts? Die Diskussion über die Computerisierung in der Bundesrepublik, in: Martin Sabrow (Hg.), ZeitRäume. Potsdamer Almanach des Zentrums für Zeithistorische Forschung 2009, Göttingen 2010, S. 207-218.

8 Vgl. Peter Birke, Wilde Streiks im Wirtschaftswunder. Arbeitskämpfe, Gewerkschaften und soziale Bewegungen in der Bundesrepublik und Dänemark, Frankfurt a. M. 2007.

des Ausbildungs- und Arbeitsmarktes seit den 1970er-Jahren auch eine soziale Schließung. Für gering Qualifizierte sollte es nun noch schwerer werden, einen Platz in der Arbeitswelt zu finden, da sich die Qualifikationsschraube immer höher drehte und damit neue Selektionskriterien eingeführt wurden. Insofern ist zu Recht betont worden, dass die Erosion des fordistisch-keynesianischen Produktions- und Sozialmodells zwar mit einem tief greifenden Wandel der Arbeitsverhältnisse verbunden war, keineswegs jedoch ein Ende der Arbeitsgesellschaft bewirkte.[9] Obgleich sich die Geschichte des Strukturbruchs und des dadurch verursachten »sozialen Wandel[s] von revolutionärer Qualität« für manche Berufsgruppen in der Zeit »nach dem Boom«[10] sehr genau erzählen lässt, werden die Ergebnisse mit Blick auf die geschlechtergeschichtlichen Folgen uneindeutiger. Auch wenn immer mehr jüngere und gut ausgebildete Frauen auf den Arbeitsmarkt drängten, die gleichberechtigte weibliche Erwerbstätigkeit ein wichtiges Thema der politischen Agenda wurde und sich erwerbsbiografische Geschlechterdifferenz nivellierte, blieb das Ernährer-Hausfrau-Modell doch weiter bestimmend. Seine Prinzipien prägen den Charakter des westdeutschen Sozialstaats bis heute.[11]

Als Bilanz des Bandes und der gegenwärtigen Forschung zur Zeitgeschichte der Arbeit lassen sich vier Problemfelder markieren, die stärker als bisher akzentuiert werden sollten: 1. Inter- und transnationale Dimensionen in der Geschichte der Arbeit, 2. Semantiken der Arbeit, 3. eine akteurszentrierte Geschichte der Arbeitswelt(en) und 4. das Verhältnis von Wohlfahrtsstaat und Arbeitsgesellschaft.

Inter- und transnationale Dimensionen in der Geschichte der Arbeit

Zunächst fällt auf, dass entgegen Trends und emphatischen Aufrufen, eine Geschichte der Arbeit in globaler Perspektive zu schreiben, die überwiegende Mehrheit der Beiträge – und der empirischen zeithistorischen Forschung insgesamt – primär nationalstaatlich angelegt ist, kaum den deutsch-deutschen Vergleich konzeptionalisiert und noch seltener den rheinischen Kapitalismus mit anderen (west-)europäischen und US-amerikanischen Ordnungsmodellen in Beziehung setzt. Das ist in gewisser Weise auch der Preis einer spezifischen Form der Interdisziplinarität, die die Zeitgeschichte stärker an die deutsche Industrie- und Gewerkschaftssoziologie anzubinden versucht.

---

9   Dieter Sauer, Die Zukunft der Arbeitsgesellschaft. Soziologische Deutungen in zeithistorischer Perspektive, in: Vierteljahrshefte für Zeitgeschichte 55 (2007), S. 309-328, S. 319.
10 Anselm Doering-Manteuffel/Lutz Raphael, Nach dem Boom. Perspektiven auf die Zeitgeschichte seit 1970, Göttingen 2008, S. 10.
11 Vgl. hierzu Christiane Kuller, Soziale Sicherung von Frauen – ein ungelöstes Strukturproblem im männlichen Wohlfahrtsstaat, in: Archiv für Sozialgeschichte 47 2007, S. 199-236 sowie den Beitrag von Monika Mattes in diesem Band.

Eine solche Interdisziplinarität bedeutet eine wichtige Perspektivenerweiterung – gerade mit Blick auf die lebendige Forschungstradition zur Mitbestimmung. Zugleich werden aber auch die Schwierigkeiten deutlich, dem sozialen, institutionellen und ökonomischen Transformationsprozess historische Tiefenschärfe zu geben. *Global Labour History* gehört zu den Feldern, die in den letzten Jahren, vor allem dank der Initiative des Amsterdamer International Institute for Social History, starken Auftrieb erhalten hat.[12] Während die deutsche Arbeiter(bewegungs)geschichte in Selbstmitleid geradezu ertrank, schlossen sich etwa in Indien, Pakistan und Brasilien Historiker und Soziologen zusammen, um neue Methoden der Arbeits- und Arbeiterbewegung zu erproben. Vier Impulse sind – insbesondere mit Blick auf die »Epoche nach dem Boom« – besonders bedeutsam:

Erstens ist eine Geschichte der Arbeitswelt immer Teil einer transnationalen Geschichte des Kapitalismus. Ein Beispiel: Im Frühjahr 2004 schloss die erst zwölf Jahre zuvor eröffnete Dortmunder Kokerei Kaiserstuhl. Doch das bedeutete keineswegs das Ende der industriellen Welt, sondern die zu den modernsten Anlagen der Welt zählende Kokerei wurde Stück für Stück, Schraube für Schraube von chinesischen Arbeitern abgebaut, verpackt, verladen und nach China verschifft. Sie produziert wieder, nun aber im Nordosten Chinas, in der Provinz Shandong.[13] Wenn wir über die Veränderung der Arbeitswelt sprechen, dann kann dies nicht mehr geschehen, ohne die industriellen Verflechtungen des arbeitsteiligen Kapitalismus zu bedenken. Darauf hat bereits Sebastian Conrad für das Kaiserreich hingewiesen, und das gilt ebenso für die Epoche seit den 1970er-Jahren mit ihren raschen Globalisierungsschüben.[14] Die Veränderungen der Produktionsweisen in der Automobilindustrie sind beispielsweise ohne die Rezeption des Toyotismus nicht denkbar – nur so sind die neuen Formen betrieblicher Organisation in Gruppen und neue Formen der Lohnpolitik verständlich. Ähnliches gilt auch für die Debatten um neue Arbeitszeitmodelle und die (schwierigen) Versuche von Betriebsräten und Gewerkschaften, sich trotz aller Standortkonkurrenz übernational zu organisieren. Deshalb macht es Sinn, nach den Transfer- und Austauschbeziehungen, den globalen Lernerfahrungen im Strukturbruch zu fragen – und damit zugleich auch jene Erfolgsnarrative zu historisieren, wie sie mit dem »Modell Deutschland« Helmut Schmidts verbunden sind.[15]

---

12 Vgl. u. a. Marcel van der Linden (Hg.), Grenzüberschreitende Arbeitergeschichte. Konzepte und Erkundungen, Leipzig 2010; ders., Globalizing Labour Historiography. The Amsterdam Approach, in: Josef Ehmer/Helga Grebing/Peter Gutschner (Hg.), »Arbeit«. Geschichte – Gegenwart – Zukunft, Wien 2002, S. 151-164.
13 Folgendes nach Peter Hübner, Arbeitsgesellschaft in der Krise?; vgl. auch: Die Zeit vom 23. September 2004: »Herr Mo holt die Fabrik«.
14 Sebastian Conrad, Globalisierung und Nation im Deutschen Kaiserreich, München 2006, S. 279-315.
15 Andreas Rödder/Thomas Hertfelder (Hg.), Modell Deutschland. Erfolgsgeschichte oder Illusion?, Göttingen 2007; zum Begriff: Martin H. Geyer, Sozialpolitische Denk- und Handlungsfelder: Der Umgang mit Sicherheit und Unsicherheit, in: ders. (Hg.), Geschichte der Sozialpolitik in

Zweitens haben die neueren Studien der außereuropäischen Labour History gezeigt, wie historisch einmalig unsere westeuropäischen Vorstellungen einer Arbeitsgesellschaft sind, deren Zerfall Hannah Arendt bereits Ende der 1950er-Jahre beschrieben hatte, und deren Krise in den westeuropäischen Debatten seit mehr als dreißig Jahren postuliert wird.[16] *Global Labour History* trägt also nicht nur dazu bei, die Möglichkeitsräume industrieller Beziehungen zu vermessen, sie zwingt auch dazu, das westliche Modell der Erwerbsgesellschaft und die damit verbundenen Vorstellungen von Arbeit und Lebensstil noch einmal zeitgeschichtlich zu verorten.

Drittens weist uns eine Geschichte der Arbeit auf neue Institutionen des globalen Wissenstransfers hin. Er fand zum Beispiel in der International Labour Organisation (ILO) statt und machte die Geschichte der Arbeit selbst zum Gegenstand politischer und kultureller Konflikte um den *Way of Life* der westlichen Industriegesellschaft und den richtigen Pfad der Modernisierung.[17] Über diese Austauschbeziehungen, die ja keineswegs eindimensional von Norden nach Süden verliefen, sind wir bisher nur sehr unzureichend informiert. Das gilt insbesondere für die Epoche »nach dem Boom«, in der ja vielfach alte Schlachtordnungen des Kalten Krieges durch neue Probleme im Zuge der Ölpreiskrisen, durch veränderte *Terms of Trade* und durch neue Technologien überlagert wurden.

Viertens: Unter den Lektüretipps für westliche Manager rangierte in den 1970er-Jahren *bushidô*, der Ethikcode der Samurai aus dem vormodernen Japan weit oben auf der Liste.[18] Er sollte der Vorbereitung auf die Arbeits- und Geschäftswelt des boomenden japanischen Marktes dienen. Japans rasanter Aufstieg zum *Global Player*, das enorme Wachstum und die Eigenart der industriellen Beziehungen sowie die spezifischen Vorstellungen von Arbeit seien, so war die Ansicht, nur durch das Studium der konfuzianischen Ethik verständlich. Organische Gesellschaft und loyale, um Betriebe organisierte Mitarbeiter gehörten wesentlich mit zu diesem Modell. Schon Max Weber hatte auf die religiöse Grammatik des Kapitalismus hingewiesen; in der Umbruchszeit der 1970er- und 1980er-Jahre erhielt diese Debatte noch einmal neuen Auftrieb. Nun aber war es nicht mehr der Geist des Protestantismus, sondern die Lehre des Konfuzius, die einen Ausweg aus den zerklüfteten Wohlfahrtsstaaten der westlichen Welt versprach. Die Aneignungsprozesse und Perzeptionen des japanischen Weges, der in den 1980er-Jahren ja selbst massiv in die Krise geriet, verliefen in Deutsch-

---

Deutschland seit 1945, Bd. 6: Bundesrepublik Deutschland 1974–1982. Neue Herausforderungen, wachsende Unsicherheiten, Baden-Baden 2008, S. 1-109, hier S. 42-46.
16 Jan Lucassen (Hg.), Global Labour History. The State of the Art, Bern u. a. 2006.
17 Dazu grundlegend Daniel Maul, Menschenrechte, Sozialpolitik und Dekolonisation. Die Internationale Arbeitsorganisation (IAO) 1940–1970, Essen 2007.
18 Sebastian Conrad, Work, Max Weber, Confucianism. The Confucian Ethic and the Spirit of Japanese Capitalism, in: Jürgen Kocka (Hg.), Work in a Modern Society. The German Historical Experience in Comparative Perspective, New York/Oxford 2010, S. 153-168, hier S. 155.

land und Europa sehr unterschiedlich und keineswegs gradlinig.[19] Und doch weisen sie uns auf eine in der Labour History unterschätzte Dimension hin: der Bedeutung von Religion und sozialethischen Normen für die Ausgestaltung von sozialer Sicherung und industriellen Beziehungen und deren Wahrnehmung, die seit den 1970er-Jahren einen spürbaren Bedeutungswandel erfuhr.[20]

Semantiken der Arbeitswelt

Damit sind wir bei einem zweiten Themenfeld, das aus unserer Sicht Potenzial für weiterreichende Überlegungen bietet: die semantischen Verschiebungen und Konflikte um den Arbeitsbegriff, die Teil der zeitgenössischen Kontroverse um die Anforderungen und Deutungen einer neuen Arbeitswelt waren. Im Zentrum stand ein Begriff, der zu den wesentlichen Signaturen der Epoche gehört, bisher allerdings kaum historisiert worden ist: der Begriff der (Arbeitszeit-)Flexibilisierung.[21] Er umfasste sehr unterschiedliche Dimensionen: Die Arbeitszeit nach Maß schien in den späten 1970er-Jahren zunächst eine Antwort auf den Wandel der Lebensstile und die gesellschaftliche Liberalisierung. Sie war auch, wie einige ihrer Befürworter argumentierten, Reaktion auf eine alte und anachronistische Arbeitszeitpolitik (insbesondere der Gewerkschaften), die mit ihren starren, für alle gültigen tarifvertraglichen Normen individuelle Entscheidungsspielräume beschnitt. Die Gewerkschaften galten dabei als die eigentlichen Blockierer einer humanen und flexiblen Arbeitsplatzgestaltung in der industriellen Moderne. Arbeitszeitverkürzung als emanzipatorisches Projekt bedeutete hingegen, wie gewerkschaftsnahe Intellektuelle (allen voran Oskar Negt) argumentieren, eine Antwort auf eine zentrale Herausforderung der spätkapitalistischen Industriegesellschaft. Die »Starrheit der herrschenden Zeitordnung, die strenge Zeitökonomie und das bürgerliche Arbeitsethos« breche langsam zusammen, und deshalb sei eine Doppelbewegung nötig[22]: die Verkürzung der fordistischen Stunde im Produktionsalltag und gleichzeitig die Neugewichtung der Nicht-Arbeit als Ausdruck und Folge eines gesellschaftlichen Wertewandels. Die neue Zeitsouveränität der Arbeiter erschien in dieser Sicht als eine Folge der Ablösung des bürgerlichen Arbeitsethos. Nicht mehr pures Pflichtgefühl, Sparsamkeit, Disziplin und pünktliche Pflichterfül-

---

19 Christian Kleinschmidt, Der produktive Blick. Wahrnehmung amerikanischer und japanischer Management- und Produktionsmethoden durch deutsche Unternehmer 1950–1985, Berlin 2002.
20 Vgl. Philip Manow, Religion und Sozialstaat. Die konfessionellen Grundlagen europäischer Wohlfahrtsstaatsregime, Frankfurt a. M. u. a. 2008.
21 Dazu demnächst Dietmar Süß, Stempeln, Stechen, Zeit erfassen. Eine Geschichte der Arbeitszeit seit den 1970er Jahren, in: Archiv für Sozialgeschichte: Die Bundesrepublik Deutschland während der 1980er Jahre, AfS 52 (2012).
22 Thomas Olk/Hans-Willy Hohn/Karl Hinrichs/Rolf G. Heinze, Lohnarbeit und Arbeitszeit, in: Leviathan 7 (1979), S. 151-173 (Teil 1) u. 376-407 (Teil 2); Folgendes nach ebd.

lung galten als moralischer Imperativ, sondern das neue Lebensgefühl der Selbstverwirklichung. Diese neue Lebensqualität eröffnete die weitestgehende Möglichkeit, Arbeit und Freizeit voneinander zu trennen – und entsprach damit ganz dem Prinzip fordistischer Zeitökonomie. Die Reduzierung der Arbeitszeit galt als logische Fortsetzung all der großen Hoffnungen, wie sie sich beispielsweise mit der Humanisierung der Arbeit verbanden oder in niederländischen und skandinavischen Modellen einer gerechteren Arbeitsteilung zwischen Männern und Frauen verankert waren. Und doch waren mindestens zwei Probleme neu: der wachsende ökonomische Druck auf die Belegschaften und der Beginn der Massenarbeitslosigkeit seit Mitte der 1970er-Jahre. Der neue Akzent, der im Begriff der Lebensqualität steckte, und der aus unserer Sicht einen ebenso bedeutsamen, in seinen Effekten höchst ambivalenten »Strukturbruch« darstellt, bestand in der Vorstellung, dass Arbeitszeitflexibilisierung Chance und Möglichkeit individueller, zeitlicher Souveränität sei. Diese neue Arbeitszeitpolitik brach mit den starren Regeln fordistischer Arbeitszergliederung und Leistungsmessung und nahm für sich sowohl einen betriebswirtschaftlichen als auch einen emanzipatorischen Impuls in Anspruch, ging es doch darum, dass der Einzelne wieder Autonomie über die Gestaltung seines Lebenslaufes und die Intensität seiner Beschäftigung gewinnen sollte.[23] Konkret ging es um die Individualisierung bisher kollektiv geregelter Tages- und Wochenarbeitszeiten und auch um die Arbeitsmenge insgesamt. Für diese neue Arbeitszeitpolitik spielte die Frage der Beseitigung der Massenarbeitslosigkeit zunächst noch keine entscheidende Rolle. Flexibilisierung der Arbeitszeiten war in diesem Kontext einer der Schlüsselbegriffe dieser als modern und überlegen wahrgenommenen neuen Produktionsweise, von der erwartet wurde, dass sie dazu beitrage, das deutsche Modell industrieller Beziehungen auf den Märkten der Welt wieder konkurrenzfähig zu machen.[24] So konnte die Semantik der Flexibilisierung zum Zauberwort sehr unterschiedlicher Logiken industrieller Arbeitszeitregime seit den 1970er-Jahren werden: als Teil einer neuen Arbeitszeitkultur der individualisierten postindustriellen Gesellschaft und als Anpassung an die Bedingungen einer beschleunigten fordistischen Produktionsweise, für die die Aushöhlung geregelter Arbeitszeit die Norm bildete.

Die Definition von Arbeit, gar humaner Arbeit, war im Lauf der 1980er-Jahre also zu einem neuen gesellschaftlichen Konfliktgegenstand geworden, über den wir aus zeithistorischer Sicht bisher allenfalls rudimentär informiert sind. Das gilt auch für eine weitere Dimension der Kontroverse, die ihre Hauptprotagonisten nicht in der Düsseldorfer DGB-Zentrale, sondern in Rom, im Vatikan hatte – und somit ein weiteres Mal auf die globale Dimension verweist. Johannes Paul II. hatte seine erste Sozialenzyklika im Jahre 1981 unter das Motto »Über die menschliche Arbeit« gestellt.

---

23 Vgl. dazu u. a. Bernhard Teriet, Möglichkeiten der Arbeitszeitverteilung und der Arbeitszeitflexibilität, in: Gewerkschaftliche Monatshefte 25 (1974), S. 412-423.
24 Wolfgang Schroeder, Das Modell Deutschland auf dem Prüfstand, Wiesbaden 2000.

Drei zentrale Probleme hob die Enzyklika besonders hervor[25]: die Bedrohung der menschlichen Arbeit durch moderne Technologien; die neuen Erscheinungsformen des »Neo-Kapitalismus«, wie es in der deutschen Übersetzung hieß, und die Probleme des Nord-Süd-Gefälles. Arbeit umfasste dabei unterschiedliche Dimensionen: die Arbeit als Grundwert, die Arbeit als Ordnungsentwurf und die Arbeit als solidarische Bewegung. Wie keine andere Enzyklika zuvor betonte »Laborem exercens« den Vorrang der Arbeit vor dem Kapital und damit die utopische, sich selbst verwirklichende Kraft, die Arbeit im katholischen Weltbild als Teil der göttlichen Schöpfung besaß. Der Vorrang der Arbeit vor dem Kapital unterstreiche den »Primat des Menschen im Produktionsprozess, den Primat des Menschen gegenüber den Dingen«[26] sowie den »Primat der Person über die Sache, der menschlichen Arbeit über das Kapital«[27]. Über die Wirkungen dieser bisweilen widersprüchlichen und abstrakten Interpretationen der Arbeitswelt ist bisher kaum etwas bekannt und damit auch nicht über die Bedeutung der katholischen Soziallehre für die neuen Debatten um den Wert der Arbeit, die entscheidend von prominenten Sozialethikern wie Oswald von Nell-Breuning mitgeprägt worden sind. Dabei waren vor allem der im Rundschreiben formulierte Vorrang der Arbeit vor dem Kapital und die Rezeptionsschlacht, die unmittelbar nach der Veröffentlichung einsetzte, bemerkenswert. In der SPD und den Gewerkschaften stieß die Enzyklika auf Wohlwollen, sodass beispielsweise der SPD-Fraktionsvorsitzende Herbert Wehner die sozialdemokratischen Parlamentarier dazu aufrief, sie in den Gremien zu diskutieren.[28] Gleichzeitig beobachteten allen voran gewerkschaftsfreundliche katholische Sozialethiker mit Argusaugen, wie konservative und wirtschaftsliberale Kreise darum bemüht waren, gerade die abstrakten Formulierungen zu entschärfen und damit dem Lehrschreiben seine politische Brisanz zu nehmen.

Über humane Arbeit, von der auch die Enzyklika sprach, war bereits seit Beginn der 1970er-Jahre auch in der Sozialdemokratie gesprochen worden. Erhard Eppler war wohl der erste führende Sozialdemokrat, der in seinem 1976 veröffentlichten Buch: »Ende oder Wende« den sozialdemokratischen Fortschrittsoptimismus infrage stellte.[29] Die Welt stehe vor einer fundamentalen Zäsur: von einem Zeitalter des Überflusses hin zu einer Welt, »in der wir erkennen, was überflüssig ist«. Eppler ging es um eine Veränderung der Prioritäten der Arbeitsgesellschaften: weg vom Begriff des quantitativen Wachstums, zu dem auch die Mehrheit der Gewerkschaften neigten, hin zum Begriff der Lebensqualität, zu Konsumverzicht und einem Ende des immerwäh-

---

25 Zum Text vgl. www.vatican.va/edocs/DEU0075/_INDEX.HTM.
26 Ebd., S. 28.
27 Ebd., S. 31.
28 Vgl. Geyer, Geschichte der Sozialpolitik, S. 905; Friedhelm Hengsbach, Die Arbeit an erster Stelle: das Sozialrundschreiben des Papstes Woytila, in: Gewerkschaftliche Monatshefte 32 (1981), S. 729-738.
29 Erhard Eppler, Von der Machbarkeit des Notwendigen, München 1976.

renden Traumes der Prosperität. Eine neue Qualität des Lebens, wie sie Eppler vorschwebte und wie sie 1977 die SPD-Grundwertekommission formulierte, meinte nicht nur eine neue Politik vorbeugender Solidarität und damit sozialstaatlicher Umverteilung der Lasten. Sie verstand sich auch als Versuch, eine neue Definition des Rechts auf Arbeit und der Solidarität zu formulieren.

Doch was konnten die Alternativen sein? Am Rande und auch gegen den sozialdemokratischen Fortschrittsoptimismus diskutierten die neuen sozialen Bewegungen seit Mitte der 1970er-Jahre alternative Formen der Selbsthilfe und Selbstorganisation.[30] Es ging um neue Formen des alternativen Arbeitens und Wirtschaftens.[31] Alternative Arbeit war nicht einfach humanisierte Arbeit im Sinne der Gewerkschaften. Arbeit war hier zentraler Bestandteil eines gesellschaftlichen Gegenentwurfs, der sich wohlfahrtsstaatlich-kapitalistischer Politik zu entziehen versuchte. Der marxistische Begriff der Entfremdung war dafür der Referenzpunkt; nun aber nicht mehr nur als theoretisches Glasperlenspiel, sondern sehr praktisch und sehr konkret als Teil einer ebenso begrifflichen wie sozialen Alternative. Es ging dabei eben gerade nicht um ein Mehr an Freizeit oder um Arbeitszeitverkürzung, sondern um Arbeit als Lebensform, als Nukleus eines selbst bestimmten Lebens, zu dem die Abschaffung des Privateigentums ebenso gehören konnte wie basisdemokratische Entscheidungsmodelle, eine gemeinsame Lebensform der Beteiligten und sogar auch der Abbau kleinfamiliärer Strukturen.

Die Kontroversen um Entfremdung und betriebliche Herrschaft fanden in den zahlreichen, seit Mitte/Ende der 1970er-Jahre sich neu organisierenden Projekten ihren institutionellen Niederschlag. Den Auftakt dazu hatte der Tunix-Kongress 1978 in Berlin gegeben. Die »taz« war dabei nur das prominenteste Beispiel für die zahlreichen Landkommunen, Druckereikollektive und Naturkostläden, mit denen die kapitalistische Gesellschaft gleichsam durch Arbeit überwunden werden sollte. Arbeit als alternative Lebensform gehört – das scheint uns wichtig – mit zu den praxeologischen Weiterungen des Arbeitsbegriffs in den späten 1970er- und 1980er-Jahren, die unmittelbar für eine Sozialgeschichte von Alternativökonomien, von sozialen Bewegungen insgesamt wichtig sein könnten. Damit würden beispielsweise die Geschichte des »Fair Trade« und auch die damit verbundenen Diskurse über Menschenrechte und Arbeit im Zeitalter der Globalisierung, die seit den 1970er-Jahren geführt werden, verstärkt in den Blick kommen.

---

30 Sven Reichardt/Detlef Siegfried (Hg.), Das Alternative Milieu. Antibürgerlicher Lebensstil und linke Politik in der Bundesrepublik und Europa 1968–1983, Göttingen 2010.
31 Johano Strasser, Die Zukunft der Demokratie. Grenzen des Wachstums – Grenzen der Freiheit?, Reinbek bei Hamburg 1977; ders., Die Zukunft des Fortschritts – Der Sozialismus und die Krise des Industrialismus, Bonn 1981.

Arbeitswelten ohne Arbeiter

Wie verhält es sich mit den Akteuren der Arbeit selbst? Ein erster Befund: Erstaunlich wenig Interesse hat die deutsche Zeitgeschichte bisher den konkreten Arbeitsbedingungen im letzten Drittel des 20. Jahrhunderts geschenkt. Bislang gibt es kaum Forschungen, die sich mit denjenigen beschäftigten, die im Zentrum der Strukturbruchthese stehen – den abhängig Beschäftigen. Ob sie selbst einen »revolutionären Wandel« erfahren, wie sie die Veränderungen seit den 1970er-Jahren erlebt haben – darüber fehlen genauere Kenntnisse. Diese Leerstelle hat viel mit den *Master Narratives* der inzwischen in die Jahre gekommenen traditionellen Arbeitergeschichte zu tun. Sie hat die Geschichte ihrer Protagonisten in einer Makroperspektive als Konstituierung und Transformation von Klassenverhältnissen analysiert und je nach Untersuchungszeitraum und Perspektive als Ausbeutungs- oder Aufstiegsgeschichte des männlichen Industrie- und Facharbeiters in Lohn und Brot beschrieben. Der Untersuchungszeitraum solcher Forschungen überschreitet nur selten die politische Epochenzäsur von 1945. Sieht man von den Pionierarbeiten Josef Moosers ab[32], dann blieb die (westdeutsche) Arbeitergeschichte nach 1945 über viele Jahrzehnte hinweg weitgehend ein Feld der gegenwartsbezogenen Sozialwissenschaften ohne vertiefende sozialhistorische Perspektive – und das mit weitreichen Folgen.[33] Die Kritik der Lebensstilforschung an der Statik traditioneller Kategorien sozialer Positionierung setzte neue Akzente auf Kategorien nicht-vertikaler sozialer Ungleichheit wie Geschlecht, Alter, ethnische Zugehörigkeit oder Lebenslagen. Im Zuge dieser wichtigen Perspektiverweiterung drängten jedoch auf Selbstzuschreibungen bezogene Leitbegriffe wie Konsumstile und soziale Milieus die arbeitsmarktbasierten Kategorien Klasse und Schicht allmählich an den Rand.[34] Daher wurde die Debatte um die Transformation von Ungleichheitsverhältnissen in den Jahren der Nachkriegsprosperität weitgehend ohne Blick auf die Arbeitsverhältnisse geführt. Das hat die gegenwarts-

---

32 Josef Mooser, Arbeiterleben in Deutschland 1900–1970. Klassenlagen, Kultur und Politik, Frankfurt a. M. 1984; ders., Abschied von der »Proletarität«. Zur Sozialstruktur und Lage der Arbeiterschaft in der Bundesrepublik in historischer Perspektive, in: Werner Conze/M. Rainer Lepsius (Hg.), Sozialgeschichte der Bundesrepublik Deutschland. Beiträge zum Kontinuitätsproblem, Stuttgart 1983, S. 143-186; ders., Auflösung der proletarischen Milieus. Klassenbindung und Individualisierung in der Arbeiterschaft vom Kaiserreich bis in die Bundesrepublik, in: Soziale Welt 34 (1983), S. 270-306.
33 Vgl. dazu Dietmar Süß, Arbeitergeschichte und Organisationssoziologie: Perspektiven einer Annäherung, in: Friederike Sattler/Georg Wagner-Kyora/Hermann-Josef Rupieper (Hg.), Die Mitteldeutsche Chemieindustrie und ihre Arbeiter im 20. Jahrhundert, Halle 2005, S. 76-89; eine Bilanz in: Klaus Tenfelde (Hg.), Arbeiter im 20. Jahrhundert, Stuttgart 1991.
34 Vgl. dazu einführend Stefan Hradil, Sozialstrukturanalyse in einer fortgeschrittenen Gesellschaft, Opladen 1987; Peter A. Berger/Stefan Hradil (Hg.), Lebenslagen, Lebensläufe, Göttingen 1990; ders., Entstrukturierte Klassengesellschaft? Klassenbildung und Strukturen sozialer Ungleichheit im historischen Wandel, Opladen 1986.

bezogene Diskussion sozialer Ungleichheit von ihrer historischen Tiefendimension abgeschnitten. Die Chancen einer analytischen Verknüpfung beider Ungleichheitsdimensionen – von Sozialstruktur und Kultur, von Lebenschancen und Lebensstilen –, welche die Vielschichtigkeit und Dynamik historischer Ungleichheitsverhältnisse und Gruppenzugehörigkeiten hätte konturieren können, blieben so weitgehend ungenutzt. Das gilt auch für die in anderen Untersuchungsfeldern längst mit erheblichem Forschungsertrag gestellte Frage nach dem Beziehungs- und Verflechtungsverhältnis beider Dimensionen – etwa bei der Verwandlung von sozioökonomischem in kulturelles Kapital und umgekehrt. So ließe sich zum Beispiel mit Gewinn nach der Bedeutung von Auf- und Abstiegserfahrungen von Arbeitnehmern als Grundlage ihrer Wertorientierungen, ihrer Selbstbeschreibungen und nicht zuletzt ihres ökonomischen und politischen Verhaltens fragen.

Einer der Gründe für diese Blindstellen dürfte darin bestehen, dass die meisten Studien noch immer explizit oder implizit einem linearen Entproletarisierungsparadigma folgen, das die Geschichte der Arbeiterschaft vor allem als Geschichte ihres Verschwindens beschreibt. In diesem Sinne ist das eine Fortsetzung der Prosperitätsperspektive aus den 1970er-Jahren. Wenn aber Zeitgeschichte ihre Impulse aus der Gegenwart erhält, dann liegt es nahe, stärker als bisher die Kontinuitätsachsen sozialer Ungleichheit zu untersuchen und zum Beispiel nach den Ursprüngen des neuen Prekariats zu fragen: Die Gruppe der Arbeitslosen, alleinerziehenden Mütter und Väter, jene der illegal beschäftigten Migrantinnen und Migranten, die der einkommensschwachen Selbstständigen, der Dauerpraktikanten und der in Fördermaßnahmen des zweiten Arbeitsmarkts versteckten Langzeitarbeitslosen – sie würden so in den Mittelpunkt gerückt. Obwohl die »neue Armut«[35] im öffentlichen Raum des Wohlfahrtsstaates heftig diskutiert wird, findet das Thema in der zeitgeschichtlichen Forschung kaum Beachtung. Es steht zu vermuten, dass sich diese prekären Gruppen gängigen Klassen- und Schichtmodellen ebenso entziehen wie den auf Selbstverwirklichungschancen in einer pluralisierten Gesellschaft basierenden Kategorien der Lebensstilforschung.[36]

Mit dem erfolgsverwöhnten, sozial geschützten Facharbeiter bei Volkswagen oder BMW haben diese Gruppen genauso wenig gemein wie mit dem frühverrenteten Bergmann aus Gelsenkirchen. Das Risiko der Beschäftigung wird in diesen Gruppen immer stärker individualisiert und arbeitsrechtlicher Schutz ausgehöhlt. Eine Zeitgeschichte der Arbeit müsste hier ansetzen und die Entstehungsbedingungen dieser neuen (und

---

35 So bereits zeitgenössisch: Neue Armut. Druck unterm Deckel, in: Der Spiegel, 1984, Nr. 39, S. 21 f.
36 Andreas Rödder, Werte und Wertewandel. Historisch-politische Perspektiven, in: ders./Wolfgang Elz (Hg.), Alte Werte – Neue Werte. Schlaglichter des Wertewandels, Göttingen 2008, S. 9-25; Berthold Vogel, Sicher – Prekär, in: Stephan Lessenich/Frank Nullmeier (Hg.), Deutschland – eine gespaltene Gesellschaft, Frankfurt a. M. u. a. 2006, S. 73-91.

alten) Unterschichten der nachindustriellen Gesellschaft untersuchen.[37] Eine solche Perspektive lenkt den Blick noch einmal zurück auf Arbeit als Zentralinstanz der Vergesellschaftung, deren Bedeutung keineswegs, wie argumentiert wurde, nachgelassen[38], sondern Form, Sprache und Aneignungsform verändert und sich den neuen Bedingungen einer Arbeitswelt im Umbruch – man könnte auch sagen: dem neuen Geist des Kapitalismus – angepasst hat.[39] Hier gilt es, den Arbeitsprozess, seine institutionalisierten Regeln und die Ressourcen der Akteure genau zu erfassen. Dabei scheint aus unserer Sicht der Forschungsbedarf erheblich. Das gilt auch für den Ort und die Mikropolitik der Arbeit in Betrieben und Büros; Orte, deren Gestaltung selbst Gegenstand unterschiedlicher industrieller Ordnungsentwürfe und geschlechtsspezifischer Normierungen war.[40]

Die mikropolitische Perspektive führt die betrieblichen Sozialbeziehungen als eigenständiges Spielfeld divergierender Interessen und unterschiedlich mächtiger Akteure vor. Der Betrieb erscheint in diesem Licht nicht mehr nur als streng hierarchisch strukturiertes Gebilde und wird damit als Seismograf sozialer Veränderungen in den Blick genommen.[41]

Eine solche Perspektive erlaubt es zudem, präziser als bisher eine der zentralen Thesen des Entproletarisierungsnarrativs zu diskutieren: die Annahme des Bedeutungsverlusts körperlicher Arbeit. Beinahe könnte man vermuten, dass in der neuen Welt der Dienstleistungsökonomie mit den Fließbändern auch die körperliche Arbeit gänzlich verschwunden sei. Doch müsste noch einmal genau untersucht werden, ob das Ende von Rheinhausen und Hattingen tatsächlich das *Ende der Maloche*[42] bedeutete, oder ob es nicht ganz neue Formen körperlicher Belastungen gibt, die etwas mit den psychischen Folgen des erhöhten Arbeitsdrucks, ständiger Verfügbarkeit und einem verschärften Wettbewerb um knapper werdende und zunehmend ungesicherte

---

37 Für eine Vielzahl soziologischer Gegenwartsdiagnosen: Heinz Bude, Die Ausgeschlossenen: Das Ende vom Traum einer gerechten Gesellschaft, München 2008; aus zeithistorischer Perspektive: Paul Nolte, Unsere Klassengesellschaft, in: ders. (Hg.), Generation Reform. Jenseits der blockierten Republik, München 2004, S. 34-45; Winfried Süß, Armut im Wohlfahrtsstaat, in: Hans Günter Hockerts/Winfried Süß (Hg.), Soziale Ungleichheit im Sozialstaat. Großbritannien und die Bundesrepublik im Vergleich, München 2010, S. 19-41.
38 Andreas Wirsching, Arbeit statt Konsum? Zum Wandel von Individualität in der modernen Massengesellschaft, in: Vierteljahrshefte für Zeitgeschichte 57 (2009), S. 171-199.
39 Vgl. dazu die Beispiele in: Franz Schultheiss/Berthold Vogel/Michael Gemperle (Hg.), Ein halbes Leben. Biografische Zeugnisse aus einer Arbeitswelt im Umbruch, Konstanz 2010.
40 Timo Luks, Der Betrieb als Ort der Moderne. Zur Geschichte von Industriearbeit, Ordnungsdenken und Social Engineering im 20. Jahrhundert, Bielefeld 2010; Karsten Uhl, Die Geschlechterordnung der Fabrik. Arbeitswissenschaftliche Entwürfe von Rationalisierung und Humanisierung 1900–1970, in: Österreichische Zeitschrift für Geschichtswissenschaft 21 (2010), S. 93-117.
41 Vgl. Karl Lauschke, Die Hoesch-Arbeiter und ihr Werk. Sozialgeschichte der Dortmunder Westfalenhütte während der Jahre des Wiederaufbaus 1945–1966, Essen 2000.
42 Wolfgang Hindrichs u. a., Der lange Abschied vom Malocher. Sozialer Umbruch in der Stahlindustrie und die Rolle der Betriebsräte von 1960 bis in die neunziger Jahre, Essen 2000.

Arbeitsplätze zu tun haben. Versteht man Fordismus als Herrschaftstechnik, könnte man argumentieren, dass der Bedeutungsverlust der Fließbandarbeit befreiend wirkte.[43] Neuere soziologische Studien sehen eine Tendenz zur »Subjektivierung« von Arbeit[44], die gerade in kreativen und hochqualifizierten Tätigkeiten mit flacheren Hierarchien, stärkerer Sinngebung und größerer Selbstidentifikation von Arbeitnehmern mit dem Wertschöpfungsprozess verbunden sein kann. Allerdings sind die Folgen durchaus ambivalent, denn nicht selten verschwimmt in solchen Arbeitsverhältnissen die Trennlinie zwischen Arbeit und Nicht-Arbeit, ohne dass der Verwertung der Arbeitskraft durch die sozialrechtlichen Grenzziehungen des fordistischen Produktionsmusters Einhalt geboten wird.[45]

Arbeitswelt und Wohlfahrtsstaat

Arbeit ist das Sprunggelenk des Sozialstaats und zugleich auch seine Achillesferse. Gestützt auf einen nahezu drei Dekaden anhaltenden ökonomischen Boom gelang es in den Nachkriegsjahren, das Netz der sozialen Sicherung weiter zu spannen und zugleich enger zu knüpfen. Der Sozialstaat wuchs in diesen Jahren im Kern und an seinen Rändern, indem er Sozialleistungen mit der prosperierenden Wirtschaftsentwicklung verknüpfte, neue Personengruppen in das Netz der sozialen Sicherung einbezog und berufsständische Unterschiede in der sozialen Sicherung einebnete. In der Reformzeit der 1960er- und frühen 1970er-Jahre expandierte der deutsche Sozialstaat kräftiger als je zuvor. Gleichzeitig wurden Sozial- und Wirtschafts- und Arbeitsmarktpolitik zunehmend enger aufeinander bezogen und, wie etwa im Arbeitsförderungsgesetz von 1969[46], nicht mehr als Gegensatz, sondern als sich gegenseitig bedingende und fördernde Faktoren im Rahmen einer »vorausschauende[n] Sozial- und Gesellschaftspolitik« begriffen[47], mit der der Staat die ökonomische und soziale Ent-

---

43 Vgl. Rüdiger Hachtmann/Adelheid von Saldern, »Gesellschaft am Fließband«. Fordistische Produktion und Herrschaftspraxis in Deutschland, in: Zeithistorische Forschungen/Studies in Contemporary History, Onlineausgabe, 6 (2009) [www.zeithistorische-forschungen.de/site/40208932/default.aspx] (16.5.2011).
44 Nick Kratzer/Dieter Sauer, Flexibilisierung und Subjektivierung von Arbeit, in: Soziologisches Forschungsinstitut, Institut für Arbeitsmarkt und Berufsforschung, Institut für sozialwissenschaftliche Forschung, Internationales Institut für empirische Sozialökonomie (Hg.), Berichterstattung zur sozioökonomischen Entwicklung in Deutschland, Arbeit und Lebensweisen, Wiesbaden 2005, S. 125-149.
45 Dieter Sauer, Zukunft, S. 325.
46 Georg Altmann, Aktive Arbeitsmarktpolitik. Entstehung und Wirkung eines Reformkonzepts in der Bundesrepublik Deutschland, Stuttgart 2004.
47 Bundesminister für Arbeit und Sozialordnung (Hg.), Sozialbericht 1971, Stuttgart 1971, S. 14.

wicklung langfristig steuern wollte.[48] Insofern ist der entfaltete Sozialstaat »als Struktur wie als Leitsemantik ein Produkt der Nachkriegszeit, im engeren Sinne sogar erst der 70er Jahre«.[49]

Finanziert wurde der präzedenzlose wohlfahrtsstaatliche Expansionsschub der 1950er- bis 1970er-Jahre überwiegend durch Beiträge aus Arbeitseinkommen (1975 zu etwa 57 Prozent).[50] Dies ermöglichte es, den Ausbau aus der wachsenden Lohnsumme zu finanzieren und so Verteilungskonflikte weitgehend zu vermeiden. Im Verein mit den auf Kooperation angelegten Arbeitsbeziehungen trug dies nicht unwesentlich dazu bei, dass in der bundesdeutschen Gesellschaft soziale Polarisierungen und Konflikte, wie sie die Weimarer Republik geprägt hatten, selten waren und noch seltener politisch handlungsbedeutsam wurden. Allerdings begab sich der Sozialstaat damit in eine starke Abhängigkeit von der wirtschaftlichen Entwicklung, denn nur bei einem stabilen Wirtschaftswachstum und kontinuierlicher Vollbeschäftigung ließen sich die Folgekosten der Sozialstaatsexpansion bezahlen. Zudem machte dieser Finanzierungsmodus die Sozialleistungssysteme besonders empfindlich für steigende Arbeitslosigkeit, denn hohe Sozialbeiträge können in einem rezessiven ökonomischen Umfeld wie eine »hohe direkte Zusatzsteuer auf den Faktor Arbeit« und damit konjunkturbremsend wirken.[51] Verschärft wird dieses Problem noch dadurch, dass die Internationalisierung der Finanz- und Warenmärkte seit den 1970er-Jahren die Chancen der Kapitalverwertung zunehmend aus der Bindung an nationale Wirtschaftsräume löste, während deren sozialstaatliche Regulierung und die Verwertung der Arbeitskraft weiterhin daran gebunden blieben. Damit wurden die Kosten der sozialen Sicherung zu einem entscheidenden Faktor der Standortkonkurrenz, sodass der Sozialstaat seinen Nimbus als Lösungsinstanz gesellschaftlicher Probleme verlor und stattdessen zunehmend als deren Verursacher angesehen wurde.[52]

---

48 Als Synthese der wohlfahrtsstaatlichen Entwicklung in diesen Jahren: Hans Günter Hockerts/ Winfried Süß, Der Wohlfahrtsstaat in einer Zeit vielfältigen Aufbruchs. Zur sozialpolitischen Bilanz der Reformära, in: Hans Günter Hockerts (Hg.), Geschichte der Sozialpolitik in Deutschland seit 1945, Bd. 5: Bundesrepublik Deutschland 1966–1974. Eine Zeit vielfältigen Aufbruchs, Baden-Baden 2006, S. 943-962.
49 Lutz Leisering, Das deutsche Sozialmodell – woher, wohin? Eine Reflexionsgeschichte funktionaler gesellschaftlicher Differenzierung, in: Soziologische Revue 3 (2005), S. 197-208, S. 204.
50 Berechnet nach: Bundesminister für Arbeit und Sozialordnung, Statistisches Taschenbuch 1950 bis 1990. Arbeits- und Sozialstatistik, Bonn 1992, Tab. 7.1.
51 Manfred G. Schmidt, Zwischen Ausbaureformen und Sanierungsbedarf: Die Sozialpolitik der siebziger und achtziger Jahre, in: Thomas Raithel/Andreas Rödder/Andreas Wirsching (Hg.), Auf dem Weg in eine neue Moderne?, S. 131-139.
52 Peter Flora, Krisenbewältigung oder Krisenerzeugung? Der Wohlfahrtsstaat in historischer Perspektive, in: Joachim Matthes (Hg.), Sozialer Wandel in Westeuropa. Verhandlungen des 19. Deutschen Soziologentages, Frankfurt a. M./New York 1979, S. 82-136; Hans Günter Hockerts, Vom Problemlöser zum Problemerzeuger? Der Sozialstaat im 20. Jahrhundert, in: Archiv für Sozialgeschichte 47 (2007), S. 3-29.

Die weltweiten Wellen der Rezession in den 1970er- und 1980er-Jahren trafen den westdeutschen Wohlfahrtsstaat daher an einer besonders empfindlichen Stelle. Seither ist vielfach von einer »Krise des Normalarbeitsverhältnisses« und der »Krise der Arbeitsgesellschaft« als Ursache einer »Krise des Sozialstaats« die Rede.[53] Abgesehen davon, dass die Krisenmetaphorik kaum für einen Zustand taugt, der mehr als dreißig Jahre andauert und uns auch in Zukunft beschäftigten wird, kann man dem entgegenhalten, dass Deutschland nach wie vor eine Arbeitsgesellschaft ist. Die Erwerbsbeteiligung hat (zumindest in Westdeutschland) auf lange Sicht gesehen sogar zugenommen, und die gesellschaftliche Orientierung an der Erwerbsarbeit besteht weiterhin unverändert.[54]

Gleichwohl beschreibt die Krisenmetaphorik drei miteinander verflochtene Prozesse, deren Bedeutung für die sozialstaatliche Entwicklung kaum zu unterschätzen ist, denn das System der sozialen Sicherung ist strukturell mit der Arbeitsgesellschaft verkoppelt und am fordistisch-keynesianischen Normalarbeitsverhältnis ausgerichtet: erstens einen Niedergang der industriellen Beschäftigung, der national und regional sehr unterschiedlich ausfiel, aber an vielen Orten die ökonomische Entkernung ganzer Landstriche bewirkte; zweitens eine durchgreifende Entwertung der ungelernten Arbeit im produzierenden Gewerbe. Daraus ergab sich drittens ein stetig wachsender Sockel an dauerhaft Arbeitslosen, der einen bis heute fortdauernden sozialpolitischen Problemdruck erzeugte, wie der Blick auf einige Basisdaten zeigen kann. Zwischen 1970 und 1985 verlor das produzierende Gewerbe in der Bundesrepublik rund 2,4 Millionen Arbeitsplätze. Obwohl man besser durch die ökonomischen Krisenjahre kam als die meisten europäischen Nachbarn, erhöhte sich im gleichen Zeitraum die Arbeitslosenquote von 0,5 auf 7,1 Prozent, sodass sich allein die direkten Kosten der Arbeitslosigkeit mehr als versechsfachten und die Bundesrepublik Mitte der 1980er-Jahre rund 8 Prozent ihrer gesamten Sozialausgaben für die Arbeitsmarktpolitik aufwenden musste.[55] Auf lange Sicht hat das Zusammenspiel dieser Prozesse eine »Polarisierung« von Arbeitsverhältnissen bewirkt.[56]

---

53 Ulrich Mückenberger, Die Krise des Normalarbeitsverhältnisses. Hat das Arbeitsrecht noch Zukunft?, in: Zeitschrift für Sozialreform 31 (1985), S. 415-434 u. 457-475; vgl. dazu auch die Beiträge im Heft 4/2010 der Zeitschrift für Sozialreform (Krise des Normalarbeitsverhältnisses – nach 25 Jahren revisited); Joachim Matthes (Hg.), Krise der Arbeitsgesellschaft. Verhandlungen des 21. Deutschen Soziologentages in Bamberg 1982, Frankfurt a. M. 1983. Die empirischen Befunde legen es freilich nahe, diesen Begriff nicht überzustrapazieren und besser von einer partiellen »Erosion des Normalarbeitsverhältnisses« zu sprechen. Toni Pierenkemper/Klaus F. Zimmermann, Aufstieg, S. 237. OECD, The Welfare State in Crisis. An Account of the Conference on Social Policies in the 1980s, Paris 1980; Hans F. Zacher, Der gebeutelte Sozialstaat in der wirtschaftlichen Krise, in: Sozialer Fortschritt 33 (1984), S. 1-12.
54 Soziologisches Forschungsinstitut u. a. (Hg.), Berichterstattung zur sozioökonomischen Entwicklung in Deutschland – Arbeits- und Lebensweisen, Wiesbaden 2005.
55 Bundesminister für Arbeit und Sozialordnung, Statistisches Taschenbuch, Tab. 2.4, 9.14. Einschließlich der indirekten Kosten durch Steuerausfälle und Kosten von Konjunkturprogrammen

Gleichzeitig entstand eine immer schärfere Spannung zwischen den Ausgaben, die durch Leistungszusagen der Sozialversicherung langfristig festgelegt waren und durch die Arbeitslosigkeit noch einmal zusätzlich stiegen, und den infolge der Wirtschaftskrise stagnierenden und teilweise sogar schrumpfenden Beitragseinnahmen, die die Teilsysteme der Sozialversicherung seit Mitte der 1970er-Jahre immer wieder ins finanzielle Defizit trieb. Damit wurde das System der sozialen Sicherung unter Reformdruck gesetzt. Die Geschichte dieser Reformen bildet einen Kernbereich der Forschungen zur modernen Wohlfahrtsstaatlichkeit, der eng mit dem Wandel der Arbeitswelt(en) verkoppelt ist.

Aus der Perspektive einer Zeitgeschichte der Arbeit wäre zu fragen, inwieweit das Normalarbeitsverhältnis von ähnlichen Adaptionsprozessen betroffen war, nicht nur im Sinne einer krisenhaften Erosion, sondern auch im Sinne einer gezielten Modifikation im Zusammenspiel von Tarifparteien und Staat. Dies würde den Blick auf die weitreichende Veränderung der Arbeitsverhältnisse richten: die Flexibilisierungen durch tarifliche Öffnungsklauseln auf Betriebsebene und neue familienkompatible Arbeitsmodelle ebenso wie Versuche, die Arrangements des Normalarbeitsverhältnisses durch atypische Beschäftigungsverhältnisse zu umgehen. Zugleich stellt sich damit die Frage, ob und inwieweit ein System der sozialen Sicherung, das im Kern weiterhin am stabilitätsgesättigten fordistischen Normalarbeitsverhältnis ausgerichtet ist, mit derart veränderten Arbeitsverhältnissen relationiert werden kann.

Der Hauptstrom der gegenwärtigen Sozialstaatsforschung untersucht politische Reaktionen auf die veränderten ökonomischen Rahmenbedingungen »nach dem Boom«[57], nationale Varianten des Umgangs mit dem ökonomischen Strukturbruch, wie sie beispielsweise in den Spannungen zwischen politischem Reformwillen und dem stabilisierenden Eigengewicht sozialpolitischer Institutionen (und der an sie angelagerten Interessen) deutlich werden.[58] Dabei greift die Frage nach den monetären

---

belastete die Arbeitslosigkeit den Staatshaushalt in den 1980er-Jahren mit etwa 50 Mrd. DM jährlich. Jens Alber, Der Wohlfahrtsstaat in der Wirtschaftskrise. Eine Bilanz der Sozialpolitik in der Bundesrepublik Deutschland seit den frühen siebziger Jahren, in: Politische Vierteljahresschrift 27 (1986), S. 28-60, S. 42.

56 Dieter Sauer, Zukunft, S. 324.

57 Als Referenz: Hans Günter Hockerts (Hg.), Geschichte der Sozialpolitik in Deutschland seit 1945, Bd. 5: Bundesrepublik Deutschland 1966–1974. Eine Zeit vielfältigen Aufbruchs, Baden-Baden 2006; Martin H. Geyer (Hg.), Geschichte der Sozialpolitik in Deutschland seit 1945, Bd. 6: Bundesrepublik Deutschland 1974–1982. Neue Herausforderungen, wachsende Unsicherheiten, Baden-Baden 2008, S. 111-231; Manfred G. Schmidt (Hg.), Geschichte der Sozialpolitik in Deutschland seit 1945, Bd. 7: Bundesrepublik Deutschland 1982–1989: Finanzielle Konsolidierung und institutionelle Reform, Baden-Baden 2005.

58 Fritz W. Scharpf, Sozialdemokratische Krisenpolitik in Europa, Frankfurt a. M. 1987; Nico A. Siegel, Baustelle Sozialpolitik. Konsolidierung und Rückbau im internationalen Vergleich, Frankfurt a. M. 2002 und Paul Pierson, Coping with Permanent Austerity. Welfare State Restructuring in Affluent Democracies, in: ders. (Hg.), The New Politics of the Welfare State, Oxford u. a. 2001, S. 410-455.

Verteilungseffekten solcher Umsteuerungsversuche zu kurz.[59] Weiterführender scheint uns eine Untersuchungsperspektive, die nach den veränderten Logiken sozialpolitischer Intervention fragt. Gerade hier zeichnen sich seit Mitte der 1970er-Jahre tief greifende Wandlungen ab, etwa dort, wo der Hauptakzent sozialpolitischen Handelns nicht mehr auf die Identifikation neuer Problemlagen ausgerichtet ist, sondern auf die Bestandssicherung bereits bestehender Institutionen, oder dort, wo die sozialstaatliche Leitidee der Sicherheit vom Prinzip der Marktkompatibilität verdrängt wird und sich die Erwartungen des Sozialstaats an seine Klienten hin zu mehr Eigenverantwortung, Eigeninitiative und Flexibilität verändern.[60] Gleichwohl ist auch in einer solchen Perspektive die wohlfahrtsstaatliche Entwicklung eine abgeleitete Variable ökonomischer und politischer Faktoren. Dieser Blick lässt sich indes auch produktiv wenden, indem gefragt wird, wie wohlfahrtsstaatliche Institutionen ihre Umwelt prägen, etwa indem sie spezifische Formen von Arbeitsverhältnissen und Arbeitsmärkte eigenen Typs etablieren, wie dies seit einigen Jahren im Bereich der Altenpflege zu beobachten ist.[61]

Die Frage nach der sozialen Prägekraft der wohlfahrtsstaatlichen Arrangements ist im Kontext dieses Bandes auch deshalb weiterführend, weil die Arbeiterfrage traditionell als Leitproblem des deutschen Sozialstaats gilt.[62] Der Siegeszug des Wohlfahrtsstaats im Zeichen der Nachkriegsprosperität hat entscheidend zur Verwandlung des *Proleten* in den modernen Arbeitnehmer beigetragen. Dass Arbeitnehmer in ihrer Mehrheit nicht mehr den Unterschichten, sondern den Mittelschichten zugehören, ist auch das Ergebnis der sozialstaatlichen Formung der westdeutschen Nachkriegsgesellschaft. Diese Entwicklung beschreibt keine deutsche Besonderheit, wohl aber war sie in der Bundesrepublik besonders ausgeprägt, mit weitreichenden Folgen, nicht nur für die soziale Lage von Arbeitnehmern, sondern auch für ihre Mentalitäten und die politische Kultur. Die Expansion des Sozialstaats beendete die »grundlegende Verwundbarkeit«[63] von Lohnabhängigen auf dem Arbeitsmarkt, nahm dem Arbeitsverhältnis einen Teil seines Marktcharakters und milderte damit eine bewusstseinsbilden-

---

59 So etwa mit skandalisierendem Duktus: Christoph Butterwegge, Krise und Zukunft des Sozialstaates, Wiesbaden ²2005.
60 Franz-Xaver Kaufmann, Der Sozialstaat als Prozess. Für eine Sozialpolitik zweiter Ordnung, in: Franz Ruland u.a (Hg.), Verfassung, Theorie und Praxis des Sozialstaats. Festschrift für Hans F. Zacher zum 70. Geburtstag, Heidelberg 1998, S. 307-322; Stephan Lessenich, Die Neuerfindung des Sozialen. Der Sozialstaat im flexiblen Kapitalismus, Bielefeld 2008.
61 Vgl. hierzu das von Nicole Kramer bearbeitete DFG-Projekt »Alter, Pflege, Wohlfahrtsstaat«. Gesellschaftliche Herausforderung und sozialpolitische Bearbeitung in der Bundesrepublik Deutschland, Großbritannien und Italien, 1960–1990 [www.zzf-pdm.de/site/mid__3279/ModeID__0/EhPageID__746/702/default.aspx] (16.5.2011); aus soziologischer Perspektive anregend dazu: Berthold Vogel, Wohlstandskonflikte. Soziale Fragen, die aus der Mitte kommen, Hamburg 2009.
62 Franz-Xaver Kaufmann, Varianten des Wohlfahrtsstaates. Der deutsche Sozialstaat im internationalen Vergleich, Frankfurt a. M. 2003, S. 259.
63 Berthold Vogel, Sicher, S. 77; das folgende Zitat ebd.

de Spaltungslinie der Gesellschaft. Dadurch entstand ein »Dispositiv der Integration«, das die Grundspannung zwischen Kapital und Arbeit nachhaltig reduzierte.

Dieses Dispositiv wurde durch die Institutionen der Sozialversicherung entscheidend mitgeprägt. Sie etablierten ein System von Zugehörigkeit und Anerkennung, in dem Erwerbsarbeit und soziale Sicherung eng aufeinander bezogen sind, denn die Qualität des Sozialschutzes orientierte sich (und orientiert sich bis heute) an lohnbezogenen Beiträgen. Ungleichheiten des Arbeitsmarkts werden hier zwar abgemildert, aber gleichzeitig auch in die Sicherungssysteme zurückgetragen. In diesem System konstituierten Beiträge Rechtsansprüche, die den sozialen Status von Arbeitnehmern aufwerteten, indem sie mit den Sozialleistungsanwartschaften eine neue Form des (auch verfassungsrechtlich anerkannten) Eigentums entstehen ließen, die besonders den bisher eigentumsarmen Bevölkerungsgruppen zugutekam und so die Ungleichheitsstrukturen der westdeutschen Gesellschaft nachhaltig veränderten.[64]

Dabei ging es um weit mehr als nur eine monetäre Basissicherung gegen die typischen Arbeitnehmerrisiken Unfall, Krankheit und Einkommensverlust durch Arbeitslosigkeit und Alter. Die Sozialversicherung etablierte eine gesellschaftlich breit akzeptierte Gerechtigkeitsnorm, einen moralischen Zusammenhang von Arbeit und Sozialschutz, der die Leitvorstellung der Sicherung individuell am Arbeitsmarkt erworbener Wohlstandspositionen mit der Erwartung sozialstaatlich vermittelter Prosperitätsteilhabe für breite Bevölkerungsschichten verband. Was dies für die mentalen Prägungen von Arbeitnehmern bedeutete, ist noch weitgehend unerforscht und wäre durch die Dekonstruktion zeitgenössischer Umfrageforschungen im Einzelnen zu untersuchen.[65] Sicher scheint nur, dass solche mentalen Prägungen nicht in den einfachen Formeln einer »Bedürfnisdynamik« oder »Aspirationsexplosion« in der wohlfahrtsstaatlichen Expansionsperiode aufgehen.[66] Vielmehr ergeben sich hier Anknüpfungspunkte für eine Geschichte von Arbeitsverhältnissen und moderner Wohlfahrtsstaatlichkeit an eine Kultur- und Sozialgeschichte, die den Leitbezug der Sicherheit als spezifische Wertidee der Bonner Republik akzentuiert.[67] Man kann mit guten Grün-

---

64 Hans Günter Hockerts/Winfried Süß (Hg.), Soziale Ungleichheit im Sozialstaat. Großbritannien und die Bundesrepublik im Vergleich, München 2010; mit pointierter verfassungsrechtlicher Argumentation: Ulrike Davy, Soziale Gleichheit – ein Anliegen für Verfassungen? Zehn Thesen aus der Sicht der Rechtswissenschaft, in: Zeitschrift für Sozialreform 56 (2010), S. 295-318.
65 Als Problemaufriss Lutz Leisering, Der deutsche Nachkriegssozialstaat. Entfaltung und Krise eines zentristischen Sozialmodells, in: Hans-Peter Schwarz (Hg.), Die Bundesrepublik Deutschland. Eine Bilanz nach 60 Jahren, München 2008, S. 423-443, S. 435-436.
66 Helmut Klages, Überlasteter Staat – verdrossene Bürger? Zu den Dissonanzen der Wohlfahrtsgesellschaft, Frankfurt a. M. 1981, S. 26, S. 61.
67 Eckart Conze, Die Suche nach Sicherheit. Eine Geschichte der Bundesrepublik Deutschland von 1949 bis in die Gegenwart, München 2009; Winfried Süß, Die sozialdemokratische Sehnsucht nach Sicherheit. Ernst Schellenberg und die Sozialpolitik der Bonner Republik, in: Theresia Bauer u. a. (Hg.), Gesichter der Zeitgeschichte. Deutsche Lebensläufe im 20. Jahrhundert, München 2009, S. 309-328.

den argumentieren, dass die durch Sozialpolitik bewirkte Wohlstandsteilhabe entscheidend zur sozialen und politischen Integration der westdeutschen Nachkriegsgesellschaft beigetragen hat, und die demoskopischen Zeitreihen zeigen kontinuierliche Zustimmungswerte zum bundesdeutschen Sozialstaat, die deutlich über denen in anderen europäischen Demokratien liegen.[68]

Bis heute ist der deutsche Sozialstaat in vieler Hinsicht ein erwerbszentrierter Sozialstaat. Nicht zuletzt ihre enge Verflechtung mit dem System der sozialen Sicherung brachte die entlohnte Erwerbsarbeit in eine Schlüsselstellung als gesellschaftliche Strukturierungsinstanz. Die Positionierung im Arbeitsleben avancierte so zu einem entscheidenden Faktor, der über die Inklusion oder Exklusion der Einzelnen in das System der sozialen Rechte und Pflichten, über gesellschaftliche Zugehörigkeit, Randstellung und Außenseitertum entschied. Dies erzeugte ambivalente Strukturierungseffekte, die in einer nur auf Einkommen und Berufspositionen bezogenen Geschichte sozialer Ungleichheit nicht aufgehen.[69] Es ermöglichte einen im europäischen Vergleich starken Sozialschutz für Arbeitnehmer, brachte aber auch Spaltungen eigener Art hervor. Beschäftige in sogenannten »Normalarbeitsverhältnissen« sind vergleichsweise gut gesichert, Arbeitnehmer mit diskontinuierlichen Erwerbsbiografien oder Menschen in besonderen Lebenslagen hingegen schlechtergestellt.

Allerdings war diese Erwerbszentrierung insofern eingeschränkt, als dass sie sich primär am männlichen Arbeitnehmer orientierte. Arbeit war in der alten Bundesrepublik nicht geschlechtsneutral, sondern vor allem als männliche Erwerbsarbeit des *strong male breadwinner* konzipiert, an dem sich die Institutionen der Sozialversicherung und das Steuersystem orientierten. Sie privilegierten seinen Status als Hauptnährer der Familie und die Vollfamilie als Institution, während weibliche Erwerbsarbeit lediglich als Zuverdienst vorgesehen war und sozial- und steuerrechtlich schlechtergestellt blieb. Auch wenn diese Spaltungslinie im letzten Drittel des 20. Jahrhunderts merklich eingeebnet wurde, wirkt dieses Leitbild bis in die Gegenwart fort. Auch heute noch sieht das deutsche Sozialstaatsmodell für verheiratete Hausfrauen keine eigenständige soziale Sicherung vor; ihr Sozialschutz durch die Kranken- und Rentenversicherung war (und ist) abgeleitet von einem männlichen Ernährer. Während weibliche Erwerbsbiografien durch die Familienarbeit anspruchsmindernd geschmälert werden, erwachsen daraus nur bescheidene Sozialleistungsansprüche. Gleichzeitig wies der Sozialstaat den Frauen die Hauptlast unbezahlter familiärer Reproduktionsarbeit zu und entwickelte – anders als etwa in Skandinavien – bis in die 1990er-Jahre kaum Initiativen, um die Vereinbarkeit von Familie und Berufsarbeit durch öffentlich

---

68 Für die Frühphase der Bundesrepublik zeigt dies Hans Günter Hockerts, Integration der Gesellschaft: Gründungskrise und Sozialpolitik in der frühen Bundesrepublik, in: Zeitschrift für Sozialreform 32 (1986), S. 25-41; vgl. auch Edeltraud Roller, Einstellungen der Bürger zum Wohlfahrtsstaat der Bundesrepublik Deutschland, Opladen 1992.

69 Diese Perspektive etwa bei Hans-Ulrich Wehler, Deutsche Gesellschaftsgeschichte, Bd. 5: Bundesrepublik und DDR 1949–1990, München 2008, S. 108-234.

bereitgestellte soziale Dienste und Infrastrukturen zu erleichtern, sodass die Erwerbsbeteiligung von deutschen Frauen im europäischen Vergleich bis heute niedrig ist. Insofern war die Bundesrepublik zumindest bis zur Wiedervereinigung nur eine eingeschränkte Arbeitsgesellschaft.[70]

Fazit

Die Debatte um die Epoche »nach dem Boom« hat gerade erst begonnen, und noch fehlen empirisch gestützte, historisch argumentierende Arbeiten, mit denen die hier diskutierten Untersuchungsfelder ausgeleuchtet werden. Die Beiträge des Bandes haben das Potenzial verdeutlicht, das in einer Zeitgeschichte der Arbeit steckt und sie haben darauf verwiesen, an welchen Stellen der Bedarf für weitere Forschungen besonders groß ist. In dieser Perspektive kann eine Geschichte der Arbeitswelten im Umbruch dazu beitragen, Bewegungsrichtung und Geschwindigkeit des gesellschaftlichen Wandels im letzten Drittel des 20. Jahrhunderts zu vermessen sowie den Formwandel industrieller Produktions- und Machtverhältnisse zu analysieren. Das ist für eine Zeitgeschichte, die ihren Impuls aus den Problemen der Gegenwart gewinnt, in jeder Hinsicht ein lohnenswertes Projekt.

---

70 Leisering, Nachkriegssozialstaat, S. 425.

Anhang

Abkürzungen

ABM	Arbeitsbeschaffungsmaßnahme
ADGB	Allgemeiner Deutscher Gewerkschaftsbund
AFG	Arbeitsförderungsgesetz
APO	außerparlamentarische Opposition
ARPA-Net	Advanced Research Projects Agency Network
ASU	Arbeitsgemeinschaft Selbstständiger Unternehmer
BAT	Bundesangestelltentarif
BDA	Bundesvereinigung der deutschen Arbeitgeberverbände
BDI	Bundesverband der Deutschen Industrie
BEV	Bundeseisenbahnvermögen
BGJ	Berufsgrundbildungsjahr
BMTG	Bundesmanteltarifvertrag
BVJ	Berufsvorbereitungsjahr
CE	Comité d'Entreprise
CFDT	Confédération française démocratique du travail
CFTC	Confédération française des travailleurs chrétiens
CGB	Christlicher Gewerkschaftsbund
CGT	Confédération Generale du Travail
CHSCT	Comités d'Hygiène, de Sécurité et des Conditions de Travail
CME	Coordinated Market Economies
CPE	Contrat Première Embauche (dt.: Erstanstellungsvertrag)
DAG	Deutsche Angestellten-Gewerkschaft
DAX	Deutscher Aktienindex
DBB	Deutscher Beamtenbund
DFVLR	Deutsche Forschungs- und Versuchsanstalt für Luft- und Raumfahrt
DGB	Deutscher Gewerkschaftsbund
DIHT	Deutscher Industrie- und Handelskammertag
DMV	Deutscher Metallarbeiterverband
DP	Délégués du Personnel
DS	Délégués Syndicaux
DWS	Deutsche Gesellschaft für Wertpapiersparen
EBA	Eisenbahnbundesamt
ECDL	European Computer Driving Licence
ERP	European Recovery Program
EVU	Eisenbahnverkehrsunternehmen
FPTV	Fahrpersonaltarifvertrag
GDBA	Gewerkschaft Deutscher Bundesbahnbeamten und Anwärter
GdED	Gewerkschaft der Eisenbahner Deutschlands
GDL	Gewerkschaft Deutscher Lokführer
GG	Grundgesetz
HdA	Forschung zur Humanisierung des Arbeitslebens
HGB	Handelsgesetzbuch
IFRS	International Financial Reporting Standards
IG Drupa	Industriegewerkschaft Druck und Papier
IKT	Informations- und Kommunikationstechnologie
IRP	Institutions Représentative du Personnel
IT	Informationstechnik
ITK	Informationstechnologie und Telekommunikation
IWF	Internationaler Währungsfonds
KonTraG	Gesetz zur Kontrolle und Transparenz im Unternehmensbereich
KPF	Kommunistische Partei Frankreichs

LfTV	Lokführertarifvertrag
LKEM	Lohnkatalog Eisen und Metall
LME	Liberal Market Economies
MB	Marburger Bund
NAO	Négociations Annuelles Obligatoires
OECD	Organisation für wirtschaftliche Zusammenarbeit und Entwicklung
ÖPNV	Öffentlicher Personennahverkehr
PCF	Parti Communiste Français
REFA	Reichsausschusses für Arbeitszeitermittlung
SED	Sozialistische Einheitspartei Deutschlands
SGV	Schienengüterverkehr
SUD	Solidaires, unitaires, démocratiques
SVR	Sachverständigenrat
TVG	Tarifvertragsgesetz
TV-V	Tarifvertrag für Versorgungsbetriebe
UNSA	Union des syndicats autonomes
US-GAAP	United States Generally Accepted Accounting Principles
VC	Vereinigung Cockpit
VKA	Vereinigung kommunaler Arbeitgeberverbände
ZK	Zentralkomitee

Ausgewählte Literatur

A

Abelshauser, Werner, Strukturelle Arbeitslosigkeit: Eine Diagnose aus historischer Perspektive, in: Jahrbuch für Wirtschaftsgeschichte, 2009/2, S. 221-234.

Ders., Nach dem Wirtschaftswunder. Der Gewerkschafter, Politiker und Unternehmer Hans Matthöfer, Bonn 2009.

Ders., Die Wirtschaft des deutschen Kaiserreichs. Ein Treibhaus nachindustrieller Institutionen, in: Paul Windolf (Hg.), Finanzmarkt-Kapitalismus. Analysen zum Wandel von Produktionsregimen, Kölner Zeitschrift für Soziologie und Sozialpsychologie, Sonderheft 45 (2005), S. 172-194.

Ders., Deutsche Wirtschaftsgeschichte seit 1945, München 2004.

Ders., Kulturkampf. Der deutsche Weg in die Neue Wirtschaft und die amerikanische Herausforderung, Berlin 2003.

Ders., Markt und Staat: Deutsche Wirtschaftspolitik im »langen 20. Jahrhundert«, in: Reinhard Spree (Hg.), Geschichte der deutschen Wirtschaft im 20. Jahrhundert, München 2001, S. 117-140.

Ders., Die langen Fünfziger Jahre. Wirtschaft und Gesellschaft der Bundesrepublik Deutschland 1949–1966, Düsseldorf 1987.

Adam, Hermann, Die Konzertierte Aktion in der Bundesrepublik, (WSI-Studie zur Wirtschafts- und Sozialforschung 21), Köln 1972.

Adorno, Theodor W./Max Horkheimer, The Authoritarian Personality, New York 1950.

Alber, Jens, Der Wohlfahrtsstaat in der Wirtschaftskrise. Eine Bilanz der Sozialpolitik in der Bundesrepublik Deutschland seit den frühen siebziger Jahren, in: Politische Vierteljahrsschrift (1986) 27, S. 28-60.

Albers, Detlef/Werner Goldschmidt/Paul Oehlk, Klassenkämpfe in Westeuropa. England, Frankreich, Italien, Reinbek bei Hamburg 1971.

Albers, Willi, Einkommensverteilung II: Verteilungspolitik, in: Ders. et al. (Hg.), Handwörterbuch der Wirtschaftswissenschaft 2, Stuttgart 1977–1983, S. 285-315.

Albert, Hans, Marktsoziologie und Entscheidungslogik. Ökonomische Probleme in soziologischer Perspektive, Berlin 1967.

Albert, Mathias et al., Die Neue Weltwirtschaft. Entstofflichung und Entgrenzung der Ökonomie, Frankfurt a. M. 1999.

Albert, Michel, Kapitalismus contra Kapitalismus, Frankfurt a. M./New York 1992.

Allmendinger, Jutta/Kathrin Leuze/Jonna M. Blanck, 50 Jahre Geschlechtergerechtigkeit und Arbeitsmarkt, in: Aus Politik und Zeitgeschichte 24/25 (2008), S. 18-25.

Altmann, Georg, Aktive Arbeitsmarktpolitik. Entstehung und Wirkung eines Reformkonzeptes in der Bundesrepublik Deutschland, Stuttgart 2004.

Altmann, Jörn, Wirtschaftspolitik. Eine praxisorientierte Einführung, Stuttgart 1985.

Altvater, Elmar, Die Weltwährungskrise, Frankfurt a. M. 1969.

Amable, Bruno, The Diversity of Modern Capitalism, Oxford 2000.

Amadieu, Jean-Francois, Industrial Relations: Is France a Special Case? British Journal of Industrial Relations 33 (1995), S. 345-351.

Ambrosius, Gerold/Hartmut Kaelble, Einleitung: Gesellschaftliche und wirtschaftliche Folgen des Booms der 1950er und 1960er Jahre, in: Hartmut Kaelble (Hg.), Der Boom 1948–1973. Gesellschaftliche und wirtschaftliche Folgen in der Bundesrepublik Deutschland und in Europa, Opladen 1992, S. 7-32.

Ders., Staat und Wirtschaft im 20. Jahrhundert, München 1990.

Amossé, Thomas, Mythes et réalités de la syndicalisation en France, DARES, Premières Synthèse Informations, Octobre 2004, No. 44,2.

Andolfatto, Dominique/Dominique Labbé, Sociologie des syndicats, Paris 2000.

Ders., L'univers des élections professionnelles, Paris 1992.

Andresen, Knud, »Ausbildung ja – Bierholen nein«. Drei Formen des Lehrlingsprotestes 1969/70, in: Forschungsstelle für Zeitgeschichte Hamburg (Hg.), Zeitgeschichte in Hamburg, Hamburg 2009, S. 55-69.

Ders., Die bundesdeutsche Lehrlingsbewegung von 1968 bis 1972. Konturen eines vernachlässigten Phänomens, in: Peter Birke/Bernd Hüttner/Gottfried Oy (Hg.), Alte Linke – Neue Linke? Die sozialen Kämpfe der 1968er Jahre in der Diskussion, Berlin 2009, S. 87-102.

Andrew III, John A., Lyndon Johnson and the Great Society, Chicago 1998.

Angster, Julia, Konsenskapitalismus und Sozialdemokratie. Die Westernisierung von SPD und DGB, München 2003.

Anweiler, Oskar, Bildungspolitik, in: Hans Günter Hockerts (Hg.), Geschichte der Sozialpolitik in Deutschland seit 1945, Bd. 5: 1966–1974. Bundesrepublik Deutschland: Eine Zeit vielfältigen Aufbruchs, Baden-Baden 2006, S. 709-753.

Artus, Ingrid, Interessenhandeln jenseits der Norm. Mittelständische Betriebe und prekäre Dienstleistungsarbeit in Deutschland und Frankreich, Frankfurt a. M./New York 2008.

Dies., Testfeld Ost. Betriebliche Interessenvertretung in Ostdeutschland – Konsequenzen für den Westen, in: WSI-Mitteilungen 5 (2004), S. 271-276.

Dies., et al. (Hg.), Betriebe ohne Betriebsrat. Informelle Interessenvertretung in Unternehmen, Frankfurt a. M./New York 2001.

Dies., et al., Betriebliches Interessenhandeln, Bd. 2, Zur politischen Kultur der Austauschbeziehungen zwischen Management und Betriebsrat in der ostdeutschen Industrie, Opladen 2001.

Dies., Krise des deutschen Tarifsystems. Die Erosion des Flächentarifvertrags in Ost und West, Wiesbaden 2001.

Dies., Die Kooperation zwischen Betriebsräten und Gewerkschaften als neuralgischer Punkt des Tarifsystems. Eine exemplarische Analyse am Beispiel Ostdeutschlands, in: Industrielle Beziehungen 2 (2000), S. 250-272.

Aufgabe Zukunft: Qualität des Lebens. Beiträge zur vierten internationalen Arbeitstagung der Industriegewerkschaft Metall für die Bundesrepublik Deutschland 11. bis 14. April 1972 in Oberhausen. Bd. 1: Qualität des Lebens, Frankfurt a. M. 1972.

B

Bahnmüller, Reinhard/Werner Schmidt, Riskante Modernisierung des Tarifsystems. Die Reform des Entgeldrahmenabkommens am Beispiel der Metall- und Elektroindustrie Baden-Württembergs, Berlin 2009.

Baring, Arnulf, Machtwechsel. Die Ära Brandt–Scheel, Stuttgart 1982.

Baukrowitz, Andrea et al., Software als Arbeit gestalten, Opladen 1994.

Bauman, Zygmunt, Moderne und Ambivalenz. Das Ende der Eindeutigkeit, Frankfurt a. M. 1995.

Ders., Flüchtige Moderne, Frankfurt a. M. 2003.

Bayreuther, Werner, Tarifeinheit und Gewerkschaftspluralität. Die Lösung der Deutschen Bahn AG, in: Frank Maschmann (Hg.), Festschrift für Wolfgang Hromadka zum 70. Geburtstag, München 2008, S. 1-7.

Beaud, Stéphane/Michel Pialoux, Die verlorene Zukunft der Arbeiter. Die Peugeot-Werke von Sochaux-Montbéliard (1989), Konstanz 2004.

Beck, Stefan/Christoph Scherrer, Explaining the Dynamics of Red-Green Economic Reforms, in: Stefan Beck/Frank Klobes/Christoph Scherrer (Hg.), Surviving Globalization? Perspectives for the German Economic Model, Dordrecht 2005, S. 201-223.

Ders., Macht und Gegenmacht im globalen Zeitalter. Neue weltpolitische Ökonomie, Frankfurt a. M. 2002.

Ders., Politik in der Risikogesellschaft, Frankfurt a. M. 1991.

Beckett, Francis/David Hencke, Marching to the Fault Line. The Miners' Strike and the Battle for Industrial Britain, London 2009.

Bell, Daniel, The End of Ideology, New York 1965.

Bellebaum, Alfred, Soziologische Grundbegriffe, Stuttgart 1974.

Benad-Wagenhoff, Volker, Revolution vor der Revolution? – Buchdruck und industrielle Revolution, in: Siegfried Buchhaupt et al. (Hg.), Gibt es Revolutionen in der Geschichte der Technik?, Darmstadt 1999, S. 95-119.

Benda, Ernst, Sozialrechtliche Eigentumspositionen im Arbeitskampf. Ein Beitrag zur Diskussion um die Änderung des § 116 Arbeitsförderungsgesetz, Baden-Baden 1986.

Berger, Peter A./Stefan Hradil, (Hg.), Lebenslagen, Lebensläufe, Göttingen 1990.

Berggren, Christian, Von Ford zu Volvo. Automobilherstellung in Schweden, Berlin 1991.

Berghahn, Volker R./Sigurt Vitols (Hg.), Gibt es einen deutschen Kapitalismus? Tradition und globale Perspektiven der sozialen Marktwirtschaft, Frankfurt a. M./New York 2006.

Bergmann, Joachim/Rudi Schmidt (Hg.), Industrielle Beziehungen. Institutionalisierung und Praxis unter Krisenbedingungen, Opladen 1996.

Ders./Otto Jacobi/Walther Müller-Jentsch, Gewerkschaften in der Bundesrepublik, Bd. 1: Gewerkschaftliche Lohnpolitik zwischen Mitgliederinteressen und ökonomischen Systemzwängen, Frankfurt a. M. 1975 sowie 3., um ein neues Vorw. u. ein Register erg. Aufl. 1979.

Berle, Adolf A./Gardiner C. Means, The Modern Corporation and Private Property, New York 1968 [1932].

Berthold, Norbert/Rainer Hank, Bündnis für Arbeit: Korporatismus statt Wettbewerb, Tübingen 1999.

Berufsbildungsbericht 1980, Hg. vom Bundesminister für Bildung und Wissenschaft, Bonn 1980.

Ausgewählte Literatur

Bethge, Dieter, Arbeitsschutz, in: Hans Günter Hockerts (Hg.), Geschichte der Sozialpolitik in Deutschland seit 1945, Bd. 5: Bundesrepublik Deutschland 1966–1974. Eine Zeit vielfältigen Aufbruchs, Baden-Baden 2006, S. 277-330.
Beyer, Jürgen, Globalisierung und Entgrenzung. Die Auflösung der »Deutschland AG«, in: Rudolf Stichweh/Paul Windolf (Hg.), Inklusion und Exklusion: Analysen zur Sozialstruktur und sozialen Ungleichheit, Wiesbaden 2009, S. 303-321.
Ders., Pfadabhängigkeit. Über institutionelle Kontinuität, anfällige Stabilität und fundamentalen Wandel, Frankfurt a. M. 2006.
Ders., Deutschland AG a. D.: Deutsche Bank, Allianz und das Verflechtungszentrum des deutschen Kapitalismus, in: Wolfgang Streeck/Martin Höpner (Hg.), Alle Macht dem Markt? Fallstudien zur Abwicklung der Deutschland AG, Frankfurt a. M./New York 2003, S. 118-146.
Ders., Unkoordinierte Modellpflege am koordinierten deutschen Modell, in: Jürgen Beyer (Hg.), Vom Zukunfts- zum Auslaufmodell? Die Deutsche Wirtschaftsordnung im Wandel, Wiesbaden 2003, S. 7-35.
Beyme, Klaus von (Hg.), Die großen Regierungserklärungen der deutschen Bundeskanzler von Adenauer bis Schmidt, München 1979.
Ders., Der Neo-Korporatismus und die Politik des begrenzten Pluralismus in der Bundesrepublik, in: Jürgen Habermas (Hg.), Stichworte zur »Geistigen Situation der Zeit«. Bd. 1: Nation und Republik, Frankfurt a. M. 1979, S. 229-262.
Bierwirth, Waltraud/Manfred Vollmer, AufRuhr. Rheinhausen 1987–1997, Essen 2000.
Birke, Peter, Unruhen und »Territorialisierung«. Überlegungen zu den Arbeitskämpfen der 1968er Jahre, in: Ders./Bernd Hüttner/Gottfried Oy (Hg.), Alte Linke, Neue Linke. Die sozialen Kämpfe der 1968er Jahre in der Diskussion, Berlin 2009, S. 67-86.
Ders., Wilde Streiks im Wirtschaftswunder. Arbeitskämpfe, Gewerkschaften und soziale Bewegungen in der Bundesrepublik und Dänemark, Frankfurt a. M./New York 2008.
Ders., Der Eigen-Sinn der Arbeitskämpfe. Wilde Streiks und Gewerkschaften in der Bundesrepublik vor und nach 1969, in: Bernd Gehrke/Gerd-Rainer Horn (Hg.), 1968 und die Arbeiter. Studien zum »proletarischen Mai« in Europa, Hamburg 2007, S. 53-75.
Bispinck, Reinhard, 60 Jahre Tarifvertragsgesetz – Stationen der Tarifpolitik von 1949 bis 2009, in: Reinhard Bispinck/Thorsten Schulten (Hg.), Zukunft der Tarifautonomie. 60 Jahre Tarifvertragsgesetz – Bilanz und Ausblick, Hamburg 2010, S. 20-35.
Ders./Heiner Dribbusch, Tarifkonkurrenz der Gewerkschaften zwischen Unter- und Überbietung. Zu aktuellen Veränderungen in der Tarif- und Gewerkschaftslandschaft, in: Sozialer Fortschritt 6 (2008), S. 153-163.
Ders./Thorsten Schulten, Flächentarif und betriebliche Interessenvertretung, in: Walther Müller-Jentsch (Hg.), Konfliktpartnerschaft. Akteure und Institutionen in den industriellen Beziehungen, München/Mehring ³1999, S. 185-212.
Blanchflower, David G., Self-employment in OECD-countries, in: Labour Economics 7 (2000), S. 471-505.
Blanke, Thomas et al., Kollektives Arbeitsrecht. Quellentexte zur Geschichte des Arbeitsrechts in Deutschland, Bd. 2: 1933 bis 1974, Reinbek bei Hamburg 1975.
Blaug, Marc, Entrepreneurship in the History of Economic Thought, in: Peter J. Boettke/Ikeda Sanford (Hg.), Advances in Austrian Economics, Bd. 5, London 1998, S. 217-239.
Bleses, Peter, Wie die Leute den Wohlfahrtsstaat verändern, in: Jahrbuch Arbeit und Technik 1 (2001), S. 247-254.
Blien, Uwe, Arbeitslosigkeit als zentrale Dimension sozialer Ungleichheit, in: Aus Politik und Zeitgeschichte 40/41 (2008), S. 3-6.
Böhn, Andreas/Andres Seidler, Mediengeschichte, Tübingen 2008.
Bohntrup, Heinz-Josef/Ralf-Michael Marquardt/Werner Voß, Liberalisierung in der Elektrizitätswirtschaft. Zuspitzung der Verteilungskonflikte, in: WSI-Mitteilungen 4 (2008), S. 175-183.
Boll, Friedhelm, Streik und Aussperrung, in: Wolfgang Schroeder/Bernhard Weßels (Hg.), Die Gewerkschaften in Politik und Gesellschaft der Bundesrepublik Deutschland, Wiesbaden 2003.
Ders., Arbeitskämpfe und Gewerkschaften in Deutschland, England und Frankreich. Ihre Entwicklung vom 19. zum 20. Jahrhundert, Bonn 1992.
Boltanski, Luc/Ève Chiapello, Der neue Geist des Kapitalismus, Konstanz 1999.
Bolvary-Zahn, Wolf Dieter/Hans G. Lehner, Schadstoffe am Arbeitsplatz. Schutzrechte zur Schadstoffbeseitigung, Düsseldorf 1981.

Anhang

Bönig, Jürgen, Einführung von Fließarbeit in Deutschland bis 1933. Zur Geschichte einer Sozialinnovation, Bd. 1, Münster (Westf.)/Hamburg 1993.

Bonß, Wolfgang, Beschäftigt – Arbeitslos, in: Stephan Lessenich/Frank Nullmeier (Hg.), Deutschland – eine gespaltene Gesellschaft, Frankfurt a. M. u. a. 2006, S. 53-72.

Börsch, Alexander, Global Pressure, National System. How German Corporate Governance is Changing, Ithaca/London 2007.

Bosch, Aida et. al., Betriebliches Interessenhandeln. Bd. 1. Zur politischen Kultur der Austauschbeziehungen zwischen Management und Betriebsrat in der westdeutschen Industrie, Opladen 1999.

Botzem, Sebastian/Sigried Quack/Maria Konrad, Unternehmensbilanzierung und Corporate Governance – Die Bedeutung internationaler Rechnungslegungsstandards für die Unternehmenssteuerung in Deutschland, in: Manfred Weiß et al. (Hg.), Perspektiven der Corporate Governance. Bestimmungsfaktoren unternehmerischer Entscheidungsprozesse und Mitwirkung der Arbeitnehmer, Baden-Baden 2008, S. 358-384.

Bourdieu, Pierre, Sozialer Raum und »Klassen«. Leçon sur la leçon. Zwei Vorlesungen, Frankfurt a. M. 1985.

Ders., Die feinen Unterschiede. Kritik der gesellschaftlichen Urteilskraft, Frankfurt a. M. 1982.

Bouvier, Beatrix W., Zwischen Godesberg und Großer Koalition. Der Weg der SPD in die Regierungsverantwortung. Außen-, sicherheits- und deutschlandpolitische Umorientierung und gesellschaftliche Öffnung der SPD 1960–1966, Bonn 1990.

Brandt, Torsten/Thorsten Schulten, Auswirkungen von Privatisierung und Liberalisierung auf die Tarifpolitik in Deutschland. Ein vergleichender Überblick, in: Torsten Brandt et al. (Hg.), Europa im Ausverkauf. Liberalisierung und Privatisierung öffentlicher Dienstleistungen und ihre Folgen für die Tarifpolitik, Hamburg 2008, S. 68-91.

Brauchitsch, Isabelle von, Staatliche Zwangsschlichtung. Die Aushöhlung der Tarifautonomie in der Weimarer Republik, Frankfurt a. M. 1990.

Brautzsch, Hans-Ulrich, Zur Entwicklung des ostdeutschen Arbeitsmarktes im Aufschwung, in: WSI-Mitteilungen 9 (2008), S. 486-491.

Brenner, Otto, Gewerkschaftliche Tarifpolitik in den 1970er Jahren. Vortrag gehalten im Institut für Weltwirtschaft der Universität Kiel, in: Udo Achten, Flächentarifvertrag und betriebsnahe Tarifpolitik. Vom Anfang der Bundesrepublik bis in die 1990er Jahre, Hamburg 2007, S. 364-366.

Ders., Für eine bessere Welt. Aufsätze zur Gewerkschaftspolitik, Frankfurt a. M. 1970.

Bretschneider, Joachim, Lohnpolitik und Konzertierte Aktion: Der Standpunkt der Arbeitgeberverbände, in: Gewerkschaftliche Monatshefte 20 (1969), S. 329-337.

Brigl-Matthiaß, Kurt, Das Betriebsräteproblem, Berlin 1926.

Brinkmann, Ulrich et al., Strategic Unionism: Aus der Krise zur Erneuerung? Umrisse eines Forschungsprogramms, Wiesbaden 2008.

Brixy, Udo et al., Global Entrepreneurship Monitor. Unternehmensgründungen im weltweiten Vergleich. Länderbericht Deutschland 2008, Hannover/Nürnberg 2009.

Brock, Ditmar, Der Forschungsbeitrag des Deutschen Jugendinstituts zum Sonderforschungsbereich 101. Theoretische Grundlagen sozialwissenschaftlicher Berufs- und Arbeitskräfteforschung, in: Ditmar Brock et al. (Hg.), Subjektivität im gesellschaftlichen Wandel. Umbrüche im beruflichen Sozialisationsprozess, Weinheim/München 1991, S. 319-327.

Ders., Übergangsforschung, in: ders. et al. (Hg.), Übergänge in den Beruf. Zwischenbilanz der Forschung, Weinheim/München 1991, S. 9-26.

Bröckling, Ulrich, Das unternehmerische Selbst. Soziologie einer Subjektivierungsform, Frankfurt a. M. 2007.

Brockmann, Jörg/Gerhard Kubetschek, Unternehmer aus Leidenschaft, Braunschweig 2005.

Brumlop, Eva/Wolf Rosenbaum, »Humanisierung der Arbeitsbedingungen« durch gewerkschaftliche Tarifpolitik, in: Joachim Bergmann (Hg.), Beiträge zur Soziologie der Gewerkschaften, Frankfurt a. M. 1979, S. 264-297.

Bude, Heinz, Die Ausgeschlossenen. Das Ende vom Traum einer gerechten Gesellschaft, München 2008.

Buchheim, Christoph, Von altem Geld zu neuem Geld. Währungsreformen im 20. Jahrhundert, in: Reinhard Spree (Hg.), Geschichte der deutschen Wirtschaft im 20. Jahrhundert, München 2001, S. 141-156.

Buckingham, Walter, Automation und Gesellschaft. Frankfurt a. M. 1961.

Bührer, Werner, Technologischer Wandel, Industrie- und Beschäftigungsstruktur in der Bundesrepublik Deutschland, in: Archiv für Sozialgeschichte 35 (1995), S. 91-113.

Bundesanstalt für Arbeit (Hg.), Arbeitsmarktreport für Frauen, Nürnberg 1994.

Ausgewählte Literatur

Bundesmann-Jansen, Jörg/Joke Frerichs, Betriebspolitik und Organisationswandel. Neuansätze gewerkschaftlicher Politik zwischen Delegation und Partizipation, Münster (Westf.) 1995.
Bundesminister für Arbeit und Sozialordnung (Hg.), Sozialbericht 1971, Stuttgart 1971.
Ders., Statistisches Taschenbuch 1950 bis 1990. Arbeits- und Sozialstatistik, Bonn 1992.
Bundesminister für Technologie und Forschung (Hg.), Schriftenreihe »Humanisierung des Arbeitslebens«, Düsseldorf/Frankfurt a. M./New York 1981 ff.
Bundessekretariat der Jungsozialisten (Hg.), Programme der deutschen Sozialdemokratie 1863–1963, Hannover 1963.
Bundesvereinigung der Deutschen Arbeitgeberverbände (Hg.), Mit Wachstum gegen Arbeitslosigkeit. Strategie zur Rückgewinnung eines hohen Beschäftigungsstandes, Köln 1977.
Bundesvorstand des Deutschen Gewerkschaftsbundes (Hg.), Geschäftsbericht des Bundesvorstandes des Deutschen Gewerkschaftsbundes 1965 bis 1968, Bochum o. J.
Burkhardt, Richard, Ein Kampf ums Menschenrecht, Stuttgart 1974.
Butterwegge, Christoph, Krise und Zukunft des Sozialstaates, Wiesbaden ²2005.

C

Caldwell, Bruce, Hayek's Challenge. An Intellectual Biography of F. A. Hayek, Chicago/London 2004.
Carstens, Karl, Plädoyer für die Selbständigkeit, in: Junge Wirtschaft 6 (1980), S. 7.
Castells, Manuel, Der Aufstieg der Netzwerkgesellschaft. Teil 1 der Trilogie: Das Informationszeitalter, Opladen 2001.
Ders., Die Internet-Galaxie. Internet, Wirtschaft und Gesellschaft, Wiesbaden 2005.
Coates, David, Models of Capitalism. Growth and Stagnation in the Modern Era, Cambridge 2000.
Conrad, Sebastian, Work, Max Weber, Confucianism: The Confucian Ethic and the Spirit of Japanese Capitalism, in: Jürgen Kocka (Hg.), Work in A Modern Society, The German Historical Experience in Comparative Perspective, New York/Oxford 2010, S. 153-168.
Ders., Globalisierung und Nation im Deutschen Kaiserreich, München 2006.
Conze, Eckart, Die Suche nach Sicherheit. Eine Geschichte der Bundesrepublik Deutschland von 1949 bis in die Gegenwart, München 2009.
Conze, Werner/Jürgen Kocka, Einleitung, in: dies. (Hg.), Bildungsbürgertum im 19. Jahrhundert. Stuttgart 1985, S. 9-26.
Crouch, Colin/Wolfgang Streeck (Hg.), Political Economy of Modern Capitalism. Mapping Convergence and Diversity, London 1997.

D

Dahrendorf, Ralf, Die Chancen der Krise. Über die Zukunft des Liberalismus, Stuttgart 1983.
Ders. (Hg.), Trendwende. Europas Wirtschaft in der Krise, München 1981.
Ders., Im Entschwinden der Arbeitsgesellschaft, in: Merkur 34, 1980.
Däubler-Gmelin, Herta, Frauenarbeitslosigkeit oder Reserve zurück an den Herd!, Reinbek bei Hamburg 1977.
Davy, Ulrike, Soziale Gleichheit – ein Anliegen für Verfassungen? Zehn Thesen aus der Sicht der Rechtswissenschaft, in: Zeitschrift für Sozialreform 56, 2010, S. 295-318.
Defalvard, Hervé/Martine Lurol/Evelyne Polzhuber, La loi Fillon sur le dialogue social: révolution du droit en attente des pratiques?, in: Relations au travail, relations de travail, Xieme Journées internationales de sociologie du travail, Rouen, 24./25. November 2005, Vol. 1, S. 431-446.
Defraigne, Pierre, Globalisation. The European Social Model and International Regulation, in: Jürgen Hoffmann (Hg.), The Solidarity Dilemma. Globalisation, Europeanisation and the Trade Unions, Brüssel 2002, S. 7-27.
Dera, Klaus (Hg.), Handlungsorientierte Bildungsarbeit. Qualifizierung von Industriearbeitern zur Anwendung arbeitswissenschaftlicher Erkenntnisse, Frankfurt a. M. 1983.
Deutscher Bildungsrat, Empfehlungen der Bildungskommission. Zur Verbesserung der Lehrlingsausbildung, verabschiedet auf der 19. Sitzung der Bildungskommission am 30./31.1.1969, Bonn.
Deutscher Gewerkschaftsbund (Hg.), »Da haben wir uns alle schrecklich geirrt …«. Die Geschichte der gewerkschaftlichen Frauenarbeit im Deutschen Gewerkschaftsbund von 1945 bis 1960, Pfaffenweiler 1993.
Deutschmann, Christoph, Finanzmarkt-Kapitalismus und Wachstumskrise, in: Paul Windolf (Hg.), Finanzmarkt-Kapitalismus. Analysen zum Wandel von Produktionsregimen, Wiesbaden 2005, S. 58-85.
Ditt, Karl, Rationalisierung im Einzelhandel: Die Einführung und Entwicklung der Selbstbedienung in der Bundesrepublik Deutschland, in: Michael Prinz (Hg.), Der lange Weg in den Überfluss. Anfänge und Entwicklung der Konsumgesellschaft seit der Vormoderne, Paderborn/München 2003, S. 315-356.

Dixon, Keith, Die Evangelisten des Marktes. Die britischen Intellektuellen und der Thatcherismus, Konstanz 2000.
Doering-Manteuffel, Anselm/Lutz Raphael, Nach dem Boom. Perspektiven auf die Zeitgeschichte nach 1970, Göttingen 2008 (²2010).
Ders., Wie westlich sind die Deutschen? Amerikanisierung und Westernisierung im 20. Jahrhundert, Göttingen 1999.
Dörre, Klaus/Bernd Röttger, Im Schatten der Globalisierung. Strukturpolitik, Netzwerke und Gewerkschaften in altindustriellen Regionen, Wiesbaden 2006.
Ders./Paul Schäfer, In den Straßen steigt das Fieber. Jugend in der Bundesrepublik, Köln 1982.
Dorscht, Axel, Concerted Action. Labour's Corporatist Strategy in the Federal Republic of Germany, 1967–1977, Ottawa 1988.
Dreschers, Martin, Die Entwicklung des Rechts des Tarifvertrags in Deutschland. Eine rechtshistorische Untersuchung über den Verlauf der Durchsetzung des Kollektivvertragsgedankens, Frankfurt a. M. 1994.
Dreyfus, Michel, Histoire de la C.G.T. Cent ans de syndicalisme en France, Bruxelles 1995.
Dribbusch, Heiner, Streiks in Deutschland – Rahmenbedingungen und Entwicklung ab 1990, in: WSI-Tarifhandbuch 2008, Frankfurt a. M. 2008, S. 55-85.
Dufour, Christian et al., Le mandatement en question, in: Travail et Emploi, No. 82, avril 2000, S. 25-36.
Duvigneau, Gerhard, Untersuchungen zur Verbreitung der Fließarbeit in der deutschen Industrie, Breslau 1932.

E

Ebbinghaus, Bernhard, Die Mitgliederentwicklung deutscher Gewerkschaften im historischen und internationalen Vergleich, in: Wolfgang Schroeder/Bernhard Wessels (Hg.), Die Gewerkschaften in Politik und Gesellschaft der Bundesrepublik Deutschland. Ein Handbuch, Wiesbaden 2003, S. 174-203.
Edeling, Thomas et al., Öffentliche Unternehmen. Entstaatlichung und Privatisierung?, Opladen 2001.
Edwards, Paul K./Richard Hyman, Strikes and Industrial Conflict? Peace in Europe, in: Richard Hyman/Anthony Ferner (Hg.), New Frontiers in European Industrial Relations, Oxford 1994, S. 250-280.
Ehlscheid, Christoph/Hans-Jürgen Urban, Ein Schritt auf dem Weg aus der Defensive? Die Tarifrunde 2007 in der Metall- und Elektroindustrie, in: WSI-Mitteilungen 7 (2007), S. 398-403.
Ehmer, Josef/Helga Grebing/Peter Gutschner, Einige Überlegungen zu globalen Aspekten einer globalen Geschichte der Arbeit, in: dies.(Hg.), »Arbeit«: Geschichte – Gegenwart – Zukunft, Leipzig 2002, S. 9-18.
Ehrenberg, Herbert, Lohnpolitik und Konzertierte Aktion, in: Gewerkschaftliche Monatshefte 20 (1969), S. 329-337.
Ehrke, Michael/Karl-Heinz Müller, Begründung, Entwicklung und Umsetzung des neuen IT-Weiterbildungssystems, in: BMBF (Hg.), IT-Weiterbildung mit System, Bonn 2002, S. 7-18.
Eichener, Volker, Chancen und Risiken anthropozentrischer Produktionssysteme als Herausforderung an ihre Gestaltung, in: Stephan von Bandemer/Volker Eichener/Josef Hilbert (Hg.), Anthropozentrische Produktionssysteme. Die Neuorganisation der Fabrik zwischen »Lean Produktion« und »Sozialverträglichkeit«, Opladen 1993, S. 49-84.
Elis, Volker, Von Amerika nach Japan – und zurück. Die historischen Wurzeln und Transformationen des Toyotismus, in: Zeithistorische Forschungen 2 (2009), S. 255-276.
Elz, Wolfgang/Andreas Roedder, (Hg.), Alte Werte, neue Werte. Schlaglichter des Wertewandels, Göttingen 2008.
Englberger, Josef, Tarifautonomie im Deutschen Reich. Entwicklung des Tarifvertragswesens in Deutschland von 1870/71 bis 1945, Berlin 1995.
Eppler, Erhard, Von der Machbarkeit des Notwendigen, München 1976.
Ders., Maßstäbe für eine humane Gesellschaft: Lebensstandard oder Lebensqualität?, Stuttgart 1974.
Erd, Rainer, Verrechtlichung industrieller Konflikte. Normative Rahmenbedingungen des dualen Systems der Interessenvertretung, Frankfurt a. M. 1978.
Erfahrungen mit Fließarbeit. Auswertung der 1926/27 erschienenen Veröffentlichungen über Fließarbeit, hg. vom Ausschuß für Fließarbeit beim AWF, Teil I und II, Berlin 1928.
Erhard, Ludwig, Regierungserklärung 18. Oktober 1963, in: Regierungserklärungen 1949–1973, zusammengestellt von Peter Pulte, Berlin 1973.
Ders., Regierungserklärung vor dem Deutschen Bundestag am 10. November 1965, Bonn 1965.
Ernst, Dieter, Der innerparteiliche Kanzlersturz, München 1996.
Eskamp, Heinz, Fortbildungsinteresse und Zukunftserwartungen der Lehrlinge, Bd. 4 der Hamburger Lehrlingsstudie, München 1974.
Esping-Anderson, Gøsta, Three Worlds of Welfare Capitalism, Cambridge 1990.
Esser, Josef, Gewerkschaften in der Krise, Frankfurt a. M. 1982.

Ausgewählte Literatur

Etzemüller, Thomas, 1968 – Ein Riss in der Geschichte? Gesellschaftlicher Umbruch und 68er Bewegung in Westdeutschland und Schweden, Konstanz 2005.
Eyraud, François/Robert Tchobanian, The Auroux Reforms and Company Level Industrial Relations in France, in: British Journal of Industrial Relations 2 (1985), S. 241-259.

F

Faulenbach, Bernd, Die Siebzigerjahre – ein sozialdemokratisches Jahrzehnt?, in: Archiv für Sozialgeschichte 44 (2004), S. 1-37.
Fehmel, Thilo, Konflikte um den Konfliktrahmen. Die Steuerung der Tarifautonomie, Wiesbaden 2010.
Ders., Staatshandeln zwischen betrieblicher Beschäftigungssicherung und Tarifautonomie. Die adaptive Transformation der industriellen Beziehungen durch den Staat, Leipzig 2006, Arbeitsbericht Nr. 42 des Instituts für Soziologie.
Feldman, Gerald D., German Business between War and Revolution: The Origins of the Stinnes-Legien Agreement, in: Gerhard A. Ritter (Hg.); Entstehung und Wandel der modernen Gesellschaft, Berlin 1970, S. 312-341.
Ferchhoff, Wilfried/Thomas Olk, Strukturwandel der Jugend in internationaler Perspektive, in: dies. (Hg.), Jugend im internationalen Vergleich. Sozialhistorische und sozialkulturelle Perspektiven, Weinheim/München 1988, S. 9-30.
Fertsch-Röver, Dieter/Heribert Juchem, Der hässliche Unternehmer. Eine kritische und selbstkritische Betrachtung, Köln 1972.
Flora, Peter, Krisenbewältigung oder Krisenerzeugung? Der Wohlfahrtsstaat in historischer Perspektive, in: Joachim Matthes (Hg.), Sozialer Wandel in Westeuropa. Verhandlungen des 19. Deutschen Soziologentages, Frankfurt a. M./New York 1979, S. 82-136.
Florio, Massimo, The Great Divestiture. Evaluating the Welfare Impact of the British Privatizations 1979–1997, Cambridge (MA) 2004.
Fohlin, Caroline, The Rise of Interlocking Directorates in Imperial Germany, in: Economic History Review 2 (1999), S. 307-333.
Ford, Henry, Erfolg im Leben. Mein Leben und Werk, München 1954.
Foucault, Michel, Geschichte der Gouvernementalität II. Die Geburt der Biopolitik. Vorlesungen am Collège de France 1978–1979, Frankfurt a. M. 2004.
Fourastié, Jean, Die große Hoffnung des zwanzigsten Jahrhunderts, Köln 1954.
Ders., Les Trente Glorieuses (ou la révolution invisible de 1946 à 1975), Paris 1979 (^{3}2003).
Fraenkel, Ernst, Deutschland und die westlichen Demokratien, Stuttgart 1964.
Frank-Bösch, Birgit, Verdienstabstand zwischen Männern und Frauen. Eine Untersuchung mit Hilfe laufender Verdiensterhebungen 2001, in: Wirtschaft und Statistik 5 (2002), S. 395-409.
Franks, Julian/Colin Mayer, Ownership and Control, in: Heinz Siebert (Hg.), Trends in Business Organization: do Participation and Cooperation increase Competitiveness? Tübingen 1995, S. 171-195.
Frevert, Ute, Frauen-Geschichte. Zwischen Bürgerlicher Verbesserung und Neuer Weiblichkeit, Frankfurt a. M. 1986.
Freyberg, Thomas von, Industrielle Rationalisierung in der Weimarer Republik. Untersucht an Beispielen aus dem Maschinenbau und der Elektroindustrie, Frankfurt a. M./New York 1989.
Freye, Saskia, Führungswechsel in der Deutschland AG: Die Wirtschaftselite im Wandel, 1960–2005, Frankfurt a. M. 2009.
Fricke, Werner, Drei Jahrzehnte Forschung und Praxis zur Humanisierung der Arbeit in Deutschland – Eine Bilanz, in: Wolfgang G. Weber/Pier-Paolo Pasqualoni/Christian Burtscher (Hg.), Wirtschaft, Demokratie und soziale Verantwortung. Kontinuitäten und Brüche, Göttingen 2004, S. 144-168.
Friderichs, Hans, Mut zum Markt. Wirtschaftspolitik ohne Illusionen, Stuttgart 1975.
Ders., Rede anlässlich der Eröffnung der Deutschen Industrieausstellung Berlin am 18. September 1976 in Berlin, in: Reden zur Wirtschaftspolitik. Bd. 6, hg. vom Bundesministerium für Wirtschaft, Bonn 1977, S. 67-75.
Friedewald, Michael, Der Computer als Werkzeug und Medium: Die geistigen und technischen Wurzeln des Personal-Computers. Berlin 1999.
Friedrichs, Günter (Redaktion), Aufgabe Zukunft: Qualität des Lebens. Vierte Internationale Arbeitstagung der Industriegewerkschaft Metall für die Bundesrepublik Deutschland. 11. bis 14. April 1972 in Oberhausen, 10 Bde., Frankfurt a. M. 1973.
Fürstenberg, Friedrich, Der Betriebsrat – Strukturanalyse einer Grenzinstitution, in: Kölner Zeitschrift für Soziologie und Sozialpsychologie 10 (1958), S. 418-429.

G

Gäfgen, Gérard, Theorie der wirtschaftlichen Entscheidung. Untersuchung zur Logik und ökonomischen Bedeutung des rationalen Handelns, Tübingen 1963.

Galbraith, John Kenneth, The Affluent Society, London 1958.

Gamble, Andrew, Hayek. The Iron Cage of Liberty, Cambridge (MA) 1996.

Gass-Bolm, Torsten, Das Gymnasium 1945–1980. Bildungsreform und gesellschaftlicher Wandel in Westdeutschland, Göttingen 2005.

Gassert, Philipp, Amerika im Dritten Reich. Ideologie, Propaganda und Volksmeinung, Stuttgart 1997.

Gehlen, Arnold, Die Seele im technischen Zeitalter und andere sozialpsychologische, soziologische und kulturanalytische Schriften, Frankfurt a. M. 2004.

Ders., Urmensch und Spätkultur. Philosophische Ergebnisse und Aussagen, Bonn 1956.

Geiger, Theodor, Zur Soziologie der Industriearbeit und des Betriebes, in: Die Arbeit 11 (1929), S. 673-689.

Geiling, Heiko (Hg.), Die Krise der SPD. Autoritäre oder partizipatorische Demokratie, Münster (Westf.) 2009.

Ders./Stephan Meise/Dennis Eversberg, Gewerkschaft und soziale Milieus. Eine vergleichende Studie über gewerkschaftliche Nähe- und Distanzbeziehungen in drei Regionen. Forschungsbericht, Hannover 2008.

Geissler, Birgit, »Der flexibilisierte Mensch«: Eine These auf dem Prüfstand, in: Caritas Schweiz (Hg.), Sozialalmanach 2002: Der Flexibilisierte Mensch, Luzern 2002, S. 57-71.

Geißler, Rainer, Die Sozialstruktur Deutschlands. Ein Studienbuch zur gesellschaftlichen Entwicklung im geteilten und vereinten Deutschland, Bonn 1992.

Gensior, Sabine, Teilzeitarbeit und frauenspezifischer Arbeitsmarkt, in: Ute Gerhard/Jutta Limbach (Hg.), Rechtsalltag von Frauen, Frankfurt a. M. 1988, S. 61-75.

Georg, Walter/Andreas Kunze, Sozialgeschichte der Berufserziehung: Eine Einführung, München 1980.

Geppert, Dominik, Thatchers konservative Revolution. Der Richtungswandel der britischen Tories 1975–1979, Berlin 2000.

Gergs, Hans-Joachim/Rudi Schmidt, Generationswechsel im Management ost- und westdeutscher Unternehmen. Kommt es zu einer Amerikanisierung des deutschen Managements?, in: Kölner Zeitschrift für Soziologie und Sozialpsychologie 3 (2002), S. 553-578.

Gerhard, Ute, Mütter zwischen Individualisierung und Institution: Kulturelle Leitbilder in der Wohlfahrtspolitik, in: Ute Gerhard/Trudie Knijn/Anja Weckert (Hg.), Erwerbstätige Mütter. Ein europäischer Vergleich, München 2003, S. 53-84.

Dies., Die staatlich institutionalisierte »Lösung« der Frauenfrage. Zur Geschichte der Geschlechterverhältnisse in der DDR, in: Hartmut Kaelble/Jürgen Kocka/Hartmut Zwahr (Hg.), Sozialgeschichte der DDR, Stuttgart 1994, S. 383-403.

Gerschenkron, Alexander, Wirtschaftliche Rückständigkeit in Historischer Perspektive, in: Hans-Ulrich Wehler (Hg.), Geschichte und Ökonomie, Köln 1973, S. 121-139.

Ders., Economic Backwardness in Historical Perspective, Cambridge (MA) 1962.

Geschäftsberichte der IG Metall [1971–1973], hg. vom Vorstand der IG Metall für die Bundesrepublik Deutschland, 1971–73.

Geschäftsberichte der IG Metall [1986–1988], hg. vom Vorstand der IG Metall für die Bundesrepublik Deutschland, 1986–1988.

Geschichte der Sozialpolitik in Deutschland seit 1945, hg. vom Bundesministerium für Arbeit und Soziales und Bundesarchiv, Baden-Baden 2002.

Gewerkschaft Deutscher Lokomotivführer (GDL), Erfolg und Zukunft. 125 Jahre GDL. Geschichte der Gewerkschaft Deutscher Lokomotivführer und Anwärter 1867–1992, Düsseldorf 1992.

Geyer, Martin H. (Hg.), Geschichte der Sozialpolitik in Deutschland seit 1945. Bd. 6: Bundesrepublik Deutschland 1974–1982. Neue Herausforderungen, wachsende Unsicherheiten, Baden-Baden 2008.

Ders., Gesamtbetrachtung: Die Logik sozialpolitischer Reformen, in: Geyer, Martin H. (Hg.), Geschichte der Sozialpolitik in Deutschland seit 1945. Bd. 6: Bundesrepublik Deutschland 1974–1982. Neue Herausforderungen, wachsende Unsicherheiten, Baden-Baden 2008, S. 886-916.

Ders., Die Gegenwart der Vergangenheit. Die Sozialstaatsdebatten der 1970er Jahre und die umstrittenen Entwürfe der Moderne, in: Anja Kruke/Friedhelm Boll (Hg.), Der Sozialstaat in der Krise. Deutschland im internationalen Vergleich, Bonn 2008, S. 47-94.

Giersch, Herbert/Karl-Heinz Paqué/Holger Schmieding, The fading miracle. Four decades of market economy in Germany (Cambridge surveys in economic policies and institutions), Cambridge 1993.

Gilcher-Holtey, Ingrid (Hg.), 1968. Vom Ereignis zum Mythos, Frankfurt a. M. 2008.
Dies., Ingrid, 1968 in Deutschland und Frankreich: ein Vergleich, in: Etienne François et al. (Hg.), 1968 – ein europäisches Jahr?, Leipzig 1997, S. 67-77.
Glaum, Martin, Bridging the GAAP: the Changing Attitude of German Managers towards Anglo-American Accounting and Accounting Harmonization, in: Journal of International Financial Management and Accounting 1 (2000), S. 23-47.
Goetschy, Janine, France: The Limits of Reform, in: Anthony Ferner/Richard Hyman (Hg.), Changing industrial relations in Europe, Oxford 1998, S. 257-394.
Gorr, Holger, Gesellschaftliche Reform und Krisenbewältigung, in: Jürgen Peters (Hg.), In freier Verhandlung. Dokumente zur Tarifpolitik der IG Metall 1945 bis 2002, Göttingen 2003, S. 295-474.
Granel, Michael (Hg.): Gruppenarbeit in der Motorenmontage. Ein Vergleich von Arbeitsstrukturen, Frankfurt a. M. 1980.
Granovetter Mark S., Economic Action and Social Structure. The Problem of Embeddedness, in: American Journal of Sociology 3 (1985).
Greinert, Wolf Dietrich, Geschichte der Berufsausbildung in Deutschland, in: Arnold, Rolf/Lipsmeier, Antonius (Hg.), Handbuch der Berufsbildung, Wiesbaden ²2006, S. 499-508.
Gründungsprotokoll der GDL, in: Flügelrad [Mitgliederzeitschrift der GDL-Ost], Februar 1990 (Gründungsausgabe).
Grunwald, Armin/Jürgen Kopfmüller, Nachhaltigkeit, Frankfurt a. M. 2006.

H

Habermas, Jürgen, Drei normative Modelle der Demokratie: Zum Begriff deliberativer Demokratie, in: Herfried Münkler (Hg.), Die Chancen der Freiheit. Grundprobleme der Demokratie, München/Zürich 1992, S. 11-24.
Ders., Theorie und Praxis. Sozialphilosophische Studien, Neuwied am Rhein/Berlin 1963.
Hachtmann, Rüdiger/Adelheid von Saldern, »Gesellschaft am Fließband«. Fordistische Produktion und Herrschaftspraxis in Deutschland, in: Zeithistorische Forschungen 6 (2009).
Ders., Fordismus und Sklavenarbeit. Thesen zur betrieblichen Rationalisierungsbewegung 1941 bis 1944, in: ZZF-Bulletin 43/44 (2008), S. 21-34.
Ders., Tourismusgeschichte, Göttingen 2007.
Ders., Rationalisierung und Industriearbeiterschaft 1900 bis 1945. Bemerkungen zum Forschungsstand, in: Jahrbuch für Wirtschaftsgeschichte (1996) I, S. 211-258.
Ders., »Die Begründer der amerikanischen Technik sind fast lauter schwäbisch-allemannische Menschen«: Nazi-Deutschland, der Blick auf die USA und die »Amerikanisierung« der industriellen Produktionsstrukturen im »Dritten Reich«, in: Alf Lüdtke/Inge Marßolek/Adelheid von Saldern (Hg.), Amerikanisierung. Traum und Alptraum im Deutschland des 20. Jahrhunderts, Stuttgart 1996, S. 37-66.
Ders., Industriearbeit im »Dritten Reich«. Untersuchungen zu den Lohn- und Arbeitsbedingungen 1933 bis 1945, Göttingen 1989.
Hacke, Jens, Der Staat in Gefahr. Die Bundesrepublik der 1970er Jahre zwischen Legitimationskrise und Unregierbarkeit, in: Dominik Geppert/Jens Hacke (Hg.), Streit um den Staat. Intellektuelle Debatten in der Bundesrepublik 1960–1980, Göttingen 2008, S. 188-206.
Hagemann, Karen, Die Ganztagsschule als Politikum. Die bundesdeutsche Entwicklung in gesellschafts- und geschlechtergeschichtlicher Perspektive, in: Zeitschrift für Pädagogik 54 (2009), S. 209-229.
Haipeter, Thomas, Tarifregulierung zwischen Fläche und Betrieb. Koordinierung und Praxis in der Chemie- und in der Metallindustrie, in: WSI-Mitteilungen 4 (2009), S. 185-192.
Hälker, Juri, Betriebsräte in Rollenkonflikten. Betriebspolitisches Denken zwischen Co-Management und Gegenmacht, München/Mering ²2005.
Hall, Peter A./David Soskice (Hg.), Varieties of Capitalism. The Institutional Foundations of Comparative Advantage, New York 2001.
Dies., An Introduction to Varieties of Capitalism, in: Peter A. Hall/David Soskice (Hg.), Varieties of Capitalism. The Institutional Foundations of Comparative Advantage, Oxford 2001, S. 1-68.
Hall, Peter A./Rosemary C. R. Taylor, Political Science and the Three New Institutionalisms, in: Political Studies 4 (1996), S. 936-957.

Hartmann, Michael/Johannes Kopp, Elitenselektion durch Bildung oder durch Herkunft? Promotion, soziale Herkunft und der Zugang zu Führungspositionen in der deutschen Wirtschaft, in: Kölner Zeitschrift für Soziologie und Sozialpsychologie 3 (2001), S. 436-466.

Hattinger Kreis, Wege aus der Rekrutierungsfalle. Zur Zukunftsdebatte der IG Metall, in: Gewerkschaftliche Monatshefte 9 (2002), S. 518-524.

Hausen Karin, Arbeit und Geschlecht, in: Jürgen Kocka/Jürgen Offe (Hg.), Geschichte und Zukunft der Arbeit, Frankfurt a. M. 2000, S. 343-361.

Dies., Frauenerwerbstätigkeit und erwerbstätige Frauen. Anmerkungen zur historischen Forschung, in: Gunilla-Friederike Budde, (Hg.), Frauen arbeiten. Weibliche Erwerbstätigkeit in Ost- und Westdeutschland, Göttingen 1997, S. 19-45.

Haußer, Christian, Amerikanisierung der Arbeit? Deutsche Wirtschaftsführer und Gewerkschaften im Streit um Ford und Taylor, Stuttgart 2008.

Hege, Adelheid/Christian Dufour, Betriebliche Gewerkschaftsvertreter ohne Gewerkschaftsbindung? Das Paradox der zunehmend gewerkschaftlich organisierten Comités d'entreprise in Frankreich, in: Industrielle Beziehungen 2 (2009), S. 154-178.

Heid, Helmut/Wolfgang Lempert (Hg.), Sozialisation durch den heimlichen Lehrplan des Betriebs, Wiesbaden 1982.

Heinze, Thomas, Transformation des deutschen Unternehmenskontroll-Systems? Eine empirische Analyse zum Stellenwert der feindlichen Übernahme der Mannesmann-AG für die Unternehmenskontroll-Debatte, in: Kölner Zeitschrift für Soziologie und Sozialpsychologie 4 (2001), S. 641-674.

Hengsbach, Friedhelm, Die Arbeit an erster Stelle: das Sozialrundschreiben des Papstes Woytila, in: Gewerkschaftliche Monatshefte 32 (1981), H. 12, S. 729-738.

Herbert, Ulrich, (Hg.), Wandlungsprozesse in Westdeutschland. Belastung, Integration, Liberalisierung 1945-1980, Göttingen 2002.

Ders., Geschichte der Ausländerpolitik. Saisonarbeiter, Zwangsarbeiter, Gastarbeiter, Flüchtlinge, München 2001.

Hertfelder, Thomas, »Modell Deutschland« – Erfolgsgeschichte oder Illusion?, in: Ders./Andreas Rödder (Hg.), Modell Deutschland. Erfolgsgeschichte oder Illusion, Göttingen 2007, S. 9-10.

Heusgen, Christoph, Ludwig Erhards Lehre von der Sozialen Marktwirtschaft. Ursprünge, Kerngehalt, Wandlungen, Bern 1981.

Hildebrand, Klaus, Von Erhard zur Großen Koalition 1963-1969, Stuttgart 1984.

Hindrichs, Wolfgang et al., Der lange Abschied vom Malocher. Sozialer Umbruch in der Stahlindustrie und die Rolle der Betriebsräte von 1960 bis in die neunziger Jahre, Essen 2000.

Hinz, Thomas/Herman Gartner, Geschlechtsspezifische Lohnunterschiede in Branchen, Berufen und Betrieben, in: Zeitschrift für Soziologie 1 (2005), S. 22-39.

Hirsch, Joachim/Jens Wissel, Transnationalisierung der Klassenverhältnisse, in: Hans-Günter Thien (Hg.), Klassen im Postfordismus, Münster (Westf.) 2010, S. 287-309.

Hobsbawm, Eric J., Das Zeitalter der Extreme. Weltgeschichte des 20. Jahrhunderts, München/Wien 1995.

Hochgeschwender, Michael, Freiheit in der Offensive? Der Kongreß für kulturelle Freiheit und die Deutschen, München 1998.

Hochstätter, Matthias, Karl Schiller – eine wirtschaftspolitische Biografie, Hannover 2006.

Hockerts, Hans Günter/Winfried Süß (Hg.), Soziale Ungleichheit im Sozialstaat. Großbritannien und die Bundesrepublik im Vergleich, München 2010.

Ders., Armut im Wohlfahrtsstaat, in: Hans Günter Hockerts/Winfried Süß (Hg.), Soziale Ungleichheit im Sozialstaat. Großbritannien und die Bundesrepublik im Vergleich, München 2010, S. 19-41.

Ders., Vom Problemlöser zum Problemerzeuger? Der Sozialstaat im 20. Jahrhundert, in: Archiv für Sozialgeschichte 47 (2007), S. 3-29.

Ders./Winfried Süß, Gesamtbetrachtung: Die sozialpolitische Bilanz der Reformära, in: Hans Günter Hockerts (Hg.), Geschichte der Sozialpolitik in Deutschland seit 1945, Bd. 5: Bundesrepublik Deutschland 1966-1974. Eine Zeit vielfältigen Aufbruchs, Baden-Baden 2006, S. 943-962.

Ders., Einleitung, in: ders., (Hg.), Koordinaten deutscher Geschichte in der Epoche des Ost-West-Konflikt, München 2004, S. VII-XV.

Ders., Integration der Gesellschaft: Gründungskrise und Sozialpolitik in der frühen Bundesrepublik, in: Zeitschrift für Sozialreform (1986) 32, S. 25-41.

Hodenberg, Christina von/Detlef Siegfried, Reform und Revolte. 1968 und die langen sechziger Jahre in der Geschichte der Bundesrepublik, in: dies. (Hg.), Wo »1968« liegt. Reform und Revolte in der Geschichte der Bundesrepublik, Göttingen 2006, S. 7-14.

Hoffmann, Jürgen/Rudi Schmidt, Der Streik der Lokomotivführer-Gewerkschaft GDL. Anfang vom Ende des deutschen Systems der industriellen Beziehungen?, in: Prokla 38 (2008), S. 323-342.

Hofmann, Michael/Dieter Rink, Vom Arbeiterstaat zur de-klassierten Gesellschaft? Ostdeutsche Arbeitermilieus zwischen Auflösung und Aufmüpfigkeit, in: Helmut Bremer/Andrea Lange-Vester (Hg.), Soziale Milieus und Wandel der Sozialstruktur, Wiesbaden 2006, S. 262-284.

Hohensee, Jens, Der erste Ölpreisschock 1973/74. Die politischen und gesellschaftlichen Auswirkungen der arabischen Erdölpolitik auf die Bundesrepublik Deutschland und Westeuropa, Stuttgart 1996.

Hollmann, Reiner/Otfried Mickler/Edzard Niemeyer, Von der Utopie zum Alltag. Gruppenarbeit in der Bewährung, München 2002.

Holst, Elke/Friederike Maier, Normalarbeitsverhältnis und Geschlechterordnung, in: Mitteilungen aus der Arbeitsmarkt- und Berufsforschung 3 (1998), S. 506-518.

Homburg, Heidrun, Die soziale Selbstbestimmung und der moderne Interventionsstaat. Der Tarifvertrag in Deutschland 1890–1933, in: Peter Wagner/Claude Didry/Bénédicte Zimmermann (Hg.), Arbeit und Nationalstaat. Frankreich und Deutschland in europäischer Perspektive, Frankfurt a. M. 2000, S. 250-282.

Dies., Rationalisierung und Industriearbeit am Beispiel des Siemens-Konzerns Berlin 1900–1939, Berlin 1991.

Höpner, Martin, Wer beherrscht das Unternehmen? Shareholder Value, Managerherrschaft und Mitbestimmung in Deutschland, Frankfurt a. M./New York 2003.

Ders./Gregory Jackson, Entsteht ein Markt für Unternehmenskontrolle? Der Fall Mannesmann, in: Wolfgang Streeck/Martin Höpner (Hg.), Alle Macht dem Markt? Fallstudien zur Abwicklung der Deutschland AG, Frankfurt a. M./New York 2003, S. 147-168.

Hoppmann, Klaus/Berthold Stötzel, Demokratie am Arbeitsplatz. Ein Modellversuch zur Mitwirkung von Arbeitnehmern an betrieblichen Entscheidungsprozessen (Opel Hoppmann, Siegen), Frankfurt a. M. 1981.

Horstmann, Theo, Die Alliierten und die deutschen Großbanken. Bankenpolitik nach dem Zweiten Weltkrieg in Westdeutschland, Bonn 1991.

Horstmann, Winfried, Globalsteuerung und Mittelstand, Baden-Baden 1991.

Hoyer, Helmuth/Matthias Knuth, Die teilautonome Gruppe. Strategie des Kapitals oder Chance für die Arbeiter?, in: Kursbuch 43: Arbeitsorganisation – Ende des Taylorismus? Berlin 1976, S. 118-134.

Hradil, Stefan, Sozialstrukturanalyse in einer fortgeschrittenen Gesellschaft, Opladen 1987.

Ders., Entstrukturierte Klassengesellschaft? Klassenbildung und Strukturen sozialer Ungleichheit im historischen Wandel, Opladen 1986.

Hüffner, Oliver, Die Struktur politischer Mythen. Wiedervereinigung und Wirtschaftswunder in den Reden bundesdeutscher Politiker 1949–1969, Opladen 2001.

I

Ideologie und Wirklichkeit. Zu den Empfehlungen der Bildungskommission zur Verbesserung der Lehrlingsausbildung. Stellungnahme der Spitzenorganisationen der gewerblichen Wirtschaft, Mai 1969, Bonn o. J. [1969].

IG Metall: Schwarze Null, in: IW (Institut der Deutschen Wirtschaft Köln) Gewerkschaftsspiegel, 2009.

Inglehart, Ronald, The Silent Revolution. Changing Values and Political Styles among Western Publics, Princeton 1977.

Institut für marxistische Studien (Hg.), Die Septemberstreiks 1969. Darstellung, Analyse, Dokumente der Streiks in der Stahlindustrie, im Bergbau, in der metallverarbeitenden Industrie und anderen Wirtschaftsbereichen, Frankfurt a. M. 1969.

Iversen, Torben/Jonas Pontusen/David Soskice (Hg.), Unions, Employers and Central Banks, Cambridge 2000.

J

Jackson, Gregory, Contested Boundaries. Ambiguity and Creativity in the Evolution of German Codetermination, in: Wolfgang Streeck/Kathleen Thelen (Hg.), Beyond Continuity. Institutional Change in Advanced Political Economies, Oxford 2005, S. 229-254.

Jacobi, Otto/Walther Müller-Jentsch/Eberhard Schmidt (Hg.), Gewerkschaftspolitik in der Krise (Kritisches Gewerkschaftsjahrbuch 1977/78 – Dokumentation), Berlin 1978.

Ders., Einkommenspolitik kontra Lohnpolitik, in: ders./Walther Müller-Jentsch/Eberhard Schmidt (Hg.), Gewerkschaften und Klassenkampf. Kritisches Jahrbuch 1972, Frankfurt a. M. 1972, S. 123-133.

Jacobi, Ursula/Veronika Lullies/Friedrich Weltz (Sozialwissenschaftliche Projektgruppe München), Textverarbeitung im Büro. Alternativen der Arbeitsgestaltung, Frankfurt a. M. 1980.

Jacod, Olivier, Les élections aux comités d'entreprise 2005, DARES Première Informations Synthèses, Mai 2007, No. 19.1.

Jaeggi, Urs, Macht und Herrschaft in der Bundesrepublik, Frankfurt a. M. 1969.

Ders., Ordnung und Chaos. Der Strukturalismus als Methode und Mode, Frankfurt a. M. 1968.

Jansen, Peter/Ulrich Jürgens, Gewerkschaften und Industriepolitik, in: Wolfgang Schröder/Bernhard Weßels (Hg.), Die Gewerkschaften in Politik und Gesellschaft der Bundesrepublik Deutschland. Ein Handbuch, Opladen 2003.

Janssen, Hauke, Milton Friedman und die »monetaristische Revolution« in Deutschland, Marburg 2006.

Jarausch, Konrad H., Krise oder Aufbruch? Historische Annäherungen an die 1970er Jahre, in: Zeithistorische Forschungen 3 (2006), S. 4-5.

Ders. (Hg.), Das Ende der Zuversicht? Die siebziger Jahre als Geschichte, Göttingen 2008.

Jefferys, Steve, Liberté, Égalité and Fraternité at Work. Changing French Employment Relations and Management, Basingstoke/New York 2003.

Jenner, Gero, Die arbeitslose Gesellschaft. Gefährdet Globalisierung den Wohlstand?, Frankfurt a. M. 1999.

Jenkins, Simon, Thatcher and Sons. A Revolution in Three Acts, London 2007.

Judt, Tony, What Is Living and What Is Dead in Social Democray, in: The New York Review of Books, 17. Dezember 2009.

Jurczyk, Karin, Frauenarbeit und Frauenrolle. Zum Zusammenhang von Familienpolitik und Frauenerwerbstätigkeit in Deutschland von 1918–1975, Frankfurt a. M. 1977.

K

Kassel, Brigitte, »… letztlich ging es doch voran!« Zur Frauenpolitik der Gewerkschaft ÖTV 1949–1989, hg. von ver.di – Vereinte Dienstleistungsgewerkschaft e. V. und Hans-Böckler-Stiftung, Stuttgart 2001.

Dies., Frauen in einer Männerwelt, Frauenerwerbsarbeit in der Metallindustrie und ihre Interessenvertretung durch den Deutschen Metallarbeiter-Verband (1891–1933), Köln 1997.

Kaufmann, Franz-Xaver Varianten des Wohlfahrtsstaats. Der deutsche Sozialstaat im internationalen Vergleich, Frankfurt a. M. 2003.

Ders., Der Sozialstaat als Prozess. Für eine Sozialpolitik zweiter Ordnung, in: Franz Ruland u.a (Hg.), Verfassung, Theorie und Praxis des Sozialstaats. Festschrift für Hans F. Zacher zum 70. Geburtstag, Heidelberg 1998, S. 307-322.

Keitz, Christine, Reisen als Leitbild. Die Entstehung des modernen Massentourismus in Deutschland, München 1997.

Keller, Bernd, Renaissance von Berufsverbänden? Bedingungen, Ziele und Folgen, in: Tobias Blank et al. (Hg.), Integrierte Soziologie – Perspektiven zwischen Ökonomie und Soziologie, Praxis und Wissenschaft. Festschrift zum 70. Geburtstag von Hansjörg Weitbrecht, München/Mering 2008, S. 51-66.

Kellmann, Klaus, Karl Schillers Weg zur Konzertierten Aktion. Die Herausbildung eines wirtschaftspolitischen Konzepts in Nationalsozialismus und parlamentarischer Demokratie, in: Neue Deutsche Hefte 33 (1986), S. 752-765.

Keohane, Robert O./Joseph S. Nye, (Hg.), Transnational Relations and World Politics, Cambridge (MA) 1972.

Kerchner, Brigitte/Sigrid Koch-Baumgarten, Geschlechterbilder in der politischen Auseinandersetzung, in: Internationale Wissenschaftliche Korrespondenz zur Geschichte der Arbeiterbewegung 3/4 (1998), S. 297-315.

Kern, Horst, Vom Unfug mit der »autonomen Arbeitsgruppe«, in: Der Gewerkschafter 1 (1977), S. 16-18.

Kersting, Franz-Werner, »Unruhediskurs«. Zeitgenössische Deutungen der 68er Bewegung, in: Matthias Frese/Julia Paulus/Karl Teppe (Hg.), Demokratisierung und gesellschaftlicher Aufbruch. Die sechziger Jahre als Wendezeit der Bundesrepublik, Paderborn u. a. 2003, S. 715-740.

Kiesinger, Kurt Georg, Aufgaben der Politik im modernen Verhältnis von Staat und Wirtschaft, in: Spannungsfeld Staat und Wirtschaft. Wirtschaftliche Verantwortung und politische Planung, hg. v. Deutschen Industrie- und Handelstag. Bonn 1968, S. 20-21.

Kirzner, Israel, Wettbewerb und Unternehmertum. (1973), Tübingen 1978.

Kißler, Leo (Hg.), Industrielle Demokratie in Frankreich. Die neuen Arbeitnehmer- und Gewerkschaftsrechte in Theorie und Praxis, Frankfurt a. M./New York 1985.

Ausgewählte Literatur

Klages, Helmut, Überlasteter Staat – verdrossene Bürger? Zu den Dissonanzen der Wohlfahrtsgesellschaft, Frankfurt a. M. 1981.
Klages, Philipp, Zwischen institutioneller Innovation und Reproduktion. Zum Wandel des deutschen Corporate Governance-Systems in den 1990ern, in: Berliner Journal für Soziologie 1 (2006), S. 37-54.
Kleinschmidt, Christian, Der produktive Blick. Wahrnehmung amerikanischer und japanischer Management- und Produktionsmethoden durch deutsche Unternehmer 1950–1985, Berlin 2002.
Knoch, Habbo, »Mündige Bürger« oder: Der kurze Frühling einer partizipatorischen Vision. Einleitung, in: ders. (Hg.), Bürgersinn mit Weltgefühl. Politische Moral und solidarischer Protest in den sechziger und siebziger Jahren, Göttingen 2007, S. 9-53.
Kocka, Jürgen (Hg.), Work in a Modern Society. The German Historical Experience in Comparative Perspective, New York/Oxford 2010.
Ders., Mehr Last als Lust. Arbeit und Arbeitsgesellschaft in der europäischen Geschichte, in: Jahrbuch für Wirtschaftsgeschichte (2005) 2, S. 185-206.
Ders./Claus Offe (Hg.), Geschichte und Zukunft der Arbeit, Frankfurt a. M./New York 2000.
Ders., Arbeit früher, heute, morgen: Zur Neuartigkeit der Gegenwart, in Ders./Claus Offe (Hg.), Geschichte und Zukunft der Arbeit, Frankfurt a. M./New York 2000, S. 476-492.
Koenen, Gerd, Das rote Jahrzehnt. Unsere kleine deutsche Kulturrevolution 1967–1977, Köln 2001.
Köhler, Helmut, Hat sich ein neues Übergangssystem entwickelt? Anmerkungen zu ausgewählten Trends der Entwicklung im Bildungswesen, in: Ditmar Brock et al. (Hg.), Übergänge in den Beruf. Zwischenbilanz der Forschung, Weinheim und München 1991, S. 39-55.
Kohli, Martin, Institutionalisierung und Individualisierung der Erwerbsbiographie, in: Ditmar Brock et al. (Hg.), Subjektivität im gesellschaftlichen Wandel. Umbrüche im beruflichen Sozialisationsprozess, Weinheim/München 1991, S. 249-278.
Kohser-Spohn, Christiane, Mouvement étudiant et critique du fascisme en Allemagne dans les années soixante, Paris 1999.
Kolbe, Wiebke, Elternschaft im Wohlfahrtsstaat. Schweden und die Bundesrepublik im Vergleich 1945–2000, Frankfurt a. M./New York 2002.
Konietzka, Dirk/Holger Seibert, Die Erosion eines Übergangsregimes. Arbeitslosigkeit nach der Berufsausbildung und ihre Folgen für den Berufseinstieg – ein Vergleich der Bildungskohorten 1976–1996, in: Peter A. Berger/Dirk Konietzka (Hg.), Die Erwerbsgesellschaft. Neue Ungleichheiten und Unsicherheiten, Opladen 2001, S. 64-93.
König, Wolfgang, Geschichte der Konsumgesellschaft, Stuttgart 2000.
Konisz, Tomasz, Renaults Billighit, in: Junge Welt vom 22. Febr. 2008.
Könke, Günter/Alexandra Wagner, Die Leistungsträger: Führungskräfte im Wandel der Firmenkultur. Eine Follow-up-Studie, Berlin 2008.
Ders., Die »Arbeitsbewertung« in der Metallindustrie in der Kontinuität vom »Dritten Reich« zur Bundesrepublik, in: Karl Christian Führer (Hg.), Tarifbeziehungen und Tarifpolitik in Deutschland im historischen Wandel, Bonn 2004, S. 141-174.
Ders., Arbeitsbeziehungen in der hamburgischen Metallindustrie 1918–1974, Berlin 2004.
Ders., Mitbestimmung in Zeiten interessenpolitischer Rückschritte. Betriebsräte zwischen Beteiligungsofferten und »gnadenlosem Kostensenkungsdiktat«, in: Industrielle Beziehungen 5 (1998), S. 76-100.
Ders., Betriebsräte und Bürgerstatus. Wandel und Kontinuität betrieblicher Mitbestimmung, München/Mering 1994.
Kooperation in der Tarifpolitik soll Position gegenüber dem Arbeitgeber stärken, in: Voraus, Januar/Februar 2002, S. 4.
Kranig, Andreas, Arbeitnehmer, Arbeitsbeziehungen und Sozialpolitik unter dem Nationalsozialismus, in: Karl Dietrich Bracher/Manfred Funke/Hans-Adolf Jacobsen (Hg.), Deutschland 1933–1945. Neue Studien zur nationalsozialistischen Herrschaft, Bonn 1993, S. 135-152.
Kraushaar, Wolfgang, 1968. Das Jahr, das alles verändert hat, München 1998.
Kratzer, Nick/Dieter Sauer, Flexibilisierung und Subjektivierung von Arbeit, in: Soziologisches Forschungsinstitut et al. (Hg.), Berichterstattung zur sozioökonomischen Entwicklung in Deutschland, Arbeit und Lebensweisen, Wiesbaden 2005, S. 125-149.
Krell, Gertraude, Vergemeinschaftende Personalpolitik. Normative Personallehren, Werksgemeinschaft, NS-Betriebsgemeinschaft, Betriebliche Partnerschaft, Japan, Unternehmenskultur, München/Mering 1994.
Dies., Gert, Das Bild der Frau in der Arbeitswissenschaft, Frankfurt a. M./New York 1984.
Krueger, Christian, Die operaistische Strömung in Italien (1960–1980), Mag.-Arbeit, Berlin 2009.

Kruse, Wilfried/Gertrude Kühnlein/Ursula Müller, Facharbeiter werden – Facharbeiter bleiben. Betriebserfahrungen und Berufsperspektiven von gewerblich-technischen Auszubildenden in Großbetrieben, Frankfurt a. M. 1981.

Kubetschek, Gerhard, Ich will von meinem Leben noch etwas haben, in: Der Spiegel 52 (1966), S. 118.

Kuller, Christiane, Soziale Sicherung von Frauen – ein ungelöstes Strukturproblem im männlichen Wohlfahrtsstaat: die Bundesrepublik im europäischen Vergleich, in: Archiv für Sozialgeschichte 47 (2007), S. 199-236.

Dies., Familienpolitik im föderativen Sozialstaat. Die Formierung eines Politikfeldes in der Bundesrepublik 1949–1975, München 2004.

Kümmel, Albert/Leander Scholz/Eckhard Schumacher, Vorwort, in: dies. (Hg.), Einführung in die Geschichte der Medien, Paderborn 2004, S. 7-9.

L

Lauschke, Karl, Das Kaiser-Wilhelm-Institut für Arbeitsphysiologie und die Gewerkschaften, in: Hans-Ulrich Thamer/Theo Plesser (Hg.), Vom Kaiser-Wilhelm-Institut für Arbeitsphysiologie zum Max-Planck-Institut für molekulare Physiologie in Dortmund (1913–1993), Stuttgart 2011.

Ders., Von der Krisenbewältigung zur Planungseuphorie. Regionale Strukturpolitik und Landesplanung in Nordrhein-Westfalen, in: Matthias Frese/Julia Paulus/Karl Teppe (Hg.), Demokratisierung und gesellschaftlicher Aufbruch. Die sechziger Jahre als Wendezeit der Bundesrepublik, Paderborn u. a. 2003, S. 451-471.

Ders., Die Hoesch-Arbeiter und ihr Werk. Sozialgeschichte der Dortmunder Westfalenhütte während der Jahre des Wiederaufbaus 1945–1966, Essen 2000.

Le Crom, Jean-Pierre, L'introuvable démocratie salariale. Le droit de la représentation du personnel dans l'entreprise (1890–2002), Collection »le Présent Avenir«, Paris 2003.

Lehmbruch, Gerhard, Verbände im ostdeutschen Transformationsprozeß, in: Werner Bührer/Edgar Grande (Hg.), Unternehmerverbände und Staat in Deutschland, Baden-Baden 2000, S. 88-109.

Lehmkuhl, Dirk, Privatizing to Keep it Public? The Reorganization of the German Railways, in: Arthur Benz/Klaus H. Goetz (Hg.), A New German Public Sector? Reform, Adaptation and Stability, Aldershot 1996, S. 71-93.

Leisering, Lutz, Der deutsche Nachkriegssozialstaat. Entfaltung und Krise eines zentristischen Sozialmodells, in: Hans-Peter Schwarz (Hg.), Die Bundesrepublik Deutschland. Eine Bilanz nach 60 Jahren, München 2008, S. 423-443.

Ders., Das deutsche Sozialmodell – woher, wohin? Eine Reflexionsgeschichte funktionaler gesellschaftlicher Differenzierung. Soziologische Revue 3, 2005, S. 197-208.

Leminsky, Gerhard, Gewerkschaften und Planung, in: Gewerkschaftliche Monatshefte 24 (1973), S. 758-759.

Lempert, Wolfgang/Friedrich Ebel, Lehrzeitdauer, Ausbildungssystem und Ausbildungserfolg, Freiburg im Breisgau 1965.

Lepsius, M. Rainer, Bildet sich eine kulturelle Identität in der Europäischen Union?, in: Blätter für deutsche und internationale Politik 8 (1997), S. 948-955.

Ders., Soziale Symmetrie: Tarifautonomie und staatliche Sozialpolitik, in: Werner Fricke (Hg.), Jahrbuch Arbeit und Technik 1995. Zukunft des Sozialstaats, Bonn 1995, S. 3-7.

Ders., Vorwort, in: ders. (Hg.), Interessen, Ideen und Institutionen, Opladen 1990, S. 7-8.

Lesch, Hagen, Spartengewerkschaften – Entstehungsmotive und ökonomische Wirkung, in: Industrielle Beziehungen 15 (2008), S. 303-328.

Lessenich, Stephan, Die Neuerfindung des Sozialen. Der Sozialstaat im flexiblen Kapitalismus, Bielefeld 2008.

Ders., Dynamischer Immobilismus. Kontinuität und Wandel im deutschen Sozialmodell, Frankfurt a. M. 2003.

Lewis, Jane, Gender and the Development of Welfare Regimes, in: Journal of European Social Policy 2/3 (1992), S. 159-173.

Lichtblau, Klaus, Die poststrukturalistische Herausforderung, in: Richard Faber/Erhard Stölting (Hg.), Die Phantasie an die Macht? 1968 – Versuch einer Bilanz, Hamburg 2008, S. 256-269.

Lieber, Christoph, Die »Ware Arbeitskraft« als soziales Entwicklungsverhältnis. Krisen und Perspektiven der Lohnarbeit, in: Marcel van der Linden/Christoph Lieber (Hg.), Kontroversen über den Zustand der Welt. Weltmarkt-Arbeitsformen-Hegemoniezyklen, Hamburg 2007, S. 152-172.

Liepitz, Alain, Die Welt des Postfordismus. Über die strukturellen Veränderungen der entwickelten kapitalistischen Gesellschaften, Hamburg 1997.

Linden, Marcel van der (Hg.), Grenzüberschreitende Arbeitergeschichte. Konzepte und Erkundungen, Leipzig 2010.

Ders., Workers of the World. Essays toward a Global Labour History, Leiden 2008.

Ausgewählte Literatur

Ders./Christoph Lieber (Hg.), Kontroversen über den Zustand der Welt. Weltmarkt – Arbeitsformen – Hegemoniezyklen, Hamburg 2007.
Ders., Globalizing Labour Historiography. The Amsterdam Approach, in: Josef Ehmer/Helga Grebing/Peter Gutschner (Hg.), »Arbeit«. Geschichte – Gegenwart – Zukunft, Wien 2002, S. 151-164.
Lindner, Stephan H., Den Faden verloren. Die westdeutsche und die französische Textilindustrie auf dem Rückzug 1930/45–1990, München 2001.
Lippold, Jochen G., Chronik des Bildungspolitischen Ausschusses im Bundesverband Druck, Wiesbaden 1999.
Lipsmeier, Antonius, Berufsbildung, in: Christoph Führs/Carl-Ludwig Franck (Hg.) Handbuch der deutschen Bildungsgeschichte, Bd. VI: 1945 bis zur Gegenwart, Erster Teilband: Bundesrepublik Deutschland, München 1998, S. 447-489.
Locke, Richard M./Kathleen Thelen, Apples and Oranges Revisited: Contextualised Comparisons and the Study of Comparative Labor Politics, in: Politics & Society 3 (1995), S. 337-367.
Loke, Matthias, DGB besorgt über Warnstreik-Verbot. Arbeitsrechtler halten einstweilige Verfügungen gegen Arbeitskämpfe für bedenklich, in: Berliner Zeitung, 11.7.2007.
Lompe, Klaus, Gewerkschaftliche Politik in der Phase gesellschaftlicher Reformen und der außenpolitischen Neuorientierung der Bundesrepublik. 1969 bis 1974, in: Hans-Otto Hemmer/Kurt Thomas Schmitz (Hg.), Geschichte der Gewerkschaften in der Bundesrepublik Deutschland. Von den Anfängen bis heute, Köln 1990, S. 281-338.
Loo, Hans van der/Willem van Reijen, Modernisierung. Projekt und Paradox, München 1992.
Lucassen, Jan (Hg.), Global Labour History. The State of the Art, Bern u. a. 2006.
Lüdtke, Alf, »Ehre der Arbeit«: Industriearbeiter und Macht der Symbole. Zur Reichweite symbolischer Orientierungen im Nationalsozialismus, in: ders., Eigen-Sinn. Fabrikalltag, Arbeitererfahrungen und Politik vom Kaiserreich bis in den Faschismus, Hamburg 1993, S. 283-350.
Lühtje, Boy, Kehrt der Fordismus zurück? Globale Produktionsnetze und Industriearbeit in der »New Economy«, in: Berliner Debatte Initial 1 (2004), S. 63-73.
Lütjen, Torben, Karl Schiller (1911–1994). »Superminister« Willy Brandts, Bonn 2007.
Lütz, Susanne, Von der Infrastruktur zum Markt? Der deutsche Finanzsektor zwischen Deregulierung und Reregulierung, in: Paul Windolf (Hg.), Finanzmarkt-Kapitalismus. Analysen zum Wandel von Produktionsregimen, Kölner Zeitschrift für Soziologie und Sozialpsychologie Sonderheft 45 (2005), S. 294-315.
Dies., Vom koordinierten zum marktorientierten Kapitalismus? Der deutsche Finanzsektor im Umbruch, in: Roland Czada/Hellmut Wollmann (Hg.), Von der Bonner zur Berliner Republik. 10 Jahre Deutsche Einheit, Leviathan Sonderheft 19 (1999), S. 651-670.
Lutz, Wolf-Dietrich, Die Konzertierte Aktion als Beispiel für den Konflikt zwischen marktwirtschaftlicher Ordnung und staatlicher Planung, Tübingen 1973.

M

Maher, Maria/Thomas Andersson, Corporate Governance: Effects on Firm Performance and Economic Growth, Paris 1999.
Mai, Gunther, Politische Krise und Rationalisierungsdiskurs in den zwanziger Jahren, in: Technikgeschichte 4 (1995), 317-332.
Maier, Friederike, Patriarchale Arbeitsmarktstrukturen – Das Phänomen geschlechtsspezifisch gespaltener Arbeitsmärkte in Ost und West, in: Feministische Studien 1 (1999), S. 107-116.
Dies., Zwischen Arbeitsmarkt und Familie. Frauenarbeit in den alten Bundesländern, in: Gisela Helwig/Hildegard Maria Nickel (Hg.), Frauen in Deutschland 1945–1992, Bonn 1993, S. 257-279.
Manow, Philip, Religion und Sozialstaat. Die konfessionellen Grundlagen europäischer Wohlfahrtsstaatsregime, Frankfurt a. M. u. a. 2008.
Marcuse, Herbert, Der eindimensionale Mensch. Studien zur Ideologie der fortgeschrittenen Industriegesellschaft, Berlin 1967.
Martelli, Roger, Les années soixante-dix, in: Claude Willard (Hg.), La France Ouvrière, tome 3, Paris 1995, S. 67-90.
Martens, Helmut, Empirische Institutionenforschung. Theoretische und methodologische Aspekte am Beispiel der Mitbestimmungsforschung, in: Gerhard Göhler (Hg.), Die Eigenart der Institutionen. Zum Profil politischer Institutionentheorie, Baden-Baden 1994, S. 273-300.
Maslow, Abraham H., Motivation und Persönlichkeit, Freiburg 1977.

Mattes, Monika, Ganztagserziehung in der DDR. »Tagesschule« und Hort in den Politiken und Diskursen der 1950er bis 1970er Jahre, in: Zeitschrift für Pädagogik 54. Beiheft 2009, S. 230-246.

Dies., Ambivalente Aufbrüche. Frauen, Familie und Arbeitsmarkt zwischen Konjunktur und Krise, in: Konrad Jarausch (Hg.), Das Ende der Zuversicht? Die siebziger Jahre als Geschichte, Göttingen 2008.

Dies., Anwerbepolitik, Migration und Geschlecht. »Gastarbeiterinnen« in der Bundesrepublik von den 1950er bis 70er Jahren, Frankfurt a. M./New York 2005.

Matthes, Joachim (Hg.): Krise der Arbeitsgesellschaft? Verhandlungen des 21. Deutschen Soziologentages in Bamberg 1982, Frankfurt a. M./New York 1983.

Matthöfer, Hans/Hans-Henning Herzog, Das HdA-Programm – Ausbruch aus der traditionellen Technologiepolitik, in: Zeitschrift für Arbeitswissenschaften 2 (2009), S. S. 108-111.

Maul, Daniel, Menschenrechte, Sozialpolitik und Dekolonisation. Die Internationale Arbeitsorganisation (IAO) 1940–1970, Essen 2007.

Maurice, Marc/François Sellier/Jean Jacques Silvestre, Production; Christel Lane, Management and Labour in Europe. The Industrial Enterprise in Germany, Britain and France, Aldershot 1989.

Dies., Politique d'éducation et organisation industrielle en France et en Allemagne. Essai d'analyse sociétale, Paris 1982.

Dies., La Production de la hiérarchie dans l'entreprise: recherche d'un effet sociétal. Comparaison France-Allemagne, Revue française de Sociologie XX (1979).

McKennas, Christopher, The World's Newest Profession. Management Consulting in the Twentieth Century, New York 2006.

Meadows, Dennis et al., Die Grenzen des Wachstums. Bericht des Club of Rome zur Lage der Menschheit, Stuttgart 1972.

Meise, Stephan, Habitustheoretische Analyse innergewerkschaftlicher Machtverhältnisse, in: Samuel Greef/Viktoria Kalass/Wolfgang Schroeder (Hg.), Gewerkschaften und die Politik der Erneuerung. Und sie bewegen sich doch, Düsseldorf 2010., S. 187-205.

Metz, Rainer, Expansion und Kontraktion: Das Wachstum der deutschen Wirtschaft im 20. Jahrhundert, in: Reinhard Spree (Hg.), Geschichte der deutschen Wirtschaft im 20. Jahrhundert, München 2001, S. 70-89.

Metzler, Gabriele, Konzeptionen politischen Handelns von Adenauer bis Brandt. Politische Planung in der pluralistischen Gesellschaft, Paderborn 2005.

Dies., »Geborgenheit im gesicherten Fortschritt«. Das Jahrzehnt von Planbarkeit und Machbarkeit, in: Matthias Frese/Julia Paulus/Karl Teppe (Hg.), Demokratisierung und gesellschaftlicher Aufbruch. Die sechziger Jahre als Wendezeit der Bundesrepublik, Paderborn u. a. 2003, S. 777-797.

Dies., Am Ende aller Krisen? Politisches Denken und Handeln in der Bundesrepublik der sechziger Jahre, in: Historische Zeitschrift 275 (2002).

Meyer, Regine, Streik und Aussperrung in der Metallindustrie. Eine Analyse der Streikbewegung in Nordwürttemberg/Nordbaden 1971, Marburg 1977.

Micus, Matthias, Die »Enkel« Willy Brandts. Aufstieg und Politikstil einer SPD-Generation, Frankfurt a. M./New York 2005.

Mieg, Harald, Professionalisierung, in: Felix Rauner (Hg.), Handbuch Berufsbildungsforschung, Bielefeld ²2006, S. 343-350.

Mierzejewski, Alfred C., Ludwig Erhard. Der Wegbereiter der Sozialen Marktwirtschaft, München 2005.

Minssen, Heiner, Arbeits- und Industriesoziologie. Eine Einführung, Frankfurt a. M., 2006.

Moeller, Robert, Geschützte Mütter. Frauen und Familien in der westdeutschen Nachkriegspolitik, München 1997.

Moerland, Pieter W., Alternative Disciplinary Mechanisms in Different Corporate Systems, in: Journal of Economic Behavior and Organization 1 (1995), S. 17-34.

Molitor, Bruno, Lohn- und Arbeitsmarktpolitik, München 1988.

Mommsen, Hans, Klassenkampf oder Mitbestimmung. Zum Problem der Kontrolle wirtschaftlicher Macht in der Weimarer Republik, Frankfurt a. M. 1977.

Montuclard, Maurice, La dynamique des comités d'entreprise, Paris 1963.

Mooser, Josef, Arbeiterleben in Deutschland 1900–1970. Klassenlagen, Kultur und Politik, Frankfurt a. M. 1984.

Ders., Abschied von der »Proletarität«. Zur Sozialstruktur und Lage der Arbeiterschaft in der Bundesrepublik in historischer Perspektive, in: Werner Conze/M. Rainer Lepsius (Hg.), Sozialgeschichte der Bundesrepublik Deutschland. Beiträge zum Kontinuitätsproblem, Stuttgart 1983, S. 143-186.

Ders., Auflösung der proletarischen Milieus. Klassenbindung und Individualisierung in der Arbeiterschaft vom Kaiserreich bis in die Bundesrepublik, in: Soziale Welt 34, 1983, S. 270-306.

Mouriaux, René, L'incroyable survie de la CGT, in: Regards sur l'actualité 244, sept.–oct. 1998, S. 13-23.

Mückenberger, Ulrich, Produktionsverflechtung und Risikoverantwortung. Verfassungsfragen zur Neufassung von § 116 AFG, Baden-Baden 1992.

Ders., Die Krise des Normalarbeitsverhältnisses. Hat das Arbeitsrecht noch Zukunft?, in: Zeitschrift für Sozialreform 31, 1985, S. 415-434 und S. 457-475

Müller, Hans-Peter/Manfred Wilke, Verdrängte Beruflichkeit – Renaissance des Berufsprinzips?, in: Industrielle Beziehungen 15 (2008), S. 376-401.

Dies., »Gestaltend Einfluß nehmen«. Bahngewerkschaften und Bahnreform 1993–2005, Berlin 2006.

Müller, Hans-Peter/Angelika Willms-Herget/Johann Handl (Hg.), Strukturwandel der Frauenarbeit 1880–1980, Frankfurt a. M./New York 1983.

Müller-Armack, Alfred, Studien zur Sozialen Marktwirtschaft, Köln 1960.

Müller-Jentsch, Walther, Rückkehr der Berufsgewerkschaften?, in: WSI-Mitteilungen 2 (2008).

Ders., Strukturwandel der Industriellen Beziehungen. »Industrial Citizenship« zwischen Markt und Regulierung, Wiesbaden 2007.

Ders., Mitbestimmung: Wirtschaftlicher Erfolgsfaktor oder Bürgerrecht?, in: Gewerkschaftliche Monatshefte 4 (2001), S. 202-211.

Ders./Beate Seitz, Betriebsräte gewinnen Konturen. Ergebnisse einer Betriebsräte-Befragung im Maschinenbau, in: Industrielle Beziehungen 4 (1998), S. 361-387.

Ders., Soziologie der Industriellen Beziehungen. Eine Einführung, Frankfurt/New York 1997.

Ders., Gewerkschaften als intermediäre Organisationen, in: Materialien zur Industriesoziologie, KZfSS-Sonderheft 24 (1982), S. 408-432.

Ders., Gewerkschaftliche Tarifpolitik gegen Rationalisierungsfolgen, in: Otto Jacobi/Walter Müller-Jentsch/Eberhard Schmidt (Hg.), Gewerkschaftspolitik in der Krise. Kritisches Gewerkschaftsjahrbuch 1977/78, Berlin 1978, S. 63-72.

Muscheid, Jutta, Die Steuerpolitik der Bundesrepublik Deutschland 1949–1982, Berlin 1986.

N

Nautz, Jürgen, Die Wiederherstellung der Tarifautonomie in Westdeutschland nach dem Zweiten Weltkrieg, in: Archiv für Sozialgeschichte 1 (1991), S. 179-196.

Neubauer, Günter, Sozialökonomische Bedingungen der Rationalisierung und der gewerkschaftlichen Rationalisierungsschutzpolitik. Vergleichende Untersuchung der Rationalisierungsphasen 1918 bis 1933 und 1945 bis 1968, Berlin 1980.

Nickel, Hildegard Maria, »Mitgestalterinnen des Sozialismus« – Frauenarbeit in der DDR, in: Gisela Helwig/Hildegard Maria Nickel (Hg.), Frauen in Deutschland 1945–1992, Bonn 1993, S. 233-256.

Niehuss, Merith, Familie, Frau und Gesellschaft. Studien zur Strukturgeschichte der Familie in Westdeutschland 1945 bis 1960, Göttingen 2001.

Nienhüser, Werner/Heiko Hoßfeld, Wie bewerten Personalverantwortliche eine betriebliche Regulierung durch Betriebsvereinbarungen? Ergebnisse einer Befragung in 1.000 Betrieben, in: Bundesarbeitsblatt 57,2 (2006), S. 4-8.

Nipperdey, Hans Carl, Das Tarifvertragsgesetz des vereinigten Wirtschaftsgebietes, in: Recht der Arbeit 2 (1949), S. 81-89.

Noelle-Neumann, Elisabeth (Hg), Allensbacher Jahrbuch der Demoskopie 1976–1977, Bd. VII, Wien/München 1977.

Nolte, Paul, Unsere Klassengesellschaft, in: Ders. (Hg.), Generation Reform. Jenseits der blockierten Republik, München 2004, S. 34-45.

Ders., Die Ordnung der deutschen Gesellschaft. Selbstentwurf im 20. Jahrhundert, München 2000.

Nonhoff, Martin, Politischer Diskurs und Hegemonie. Das Projekt »Soziale Marktwirtschaft«, Bielefeld 2006.

North, Douglass C., Institutions, Institutional Change and Economic Performance, Cambridge (MA) 1990.

Nützenadel, Alexander, Die Stunde der Ökonomen. Wissenschaft, Politik und Expertenkultur in der Bundesrepublik 1949–1974, Göttingen 2005.

O

Obertreis, Gesine, Familienpolitik in der DDR 1945–1980, Opladen 1986.

OECD, The Welfare State in Crisis. An Account of the Conference on Social Policies in the 1980s, Paris 1980.
OECD, Labour Force Statistics, 1963–1983, Paris 1985.
Oehlke, Paul, Arbeitspolitik zwischen Tradition und Innovation. Studien in humanisierungspolitischer Perspektive, Hamburg 2004.
Oertzen, Christine von, Teilzeitarbeit und die Lust am Zuverdienen. Geschlechterpolitik und gesellschaftlicher Wandel in Westdeutschland 1948–1969, Göttingen 1999.
Dies./Almut Rietzschel, Das »Kuckucksei« Teilzeitarbeit. Die Politik der Gewerkschaften im deutsch-deutschen Vergleich, in: Gunilla-Friederike Budde (Hg.), Weibliche Erwerbstätigkeit in Ost- und Westdeutschland nach 1945, Göttingen 1997, S. 212-251.
Oertzen, Peter von/Horst Ehmke/Herbert Ehrenberg (Hg.), Orientierungsrahmen '85. Text und Diskussion, Bonn 1976.
Offe, Claus, »Arbeitsgesellschaft«. Strukturprobleme und Zukunftsperspektiven, Frankfurt a. M. 1984.
Ders., (Hg.), Opfer des Arbeitsmarktes. Zur Theorie der strukturierten Arbeitslosigkeit, Neuwied 1977.
Ders., Berufsbildungsreform. Eine Fallstudie über Reformpolitik, Frankfurt a. M. 1975.
Olk, Thomas/H.-Willy Hohn/Karl Hinrichs/Rolf G. Heinze, Lohnarbeit und Arbeitszeit, in: Leviathan 7 (1979), S. 151-173 (Teil 1) u. 376-407 (Teil 2).
Organisation for Economic Cooperation and Development (OECD), Inflation. The Present Problem. Report by the Secretary General, o. O. 1970.
Osterhammel, Jürgen/Niels P. Petersson, Geschichte der Globalisierung. Dimensionen, Prozesse, Epochen, München 2008.
Ostner, Ilona, The Politics of Care Policies in Germany, in: Jane Lewis (Hg.), Gender, Social Care and Welfare Restructuring in Europe, Aldershot 1998.
Ott, Klaus, Streiks bei der Bahn. Lokführer auf Abwegen, in: Süddeutsche Zeitung, 02.07.2007.
Ottilienfeld, Gottl/Antonio Gramsci, Amerikanismus und Fordismus, in: ders., Philosophie der Praxis, hg. u. übers. v. Christian Riechers, Frankfurt a. M. 1967, 376-404.

P

Padgett, Stephen/William E. Paterson, A History of Social Democracy in Postwar Europe, London/New York 1991.
Pahl, Ray E./Jack T. Winkler, The Coming Corporatism, in: New Society, 10. Oktober 1974.
Parker, Simon C., The Economics of Self-Employment and Entrepreneurship, New York 2004.
Patterson, James T., Grand Expectations. The United States, 1945–1974, Oxford 1996.
Paulinyi, Akos, Revolution und Technik, in: Siegfried Buchhaupt et al. (Hg.), Gibt es Revolutionen in der Geschichte der Technik? Darmstadt 1999, S. 9-49.
Pernot, Jean-Marie, Syndicats: lendemains de crise? Paris 2005.
Peter, Gerd, Chancenlos im politischen Kräftefeld? Humanisierungsforschung und Humanisierungspolitik (1984), in: Gerd Peter, Wissenspolitik und Wissensarbeit als Gesellschaftsform. Ausgewählte Beiträge zur Arbeitsforschung 1972–2002, Münster (Westf.) 2003, S. 145-154.
Ders., Wissenspolitik und Wissensarbeit als Gesellschaftsform. Ausgewählte Beiträge zur Arbeitsforschung 1972–2002, Münster (Westf.) 2003.
Ders./Bruno Zwingmann (Hg.), Humanisierung der Arbeit. Probleme der Durchsetzung, Köln 1982.
Pfeil, Elisabeth, Die Berufstätigkeit von Müttern. Eine empirisch-soziologische Erhebung, Tübingen 1961.
Pierenkemper, Toni/Klaus Zimmermann, Zum Aufstieg und Niedergang des Normalarbeitsverhältnisses in Deutschland 1800–2010 – ein Forschungsprojekt, in: Jahrbuch für Wirtschaftsgeschichte, 2009/2, S. 231-242.
Pieroth, Elmar (Hg.), (1976) Mehr Selbständigkeit – Tendenzwende in der Wirtschaftspolitik. Vorträge und Diskussionen auf den Bad Kreuznacher Gesprächen 1976, Bonn 1976.
Pierson, Paul, Coping with Permanent Austerity. Welfare State Restructuring in Affluent Democracies, in: ders., (Hg.), The New Politics of the Welfare State, Oxford u. a. 2001, S. 410-455.
Pies, Ingo/Martin Leschke (Hg.), Milton Friedmans ökonomischer Liberalismus, Tübingen 2004.
Pirker, Theo, Die blinde Macht. Die Gewerkschaftsbewegung in Westdeutschland, 1. Teil 1945–1952, Vom »Ende des Kapitalismus« zur Zähmung der Gewerkschaften, München 1960.
Plumpe, Werner, Die Betriebsräte der Weimarer Republik. Eine Skizze zu ihrer Verbreitung, Zusammensetzung und Akzeptanz, in: Werner Plumpe/Christian Kleinschmidt (Hg.), Unternehmen zwischen Markt und Macht: Aspekte deutscher Unternehmens- und Industriegeschichte im 20. Jahrhundert, Essen 1992, S. 42-60.
Pohl, Gerd/Walter Nickel/Horst Brehm, Gewerkschaft Nahrung-Genuss-Gaststätten, Düsseldorf 1980.

Ausgewählte Literatur

Pohl, Manfred, Von den Staatsbahnen zur Reichsbahn 1918–1924, in: Lothar Gall/Manfred Pohl (Hg.), Die Eisenbahn in Deutschland. Von den Anfängen bis zur Gegenwart, München 1999, S. 71-107.

Pöhler, Willi/Gerd Peter, Erfahrungen mit dem Humanisierungsprogramm. Von den Möglichkeiten und Grenzen einer sozialen Technologiepolitik, Köln 1982.

Ders., Staatliche Förderung für die Verbesserung der Arbeits- und Lebensqualität. Das Aktionsprogramm »Forschung zur Humanisierung des Arbeitslebens« (HdA), in: Gewerkschaftliche Monatshefte 4 (1980), S. 230-242.

Popper, Karl R., Die offene Gesellschaft und ihre Feinde, Bd. II, Tübingen 2003.

Porter, Michael E., The Competitive Advantage of Nations, New York 1990.

Potthoff, Heinrich, Freie Gewerkschaften 1918–1933. Der Allgemeine Deutsche Gewerkschaftsbund in der Weimarer Republik, Düsseldorf 1987.

Prinz, Michael, Vom neuen Mittelstand zum Volksgenossen. Die Entwicklung des sozialen Status der Angestellten von der Weimarer Republik bis zum Ende der NS-Zeit, München 1986.

Profittlich, Sonja, Mehr Mündigkeit wagen. Gerhard Jahn (1927–1998) – Justizreformer der sozial-liberalen Koalition, Bonn 2010.

R

Raddatz, Rolf, Berufsbildung im 20. Jahrhundert: Eine Zeittafel, Bielefeld 2000.

Radkau, Joachim, »Wirtschaftswunder« ohne technologische Innovation? Technische Modernität in den 50er Jahren, in: Axel Schildt/Arnold Sywottek (Hg.), Modernisierung im Wiederaufbau. Die westdeutsche Gesellschaft der 50er Jahre, Bonn 1993, S. 129-154.

Raeder, Sabine/Gudela Grote, Berufliche Identität, in: Felix Rauner (Hg.), Handbuch Berufsbildungsforschung, Bielefeld ²2006.

Raithel, Thomas et al. (Hg.), Auf dem Weg in eine neue Moderne? Die Bundesrepublik in den siebziger und achtziger Jahren, München 2009.

Ders./Andreas Rödder/Andreas Wirsching, Einleitung, in: dies. (Hg.), Auf dem Weg in eine neue Moderne? Die Bundesrepublik Deutschland in den siebziger und achtziger Jahren, München 2009, S. 7-14.

Ders., Jugendarbeitslosigkeit in der Bundesrepublik Deutschland und in Frankreich in den 1970er und 1980er Jahren, in: ders./Thomas Schemmer (Hg.), Die Rückkehr der Arbeitslosigkeit, München 2009, S. 67-80.

Ders./Thomas Schemmer (Hg.), Die Rückkehr der Arbeitslosigkeit, München 2009.

Raphael, Lutz, Die Verwissenschaftlichung des Sozialen als methodische und konzeptionelle Herausforderung für eine Sozialgeschichte des 20. Jahrhunderts, in: Geschichte und Gesellschaft 22 (1996), S. 165-193.

Rappaport, Alfred, Creating Shareholder Value. The New Standard for Business Performance, New York 1986.

Raufer, Thilo, Die legitime Demokratie. Zur Begründung politischer Ordnung in der Bundesrepublik, Frankfurt a. M. 2005.

Rehberg, Karl-Siegbert, Institutionen, Kognitionen und Symbole – Institutionen als symbolische Verkörperungen. Kultursoziologische Anmerkungen zu einem handlungstheoretischen Forschungsprogramm, in: Andrea Maurer/Michael Schmid (Hg.), Neuer Institutionalismus. Zur soziologischen Erklärung von Organisation, Moral und Vertrauen, Frankfurt a. M. 2002, S. 39-56.

Rehder, Britta, Abweichung als Regel?, in: Die Mitbestimmung 4 (2009), S. 12-16.

Dies., Legitimitätsdefizite des Co-Managements. Betriebliche Bündnisse für Arbeit als Konfliktfeld zwischen Arbeitnehmern und betrieblicher Interessenvertretung, in: Zeitschrift für Soziologie 3 (2006), S. 227-242.

Dies., Betriebliche Bündnisse für Arbeit in Deutschland. Mitbestimmung und Flächentarif im Wandel, Frankfurt a. M./New York 2003.

Reichardt, Sven/Detlef Siegfried (Hg.), Das Alternative Milieu. Antibürgerlicher Lebensstil und linke Politik in der Bundesrepublik und Europa 1968–1983, Göttingen 2010.

Reinberg, Alexander/Markus Hummel, Schwierige Fortschreibung: Der Trend bleibt – Geringqualifizierte sind häufiger arbeitslos, in: IAB-Kurzbericht 18 (2007).

Reitmeyer, Morten/Ruth Rosenberger (Hg.), Unternehmen am Ende des »goldenen Zeitalters«. Die 1970er Jahre in unternehmens- und wirtschaftshistorischer Perspektive, Essen 2008.

Remeke, Stefan, Gewerkschaften und Sozialgesetzgebung. DGB und Arbeitnehmerschutz in der Reformphase der sozialliberalen Koalition, Essen 2005.

Ribhegge, Hermann, Rationale Einkommenspolitik aus der Sicht der Neuen Politischen Ökonomie. Ein Beitrag zur Kooperation in der Wirtschaftspolitik, Tübingen 1978.

Richardi, Reinhard, Arbeitsverfassung und Arbeitsrecht, in: Günther Schulz (Hg.), Geschichte der Sozialpolitik in Deutschland seit 1945, Bd. 3: Bundesrepublik Deutschland 1949–1957. Bewältigung der Kriegsfolgen, Rückkehr zur sozialpolitischen Normalität, Baden-Baden 2005, S. 179-225.

Riesen, Olivia van, Zur Leistungsfähigkeit des Regulierungsstaates im Bahnsektor. Eisenbahnregulierung in Europa im Spannungsfeld zwischen institutionellem Design und der politischen Ökonomie des Sektors. Eine Analyse von Eisenbahnregulierungsregimen in Deutschland und Großbritannien, Berlin 2007.

Riesser, Vittorio, Studenten, Arbeiter und Gewerkschaften in Italien 1968 bis in die siebziger Jahren, in: Bernd Gehrke/Gerd-Rainer Horn (Hg.), 1968 und die Arbeiter. Studien zu »proletarischen Mai« in Europa, Hamburg 2007, S. 314-331.

Ritter, Gerhard A., Über Deutschland. Die Bundesrepublik in der deutschen Geschichte. München 1998.

Rödder, Andreas, Werte und Wertewandel. Historisch-politische Perspektiven, in: ders./Wolfgang Elz (Hg.), Alte Werte – Neue Werte. Schlaglichter des Wertewandels. Göttingen 2008, S. 9-25.

Ders./Thomas Hertfelder (Hg.), Modell Deutschland. Erfolgsgeschichte oder Illusion?, Göttingen 2007.

Ders., Die Bundesrepublik Deutschland 1969–1990, München 2004.

Rohbeck, Johannes, Rationalisierung und Arbeitskampf bei FIAT, in: Gewerkschaften im Klassenkampf. Die Entwicklung der Gewerkschaftsbewegung in Westeuropa (Argument-Sonderband, Nr. 2), Berlin 1976, S. 175-229.

Roller, Edeltraud, Einstellungen der Bürger zum Wohlfahrtsstaat der Bundesrepublik Deutschland, Opladen 1992.

Rosa, Hartmut, Beschleunigung, Frankfurt a. M. 2005.

Rosecrance, Richard/Arthur Stein, Interdependence: Myth and Reality, in: World Politics 26 (1973/74), S. 1-27.

Rosenberger, Ruth, Experten für Humankapital, München 2008.

Dies., Demokratisierung durch Verwissenschaftlichung? Betriebliche Humanexperten als Akteure des Wandels der betrieblichen Sozialordnung in westdeutschen Unternehmen, in: Archiv für Sozialgeschichte 44 (2004), S. 327-355.

Rostow, Walt W., Stadien wirtschaftlichen Wachstums. Eine Alternative zur marxistischen Entwicklungstheorie, Göttingen 1960.

Roth, Karl-Heinz, Der Zustand der Welt. Gegen-Perspektiven, Hamburg 2005.

Roth, Roland/Dieter Rucht (Hg.), Die sozialen Bewegungen in Deutschland seit 1945. Ein Handbuch, Frankfurt a. M./New York 2008.

Ders., Ein kurzer Sommer der konkreten Utopie. Zur westdeutschen Planungsgeschichte der langen 60er Jahre, in: Axel Schildt/Detlef Siegfried/Karl Christian Lammers (Hg.), Dynamische Zeiten. Die 60er Jahre in den beiden deutschen Gesellschaften, Hamburg 2000, S. 362-401.

Rusinek, Bernd A., Von der Entdeckung der NS-Vergangenheit zum generellen Faschismusverdacht – akademische Diskurse in der Bundesrepublik der 60er Jahre, in: Axel Schildt/Detlef Siegfried/Karl Christian Lammers (Hg.), Dynamische Zeiten. Die 60er Jahre in den beiden deutschen Gesellschaften, Hamburg 2000, S. 114-147.

S

Sachverständigenrat zur Begutachtung der gesamtwirtschaftlichen Entwicklung, Jahresgutachten 1964/65 ff., Stuttgart/Mainz 1964 ff.

Sachverständigenrat zur Begutachtung der gesamtwirtschaftlichen Entwicklung, Die Zukunft nicht aufs Spiel setzen, Jahresgutachten 2009/10, Wiesbaden 2009.

Saldern, Adelheid von/Rüdiger Hachtmann, Das fordistische Jahrhundert: Eine Einleitung, in: Zeithistorische Forschungen/Studies in Contemporary History 2 (2009), S. 3-9.

Sarel, Benno, Arbeiter gegen den »Kommunismus«. Zur Geschichte des proletarischen Widerstandes in der DDR (1945–1958), München 1975.

Sauer, Dieter, Die Zukunft der Arbeitsgesellschaft. Soziologische Deutungen in zeithistorischer Perspektive, in: Vierteljahrshefte für Zeitgeschichte 55, 2007, S. 309-328.

Sauviat, Catherine, Le rôle des salariés dans la gouvernance des entreprises en France: Un débat ancien, une légitimité en devenir, IRES Document de travail Nr. 06.02, April 2006, Noisy-le-Grand.

Schäfer, Hans-Dieter, Das gespaltene Bewußtsein. Deutsche Kultur und Lebenswirklichkeit 1933–1945, Frankfurt a. M. 1984.

Schanetzky, Tim, Die große Ernüchterung. Wirtschaftspolitik, Expertise und Gesellschaft in der Bundesrepublik 1966 bis 1982, Berlin 2007.

Ders., Sachverständiger Rat und Konzertierte Aktion: Staat, Gesellschaft und wissenschaftliche Expertise in der bundesrepublikanischen Wirtschaftspolitik, in: Vierteljahrschrift für Sozial- und Wirtschaftsgeschichte 3 (2004), S. 310-331.

Scharpf, Fritz W., Sozialdemokratische Krisenpolitik in Europa, Frankfurt a. M. u. a. 1987.
Schatz, Holger, Arbeit als Herrschaft. Die Krise des Leistungsprinzips und seine neoliberale Rekonstruktion, Münster (Westf.) 2004.
Schell, Manfred, Die Lok zieht die Bahn. Autobiographie, Berlin 2009.
Schelsky, Helmut, Wandlungen der deutschen Familie in der Gegenwart. Darstellung und Deutung einer empirisch-soziologischen Tatbestandsaufnahme, Stuttgart ²1954.
Schildt, Axel, »Die Kräfte der Gegenreform sind auf breiter Front angetreten«. Zur konservativen Tendenzwende in den Siebzigerjahren, in: Archiv für Sozialgeschichte 44 (2004), S. 449-479.
Ders./Arnold Sywottek, Arnold (Hg.), Modernisierung im Wiederaufbau. Die westdeutsche Gesellschaft der 50er Jahre, Bonn 1998.
Schildt, Gerhard, Die Arbeiterschaft im 19. und 20. Jahrhundert, München 1996.
Schiller, Karl, Der Ökonom und die Gesellschaft, Stuttgart 1964.
Ders., Zukunftsorientierte deutsche Wirtschaftspolitik. Angemessenes Wirtschaftswachstum und soziale Sicherheit durch stetige Evolution. Aufgeklärte Gesellschaft und aufgeklärte Marktwirtschaft mit Mut zu gesellschaftlichen Reformen, in: Bulletin des Presse- und Informationsamtes der Bundesregierung 80 (1968), S. 701-704.
Schiwy, Günther, Der französische Strukturalismus. Mode, Methode, Ideologie, Reinbek 1969.
Schleyer, Hanns-Martin, Das soziale Modell, Stuttgart 1973.
Schmid, Bernhard, Welche soziale Demokratie in der Arbeitswelt?, in: Juri Hälker/Claudius Vellay (Hg.), Union Renewal – Gewerkschaften in Veränderung, Düsseldorf 2006, S. 72-80.
Schmid, Josef, Gewerkschaft im Föderalismus. Regionale Strukturen und Kulturen und die Dynamik von politischen Mehrebenensystemen, in: Wolfgang Schroeder/Bernhard Wessels, (Hg.) Die Gewerkschaften in Politik und Gesellschaft der Bundesrepublik Deutschland. Ein Handbuch, Wiesbaden 2003, S. 271-295.
Schmidt, Eberhard, Ordnungsfaktor oder Gegenmacht. Die politische Rolle der Gewerkschaften, Frankfurt a. M. 1971.
Schmidt, Manfred G., Zwischen Ausbaureformen und Sanierungsbedarf: Die Sozialpolitik der siebziger und achtziger Jahre, in: Thomas Raithel/Andreas Rödder/Andreas Wirsching (Hg.), Auf dem Weg in eine neue Moderne? Die Bundesrepublik in den siebziger und achtziger Jahren, München 2009, S. 131-139.
Ders., (Hg.), Geschichte der Sozialpolitik in Deutschland seit 1945, Bd. 7: Bundesrepublik Deutschland 1982–1989: Finanzielle Konsolidierung und institutionelle Reform, Baden-Baden 2005.
Schmidt, Werner, Der Wandel der Unternehmerfunktionen in der Bundesrepublik Deutschland unter dem Einfluß der Konzertierten Aktion, Berlin 1974.
Schmidt-Eichstaedt, Gerd, Autonomie und Regelung von oben. Zum Verhältnis von kommunaler Eigenverantwortung und fremdbestimmter Eingrenzung durch Bundes- und Landesrecht sowie durch Normen der Europäischen Union, in: Roland Roth/Hellmut Wollmann (Hg.), Kommunalpolitik. Politisches Handeln in den Gemeinden, Opladen ²2002, S. 323-337.
Schmitter, Philippe C., Still the Century of Corporatism?, in: Philippe C. Schmitter/Gerhard Lehmbruch (Hg.), Trends Toward Corporatist Intermediation, Beverly Hills/London 1979.
Ders./Gerhard Lehmbruch (Hg.), Trends Toward Corporatist Intermediation. Beverly Hills/London 1979.
Schmölders, Günter, Die Unternehmer in Wirtschaft und Gesellschaft. Wandlungen der gesellschaftspolitischen »Hackordnung« in der Bundesrepublik Deutschland, Essen 1973.
Ders., Das Bild des Unternehmers in der Bundesrepublik Deutschland, in: ders. (Hg.), Der Unternehmer im Ansehen der Welt, Bergisch Gladbach 1971, S. 12-22.
Schmuhl, Hans-Walter, Arbeitsmarktpolitik und Arbeitsverwaltung in Deutschland 1871-2002. Zwischen Fürsorge, Hoheit und Markt, Nürnberg 2003.
Schnabel, Claus, Entwicklungstendenzen der Arbeitsbeziehungen in der Bundesrepublik Deutschland seit Beginn der achtziger Jahre. Eine Analyse unter besonderer Berücksichtigung der Arbeitgeberseite, in: Michael Mesch (Hg.), Sozialpartnerschaft und Arbeitsbeziehungen in Europa, Wien 1995, S. 53-74.
Schneider, Karsten, Mitbestimmung im »Konzern Stadt«. Arbeitspolitische Implikationen des dezentralisierten kommunalen Sektors, in: Industrielle Beziehungen 1 (2002), S. 7-32.
Schneider, Michael, Kleine Geschichte der Gewerkschaften Ihre Entwicklung in Deutschland von den Anfängen bis heute, Lizenzausgabe für die Bundeszentrale für politische Bildung, Bonn 2000.
Ders., Kleine Geschichte der Gewerkschaften. Ihre Entwicklung in Deutschland von den Anfängen bis heute, Bonn 1989.
Schnitker, Paul, Die Selbständigenlücke muss geschlossen werden, in: Junge Wirtschaft 8 (1980).

Schober, Karen, Veränderungen im Übergangssystem seit 1960. Herausforderungen an die Berufsbildungs- und Arbeitsmarktpolitik, Einführung 1 zu Teil I, in: Ditmar Brock et al. (Hg.), Übergänge in den Beruf. Zwischenbilanz der Forschung, Weinheim/München 1991, S. 29-34.

Schönbohm, Wulf, Linksradikale Gruppen im Lehrlingsbereich, in: Aus Politik und Zeitgeschichte 51 (1972).

Schönhoven, Klaus, Wendejahre. Die Sozialdemokratie in der Zeit der Großen Koalition 1966–1969, Bonn 2004.

Ders., Gewerkschaften und Soziale Demokratie im 20. Jahrhundert. Vortrag vor dem Gesprächskreis Geschichte der Friedrich-Ebert-Stiftung in Bonn am 11. Dezember 1995, Bonn 1995.

Ders., Die deutschen Gewerkschaften, Frankfurt a. M. 1987.

Ders. et al., Quellen zur Geschichte der deutschen Gewerkschaftsbewegung im 20. Jahrhundert, Köln 1985 ff.

Schott, Heinzgerd, Die Formierte Gesellschaft und das deutsche Gemeinschaftswerk. Zwei gesellschaftspolitische Konzepte Ludwig Erhards, Bonn 1982.

Schroeder, Wolfgang, Die Konkurrenten der Einheitsgewerkschaft, in: Mitbestimmung 54 (2008), S. 11-15.

Ders./Viktoria Kalass/Greef, Samuel, Kleine Gewerkschaften und Berufsverbände im Wandel, Düsseldorf 2008.

Ders./Samuel Greef, Industrie- und Spartengewerkschaften im Konflikt. Organisatorische Voraussetzungen und realisierte Gelegenheitsstrukturen, in: Industrielle Beziehungen 4 (2008), S. 329-355.

Ders./Dorothea Keudel, Strategische Akteure in drei Welten. Die deutschen Gewerkschaften im Spiegel der neueren Forschung, Düsseldorf 2008.

Ders., Gewerkschaften als soziale Bewegung – soziale Bewegung in den Gewerkschaften, in: Archiv für Sozialgeschichte 44 (2004), S. 243-265.

Ders./Bernhard Weßels, Das deutsche Gewerkschaftsmodell im Transformationsprozess. Die neue deutsche Gewerkschaftslandschaft, in: dies. (Hg.), Die Gewerkschaften in Politik und Gesellschaft der Bundesrepublik Deutschland. Ein Handbuch, Wiesbaden 2003.

Ders., Work in Transition – flexible Arbeit und flexibler Kapitalismus, in: SOWI 4 (2001), S. 5-11.

Ders., Das Modell Deutschland auf dem Prüfstand. Zur Entwicklung der industriellen Beziehungen in Ostdeutschland (1990–2000), Wiesbaden 2000.

Schröter, Harm G., Von der Teilung zur Wiedervereinigung (1945–2004), in: Michael North (Hg.), Deutsche Wirtschaftsgeschichte. Ein Jahrtausend im Überblick, München ²2005, S. 356-426.

Schultheiss, Franz/Berthold Vogel/Michael Gemperle (Hg.), Ein halbes Leben. Biografische Zeugnisse aus einer Arbeitswelt im Umbruch, Konstanz 2010.

Schulz, Günther, Sozialpolitische Denk- und Handlungsfelder, in: ders. (Hg.), Geschichte der Sozialpolitik in Deutschland seit 1945, Bd. 3: Bundesrepublik Deutschland 1949–1957. Bewältigung der Kriegsfolgen, Rückkehr zur sozialpolitischen Normalität, Baden-Baden 2005, S. 73-176.

Schulze, Gerhard, Die Erlebnisgesellschaft. Kultursoziologie der Gegenwart, Frankfurt a. M. 1992.

Schumann, Michael/Horst Kern, Das Ende der Arbeitsteilung? Rationalisierung in der industriellen Produktion, München 1984.

Ders., et al., Rationalisierung, Krise, Arbeiter – Eine empirische Untersuchung der Industrialisierung auf der Werft, Frankfurt a. M. 1982.

Ders./Horst Kern, Industriearbeit und Arbeiterbewusstsein. Eine empirische Untersuchung über den Einfluß der aktuellen technischen Entwicklung auf die industrielle Arbeit und das Arbeiterbewußtsein, Frankfurt a. M. 1970.

Schumpeter, Joseph A., Theorie der wirtschaftlichen Entwicklung. Eine Untersuchung über Unternehmergewinn, Kapital, Kredit, Zins und den Konjunkturzyklus, Berlin 1926.

Schwarz, Hans-Peter, Wiedervereinigung und Bahnreform, in: Lothar Gall/Manfred Pohl (Hg.), Die Eisenbahn in Deutschland. Von den Anfängen bis zur Gegenwart, München 1999.

Seitenzahl, Rolf, Gewerkschaften zwischen Kooperation und Konflikt. Von einer quantitativen Tariflohnpolitik zur umfassenden Verteilungspolitik, Frankfurt a. M. 1976.

Ders., Einkommenspolitik durch konzertierte Aktion und Orientierungsdaten, Düsseldorf 1973.

Sellier, François, La confrontation sociale en France 1936–1981, Paris 1984.

Sengenberger, Werner, Die gegenwärtige Arbeitslosigkeit – ein Strukturproblem des Arbeitsmarkts, Frankfurt a. M. 1978.

Sennett, Richard, Der flexible Mensch. Die Kultur des neuen Kapitalismus, Berlin 2006.

Siegel, Nico A., Baustelle Sozialpolitik. Konsolidierung und Rückbau im internationalen Vergleich, Frankfurt a. M. 2002.

Siegel, Tilla, Leistung und Lohn in der nationalsozialistischen »Ordnung der Arbeit«, Opladen 1989.

Siegfried, Detlef, Understanding 1968: Youth Rebellion, Generational Change and Postindustrial Society, in: Axel Schildt/Detlef Siegfried (Hg.), Between Marx and Coca-Cola. Youth Cultures in Changing European Societies, 1960–1980, New York/Oxford 2006, S. 59-81.

Siekmann, Helmut, Institutionalisierte Einkommenspolitik in der Bundesrepublik Deutschland. Gesetzliche Regelung und bisherige Praxis, München 1985.

Silver, Beverly J., Arbeiterbewegungen und Globalisierung seit 1870, Berlin/Hamburg 2005.

Sohl, Hans-Günther, Notizen, Düsseldorf 1983.

Sorge, Arndt, Mitbestimmung, Arbeitsorganisation und Technikanwendung, in: Wolfgang Streeck/Norbert Kluge (Hg.), Mitbestimmung in Deutschland. Tradition und Effizienz, Frankfurt a. M./New York 1999, S. 17-134.

Ders./Wolfgang Streeck, Industrial Relations and Technical Change: The Case for an Extended Perspective, in: Richard Hyman/Wolfgang Streeck (Hg.), New Technology and Industrial Relations, Oxford 1988, S. 19-47.

Soskice, David, Globalisierung und institutionelle Divergenz: Die USA und Deutschland im Vergleich, in: Geschichte und Gesellschaft 2 (1999), S. 201-225.

Spode, Hasso et al., Statistik der Arbeitskämpfe in Deutschland, St. Katharinen 1992.

Springer, Roland, Rückkehr zum Taylorismus? Arbeitspolitik in der Automobilindustrie am Scheideweg, Frankfurt a. M. 1999.

Statistisches Bundesamt (Hg.), Statistisches Jahrbuch für die Bundesrepublik Deutschland 1968, Stuttgart/Mainz 1968.

Steinbuch, Karl, Maßlos informiert. Die Enteignung unseres Denkens, Berlin 1978.

Ders., Die informierte Gesellschaft. Geschichte und Zukunft der Nachrichtentechnik, Stuttgart 1966.

Steinkühler, Mirko, Lean Production – Das Ende der Arbeitsteilung?, München 1995.

Stephan Meise, Regionale Gewerkschaftspraxis in Ostdeutschland 20 Jahre nach der »Wende« – eine Fallstudie, in: Industrielle Beziehungen 2 (2010), S. 214-231.

Sternberg, Rolf, Merkmale des Gründungsgeschehens in Deutschland. Ein internationaler Vergleich auf Basis des Global Entrepreneurship Monitor (GEM), in: Venture Capital Magazin 2007, S. 22-24.

Stollberg, Gunnar, Die Rationalisierungsdebatte 1918–1933. Freie Gewerkschaften zwischen Mitwirkung und Gegenwehr, Frankfurt a. M. 1981.

Stooß, Friedemann, Übergangsmuster im Wandel – von der einen Berufswahl zur gestuften Abfolge von Entscheidungen über Ausbildung und Beruf, in: Ditmar Brock et al. (Hg.), Übergänge in den Beruf. Zwischenbilanz der Forschung, Weinheim/München 1991, S. 56-68.

Strasser, Johano, Die Zukunft des Fortschritts – Der Sozialismus und die Krise des Industrialismus, Bonn 1981.

Ders., Die Zukunft der Demokratie. Grenzen des Wachstums – Grenzen der Freiheit?, Reinbek bei Hamburg 1977.

Streeck, Wolfgang, Re-Forming Capitalism. Institutional Change in the German Political Economy, Oxford 2009.

Ders., Nach dem Korporatismus: Neue Eliten, neue Konflikte, in: Herfried Münkler/Grit Straßenberger/Matthias Bohlender (Hg.), Deutschlands Eliten im Wandel, Frankfurt a. M./New York 2006, S. 149-175.

Ders./Kathleen Thelen, Introduction: Institutional Change in Advanced Political Economies, in: dies. (Hg.), Beyond Continuity. Institutional Change in Advanced Political Economies, Oxford 2005, S. 26-39.

Ders./Martin Höpner (Hg.), Alle Macht dem Markt? Fallstudien zur Abwicklung der Deutschland AG, Frankfurt a. M./New York 2003.

Ders./Britta Rehder, Der Flächentarifvertrag: Krise, Stabilität und Wandel, in: Industrielle Beziehungen 3 (2003), S. 341-362.

Ders., Deutscher Kapitalismus: Gibt es ihn? Kann er überleben?, in: ders., (Hg.), Korporatismus in Deutschland. Zwischen Nationalstaat und Europäischer Union, Frankfurt a. M./New York 1999, S. 13-40.

Ders., Staat und Verbände: Neue Fragen, neue Antworten?, in: ders., Korporatismus in Deutschland. Zwischen Nationalstaat und Europäischer Union, Frankfurt a. M. 1999, S. 280-309.

Streich, Rudolf, Die Entwicklung des Arbeitsrechts in der amerikanischen Besatzungszone unter Berücksichtigung der Bizone. Vom Zeitpunkt der Kapitulation am 8.5.1945 bis zum Inkrafttreten des Grundgesetzes am 24.5.1949, Gießen 1973.

Strukturelle Arbeitslosigkeit durch technologischen Wandel? Referate, gehalten auf der Technologie-Tagung der IG Metall, 24./25. Mai 1977, Frankfurt a. M., Frankfurt a. M. 1977.

Süß, Dietmar, Stempeln, Stechen, Zeit erfassen. Eine Geschichte der Arbeitszeit seit den 1970er Jahren, in: Archiv für Sozialgeschichte 2012 (Manuskript abgeschlossen).

Ders., Arbeitergeschichte und Organisationssoziologie. Perspektiven einer Annäherung, in: Friederike Sattler/Georg Wagner-Kyora/Hermann-Josef Rupieper (Hg.), Mitteldeutsche Chemieindustrie und ihre Arbeiter im 20. Jahrhundert, Halle 2005, S. 76-89.

Ders., Kumpel und Genossen. Arbeiterschaft, Betrieb und Sozialdemokratie in der bayerischen Montanindustrie 1945-1976, München 2003.

Süß, Winfried, Die sozialdemokratische Sehnsucht nach Sicherheit. Ernst Schellenberg und die Sozialpolitik der Bonner Republik, in: Theresia Bauer et al. (Hg.), Gesichter der Zeitgeschichte. Deutsche Lebensläufe im 20. Jahrhundert, München 2009, S. 309-328.

Ders., Der Keynesianische Traum und sein langes Ende. Sozioökonomischer Wandel und Sozialpolitik in den siebziger Jahren, in: Konrad Jarausch (Hg.), Das Ende der Zuversicht? Die siebziger Jahre als Geschichte, Göttingen 2008, S. 112-137.

Ders., Sozialpolitische Denk- und Handlungsfelder in der Reformära, in: Hans Günter Hockerts (Hg.), Geschichte der Sozialpolitik in Deutschland seit 1945, Bd. 5: Bundesrepublik Deutschland 1966–1974. Eine Zeit vielfältigen Aufbruchs, Baden-Baden 2006, S. 157-221.

Swidler, Ann, Culture in Action: Symbols and Strategies, in: American Sociological Review 51 (1986), S. 273-286.

T

Tarnow, Fritz, Warum arm sein?, Berlin 1928.

Tchobanian, Robert, France: From Conflict to Social Dialogue?, in: Joel Rogers/Wolfgang Streeck (Hg.), Works Councils. Consultation, Representation, and Cooperation in Industrial Relations, Chicago/London 1995, S. 115-152.

Tenbrock, Christian, Lok um Lok. Im Tarifkonflikt der Bahn kämpft eine Gewerkschaft gegen die andere, in: Die Zeit, 5.7.2007.

Teriert, Bernhard, Möglichkeiten der Arbeitszeitverteilung und der Arbeitszeitflexibilität, in: Gewerkschaftliche Monatshefte 25 (1974), S. 412-423.

Thelen, Kathleen, How Institutions Evolve. The Political Economy of Skills in Germany, Britain, the United States and Japan, Cambridge 2004.

Dies., The Explanatory Power of Historical Institutionalism, in: Renate Mayntz (Hg.), Akteure, Mechanismen, Modelle. Zur Theoriefähigkeit makro-sozialer Analysen, Frankfurt a. M. 2002, S. 91-107.

Dies., Union of Parts. Labor Politics in Postwar Germany, Ithaca/London 1991.

Thumfart, Alexander, Die politische Integration Ostdeutschlands, Frankfurt a. M. 2002.

Tilly, Charles/Chris Tilly, Work under Capitalism, Boulder, Col. 1997.

Trabalski, Karl, Automation – neue Aufgaben für Betriebsräte und Gewerkschaften, Köln 1967.

Trappe, Heike, Emanzipation oder Zwang? Frauen in der DDR zwischen Beruf, Familie und Sozialpolitik, Berlin 1995.

Trentin, Bruno, Arbeiterdemokratie. Gewerkschaften, Streiks, Betriebsräte, Hamburg 1978.

Troitzsch, Ulrich/Gabriele Wohlauf, Technikgeschichte – historische Beiträge und neuere Ansätze, Frankfurt a. M. 1980.

Tully, Claus J., Rationalisierungspraxis. Zur Entideologisierung eines parteilichen Begriffs, Frankfurt a. M./New York 1982.

Turner, Fred, From Counterculture to Cyberculture. Stewart Brand, the Whole Earth Network, and the Rise of Digital Utopianism, Chicago/London 2006.

U

Ullmann, Peter, Tarifverträge und Tarifpolitik in Deutschland bis 1914. Entstehung und Entwicklung, interessenpolitische Bedingungen und Bedeutung des Tarifvertragswesens für die sozialistischen Gewerkschaften, Frankfurt a. M./Bern 1977.

Ulrich Billerbeck et al., Neuorientierung der Tarifpolitik? Veränderungen im Verhältnis zwischen Lohn- und Manteltarifpolitik in den siebziger Jahren, Frankfurt a. M./New York 1982.

V

Vahrenkamp, Richard, Wirtschaftsdemokratie und Rationalisierung. Zur Technologiepolitik der Arbeiterbewegung in der Weimarer Republik, in: Gewerkschaftliche Monatshefte 34 (1983), S. 722-735.

Vester, Michael/Christel Teiwes-Kügler/Andrea Lange-Vester, Die neuen Arbeitnehmer. Zunehmende Kompetenzen – wachsende Unsicherheiten, Hamburg 2007.
Ders. et al., Soziale Milieus im gesellschaftlichen Strukturwandel. Zwischen Integration und Ausgrenzung, Frankfurt a. M. ²2001.
Vetter, Heinz Oskar, Humanisierung der Arbeitswelt als gewerkschaftliche Aufgabe, in: Gewerkschaftliche Monatshefte 1 (1973), S. 1-11.
Vilmar, Fritz (Hg.), Industrielle Demokratie in Westeuropa, Hamburg 1975.
Ders. (Hg.), Menschenwürde im Betrieb, Hamburg 1973.
Virilio, Paul, Rasender Stillstand, München 1992.
Vitols, Sigurt, Die Großbanken und die Internationalisierung des deutschen Finanzsystems, in: Arndt Sorge (Hg.), Internationalisierung: Gestaltungschancen statt Globalisierungsschicksal, Berlin 2009, S. 135-153.
Ders., Varieties of Corporate Governance: Comparing Germany and the UK, in: Peter A. Hall/David Soskice (Hg.), Varieties of Capitalism. The Institutional Foundations of Comparative Advantage, Oxford 2001, S. 337-360.
Voruba, Georg, Die Dynamik Europas, Wiesbaden 2005.
Ders., Positionen der Staatstheorie. Rückblick auf eine Debatte, in: ders. (Hg.), Politik mit dem Wohlfahrtsstaat, Frankfurt a. M. 1983, S. 17-39.
Vorstand des DMV, Die Rationalisierung in der Metallindustrie, Berlin 1932.
Vogel, Berthold, Wohlstandskonflikte. Soziale Fragen, die aus der Mitte kommen, Hamburg 2009.
Ders., Biographische Brüche, soziale Ungleichheit und politische Gestaltung. Bestände und Perspektiven soziologischer Arbeitslosigkeitsforschung, in: Mittelweg 36, 2008, S. 11-20.
Ders., Sicher – Prekär, in: Stephan Lessenich/Frank Nullmeier (Hg.), Deutschland – eine gespaltene Gesellschaft, Frankfurt a. M. u. a. 2006, S. 73-91.

W

Walpen, Bernhard, Die offenen Feinde und ihre Gesellschaft. Eine hegemonietheoretische Studie zur Mont Pèlerin Society, Hamburg 2004.
Warner, Malcolm/Adrian Campbell, German Management, in: David J. Hickson (Hg.), Management in Western Europe. Society, Culture and Organization in Twelve Nations, Berlin/New York 1993, S. 89-108.
Wasserstein, Bernard, Barbarism and Civilisation. A History of Europe in Our Time, Oxford 2007.
Wehlaub, Diana, Lobbyismus und Rentenreform. Der Einfluss der Finanzdienstleistungsbranche auf die Teil-Privatisierung der Alterssicherung, Wiesbaden 2009.
Wehler, Hans-Ulrich, Deutsche Gesellschaftsgeschichte, Bd. 5: Bundesrepublik und DDR 1949–1990, München 2008.
Welskopp, Thomas, Der Betrieb als soziales Handlungsfeld. Neue Forschungsansätze in der Industrie- und Arbeitergeschichte, in: Geschichte und Gesellschaft 22 (1996) 1, S. 118-142.
Weimann, Nina, Betriebliche Mitbestimmung in ehemals kommunalen Energieversorgungsbetrieben. Der Wandel der intra-organisationalen Wahrnehmung betrieblicher Interessensvertretung durch die Privatisierung öffentlicher Unternehmen, Erlangen 2004.
Weimer, Wolfram, Deutsche Wirtschaftsgeschichte. Von der Währungsreform bis zum Euro, Hamburg 1998.
Wengenroth, Ulrich, Prekäre Selbständigkeit. Zur Standortbestimmung von Handwerk, Hausindustrie und Kleingewerbe im Industrialisierungsprozess, Stuttgart 1989.
Wetzel, Christoph, Die Auswirkungen des Reichsbankengesetzes von 1896 auf die Effektenbörsen im Deutschen Reich, Münster (Westf.) 1996.
Whitley, Richard, Divergent Capitalisms. The Social Structuring and Change of Business Systems, Oxford 1999.
Wiemann, Günter, Reformstrategien zur Einführung des Berufsgrundbildungsjahres, in: Antonius Lipsmeier, Berufsbildungspolitik in den 70er Jahren. Eine kritische Bestandsaufnahme für die 80er Jahre, Wiesbaden 1983, S. 110-122.
Wilke, Helmut, Systemisches Wissensmanagement, Stuttgart 2001.
Williamson, Oliver E., The Economics of Discretionary Behavior. Managerial Objectives in a Theory of the Firm, Englewood Cliffs/New York 1964.
Willke, Gerhard, John Maynard Keynes, Frankfurt a. M./New York 2002.
Willms-Herget, Angelika, Frauenarbeit. Zur Integration von Frauen in den Arbeitsmarkt, Frankfurt a. M. 1985.
Windolf, Paul, Was ist Finanzmarkt-Kapitalismus?, in: Paul Windolf (Hg.), Finanzmarkt-Kapitalismus. Analysen zum Wandel von Produktionsregimen, Kölner Zeitschrift für Soziologie und Sozialpsychologie, Sonderheft 45 (2005), S. 20-57.

Ders./Jürgen Beyer, Kooperativer Kapitalismus. Unternehmensverflechtungen im internationalen Vergleich, in: Kölner Zeitschrift für Soziologie und Sozialpsychologie 1 (1995), S. 1-36.

Winkler, Gunnar (Hg.), Frauenreport '90, Berlin 1990.

Winkler, Heinrich-August, Von der Revolution zur Stabilisierung. Arbeiter und Arbeiterbewegung in der Weimarer Republik 1918 bis 1924, Bonn 1985.

Winter, Carsten, Medienentwicklung als Bezugspunkt für die Erforschung von öffentlicher Kommunikation und Gesellschaft im Wandel, in: ders./Andreas Hepp/Friedrich Krotz, (Hg.), Theorien der Kommunikations- und Medienwissenschaft, Wiesbaden 2008, S. 417-445.

Wirsching, Andreas, Erwerbsbiografien und Privatheitsformen. Entstandardisierung von Lebensläufen, in: Thomas Raithel/Andreas Rödder/Andreas Wirsching (Hg.), Auf dem Weg in eine neue Moderne? Die Bundesrepublik in den siebziger und achtziger Jahren, München 2009, S. 83-97.

Ders., Durchbruch des Fortschritts? Die Diskussion über die Computerisierung in der Bundesrepublik, in: (Hg.), Zeit-Räume. Potsdamer Almanach des Zentrums für Zeithistorische Forschung 2009, Göttingen 2010, S. 207-218.

Ders., Konsum statt Arbeit? Zum Wandel von Individualität in der modernen Massengesellschaft, in: Vierteljahrshefte für Zeitgeschichte 57 (2009), S. 171-199.

Ders., Abschied vom Provisorium 1982–1990, München 2006.

Z

Zacher, Hans F., Der gebeutelte Sozialstaat in der wirtschaftlichen Krise, in: Sozialer Fortschritt 33, 1984, S. 1-12.

Ziegler, Dieter, Das deutsche Modell bankorientierter Finanzsysteme (1848–1957), in: Paul Windolf (Hg.), Finanzmarkt-Kapitalismus. Analysen zum Wandel von Produktionsregimen, Kölner Zeitschrift für Soziologie und Sozialpsychologie, Sonderheft 45 (2005), S. 276-293.

Ders., Die Aufsichtsräte der deutschen Aktiengesellschaften in den zwanziger Jahren. Eine empirische Untersuchung zum Problem der »Bankenmacht«, in: Zeitschrift für Unternehmensgeschichte 2 (1998), S. 194-215.

Ders., Zentralbankpolitische »Steinzeit«? Preußische Bank und Bank of England im Vergleich, in: Geschichte und Gesellschaft 4 (1993), S. 475-505.

Zink, Michael, Konzertierte Aktion und Gewerkschaftspolitik in der Bundesrepublik Deutschland, o. O. 1975.

Autorinnen und Autoren

Dr. Knud Andresen (1965), wiss. Mitarbeiter der Forschungsstelle für Zeitgeschichte in Hamburg, arbeitet an einem von der DFG geförderten Projekt zur jugendkulturellen Entwicklung und der gewerkschaftlichen Organisierung in den 1970er- und 1980er-Jahren. *Publikationen (Auswahl):* Agit 883 – Bewegung, Revolte und Underground in Westberlin 1969–1972, Hamburg 2006 (hg. mit Hartmut Rübner/ Markus Mohr); Widerspruch als Lebensprinzip. Der undogmatische Sozialist Heinz Brandt (1909–1986), Bonn 2007; »Gebremste Radikalisierung« – Zur Entwicklung der Gewerkschaftsjugend von 1968 bis Mitte der 1970er-Jahre, in: Mitteilungsblatt des Instituts für Soziale Bewegungen, Forschungen und Forschungsberichte, Heft 43 (2010), S. 141-158.

Prof. Dr. Ingrid Artus (1968), Prof. für Soziologie an der Technischen Universität München. Forschungsschwerpunkte: Arbeits- und Industriesoziologie, Industrielle Beziehungen im internationalen Vergleich und im Prozess der Internationalisierung, Transformationsforschung. *Publikationen:* Das deutsche Tarifsystem in der Krise. Erosion des Flächentarifvertrags in Ost und West, Opladen 2001; Prekäre Interessenvertretung. Ein deutsch-französischer Vergleich von Beschäftigtenrepräsentation im niedrig entlohnten Dienstleistungsbereich, in: Industrielle Beziehungen 1 (2007), S. 5-29.

Dr. Ursula Bitzegeio (1972), wiss. Referentin für Arbeitsbeziehungen und Gewerkschaftsfragen im Bereich Public History des Archivs der sozialen Demokratie der Friedrich-Ebert-Stiftung, Projekt »Gewerkschaftsgeschichte«. *Publikationen:* Über Partei- und Landesgrenzen hinaus: Hans Gottfurcht (1896–1982) und die gewerkschaftliche Organisation der Angestellten, Bonn 2009; Solidargemeinschaft und Erinnerungskultur im 20. Jahrhundert. Beiträge zu Gewerkschaften, Nationalsozialismus und Geschichtspolitik, Bonn 2009 (hg. mit Anja Kruke/Meik Woyke).

Prof. Dr. Anselm Doering-Manteuffel (1949), Prof. für Zeitgeschichte an der Eberhard-Karls-Universität Tübingen. Forschungsschwerpunkte: Westernisierungsforschungen zur Transformation der westdeutschen Gesellschaft nach 1945/49; Synthesen zur deutschen Geschichte des 20. Jahrhunderts in der »Epoche der Weltkriege« und der »Epoche der West-Ost-Rivalität«. *Publikationen:* Nach dem Boom. Perspektiven auf die Zeitgeschichte, Göttingen 2008 (mit Lutz Raphael); Die deutsche Frage und das europäische Mächtesystem 1815–1871, München ³2009.

Dr. rer. pol. Thilo Fehmel (1969), wiss. Mitarbeiter am Institut für Soziale Arbeit und Sozialpolitik der Fakultät für Bildungswissenschaften der Universität Duisburg-Essen sowie am Institut für Soziologie der Universität Leipzig. Forschungsfelder: Arbeits-, Industrie-, Verbändesoziologie, Politische Soziologie, Soziologie der Sozialpolitik. *Publikationen:* Sozialpartnerschaft und Sozialpolitik. Geschichte und Zukunft eines Kompetenzverhältnisses. Dis/kurs – Politikwissenschaftliche und geschichtsphilosophische Interventionen, 2 (2006), S. 77-90; Von der Schweiz lernen? Neue Forschung zur Geschichte des Schweizer Systems sozialer Sicherung. Ein Review-Essay, Zeitschrift für Sozialreform, 3 (2008), S. 329-337; Konflikte um den Konfliktrahmen. Die Steuerung der Tarifautonomie, Wiesbaden 2010.

David Furch, M. A. (1979), Gastwissenschaftler am Wissenschaftszentrum Berlin für Sozialforschung; Promotionsprojekt zur Entwicklung europäischer Corporate Governance-Systeme an der Universität Hamburg. *Publikationen:* Die Restrukturierung der Alterssicherung in Westeuropa seit 1990 – Großbritannien, Deutschland und Schweden im Vergleich, in: Hamburg Review of Social Sciences 3 (2007), S. 18-36; Europa und die globale Finanzkrise – Vorschläge zu einer Stabilisierung der Finanzmärkte, in: Eyes on Europe 11 (2009).

Prof. Dr. Rüdiger Hachtmann (1953), Prof. am Institut für Geschichte und Kunstgeschichte der Technischen Universität Berlin; wiss. Mitarbeiter am Zentrum für Zeithistorische Forschung in Potsdam. *Publikationen (Auswahl):* Industriearbeit im »Dritten Reich«. Untersuchungen zu den Lohn- und Arbeitsbedingungen in Deutschland 1933–1945, Göttingen 1989; Berlin 1848. Eine politik- und Gesellschaftsgeschichte der Revolution, Bonn 1997; Ein Koloß auf tönernen Füßen. Das Gutachten des Wirtschaftsprüfers Karl Eicke über die Deutsche Arbeitsfront vom 31. Juli 1936, München 2006; Tourismusgeschichte, Göttingen 2007; Wissenschaftsmanagement im Dritten Reich: Die Geschichte der Generalverwaltung der Kaiser-Wilhelm-Gesellschaft, 2 Bde., Göttingen 2007.

Prof. Dr. Jan-Otmar Hesse (1968), Prof. für Wirtschaftsgeschichte an der Universität Bielefeld. Forschungsschwerpunkte: Deutsche und internationale Wirtschaftsgeschichte des 19. und 20. Jahrhunderts, Unternehmensgeschichte, Wirtschaftswissenschaft nach dem Zweiten Weltkrieg. *Publikationen:* Wirtschaft als Wissenschaft. Die Volkswirtschaftslehre in der frühen Bundesrepublik, Frankfurt a. M. 2010; Wirtschaftspolitische Bewältigungsstrategien nach der Krise, Deutschland und die USA in den 1930er Jahren, in: Geschichte in Wissenschaft und Unterricht, 61 (2010), S. 315-329; Wirtschaftsordnung, Staat und Unternehmen. Neuere Forschungen zur Wirtschaftsgeschichte des Nationalsozialismus, Essen 2003 (hg. mit Werner Abelshauser/Werner Plumpe).

Viktoria Kalass, M. A. (1980), wiss. Mitarbeiterin und Doktorandin an der Universität Kassel. Forschungsschwerpunkte: Industrielle Beziehungen und Gewerkschaften. Promotionsprojekt: Erfolgsmodell GDL: Vom gewerkschaftlichen Mauerblümchen zum tarifpolitischen Shootingstar? Wandel der Arbeitsbeziehungen im Bahnkonzern. *Publikation:* Sozialdemokratie und Gewerkschaften in Mittel- und Osteuropa; Schwache Verbindungen und versteckte Gemeinsamkeiten, Internationale Politikfeldanalyse der FES, Mai 2010; Gewerkschaften und die Politik der Erneuerung, Düsseldorf 2010 (hg. mit Samuel Greef und Wolfgang Schroeder).

Dr. Monika Mattes (1965), wiss. Mitarbeiterin am Zentrum für Zeithistorische Forschung Potsdam. Forschungsschwerpunkte: Geschichte von Bildung und Erziehung in beiden deutschen Staaten, Geschlechtergeschichte und Migrationsgeschichte nach 1945. *Publikationen:* »Gastarbeiterinnen« in der Bundesrepublik. Anwerbepolitik, Migration und Geschlecht, Frankfurt a. M. 2005; Ambivalente Aufbrüche. Frauen, Familie und Arbeitsmarkt zwischen Konjunktur und Krise, in: Konrad Jarausch (Hg.), Das Ende der Zuversicht? Die Strukturkrise der 70er Jahre als zeithistorische Zäsur, Göttingen 2008, S. 215-228; Ganztagserziehung in der DDR. »Tagesschule« und Hort in den Politiken und Diskursen der 1950er bis 1970er Jahre, in: Zeitschrift für Pädagogik 2009 (Beih.), S. 230-246.

Stephan Meise, Dipl.-Soz. (1978), wiss. Mitarbeiter am Institut für Politische Wissenschaft der Universität Hannover, Arbeitsbereich Politische Soziologie. Mitarbeit am Forschungsprojekt »Gesellschaftsbilder und politische Partizipation von Spätaussiedlern und türkeistämmigen Deutschen in Niedersachsen«. Forschungsschwerpunkte: Sozialstruktur- und Mentalitätsanalyse, politische Soziologie der Gewerkschaften und Parteien, Migrationssoziologie. *Publikationen:* »... wozu die Sozialdemokratie eigentlich verpflichtet wäre« – Verprellte Mitglieder, Parteiaustritte und die Vertrauenskrise der SPD, in: Heiko Geiling (Hg.): Die Krise der SPD, Münster (Westf.) 2009, S. 113-158; Konfliktdimensionen innergewerkschaftlicher Machtbeziehungen – aus der Perspektive der feld- und habitustheoretischen Milieuanalyse, in: Samuel Greef/Viktoria Kalass/Wolfgang Schroeder (Hg.): Gewerkschaften und die Politik der Erneuerung, Düsseldorf 2010.

Prof. Dr. Jürgen Mittag (1970), Leiter des Instituts für Europäische Sportentwicklung und Freizeitwissenschaften der Deutschen Sporthochschule Köln. Bis 2011 wiss. Geschäftsführer des Instituts für soziale Bewegungen und zugleich Geschäftsführer der Stiftung Bibliothek des Ruhrgebiets. Forschungsschwerpunkte: Europäische Integration, Geschichte und Gegenwart sozialer Bewegungen, politischer Parteien, europäische Arbeiterbewegungen. *Publikationen:* Wilhelm Keil (1870–1968). Sozialdemokratischer Parlamentarier zwischen Kaiserreich und Bundesrepublik. Eine politische Biographie, Düsseldorf 2001; Deutsche Gewerkschaften und europäische Integration, Themenheft des Mitteilungsblatts des Instituts für soziale Bewegungen 42 (2009); (Hg.) Kleine Geschichte der Europäischen Union. Von der Europaidee bis zur Gegenwart, Münster (Westf.) ²2010.

Prof. Dr. Lutz Raphael (1955), Prof. für Neuere und Neueste Geschichte an der Universität Trier, Forschungsschwerpunkte: Geschichte der Sozialpolitik im ländlichen Raum, Geschichte der Geschichtswissenschaft im 19. und 20. Jahrhundert, Geschichte der Intellektuellen in Europa im 20. Jahrhundert. *Publikationen:* Recht und Ordnung. Herrschaft durch Verwaltung im 19. Jahrhundert, Frankfurt a. M. 2000; Geschichtswissenschaft im Zeitalter der Extreme, Hauptwerke und Hauptströmungen von 1900 bis zur Gegenwart, München 2003 (Hg.); Ideen als gesellschaftliche Gestaltungskraft im Europa der Neuzeit. Beiträge für eine erneuerte Geistesgeschichte, München 2006, mit Heinz-Elmar Tenorth.

Anhang

Dr. Andrea Rehling (1976), wiss. Mitarbeiterin am Lehrstuhl für Neuere und Neueste Geschichte der Universität Mannheim. Forschungsfelder: Zeitgeschichte, Geschichte der sozialen Beziehungen, Globalgeschichte. *Publikationen u. a.:* Konfliktstrategie und Konsenssuche in der Krise. Von der Zentralarbeitsgemeinschaft zur konzertierten Aktion, Baden-Baden 2011.

Christian Testorf, M. A. (1981), Mitarbeiter im Archiv der sozialen Demokratie und Promotionsstipendiat der Friedrich-Ebert-Stiftung. Forschungsschwerpunkte: Geschichte der Arbeit und der Industriellen Beziehungen.

Anne Seibring, M. A. (1981), Politikwissenschaftlerin, Historikerin und Volontärin in der Bundeszentrale für politische Bildung in Bonn. Forschungsschwerpunkte: Geschichte der Arbeit, Arbeitsbeziehungen und Gewerkschaften im 20. Jahrhundert.

Dr. Winfried Süß (1966), Wiss. Mitarbeiter am Zentrum für Zeithistorische Forschung in Potsdam und Lehrbeauftragter am Historischen Seminar der Ludwig-Maximilians-Universität München. Aktuelles Forschungsprojekt: Zerklüftete Wohlstandsgesellschaften. Armut, Wirtschaftskrise und Sozialstaat in der Bundesrepublik Deutschland und in Großbritannien. *Publikationen:* Der »Volkskörper« im Krieg. Gesundheitspolitik, medizinische Versorgung und Krankenmord im nationalsozialistischen Deutschland 1939–1945, München 2003; Das »Dritte Reich«. Eine Einführung, München 2008 (hg. mit Dietmar Süß); Gesichter der Zeitgeschichte. Deutsche Lebensläufe im 20. Jahrhundert. München 2009 (hg. mit Theresia Bauer/Elisabeth Kraus/Christiane Kuller); Soziale Ungleichheit im Sozialstaat. Großbritannien und die Bundesrepublik im Vergleich. München 2010 (hg. mit Hans Günter Hockerts).

PD Dr. Dietmar Süß (1973), Akademischer Rat am Lehrstuhl für Neuere und Neueste Geschichte der Friedrich-Schiller Universität Jena, Dilthey-Fellow der Volkswagen Stiftung. Forschungsschwerpunkte: Deutsche und britische Geschichte des 20. Jahrhunderts; Geschichte der Arbeit und der Arbeiterbewegung; Sozial- und Kulturgeschichte des Luftkrieges. Aktuelles Forschungsprojekt: Tod aus der Luft: Gewalt, militärische Eskalation und die Kulturen des Krieges im 20. Jahrhundert. *Publikationen:* Die »Katastrophe« im europäischen Gedächtnis – Erinnerung an den Luftkrieg 1940–2000, Göttingen 2009 (mit Jörg Arnold/Malte Thießen); Deutschland im Luftkrieg. Geschichte und Erinnerung, München 2007 (Hg.).

Nina Weimann-Sandig, M. A. (1979), Industriesoziologin und Referentin des Direktors am Institut für Arbeitsmarkt- und Berufsforschung in Nürnberg, Lehrbeauftragte am Institut für Soziologie der Universität Erlangen-Nürnberg. *Publikationen:* Betriebliche Mitbestimmung in ehemals kommunalen Energieversorgungsbetrieben. Der Wandel der intra-organisationalen Wahrnehmung betrieblicher Interessensvertretung durch die Privatisierung öffentlicher Unternehmen, Erlangen 2004; Ergebnisse der Bürgerbefragung 2008 in Fürth, Erlangen 2008 (mit Markus Pabst und Christian Sandig).